The New Perspectives of Western Classical Political Thought

西方古典政治思想新视野

包利民 主编

古希腊的公民与自我
——个人施行正义与法律

[美] 文森特 · 法伦格（Vincent Farenga）著

余慧元 译

Citizen and self
in ancient Greece

献给妮可，您让我走向胜利，

献给斯蒂芬，您给我带来荣誉。①

① 原文为法文，妮可（Nicole）为作者的夫人，斯蒂芬（Stéphane）为作者的儿子。——译者注

“西方古典政治思想新视野”丛书总序

古典政治意蕴的新探究

本译丛旨在向读者介绍西方主流政治理论界对古典政治、尤其是古典民主政治的探究的一些饶有兴味的新成果、新趋势。

熟悉西方政治思想研究的人知道，政治哲学、尤其是古典政治哲学曾经几乎是施特劳斯派等德语背景学者独家支撑的领域。主流政治学界严守社会科学的价值与事实的分离原则，沉浸于各种机制经验研究之中，试图跻身“硬科学”。但是这一趋势近几十年来有很大的改观。不少重要的主流学者开启了自己独特的古典政治哲学（政治理论）研究。这些学者有非常深厚的古典学（语言、历史）的学养，而且他们有意识地启用历史学、社会科学、文艺评论等等中的各种新研究方法论、新视角，在价值观上既坚持主流自由民主意识形态，又同情地对待曾经只是保守派孤独坚持的德性论和幸福论古典政治范式。开卷展读，让人获益匪浅。在这些丰富的成果中，既有通论性希腊政治思想史（比如列入本译丛的卡特莱奇和巴洛特的著作，读者不妨与施特劳斯等所撰《政治思想史》对观），又有专论性的理论家研究（比如斯科菲尔德的《柏拉图：政治哲学》），更有各种专门探究古典民主的意蕴的新专著（比如列入本译丛的奥伯、格林、法伦格等人的著作），都颇为可观。剑桥学派重要人物卡特莱奇的《实践中的古希腊政治思想》和美国重要学者巴洛特的《希腊政治思想》作为非常有特色的通史类著作，有意识地结合分析哲学的严谨逻辑论证和历史学的现场感，通畅地融合规范评价与事实描述，同情地打通古今重大问题视域。这些扎实公允的探究已经形成了庞大的文献传统。对其译介，将有助于我国读者认识到古典政治哲学的研究领域有百花齐放、百家争鸣态势，而非一家独秀。

下面我们将特别就古典民主意蕴研究的新视角多说几句。

希腊人在政治上的骄傲与沉痛都与民主政治有关。希腊人之所以被视为欧洲之祖先（以及因此全球化之先导），与其创立民主政治有内在关系。而希腊伟大的政治哲人如柏拉图与亚里士多德之所以为后人不断提及，也与他们对民主的利弊的犀利深刻的理论考察分不开。近几十年来，与我们时代的大形势有关，也与学界纪念雅典民主2500年有关，出现了一个“雅典民主研究”高潮，许多由名家主持的相关文集纷纷面世。① 但是，清醒的学者知道，民主曾经只是古代希腊史上出现的一个“反常的”政治形态。从进化论的角度看，这种偶发的政体“变异”（或许由于缺乏适存性?）在后来的罗马和中世纪的漫长岁月中遭到劣汰，长期湮没无闻。几千年来的人类常规政治形态都是非民主的。20世纪突然潮流偏转，民主理念似乎成了全球性的“主流”并成为西方引以为骄傲的主要依据之一。但是，一切潮流总可能遮蔽真相：西方现代政治主流其实并非“民－治”意义上的民主（by the people），而是代议制民主。代议制民主是民主吗？如果一个伯里克利时代的雅典人穿越来到今天，目睹流行的利益集团博弈－选战－多数票胜出－妥协－党派分肥政治，他恐怕会骇然困惑，很难认出这是“民主”。当然，一个经过了联邦党人、托克维尔、密尔和达尔洗礼的现代人则会居高临下地教导这位疑惑不已的希腊人：直接民主是无效且危险的；作为人类的反常政治实验，它在经历了雅典暴民政治、法国大革命和20世纪民粹运动的恐怖之后，已经被宣告彻底失败。现代代议制民主是已经被公认为唯一可行的民主形式。

但是且慢高兴。即便这位希腊人放弃了直接民主而终于接受代议制民主，他真的会看到代议制民主在今天受到广泛欢迎的景象吗？未必。20世纪学术界的诸多重要思想家们（远不仅仅是施特劳斯等“保守派”）都在论证代议制民主是一个笑话。[1][103,140]诺贝尔奖在今天是学术权威的象征，说话有人听。然而诺贝尔奖获得者们对民主说了什么？阿罗和布凯南的公共选择理论、奥斯特罗姆的集体行动理论，都指出现代民主的基本预设——通过选票汇聚私人偏好，为共同利益行动——几乎是不可能的。这些学理化（数学化）的严密论证，实际上延续了一个现代社会科学的长久传统。早在20世纪开出之际，社会科学大师韦伯和熊彼特就已经提出了影响深远的经典看法：在现代的大国选战民主政治中，真正发生的事情并不是“人民当家做

---

① 这一“盛况”被许多学者提及，比如Farenga，*Citizen and Self in Ancient Greece*，*Individuals Performing Justice and the Law*，Cambridge University Press，2006. p. 2；R．K. Balot，*Greek Political Thought*，Blackwell Publishing，2006，pp. 303ff；P. Cartledge，*Ancient Greek Political Thought in Practice*，Cambridge University Press，2009，p. 55.

主"，而是少数精英领导借助庞大的理性科层体制管理着国家。后来的许多重要的民主理论家如达尔、萨托利、李普曼、李普塞等等基本上无不沿着这个思路走。[2][4,13,98]

由此可见，西方思想界的主流与其说是无条件拥抱民主、不如说是对民主的深刻的、全面的失望。这一失望有着深远的现实原因：现代性主流是市场经济，人们私人化、多元化、异质化，不可能对政治保持长久的热情，非政治的冷漠必将成为常态。已经觉醒的个体再也不可能无条件地将巨大而陌生的行政机制认同为"共同体"。在深刻的无力感的驱动下，西方"公民意识"日渐淡漠，投票和参加集体活动的人越来越少。[3][21]

正是在这样的大背景下，引人注目的是那些不断发声的反潮流学者，他们总是心有不甘，努力从各种角度出发为"民主"、尤其是古典民主的正当性进行辩护。如果说在现代共和主义的发展中出现了"新罗马主义"的话，那么，我们也不妨称这些为古代直接民主辩护的学者为"新雅典主义"或"新希腊主义"。他们希望被长期（故意）忽视的古典民主在今天依然能作为积极的、重要的资源发挥作用。① 这样的思想家大多汲取了最新哲学社会科学成果，尝试提出了各种出人意料的路径，对于理解我们的时代和时代的政治都打开了许多崭新视野。本译丛所选入的几种，可以作为典型代表，值得读者的细读。作为一种概括的介绍，我们下面就从对民主的内在价值的辩护和外在价值的辩护两个方面对其稍加考察。

一 民主的内在价值辩护——"表演－施为"（performance）政治

在现代性中为"内在价值"辩护是困难的，而为一种政治方式进行"内在价值"辩护，更让现实主义政治学家感到是文不对题。达尔就曾说现代民主理论与古代民主学说不同，不是价值导向的，而是描述性的。自由主义流政治学说认为民主和共同体只具有工具性的好。然而，人们依然可以看到不少重要的思想家直接为民主政治或政治本身寻找内在价值。阿伦特当之无愧是其中最为著名的一个。她定下的基调是：共同体而非私人的生活是

① "新罗马主义"以剑桥学派和 Pettit 的新共和主义为代表。事实上，新共和主义之所以诉诸罗马共和而避开希腊民主，正是为了防止"民主的弊病"。这更让人们看到今天倡导希腊民主的学者们的难能可贵：他们并不是重复常识，而是在挑战主流，知难而进，竭力为处于守势的古典民主平反。

具备最高价值的人类存在，而这只有在共和政治生活中才能实现。她的理由有几个，首先，民主共和通过自由的普遍化，使得更多的人从奴隶变成为人。其次，人只有在一种表演（performance）式政治行动（action）中才能真正存在，即在同样平等自由（尽管个性各不相同）的人们为公共利益的公共奋斗中敢于创造，相互竞赛，追求卓越，赢得荣誉（他人的目光）。唯有民主共和式政治才能提供这种前所未有地拓展人的存在空间的机会。[4][90-91]

阿伦特的这种新亚里士多德、新共和主义的观点表达得颇为极端，但是沿着她的路线走的较为和缓的学者层出不穷。从某种意义上说，西方20世纪的社群主义、共和主义复兴都可以视为是在沿着阿伦特的路径继续发展。他们普遍对现代公民意识淡漠十分担忧，号召人们重新关心与参与政治行动。不过，在一个以自由主义为主流意识形态的现代社会中，很少有人会再主张国家水平的强直接民主，他们通常避免提出恢复雅典民主共同体那种万众一心的“伯里克利式政治”（所谓“美学化纪念碑精神的政治”）。他们大多提出了一些软化的版本。列入本译丛的法伦格（Farenga）的《古希腊的公民与自我》的“施为”（performance）公民身份学说就是一个典例。法伦格认为performance是当代对古代民主研究的最新最好模式。这种模式只诞生了三十年。[5][4-5]不过，从法伦格所援引的主要学术资源戈德黑尔（Goldhill）等人对“雅典民主的表演式文化”的概括——表演、竞争、自我展现、观看、荣誉等等——来看，这显然与更早的阿伦特思想十分相近。法伦格更推进一步的地方在于，他并不想仅仅用这个词表达阿伦特－戈德黑尔的“舞台演出”意蕴。他提示我们注意performance在奥斯丁－哈贝马斯那里，还有“施行”（施为）即“以言行事”的涵义。这样的含义就失去了那种光彩夺目的美学政治色调，而是日常化得多的“施行”、“执行”的意思。民主意味着公民们集体作为主体施行正义、统治国家。同时，法伦格也希望能保留performance的“展现自我”的那一层涵义，只不过这大多是通过语言的施行力量进行的，而且所展现的不是一种、而是三种类型的自我：社群主义的自我、个人主义的自我、商谈主义的自我。一个人成为雅典公民意味着首先要遵循共同体的“剧本”（script，这也是一个文化人类学概念），即当好共同体安排的角色（me，为他人之在）。但是同时，民主共和政治要求每个人都能自由自主，所以它必然会走向纯粹个体和内在自我的觉醒（自为之在，self）。进一步，只要公民们商谈性地施行正义，则这样的个体依然处于语言之中，从而就要适当尊重和服从他者（对语义的共同理解），形成某种“为我们存在”（being for us）。[5][21,24-25]法伦格不像阿伦特那样突出地抬高共同体公民身份而贬低私人身份。在他看来，一个好的公民必须知道这三种身份都是不可缺少的，在施行正义时既要忠于自己的祖国，又要保持一定的独立性、忠于自己作为"人类一员"的身份。必须学会在各种身份之间自如地转化，从而让不同的自我（公共我与个体我）都得到展现，共同存在，相互制衡，相互促进。① 公民身份理论在西方兴起之后，关于究竟民主社会的公民应当将什么当作"公民身份"，是有不同看法和争议的，是国家公民还是世界公民，是精英还是大众。它带来的义务和权利又分别是什么。不同的学者持不同的看法。[6][94]法伦格的学说描述性很强，其规范性也可以说关注的是如何形成更好的公民身份，不过我们还是可以将其视为一种对民主的内在价值的辩护：民主所要求的主体施行正义的行动，有助于形成更为丰富多重和自主成熟的自我认同，从而开拓了人的更广的存在空间。[5][31]

其实，民主的内在价值甚至未必需要是"给予每个人主权"那么强。每个人的基本尊严的保障也可以被视为具有重大价值（黑格尔：历史的终极成就就是"对平等人格的承认"意义上的自由），而这可以通过民主体制来保障。新共和主义者佩蒂特（Pettit）就认为，现代投票式民主机制未必能发挥民治的初衷，但是它依然是必须的和好的，因为它可以控制领导人，逼迫在意选票的当权者不敢任意冒犯百姓的尊严。② 当然，这样的内在之好未必需要直接民主体制来维护，可以靠代议制民主和法治。佩蒂特宣布自己是新共和主义而不是新民主主义。换句话说，他说自己是"罗马共和主义"，而不是"希腊共和主义"。但是我们知道，在日常生活中，人们并不那么严格区分民主和共和，尤其是代议制民主与共和。

前面提到，对任何东西（更别说是"政治"）提供内在价值辩护，在今天特别困难。市场经济与自然科学（尤其是生物学和神经科学）的超常（反常）迅猛发展，使这一切显得似乎太不"现实"。③ 也许，这更说明这种

---

① 参看 Farenga, *Citizen and Self in Ancient Greece*, pp. 30, 536. 法伦格的工作可以视为是在企图兼顾罗尔斯、桑德尔和哈贝马斯的直觉，将自由主义民主、古典民主和商谈民主整合到一个体系中。

② 参看应奇、刘训练编：《公民共和主义》，东方出版社，第 129 页以下。"现代民主理论"甚至主张这是民主唯一可以得到认可的目标，参看卡罗尔：《参与和民主理论》，上海人民出版社 2012 年，第 13 页。

③ 从市场经济的角度看，民主有没有价值，应当从效用量（货币值）的大小衡量；从自然主义的角度看，当事情可以在无意识层面更精确、更实在地解决时，人（民）治（理）将成为多余（副现象）。

内证努力在今天尤其有意义。因为内证指向的是对人这种存在的本体论意义的关切。否则，作为一种管理方式，民主确实是可以随着效率的有无多寡而产生与消亡，人们不必对其从哲学上加以如此坚持。[①]

二 民主的外在价值的辩护——“知识政治”

前面的讨论自然导向另外一个问题：即便民主有内在价值，但是政治是十分现实的，政治家必然要追问：民主是否有外在价值呢，它能否为一个国家带来生存、荣誉和强大？哲学强者的基本价值观是内心的强者：苏格拉底在《高尔吉亚篇》中批评伯里克利的“辉煌功业”为无意义。孟子也说王何必曰利，亦有仁义而已矣。然而，一个现实政治学家（韦伯：负责任的政治家）就不能止于此。如果以善致善不可能，那就只能以恶至善。斯坦福大学政治学系兼古典学系教授奥伯（Ober）提出，必须考察民主的表现（performance）。所以他不想与那些继承柏拉图理想主义、羞谈功利的保守派学者对话，因为双方的价值框架差距太远，实在难以有效沟通。[②] 他的基本立场是：民主作为一种内在之好（善）同时也能带来十分显著的外在之好（善），而这是值得庆贺的好（事）。收入本译丛的奥伯的《民主与知识》可以作为这方面的一个出色成果，让人看到学术界对民主的外在功效的最新系统论证方式。

奥伯其实十分熟悉古今对民主的质疑，他甚至写过这方面的专著。[③] 他对今日学术界对民主的质疑也不陌生。民主具备外部之好吗？许多人对此质疑。甚至西方也有不少人艳羡信仰－集权－指令政体的高效率。柏拉图曾经批评民主的内在弊病是自私与愚昧。用今天的社会科学术语表达即，公共行动问题、协调共识问题、交易费用问题等等在集权国家中容易得到解决，但是在民主国家中却天然比较困难，结果势必导致民强国弱，在国际竞争中失

---

① 查看巴伯：《强势民主》，吉林人民出版社2006年版，第4页。

② 或许“不同派别的对话”也是有限度的。参看 Josiah Ober, *Democracy and Knowledge: Learning and Innovation in Classical Athens*, p. 40 注。对比：布鲁姆、密尔、尼采等等哲人都认为一国之好，在于自由、个体、丰富。维拉也认为公民具备批评力量才是真正重要的价值（Dana Villa, *Socratic Citizenship*, p. 300）。

③ 参看 J. Ober: *Political Dissent in Democratic Athens. Intellectual Critics of Popular Rule*, Princeton University Press, 1998.

败，或者走向某种集权体制。这就是意大利精英政治学派代表米歇尔（Michels）等人论证的“寡头铁律”。[2][8-9,21,31-35]

但是奥伯指出，这样的推理并不符合历史事实。事实是，民主在外在效率上丝毫不逊色于其他体制。它完全可以解决经济活力和强大凝聚力等等问题，甚至远远胜出其竞争者一筹。在他的《民主与知识》的第八章中，奥伯用现代社会科学方式将一个政体的“表现”（即它所带来的“外好”）具体化为几个指标：历史评价，总体繁荣度，硬币的分布，在历史文献中的提及次数，等等。他指出，按照这些（不少是可以量化的）指标，民主雅典的表现在古代可谓出类拔萃，无与伦比。于是，问题就不是“民主行吗”？而是“民主为什么这么行”？由于雅典即便在古代各个民主城邦中也表现得超常出色，还要询问为什么会出现“雅典例外论”的现象？总之，这不是一个有没有、而是一个如何解释的问题。

我们知道对此曾经有过许多种解释，比如雅典的帝国主义与奴隶制度是其强大的来源。这是以恶致善的解释思路。不过，还有以善致善的解释。伯里克利的葬礼演说就开创了这样的由内善向外善的解释路径。伯里克利理解的民主内在之善是民主赋予每个人以自由和尊严，这带来了超常的爱国心和凝聚力，使其心甘情愿地为国奋战。[7][98]奥伯的解释汲取了当代社会科学的最新研究。他首先指出，真正的强大在于知识（得到有效运用），这显然是“知识经济”、“信息社会”的特有思路。如果说知识经济是新强者，知识政治也将成为真正的新强者。① 当然，柏拉图早已重视知识的力量，并且正是因此而批评民主无知愚昧因而是坏体制。奥伯认真看待这一批评，但是他借用了市场学说和新的企业（公司）学说来为民主辩护。民主完全可以是智慧的，民主体制如果能充分汇聚和共享分散在大众中间的知识，反而能集思广益，比专家型集权政治更好地完成合作行动中的各项任务。[2][268]奥伯提示人们：希腊民主城邦可以类比的是当代新兴企业即某些IT公司，在这样的公司中，最为有价值的财产就是它们的成员的知识。事实证明，这些企业在激烈的竞争环境（市场）中往往通过对知识－信息的有效汇聚获得了巨大的成功。[2][18,90,104-6]

---

① 我们可以将现代专家视为某种新强者，知识强者。古代强者靠的主要是物质力量和纪律，比如斯巴达和罗马；而雅典的强大主要是知识带来的。在所谓现代性和后现代时代，知识的力量日益明显是主要的“强者”力量之所在。参看 Josiah Ober, *Democracy and Knowledge: Learning and Innovation in Classical Athens*, p. 106, note.

奥伯的新思路的核心启发是：民主的许多机制可以发挥我们意想不到的、导致外部高效率的作用。如果仅仅按照代议制民主的理解，投票是汇聚私人偏好的，那么这确实是无效的体制，阿罗这么看，奥伯也同意：如果只是当选民，其实没有什么力量。但是如果我们发现这些机制可以是为了别的目的，则它们非常有效。[2][98-9,108]这一目的首先就是社会知识论的。著名政治思想家邓恩曾经悲观地认为，专业知识的存在与人人统治的民主主张之间是无法协调的。民主的诸项体制设计是为了“避免直接镇压”，而不是保障“有效理解的稳定产生”。① 但是奥伯认为未必。如果仔细考察，就会发现民主雅典确实在用一个复杂系统的体制将分散的知识汇聚起来，全民共享，同时形成稳定的共识，保障了有效理解的稳定产生，使得国家强大而有活力。

具体而言，知识政治的任务分为三个方面：

首先，汇聚共享。人们大多知道被梭伦、克里斯提尼、伯里克利等逐渐建立起来的雅典民主的那些繁多的机制，比如十部落，500人议会，民众大会，陪审法庭，等等。它们忙忙碌碌，热热闹闹，每天在活动，花费也不菲。奥伯的问题是：如此巨大的活动费用，必须有相应的回报，才能维系。回报是什么呢？正是知识的汇集。民众当中其实有各种各样的知识，而且有各行各业的专家。但是如何将其汇聚起来，让大家都分享到，需要有效的机制。奥伯认为，从这个角度看，则雅典民主制中的500人议会、官员工作组等等，都可以视为是将分散的公民频繁地聚会在一起，建立起沟通和信任，同时熟知谁是能人，推举其填补结构洞，让各行各业的专家被认出和启用，让各人的不同知识得到互补性运用。[2][123,135,142]

其次，形成共识。人们在不知道其他人的意图时，往往难以协调行动。集权体制比较容易通过颁布命令和洗脑来解决这个问题。民主怎么办？有办法。奥伯认为，雅典民主发明了许多聪明的办法“形成共识”，比如建立了大量的公共纪念碑、建筑、剧场等等可以将共同信念广而告之。奥伯特别介绍了近来学者们对雅典民主时期大量建造的环形剧场和会场的功能的研究。这种“内观式”建筑可以令观众们在观看舞台上的表演的同时，相互看到伙伴们的反应，从而自然而然地达成信念共识。这样的建筑在雅典的非民主时期就隐而不显、很少建造了，在其他集权国家也很少见。阿伦特也注意到希

① 民主与知识之间的紧张关系，自古就是思想家关心的一个问题。参看 Schofield，Malcolm. 2006. *Plato*：*Political philosophy*. London and New York：Oxford University Press，chapter 4.

腊民主的公共领域中的“相互观看”的重要，不过她主要是看重这种措施所提供的荣誉的形成机会，而奥伯则从社会认识论的角度出发，强调这样的建筑可以帮助共识的建立。[2][169,194,199]

最后，建立规则。在知识汇集和形成共识之后，为了减低交易费用，必须将知识建立为法规（codification）。雅典民主热衷于订立大量法规并认真依法行事。这样的政治文化使得普通人只要通过学习传统、遵循条规就可以完成许多大事。柏拉图认为民主的致命（外在）弊病是无知且高傲，不承认自己的无知，不愿意学习。① 但是我们看到，奥伯所理解的民主体制恰恰是一种学习型组织。当然，奥伯也意识到法规化的弊病是容易导向僵化。但是他认为雅典民主在学习与创新之间还是设法保持了平衡。

这三个方面完整地证明了民主可以是“智慧”的。要注意的是，上述社会知识论预设了民主的公共性。众所周知，柏拉图对民主的批评是两大方面：私心与无知。奥伯也知道现代民主理论公认民主的本质是私人利益集团的冲突和博弈。不过他并不认为这是民主的必然特征。如果民主是这样的东西，那确实难以解决公共行动问题。但是，完全可以像古代民主那样假设民主是公共的。于是，公民就会愿意和他人分享有价值的知识，而非总是想通过伤害他人来获利。那么，为什么古代民主可以是公共性的？奥伯的解释是：当时环境非常险恶，民主国处于众多竞争者之间，这会导致共同体的内部团结。[2][100-2,169]更早提出“强势民主”的学者巴伯则认为，其实只要制度设计得当，进入公共领域的民主人会自动从私人转化为公民，所以不会仅仅在设法利用体制拼命实现自己的利益集团的偏好，而是会在共同商讨中改变自己的偏好，从而不会出现现代民主理论家们经常喜欢说的“投票悖论”等等问题。②

三　民主机制的其他作用——目光参政

奥伯的民主作为“高效知识政治”的思路可以归结为：第一，对人们熟知的体制做出新解释，第二，对被忽视的体制从新角度加以重视。这种“重新审视民主体制功能”的思路表明了古代民主研究者们不断借鉴其他学科的

① 熊彼特也认为民主的特点是无知。参看卡罗尔：《参与和民主理论》，第16页。

② 参看巴伯：《强势民主》，吉林人民出版社2006年版。哈贝马斯的商谈民主亦有与此相近的意旨。

新成果。事实上，自从Finley开创雅典民主研究之后，借鉴政治学、历史学、社会科学、法学等等学科领域模式的各种研究进路纷纷涌现。[5][2,550]在本译丛中，我们收入了格林的《人民之眼》，集中体现了这样的新尝试、新思路。

格林首先同意大多数学者的看法：人们对现代西方民主的效果普遍失望。然后他指出个中缘由是，大部分人一直都是在用声音模式（vocal）思考民主，将民主参政理解为人民直接进入公共领域发出自己的声音，包括最新的"商谈民主"也是如此（其要旨就是尊重各方的声音）。然而，这种"直接发声决策"（或者公共意见的汇聚）式民主确实已经被从韦伯到公共选择的主流民主理论家们证明基本上是失败了，是一个幻觉。不过，格林认为不必对民主灰心，他相信，解决之道其实已经存在。他说，人民直接充当统治者不可能，他们必然永远停留在被统治者（ruled citizen）状态，但是弱者依然可能能发挥强者的作用，"民主"依然可能，只不过新的渠道将不是"声音"，而是"目光"（visual）；不是"谈说"，而是"凝视"。

这样的命题初看上去是反常识的，因为"看客"、"旁观"（spectatorship）本来似乎意味着软弱无力，怎么会是强有力呢？格林却论证我们可以拓宽思路，破除常见。第一，即便从日常视角乃至各种理论看，"凝视"也可能意味着强者的巨大杀伤力，让我们想想"神的注视"，"良知的目光"，萨特的"自为之在的对象化目光"，福柯的"权力凝视式目光"等等，就不难明白了。[1][10]第二，民主政治正是要采取许多措施让这些潜在的目光力量变得真正强大。比如当代民主体制中的总统选举电视辩论，公共质询，领导人新闻发布会，等等。[1][99,194]这些制度作为民主制度，其特点是领导人公开露面的整个过程的程序和条件不得由统治者本人操纵，而必须由人民控制，从而符合一个关键标准：坦诚性（candor）。

这样的"目光式民主"理解有几个好处，第一是顺应历史时代潮流。古希腊人确实以政治生活为最为主要的生活形式，人生大部分时间津津有味地放在其中。① 但是，在大国－工业化－市场经济的时代，人民不可能热衷于经常性地投身公共领域"谈说"。除了四年一次的选举，大多数人大多数时间中都是被动的被统治型公民（弱者）。② 这一沉默的大多数长期以来被民

---

① 参看Balot, *Greek Political Thought*, pp. 298－299.

② 参看Jeffrey Green, *The Eyes of the People: Democracy in an Age of Spectatorship*, pp. 204－205. 实际上，达尔认为穷人是暴民，他们少进入公共领域直接干政，或许是一件好事，参看卡罗尔：《参与和民主理论》，第89页。

主理论所忽视，这是不应该的。难道我们找不到让他们也能以某种方式经常性地发挥统治（强者）的方式吗？换句话说，为什么不可以设想弱者或被统治者也可以有自己的"政治生活"？[1][33,62]第二，目光式民主让"人"重新回到政治中。发声类民主包括商谈民主，关注的重点是立法而不是人的生活，是如何最终推动某种有利于自己党派的法律被通过。这样的党争式民主，其实是将人当成工具——推动立法的工具。[1][204]但是观看型民主则首先让统治者作为人重新登上舞台，出色表演（performance）；[1][184]人民虽然并不登台表演，但是观看演出，并且享受观看政治家坦诚而高明的演出。这才是人与人的关系，它维系了表演自由与观看自由两种美好。这样的美好，在一个日益理性化、自然主义、市场化的今天，尤其难能可贵。在此意义上，格林的观点符合我们在第一节所说的"民主的内在价值的论证"。第三，这是让"民主"真正重新回到政治中。这种民主，是罗马式的而不是希腊式的，但是又不是"罗马共和主义"的，毋宁说是罗马式"群众民主"（plebiscitary democracy）。这个词在民主学者中一直是个贬义词，甚至比"希腊民主"还要糟糕，因为它唤醒的是对罗马时代由"民众领导"率领"暴民大众"反对共和贵族们的历史的回忆。格林用这个词强调，今天的民主国家中的真实事情和罗马民主一样，是领导人在表演，人民则是"被动"的观众——或许像当年角斗场中的大众一样，他们还享受观看。[1][120]唯有认清这是事实，才会由此出发设法设计有效的民主方式制约领导们手中过强的权力。如果忽视或者故意无视这个事实，反而会忘记或是故意不设计制衡方式。① 格林认为他的"目光民主"的设计，还可以使得被多元民主派搞臭的"人民"概念终于再次恢复名誉。"人民"在发声参政时，大多是作为利益差异很大的小群体，确实不太会是一元的，所以可以说此时并不存在作为统一实体的"人民"。但是，他们在"观看"或者监督领导人时，并不考虑党派利益，便在实质上构成了一个共同的"人民"实体。[1][205-206]

所以，在今天也不必对"民主"失望，只不过如何看待真正发挥民主作用的渠道、机构、方式，需要我们有足够的理论想象力，需要政治思想史上

---

① 韦伯已经指出：领导与人民之间相对清晰的区分，以及领导依然拥有很大的权力，乃是现代大众民主的一个特点。格林因此认为既要承认事实，又要想办法在此基础上继续贯彻民主。比如，既要接受领导，又要用观看等方式来制约领导。Jeffrey Green, *The Eyes of the People: Democracy in an Age of Spectatorship*, pp. 149, 152, 156.

的方法论创新。

无论是奥伯还是格林，无论是“发声”还是“凝视”，都坚持古代直接式民主在今天依然可以发挥相当积极的作用。这在今天普遍质疑古典民主的大背景之下，是反潮流的。

四 制约民主的民主——哲人式公民

上面介绍的著作可以说都对古代直接民主的意义重新加以肯定。但是，古今思想家忌惮和反对直接民主，也不是没有道理的，比如大众暴政、不尊重私权、不尊重自由思考、情绪化、愚昧，等等。历史上也曾经发展出一系列对治这些弊病的机制，比如法治、[①] 理性化[②]包容机制、宗教、大众传媒和自由思想家的独立，等等。这些机制的本质究竟是什么，又有争议：它们究竟属于“民主”的一部分或应有之义呢，还是对民主制衡的非民主机制?[③]

民主的特有弊病大致可以分为两大类：私人化或是公共化。前者是柏拉图所描述的民主倾向于走向个人主义和党争，以及自由主义体制下的最小政府论和政治冷漠；而后者则是人民主权所容易带来的道德优越和狂妄。“复兴古代民主者”可能会忽视后面这种民粹主义问题。不过，历来有不少深刻的思想家意识到这个问题的危害，并且建议用民主之外的某种机制抗衡之。著名的有诸如托克维尔和尼布尔，他们强调独立的信仰体系能抗衡民主的道德自义天性。非宗教的抗衡方式则主要是代表独立自由批判性反思的哲学。维拉（Villa）的《苏格拉底式公民身份》提出了“哲人型公民”学说，是这方面的一个富有新意的成果，我们已经收入本译丛。

在维拉看来，为了反对政治冷漠而热烈拥抱社群主义已经成了今天的一

① 维尔南就指出，雅典民主机制的主旨可能是为了法治：将权力放到中间（meso）。

② 理性化是现代性的重要特征，韦伯传统的人比如历史学家黄仁宇都这么看。泰勒式管理体制或许是其典型例子。但是，它的本质恰恰不是“民主”。参看卡罗尔：《参与和民主理论》，第49页。

③ 比如，法治其实与民主可以是对立的。民主是主体的、表演的、生活的；而法治则是结构－功能机制化导向的。作为乐观主义者，奥伯认为雅典已经看到民主的所有问题，并都加以防范了。Ober, Josiah. 2008. *Democracy and Knowledge: Learning and Innovation in Classical Athens*, pp. 78－89. 这些问题的现实意义是：如果一个后发民主国家总是失败，是因为民主体制不健全还是忘记了同时建设这些“民主之外”的体制?

个时尚。① 然而，对古代式民主即公民政治的无条件复活号召，是相当成问题的，它很可能会带来更可怕的危害，导向毫无批判能力的新盲从。[8][301] 为此，他诉诸苏格拉底的洞见：未经过审查的公民生活不值得过。而苏格拉底作为与政治拉开批评距离的哲人，以这样的方式维护民主政治的健康，也可以说是一种另类的"民主派"或者"公民"。[8][305]

维拉认为苏格拉底与柏拉图不一样，从未提出过任何正面的道德教条。苏格拉底如果说在历史上首创了"道德个人主义"的话，那么就在于他集中精力专门批评民主国家和一切共同体的道德自义。伯里克利时期的民主，以思想和行动的"合一不分"为骄傲自豪，个人完全认同共同体。但是，未经批评反思的行动，承载了道德优越感，会带来许许多多更为严重的灾难，这值得哲人专门投入时间和精力去对付。[8][23,26,39,57-8]在《高尔吉亚篇》中，苏格拉底自诩为雅典唯一的政治人。不过，苏格拉底"哲人公民"的特点是仅仅批评，而并不行动，其主要任务就是通过反思使得政治行动慢下来。从这个角度看，苏格拉底的"不行动"与梭罗等的哲学行动观相比，也可以避免乌托邦革命的危险。[8][54-56]这种纯粹负面性的哲学批评治疗工作，对共同体的健康发展，本身就具有很大的建设性意义，尽管民主共同体往往并不领情，而是将其视为不道德、坏公民。②

总之，维拉旨在论证从苏格拉底身上我们可以看到一种新型的公民身份，即哲人型公民，他本质上不是反民主，而是民主的健康发展所不可或缺的一个要素。有意思的是，有的学者认为民主的"商谈"或人人有权发言的制度的更深刻意义，恰恰就是相互批评提醒；③ 而有的学者如 Schofiled 和 Wallch 甚至认为，柏拉图也是这个意义上的民主派。[5][18]

维拉为了防止民主共同体崇拜的狂热，可能过分强调个人与共同体之间的距离了。其他许多希望恢复古代民主的益处的学者们则努力同时治疗现代民主中冷漠与狂热双问题。比如法伦格就建议在内在个人主体自我和社群共同体自我之间保持某种平衡。一个健康的公民应当能够在不同的框架之间来回转化身份，因为它们各自都重要，而不能让一种框架吞掉另外一种。[5][543,547]

---

① 中国学者对西方有关公民身份的热烈讨论已经关注，并且有多部译著在"西方公民理论书系"的翻译工程中出版。

② Dana Villa, *Socratic Citizenship*, pp. 29, 33. 当然，在《高尔吉亚篇》中，苏格拉底自诩雅典唯一的政治人，参看 Dana Villa, *Socratic Citizenship*, pp. 17, 19.

③ 参看 Balot, *Greek Political Thought*, pp. 65-66.

结语

在今天的政治哲学和政治思想史学界中，当说到“反对民主”时，人们一般会想到施特劳斯派等少数保守派，而认为主流政治理论家是力挺民主的。但是从联邦党人到托克维尔，从公共选择论到集体行动论，主流学界即便看到民主的必然性和优越性，还是一直对民主尤其古典民主的潜在问题感到深刻的忧虑：直接民主既是无力的，又是危险的，它有可能带来大众暴政，压制多元和自由，罔顾专家而自信傲慢，低俗而无效率。许多人甚至认为：西方社会如果成功的话，靠的也不是“民主”，而是其他的东西诸如自由主义，小政府（弱政治），共和，分权制衡，市场经济看不见的手的作用等等。① 为民主的价值辩护者，反而显得是“逆流而动者”，必须提出扎实的理由论证。本译丛将这样的学者——他们有哲学家、史学家和政治学家——的一些最新成果译介给读者，正是试图展示学者们为民主平反的新切入角度，不少是前人未曾思及的，非常有启发性，开拓了政治哲学和政治思想史的视野。然而，这些工作之间又不完全相同，甚至观点有分歧和冲突。比如奥伯主张人民之声依然非常有用，[2][101]但是格林则持不同意见，他认为应当更多地考虑人民的眼睛。这样的分歧还体现在对一些关键词的理解上。比如，Performance 是一个在近几十年西方学术界十分流行的关键词，然而它在不同的人那里意味着不同的理论模式。在阿伦特那里，它更意味着表演，在法伦格那里，就添加了“施为”（施行）的意思；在格林那里，领导表演，群众观看表演。而在奥伯那里，performance 指的是一个体制的能力或“表现”。[5][5] 总之，这一个词可以表达人类行为由内到外的各个层次。

正是看到学者们的分歧或者丰富性，上面我们试着对其宗旨进行了一些划分。最主要的划分是将民主辩护论分成从内在价值出发的论证与从外在价值出发的论证。有意思的是，哲学家们多从内证看民主的利弊，而历史学和政治学学者则多从外证看，他们更为“现实主义”。不过，这样的学科偏好也不是绝对的。甚至以专门论证民主的外在效力著称的奥伯，也强调民主的

---

① 参看约翰·邓恩：《让人民自由——民主的历史》，新星出版社，2010 年版，第 183 页。

正当性证明主要还是内在的，即它的内在价值是首要的。[①] 在此值得指出的是：阿伦特的‘外证’和奥伯的‘内证’，都来自亚里士多德。甚至他们描述终极目标时所用的术语即“繁盛”（flourishing），也都来自亚里士多德。可见亚里士多德的思想极为全面，内外兼修，影响至今不竭。

在现代，从内在价值论证民主共和的意义，尤其困难。因为现代性设定个人主义为最终价值本位，于是一切政治方式归根到底是个人的幸福的工具。如果从这个角度看，则民主能完成的事情，只要可以被开明专制或自由贵族制等其他体制完成，逻辑上看不出为什么一定要坚持民主与共和。[②] 由此看来，希望依然维系民主共和内在价值的，是所谓“强者”。强者政治学与弱者政治学[③]不同，关心的不是第三人称的效率（或者演化论适存度意义上的功能），而是第一人称的内在价值或人作为人的幸福（之善）。用伦理学类型学的语言说，它关心的不是后果论，而是完善论。关心这样的价值，尤其是试图在极为现实的政治当中追求实现这样的“理想主义”价值，确实是某种“奢侈”。从古典哲学的角度看，唯有强者才能享有这样的奢侈，同时也必须去追求这样的奢侈。否则就不配“强者”之名。

进一步的问题是：内与外有没有关联？在一个险恶的国际环境下，仅仅重视内在价值比如人的尊严，或许是玩不起的奢侈。然而，奥伯认为民主不是奢侈，它很现实。民主作为一种内在之好能带来外在之好。注意这种解释并不像它看上去那样是自然而然的。许多学者尝试过，但是都失败了。比如卡罗尔在解释现代企业民主化实验时也提出了类似的论证：当工人能控制自己的工作时，就能感到尊严和自由，便会主动发挥更大干劲，带来更高效率。[④] 但是，这种“企业民主解释”显然过于理想化了些，她所钟爱的南斯拉夫的工人自治的实践从后来的经验看也未必成功。科斯的企业理论表明，作为

---

① Ober, Josiah. 2008. *Democracy and Knowledge: Learning and Innovation in Classical Athens*, *p*. 23，奥伯在古代民主史领域发表过许多影响广泛的著作。他之前的一些重要著作可以视为是对民主的内在价值的辩护。

② 参看巴伯：《强势民主》第 26 页。政治的未来与以神经科学、演化论、人工智能等为代表的结构功能取向的“新自然主义”价值观的关系，值得专文讨论。

③ “强者政治学/弱者政治学”的理论模式参看包利民：《古典政治哲学史论》，人民出版社 2010 年，导论。这个模式在今天依然有效。现实主义者如韦伯、熊彼特等都用切实的事实指出，在民主社会中，人民并未真地直接进行统治。“强者政治学”与“弱者政治学”的二分，在今日西方民主世界中还是清晰可辨，进入 20 世纪之后甚至加剧而非缓解了。

④ 卡罗尔：《参与和民主理论》，第 54 – 55，58 页。

降低交易费用的需要而出现的企业应该不是民主的，而是等级体系的。[①] 奥伯却用“新企业理论”由内向外解释雅典的成功。这是基于一种独特的社会认识论解释：如果将雅典民主的那一套机制理解为“高效知识共享机制”，那就自然可以理解民主国家为什么会取得外在的强盛。奥伯的思路如果能够普遍成立，在历史哲学上将引发深思：这是否意味着善（好）而非恶（坏）也可以成为推动历史进步的主要动力，从而亚当·斯密和黑格尔的历史哲学（看不见的手与理性的狡计）就未必成立？人类将可以在现实政治经济中直接地既追求外在之好，同时又追求内在之善。

当然，这即使是可能的，也并非自动的、自发的；它需要自觉努力。当一个民族获得了外在之好后，应当积极乘势发展内在之好，如古代雅典人的所作所为那样，从而为人类文明做出些永久性和普遍性的贡献，并且为自己的可持续发展保持某种特殊而强大的红利。

许多人为本译丛的选题、翻译和校对做出了贡献，我们在此表示十分的感谢，尤其要感谢的是奥伯教授、林炎平先生、格林教授等人对本译丛的大力支持，感谢林志猛编订了译名表，并与罗峰、文敏等校对了部分译稿。热心古典学术事业的人是纯粹的。

包利民

2015 年 3 月 1 日

参考文献

1. Jeffrey Green, *The Eyes of the People: Democracy in an Age of Spectatorship*, Oxford: Oxford University Press, 2010.
2. Josiah Ober, *Democracy and Knowledge: Learning and Innovation in Classical Athens*. Princeton: Princeton University Press. 2008.
3. Robert D. Putnam, *Bowling Alone: The Collapse and Revival of American Community Putnam*, Robert D. Simon & Schuster, 2001.
4. ［美］阿伦特：《人的条件》，上海：上海人民出版社，1999 年。［Hannah Arendt, *The Human Condition*, trans. By Zhu Qian, Shanghai: Shanghai Renmin Press, 1999 ］

---

① Ober, Josiah. 2008. *Democracy and Knowledge: Learning and Innovation in Classical Athens*, *p*. 103.

5. Vincent Farenga, *Citizen and Self in Ancient Greece*, Cambridge: Cambridge University Press, 2006.
6. [英] 德里克·希特:《公民身份——世界史、政治学与教育学中的公民理想》,吉林出版集团,2010。[Derek Heater, *Citizenship: The Civic Ideal in World History, Politics and Education*, trans. By Guo Taihui and Yu Huiyuan, Jilin: Jilin Publishing Group, 2010]
7. [古希腊] 修昔底德:《伯罗奔尼撒战争史》,广西师范大学出版社 2004 年。[Thucydides, *The Peloponnesian War*, Guangxi Normal University Press, 2004]
8. Dana Villa, *Socratic Citizenship*, Princeton: Princeton University Press, 2001.
9. 约翰·邓恩:《让人民自由——民主的历史》,新星出版社,2010 年版。[John Dunn, *Setting the people free: the story of democracy*, trans. By Yintai, Xinxing Press, 2010]

目 录
Contents

致　谢

我从 1973 年起在南加利福尼亚大学教授古典学与比较文学，多年来我受益于很多同事与学生的鼓舞与支持，其中一些人让我特别尊重与感动。在时日已久的过去，我要感谢我曾经的同事 Jane Cody，后来是 David S. Wiesen，Richard Caldwell，Carolyn Dewald，Jeffrey Henderson ，再后来就是 George Pilitsis，William Levitan，Martha Malamud，以及 Donald T. McGuire。而不算久远的过去中，我要感谢的是 Phiroze Vasunia 与 Catherine Gilhuly。在现在的同事中，我继续得到 W. G. Thalmann，Thomas Habinek，A. J. Boyle，Bryan Burns 以及 Claudia Moatti 的指点、感染与鼓励。

而在南加利福尼亚大学之外的一些同仁中，我在职业生涯的早期得到了 John Peradotto，Pietro Pucci 的支持与鼓励，而后期得到的是 Charles Segal 的帮助。在 1984 年到 1985 年为大学老师提供的 NEH 基金给我提供了一个研究古代希腊文化的机会，其间一些观点（我有所修正）继续作为第四章的论据。近来我特别要感谢剑桥大学出版社不知名的审读者，他们的评论与批评对于这一成果的最终版本有着重要的影响。

新老朋友一直为完成这一工作不断提供资源。在老朋友中我要感谢 Glenn Embrey，John House 以及 David Eidenberg；在新朋友中，要感谢的是 Ron Scheer。我对我的家庭成员致以最大的感激：我的姐姐 Marie Danziger 和妹妹 Catherine Behrens，我的儿子 Stéphane，而在所有人中我最感谢的是我的妻子 Nicole Durfresne。

重要术语

本书作者使用了一些重要概念，读者在阅读之前最好先了解。

首先，本书的关键词是 performance。据说现在这个词在文学批评和哲学中十分流行，但是它的涵义过于广泛，很难统一翻译。本书至少在两个相当不同的维度上利用这个词的丰富涵义：

表演——我们有时翻译为演出，展现。

施行——我们有时翻译为做，实行，执行，实施。

尤其是，后者还与奥斯丁的“以言行事”结合，即经常指的是用说话来实行或者做事。具体到本书的主题，就是用说话来实施正义，执法。

其次，与此相关的另外一个重要概念是 deliberation。从哈贝马斯传统看，这个词应当翻译为“商谈”。但是一个人内心的 deliberation 似乎还是翻译为“思虑”（思考）比较好。所以，当读者看到“商谈”或是“思考”时，请自动想到 deliberation 并体会琢磨。

再者，narrative。这个词翻译为“叙事”，比较有哲学含义，其实它的普通涵义就是讲故事。在麦金泰尔的哲学体系中这是一个核心概念。

还有，agent。这个词我们主要翻译为行动者，执行者。

此外，有一些希腊语无论如何翻译都很难，原作者的做法就是不翻译，而是直接将原词（的拉丁化形式）放到文中。我们也如此处理。但是这么做的不利之处是一般读者可能会感到看不懂。所以，建议读者遇到这样的词后立即到这里查一个大致意思——但是一定要注意这只是一个大致意思。比如：

physis 自然

nomos 人为（新立之法律）

themis 权威律令，古法，口传法，神法，礼法

themistes 司法仲裁行动

thesmion （复数为 *thesmia*）案例库，经典犯罪案例，共同体对于罪与罚的集体记忆

themos 古王执法录

time （复数为 *timai*）价值，荣誉，地位

basileus 王者，王，首领

余慧元

导　论

1. 民主雅典中公民身份的表演及其剧本

过去15年里，在古代史学者与古典学家对于公元前508年至公元前332年的雅典民主所显示的持久兴趣中，出现了一个新的领域，我们可以称其为“雅典民主研究（Athenian democracy studies）”。[①] 它流行的原因在一个醉心于交叉学科研究的时代并不难确定，但是它的发展轨迹已经说明关于民主社会的话题可能有多么复杂，特别是当我们研究人类主体通过民主的公民身份方式去探讨这一主题时尤其如此。因而毫不奇怪的是，为证据的多样性和方法论上的折衷主义所推动的雅典民主研究，现在正在快速发展；学者们讨论着雅典民主特有的文化实践和文化信念，设计出新的方法来研究它们。如果想举例说明这种多样性和折衷主义，我们只需看看层出不穷的作者在今天诸多领域极为多产，他们出版的“大杂烩式”文丛与日俱增：关于雅典民主的大部头论文集一再面世——至少英语世界中是如此。[②] 这些论文集的出现，至少说明了学者们发现很难形成一个单一的交叉学科方法来讨论雅典的民主。他们或许还使得读者相信，民主共同体与公民身份本身就种类繁多而且混

① 这一研究中涉及希腊历史中的年代都是指公元前（BC）。除非特别标明，文中所有的古代与现代语言的翻译都是我所做的（在本文的翻译中，为了照顾中文读者的阅读习惯，我在文中提及的希腊历史年代前都加上了“公元前”。——译者注）。

② See Rhodes 2004，Goldhill and Osborne 1999，Cartledge，Millett，和 von Reden 1998，Morris and Raaflaub 1998，Boedeker and Raaflaub 1998，Ober and Hedrick 1996，Euben，Wallach and Ober 1994，Boegehold and Scafuro 1994，以及 Osborne and Goldhill 1994。有关这些激增的论文集，参见 David Cohen 2002，Kinzl and Raaflaub 1995，和 Eder 1994。

乱，很难被容纳在一个单一的研究思路中——这一点我认为是错误的。

大约十多年前，在雅典的民主与公民身份的研究中出现了区分新旧两种范式的清晰界限。旧的研究范式是基于公民们拥有的宪政意义上的法律地位①与对政治机构的参与，而晚近的一些研究则强调了对公民和非公民都有影响的社会行为、价值和态度这些意识形态的问题。② 然而今天雅典民主研究中的发展使得这一区分又细化为一系列的选择，其中之一是方法论上的，它可以视为某种许多古典学者与古代史学家今天都面临着的“理论问题”：“我的方法是不是应当综合运用当代的政治、社会与文化理论，或者它仍应当是‘经验性的’，即基于‘民主雅典’的生活是什么样的这一传统意义之上?”③

选择了理论上兼收并蓄方法的学者同样面临着折衷主义的潘多拉匣子：“我到底应当混合地利用众多思想家或者诸理论呢，还是基于一种主要的方法?”④ 选择在多大的范围内收集证据，也有着不同的观点：“如果我的研究是以经验为基础的，我是应当利用关于雅典的政治、法律、战争、经济、性别关系、哲学等民主生活的资料，还是应当限制于单一的文化实践中?”⑤ 更多

---

① 法律地位（实即法律上的人格或者称为权利能力），指法律主体享受权利与承担义务的资格。也用以指法律主体在法律关系中所处的位置，它常用来表示权利和义务的相应程度。法律地位一般由其他社会规范、习俗先行限定，由法律最终确认后生效。——译者注

② Scafuro 讨论了这种区分（1994：2－8），Manville 提出了一种新的范式（1994 和 1990），Ober 的著作代表着对意识形态最感兴趣的观点（1998，1996，1994 和 1989）。

③ 运用了综合方法的研究包括 Ober 1998，1996 and 1989，Hunter 1994 and Euben 1990。而基于经验之上做出卓有成效贡献的包括 Hansen 1987 and 1991，Stockton 1990，Sinclair 1988，and Ostwald 1986；芬利（M. I. Finley）实际上开创了当代的雅典民主研究领域，对于学者来说这是作为两种方法的启示与桥梁（eg.，1983，1985a，and 1985b.）。罗兹将这一领域可能的方法大致划分为八个类型（2003a：70－71）。

④ 这一混合理论的典型代表包括福柯、布尔迪厄（Bourdieu）、塞尔（Serle）。Sagan 通过经典精神分析的视角研究了雅典的民主与狂热。Saxonhouse（1992）运用了性别理论来评价了这种民主。McClure（1999）与 Lape（2004）将性别与种族的理论结合起来（2003）。罗侯的著作折衷地利用了多种模型（福柯、结构主义、后结构主义、女性主义、精神分析理论等）（e. g.，2002a，2002b，1998）。

⑤ 在 1996 年，奥伯与 Hedrick 的文集中形成的方法，运用了非常广泛的证据。在雅典的民主法庭中，流行的单一文化实践选择已经是合法的，正如在 Allen 2000，Johnstone 1999，Christ 1998 所作的研究，以及 Hunter 与 Ednonson 2000，Cartledge，Millett，Todd（1990）的论文所表明的。

基于事实的研究可能仅仅关注民主实践中的艺术或考古学方面的证据，或者集中于基于考古学与视觉理论（visual theories）[①] 的各种重大解释模式。然而还有另一种仅为少数人偶尔采纳的选择，是将方法论问题与证据结合起来，他们问的是："我应当将雅典民主及公民身份的研究，与当代政治科学、社会学、政策与计划、法学等领域中对民主理论和实践的研究进行对话吗?"更直接地说就是，"古代、现代与后现代民主的事实与理论能够彼此启发吗?"[②] 后一种研究纲领可能促使一些学者有意识地去考虑他们的民族传统会在多大程度上影响他们对于古代民主的研究与评价。[③]

这些雅典民主研究中的多种选择的可能性使人们产生了一种错觉，认为古代的民主及其公民身份并不适宜于用一套统一的问题、定义或者概念来理解。在这些与方法论和证据相关的问题之上的七嘴八舌，可能已使得我们在讨论什么是（古代、现代与后现代）民主的公民身份问题上泄了气，也促使我们得出结论，认为在远古及后来的时代，人类主体体验到的民主是如此异质，以致不可能在它们中找到一种基本共性。但是，近年来在雅典民主研究中有一种新的进展，向观念上更为统一的方法更进了一步。它使用了一种混合的理论来研究雅典繁荣的文化实践，其最为关键的新策略就在于，将雅典民主的公民身份与我们今天称为"表演研究（performance studies）"的东西联系起来了。《表演文化与雅典民主》（*Performance Culture and Athenian Democracy*）（Goldhill and Osborne 1999）这本论文集有一个精彩的导论，在其中西蒙·戈德希尔（Simon Goldhill）为这种联系提供了一个详细的解释。他热忱开列出的"规划要目"（1999 年）可以给我们以阿里阿德涅之线，引

---

① 对于艺术史与雅典民主的研究包括 Neer 2002、Hurwit 1999、Castriota1992，同样可以参考 Boedeker and Raaflaub 1998 的一些重要论文。考古学的证据包括 Coulson 编辑的论文集（1994），其中 Brenne 对于 *ostraka*（放逐）的研究是一个很好的例子。解释的模式可以参考在 Morris 和 Raaflaub 所编辑的文集中 Small 与 Morris 的讨论。

② 罗兹巧妙地处理了这一广义上的方法论问题，提供了部分答案（2003a）；近些年的研究包括 Colaico 2000，Wallach 2001，Villa 2001，以及 Mara 1997 关于苏格拉底与（或者）柏拉图的研究。而稍有局限性的努力见 Ober and Hedrick 1996，Ober 1996：161－187，Wolin 1994 的贡献，以及在 McAfee 2000（1－18），和 Farrar 1988（e. g.，3－14 and 273－278）的一些段落；最近的研究可以参考 Samons 2004 和 Ober 2005。

③ 罗兹认为所有这些现代学者的观点受制于他们各自国家的民主传统，这会误导我们（2003a：34－53）。这种笼统的看法忽视了那些有着跨国家与跨文化的个人经历与教育历史的个体，这一观点同样也轻视了耽于民族成见（national stereotypes）的主体（54－69）。关于雅典民主与现代民族主义和民族塑造，参见 Anderson 2003。

导我们去应对困扰着古代民主公民身份的多样性、折衷主义以及表面的混乱。

根据戈德希尔的观点，表演理论（performance theory）在三十年前起源于民族志（ethnograhphy）及戏剧研究等领域，随后嫁接到性别研究，最后渗透到古典学中去，构成了一条理解雅典民主的公民身份的康庄大道。① 他将表演的“智性空间（intellectual space）”标记为“诠释性概念”，它将不同的雅典生活联系起来，比如戏剧的场景、法庭的辩论、公民大会中的商谈、公民宗教节日、酒席上与健身房中的聚会、同性恋之类的社会习俗、公共与私人两方面所使用的铭文，等等。戈德希尔暗示，如果从统一的“表演”角度来看，这些多元的实践其实具有连贯性，这种连贯性来自作为公民身份核心的一些关键性的社会行为。我们由此受到启示，直接将公民身份视为一种表演——虽然戈德希尔本人从来没有这样说过。他认为雅典的表演文化在于诸个体在单一社会场景中的行为之中，即通过竞相自我展示，以使得他们的社会地位（*timê*）能得到集体的评价和他人的判断。这种“自我表现”或者说“自我提升”的动力表现在希腊社会生活的四种主要公民行为中：*agôn*（竞争）、*epideixis*（展示）、*schêma*（表现，亦即姿态、姿势）以及 *theôria*（观看）。

这种对四种公民行为抽象的、总括性的描绘意味着，雅典人以表演性的方式维系着其民主性的公民身份。它还进一步地表明，为了理解公民身份的特性，我们需要一种统一的公民行为理论。但是公民行为尽管是统一的，但并不就是单一行为，其原因在于其多元化的实践促进了“民主的公共对话”的“形成”。换句话说，这种行为必定是复合的，而且至少在部分上是“言语性的”（我倾向于称之为“交流性的”）行为。戈德希尔在这种行为中看到了另一种维度，这一维度对于理解雅典的主体性（subjectivity）本身，或者说“（民主性）自我的建构”和“自我意识”，是相当重要的。因为通过这四种主要的公民行为，“自我”或者“民主的政治性主体”就在某种程度上“建构”起来了或者“形成”了。所以，除了行为与语言，公民身份也在某种程度上促进了个人主体的形成。这证实了表演研究可以借助多么广阔

① 参见戈德希尔对于表演研究的理论方法的综述，以及相关文献（1999：10－20）。有关表演与希腊文化，参见 Mackie 2004，Faulkner，Felson，and Konstan 1999，Bassi 1998，Edmunds and Wallace 1997，以及 Martin 1994。

的理论资源①。这样“表演”在古典学者看来已经具备了当代文化理论中那些总体的、主导的概念的光环，类似于七十年代的“暴力”、八十年代的“权力”、九十年代的“身体”等。

但是与这些轰动性的概念一样，“表演”作为一种普适性（passe－partout）的理论对于我来说有些模糊和少许的粗陋。戈德希尔认为：“事实上即使是在所有那些声称‘表演研究’成为一门学科的人那里，它还只是一个零碎拼装。”他承认它的魅力从某种意义上说来自其强烈的综合的特征。由于采用了一种复合的方法论，表演研究及其对象即复合的公民行为，就能够相得益彰了。这其实是走了很远一段路之后，断然地回答了雅典民主研究是否应在证据与方法论上都保持折衷的问题：“是的，它们必须这样。”但是我们怎样完善“表演”的概念，使得古典学者与古代史学家运用表演研究来说明雅典的“表演文化”时（8，10），能够更清晰地理解公民身份与表演之间的关系？戈德希尔主要是将表演视作展示公民身份的工具或者手段，或者说是作为建构公民身份的混合体中的一个因素：它是“发挥公民身份的一部分”（1）；部分是通过表演，雅典民主的“公共对话”就被“建构、表达和反思”了出来（8），民主的发展至少有一个方面聚焦于“表演的因素”中（10）。

但是，我们可以在一个更为基本的方式上将表演与公民身份联系起来，这种方式还可以使我们从当代关于公民身份与民主共同体的众多理论著作中受益匪浅。我将比戈德希尔走得更远，对于他来说，雅典的民主“可能以极为特别的方式**依赖于**表演”（我加的着重号）。我希望考虑一种更为彻底的可能性：表演与民主的公民身份是一回事，即，公民身份事实上**就是**表演/施行。②

这可能意味着什么？表演研究使用着在宽泛文化背景中所界定的“表演”这一词语。举例来说，它包含着对于仪式的人种学观察和系谱学的描述，西方与非西方社会的戏剧演出、现代社会日常生活中（通过角色表演）的社会交往等。这一切当中的“本质”性的东西，就是某人在一个特定的时

---

① 戈德希尔提到的其他人中，还有 Victor Tuiner，Erving Goffman，Austin 和 Searl，弗洛伊德－拉康（Freudian－Lacanian）的“凝视理论（gaze theory）”，福柯的新历史主义以及 Clifford 的后结构主义人类学。有关表演与性别，参见 Butler 1990。

② Performance 是本书的核心概念，但是它的含义复杂多样，也成了当代学术界的一个流行的“通用概念”。本书至少使用了它的两大类主要含义：戏剧性演出，施行或执行。希望读者细细体会——译者注

间、空间和行动者的框架内，上演了某种类型的“剧本”，从而使得说者与听者能够解释其可能的共通意义。① 具体到雅典，它使我们把民主公民身份视为知道如何（know how）在拥有相似知识的他人面前表演一组预定的重要行动，或者说对在不同的时间与地点中，人们在公共与私人的领域彼此应当如何行动、交往和应答具有共通的理解。这与剧本到底是在法庭上还是在公民大会中正式上演没有什么关系，它也可以是在一个宗教游行中出现，或者哪怕是非正式地在戏台上演出，或者在某人家中壁炉边举行的仪式中上演，或者是与某人的胞族（paratry，一种公民的政治、社会、宗教的地方组织）成员一起会饮时畅谈。②

我认为表演/施行作为“参与规则”的公民剧本的能力，并不是在民主制的早期一下子产生出来的。相反，雅典人是从更早时代的政治生活中所继承的规定人们行为的文化沉淀中，逐渐地形成这些剧本的。近些年来，为了理解早期希腊人如何在叙事的“剧本”中贮存文化知识，以便自己能在程式化细节中找回和表达这些知识，一些古典学者开始运用认知心理学与对话分析理论对早期的诗歌进行研究。③ 这些学者使用的术语有时让人眼花缭乱，比如他们说到了“框架（frame）”、“剧本（scripts）”、“场景（scenarios）”、“剧情（schemas）”、“构思（plans）”等，以描述在表演者与听众之间“共同看见”的世界。我采用他们使用的“剧本（scripts）”一词，来命名一种确定的、定型（stereotype）的知识表象，它包括一系列行为、言语活动和情境。比如在今天，一个静态的原型，“汽车”，可以以不同的方式写入“在汽车展”、“在洗车场”、“买辆新车”、“买辆二手车”、“致命的车祸”等剧本之中。在荷马那里，剧本采用了叙述主题（narrative themes）的形式，这

---

① 有关民俗学与人类学中的“剧本”观念，参见 Bauman 1977：9。

② 关于民主社会中不同的公民组织，参见 Jones 1999。公民上演的剧本与非公民上演的剧本有什么区别呢？科恩（E. Cohen）挑战了以下长期存在的假定：一，雅典公民将他们自身看作与非公民的外邦人（定居的外国人）和奴隶有着显著的区别。二，在日常的交往中，阿提卡的居民（雅典的疆域）通常将公民与非公民区分开来。三，公民与他人之间的关系首先是权力关系。四，在日常生活中，公民与非公民通常追求着非常不同的目的。尽管科恩有时提出了令人信服的论证，但是雅典人的确在政治与文化领域上演的剧本中将公民与非公民区别开来，特别是在讨论与决定关于正义和政治决策相关的问题、在公民整体中区分不同的成员资格，以及进行特定的宗教与公共表演时更是如此。

③ 在我的印象中有 Minchin 2001 和 1992，Russo 1999，Bakker 1997a，1997b，1993，以及 Rubin 1995。

使得诸如“武器”这样的原型转换为“英雄战斗的武器”，“一餐”转换为“主人与客人分享的待客之餐”。[①] 从这些学者的角度出发，我们希望知道，戈德希尔的四种主要公民行为是否构成了这类“公民剧本（citizen scripts）”。[②]

2. 演出自我

将公民身份的观念理解为表演公民剧本中特定角色的能力或者特权，可以很好地解释公民分享的集体认同感。但是如果我们注意到戈德希尔的看法：表演着的公民身份使得雅典人将“自我建构”为“民主制的政治主体”，我们就希望知道表演是否也可以作为一条理解雅典人如何体验他们个体性的康庄大道，这并不仅指以一种独特的风格来扮演某个角色，而且是实现与可能扮演同样角色的他人完全不同的自我。[③] 为了达到这一点，讨论表演时，就要注意到在古代与现代的自我观念之间存在的相似性与差异。戈德希尔认识到这种间距在今天已经成为一个问题，因为我们对于前一代的古典学者时代错置地以笛卡尔和康德的主体模式去评价希腊的自我这样的方法日益敏感。[④] 因为努斯鲍姆（Nussbaum）（1986）、威廉姆斯（B. Williams）（1993）、吉尔（Gill）（1996）以及其他学者将古典学与道德哲学沟通起来，显然当代的自我理论影响了我们去理解以下问题：从荷马到古典时期的希腊人能否达到现代意义上的自我；或者他们能否真正地思考与运用意志；或者

---

① 参见 Minchin 1992：233 – 235，esp. 235，n. 29，其采用的是 Schank and Abelson 1997 的术语，也可参见 Brown and Yule 1983：241 – 243。

② 我所使用的“剧本”一词，包括一些话语理论分析家和古典学者称之为“剧情（schema）”（Russo 1999；Brown and Tule 1983）或者“情节（scenario）”的更为复杂的部分。（Sanford and Garrod 1981）

③ 关于我们现代自我观念的不同意义，参见 Gill 1996：1，他也讨论了当我们将这些意义运用到希腊去时我们所面临的方法论问题（2ff）。同样也可以参见 Gribble（1999：7 – 23）关于现代个体的地型学（typology）及其在希腊城邦中的应用，亦可参见 Pelling（1990）的论文。

④ 戈德希尔认为如果我们“通过一系列特别的社会实践与对话，对作为政治主体的公民的形成进行详尽与细微的解释”，我们就能避免将现代的“内在的、私人的及个体性的人格”观念运用到雅典人身上（1999：9 – 10）。也可以参考罗兹对于学术中的“主体性”的警示（2003a：9 – 17）。有关学术界混淆古代与现代自我观念日益增加的敏感性，戈德希尔引用了 Pelling 1990 和 Gill 1996 的观点。

是否拥有某种程度上个体的道德自主性；或者如我们所认为的，能够为他们的行为承担道德责任。换言之，这些学者向我们指出如果我们想要确定希腊的自我与我们的自我的距离，就有必要以比较方式对自我进行理论思考，并且，“表演”的内涵也将不得不随之加以调整。①

举例来说，我们已经看到了对于斯内尔（Snell）观点的有力批评，他认为荷马的个体缺少真正的自我，即具有心理统一性（psychic unity）和真正意志、具有自我意识这一意义上的行动者，因而他们在道德的自主性上是“有缺陷的”。② 同样，现在更难去支持芬利（W. I. Finley）的观点，即认为在荷马笔下无论是个人还是群体都没有“对于情境及其意义的一贯而训练有素的考虑”这种形式的“理性讨论”和思考［1979（1954）］。③ 我们还认识到，一些悲剧角色，比如埃斯库罗斯笔下的阿伽门农（Aeschylus's Agamemnon），面临的实践冲突，是与现代理解的道德困境相通的。我们也理解如荷马笔下的佩涅洛佩（Penelope）以及雅典悲剧中的女主角这些角色，无论是在古代还是在现代的意义上，都是作为一种“道德行动者”而发挥作用的。④ 吉尔最近做出了一种努力，试图通过一种分类的计划而在古代自我与现代人自我之间穿梭：他将笛卡尔和康德哲学所启示的自我类型称之为“主观个人主义者”——因为他们是以作为自我意识主体的“我（I）”为中心的，区别于其他方法所达到的自我——他称为“客观的参与者”，因为后者是基于对个体更为客观的理解，将个体作为参加到人际关系、集体关系中的心理实体。（1996：1－13）

如果要去理解既与他人共有、又与他人相区别的各层（自我）认同，我

---

① 阿尔弗德的《社会理论中的自我》（*The Self in Social Theory*）（1991）提供了一种比较的心理分析方法，对从荷马、柏拉图到霍布斯、洛克、卢梭和约翰·罗尔斯的自我进行理论化。维拉（Villa 2001）重建了苏格拉底的公民观念，将它作为道德与智性行动者的核心，然后将这种观念与密尔、尼采、韦伯、阿伦特与列奥·施特劳斯（L. Strauss）那里的现代公民身份观念联系起来。

② 可参见 Sharples 1983，Gaskin 1990，B. Williams 1993：21－49，Gill1996：29－41，Hammer 1998。Vernant 提到了近来最有影响的证明，说明希腊缺少真正现代意义上的意志与道德选择（1988）。

③ 有关荷马史诗中的理性商谈与决策，除了 Sharples 1983，Gaskins 1990，B. Williams 1993：35－36，Teffeteller 2003，和 Barnouw 2004：7－120，还要特别参考 Schofield 1986。

④ 类似于阿伽门农的冲突，参见 Nussbaum 1986：25－50；有关佩涅洛佩与悲剧女主角，参见 Foley 1995 and 2001：107ff。

就要改造“表演”概念，包括古代与现代所理解的自我。同样，为了容纳古代与现代的公民身份理论，必须扩展从话语分析（discourse analysis）而来的“剧本”观念。[①] 有意思的是，大多数擅长对希腊与现代的自我进行理论概括的学者，很少将公民身份与自我（无论是在古代希腊还是在现代社会中的）关联起来看。我们也看到在雅典民主研究中，大多数学者不太进行与当代公民身份理论的对话，从而就没有将关于自我的理论吸收到他们的著作中去。但是我主张将希腊的公民身份与自我的体验的关联性，与当代政治理论中对这一关联性的理解摆在一起考察。因为这一理论讨论了我们今天如何可能既追求我们的个体性，又仍然保留或复兴我们的公民能力。[②] 我认为，同时保留古代与现代关于公民身份和自我的观点非常重要，因为我们已经发现在公民身份的每种理论或者模式中，都包含着一种特别的自我观念；这种自我依赖于表演着有限数目的剧本，以实现它与“言说者共同体”的关系——无论这是一种什么样的关系。

3. 自我与共同体：三种当代的观点及其各自剧本

从二十世纪七十年代早期开始，关于自我与共同体是如何关联的三种连贯的特定观点在当代政治理论中出现：关于社会与个体的修正自由主义模式；社群主义者（communitarian）对这些模式进行的批判；最近还有另一种商谈民主主义的观点。自由主义思想家一直以来倾向于将个体看作一种封闭的、“原子式的”、“无拘无束的”（unencumbered）存在者，它是通过其个体偏好和对于自身利益的自由选择而建构起来，这先于与他人的交往就已经存在。在自由主义的观点中，个体彼此之间的共同体联系，起源于不可剥夺的权利所达成的契约式协议，目的在于保护个体的自由，也起源于关于集体需求的某种“薄的（thin）”、最低的共识。[③] 但是从1980年代起，社群主义

---

① 我大体上同意罗兹的看法，他认为当代研究古代历史的方法，需要“公正地”对待过去，避免简单地将我们的观念与愿望（我们的“主体性”）投射到古代（2003a：17）。但是他对于规定我们解释范围的标准，忽略了从其原初背景与从另一种背景来看，一个行为、文本或者对象的意义有所不同。

② 参见 Kymlicka 2002：284ff。我们可以看到对当代公民身份理论中主要思潮的综述。

③ 我指的是罗尔斯（1971 年与 1993 年）的自由主义，也是指类似于 Dagger 1997 的新共和主义式的自由主义。关于在当代政治哲学背景中的罗尔斯式自由主义，参见 Kymlicka 2002：53 - 101，以及相关书目。

思想家开始质疑这种个人及其共同体关系观点的一致性，他们主张一种更为人际化的自我观，这种自我的性质是在与他人的联系及历史规定的传统的制约下的道德选择中形成的；他们呼吁复兴一种“厚”的意义上的集体认同感，这与古典形式的共和主义（republicanism）没有什么不同。① 到了二十世纪九十年代，另一种对于自由主义者的社群主义批评出现了，这是通过民主理论中的“商谈的转向”来实现的，它将民主的合法性等同于个体与群体参与制定公共价值与政策的能力，这是通过免于强迫、操纵和欺骗的对话来实现的，② 其核心在于不同的个体或者群体达到一致或者同意的过程。一些商谈民主主义的拥护者将这种自我的特征概括为不仅是人际间的（interpersonal），而且还是“主体间的（intersubjective）”。③ 另一些商谈的民主主义者还认为，在达成一致过程中的普遍参与甚至有着改变自我的潜力——这些自我的决策能力过去是受到阻碍和损害的。④

当代这些观点都依赖于其自身关于自我与共同体的不同理论带来的活力，在今天的民主理论中，它们都推进围绕着自我和共同体的特征所进行的争论，一些时候相互攻讦，另一时候又彼此重合。自由主义、社群主义和商谈民主主义的观点有时相互矛盾，有时又彼此相互一致，这在我看来

---

① 参见 Sandel 1998 and 1984，Taylor 1995，1994，1989，1985a，and 1985b，以及 Walzer 1990。有关当代背景中的社群主义，参见 Kymlicka 2002：208－283，以及相关书目。Phillips 从文学的角度，运用了麦金泰尔、桑德尔、泰勒和沃尔泽这些思想家的四种共同体标准来评价民主的雅典，发现雅典社会整体上远远没达到理想的民主（他认为理想的民主是一种历史的幻象）（1993：122－148 and 10－21）。

② 参见 Warren 2001 and 1995，Dryzek 2000，Elster 1998，Bohman and Rehg 1997，Bohman 1996。我同样包括了哈贝马斯对于商谈民主主义的贡献（1996a，1996b，1992，1990，1987，and 1984）。

③ 我用“交互主体性”这个词是指一个自我需要与另一个自我合作的关联，如果他们要作有意义的表达（utterance），特别是根据米德（G. H. Mead）的理论所作的表达。对于米德来说，只是在说话者选择了一种表达时交流才会产生。因为他相信表达的意义在于接收者那里，这样意义并不是从自我（或者主体）的特有姿态中产生，而是从自我与他人相遇所分享共同的姿态中产生（1986：67－68）。同样可以参见巴赫金的语言“交往功能”理论（1986：67－68）。对于哈贝马斯这样的思想家来说，交互主体性准确地反映了个体性产生自我的过程，它同样描绘了产生理解的理性观念交流背后必要的交往作用机制，可参见 Habermas 1987：10－11 and 58－60；1992：149－204。这一术语对哈贝马斯的著作有极端重要性，参见 Rehg 1994；这一术语的哈贝马斯用法在当代公民身份理论中的影响，参见 McAfee 2000：23－25。

④ Warren 1995：184－188.

非常有益，特别是我们可以在希腊人的公民与自我的经验中看到类似模式的冲突或者一致。在本书的研究中，我在希腊的政体发展不同的历史时期，在其有限的几种公民剧本中找出了这些模式。这些剧本开始于久远的早期剧本——这些剧本预示着在国家形成期（从几何风格时期①中期到后期，公元前9到公元前8世纪）的公民身份，包括在古风时期（公元前7世纪到前6世纪后期）寡头城邦国家中开始上演的剧本，最终是公元前5到前4世纪的雅典民主体制时期的剧本。正如现代的自我理论能澄清我们对于希腊自我的看法，我相信在自由主义、社群主义和商谈民主主义对于自我与共同体理解的争论，能够对我们理解希腊人是如何体验这两种维度的身份有所启发。

4. 自由主义的剧本：作为自我的公民（The Citizen as Self）

如果说在每一种现代公民身份理论或者模式中都体现着一种特别的自我观念，并且自我正是在表演一个剧本的过程中体现出它与一个共同体的关系，那么每个剧本都会问以下的问题："自我具有多大程度的自主性（autonomous）？"重要的是，我们一开始就要注意到，作为自我立法和自决的基本意义上的"自主性"具有多样意义，有时候会混合着政治、社会和道德的维度，这在其古代②、现代和当代的使用上来说都是如

---

① 几何风格时期（Geometric periods）是希腊文化的一个分期，大约在公元前10世纪到公元前8世纪，这一时期造型艺术作品是几何风格的陶瓶，造型简朴，大小不一，多用于敬神和陪葬。即使是雕刻作品，也多为几何形的，没有细节刻画。因此，这一时期又被称为"几何风格时期"。——译者注

② 我们会在第5章看到，雅典人直到公元前460年代或者公元前450年代才开始使用autonomia一词，而且严格地限制于一个城邦免于更强大的同盟干涉其内部政治的自由（Ostwald 1982：1－46；参见Farrar 1988：30，n. 54，and 103－106所作的批评）。但是不久这个词能够指称民主制下的雅典人在其公共与私人生活中享受的社会与政治的自由（eleutheria，isêgoria，parrhêsia），比如演说、行动与思想的积极自由，免于政治控制与社会审查的消极自由等。这些意义的自由与道德的自主性是不同的，后者是指能够让他们集体地决定他们共同体特有的价值与"善"，也能让个体决定如何追求一种自己能够确定价值与"善"的生活。关于雅典人同时享受的集体与个体的eleutheria，参见Wallace 1996 and 1994，Handen 1996（特别是第94页），Raaflaub 1983. 关于雅典人在道德意义上的个体自主性，除了Farrar 1988之外，还可以参考Nussbaum 1986（作为"自足性"）以及B. Williams 1993：75－102。

此。① 这样，表演一个公民剧本会涉及一系列古代与现代关于自我的自主性的关切，也会涉及自我与共同体发生关联时自主性如何受影响的问题。举例来说，如果我们将《申辩》中苏格拉底所辩护的道德自主性，与当代自由主义传统对于个体自主性的理解加以比较，我们就可以看到这些关切的发展是如何将古代与现代的思想家联系起来的。当代自由主义可以视为由康德的先验主体之类的行动者所上演的剧本，如果他要确定基于普遍义务或者禁令（prohibition）基础之上的正义问题，他可以随时听命于自主性的意志。对于康德来说，这些范畴决不能由实践的环境或者既定的善的观念来规定（1788）。

当代自由主义思想家以不同的方式采纳了这种康德式主体，最为著名的就是罗尔斯关于无拘无束的自我（unencumbered self）的说法，这一自我免于出身和环境（家庭、民族或者种族、宗教等）这些偶然因素的影响，因而当它在决定分配正义的问题时就可能采取“原初立场（original position）”（1971）。作为一种剧本，原初立场为罗尔斯建构了一种时间、空间以及行动者的背景，这是靠设定一种实际的而不是先验的存在者在“无知之幕”之后决定发挥权利选择正义，所谓“无知之幕”就是他们不知道他们自己的或者别人在社会中的位置、观点、能力，或者特别的意图、目的以及对于善的观念（Rawls 1971：12）。通过这种方式，每一个正义的执行者都可以自由地选择不为特定的、偏见的知识所影响或者束缚的原则。罗尔斯的理论

① 关于到康德为止、包括康德在内的现代道德哲学史中的自主性问题，可以参见 Schneewind 1998。当代后康德的作为个体的自决意义的自主性的讨论，倾向于将社会的、政治的与道德的角度混合起来。自主性这一概念仍然是自由主义“内在……的真正核心”，是道德责任观念的基础（Kekes1997：15 and 1－22）。参见 Norton 1991：8 and 44ff，这是受到社群主义批判影响的自由主义的自主性观念。个体与集体的自主性是社群主义对于自由主义的批评的主要对象，也促使一些自由主义与新共和主义思想家提出了一种复合的“自由共和主义”概念，其中个体的自主性依赖于与他人的“相互作用”，而不是独立于他们（1990：265）。Norton 将“相互作用”定义为“向某人确定他自己对于他人的贡献可能是什么，确定他人的自我实现（self－actualizing）的生活有什么价值可以利用，以及如何利用”。而对于 Dagger 来说，“自主性纠缠着相互作用”，能将自由的自主性的人，从一位孤立的“权利所有者”转变成为“依赖于他人的人“（1997：39），以取得实在的独立性。对于商谈性民主来说，两种意义的自主性都构成了民主的“基本规则”或者“善”。也可参考沃伦（Warren）的观点，他认为自主性是一种“政治的善”，同时试图压制其道德的维度［2001：62 and 236，n.2（包括参考文献）］。另一些人则强调在民主制中的公民必须相互承认他人是“道德上平等的个人”（J. Cohen 198：18）。

首先是一种剧本，在这一剧本中极端自主性自我的选择“权利”，先于任何他或者他人可能选择的“善”，它证明了对于多样之善的追求的合理性。

作为一种公民剧本，“原初状态”和其“无拘无束的自我”都是设计用来保证在我们当代的、多元文化的社会中一种特定自由主义的分配正义观。① 但是这一剧本有着它的先驱：不仅在现代社会契约论的自由主义传统中，而且早在民主的雅典，苏格拉底就扮演着一种另类的公民身份形象，其目的在于避免两种道德的缺陷：行不义之举和违背个人自身的道德承诺。在第七章我将会讨论今天的古典历史学家、哲学家和政治理论家所试图证明的苏格拉底式民主公民身份的合理性——这是苏格拉底在《申辩》、《克力同》（*Crito*）、《高尔吉亚》（*Gorgias*）中所展示的。他们欣然承认这种公民身份的基础在于一种新的自我与共同体关系的理论，即“个体独自决定道德地行动”（Ober 1998：181），或者在于苏格拉底所发明的“道德个人主义”（Villa 2001：1）。为了获得一个人的“真正的自主性”（Farrar 1988：1988），或者“沉思个体相对的道德独立性”（Villa，2001：41），② 苏格拉底不得不宣扬一种与伯里克利（Pericles）在《葬礼演说》（*Funeral Oration*）中所描述的集体和共享的民主公民身份规范“保持距离”的自我——雅典人在公民大会、法庭等地方上演的公民戏剧中体验着这种集体的规范（5–12）。根据维拉（Villa）的观点，这种自主性所要求的知识类型并不高深（nonexpert），并不依赖于后来为柏拉图所强调的先验真理和事实（28–29）。因而我们把苏格拉底（至少在《申辩》与《高尔吉亚》中的苏格拉底）视为就是一个罗尔斯的“原初状态下的无拘无束的自我”的雅典版。但如果我们不将他放在古代与现代所进行的对话中，讨论有关自我的道德理论以及有关公民身份

---

① 参见金里卡对于罗尔斯的原初状态的清晰描述与批评（2002：60–70）。

② 参见奥伯对公元前五世纪晚期到前四世纪雅典的政治背景中苏格拉底作为公民的讨论（1998：166–213）。参见 Colaico 2002，参见 Wallach 有关苏格拉底对柏拉图政治技艺的历史影响（2001：92–119），特别是他对有关苏格拉底与民主的关系的学术观点所做的总结（116–118，nn. 193 and 194）（e. g.，Wood and Wood 1978，Euben 1990，Vlastos 1991 and 1994，Kraut 1984，和 Irwin 1977 and 1995）。维拉讨论了苏格拉底特立独行的公民身份，这是从其对于后来政治思想家的影响这一角度来看的（2001：1–58）。

的政治理论，我们如何能评价苏格拉底作为公民和自我的非凡成就呢？[①]

5. 社群主义的剧本：自我作为公民

到1980年代，罗尔斯的“原初状态”，以及其“权利相对于善的优先性”的观点，受到了迈克尔·桑德尔（Michael Sandel）这些社群主义者的攻击。桑德尔尖锐地指出，建构自我以及自我与他人之间的关系的关键行为中存在着矛盾。[②] 尤其是，桑德尔认为，宣称无拘无束的自我具有“在与他人接触之先就个别化的”绝对自主性，以及“事先便确定的”边界，是完全不真实的。他认为，自我必须同时是“主体间的（intersubjective）”（由在不同意义的共同体中与他人的联系而建立起来的）和“主体内在性的（intrasubjective）”（通过在个体身上彼此竞争的、多重的身份建立起来的）（1998：62－63）。更为重要的是，桑德尔挑战了罗尔斯关于自我是作为排他性的“意志论的（voluntarist）”行动者的观点，这个概念指的是，如果将人的行动力理解为“自我达到其目的的能力”（58），那么对于罗尔斯而言，原初状态中的自我是先于其目的而存在着的；而自我是通过决意选择其目的的行为而规定自身的。相反，桑德尔认为我们可以把自我想象为一个其目的预先被给予了的行动者——这一目的由这一自我所在的共同体的规则与传统给予；于是，自我的规定是通过反思或者内省个体应当“承认”什么样的目的而获得的。桑德尔称这样的自我建构为“认知性的（cognitive）”，它的剧

---

① 维拉承认苏格拉底对于自由思考的奠基作用（e.g. 2001：306），并且有时提到他是当代的“受到约束”的自我这一当代观念的敌人（23）。但是他的讨论避免了当代自由主义与社群主义之类的当代观念在细节上的纠葛。Santas 用罗尔斯的善的多样性的观点，特别是善与正义诸理论之间关系，讨论了柏拉图式与亚里士多德式的终极善的观念（2001：396－401）。Wallach 将柏拉图的政治理论放在古代－现代交织的背景中（2001：396－401），认为如果我们将柏拉图“再历史化（rehistoricized）”，可以看到他是一位较之于罗尔斯或者哈贝马斯这样的当代人更为高超的商谈民主主义理论家（400－410）。Mara 试图将柏拉图笔下的苏格拉底看作当代商谈民主主义者在雅典对应的人物，他同样也是一位“自由的反诘者”（1997，特别是 251－259）。

② 参见桑德尔（Sandel 1998，Sandel 1984）对他对罗尔斯的原初位置的批判作的一个简短的介绍。

本关注的是在自我之中发现善的意义的行为（58ff.）。①

很明显，在二十世纪八十年代和九十年代社群主义对于自由主义剧本的批评中，利用了类似于雅典、罗马这样的古典公民共和主义共同体的意识形态（通常被描述为“亚里士多德式共和主义”）中的自我模式。② 桑德尔的“意志论的”和“认知的”自我模式涉及人与其目的关联（以及与共同体的关联），显然与自我之历史相呼应，道德哲学家与古典学者都可以将这种自我之历史回溯到荷马那里。如果我们将这些意志论与认知论的自我作为不同维度的自我，或者是自我中的不同因素，我们可以发现对于希腊的公民身份而言，有两种英雄的原型，即荷马笔下的阿基琉斯（Achilles）和奥德修斯（Odysseus），在他们之间存在着张力。在第1章和第3章中，我的研究将说明在这样的公民身份和自我之历史的第一阶段，每位英雄都在道德的煎熬时刻体验到了某种形式的无拘无束的自我。每个人都要决定正义的问题，这一问题涉及与其自身的价值（*timê*）、涉及他从社会中权威的他人那里所应获得承认的等级或报酬。阿基琉斯在特洛伊（Troy）的帐篷中、奥德赛在卡吕普索（Calypso）的小岛上，都通过他们可能从他人那里得到的目的，运用了自我的意志论因素来规定自身。而每一位英雄又都是以不同的方式，暂时接受了他希望成为的那种自我。但是每一个英雄希望成为的自我，并非完全是由自由主义式自我所具有的意志论因素造就的：当他们对认知的因素作出反应时，这种自我会接受他人所给予的目的与情感。

后面的章节（第6、7章）将这种历史延伸到民主的雅典，我们可以看到苏格拉底与其同代人也面临着类似的在自我的意志论与认知因素之间的内在冲突。我们可以将今天自由主义与社群主义之间的分歧看作一个有益的透镜，来检验起源于大约公元前450年代到公元前420年代由智者普罗塔戈拉（Protagoras）和政治家伯里克利所创立的民主的公民身份，同样也可以理解，除了它们提供的公民和自我的典范之外，雅典人还能践行其他可能性，这包括苏格拉底（ca. 469 - 399）以及作为智者与演说家的安提丰（Anti-

---

① 罗尔斯在《政治自由主义》（1993）一书中为“原初状态”进行了辩护，放弃了康德意义上的自我，从而将自我分成两个不一致的角色：一是私人性的自我，他自由地追求着他可能选择的任何道德目的；另一个则是作为公民的政治的、公共的身份，他要就公共领域中的正义问题进行自主地商谈，这一领域不受任何人的私人的善的观念的影响。桑德尔则批判了这种将自我分为私人与政治角色为核心的剧本。（1998：184 - 218）

② 参见金里卡对于当代公民理论中重要的公民共和问题的讨论（2002：294 - 299；参见 Kymlicka and Norman 1995：293 - 294）。

phon)(ca. 480－411),还有作为政治家、将军和花花公子的阿尔喀比亚德(Alcibiades) (ca. 450－407)。作为另一种典范,所有这三种公民与自我,都在普罗塔戈拉和伯里克利所认可的公民身份与自我的阴影之中出现。我会将这些影子公民与自我和可能的道德自主性联系起来考察,后者是由 *nomos/physis* 的争论和民主的自恋人格的各类形式促成的。

但是在 1980 年代和 1990 年代,除桑德尔之外还有其他一些声音也促进了社群主义对于自由主义关于自我与公民身份之剧本的批判。其中一些批判更加突出了关于自我的建构以及与他人的联系中的语言或者交往问题。这些声音将会使得我们更为贴近地回到表演中来,将表演视为一个理解古代与现代公民剧本的康庄之路,使我们找到一些能够将自由主义、社群主义和商谈民主主义观点连接起来的交汇点。查尔斯·泰勒(Charles Taylor)在一系列的论文中,坚持自我是在与他人相关的语言环境中确立起来的,所以,"一个人孑然一身是不能成为一个自我的,我只是在与一些特定的对话者的关系中……只是在……对话之网中才成为自我的"。(1989:36),从而挑战了自由主义的极端自主的自我。对于泰勒来说,这种语言的熔炉铸就了人类行动者的真正本质,或者说决定了何谓一个"人",因为它能使我们能够阐释我们的生活,做出我们用来理解我们自身的各种选择(1985a)(在这些表现着人格和自主性的选择中,我们会发现在罗尔斯的自由主义和泰勒、桑德尔的社群主义之间可能存在着的交集①)。对泰勒来说,语言同样提供了唯一的媒介,由此我们可以从"重要他者(significant others)"那里[这里泰勒采用了米德(G. H. Mead)的"普遍的他者"(generalized others)]得到对我们唯一身份的"认可",我们努力地与这些重要他人维持着对话的关系。②

① 在这种将我们规定为人的选择行为中,我们发现了罗尔斯式的自我与类似于泰勒与桑德尔这样的社群主义式的自我之间潜在的重叠。金里卡指出这三位思想家的自我观念的区别中,归结为"在人之中,何处划出自我的边界(2002:227)",以及如何理解我们运用自主性的条件(245－246)。但是将泰勒与桑德尔的自我描述为由意志论与认知论维度交替支配的自由主义－社群主义混合的自我却是不准确的。

② Taylor 1994:32－33。米德的"普遍的他者",是所有共同体的成员或者社会群体可以合法地用来作为彼此相待,或者对待作为整体的群体的所有态度的组合(organization)。每一种充分发展的自我必须学会将他所遇到的特定他人的态度内化(internalize),也必须将作为整个的群体的态度内化(1934:152－164)。米德用了一个下棋中的类比:每一位棋手在落子之前,都必须在脑子中考虑对手可能的下法,而且也要考虑所有对弈的棋手在这一时候可能的下法。在这一研究中,我用"重要社会他者"作为米德"普遍的他者"的同义语,参见 Joas 关于下棋与"角色"、自我与米德的普遍他人的论述。(1985:118－120)

运用泰勒的人（person）的观念，我对从与正义相关的道德困境中产生的希腊个体性提出了两个基本的纲领性问题——阿基琉斯、奥德修斯、普罗塔戈拉-伯里克利式理想的民主公民，以及在安提丰、阿尔喀比亚德、苏格拉底等人身上显现出的“影子式”公民，都面临过这种道德困境：“如果我要决定这一关于正义的问题，那么我必须成为什么样的人?”“如果我要确定这一有关正义的问题，那么我希望成为什么样的人?”在这样一种定言与想象的假言之间的对话，以及它们各自所包含的自我转化，是这一研究的焦点。

泰勒让我们从对个体性的关注，转向了对共同体的关注，因为他的社群主义剧本坚持认为在演说家和听众之间存在着人际间的言语联系，有着产生公共空间的能力：“但是，关于言语、关于人类通常的符号交流的关键并且显然的事实是，它有助于公共空间的建立，也就是将一些确定的事实摆在**我们**面前。”（1985a：259，强调是原文的）他将这种成就看作“移入”“为我们”（for us）之中，他认为这种“移入公共空间”是“我们在语言中所成就的一种最为重要的事情”，这对于古代与现代的共和主义“直接分享的共同善的意义”的特征十分“重要”。为了说明语言是如何造就一个共享的、“为我们”的事实，他的确提到了民主雅典的例子，认为到访的波斯人一定会被雅典人所赋予“平等”和“相似”（*isos*，*homoios*）这些普通词语的政治意义弄得晕头转向。即使他们并非不熟悉像“平等”和“相似”这些简单概念的日常描述意义，波斯人的“价值视域”使他们无法用在波斯政治体验中有意义的语言用法表达出这些雅典的常用术语（1985a：275-277）。

一个重要的批评指出，在自由主义与社群主义之间同时存在着矛盾与一致，这就为这些观点及商谈的民主主义之间提供了一座桥梁，这是尤根·哈贝马斯（Jürgen Habermas）提出的。早在1970年代他就确定了自我的起源以及在语言中自我与重要社会他者（例如米德的“普遍的他者”）的联系。这里我们回返到表演/施行（performance）① 以及我对其加以改造利用的承诺。当戈德希尔确定了四种主要的雅典公民行为方式时，他暗示正是联系着公民、自我和他人的表演/施行实现着一种基本的言语联系。但是哈贝马斯借用了奥斯汀（Austin）的言语行为理论（speech act theory）中的

---

① performance有多重含义，主要有“表演”、“施行”这两重，但汉语无法同时表达出这双重意义，因此本文中涉及戏剧时，一般译为“表演”；而涉及正义、法律时，一般翻译为“施行”；如果同时有双重含义，则同时标出。——译者注

“施行”（perfomative）一词，将这一点解释得更清楚。奥斯汀的理论指明了一个表达（utterance）的某种维度，它实现了（enacts）一个特定事态而不是陈述某种事态。比如说“在此我宣布第三十届奥林匹克运动会开幕”一个表达式中的这种施行冲动有助于将其“陈述”维度——从第三人称角度来说明某种事态——转换为一种“以言行事（illocutionary）”的维度，使得第一人称的说话者表达出他希望第二人称的听众如何理解他。在这个例子中，是“宣布”运动会开幕，而不仅仅只是陈述运动会开幕了。而且，也可以是宣布“取消”、“禁止”或者“痛惜”运动会的开幕。① 这样在这种施行表达中，第一人称的说者向第二人称的听者确定一件事态在此就这样发生。在这一过程中，在他们之间建立了一种主体间的联系，以作为获得理解的基础。②

为了理解表达的施行特性如何与其以言行事的力量发生紧密联系，我们回想一下在《伊利亚特》（*Iliad* 9. 132 - 133）中，荷马生动地将“阿伽门农并没有爬上床与布里塞斯（Briseis）（作为阿伽门农奖赏的俘虏）睡觉”这一陈述改变为老战神阿伽门农向涅斯托尔（Nestor）和其他首领的一个施行性宣言，即**发誓承诺**：“我要**庄严起誓**，我**从未**爬上床与她睡觉。”通过“在此”承诺发誓他从未（与布里塞斯睡觉），阿伽门农用第一个施行性的表达、一个承诺（我会发誓），确认了一种事态，即第二个施行性的表达会发生（“一个庄严宣誓”）。而这第二个施行表达也确定了一个陈述，即他从未与布里塞斯睡觉。所有这三个表达都具备以言行事的力量，这是由承诺与誓言所反复确保的。当一个人以这种方式对其共同体采取了“施行性的态度”，就可以让他的对话者与他本身立足于一套共享的规范中，从而使得他们能够相互理解。

---

① 参见 Habermas 1979：43ff.，这里他以如下方式区分了言语行为的两种维度：当我们交互地以第一人称的说话者身份相互交往时，以言行事的意义就出现了；而我们试图通过客观的、第三人称的观察者态度，我们可以把握言语行为的陈述性内容（propositional content）。同样可以参见 Habermas 1984：111，Petrey 提供了一种对于施行性表达的有益定义与描述（1990：4 - 21），他说明了奥斯汀表达的“以言行事力量”的观念及其意义，是与一个特定历史阶段的特定社会群体所具有的社会习俗相一致的（12 - 15）。

② 对于哈贝马斯来说，言语行为的以言行事成分，依赖于施行的句子将其表达出来，通常是对第二人称当场所作的陈述的肯定，有意无意地伴随着一种“在此（hereby）”的表达（1979：36）。

事实上，哈贝马斯将言语行为中与以言行事的维度相伴的施行态度分离出来，把它看作某种剧本中的一个关键因素，这种剧本能同时赋予（或者肯定）个体性以及个人与他人的社会关系。他清楚地看到施行在忏悔、日记和自传这样一些现代文体的“以言行事方式”中发挥着作用，同时也看到它的交往作用机制能很好地与在竞争、展现、表达和观看这四种主要的公民行为方式中的自我之竞相展示相一致——根据戈德希尔的观点，正是这四种方式使得雅典的公民能够让他人来集体地评价和判断其社会地位（*timê*）（1999：4－6，8）。哈贝马斯用与泰勒一致的方式来描述这种施行态度——泰勒是这样理解一个“人”的建构，以及他从“重要的他人”（我称之为“重要社会他者”）那里所获得认可的需要的：“这并不是从观察者的视角来**报告**和描述的问题，甚至也不是**自我观察**的问题，毋宁说它是一个旨在**自我表现**的问题，通过这种表现，向第二人称所提出的综合性要求被证明是合理的，即要求对一种自我之不可替代的身份的承认，它会在一种有意识的生活方式中表现出来（1992：167；强调是原文中的）。”①

这种施行态度的观念，当它伴随着某个自我表现的行为中的以言行事的陈述时，它对于理解为何表演一个特定的文化剧本能够使得个体从他人获得对于公民身份和自我的认可，是十分关键的。我们通过确定和描述在一个给定的剧本中这种表演是如何进行的，就能够看出这种语言的运用打开了一个公共的、“为我们”空间，这一空间是对话者主体间所共享的，很可能会排除他人。举例来说，当波斯人访问伯里克利时代的雅典时，他们并不能融入平等的雅典对话者所形成的施行态度中（事实上当雅典人用平等的词来描述亚洲侨民相应的施行态度时，波斯人也困惑不解）。同样，如果我们希望确定自我相对于他人以及其共同体传统的自主性程度，这种施行性的态度当然可以作为一种线索：在一个极端上，自我完全能由他人的对话和传统所建构；在另一个极端上，自我或许将自己视为一个局外人，根本区别于他们的

① 这里与泰勒关于“承认的政治”（politics of recognition）的论文中对现代身份进行描述的剧本是一致的（1994），特别是涉及自我的身份依赖于他人的观点。对于哈贝马斯来说，自我本身“保留着一种交互主体性的核心，因为自我得以产生的个体化过程，是在以言语为中介的交流网络中完成的”。（1992：170）对于泰勒来说，“我发现我自己的身份，并不意味着我是孤立地将它产生出来，而是通过半是公开的、半是内在的与他人的对话而产生出来的”。（1994：34）

对话与传统。当然，也可以在这些极端之间发现一些中间的立场。①

为了体会在公民说话中以言行事的力量中所包含的施行态度的重要性，让我们看看启动雅典公民身份的行为。这一行为要求个体通过施行一种语体而跨过一个以言行事的门槛：宣誓。② 当十八到二十岁的年轻人作为预备公民［埃弗比（ephebes）］时，他们从长者那里接受了军事训练、宗教培育和道德教导。③ 在地方与国家两个层面上，他们通过称之为“*dokimasia*”（资格审查）的正式仪式的检阅——我们会在第5章和第7章中以更长的篇幅讨论这一剧本——之后，就会在阿格劳洛斯神（god Aglaurus）④ 的见证下发誓。⑤ 注意到以下的铭文体的誓言，我们可以看到每个埃弗比都向重要社会他者展现了自己，运用誓言中的承诺部分，将那些现场聆听他的人们或者对象描述为他很快会加入其中的公民整体。这些听众所占据的是作为第三人称的观察者的主体地位［未来重装步兵方阵（*hoplite phalanx*）中的战友、国家官员、武器和国家制度］。同样可以注意到他用誓言的祈祷部分与古代的神明与国土（国土的界限是由出产重要农产品的田地所标明的）建立起一种我-你关系。他把神和国土设想为一个第二人称的对话者，召唤“他们”来见证这些承诺。作为一种复合的语体，誓言将承诺与祈祷结合在一个以言行事

① 我这里使用的“施行/表演态度”，较之于个体与重要社会他者面对面所采取的立场来说更有灵活性。参见吉尔在作为“主观的个体主义者”与“客观的参与者”的自我之间进行的严格区分（1996：11-12和书中其他部分）。

② 巴赫金（Bakhtin）将宣誓定义为一种稳定表达的言语类型，它以主题性的内容、模式与结构为特征（1980：60）。参见 Hirzel 对于希腊文学与社会中宣誓的基本研究（1966）。更近的研究参见 Sealey 1994：95-100（主要是关于荷马中的宣誓），Loraux 2002a（从荷西俄德到民主雅典中的宣誓与公民纷争），以及 Cole 1996（在民主雅典中运用宣誓来规定与表演公民身份）；在希利的简要勾勒中，一个典型的希腊宣誓由以下部分组成：召唤（神明）；内容（承诺或者对于事实的陈述）；诅咒（如果他失信或者陈述事实时撒谎，说话者给自己下的咒骂）（1994：96）。

③ 伪亚里士多德的《雅典政制》提供了公元前四世纪存在着的埃弗比的最为详尽的描述（*Ath. Pol.* 42）。有关传统埃弗比的性质以及它在民主制中可能的形成过程，参见 Pélékides 1962，特别是78页。而我的讨论（以及另外的参考）在第五章。

④ 阿格劳洛斯据说是雅典第一代国王克洛普斯（Cecrops）的女儿，她和她的两个姐妹荷瑟（Herse）、潘多苏（Pandrosus）一起，受雅典娜之托照看一个箱子。箱子里是一个婴儿，即雅典未来的第四代国王伊莱克提昂（Erichthonius）。雅典娜告诉她们绝不可打开箱子。但阿格劳洛斯、荷瑟忍不住打开了箱子，结果马上发疯，从卫城山上跳下身亡。雅典人在雅典卫城建立了阿格劳洛斯神庙以纪念她们，而埃弗比的起誓一般是在阿格劳洛斯神庙中进行的。——译者注

⑤ 有关宣誓的时间安排，参见 Pélékides 1962，Ⅲ，和 Rhodes 1981：506。

体中，也结合在一种施行态度中，它建立了两种时空框架，其中一个是居于另一个之中的：大的框架是雅典人对于众神和国土所掌握的共同体的记忆，而小些的框架则是每个埃弗比自己作为公民的生活。

按照泰勒的观点，誓言以简略的话语产生了“对话的网络”、一种“为我们的现实”。按照哈贝马斯来说，誓言运用了所有三种主体人称（第一、第二和第三人称），将埃弗比从一个旁观者转变为共同体特别的成员。在我的意义上，作为表演的公民身份，将“施行性的”言语行为理论融入了社会剧本的表演之中，将个体、群体、世俗社会的空间融入到表演态度与主体地位之中。最终的结果就是说话的自我和他所召唤重要社会他者相互的承认，铭文是这样的：

> 这是祖先的誓言，埃弗比必须宣誓：
>
> “我决不会侮辱这些神圣的武器，无论我驻防在哪里也不会放弃我身边的战友。我会保卫我们神圣而公共的制度。在困境中我不会背弃我的祖国，而会通过我自己和他人的帮助，让她更伟大、更美好。我会服从那些现在合法地执政的人、遵守既成的法律以及在将来可能合理地制定起来的法律。如果有人试图废除它们，我不会让他得逞，无论是靠我自己还是依靠别人的力量。我会尊重我们祖先神圣的制度。我请诸神为我见证：阿格劳洛斯（Agluarus）、赫斯提阿（Hestia）①、埃尼奥（Enyo）②、厄尼阿琉斯［阿瑞斯］（Enyalius Ares）③和雅典娜［阿瑞厄］（Athena Areia）④、宙斯（Zeus），塔罗（Thallo）⑤、奥克索

① 赫斯提阿，克洛诺斯和瑞亚之女，宙斯的姐姐，是灶神及健康之神，主管家庭事务。——译者注

② 埃尼奥是希腊神话中象征战争的残忍的女神，经常作为阿瑞斯的陪伴出现。据说在特洛伊被攻陷的那天，她醉饮遍野的鲜血，兴之所至，在城中舞成一股飓风。她的称号是“城镇的终结者”，经常表现为身披鲜血，手拿武器。她有时还被描述为福耳库斯和刻托的女儿，格里伊三姐妹（Graeae）之一。——译者注

③ 厄尼阿琉斯，战神阿瑞斯的别名。——译者注

④ 在古希腊人眼里，雅典娜具有多方面的特性，其权能包括战争、和平、守护与医疗等。她也因此拥有了诸多称号。作为城邦的守护神，雅典娜被称呼为“埃斯普特里斯”（Erysiptolis）、“普里奥克斯”（Poliouchos）、“普里奥斯”（Polias）、“普里阿提斯”（Poliatis）或“普里阿考斯”（Poliarchos）。她是德墨斯（demos，雅典行政区）“埃克勒斯厄”（ekklesia，集合、聚会）的指导者，并被认为是阿瑞奥帕戈斯（Areopagus）也就是高等法院的创始人，她因此而被称呼为“阿瑞厄”（Areia）。——译者注

⑤ 塔罗，春天女神。——译者注

(Auxo)[1]、赫格摩涅（Hegemone）[2]、赫拉克勒斯（Heracles），以及祖国的边界——小麦、大麦、葡萄、橄榄树、无花果树。[3]

但是在一个以言行事的陈述中，施行的态度能够产生一种另外更为新颖的或者多变的个体身份和共同体资格。让我们回到泰勒所提及的波斯人访问雅典的例子，波斯人的困惑会不可避免地将他们自身排除在雅典公民成员所共享的共同体之外吗？从理论上说，根据哈贝马斯的观点，这些雅典的说话者和他们的波斯听众**能够**协调他们的施行态度，只要他们通过一种他称之为“交往”的理性而达到相互的理解。在这个例子中，他们会克服他们的文化与语言的鸿沟：首先，他们相互了解彼此对于平等的表达，从而理解他们各自的世界。第二，“商定对于情境的共同规定”以作为产生“交往行为”的基础，通过一道进行这种交往行为来达成可共同接受的平等观念，也许是以和平条约的外交方式，或者是为了对抗第三方而同意达成一种共识（Habermas 1984：95）。在这些情形之下，通过一种我们可以称为“结盟”（*summakhia*）的剧本，他们重新协调他们的施行态度，就可能会产生一种新的共同体，尽管它可能仍然十分脆弱。

泰勒指出古典雅典词汇中另一个词语——自由（*eleutheria*）——也可能会让来访的波斯人难以理解，从而帮助我们将这一例子进一步引申开来。泰勒解释说，对于一个来自于专制文化的人说：“这种自由观念，它在特定的自我统治这种实践中的地位，看起来完全没有什么意义……我们的波斯观察者不（可能）……理解‘平等’、‘相似’以及‘公民’等词语确定了某种价值视域……表达出了公民对于这种理想及生活方式的内在标准的敏感。”（1985a：276）换言之，诸如“雅典人的自由使得他们优越于其他人”或者“雅典人幸运地拥有他们的自由”以及“自由对于雅典人来说，其价值远远超过他们的财富”这样的一些话对于伯里克利于公元前430年的《葬礼演说》的演讲者与听众来说，完全可以理解，但可能只会让波斯的对话者摇头。当然，除非是人们想象一个精通两种语言、有两种文化背景的波斯人，他能够运用交往理性，和雅典人及其他珍视自由的希腊人分享共同事业。雅

---

① 奥克索，夏天女神。——译者注

② 赫格摩涅，引导女神。希腊神话中的美惠三女神之一。——译者注

③ 这一誓言于公元前四世纪镌刻在阿卡奈（Acharnae）村社中。我对 Siewert 的翻译有所修改（1997：103）。

典的历史学家色诺芬（Xenophon）告诉我们，波斯的王子小居鲁士（Cyrus the Younger）对此有所表现：公元前401年，小居鲁士进行了一次企图从其同父异母的兄弟阿尔塔薛西斯（Artaxerxes）那里夺取王位的注定失败的努力，他在巴比伦附近进行的库那克萨（Cunaxa）战役前勉励他的三万希腊雇佣军。让我们注意他将三种有关自由的命题转变为（我用黑体字所标出的）以言行事的陈述。居鲁士以这种方式，通过自我表现展示了一种表演的态度，这使他至少暂时地置身于一个新的、尽管是脆弱的波斯人-希腊人共同体中，然后率领热爱自由的希腊人冲入战斗——这是一个真正的希腊-波斯的沟通行为：

> **希腊人啊，我不是因为我缺少非希腊的人，而将你们作为我的盟军来领导你们。我之所以带领你们是因为**我承认你们比非希腊的人更为勇敢、更强大。**所以，请配得上你们所拥有的自由，**正因为你们有自由，我认为你们是幸福的人。**要知道我乐意用我所有其他的财富来换取自由，无论多少次。**①

6. 商谈民主主义的剧本：公民、自我与对话

通过这样的话语，我们看到语言如何运用这些资源作为以言行事的力量和施为态度，以同时转换个体和共同体的身份：居鲁士和他的希腊雇佣兵短暂地转变成了希腊-波斯人——这是由双方混合而成的一种形态。这种在对话中自我转化的潜在可能性，引导我们最终达到民主理论中的第三种当代观点，即商谈的民主主义。哈贝马斯对于这种由传统的批判理论发展起来的商谈民主主义（即通常所谓的“对话理论”，discourse theory）做出了最有影响的贡献。② 他认为较之于对话理论模式，民主的自由主义模式将公民的自主性限制在免于强制的自由这样一系列消极的权利之中，这种定义过于狭隘。他认为交往模式中的公民的自主性可以保证参与到公共商谈中的积极的自由。但是这样的商谈是“受到伦理制约”的，因为从理论上来说，个体只能

① 参见Dillery从泛希腊的共同体背景下对于这一段的讨论，以及公元前五到公元前四世纪希腊其他作家的类似讨论。(1995：60-61)

② 参见Dryzek对于商谈民主中不同“话题”的解释。(2000：1-20)

够依赖于确定的文化或者民族传统——它们都是以对于善的共通认识为核心的，才能发现他们是谁（或者他希望是谁）（1996a：23－25）。对话理论非常切合于当代多元的民主，其目的并不在于发现自我，无论是个体的自我还是集体的自我，而是通过找出对话与推理的程序，包括各个政治的、伦理的或者道德传统的商谈技巧等，来形成公共意见。这些传统体现在那些会受到结果影响的人身上。它的最终结果并不是达成一种道德－政治共识，而是得到一种以法律的形式出现的有关正义问题的法律共识（legal consensus）（25－30）。

对话理论的自我转换性质，同样提供了一个政治理论与心理学可以相互交叠的便利领域，因为它追问的是在民主的对话中，参与可能会给“自我实现”或者“个性化”，以及一种更为自主的公民及自我的发展带来什么样的影响。① 沃伦（Warren）近来试图用“民主的自我统治（democratic self－rule）”或者“自治”来解释民主，这对于他来说包含着平等地“参与集体决策的权力”或者“参与集体的判断”这样的理想。就后者来说，他认为我们会发现个体与集体的身份是交织在一起的。

> 首先，民主包含着一个交往过程，通过这个过程个体逐渐了解到，作为个体什么是他们应当希望的或者思考的。个体将会成为他们的信念与偏好的主人，这意味着信念与偏好不应当受人操纵或者灌输，而应当深思熟虑地选择。第二，民主包含着一个交往过程，通过这一过程，集体逐渐知道它作为一个集体希望什么或者认为什么才是正确的。**集体的**判断意味着个体已适当地考虑到每个人作为**集体的成员**希望什么，从而使得集体能形成一种意志或者“公意”。（2001：60；强调是原文中的）

换言之，两种意义的集体判断都依赖于在个体与政治的层面上运用自主性。对于今天的个体来说，这可能包含着对一个独特生活史的意义感受，即能够在保持自我身份的反思性核心的同时，从过去和现在向未来投射目标，具有提出计划与理念的能力；将他自身从其传统与制度等情境中分离的能力——这种能力可能要运用对于自己内在的思想与情感的反思性评价（Warren 2001：63－65；cf. 1995：172－175）。对于共同体来说，政治的自主性包

① 在我的印象中类似的研究包括：Warren 2000，1995 and 1992，McAfee 2000，Seligman 1997，J. Cohen and Arato 1992，and Alford 1991。

含着通过推理与论证的过程，将个体的判断融合到能证明观念与理由之正当性的共识准则之中，从而产生公共意志的相应能力（Warren 2001：65－67）。

因此，商谈民主包含着其特有的自我观念，这种自我参与到与他人的交往互动中，意味着自身某种程度上会变化甚至是转换。其中一些变化可能体现出个人的、“意志论”的自由主义理想，即通过自己所选择的目的来规定自身；但是另一种变化可能与社群主义的“认知”性自我的观念更为符合一些，这种自我通过传统和共同体的既成规范来达到自我理解，并且也承认这些传统与规范。还有其他一些变化会从交往行为更为新颖的后果中产生，这种后果是在他与群体或者个人的争论与探讨中形成的，对于他的个人经验来说是“陌生的”。所有这三种自我维度——意志论的、认知的和商谈的自我——的互动，完整地构成了我所认为的对于公民身份与自我来说至关重要的施行（performance）观念。

7. 希腊公民与自我是如何运用商谈来施行正义与法律的?

但是以我们当代的标准来说，希腊人进行过真正的商谈吗？当今一些商谈民主主义者，比如乔恩·埃尔斯特（Jon Elster）认为雅典人只是“模拟”过真正的商谈（1998：1－2）；一些历史学家，如芬利（M. I. Finley）认为在荷马那里，没有任何地方表明希腊人进行过现代意义上的商谈，即对于相互较量的行为过程进行持续的理性讨论，或者对于它们的利弊进行过清晰的思考（1979：114－115）。但在本书的研究中将指出，从荷马史诗开始希腊人当然在我们对这一词语理解的意义上进行过商谈，他们运用商谈来协调他们作为公民与自我的身份，这些身份有着程度不同的个体自由与政治的自主性。我们已提过一些名声显赫的个人（荷马的阿基琉斯和奥德修斯、雅典的民主主义者普罗塔戈拉、伯里克利、安提丰、阿尔喀比亚德和苏格拉底），每个人都作为某种类型的商谈者表演着自我与公民的角色。我同样认为这些商谈中的大多数人，试图通过“我必须成为什么样的人?”、“我愿意变成……?”这些假设性问题来确定自身的价值。但是商谈并不仅是，甚至也不主要是自我评价的思考（deliberation）。更为通常的是，在决定正义的问题时，需要个体或者群体就他人的相对价值（*timê*）做出决定。

这一研究得出结论认为，在历史上希腊人并不仅是作为考虑着自我价值的个体来进行思考，而且也是作为在其共同体中考虑着他人的价值的个体与群体来进行商谈——既包括他人处于什么样的等级之中，也包括他人是什么类型的人。不同形式的“公民如何商谈”或者“进行仲裁”的公民剧本提供了一个线索，我在每一章中将用以进行研究，这是与亚里士多德对公民身份的简明概括相一致的蓝图：亚里士多德认为公民“就是参与审判和国家权威的行使（*metekhein kriseôs kai arkhês*，*pol.* 3.1 Ⅰ.4）”——他进一步将之归结为作为陪审员（*dikastês*）和公民大会的成员（*ekklêsiastês*，3. Ⅰ.8）行使职责的权力。在本书中可以看到，我会描绘出希腊国家[①]中公民身份与个体的自主性之间相互交织的历史，指出我们不能将亚里士多德关于公民的定义看作一个附属于自我的特性，反之亦然；这两者如同麦比乌斯带（moebius strip）[②] 的表面一样是拧在一起的。我们会看到作为希腊公民，一个人必须享受到以下的权利：一份值得他人充分认可的个体价值（*timê*），使其保持正面的公共形象；一种有度的在个体与家庭的私人利益方面行使意志的个体自主性——只要公共利益没有受到损害；一系列商谈的自由，这包括与同伴分享的言论、集会和理由说明（reason giving）的自由。

与在第 1 章阿基琉斯发现的新的自我形成对照的是，第 2 章将考察在前国家和早期国家时期（公元前九到七世纪）司法仲裁的首领（*basileis*）在处理争执时所精心考虑的施行正义的方式。首领努力地引导争议各方及其支持者达成一种考虑到各方利益，并且符合传统的协议［一种“公平”的仲裁（*dikê*）］。我们将会看到，仲裁的首领可以通过一种认知上的卓越能力——这种能力让他与游吟诗人联系起来，让参与争论各方的自主性相互妥协而达到这种共识。

在第 3 章中，我将指出与仲裁的首领相比，奥德修斯在报复佩涅洛佩的求婚者时，他的自我转换使得他扮演了一个非常不同的正义执行者的角色。

---

① 我所说的“希腊国家（Greek state）”指的就是城邦（*polis*，复数为 *poleis*），以及地域上定义的国家（*ethnos*，复数为 *ethnê*）。在古风时代（约公元前 800 年到公元前 500 年间）它们之间的区别，参见 Snodgrass 1980：28 – 31 and 42 – 47。更流行的观点参见 Fouchard 2003：9 – 70。近来学术界对于这种截然的区分有着争论，更乐意将这些类型的共同体，看作一个共同体在不同的时间、出于不同的原因而作出的“不同程度的认同（tiers of identity）”。参见 C. Morgan 2003：1 – 16，and Hansen 1998。

② 麦比乌斯圈是一种单侧、不可定向的曲面。因 A. F. 麦比乌斯（August Ferdinand Möbius，1790 – 1868）发现而得名。将一个长方形纸条 ABCD 的一端 AB 固定，另一端 DC 扭转半周后，把 AB 和 CD 黏合在一起，得到的曲面就是麦比乌斯圈，也称麦比乌斯带。——译者注

他为大约公元前700年左右的荷马听众塑造了第一个公民角色，这一角色不久就登上舞台，公元前650年之后由个体公民们作为官员与陪审员在法庭上开始管理国家司法。然而正是由于成文条规法的发展，使得新的公民剧本——陪审员审判，作为一种特别的商谈形式出现了。第4章我将成文法与另一类值得注意的个体——立法家联系起来，而在这些传说中的立法家形象中，没有任何一个比雅典的梭伦（Solon）（约公元前590年）更突出（或者独特）。这一章就是探讨他如何同时扮演着立法家、政治家和诗人的角色，以向公民说明要作为官员与陪审员“施行法律”，他们就需要商谈与认知的艺术。梭伦的形象对于雅典的法律与政治的历史产生了深远的影响，我将第4章的范围扩展到公元前五到前四世纪，这里我们可以体会表演/施行传统在法律中的变化。我们可以看到法庭的演说术［安提丰、德摩斯梯尼（Demosthenes）、埃斯基涅斯（Aeschines）］刺激着陪审员模仿着梭伦立法，以对于民主体制中不断变化的政治意识形态作出反应。

当公民们就正义与他人的价值（*timê*）进行商谈时，对于个体、集体性的公民整体以及共同体的利益来说会有什么危险呢？第5章将指出埃斯库罗斯在他的戏剧《祈援人》（*Suppliants*）（约公元前43年到公元前61年）中将这些问题在民主雅典的悲剧舞台上戏剧性地表现出来。我认为这部戏剧（以及埃斯库罗斯的三部曲，《祈援人》只是其中一部）的关键难题在于结盟（alliance formation）——我指的是决定是否承认个人自身利益与他人利益具有一致性。埃斯库罗斯将这种必须做决定的要求上演为观众在对非公民的他人（特别是外邦人和妇女）进行评价时所面临的考验。他们是在英雄传说的想象世界、雅典民主帝国主义的当下世界这双重的语境中来进行这一判断的。埃斯库罗斯让他的观众同时作为个体和公民来讨论正义问题，一方面从个人的情感来考虑，比如同情与恐惧；另一方面从在精英领袖领导下集体进行的理由说明（reason giving）来考虑。第一种正义使得他们作为人类个体，在无政治意义的共同体中与他人等同起来；第二种正义要求他们进行策略性的考虑以扩展自己共同体的利益，从而战胜对手，保存共同体的自主。

从大约公元前450年起，雅典民主之后的历史继续为公民独自地及集体地规定他们以及他们的利益提出新的方法。我已提到在伯里克利的执政期间（从公元前450年代到公元前420年代早期）以及公元前五世纪剩下的时间中，公民身份与个体身份的模式发生了转变。第6章和第7章中通过日益内在于个体的、基于自身利益或者类似于苏格拉底所主张的“自涉性（self-regarding）”而非“他涉性（other-regarding）”的美德标准之上的思考（Irwin 1977：255)，我探讨了与伯里克利公民典范不同的另一种形式，即我所称呼的公民的“影子”。我使用智者提出的在 *nomos*（法律、社会习俗）与 *physis*（自然、人的本性、个体的人格）之间存在着的智者式的对立，作为讨论社群主义价值与更“自由的”价值之间冲突的术语——前者基于他人给我们所提供的目的之上，而后者则寻求更适合于自我塑造的道德保障。但因为安提丰、阿尔喀比亚德，以及历史中的苏格拉底表现出了一种极端的、精英的自主性形式，他们的社会顺应性（social negotiability）就是可疑的。这两章讨论了这些杰出的个体用来表演其公民身份游戏的策略；我们同样会讨论普通的雅典人是如何理解这种基于内在思考（inner deliberation）之上的高智商人士的剧本。

本书结论将讨论我们已经考察的历史中作为自我评价和他人评价的施行正义诸路径之间是否存在交集。我们将短暂地回到公元前四世纪的演讲术，提到一个不同寻常的演说（Demosthenes 25，写作于公元前 338 年到前 324 年)，这篇演说努力利用各种相互较量的法律与政治观念，劝说陪审员正确地施行法律、审判被告。这一努力使我们想起当代自由主义、社群主义和商谈民主的各种剧本。它同样说明了在施行正义的过程中，希腊人和我们自身是如何让公民身份和自我相互作用的。

第一章　公正地对待逝者：早期希腊公民与自我的原型

在城邦国家和族群国家（Ethnos - State）① 形成之前，什么样的剧本和什么类型的自我使得希腊的共同体去施行正义呢？当国家和公民在公元前八世纪早期出现之后，这些剧本和自我是否经历过变化？在这一章中，我的目的就在于揭示最早的前公民剧本的各种可能版本，包括它的认知维度（特别是理由说明的类型）和交往维度（特别是关键的言语行为、言语形式以及表演/施行态度），并且确定一种我们可以作为最早公民原型的施行者/表演者（perfomer）类型——包括他们的社会的与道德的自主性程度。考虑到我们讨论中证据的性质，我的论证必然保留着假说的特点。我认为，首先在铁器时代的早期，当共同体以葬礼的仪式，特别是哀悼，为死去的武士首领（*basileis*）主持正义时，这就产生了英雄式的自我。第二，大约在国家形成的时代，这种英雄式自我获得了一定程度的自主性，例如《伊利亚特》中的表演使得荷马笔下的阿基琉斯能够利用哀悼和商谈的剧本，导致自我进行转变，成为某种公民的原型（prototype for the citizen）。

我将我的讨论分成三个不成比例的部分：第一，“在铁器时代早期的共同体中为逝者主持正义”，描绘出铁器时代（Iron Age）早期的希腊（约公元前 1100 年 - 前 700 年）典型共同体中关键的社会特征，这特别是指国家

---

① 这一时期有两种形态的国家，其中城邦是以一个城市中心的领土组成，这个城市是其政治、宗教、军事与商业中心。而族群国家并不是以唯一的城市为中心，而是一个地区中不同的城镇与区域组成的松散联合体，因为其居民分享着相同的文化。——译者注

的“形成时期”即几何时代中期稍早（约公元前900年到公元前760年）。[①]我将指出，当时这些前国家共同体的世界观可能依赖于关于祖先的叙事。我将把在武士领袖举行的葬礼上，特别是哀悼中为其主持正义视为一种“剧本”（如导言中定义的）；第二部分，“在荷马的哀悼中施行正义”，将从《伊利亚特》中识别出另一种剧本，它也是国家形成期的共同体用以确立正义的，我称之为“领袖们如何商谈”的剧本，并且将其认知的维度与交往的维度与哀悼中的交往维度进行对比；第三部分也是最长的一部分，“阿基琉斯的自我转化”，聚焦于史诗《伊利亚特》中这位表演者的三个维度，荷马试图将“领导者如何商谈”转变为一个商谈性剧本，以便容纳新的、更为自主性的自我，而我将这种自我看作公民的原型。阿基琉斯努力的关键在于他通过对传统哀悼的改造而进行了一种自我转换：在《伊利亚特》第1、9和24卷中，阿基琉斯逐渐地将对于逝去领袖的哀悼和领袖商谈，融合到一种独特的复合性对话之中，也就是一种“自我哀悼”（self－lament）之中。通过这种转化，阿基琉斯自主地确定了他自己的价值，公开地宣称这种价值符合于公正的命运，并要求他的同伴承认这一点。因而，在本书中所涉及的一系列杰出的个体中，他第一个提出了以下纲领性问题：“如果我要决定这一关于正义的问题，我必须成为哪类人？我希望自己成为哪类人？”

1. 铁器时代早期共同体公正地对待逝者

1.1 铁器时代早期共同体概况

在希腊前国家时期的共同体中，要识别出建立正义的剧本与表演者，我们需要描绘出希腊人世界观的基本特征。资料的证据、跨文化的人种学模型以及荷马的史诗，使得我们可以接近于他们对于世界的理解中的时间、空间和行动者的相关范畴。我们同样可以不无准确地找出代表性的聚居类型、人口水平、生产方式、程度不同的社会分层，以及（社会）权威的形式。这些

① 关于这里的“国家形成期”，参见 Donlan and Thomas 1993：5。我使用的铁器时代早期这一术语指的是约公元前1100年到公元前700年，尽管大多数古典学者与历史学家仍然喜欢用“黑暗时代”来指差不多相同的时期（约公元前1100年到公元前800年），关于这些不同的术语，参见 Antonaccio 1995a：2，n.4（我关于铁器朝代早期的共同体的形象，对 Farenga 1998 的观点作了一些修正，更新了数据）。

组合的证据突出了他们物质生活和社会生活及其观念中的特殊困境，所有这些困境使得稳定一致的世界观成了问题：居住环境与生存的不稳定性，共同体首领的死亡而产生的潜在危机，以及这种大人物和酋长混合的权威形式的内在诸矛盾。特别是领导的困境，促使共同体为首领（*basileus*）赋予稳定而一致的社会角色——这一角色可以让他个人的成就在其去世时公正地被汇集起来。但是，这些共同体拥有象征性资源来解决这些问题，比如关于祖先的传说和对上层人物举行的葬礼仪式所体现出的对于时间与空间的理解就是一种重要的资源。这些资源将铁器时代的武士领袖从一个"施惠于人的（indebtor）"自我转变为一个"受惠于人的（indebted）"自我①。我用这些词语来描述一种领袖，他在活着的时候通过一种交换的关系让追随者服从于他，从而积极地维持其社会角色；但是在他死后，只能靠他们对他的回报义务而被动地拥有其在共同体记忆中的社会身份。

希腊铁器时代早期的聚居区对于大部分的村民来说，沿袭了在整个青铜时代主要的聚居方式，在这种方式中一个兴旺的大家庭（*oikos*），与其他几个家庭联合起来，形成一个"中心"的村庄或者一些村庄群落；除了在青铜时代晚期相对短暂的王宫－城邦（palace－state）时期中，这些村落都如同其在青铜时代一样保持着独立。② 一般说来，这些自治的村落出现（或再现）在迈锡尼（Mycenaean）陷落之后的一两代时间里，大约是原始几何时代（Protogeometric）早期（约公元前1050年左右），兴盛于大约公元前900年左右，并且一直持续到公元前800年到公元前750年间国家出现时期。它们的特征可以概括为和平的繁荣、相当水平的经济活动，在一些地方与近东有着联系。不稳定性是大多数单个聚居群落点的特征，它们被人居住的时间大约为50年到300年不等，尽管少数一些地方［雅典、克诺索斯（Knossos）③、

① "施惠于人（indebtor）"的自我指的是领袖通过宴请、送礼等交易方式而建立个人权威的自我，让他人觉得对他有所亏欠。"受惠于人的（indebted）"自我则指的是依赖于他人对于其身份与地位的承认而获得权威的领袖。"大人物"与"酋长"在活着时是"施惠于人"的，但他们死亡之后，就依赖于他们的追随者来确认他们的地位，通常是他们会在共同体的记忆中记住他。——译者注

② Donlan and Thomas 1993：612；有关克里特（Crete）参见 Haggis 1993 and Cavanaugh et al. 1998. 关于整体的希腊，参见 Whiteley（2001：80－101）与 Morris（2000：201ff.；1998a）最近的考古学综述。塔尔曼对于黑暗时代社会生活与荷马社会关系的描绘（1998：249－255），以及哈默对于黑暗时代政治的共同综述，包括对于三个地点的描述（2002：29－43）。

③ 克里特岛上的一座城市，是铜器时代米诺斯文明的中心。——译者注

阿尔戈斯（Argos）[①]］是相对稳定的，从青铜时代一直持续到古风时代都有人定居。[②] 人口的密度比较低，大多数人居住在由30到50人构成的村落群体中——尽管村落的人口达到数百人并不罕见，一些社区（同雅典、克诺索斯、阿尔戈斯）可能近几千人。[③] “家庭生存方式”普遍盛行，形成了一种农牧业混合的必需品生产经济；[④] 其自给自足的家庭理想也适用于“闭塞（autarkic）和自治”的村落。[⑤]

因而，公元前800年前典型的铁器时代早期的共同体中，一些居民人数在35到150左右闭塞的村落聚居地上存在了150年。[⑥] 尽管这些聚居群落各有不同，但仍然可以得出一个普遍性的结论：一般共同体的基本问题就是持续地生存的问题，特别是对于较低层级的称之为“地方群体（local groups）”的共同体；[⑦] 对于其他为经济的自给自足而努力的家族（households）与共同体之类的聚居群落来说也是如此。而对于持续定居的“三强（big three）”[⑧]，比如像勒夫坎狄（Lefkandi）这样的定居地来说——它们从青铜时代一直持

① 古希腊的一个城邦，位于伯罗奔尼撒半岛东北部，靠近阿尔戈利斯湾上方。青铜器时代早期开始有人居住，斯巴达兴盛前是古希腊最强盛的城邦之一。——译者注

② Whitley 1991a：346－347，1991b：184，and 2001：88－89。参见Haggis1993有关东克里特一些小的村落稳定性的论述。

③ Garnsey and Morris 1989：99；Morris 1991：33；Donlan 1994：34。有关从公元前十世纪以来人口增长的过程，参见Scheidel 2003。

④ 参见Johnson and Earle对于Sahlins“家庭生产模式”的修正（2000：23－24）；Donan 1989：7－72关于黑暗时代经济（oikos）的观点，Snodgrass 1987：193－209关于游牧生活的观点，Morris1987：23 and Garnsey and Morris 1989：99关于游牧与农业的观点。

⑤ Donlan and Thomas 1993：64.

⑥ 关于平均寿命参见Snodgrass 1987：190－192。唐兰与托马斯将小村子（hamlets）与村庄看作希腊黑暗时代的“大多数居民所在的一般共同体”（1993：63）。怀特利得出结论，“有理由认为，黑暗时代的聚居点通常很小……分散在各地，与后来时代相比，人口水平也很低”。（2001：89）然而从政治人类学更宽泛的视野来看，铁器时代早期不少前国家时期的政治体，人口的扩张与收缩是不断交替的。参见Ferguson关于黑暗时代的“混合政治体”的观点（1991：170－171）。有关人口的扩张与收缩的观点参见Farenga 1998：181，and Thalmann 1998：249 。有关不同的聚居模式，参见Whitely 2001：90；Edwards也提出了类似的观点，他认为荷西俄德（Hesiod）生活的阿斯特拉村（Ascra）人口大约在700人左右，是黑暗时代（Dark Age）较为典型的人烟稀少并且自治的聚居点。

⑦ “地方群体”是由村庄或者区域性的聚居点中的多个家庭组成，人数约为“家庭层次的群体”的五到十倍，而“家庭层次的群体”人数在5－8人到25－35人之间（Johnson and Earle 2000：33－34 and 123－40）。

⑧ 指雅典、克诺索斯、阿尔戈斯。——译者注

续到大约公元700年①，以及一些孤立的村庄部落，如东克里特（East Crete）的部落，面临的挑战主要是稳定而不是生存。尽管它们享受着繁荣与经济的发展，但由于气候、时断时续的互市、对外贸易、战争和移民等问题，更大一些聚居群落长期的物质资源供应总是有变动的。②

对于所有的聚居群落来说，由于另外两个特征，即社会分层的程度及权威的形式，这些生存与稳定性的问题是结合在一起的。因为材料证据只能提供不太全面的阶层差别与领导的信息，这两个特征都是难以准确理解的，特别是权威形式。而且权威与领导的跨文化的、人种学的模式并不完全适用于爱琴海地区。我们可以认为在更小或者更不稳定的共同体（位于约翰逊所说的"家庭水平"与"地方性"群体之间）中的社会分层必然更少。在这些"同族（homogeneous）"部落中，只有在可能被称为 *basileus* 的村落头人那里才算得上出现了等级。③ 但是，在更大的聚居群落中，或当小共同体不断发展时，人口在100到300人的地方村落群体会经历一种日益增长的分化与等级化。当人口在300到500之内的地方村落群落出现之后——通常在几何时代中期（公元前850年-公元前760年），它们中出现了分层的萌芽。④（最大的共同体雅典与克诺索斯，很可能保留着它们在青铜时代晚期的社会等级制度。⑤）因此塔尔曼（Thalmann）有理由得出结论认为："层级（Hierarchy）——至少就其最简单的区分精英与平民的形式来说，显然从青铜时代以来一直存在着。"（1998：250）但我们也应当认识到分层程度会随着人口而变化，因此"层级是经常变化的"（Whiteley 2001：90），并没有细致

① 有关勒夫坎狄聚居点的结束，参见 Thomas and Conant 1999：88 and 102；在大约公元前1100年到公元前1050年左右，聚居点可能短暂地中断过（92-93；103）。

② Whiteley 对于"稳定"与"不稳定"的区分看起来太严格了，特别是他认为每一种类型都经历了"相当不同的"社会形态（social formation）（1991b：184）。Thomas 与 Conant 同样反对这种严格的划分（1999：102）。

③ 参见 Donan and Thomas 1993：63-65，和 Donlan 1994：35。这样的聚居点中一个很好的例子就是尼库利亚（Nichoria），在其铁器时代早期（约公元前1075年到公元前975年）的第一期，它的人口大约在60人左右（13到14个家庭）（Thomas and Conant 1999：36-37，这是吸收到 MacDonald，Coulson，and Rosser 1983：322-325 的观点，也可以参见 Donan and Thomas 1993：64）。

④ Donan and Thomas 1993：65。关于勒夫坎狄以及纳克索斯（Naxos）的"复杂分层的社会"，参见 Morris 1991：43. Tandy 在一种更广泛的意义上承认了在铁器时代共同体中的分层，但是他主要指的是公元前八世纪（1997：93）。

⑤ Morris 1991：27-40，42，他认为铁器时代的社会中精英（约四分之一到三分之一的人口）与贱民式的农民之间存在着分层（1987：173-183；1989b：506）。

的、严格的层级。”(97)①

社会分层的程度变化，给说明这些不断变化的共同体领袖的典型特征带来了麻烦。就聚居群落的类型与多样性来说，我们最好是想象其领导经历从村落头人到大人物，再到酋长这样不同阶段的发展。很多领导有着两种或者更多的这些人种学类型复合的特征。② 我们可以想象我们描述出来的铁器时代早期一些领导的形象，可能会有着这些随机、组合形象不断变化的任何特征，它一会看起来似乎代表着一个可以认识的真实个体，而另一会却并不相符。当我们试图运用模型去区分“大人物”与“酋长”的作用时，③ 或者希望国家形成期的希腊领导人精确符合人种学模式时，尤其如此［例如这些共

① 例如铁器时代早期大约60人左右的尼库利亚，没有表明存在社会分层的实在证据，它似乎是较大的无首领的“地方群体”，成员间并没有明显的社会地位的区别，也没有领导。直到在它的第二期，人口达到200人时，才发现有“酋长宫殿（chieftain's house）”的结构。然而尽管这一建筑规模与功能显然与众不同，但是“与一般民居的区别很小”（Thomas and Conant 1999：57）。

② 在一个典型的铁器时代村落中，人数约为35到150人，头人可能会，也可能不会为处理生产性与仪式性活动而组织起村落的议事会。但当一些村落群体的人口规模达到了300人时，头人会开始作为大人物，通过更多群体间的、地区间的努力，以类似于宗族之类的组织，来减少生产风险、进行祭祀活动、保卫领地、开始人们之间的各种交往互动（关于三种典型的大人物体系的描述，参见 Johnson and Earle 2003：33 - 34 and 126；cf. 203ff.）。参见 Edward 关于荷西俄德的阿斯特拉村（Ascra）没有地方领袖的观点（2004：118 - 123）。与托马斯与科南特不同的是，我并不相信尼库拉的“酋长宫殿”象征着从大人物向酋长领导体制的过渡，因为一个约200人口的村落，其规模并不足以使得以个体为基础的领导，向以制度为基础的领导转变（1999：56 - 57）；哪怕是在其发展的高峰（约公元前900年左右），尼库拉的领袖很可能仍然是一个大人物。而到了几何时代中期500人左右的村落群体更为普遍，大人物同样还可能在一个更大规模的地区进行管理，执行着酋长的一些功能。他的权威使得一个地区的单个共同体的治理，更多是靠制度性而不是个人的基础。

③ 参见 Johnson and Earle 2000：265 - 267 关于一般酋邦（chiefdoms）的论述，而在267 - 277页他们讨论了结合着大人物与酋长体制的中间形式。Earle 说明了酋邦是“一个地区的政治体制，有着制度化的管理和社会分层，管辖着从几千到上万人，酋邦是中间层次的政治体，处于以村落为基础的小型政治体与大型的官僚体制的国家之间的发展中的过渡阶段（1997：14）”。与波利尼西亚（Polynesia）的典型酋邦制进行对比之后，Whiteley 认为我们能够“排除在铁器时代早期希腊很多共同体是‘酋邦’的可能性……”（1997：14）但是在我看来，公元前900年之后的雅典，像克诺塞斯（Knossos）、阿尔戈斯都是 Donlan（1982a，1982b）以及 Qviller（1981）的意义上“不成熟的酋邦……”（2001：97）Early Iron 对于丹麦新石器时代及铜器时代齐斯泰兹（Thy）州酋邦的描述（约公元前2300年到公元前1300年），可能提供了与希腊铁器时代早期类似的情况。

同体可能的和真实的酋长并没有为（剩余产品的）贮存与再分配建立一个地区中心，这说明爱琴海地区的领导方式，与经典人种学模式在一个重要的特征上是有根本差别的[①]]。因为这些共同体有时扩大，有时又再次缩小，其社会分层程度是变化的。它们很可能产生一种混合的领导模式，其社会角色结合着头人、大人物和酋长的权威。[②]

并不奇怪的是，最早一些学者将人种学的模式运用到了铁器时代和荷马时代的 *basileis*（王）身上去了，很快就充分认识到了聚居群落的不稳定性和领导的不稳定性是这一时期的主要特征。唐兰（Donlan）和奎勒（Qviller）早在二十世纪八十年代早期就将这种不稳定性归于黑暗时代和荷马社会中的“不成熟酋邦”的主导地位；随即唐兰进一步强调这些政治形态是如何“惊人的不稳定”：不仅是它们的成员可能将对一个同宗同族的地方大人物建立起来的权威“金字塔”的忠诚，转移到另一个那里；而且地方大人物也可以将其对某一最高首领在某一地区所建立起来的“金字塔式”权威的忠诚，转移到他的对手那里，也可以反过来脱离其对手而忠诚于他（1989：25）。[③]最近唐兰以一个语气更强的词语来概括这些酋邦的“致命缺陷”，这就是所谓“深层的矛盾”，这一矛盾是基于酋邦（chiefdoms）“固有的平等主义与权威主义的冲突”之上的（1989：25）。换言之，作为一个普遍的体系问题，聚居群落无论大小，它的存在与不稳定性看起来都是与 *basileus*（王）的形象联系在一起的。当他运用权威试图控制不稳定的资源比如交换、贸易和气候等所导致的经济变动时，就会面临权力合法性这一意识形态问题。

---

① Donan and Thomas 1993：66。Garnsey 与 Morris 还注意到早期希腊国家并没有出现“所谓精英们剩余产品”的“大规模集中存贮设施”的证据（1989：100）。塔尔曼指出将荷马的 *basileus* 看作类似于大人物与酋长之类的再分配者（1998：262－62）。坦迪认为在大约公元前850年之后再分配有增加的趋势，但他没有提出实在的证据，只是引证了荷马的例子。但这些例子的范围与适用性，并不清楚是否与现实社会相符（cf. Schaps 1998）。

② 塔尔曼在评价荷马的领导时表达过这种混合性，他问：“这些地位是取得的（如大人物）还是先赋的（如在酋邦中一样）?”（1998：268）他得出结论认为，史诗中的精英观念很难确定这种简单的对立，也许两种权威方式是并存的（269－271）。Whiteley 将铁器时代早期的共同体看作“等级的”而不是“分层的”，其中的地位是取得的，而不是先赋的（2001：90）。

③ Donlan 1985a：304－305 and 1989：22；参见 Donan and Thomas 1993：65－69. 对于塔尔曼来说，较之于 Donan 所认为的不稳定的领导而言，荷马社会中的权力建立在一个“更为稳固的基础”上（1998：266）。但是我怀疑他在史诗中所看到的“稳定的社会组织”，是否真存在于公元前八世纪之前的大多数共同体中。

如果同时考虑到经济困境和意识形态矛盾，我认为铁器时代的 *basileus*（王）必须促使他的追随者去寻找认知资源，以解决与不稳定性相关的实在困境，这些追随者感到他的社会角色（social persona）在意识形态上更符合他们的世界。这些前国家的共同体居民建立或者放弃某个聚居点，给予某种程度的社会分层以合法性或者反对这种分层，解释实在的或者象征性的资源的变动，所有与这些行为相关的思想、理由或者论证方式，直到最近才被人们关注。政治人类学已经开始了对酋邦内的认知功能、意识形态和象征性思考，特别是厄尔（Earle），他考察了酋长们是如何操纵经济、军事和与权力相关的意识形态资源，从而使他们对地区的政治控制获得合法性。厄尔赋予了他称之为“实在化（materialization）”的过程一种首要的作用，也就是将观念、价值、传说、神话等转化为一种物质的实在，使之能以仪式、象征性物品、纪念碑和文字等这些形式表现出来。通过这些实在化的形式，酋长就操纵着意识形态，从而给他们的世界观、道德原则、宗教秩序以及正义观以具体的形式。

厄尔特别注意到精英使用象征性物品和纪念碑以形成对于时空的叙事意义的实在化工作（155ff.），这就使得他的工作和古典考古学家的努力联系起来，后者研究铁器时代早期的共同体如何将时空作为一种支持其世界观的认知资源而加以利用。例如莫里斯（Morris）（1987，1989a，1989b，1998a，2000）、怀特利（Whiteley）（1991a，2001）、安东纳乔（Antonaccio）（1993，1994，1995a，1996b），以及塞尔维诺－因伍德（Sourvinou－Inwood）（1981，1983，1995）所作的研究，提醒人们注意在约公元前 1100 年到公元前 800 年早期铁器时代共同体中，葬礼的事宜是作为主要的象征资源。他们的研究表明，这些共同体将相当多的劳动与财富投入到了合乎规制的葬礼这一首要事务中去了，用在制作、安排和装饰殉葬品、定期的祭拜以及对于铁器的使用和处理之上。但是我相信这些共同体运用了一种更为根本性的象征资源，即关于活着以及死去的 *basileis*（王）的故事讲述，或者说口头叙事的形成与重构。没有这种故事所理解的时间、空间和行动者的概念，其他行为是不可想象和难以理解的。

1.2 葬礼仪式及其剧本

在故事讲述与葬礼之间的关联，特别是那些与“英雄”相关的葬礼的联系，有助于解释公元前 800 年左右铁器时代早期的共同体是如何能感受到现在、过去与不远的将来之间的连续性（的历史）——尽管实际上其不连续性更为常见（可能将来会继续如此）。祭奠仪式（tomb cult）的证据表明，面对着当下的困难和未来的不稳定性，一些共同体需要不断重新去发现（发明）一个“浅近（shallow）”的过去——从祖先的传说到过去两三代人中间发生的事件。① 当贸易的方式、战争与移民发生了改变时，这些传说可以将祖先作为在一个特定的区域内外与其他共同体建立联系的纽带，使得纯粹本地的联系，以及不时扩展到地区和跨地区层面上的互动中出现的紧张得以缓和。*basileis*（王）和祖先的传说也可以从某位古王的社会角色这一视角来评价一个新近逝去的领导的成就：这个人在道德上得失如何？他的共同体是兴盛还是衰落的？他符合人们对于其命运的赞颂或批评吗？这些类型的传说，会在一个更广泛或更抽象的范围中，即在正义的宇宙框架内发挥着意识形态的作用。所以，如果社会生活中的“不变性”和“可变性”是这些共同体的典型特征，而故事讲述能够塑造一个一致的世界观，那么当共同体在努力对付生存、分裂、战争以及存在着意识形态缺陷的领导时，就确定正义而言，它们拥有的什么资源还比故事讲述更有价值呢？

最近对于铁器时代早期葬礼的一些实物证据的新解释认为，葬礼仪式中运用了精英的葬礼来确定一种基于叙述之上的世界观②。在一些只有对大约三代的祖先谱系浅近记忆的共同体那里，葬礼仪式与墓地祭拜的目的看起来，是用泛指的“祖先”观念将刚去世的人与在遥远的过去居住于当地的不

---

① “祭奠仪式（tomb cult）”指的是偶尔（甚至只是一次）到墓地祭奠，参见 Antonaccio 1995a：6 and 264ff.，1994：401－402，and 1993：63。

② 莫里斯对于后迈锡尼时期的葬礼情况的研究，推断出一种对于祖先口头叙述传统的运用（2000：201ff. and 225）。公元前 1050 年之后，共同体可能已经按照成年人的等级来规定葬礼仪式，这在考古学上是可以确认的，他们的墓地是按亲缘次序来排列的［1987 and 1989a；参见 Humphreys 的批评（1990）与 Morris 的辩解（1998b：27－29）］。大约在这一时期共同体也为精英准备了新的墓地，并且有着祭奠仪式的迹象；并且再次利用迈锡尼时代（或更早）的坟墓为自己的死者下葬，进行祭奠仪式；或者为更早的不知名的占领者的墓地进行祭奠（Antonaccio1993：46－70 and 1995a：6－7）。在公元前 925 年之后，更加丰富的新装饰风格（几何图案）和处理技巧用于墓地，说明了精英之间的竞争加剧（Morris 1987：42 and 181－182；Whitley 1991b：136－137；Antonaccio 1995a：257ff.）。祭奠仪式往往只持续很短的时间，可能反映了这些变化与紧张（Antonaccio 1993：48－56，1994：401－402，and 1995a：245－246）。

知名死者融为一体。① 这样，这些象征性的资源被用来形成一种时间、空间与行动者的观念，投射入过去，其目的在于在过去与现在之间建立一种连续性，尽管这种连续性也许并不确定，但却至关重要，它可以使得一个对手林立、因而面临着远非确定性未来的亲缘性群体获得合法性。② 一些历史学家与古典考古学者已开始探讨祖先叙事和运用葬礼仪式是否可能为铁器时代早期的社会问题提供认知资源。塞尔维诺－因伍德猜测，甚至哪怕是一个成年成员的死亡都可以成为一个威胁性的事件，而葬礼仪式提供了旨在恢复连续性和秩序的认知工具。

> 在一个小小的黑暗时代的村落，共同体生活事实上为每一个人的死亡所打断，而每个死亡的个人总是与共同体所有其他成员有社会性关联，于是他们都要与逝者分离并作出相应的调整。所以事实上整个共同体都卷入到了每个死亡仪式之中，而且在那些年代里，（易受攻击及人口稀少的）共同体的存活，具有头等重要性（1981：29；cf. 1983：42）。

对于大大小小有着复合权威（头人、大人物以及首领）的共同体来说，更具威胁性的就是领袖的死亡③。因为由于取得的和被赋予的权威混合的程度不一，这些共同体缺少权力有序交替的制度性程序，这样，领导人的死亡可能会使得共同体丧失稳定性，甚至使其未来堪忧。卡利加斯（Calligas）（1988）认为，“勒夫坎狄（Lefkandi）时期”（约公元前1050年到公元前830年）的共同体产生了我们视为“希腊史诗”的英雄叙事传统。他认为，将故事讲述与葬礼事宜联系起来，这种叙事便扩展了为首领所进行的“英雄式”葬礼的意义，将他们的合法性延展到将来。最近莫里斯认为，勒夫坎狄大型的武士墓葬（约公元前950年）事实上开启了希腊式对于一种界限的信

---

① 参见 Antonaccio 1993：63－64，1995a：252－253 and 264－265；参见 Lambrinoudakis 1988：245。

② Antonaccio 1993：64；cf. 1994：410（尽管葬礼与祭奠通常并不限于精英）。作为地方性的与泛希腊竞争的祭奠，参见 Antonaccio 1994：408；参见 Whitley 1995：49－50 有关黑暗时代运用过去的资源来赋予当下以合理性。莫里斯将公元八世纪的祭奠与英雄崇拜看作“含混的，对于不同的人有着不同的意义”。(1988：758)

③ 有关领导人死亡所带来的更大冲击，及作为象征性的表达的葬礼仪式上规模上的区别，参见 Sourvinou－Inwood 1981；30，n. 53。

念，这一界限将其自身作为一个贫穷铁器时代的种族而与其英雄的祖先划分开来。（2000：228－237）

托马斯（Thomas）和科南特（Conant）在一个更广泛的意义上强调了口头记忆和叙事或许有助于在尼库利亚“荣耀当地祖先的丰功伟业”，“形成对于世界的基本观念和人类在世界中的角色”的观念——其中包括“维持正当秩序”和“正义地处理公共事务”（1999：49，50）。他们同样也提到了从公元前950年到公元前825年勒夫坎狄的英雄葬礼，这些表达了厄尔所说的“实在化”，因为葬礼证实了一种以战争、冒险和“对于荣誉与声望（*timê*）的执着追求”（108－109）的英雄世界观。他们认为这种对于*timê*的执着追求，同样依赖于一种在勒夫坎狄“对*basileis*（王）口头的、记忆的传统”（109），这种传统能让当地居民“处理当下的事情”。①

如果我们去追问铁器时代早期共同体中，什么样的剧本可以给去世的*basileus*（王）涂上英雄自我的光辉，所有这些可能性都变得更加具体了。这些剧本将一个新近亡故的首领与他的祖先联系起来，依靠叙事而给予他以价值（*timê*）；他们会在认知上进行一种集体的、合理化（rationalizing）的努力，我们可以称之为“盘点（stocktaking）”，其作用在于，当共同体生活经历到类似受到首领死亡的扰乱，或者预先确定的理解模式被破坏时，可以让共同体保持其连续性。特别是通过回溯到以前各代的经验中去，个体和共同体可以运用这些相互关联的叙述，去理解逝者是如何通过一种“认知的接力”而将他们与其祖先联系起来。② 尤其是新近的死亡事件威胁到对社会等级或者权威形式等明确有效性或者正当性的信念时，就更是如此了。③

但是盘点性的剧本，能够在葬礼事宜中运用什么类型的叙事呢？这些剧本与叙事，会让那些为首领葬礼仪式（以及/或者墓地祭奠）提供特定故事

---

① 安东纳乔同样将勒夫坎狄的图巴（Toumba）公墓中后代英雄的墓葬，与埋葬在“宴葬厅（funerary feasting hall）（这是古代希腊的一种特别建筑，其作用一方面是作为首领用来宴请部下的场所，另一方面是在其地下埋葬逝去的强人。——译者注）”下强大的*basileus*（王）联系起来（1995b：18－19）。

② 有关这些术语及认知性框架，参见 Carr 1986：86－94 and 113。

③ Horton 的“传统主义的知识（traditionalist knowledge）”和“理论的共同创造（consensual elaboration of theory）”观念认为，口头的、前现代的或者非西方的社会，会抵制新的经验与观点所致的颠覆性后果，认为这些是与祖先的信仰与价值不一致的。（1993：329－330；338－340）如果形成的信念必须符合新现实，那么故事讲述可以淡化这种新奇性，不对新观念进行积极的思考，并且在几代人之后将其融入祖先的时代中去。

的人与领会这一故事意义的人之间形成什么样的交往互动呢？——我是指某个送葬群体的“发言人”与当地村落中的居民“听者”之间的互动。就像一位考古学家所说的：“显然考古学并不能恢复对于亲缘关系或者谱系的口头……叙述，以及诸如祈祷这样的活动。”（Antonaccio 1994：401）尽管如此，巴赫金（Bakhtin）关于言语形式和他的“语言交往功能”的理论帮助我们做出一种假说：每一种关于祖先与 *basileis*（王）的叙事都形成了言语的一个种类，它吸收了从日常生活中较简略的直接表达，并将其融合到（叙事的）主题、结构或者风格的传统之中，从而形成一种稳定的表达形式（1986：60－65）。每种葬礼事宜中的言语形式都要考虑到听者可能的反应，来安排其所要表达的意义。这样，在演说家的意图与听者的反应之间的社会联系，以及每一群体的世界观，都在葬礼仪式的言语形式的形成过程中发挥着作用（77，90）。由于这些世界观可能彼此契合，也或者相互不适应，因而葬礼中言语形式会在对话中起到不同程度的作用：在一些情况下演说家和听者可能差不多是分享一个世界观的同一个群体，在另一些情况中，听者可能对演说家有敌意，认为演说家“非我族类”，或是臣服之（95）。社会的或者种族上的不同程度的他性（otherness）都非常关键，值得我们特别注意，因为铁器时代早期共同体人口总是在扩展与收缩，重要资源以及外部贸易发生着得失，冲突有强有弱。

在一个建立在亲缘基础上的社会中，确定领袖价值（*timê*）的剧本与叙事通常会利用哈贝马斯和其他人所说的“生活世界（Lebenwelt）”，它是一种无可置疑、实实在在的巨大宝库。当出现困难的局面时，生活世界作为对于分歧、反常和不一致事件的一种“保守的平衡力量”，为传统社会达成共识提供了“理解的视域”（Habermas 1984：70）。但也有可能的是，铁器时代早期的一些共同体，面临着不稳定性、生存问题以及在意识形态方面成问题的领导时，会发现他们祖先的生活世界受到一个与其竞争的或者冲突的群体的世界观的挑战，或者说这种生活世界被“去中心化”了。在这些情况下，盘点式的剧本不能再牢固地依赖于祖先的生活世界，而商谈则成了一种选择。就“商谈”来说，我所指的是一种对话的互动，其参与者试图更为清晰地解释他们对彼此竞争观点的支持或者反对的理由，也许会自发地要求**分享**合理化（rationality）的标准来解释困境的局面，而不是预先设定一种生活世界的标准来解决分歧或矛盾（70－71）。换言之，一种盘点性剧本，如果允许在其叙事中插入商谈，就可能表达了一种新的理性形式及合理化的标准。

如我们已经看到的，卡利加斯（Calligas）（1988）、托马斯（Thomas）和科南特（Conant）（1999）认为，在类似于勒夫坎狄和尼库利亚这样的共同体中的送葬的群体中，使用了史诗或者原－史诗（proto－epic）的叙事，将去世的 *basileus* 与其祖先联系起来而评价他的价值。这当然是一个很有道理的猜想。坦迪（Tandy）走得更远，他提出了一种完全不同的情形，认为公元前八世纪的精英之所以运用英雄葬礼（以及其他的策略），其目的在于，一方面将他们自身与平民、与传统的财富源头①区别开来；另一方面声称自己是传统史诗人物的后代，而将现在与英雄的过去之间的断裂掩盖起来（1997：149－165）。

但是在整个铁器时代早期的这些群体肯定还上演了其他的盘点性剧本，其中包括一些考古学难以证明但却有效的资源：情感、音乐和我们称之为哀悼的口头表演。不过，我们确实关于从迈锡尼时期到几何陶中期与晚期（公元前760年到公元前690年）在哀悼的态度、姿态和核心仪式上保持了“惊人连续性的迹象”的图像证据。② 哀悼作为一种悼亡的仪式化形式，通过对受难事件的被动的、集体的体验，使得铁器时代早期的送葬人群恢复了一种心理－生理意义上的秩序。对于这些亡者的遗属来说，哀悼可以治疗他们的悲伤，使他们既能分享死亡的体验，然后也能从这种体验中超脱出来。③因此通过哀悼，这个共同体就会为了三个目标进行一次盘点：一是当首领的死亡打破了村落中人们关系（它的“社会组织”）的日常体验时，恢复社会连贯性。二是强化共同体关于个人与群体应当如何互动的理想观念（它的“社会结构”），也就是在一个与生活世界一致的宇宙框架内对于死亡的公正与否的评价给出理由。第三是对于死者进行评价，这样，死者的社会角色就可以从活着的人的不断变化的身份，转变为指派给死者的确定身份。所有这三种目标都在贯彻“正当对待伟人之死”的观念。④

---

① 传统的财富资源指的是农牧业，而新的财富资源指的是当时的精英所从事的海外贸易之类。——译者注

② Cavanaugh 与 Mee（1995：58）证实了维尔缪勒（Vermeule）所看到的从青铜时代到古典时期“葬礼形象与行为未中断的连续性”。

③ 参见 Sourvinou－Inwood 1981：26－28 and 1983：41－42。有关悲痛（grief）与哀悼（mourning）之间的区别，参见 Derderian 2001：4－5，附有参考文献。

④ 有关社会组织的分裂与社会结构的强化，参见 Morris1987：39；关于铁器时代早期死者的社会人格的转化，参见 Sourvinou－Inwood 1995：115；关于从变化的身份向稳定身份的转变，参见 Derderian 2001：4，附有参考文献。

但是，如果哀悼包括评价领袖的盘点性剧本，它同样包括为这同一目的的故事讲述。但从这一点来看，哀悼是如何区别于史诗传说呢？如果我们试图找到程度不同的商谈，我们在各种通过评价领袖的 *timê*（价值）而公正地对待领袖的言语形式中，会发现它们的理由说明、合理化标准和表演性态度有着重要的区别吗？

2. 在荷马式哀悼中施行正义

2.1 哀悼的沟通机制

借助于一个关于铁器时代如何在叙事形式中评价其领袖（无论是逝去的还是活着的）的现存证据，就可以回答这些问题，这个证据就是荷马史诗所描述的对 *basileis*（王）进行的哀悼，对他们各自等级进行的商谈。戴德里安（Derderian）近来的研究（2001）给了我们一个更为清晰、更为系统性的对各种言语行为（口头的和非口头的）与姿态的理解，它们构成荷马哀悼的复合性言语形式，有助于理解各种经常表演这些哀悼及听取这些哀悼的个人与群体。这些言语行为包括 *akhnusthai*，这个词主要是描述一位精英男性为一位去世的领袖、同伴或者亲属进行哀悼。通常他是作为死者所属社会群体的代表，他在表达哀伤中将哀悼的需要与为群体利益而采取行动（例如复仇）的竞争需要联系起来（Derderian 2001：17－22，附参考文献）。*oduresthai* 则描绘了另一种哀悼中的言语行为，指的是人们表达一种与其群体有别的、更为个体化或者更为“主观”的哀悼，一种伴随着从他人视野中消极退出（passive withdrawal）的哀悼（22－24，附参考文献）。我认为，这是两种被戴德里安分别标识为“集体－积极地”与“个体－消极地”（24）的表达对他者致哀方式的哀悼，每一类都在实现着确定个人与他人的关系的不同表演态度：就 *akhnusthai* 来说，哀悼者在“回应”或者模仿社会中构建的群体价值时，就恢复了一种自我感（以及某种程度的个体自主性）。而就 *oduresthai* 来说，哀悼者不再保持能对普通日常生活要求进行回应的自主性意义的自我。

哀悼的叙事成分还出现在另外两种哀悼的表达中，它们都能够以巴赫金的定义而称为以下言语的形式：*klaiein*（或者名词 *klauthmos*）及 *goan*（名词为 *goos*）（Derderian 2001：24ff.）。男人与女人可以运用这些方式自发地、非正式地来表达悲哀，但是女人还可以正式地表演一种 *goos* 的仪式，荷马在《伊利亚特》中提到了七次这样的表演，在《奥德赛》中也提过一次。① *glaiein* 与 *goan* 出现的频率，远远多于 *akhnusthai* 和 *oduresthai*，从而给盘点式的剧本奠定了基础，因为两者都形成了对于死去的 *basileus*（王）的叙事，而在早期希腊的葬礼仪式上常常可以发现这些对立结构的使用。这种叙事包括在亲缘基础上的哀悼群体，以及在一个无亲缘关系的更广泛的听众群体之间的交流互动。② *glaiein* 与 *goan* 都给送葬人群提供了一个在共同体面前对其逝去的首领进行叙述性评价的机会。*klaiein* 通常是在非正式、家里的场合，或者在小型的群体中发生，但是 *goan* 却常常在一个非常正式的环境中发生。然而与 *thrênos* 相比较起来，两者都是更为私人性的言语形式：*thrênos* 的表演者是在更为公开的场合中的职业哀悼者，因为他们是在一个送葬群体家族内安排的（Derderian 2001：31）。一个权威者的表演态度在 *klaiein* 中协调安排哀悼，规定了它的开头与结尾（27），而一位死者的女性亲属在"家庭的或者公共的场合"中启动了正式的 *goan*（33）。

因而，我们可以将在 *klaiein* 与 *goan* 之中的叙事成分，想象为一种在铁器时代早期的家庭成员与非亲缘成员之间精心安排的对话，这种对话的目的是在送葬人群世界观的主导之下，将这些分立的群体整合在一起。在地方村落群体中及小的酋邦中，非亲缘的听众可能会是旁系亲缘那样的盟友，即共同体中势力较小家族的成员，他们通过经济交换网络与主导的 *oikos*（家族）联系起来，因而有义务支持它；或者是代表着受压制、受奴役的群体，被迫

---

① 参见 Derderian 2001：33 – 34。正式表演的 *gooi* 出现在：*Il.* 18. 51ff.；22. 430 – 436；22. 477 ff.；23. 19 – 23；24. 723 – 745；24. 748 – 759；24. 762 – 775；and *Od.* 4. 721 – 741。阿基琉斯是表演 *goos* 的唯一男性。

② 关于哀悼中的对立以及"对立间的平衡"，参见 Alexiou 1974：165 – 184；cf. Sourvinou – Inwood 1981. 对于逝者的哀悼仪式形象（青铜时代晚期到几何陶时期），显示出女性送葬者起到主导作用，显示出致哀（mourning）家族成员相反的安排：他们与死者并非亲缘关系，他们的服饰、姿态和其他表达形态也是不同的（Cavanaugh and Mee 1995）。对于 *klaiein* 和 *goan*，戴德里安观察到"两类都涉及建立起对死者的叙事，它在一个群体的背景下，将其过去的生活与当下的死亡协调起来……"（2001：25）较之于 *goan*，*klaiein* 通常是更为正式化的安排，但是它们的"叙事内容"是相似的（30）。从古风时代到古典时代的雅典花瓶绘画所提供妇女与男子哀悼行为对比的图像证据，以及妇女的哀悼可能对于送葬人群家庭历史与法律要求的影响，参见 Stears 1998.

参与主人炫耀其地位的排场。[①] 我认为，基于亲缘关系的群体在表演 *klaiein* 与 *goan* 时，其目的并不仅是评价与其有亲缘关系之死者的价值（*timê*），而且是在评价中招募没有亲缘关系的成员加入这一群体，这是以限制或者压制对立世界观可能造成的对话冲突的方式进行的。或者说，招募非亲缘关系参与哀悼，很可能预先就被排除了对于主导的 *oikos*（家族）表达异议的可能。尽管非亲缘关系成员可能代表着群体的大多数，但是他们不可能在这种盘点式的剧本中挑出毛病或者指出矛盾来，以挑战送葬人群的世界观在认识上的正当性。非亲缘关系成员在认识层面与社会层面扮演的角色，不过是认同或者屈服。[②]

在葬礼事宜中，这类受控制的对话符合怀特利（Whitley）的观点，他认为铁器时代早期的葬礼仪式背后体现的象征意义，证实了精英之间存在着的竞争压力。显然在荷马那里，以 *klaiein* 与（或）*goan* 形式出现的哀悼，构成了与精英死者相称的特殊象征性报答，即 *geras thanontôn*[③] 以及丰富的陪葬品、牺牲、丧宴、马车队列、坟茔、墓碑等。[④] 因此，盘点式的剧本，也就是将逝者与祖先联系起来的哀悼，有助于建立起一般首领与其追随者之间的关系：这些追随者为了回报首领活着时给他们提供的保护和财富，在葬

① 在为帕特罗克洛斯（Patroclus）（墨诺提俄斯的儿子，阿基琉斯的密友，在特洛伊战争中，帕特罗克勒斯身穿阿基琉斯的盔甲把敌人赶出他们的营船。帕特罗克勒斯没有听从阿基琉斯的警告留在营中，而是像一阵风似的去追赶赫克托尔。赫克托尔在阿波罗无形的保护下，回过头来同他交战。太阳神替赫克托尔打败了帕特罗克勒斯。他被赫克托尔一枪击中，倒地身亡。——译者注）所举行的葬礼中，阿基琉斯承诺让他和帕特罗克洛斯俘虏的特洛伊妇女来哀悼（*Il*，18.339－342）。参见 Seaford1994：116，以及 Sourvinou－Inwood 1983：43 关于在古风时期强迫非亲缘的成员参与精英葬礼的描述。

② *Mythos*（神话）是一种“权威的言语行为”，目的在于使得听者屈服、愤怒或者恐惧。（Martin 1989：22）赫卡柏（Hecuba，普里阿摩斯的妻子，帕里斯、赫克托尔和卡珊德拉的母亲。——译者注）与海伦（Helen）的哀悼都是神话（*mythoi*）（*Il*，24.746－776）。

③ *geras thanontôn*，即逝者的报偿之意。——译者注

④ 在《伊利亚特》第 23 卷第 339 到 342 行中，*geras thanontôn* 由马车竞赛、丧宴与 *goan*（哭诉）组成，在《奥德赛》第 4 卷第 197 行中，有 *klaiein* 的表演；《奥德赛》第 24 卷第 188 行到 190 行中，为举办葬礼而对于尸体的准备及 *goan* 的表演。其他的地方有坟茔与碑石（《伊利亚特》第 16 卷第 675 行）。参见 Derderian 2001：34：“每一种仪式性的哀悼（*goos*）都被看作 *geras thanontôn* 的一部分，通常是在对尸体进行处理的仪式之前，包括焚烧火葬柴堆、丧宴及封土立碑。”

礼仪式上不得不为他们的领袖主持正义，承认他的价值（*timê*）。① 在一种极端的意义上，作为 *geras thanontôn* 的一部分，追随者将首领奉入祖先之列当中，从而为他创造了一种自我，这是首领只有靠追随者才能获得的；因而在共同体的记忆中，首领最终扮演的社会角色主要是一种责任的反映（a relex of obligation）：当首领活着的时候，他通过交换网络而使得他们受惠于他；当首领死去之后，他们在最后的时刻给他回报——现在首领的自我受惠于追随者对其永恒身份的确定。只有在竞争的群体将类似的祭品给予他们的首领（*basileis*）时，这类"受惠的自我"才会作为给首领葬礼的供奉而出现。事实上为了努力招募非亲缘关系的成员参与到他们对于 *klaiein* 和 *goan* 的施展中，送葬人群祈求在整个共同体范围内进行表演，以形成一种受惠的英雄式自我，这是模仿了对手们相应的一系列模式。②

但是作为剧本，这两类言语的说话者——无论是男人还是女人——是从哪里获得他们所具有的公共权威呢？从意识形态上说，什么保证了哀悼者试图确定的死去首领价值（*timê*）的合法性呢？为了去重新编织一个刚刚结束的生命的意义，*klaiein* 和 *goan* 的哭诉者转而进行叙述，现在在逝者波澜壮阔的经历与他在公共记忆中确定的名誉（*kleos*）之间，这一生命不断来回穿梭。通常情况下这种重构是以在第一人称的说话者，与以某种方式想象为仍然在场的逝者之间对话的形式来进行，并不是以说话者和听众的声音与眼光来建构的。③ 但是在说话者和死去的首领之间的对话绝不是一种私下的对话：事实上演说家公开地复述了死者的生平，并且将一系列可相互替代的巴赫金意义上的时空体（chronotopes）叠加在环绕着尸体的背景和行为之上。

时空体（chronotopes）是在口头和视觉这些因素中时间、空间和行动者

---

① 参见 Van Wees 1998：42－44 有关大人物与酋长们运用这种互惠关系来吸引与支持追随者；Donlan 1998 和 Postlethwaite 1998 关于荷马的英雄与追随者之间的互惠关系，以及领袖们之间的竞争；也可参见唐兰更早对于荷马中的互惠性关系的基础研究（1982b）。

② 这样一种对应性参见怀特利对于公元前九世纪古风时代阿提卡几何风格发展的描述，通过对于花瓶形状及装饰主题（其"排列"和"图形"决定了它们的结合）的"一般剧情"的研究表明，这时葬礼仪式是作为"舞台上的竞赛与炫耀"（1991b：118，134）。

③ 在荷马史诗中有八次正式的 *gooi*，但却只有两次采用了对话的形式，以第三人称谈及仍然活着的首领：忒提斯谈及阿基琉斯，佩涅洛佩谈及奥德赛和特勒马科斯（*Od*. 4. 721－741）。

这些主要的表象，它们确定了形而下的和形而上的事实（physical and metaphysical reality）变量，也确定了让人物与其环境，以及人物彼此相互联系起来的逻辑（Bakhtin 1981：84－85）。举例来说，在英雄叙事中典型的时空体就是战场、军事会议、航海旅行、打猎、葬礼及首领宫殿等。正式*goos*的言语形式中并不缺少这些英雄的时空体，但相对于围绕着出生、养育子女、婚姻和女性家庭的空间与活动（例如纺织）的女性叙述时空体类型来说却是次要的。[①] 事实上这些女性的说话者改变了死去的首领生活意义，将其生活的主要时空体，从史诗叙事中男性的、英雄的背景，转换为妇女的权威起着主导作用的*oikos*（家庭）背景中。当荷马哀悼研究的学者注意到妇女对于男性时空体的“过度改编”，这两种类型的时空体中关于英雄的对话，远远有着较之于男女性别的角色和情感状态间的紧张[②]（Monsacré 1984）更多的内涵，也较之于女性的“社会评判”或者其他对于英雄的价值进行纪念的形式有着更多的意义（Derderian 2001：41，51）。

作为盘点式剧本的一部分是通过*geras thanontôn*来主持正义的，这是一种在*klaiein*和*goan*之间转换的哀悼时空体，它让哭诉者向他们自身及送葬人群的*iokos*（家族），宣示了一种普遍的道德权威，即参与到某种宇宙命运的再分配：它允许他们表演性地建立起神圣的正义。这里一个说话者采取了表演态度，即宣称从即刻起（*nun*）共同体诸种程度不一的荣誉应当归功于逝去的首领，或者宣称命运（*moira*）以及天数（*aisa*，份额）特有的不幸或者幸运，归于了这个首领、其家庭成员以及其敌人。举例来说，当赫卡柏（Hecabe）见证了赫克托尔（Hector）的死，她用正式的*goos*来描述她的儿子在特洛伊赢得的名誉（*kudos*），进而宣称：“现在实际上，他的死亡与命运（*moira*）已经抵达。”（436）片刻之后，安德洛玛刻（Andromache）在她的*goos*中，宣称她的丈夫和她本人“生来共有一个命运”（*aisêi*，22.477），并且她三次认定这是一种“可怜的”或者“严酷的”命运（*dusmoros*，481，*ainomorion*，481，*dusammoroi*，485）。安德洛玛刻还将其道德知识从过去、现在扩展到了未来，预言悲惨的境遇正等着她的儿子（490－506）。后来在

① 参见*Il.* 22.510－514. 在此安德洛玛刻总结她为赫克托尔所做的*goos*时，提到了她为他织了很多华丽的长袍；她想象现在它们永远不会再被他穿上了，但是仍可以作为一种葬礼的祭品而象征他在特洛伊中的名誉（*kleos*）。有关这一段中女性的编织与男性的名誉（*kleos*）之间的联系，参见 Easterling 1991。

② 这种紧张是指男性在战场上英勇杀敌、表达出愤怒等的主动性情感与勇士死后由女性来进行哀悼，表达出绝望、悲伤这些被动的情感之间的紧张。——译者注

赫克托尔葬礼上三次正式的 *gooi* 之后，他的女性亲属再次公开地做了一个宇宙论的（cosmic）判断：赫卡柏宣称赫克托尔受到了神的宠爱，"甚至在神们判给你的死亡的命运中（*kai en thanatoio per aisêi*，24.750）"。她在这时还将他光荣地看作阿波罗在战场上杀死的英雄（758－759）。海伦也一样，安德洛玛刻之前也是如此，在分享悲惨的命运（*ammoron*）中，将其自身等同于赫克托尔（24.773）。后来佩涅洛佩在她为缺席的奥德修斯所作的 *goos* 中，标示出了奥德修斯所赢得的"传遍希腊和整个阿尔戈斯"的 *klaos*（声誉）。

显然这些 *gooi* 作为交往行为，是通过召唤生活世界中作为命运与神的力量与形象而获得其权威的。毕竟这些女性的哭诉者所公开表明的知识，通常只是为宙斯所保留的，他"通晓一切事务，知道终有一死的人的一切，知道他们的幸运与不幸（*moiran t'ammorinên*）"（*Od.* 20.75－76）。在这方面进行哀悼的女性哭诉者在多重意义上采用了有权规定生命界限的表演态度。我们已经看到她们宣布了死亡的时刻，这一时刻就是武士生命的界限，它们不仅是时间上与社会上的界限，同样也是对享受着幸运与胜利或者悲惨及不幸的生命做出的一种道德判断。她们似乎立刻知道了武士在共同体的记忆中将享有声誉的大小。在所有这些意义上，妇女们竟然宣称自己与宙斯一样，差不多算得上是 *dikê*（正义）的行动者（agent）与施行者，因为 *dikê* 这一词的基本意思可能就是"指出"或者"标出"（*deiknunai*）一种与人或者神性实体（divine being）相称的界限或者份额（*moira*，*aisa*）。① 然而要注意每一种宣告英雄命运（以及这一命运与 *dikê* 的关联）的女性表演，都体现着母亲与儿子、妻子与丈夫、兄嫂弟媳与大伯小叔（sister－and brother－in－law）之间进行的根本上是家庭式对话中体现出的生活世界的力量。送葬人群通过一种女性化的权威语言，预先排除了赞成与反对他们所爱的逝者的等级（*timê*）与名誉（*kleos*）的那些理由说明，妇女的表现，并非像说者与听者之间那样，要在合理化的标准之上通过相互承认而达成共识。②

而且 *goos* 在说者和逝者之间形成的对话，对于参与到交流网络中不同性

---

① 有关这个词的词源，参见 Palmert 1950：160；关于它在荷马史诗中的出现及背景意义，参见 Yamagata 的综述（1994：61－72 and 78－79）。关于宙斯在《伊利亚特》作为主要的人物，参见 Lloyd－Jones 1971：1－27。

② 如同命运一样，生活世界的诸观念限制着对立的或者是新的思想，如同一种禁忌（taboo）一样，阻止听众指责逝去的领袖的行为，从而质疑亲缘关系的女性所声称他具有的等级的真实性，或者指出他偏离了祖先规制，参见 Horton 1993：245－246。

质的自我有着重要的后果——这些自我包括送葬人群权威性的集体自我、被悼念与追忆的个体性英雄自我，以及听众的自我——哀悼正期待着这些听众的反应。对话的形式给予亲缘的女性以一个权威说话者的表演态度，她在与一个不再能积极将自身向他人表现出来的沉默对话者进行交流：事实上女性的表演者利用了仪式中死者的阈限，将逝去的首领从一个在商谈与决策行为中曾经强有力的参与者，转化为一个消极的、第三人称的相关者。她轻易地作为一个自我表现者而替代了首领的位置，邀请听众进入到一个母亲或者妻子的主观、内在世界。但是在“我”与“你”之间口头交流的背后，这种行为掩盖着一个替他人确定“他”（死去的 *basileus*）适当 *geras*（报偿）的“我们”（送葬人群）。因而伴随着哀悼的说话者的表演态度，基本的以言行事的陈述就构成了一种双关语（double - speak）：“我，同样也是我们——送葬人群，现在公开地向你——同样也是向他，这位逝去的首领宣布，他值得接受这样的荣誉（*timê*）。而且我，并且我们，即送葬人群，宣布你们的、同样是他——这位逝去首领的命运，已经确定了在共同体的记忆中你的 *kleos*（声誉），同样也确定了他在共同体记忆中的 *kleos*（声誉）。”

2.2 剧本的转换：从哀悼到商谈

从表演上说，在荷马史诗中被哀悼的英雄自我看起来与他在铁器时代早期的先辈一样，要依赖于他人来评价其自身的价值（*timê*）。作为一种受惠的自我，他在死亡中并不具有道德的自主性，也没有为进行自我确定的言语能力。因而哀悼作为一种盘点式和主持正义的剧本，看起来像是商谈的对立面。尽管在 *basileus* 活着的时候至高无上，但是死亡将他转变成了送葬人群的被动工具。尽管活着时他操纵着相互间的交流以控制他人，但死去之后他从前的慷慨之举，迅速地融合到了关于祖先与对手的叙事世界中，这一世界会给他不受其自身控制的价值（*timê*）与声誉（*kleos*）。在那些称得上 *dikê*（正义）的范围中，这些铁器时代早期的首领难道就没有办法在确定自身价值（*timê*）与声誉（*kleos*）上拥有更大的自主性吗？考虑一下将哀悼剧本荒诞性地改编成逝去的首领为取得他被社会与送葬人群所否认的自主性的言语框架（linguistic blueprint）：如果死去的 *basileus*（首领）能够从棺木中爬起来，那么他如何将这一哀悼中佯装的对话，转变为他本人与他的哀悼者之间就他本质的价值（*timê*）进行的积极的对话呢？更妙的是，如果他能够从他的送葬人群和女性代言人那里吸取在哀悼中授予价值的道德与伦理力量，然后为了确认其**自身**的价值（*timê*）与声誉（*kleos*）的**程度**而**为自己**导演一场葬礼又会如何呢？总之，我们能够想象一个人能挟制哀悼，作为与他人就其自身的价值进行商谈的工具吗？这样怪诞的表演为理解《伊里亚特》中阿基琉斯的自我转化提供了一把钥匙，同样它也会使我们面对着在阿基琉斯的自我转换中出现的新型个体所产生的自主性。

由于铁器时代早期的共同体发生着变化，有迹象表明听众也能对于哀悼做出一些有别于仅仅只是赞成、承认或者服从的反应，特别是一些证据表明，他们在反应时能使用一种更为自主性意义上的自我。这里荷马的哀悼再次提供了两种独立的心理－生理作用机制（psycho－physiological dynamics），我们可以在送葬人群招募悼亡同伴的努力中清晰地看出来。每一种作用机制都是围绕着下面的问题：什么能够促使非亲缘成员在观察到哀悼时，能对类似的哀悼行为加以回应呢？每一种作用机制都划分了在哀悼的亲缘成员与被招募加入其中的非亲缘成员之间的界限。第一种作用机制依赖于我称之为模拟的哀痛（mimetic grief），在社会性方面将高层群体与低层群体联系起来，这符合于我们已经描述过的送葬人群希望在哀悼中控制非亲缘关系的参与者的观点。第二种作用机制则在某种非常重要的平等意义上来发生作用，即非亲缘关系的成员，仍然类似于亲缘或者准亲缘的成员，我将它的动机概括为同情所产生的哀恸（grieving out of compassion）。①

如同戴德里安所观察到的，荷马史诗中的 *klaiein* 事实上并不是一种孤立的哀悼行为，而是交往性关系的一部分，这种联系试图在 *stenakhesthai* 与 *stenein* 所指代的哀痛或者哀叹的声音中，或者在不那么特别的哀悼行为——*muresthai*（悲泣）（2001：26－30）中，让哀悼的旁观者做出回应。我们还要补充的是，对 *goan* 而言也是同样如此。当阿基琉斯知道了帕特洛克罗斯的死讯之后准备哀悼他时，我们就可以看到这种心理－生理的反应机制是如何在亲缘成员与非亲缘成员之间，分别以认同与服从的方式相似地发挥着作用（*Il.* 18. 22ff.）。当他开始通过哀痛的姿态表现出悲痛的感受之后（*akhos*，22），我们立刻听到了非亲缘成员的哭声——她们是女仆，是阿基琉斯与帕特洛克罗斯俘虏的 *dmôiai*（奴隶）（28－31）。她们似乎受到感染，立刻表现

① 这两种哀悼中的作用机制，可能反映了公元前八世纪两种政治空间的过渡。一种是基于 *basileus* 的特权，另一种是基于更为“共享”的空间，其中追随者需要承认首领权威的正当性（Hammer 2002：121－129）。坦迪的设想认为精英会考虑运用一种作用机制对待其精英同伴，而对于那些他们希望排除的更为“外围”的群体则运用另一种作用机制（1997）。

出与阿基琉斯类似的 *akhos*（哀痛）（*akêkhemenai*，29）。阿基琉斯的同盟者安提罗科斯（Antilochus）[①]，是阿基琉斯一方的非亲缘的成员，也做出了类似的反应。由于 *philotês*（友谊）（32－33）的亲密联系，“他悲痛得涕泪涟涟（*odureto dakrua leibôn*，32）”，抓住阿基琉斯的手，“悲痛得心潮激荡（*estene kundalimon kêr*，33）”，并且喊叫着（*ôimôksen*，35），害怕阿基琉斯由于控制不住自己的悲痛而割喉自戕。而真正的亲戚，阿基琉斯的母亲忒提斯（Thetis）和她涅瑞德（Nereid）[②] 的同伴，表达了家庭成员的悲恸，这种表达包含了非亲缘成员在其演出高潮时的模拟参与方式，其中包括尖叫（*kôkusen*，37）、捶胸以及在忒提斯的哭诉中的第一次正式的 *goos*（51ff.）。在第 23 卷中，当阿基琉斯讲述帕特洛克罗斯的亡灵造访希腊军队的梦境时，非亲缘的成员做出了类似的反应，他们都有意进行哀悼（*goos*）（23.108 and 153）。

这些例子中，没有一个帕特洛克罗斯的非亲缘成员哀悼者，做出对帕特洛克罗斯死亡真正痛苦的自我表达。就如同塞尔维诺－因伍德所强调的，哀悼并不是一种自发的情感，而是“规定好的不断重复的举止”，它们构成了“具有社会意义的行为（act）”（1983：38 and 33－34）。这种意义似乎是从他们对于阿基琉斯抚尸痛哭，*akhos*（哀痛）万分的痛苦表现不知不觉的模仿反应中产生的。这些非亲缘的成员默认了这种意义，展现了让这个首领的悲哀成为自身悲哀的表演性态度。以言行事的行为让他们的反应仿佛是在说，“我接受你的悲哀，以作为我的悲哀”。他们以赞许、认同和服从的方式，将自身的意志融合到领袖的权威之中。用现代政治哲学的词语来说，模拟的哀痛（mimetic grief）迫使哀悼的听众将自我中的意志论成分服从于他人；它同样也使得他们放弃确定或者承认“作为人，他们是谁”的认知任务，因为他们采纳了送葬人群的人格（personhood）标准——这代表着逝去的首领及其哀悼者的观点。不用说，这些听众压制着自我中可能挑战这些标准的任何商谈性因素。

然而《伊利亚特》同样戏剧化地表现了非亲缘成员对于亲缘成员哀悼的

---

① 安提罗科斯：荷马史诗中人物，阿基琉斯的挚友之一，以英俊勇敢著称。当帕特洛克罗斯阵亡时，通知阿基琉斯这件事的就是安提罗科斯。这也直接导致了阿基琉斯的重新参战。——译者注

② 涅瑞德（Nereid），意为海中仙女，阿基琉斯的母亲忒提斯居住于大海中，涅瑞德与她为伴。——译者注

另一种反应。一个俘虏的 *dmoiai*（奴隶）布里塞斯在 18 卷中的哀悼表达了对于阿基琉斯和帕特洛克罗斯权威的服从，而在 19 卷中回应了为帕特洛克罗斯所进行的哀悼。这里她既是作为帕特洛克罗斯的“亲缘成员”，同样也是与这些俘虏处于同等社会地位的人,[①]“哭诉他们自己的悲哀（*sphôn d' autôn*）作为回应（*epi de stenakhonto*，301 - 302）”。正是在这之后，当阿基琉斯固执地拒绝进食，继续哀悼帕特洛克罗斯这位希腊的精英统帅时，作为 *gerontes*（首领）的希腊精英们，必定被认定为与阿基琉斯具有社会的平等地位，可能“在心里涌出了对家中留下的一切挂念”（*epi de stenakhonto*，338 - 339）来回应他的哭诉。这里非亲缘的成员在交往互动中，以一种本质上不同于模拟悲哀的“赞同与服从”的态度，聆听和参与了一个死者亲缘成员的哀悼。

我将这种态度概括为一种同情，因为非亲缘的听众在某种方式上将他们自身等同于亲缘成员，他们之所以被感动而去哀悼，并不是因为模拟亲缘成员的悲痛，而是因为将这种哀悼作为他们自己悲伤的表现。这样做时他们保持了一定程度的自我自主性，因为实际上他在宣称：“我在你的哀悼中所看到的，提醒我注意到我自己应当悲伤。”[②] 在这一章的第三部分我们将会看到，当同情被理解为一种情感与语言的反应时，就可以对阿基琉斯的人格问题提供一种极好的解决，也可以解决作为个体的领袖应当享有多大程度的自主性这样的问题。我们的注意力特别集中于《伊利亚特》中的第 24 卷，即老王普里阿摩斯（Priam）戏剧性地请求阿基琉斯赎回赫克托尔的尸体时，两个人都被“想啼哭（*goos*）的愿望侵袭”，每个人都“回忆”起自己所爱

---

① 尽管布里塞斯是阿基琉斯俘虏的，但是帕特洛克罗斯曾保证阿基琉斯会娶她作为合法的妻子。——译者注

② 因而视其自身在某种方式上等同于亲缘成员的非亲缘成员，将同情作为**悲哀的另一种可能形式**。这需要强调康斯坦（Konstan）的观点，他接受亚里士多德（*Rhet.* 2. 8. 2ff.）的观点，反驳了克罗蒂（Crotty）。康斯坦认为亲密的家庭成员（*philoi*）只能够体会到彼此间的不幸，但体会不到怜悯（pity）（2001：61 - 63）。亚里士多德认为有家有口的人更容易“考虑”（*oiesthai*，2. 8. 2）和“相信”（*nomizein*，2. 8. 4），他们能够对别人感到同情，因为他们对所爱的人的关系，使得他们更容易受到另一个人的不幸可能打击他们或者“他们自己”中的某个人这样的观念的影响。体会另一个人的悲哀或者不幸，**似乎是**他自己的或者亲近之人的悲哀或者不幸，这构成了我们在《伊利亚特》18 卷 301 - 302 行和 338 - 339 行所见到作为悲情拟象的同情。甚至用他所谓严格的亚里士多德标准，康斯坦所认为的怜悯并不能“还原为对另一个人感受的单纯拟象（2001：73）”也是不准确的。

的那值得哀痛的人（24.507，509）。

当我们描述出铁器时代早期共同体中社会分层与权威的程度，并考虑到在尼库利亚和勒夫坎狄酋长们的宫殿和宴会厅的实物证据时，我们发现这些证据不仅表现出了对于等级的竞争和对与祖先相关叙事的关注，而且“对话”也在这些共同体中起到了“形成世界的观念和在世界中人的角色……的观念”的作用，这包括通过“正义”建立起“适当的秩序”（Thomas and Conant 1999：50）。因此正是话语资源使得首领能将“口头雄辩”作为“更高地位的标志”（50），并且也正是葬礼仪式的资源（哀悼、丰富的陪葬品等）给予了一位逝去的首领以适当的 *geras*（报偿）。而在首领活着的时候，商谈中的技巧能够起到相同的作用。

荷马史诗中的证据再一次被证明是必不可少的，因为除了在哀悼的形式中盘点式的前公民剧本之外，它还戏剧化地设计一种关于我们可以称之为“首领如何商谈”的前公民剧本。芬利（M. I. Finley）认为在荷马史诗的任何地方我们都找不到相当于现代的商谈，也就是找不到就行为的诸种相互冲突方案进行持续的理性讨论，包括对于方案的优势与劣势的清晰思考（1979：114－115）。但是斯科菲尔德（Schofield）说明了理性的讨论事实上作为一种“英雄的观念”出现在《伊利亚特》的会议中，特别是在“对于一个问题的理性解决保持持续与真诚关注”的时刻（1986：24）。他令人信服地指出了 *euboulia*（“良好的判断”、“智慧地商议”）在《伊利亚特》中的六次重要阿开奥斯人（Achaean）[①] 会议或集会上，是作为“荷马的英雄首领突出的美德”而出现，它差不多可以使这些英雄获得与其在战场上英勇表现相当的价值（*timê*）。[②] 每一次会议给商讨中的个人提供了获得与其同辈竞争而重新分配价值（*timê*）的机会，而价值（*timê*）是要服从于居于主导地位的 *basileus*（首领）的认可，他们所作出的 *euboulia*（判断）形成了共识。除此之外，斯科菲尔德还给 *euboulia*（判断）赋予了另一种特性，即从过去与未来的维度来洞察当下处境的能力，以便在商谈中将“**外在**的视野”引导到英雄原则所要求的 *aretê*（美德）和 *timê*（价值）之中（16，强调是原文中的）。

---

① 阿开奥斯人，希腊人的别称。——译者注

② Schofield 1986：9 and 13－16，坦迪认为荷马史诗中的 *boulê* 是一种“定期的商讨，人们可以显示其非军事方面的 *aretê*（优秀）并获得名誉（*time*）”。吉尔认为伊利亚特英雄们“思考的”独白，显现了一种与我们在史诗中发现的商讨会议一致的说理方式（1996：46ff.）。

这里我们发现了对于盘点式哀悼剧本与商谈式哀悼剧本进行比较的观点。斯科菲尔德认为，一个好的商谈者，必然能同时很好地利用理性与情感来规劝：他可以诉之于激情与欲望，但是首先要借助于“商谈，也就是说用这种或者那种理性来说服听众”。[①] 事实上他在过去与未来的维度上来洞察当下处境的能力，是在认知上将此时此地的形势放到不同的框架之中，这些框架可能采用审慎、同情以及曾被其他的讨论者所忽视的正义或者适当（propriety）的形式（16）。斯科菲尔德有时提到荷马显示 *euboulia*（判断）时，甚至请求辩论者从其对手的立场来看待这一冲突。特别引人注意的就是《伊利亚特》第 1 卷，当涅斯托尔（Nestor）试图协调阿伽门农和阿基琉斯在对他们各自的荣誉（*timai*）的争论：“阿基琉斯和阿伽门农被要求不仅要考虑到他们自身和自己的荣誉（*timê*），而且也应当考虑到另外一方的观点，以及另外一方的地位或者状况会让他期待什么。”[②] 我认为“首领如何商谈”的剧本，作为通过确定其价值（*timê*）的大小来评价英雄自我的方式，具有与盘点式哀悼剧本一争高下的潜力。

3. 阿基琉斯的自我转换

更为重要的是，作为相互竞争的剧本，商谈和哀悼都可以改变我们所理解的荷马史诗中女性主导的对话和男性主导的对话之间存在的张力。《伊利亚特》中的阿基琉斯就处于这种张力的纽结之中，因为他对于帕特罗克洛斯出格的悼念——包括他为其逝去的同伴所举行的一个正式的 *goos* 的独特表演——似乎将他的英雄人格，分裂为一个女性的哀悼者和一位男性的武士。如同戴德里安所指出的，“阿基琉斯强烈地改变了哀悼，将哀悼和死亡仪式以及他自己的英雄行为结合起来，这对于他作为史诗主角的位置来说是根本性的”。(2001：57）这种主张就其自身来看是准确的，但是却忽视了阿基琉斯最重要的作为，即在他通过与他人的关系而进行自我确认的诗行中，阿基琉斯武士的角色与哀悼者的角色**结合**在同一的表演中。通过将哀悼的因素与

---

① 斯科菲尔德最好的例子就是波吕斐摩斯（Polydamas）（特洛亚人领袖之一；潘托俄斯的儿子。——译者注），是赫克托尔的陪衬者，做事欠周全。而斯科菲尔德睿智的建议取得了成功，因为“只有他一个人洞察过去与未来”。(*Il*，18. 250.)

② 1986：28 开头的强调。斯科菲尔德指出 19 卷 181 – 183 行，在奥德修斯试图协调阿基琉斯和阿伽门农的矛盾时，也进行了类似的说理。

首领们的商谈融合在一起所进行的复合性对话，阿基琉斯试图在与他人的关系中确定自身的位置，我们可以从三个时刻来追溯这一表演的发展过程：在第1卷中，他在与阿伽门农的争吵中败下阵来，寻求他的母亲忒提斯的帮助（348－427）；在第9卷中，他声色俱厉地拒绝了阿伽门农提出的和解建议（308－426）；在第24卷中普里阿摩斯成功地请求阿基琉斯赎回赫克托尔的尸体（485－551）。在每一个场景中阿基琉斯都运用了哀悼典型的措辞、表演性的态度和以言行事的陈述，成功地**重新编排**了“首领如何商谈”这类剧本，这样当他不能够获得他认为自己理应获得的价值（*timê*）时，他就可以颠倒在这诗的开头所作的判断。[①]

当然近些年来荷马研究者已经注意到阿基琉斯的独特性，包括他作为表演者的独特性。我的部分目的就是深化我们对于类似于斯拉特金（Slatkin）的宽泛主张的理解。他认为，当阿基琉斯面对着自己必死的命运，特别是通过“阿基琉斯对于自己的身份，即自己的价值、德性的了解”，“急切地要了解自我的性质”（1991：40，39）。赞克（Zanker）同样也主张在《伊利亚特》中阿基琉斯经历了“对他从前自我的巨大改变”，特别是在第24卷中的“根本改变”（1994：75，121）。马丁（Martin）揭示了在第9卷（308－426）阿基琉斯发展了一种独特的“自我反思性的修辞”（1989：192），这可以与阿基琉斯的身份危机与自我转换联系起来：如果这种修辞真的相当于“产生了一种内化的阿基琉斯式语言幻象”，它有着“明确的新伦理学转向”（Martin 1989，196，183），那么，它也同样也使得阿基琉斯进行了类似新的思考，得到了道德自主性。

最终在他与阿伽门农的商谈耻辱地失败之后，阿基琉斯的自我转换、“性格发展”（Macleod 1982：23）或者“伦理修养”（Taplin 1992：274），首先就与他所狂热追求的自主性联系起来。就此而言，我对于阿基琉斯的自主性的理解，与哈默近来所讨论的英雄的“自足性（self－sufficiency）”是一致的——这种自足性是一种新的政治伦理的构成部分（2002：93－113）。赞克、金（Kim）和哈默都认为类似于同情与友谊这类情感联系，有助于形成这种政治伦理。但是我的目的是以公民身份的政治与社群（语言学）的因素来理解这种个体自主性的道德维度。因而在米德（G. H. Mead）（1934，1964）与哈贝马斯（1979、1984、1987、1990、1992）的帮助之下，我认为

---

① 《伊利亚特》开头写道：“女神啊，请歌唱佩琉斯之子阿基琉斯的致命愤怒，那一怒给阿开奥斯人带来无数的苦难，把许多武士的健壮英魂，送往冥府。”——译者注

阿基琉斯以一种自我表现（self - representations）的相互交换而不是礼物与恩惠的相互交换，取代了首领与追随者之间的相互关系，正是这种交换保证了自我与他人自主地参与到公民互动的原始形态中。我对阿基琉斯的自主性加上一个最终的视角：在当代政治哲学中关于个体性与公民身份的争论去考察这种自主性。

3.1《伊利亚特》第1卷

《伊利亚特》上演的第一曲“首领如何商谈”的戏剧里，在阿基琉斯与阿伽门农的争吵中，阿基琉斯主张自己应当得到的 *geras*（报偿）没有获得支持。我们可以说他之所以失败，是由于受到了自我中的意志维度的驱使，他试图在一个对手面前表达其意志。但是这样的企图在荷马社会的习俗规则中并不盛行，其主导的方式是由一位最高的首领在精英武士间分配战利品。但是阿基琉斯认为由于阿伽门农一方的僭妄（hybris）行为，他受到了伤害(1.203)[①]。稍后这种主张在雅典娜与阿基琉斯对话中也得到雅典娜的认同(214)。路易·热尔内（Louis Gernet）（2001）在他1917年的论文中，认为僭妄在希腊古风时期是一种典型的犯罪，对于希腊的道德与法律思想来说是极为严重的。热尔内说明了一旦我们理解这个词语义上完整的用法，就可以确定从荷马时期到公元前四世纪雅典法庭中的个体与社会秩序和正义的关系，这对于我们的目的也极为重要。[②] 热尔内发现僭妄（hybris）一词的基本意义就是：“恶毒或者公然的侮辱，无所不用其极（outrage/outrance）”(4，14)，从这一点出发，我们至少可以领会到僭妄为什么有着如此重要后果的两个原因：一是僭妄使得两个个体或者群体，即加害者与受害者，与主导的社会群体价值联系起来——按米德的说法，我将这一群体称为重要社会他者。第二，更为重要的是，僭妄鼓励那些提及僭妄的人从不同的时代、以不同的方式来审视个体性，因为僭妄区分了两种意义的个体：僭妄的主体（加害者）及其“客体”（受害者）(Gernet 2001：4)。[③]

---

① 特洛伊战争是由于阿伽门农哥哥的妻子海伦被特洛伊王子帕里斯拐走而引起的。——译者注

② 僭妄对于热尔内理解希腊人如何看待人的个体性与道德自主性来说非常关键，参见 Cantarella 2001：ix - xiv。

③ 热尔内认为僭妄的受害者划定了一个亲缘群体或者阶层的社会边界，因为他引起了他们的同情，激发起了个人有权获得他人的尊重（*timê*）的意识。僭妄的加害者激起了一种控诉的集体力量，这种力量划定了将犯罪排除在外的社会边界，这同时也刺激起了理解加害者的意志本质的兴趣（2001：433 - 436；cf. 182 - 185）。

但是我们仍需要在费希尔（Fisher）（1992）、凯恩斯（Cairns）（1996）、坎塔雷拉（Cantarella）（2003）、麦克道尔（MacDowell）（1976）等人的基础上作进一步的研究，以达到对僭妄这一词语更准确的定义。费希尔认为从荷马到公元前四世纪的雅典这一时期，僭妄的核心内涵是个体或者群体对于另一个体与群体蓄意而且频繁的暴力攻击而产生的耻辱和羞愧，因而激发起了愤怒与报复的欲望，这是由加害者有意地、常常不无快感地将优越性施加于受害者身上所产生的。它同样也是年轻人、富人和社会上的强者相关行为的特点。麦克道尔早期稍显薄弱的研究使得我们认识到，在一种僭妄的行为中，放纵、任性及扬扬自得的意志论形式，会威胁到社会整体，破坏社会关系。这些行为源于生命能量的过度充盈，通常是以对酒水、食品和性的欲望的形式而出现的（1976：21ff）。凯恩斯认为僭妄并不是有意去做出这些行为的意图，而是个人高估自身而不考虑他人的一种固有倾向（1996：8，10，17，32）。坎塔雷拉强调了在僭妄与价值（*timê*）之间存在的紧密联系：僭妄事实上少不了受害者（客体），因为他不可避免地会导致精英的个体追求一种可能贬损其他人能力的价值（*timê*），以使自身维持一种公众中积极的自我形象。（2003：110－120，esp. 119）

在荷马史诗中僭妄所指的行动是那些严格地说并非违法，但却侵犯了一个亲缘群体的社会秩序（热尔内称之为 *themis*）的精神价值或者道德价值，或者诸亲缘群体共同分享的更广泛的社会秩序（热尔内称之为 *dikê*）的价值。而荷马史诗中僭妄的受害者通常是有资格作为 *basileis*（王）的个体，这些首领丝毫不能忍受侮辱，说明了地方性的、基于亲缘关系的社会秩序的控制力日益衰弱（2001：19－25；cf. 159）。阿基琉斯宣称他自己就是僭妄的对象（受害者），他就吸引了关注他个体品质的集体兴趣。热尔内认为这一现象包含着对受到伤害一方落魄的同情，以及对恰当地重新分配社会资源（*eunomiê*）更为普遍的关注（2001：21－22）。我们已经在前面提到这导致了涅斯托尔试图调停争执的失败（1.247－284）。这位老人扮演着调停的 *basileus*（王）的角色，他试图让两位"争讼"的 *basileis*（王）达成和解（*dikê*）。我们已经看出涅斯托尔的这种调解是出于客观的、第三人视野里的共同体利益，基于他自己有能力承认每一个人的主体地位，因而他试图劝说每一位诉讼者站在他人与共同体的立场来考虑问题。

但是这种努力失败了，阿基琉斯必须将他的战利品（*geras*）——俘虏的布里塞斯交给他的对手。于是阿基琉斯开始了另一种努力来体现他价值（*timê*）的"真正"性质，我将其概括为自我评价取得公共合理性的努力。

他召唤他的母亲忒提斯（1.348ff.），在荷马对于阿基琉斯的请求及忒提斯的回答的描写中值得注意的是，它明确地将对价值（*timê*）的关注融入到了哀悼的语言与姿态之中；它同样使得阿基琉斯运用了典型的女性分娩式的（childbirth）时空体，并采用了女性在哀悼中典型的表演态度；如同我们在前面所描述的，这种态度宣布了首领的死亡是在宇宙正义与天命的框架之内。当他自己与他的同伴告别后，阿基琉斯就开始哭泣（*dakrusas*，349），并在祈祷中召唤他的母亲："是你生下了我，尽管这是一个短暂的生命。（352）"① 但是他马上就将这种典型的女性分娩式的时空体，与他应当从宙斯那里继承得来的价值（*timê*）问题联系起来（353）——现在宙斯却什么都没有给他（*nun d' oude me tutthon esteisen*，354）。为了解释这一点，他将时空体转换到男性争吵时进行商谈的场景：阿伽门农"侮辱"（*etimêsen*）了他并夺去了他的 *geras*（战利品）（356）。这一谈话以再次描写阿基琉斯的流泪而结束（357）。

这些诗行有步骤地引入了僭妄的对话，其特点是在哀悼和首领们的商谈之间穿梭。而阿基琉斯与忒提斯之间剩下的交流仍保留着这种穿梭：忒提斯对于她儿子含泪祈求的反应是拉起他的手，这与一位哀悼的妇女亲近地接触逝去首领的尸体没有什么不同（cf. Derderian）。她将他儿子的行为看作 *klaiein*（*ti klaieis*）（哀悼），是哀痛的一种表现（*penthos*，362），认为他们两人可以对此达到一种共通的理解（363）。阿基琉斯听从了她的话并作了一番叙述，这却给古代与现代的学者带来了极大的困惑，因为这番叙述看起来太长了，纠结于荷马已经描述过的与阿伽门农争吵的产生、发展与结局（cf. Kirk 1985：88－93）。但是为评论家所忽视的是，阿基琉斯在这种哀悼形式的言语形式中，特别是在忒提斯所提到的 *klaiein*（哀悼）式的言语行为中，在荷马所提到的 *stenakhein* 中［荷马描写阿基琉斯在回答他母亲的问题"为什么你在悲伤（*ti klaieis*，362）"时用了俗套的"长叹一声，他回答…"（*baru stenakhôn*，364）］，都包含着这种商谈性的叙述。而这种商谈，与哀悼中母亲同死去的孩子或者妻子同死去的丈夫之间的对话形式是一致的，尽管这里的孩子仍然还活着，而且**正是他引起和引领着这场对话**。因而他俩开启了一种可能性，能够满足我在前面所提到对这一哀悼进行一种怪异或者荒诞

---

① 阿基琉斯一开始使用的是祈祷的语言类型来召唤忒提斯（*êrêsato*，手向大海上伸出来，351），但是结果却表现得更像"抱怨"（Kirk 1985：89）。我愿意将它描述为一种"祈祷/哀叹"的复合形式。

性改编的想法，即死去的 *basileus*（首领）从其棺木中起来，将对其哀悼的模拟对话，转变为他自己与其哀悼者就其自身的价值（*timê*）进行的主动的对话。

阿基琉斯对于商谈进行了概述（365 - 392），他的叙述一开始充满了典型的英雄行为，类似于对于忒拜（Thebe）城的洗劫及其战利品的分配——非常奇怪的是，荷马先前的讲述，将这些事情从阿基琉斯最初对争吵的描述中省略了（cf. Kirk 1985：91）。这些英雄参与了一系列的商谈事件，包括引起争吵的事件和争吵本身，而阿基琉斯关注的是每一位参与者在商谈中关键言语行为的起因：祭司克律塞斯（Chryses）的请求（374）；阿开奥斯人的会议同意接受赎金（376 - 377）；阿伽门农滥用严厉的言语加以拒绝（379）；克律塞斯祈求阿波罗的帮助；神明回应他的祈祷者（380 - 381）；预言家卡尔卡斯（Calchas）公开宣布了神赐的瘟疫（385）、阿基琉斯试图在阿开奥斯人会议上指明方向；最终阿伽门农威胁要取走阿基琉斯的俘虏布里塞斯（387 - 388）。

但是阿基琉斯在强调了这些武士们之间的商谈性交流之后（在 393），突然转换到他最初祈祷者/哀悼者的语言之中，这是以母子对话为中心的，其中有着养儿育女（child - rearing）式的时空体："但你——也就是说如果你有能力，就该保护你的好孩子。"（*alla us*，*ei dynasi ge*，*periskheo paidos heêos*）。忒提斯在 *stenakhein* 式轮唱结构（antiphonal structure）中开始了表演：首先是以眼泪来回应（413），然后突然转换到如我们已描述过的哀悼的妇女的表演态度之中；事实上她看到阿基琉斯短暂生命的迹象，并且将这位即将死去的英雄的命运安置在一种经典的以言行事的陈述之中，并以疑问的形式表达出来："啊，我的孩子，既然我所生的都注定有可怕的经历，为什么我要生下你？"（414）① 她宣布了他的天数或者命运（*aisa*），即他的生命只能持续"一会儿，不会太长"。（416）他注定要早死（*ôkumoros*），所受的苦难超过其他人（417）。"为什么我将你出生在一个如此不幸的命运之中（*kakêi aisêi*）？"她最后如此总结。然而除了那些看起来是纯粹的哀悼之外，忒提斯又回到商谈之中，承诺要"劝说"（*peisethai*）宙斯，只要宙斯一返回奥林波斯的家中就会向他求情（427）。

---

① 柯克（Kirk）将忒提斯的问题与随后的陈述，与荷马史诗中哀悼的语言联系起来。他同样帮助我们看到了忒提斯问题的以言行事的维度，比如"我不能理解为什么我会生下并抚养这样一个不幸的儿子"。（1985：96）

在母亲与儿子的冗长交流中的确达到了一种相互的理解：他们试图发现另一条道路，以回避“首领如何商谈”的剧本通常的结局——在分配战利品时，这种通常的结局一般来说决定着每一位首领的价值（*timê*）。妇女们在哀悼的语言中，通过记叙阿开奥斯人所作出的决定——这是妇女唯一能够理直气壮地谈论男人的价值（*timê*）的机会和场合，试图以女性哀悼者关于逝者在过去、现在与未来的价值的先见之明——包括其在整个共同体记忆中的位置，在宇宙大序公正的分配体系中的位置，去取代男人来进行判断（*eu-boulia*），通常是在既从过去也从未来理解当下的局势。从社会与历史角度来说，阿基琉斯与忒提斯的共同努力打开了更为重要的转换之门：他们反对最高的 *basileus*（阿伽门农）作为他在其同伴（*philoi*）中的价值（*timê*）的裁判者；他们要以一曲母子的二重奏取代阿伽门农的地位——这种二重奏是由前所未有的男性－女性哀悼的哭诉者复合而成的（他们中的一个，即忒提斯，就其自身的权力来说，本身是宇宙正义强有力的代表）。①

用米德的话来说，阿基琉斯和忒提斯取代了阿伽门农而成为重要社会他者（social other）的代表，这种社会他者的权威决定着其他社会成员的价值——所有的个体必须承认的这个“宾我（me）”的角色作为他们社会身份的裁判者。尽管阿基琉斯的自我处于困窘的状况中，在与阿伽门农的争论中败下阵来，但阿基琉斯和他的母亲正允诺阿基琉斯开始进行自我转换、给予他自主性的个体化进程，这在早期铁器时代是前所未有的。这一过程成功的关键就在于这一新型的关于他自身的复合对话，这种对话是阿基琉斯刚刚学会的，这一对话重新编排了“首领如何商谈”的剧本，其时间的和认知的框架及合理性的标准，超越了典型的男性进行商谈的框架及标准。

3.2《伊利亚特》第9卷

阿伽门农与阿基琉斯之间的争吵一直潜伏着，第9卷阿开奥斯人会议中年长的首领（涅斯托尔）重新激活了它：他提议阿开奥斯首领派遣使者，列出珍贵礼品清单，以平息阿基琉斯的愤怒，使他重返战场。显然忒提斯向宙斯的祈求成功地使得这种战争向不利于阿开奥斯人的方向发展，也让阿基琉斯在开头所主张的自身价值（*timê*）的观点更为可信。出使的场景提供了“首领如何商谈”这种剧本，阿基琉斯现在能够为他开头的主张提供另一种

---

① 参见 Slatkin 1991：69－72。重要的是要注意在《伊利亚特》中，之所以提到忒提斯作为强有力的代表，是为了强调她作为哀悼的哭诉者的角色。

理由，这是运用了在第1卷从忒提斯那里学来的复合型对话。由于有着奥德修斯以及福尼克斯（Phoenix）那样的权威人物，使者们试图扮演仲裁的 *basileus*（首领）的角色而解决争执。阿基琉斯再一次地采用了哀悼的表演性态度以及时间－认知的典型框架，试图同时记叙他与阿伽门农最初的商谈，以及最高首领刚带来的珍贵礼物。但是他现在要为荷马的听众进行更为精妙的演出，这种表演在一种新的共同体形式中为其成员设定了一种自主性特征。理解这种自主性的假定性质有助于澄清学者们就阿基琉斯的个体性所进行的喋喋不休的争论：他到底是以长篇大论（9.308－429）挑战他的英雄社会一贯的道德和社会规则，并以一种类似于现代性的自我而使自己置身于这些道德与规则之外，还是他尽管严厉地批判了这些规则，但还是遵守这些规则?[①] ［用吉尔的话来说，阿基琉斯是表达了一种“笛卡尔－康德”式的“主体－个人主义”类型的自我，还是“客体－参与者”的自我?（1996：11－12）］

在这次演说中，阿基琉斯所提出的自主性并不完全符合吉尔二分法的概念，因为它展现了一种在现代与前现代的社会中都存在的自我因素，而在任何现实的共同体中，这种自主性对全体成员资格来说都被认为是极端的个体。他的宏论所展示出的自我表现，在一种新的个体化努力中重新规定了自我，其发展有两个阶段：第一阶段反映了女性哀悼者的表演态度，而第二阶段则反映了新的表演态度和即将死去的首领自己的声音。就像我们先前所假设的那样，如果他能够从他的棺木中爬起来，在他的哀悼者面前确定自己价值（*timê*）的程度，他就能够问“为了确定我自己公正的价值（*timê*），我必须成为哪一类人”。在第一阶段，阿基琉斯这个自我哀悼者（self－lamenter）是从他在社会秩序中作为他人的身份来理解自己的身份的，对于米德来说，他是以由社会他者所认可的“宾我”这一占主导地位的角色来看待自身的。在第二个阶段，他有意地选择了在个体生活历史上形成的自我意识中承认这一身份。[②] 但同时这种有意的选择直接揭示了通常隐藏起来的自我的角色：米德称为“主我（I）”，即作为说话主体的自我，是一个外在于社会的

---

① 其他学者的观点，可参见：Parry 1956，Whitman 1958，Claus 1975，Friedrich and Redfield 1978，Nimis 1986，Martin 1989，Rose 1992，Gill 1996，Hammer 2002，and Wilson 2002。

② 参见Habermas 1992：152－153，这里他描述了这一过程：“通过语言达成相互之间的理解，通过对于自身的生活史与内在性的理解，社会化的个体也就确立了自己的身份。”

个人有机体（individual organism），因为当它反思自身时，它还没有能以他人对它做出反应、向它说话的方式来认识自己。[①] 阿基琉斯以"主我"的声音会问，"为了确定我自己公正的价值（*timê*），我希望成为哪一类人？"

这种从社会维度来说间接的、具有自我意识意义的"自我"（宾我）、与自我反思但却外在于社会的自我（主我）之间的区别，有助于解释为什么阿基琉斯没有选择不考虑任何社会法则与价值的极端个体性，甚至哪怕是他退出了在精英武士与最高首领之间的"我－你"式的互动交流之后也是如此。它同样也有助于解释为什么他要向别人显示出他自己作为一个"不可取代的特别人物"（Habermas 1992：168），并要求他们认识到这种从社会维度来说直接的身份。讨论这一段讲话时，我想澄清这种个体性看似矛盾结论的必要，并讨论成功地完成他作为一个自我哀悼者这样荒诞表演的关键：他利用了女性哀悼者赋予价值的声音，因为这种声音使得阿基琉斯要求其他人要认识到给自己选择的生活所赋予的价值，取代了在阿伽门农手下当一名武士而"贬值"的意义 。

与《伊利亚特》第1卷348－427行阿基琉斯与忒提斯所作的交流一样，这一长篇大论在"首领如何商谈"形式的剧本和哀悼的剧本之间穿梭。在其最初的十来行（9.308－317），阿基琉斯确定了自己区别于其他所有武士（特别是阿伽门农）的商谈性策略，这一策略使他不受任何可能劝说的影响——他直接说出了他认为是最好的东西；任何人只要隐藏其真实的想法而说出些口是心非的东西，都是违背其伦理原则（*ekthros*）的。[②] 但是阿基琉斯这种商谈立场的理由，不是源自于典型的商谈情景，而是来源于哀悼者认定死去武士的命运时所持的认知视角："对于畏缩不前的人和直奔战场的人天命（*moira*）是平等的，胆怯的人和勇敢的人价值（*timê*）是平等的，懒

---

① 对于"宾我"与"主我"的区别，参见 Mead 1934：173－186 and 1964：138－141 and 142－145；也可以参见 Habermas 1992：171－177。

② 对于马丁来说，劝说是阿基琉斯答复使者的"主题"（1989：198ff）。对于吉尔来说，劝说对于机智的回答来说是十分关键的（196：136ff.）；对于威尔逊（Wilson）来说，阿基琉斯在这段话里的目标是通过修辞学下定义的比赛，以胜过阿伽门农（2002：10）。这里对两种不同的交往形式［以及相对价值（*timê*）的程度］的"下定义的竞争"，会决定他们之间的关系［老首领列出了他诱人的礼物作为一种"无条件的 *apoina*（补偿），但是阿基琉斯却要将这种礼物作为 *poine*（惩罚），即阿伽门农让他失去的 *timê* 的惩罚］。（135）

惰的人和勤劳的人死亡是平等的。”（318 - 320）[①] 于是阿基琉斯在判断中第一次对他自己运用了哀悼的语言：“舍命作战，对我一点没有好处，尽管我心中忍受着痛苦，经常冒着生命的危险（*emên psykhên*）冲向战场。”（321 - 322）。

马丁将这里阿基琉斯所提及的他自己的灵魂（*psykhên*）看作他“自我反思的修辞”和“向内在语言的转向”的例子，认为阿基琉斯这里采用了另一种言语形式的语言，即自夸（boast）。当武士声称他将会把向他投降的临死敌人的性命（*psykhên*），转变为他自身优越地位的象征（1989：192 - 193）时就产生了自夸。但是我相信，阿基琉斯这里提到他自己的灵魂（*psykhên*）时，采用了一种特别自我反思样式的言语形式，即哀悼，这是指死亡之后灵魂（*psykhên*）哀悼自身及其命运，表演其 *goos*（哭诉）的能力。在第 16 卷 856 到 857 行中，我们看到帕特罗克洛斯（Patroclus）的灵魂离开了他的躯体前往冥府（Hades），“表演对于自己命运的 *goos*（哭诉）”［*hon potmon gooôsa*］，因为它已丢下了勇气与青春；赫克托尔的灵魂（*psykhên*）也与此类似（在 22. 362 - 363）；[②] 在 23 卷 106 行，帕特罗克洛斯的灵魂整夜萦绕在阿基琉斯周围，“表演着 *goos*（哭诉），进行哀悼（*gooosa te muromenê te*）”。[③]

与养儿与育儿的哀悼时空体一致的是，阿基琉斯接下来将自己自比为无私地牺牲自己的需要以喂养幼雏的鸟妈妈（323 - 324）。当阿基琉斯带领着阿开奥斯人为帕特罗克洛斯 *goos*（哭诉）时，这种与动物类似的情感会再次作为哀悼公开出现。“有如美髯狮子发出阵阵哀号，因为猎鹿人在丛林中偷走了它的幼崽。”（18. 318 - 322）[④] 阿基琉斯将自己看作一只鸟妈妈的自我定位，并不仅是唤起了哀悼演说家的想象特征，而且它同样形成了对于他的

---

① 正如格里芬所认为的，这里阿基琉斯所用的 *moira* 一词有双重的意义，并不仅是战场上的劫掠者的“份额”，而且也是人死亡的“命运”。（1995：112）

② 在《伊利亚特》第 23 卷中，赫克托尔被阿基琉斯杀死之后，“灵魂离开肢体前往哈得斯的居所，留下青春和壮勇，哭泣命运的悲苦”。——译者注

③ 在正式 *goos* 中的哀悼可能同样将逝去的武士的灵魂（*psykhên*），看成是他的敌人从他那里偷走的珍贵财富，如同赫卡柏谈及赫克托尔（24. 754）。

④ 关于史诗中这些情形与其他动物比喻，是为了表现阿基琉斯的英雄特性而构思出来的，参见 Zanker 1994：15 - 16，with n. 33。马丁将阿基琉斯有关预兆的对话中，自比为看到了蛇吞噬它的孩子的鸟妈妈这一悲惨的形象（1989：204 - 205），但是鸟妈妈显然是由于她的孩子被吞噬了而悲哀（*oueromenê*，315）。

英雄成就进行叙述的过渡（325－327）。这使得他能够采取在某人自身还**活着时就表演其自己的** *goos*（**哭诉**）姿态来。于是他在一种含混的、辞藻华丽的记叙中陈述了这些征服和劫掠的功绩，类似于女性哀悼者在 *goos*（哭诉）的叙事部分中可能提供的关于死去的武士生活的记叙［例如赫卡柏对赫克托尔（22.432－435）、安德洛玛刻对于赫克托尔（4.29－30）的哭诉］。但是当首领们在商讨分配价值（*timê*）与战利品（*geras*）时，这些功绩同样可以与武士对于他自己的成就进行的陈述相称。因而事实上阿基琉斯在与忒提斯的对话中（1.365ff），成功地叙述了他的英雄事迹，尽管这没能让阿基琉斯在与阿伽门农的争吵中胜过他。但是现在他更加明确地诉之于一个哀悼者的表演态度，这种态度的威严声音公开地宣布了一个武士的命运和其最终的天数。

如果说在这一点上阿基琉斯在他的言语中采用了吉尔所称的“二阶（second－order）”推理［从泰勒与法兰克福特（Frankfurt）那里借鉴来的术语］，即对于个人自身理由的理性评估，这是因为他已被强加在“首领如何商谈”式剧本中的哀悼框架中（1996：133）。吉尔比较了萨耳佩冬（Sarpedon）与格劳克斯（Glaucus）在12卷310行到328行中的讲话，与其他进行二阶推理的英雄不同的是，阿基琉斯这个自我哀悼者早就站在其生命界限之外，从这一特别的角度上他可以对自己作一个评估，这让我们再次回到了前面所注意到的矛盾之上了。显然这是独一无二的，但又与英雄行为遵守的共同规范是一致的。这是如何发生的？特别是这似乎回响着女性哀悼的声音，铁器时代早期的送葬人群通常用口头语言的技巧来称颂死者的价值与荣誉，以促成听众的同意与服从。因而如同吉尔所坚持的，阿基琉斯在这一演说中，似乎并没有站在真正“局外人”的立场，在将所有精英武士联系起来的一般交往中，他没有反对交往参与者具有的理性基础。然而他会提供理由反对阿伽门农式的交换体系，特别是在337行到343行中提出的理由，挑战了这样一个体系中典型性的英雄行为、价值与逻辑。

理解这一矛盾的关键在于去问：“自我的哪一方面能够拒绝社会要求我们所扮演的‘宾我（me）’（这也包括拒绝他们内在的逻辑）角色呢？”米德将自我自为性（agent）的这一维度看作“主我”，今天我们可以称之为自我内在的意志冲动，作为个体有机体，它是在我们的自身利益的支配之下自发地出现的。但是米德（以及哈贝马斯）同样认为做出有声姿态（vocal gestures）的“主我”，在他人与自我交流中对这些有声姿态进行回应时具有其“宾我”角色的性质（cf. Habermas 1992：171－172）。这一自我会无意识地表达出前社会的、本能的动机，这是自我的“宾我（me）”会马上要加以控制的。但是用哈贝马斯的话来说，它是作为一种“创造性想象的冲动，或者说是转换观察方式的动力”。（1992：180）因而自我之内的“主我”，是一种注定要受到“宾我”约束的短暂幻象。但是当社会分化的压力或者相互冲突的社会角色驱使自我去抵制严格的习俗时，它却为“宾我”提供了一种安全的阀门。在这一点上“主我”自发、本能地想象了另一种可以接受它的需求的“更包容的社会”，也许是一个只能在后代那里实现的社会。或者说这种社会也许只能为那些能够进行反事实的（counterfactual）、普遍的理性对话，能够在将自我融入了当下扩展了的（now－expanded）和重新规定的“宾我”角色之前认识到自我的独特性的人们那里实现，他们能容纳个体的道德自主性（183－186）。

当阿基琉斯开始以一种新的语言表达了这种自我之内的“主我”之时，用马丁的话来说，是一种“完全新的伦理学转向”。有意思的是，马丁并没有将这种新的自我（337ff.）想象为一种绝对自主的个体——那就会成为“主我”的纯粹表达，而是看作为一种规定着**新**的“宾我”角色**类型**的人。在阿基琉斯采用的进行的哀悼女性哭诉者的视野里，他用妇女给予他的价值概括了这类人：

> 阿尔戈斯人为什么要同特洛亚人作战？阿特柔斯的儿子为什么集结军队，带我们来这里？难道这不是因为美发的海伦的缘故？难道必死的人中只有阿特柔斯的儿子钟爱他们的妻子？一个健全而多情的人，总是钟爱他的妻子，正如我从心眼里钟爱我的女人，哪怕是我的矛赢得她的（9.337－343）。

这些诗行当然证明了在阿基琉斯的道德立场中类似于喜爱（affection）等情感联系的重要性（Zanker 1994：89）。马丁在词源学上的考证帮助我们看出阿基琉斯对于一些与“女人的主题”相关的新词感到“困惑”（1989：184）。但真的如吉尔所会认为的那样，这是与任何我们可以在早期铁器时代社会看出的“客观－参与者”的社会角色是一致的吗？或者阿基琉斯所运用的女性哀悼者的声音，以及这里他以与其妻子或者母亲复合的角色，宣布了与铁器时代早期社会中男人所承担的角色的断裂吗？

阿基琉斯在措辞上与女性的联系，有助于我们理解他是在什么意义上去争取道德的自主性。[①] 正如早期铁器时代送葬人群让女性成员当作其意识观念的发言人，向哀悼的听众说明其逝去首领的价值，在这些诗行中，阿基琉斯选择了女性哀悼的表演态度，并同时以男人对于女人强烈的（现代意义上的）“个人”依恋的方式表达出来。但是这一演说中女性哀悼者的表演态度里，到底什么东西对于一个早期铁器时代男性主导的送葬群体，以及对于阿基琉斯来说有用呢？哀悼的女性有能力公开地表达一种道德的角色，这是植根于**她所声称的**表达强烈情感的“主观”经验之中。借用哈贝马斯的话来说，在哀悼中妇女在拟剧性（dramaturgical）行为[②]中可能公开表现出她们的悲伤，也就是说，这些行为的合理性首先并不是基于成功或者失败这类目的性的标准，也不是基于对于遵守规则或者违背规则这样的规范性标准，而是基于真诚还是欺骗这类标准（1984：90－94）。[③] 这种哀悼的言语形式向其听众所表达的关键问题在于：“这个哀悼的女人的哭声与诉说深深地打动了我们，它是作为她有权深入的死者的内在世界的真正揭示吗？”“她表达的悲伤，是否意在于让我们去分享她对世界高度主观的感知，并且是以某种类似于认识我们世界的方式去认识这种感知呢？”[④]

---

① 罗侯注意到悲剧中的女性哀悼是以自我为中心的（self－centeredness），认为卡珊德拉（Cassandra）、安提哥涅（Antigone）、海伦（Helen）和伊菲格妮娅（Iphigenia）（阿伽门农的女儿——译者注）都是“为她们自己的目的和利益而哀悼”。她将荷马史诗中阿基琉斯的愤怒与悲剧中哀悼的母亲的愤怒联系在一起，并认为阿基琉斯是“回忆的女性形象”中唯一的男性参与者。

② 在哈贝马斯那里的拟剧行为，指的是行动者在公众或者观众面前有意识控制自己表现的行为，它以“自我表现”为中心概念，与行动者的“主观世界”相关。——译者注

③ 对话的哀悼行为是有着目的与规范的维度的，比如它旨在于达到一些目的，应当遵守一些限定的规则。但是作为一种表演，它至少必须声称表达了内在的情感。当然悲伤的表达可能意在于欺骗，伪装的悲伤失去了其首要的拟剧性质（dramaturgical nature），所以应当从目的或者规范方面来判断。斯蒂尔斯（Stears）讨论了古风时代与古典雅典时代哀悼中女性悲哀中的真诚性、它“正确”的表演和它作为一种“社会战略”的用途。（1998：122－126）

④ 当个体的表演真正深入到听众的内心世界时，听众的认知能力在不同社会有不同的表现形式。对于泰勒来说，这种能力对于现代意义的个体身份来说是关键的，特别是对于我们作为独特的人来说的“本真性”（authenticity）的理解（1994：28）。当我们极为准确地将我们自身揭示为“意义的主体”时，我们是与他人一起来认识我们的身份与本真性的。这是一种特别的行动者（agent），他利用了类似于羞愧、恐惧或者爱这样的情感以表达独特的主体体验，而不是其他的标准，特别不是那些基于目的论之中的理由（1985a：94－114）。我们不能简单地将阿基琉斯与一种现代意义的自我等同起来，我们也不能让他在这一演说中雄辩的表演，失去这里所表现的伦理的维度。

通过哀悼，早期铁器时代、荷马时代及后来的城邦社会的妇女们作为一种道德的行动者而赢得了重要社会他者的承认。[①]由于采取了她们的表演态度，阿基琉斯引导他的听众根据这一行动者典型的合理性标准，来评价他所记叙的英雄事迹。这样的标准主要并不是目的论或者规范性的，而是拟剧性的。他的主张（在第341行到343行，“一个健全而多情的人，总是钟爱他的妻子，正如我从心眼里钟爱我的女人，哪怕是我的矛赢得她的”。）是不能从对错方面进行判断，只能看作一种新型的、不同性质的人所作的真诚表达。这种人不仅给予他那源于其内在世界“主观的”偏好以优先性，而且希望他人——包括重要社会他者——认识到其偏好的合理性，认识到他在这些偏好的表达中有他们自身的影像。

阿基琉斯用这些话，开始给城邦国家与族群国家中希腊公民道德与政治的自主性提供了一种道德空间，它坚持了在我的前言中所列出的三种公民身份与自我的标准：一种是值得从他人那里得到充分承认的个体价值（*timê*），这样个人就能维持积极的公共形象；一种是允许在不损害公共利益的前提下维护个体利益和家庭利益时，能运用自身意志而名副其实的个体自主性；第三是包含着与同伴一起参与集会、演说和相互间进行理由说明的商谈自由。阿基琉斯之类的新人将之看作个体能够说明属于他自己东西的合理性的空间，个体甚至能在其中决定建立一种男女伴侣关系——这是外在于武士与首领联系起来的普遍交流的。米德可能会说阿基琉斯这样的新人，在他的“宾我”角色中能够容纳“主我”的冲动或者创造力；哈贝马斯则可能会说阿基琉斯将这种新人的身份，建立在一种“伦理性的自我理解（ethical self - understanding）”之上，它是以有意识地选择生活历程的形式出现的（1992：168）。

对于今天的政治哲学家来说，阿基琉斯给自我的意志论维度提供了相当大的自由空间，毕竟他不顾其他人想法而高调选择一个性感的配偶并且怜香惜玉。他将选择的行为作为一类特定人的特征而抽象出来，他们并不依赖于以 *basileus*（王）形式出现的重要社会他者——*basileus*（王）会规定着确定其价值（*timê*）的交往网络的形式。这种新人确定了他自己的价值，但却

威尔逊强调阿基琉斯作为一个雄辩的主体，否认了他在表达情感时带有对布里塞斯任何的真诚性，因为之所以提到她是因为“要适合他的雄辩的目的”。(2002：88)

① 关于妇女作为希腊传统中的道德行动者，参见 Foley 2001：112ff。这里认为将妇女作为悲剧中的哀悼者，是承认妇女为道德行动者最为便捷的途径。

是在与其对手的关系中来评价他的财富与成就时，并不是由他人可能给定的权威性理由来确定自己的价值，而是在另一种能力之中，即认识到他选择的有效性基于选择本身的标准中，而这一标准是内在于自我的。因而要深入理解这类新人，就要依赖于人们理解阿基琉斯根据拟剧行为（dramaturgical action）准则而确定的合理性的能力。

3.3 阿基琉斯成了“无拘无束的自我”吗?

我相信将阿基琉斯塑造个体化的新型自我的努力，看作早期希腊试图去对自我进行理论化，这并非没有道理。他的修辞的、逻辑的及伦理的“动机”，与当代政治哲学中对具有施行正义能力的自我进行个体化（individuate）并没有什么不同。我认为罗尔斯试图将正义的“理论基础”想象为“个人主义”的，也就是说，正义是由不同的人而不是千人一面的集体来确定的（1971：264；cf Sandel 1998：53）。罗尔斯将自我作为“先于那些由它来确定的目的”的执行正义者（agent）（1971：560），这是一种能够将自身与其拉开距离但又无须完全分开的自我，因为它的认同感是独立于那些与他人相关联的选择而获得的。桑德尔称这是一种“占有的主体”，因为它决定与某事或者某人联系起来时，就同时会在其自身与选择的客体之间拉开距离（1998：54）。阿基琉斯现在也是以这样的方式来思考自身，因为他将其新的自我孤注一掷地放在他对于布里塞斯的情感依恋之上；但是不久后，他会让自身抛弃这一选择，想象娶另一个伴侣却没有什么问题（9.394）。于是他运用拟剧行为，在其选择其目的与利益的意义，而不是这些目的自身中，将作为“主我”的自我孤立出来。通过深入其内心思想的特权，他保留着对其目的的优先性，因而他自己并不是被这些目的所建构起来的。他的自我看起来具有固定的边界，这一边界是由他选择的关于善的观念，以及要求他人承认这种善的合法性的“权利”所决定的（cf. Sandel 1998：175）。

阿基琉斯这里呼吁着理性的标准，他相信这一标准无论是在认知上还是在商谈上，都高于传统的“首领如何商谈”的剧本中所使用的标准。这也排除了任何人（包括阿伽门农）仍要诉诸旧的标准而达成共识的可能（344）。现在他可以公开地表明，在没有他参与的情况下进行的商谈中，首领们所使用的策略是糟糕的（346－355）。他重新提起精神，重申了在第1卷中所说过的离开特洛伊的威胁（356－363）。阿基琉斯在简要地列出了他在其家乡佛提亚（Phthia）贮藏的以及在特洛伊掠夺的财富后，更自信地给予自己以价值（*timê*）。同样尽管阿基琉斯为自己上演了 *goos*（哀悼），但用不着社会他者为他费心（363 - 366）。他的（表演/施行的、道德的、认知的）自主性鼓励他继续着从第 1 卷开始的对阿伽门农的漫骂，重复着他成了僭妄的对象（牺牲）的观点（368）。但现在这些威胁是在他新的语言中加以编排的（367 - 377）。在他回应带着阿伽门农礼物清单的使者时，以新的表达和愤怒的言辞，嘲讽地将这一清单视为草芥，这是从他新建立起来的理性标准来看的（378 - 392）。从道德上看，这些礼物是令人厌恶（*ekhthra*）的，以戏谑的哀悼言辞来说，它们仅值“毫末”（*en karos aisêi*，378）。

当阿基琉斯第三次拒绝阿伽门农劝说他的可能性时，这一长篇大论达到了高潮（从 386 - 387 行开始）。如同马丁、吉尔、威尔逊和其他人所主张的那样，规劝的主题似乎主导着这一演说。但这是因为对于阿基琉斯来说，规劝确定了一种由心智相似的演说家与听众所组成的道德性与商谈性的共同体。在宣布“阿伽门农不再能劝说我”（386）之后，他转而开始确立他新人的行动，其关键在于选择妻子。阿伽门农许诺将他的一个女儿嫁给他，并带上诱人的嫁妆，作为他参战极为诱人的回报。但现在阿基琉斯决定：“我不会娶阿特柔斯儿子阿伽门农的女儿，即使她的容貌比得上阿佛洛狄忒，或者她的女工比得上目光炯炯的雅典娜！我也决不会迎娶。让别的阿开奥斯人来娶她吧，那一个更适合他、更适合作为 *basileus*（王）。”（388 - 392）同样阿基琉斯置身于阿伽门农这位最高的 *basileus*（王）意图建立起来的交换网络之外是必要的，尽管这个 *basileus*（王）的地位，规定了那些低于他的王需要依照其王位等级来遵守的黄金规则。阿基琉斯想象了一旦返回家乡，他就会不顾阿伽门农的干涉而自由选择妻子的场景。这也给他提供了一个替代他在特洛伊所选择的布里塞斯的机会，在那里他知道死亡随时会来临，但是个体对于亲自选择自己希望过的生活这一关键性的行为仍然是核心。阿基琉斯认为他会尊重自己家族的名誉与礼仪，让他的父亲佩琉斯（Peleus）亲自为他“挑选”一位妻子，她可以是来自希腊［忒萨里（Thessaly）和佛提亚（Phthia）］众多的候选者中的任何一位，也就是说不需要阿伽门农的认可。然而佩琉斯的选择能够成为阿基琉斯自己的选择，因为“我喜欢她们中的哪一个，就把她做为我亲爱的妻子”（397）。他现在强调在到达特洛伊之前，他已经在家里不停地努力以寻找适合类型的女子以缔结良缘。“我狂野的心不时催促我，回到那里（*entha*）娶一个合适的妻子，一个适宜我的助手，这样我就可以享受佩琉斯为我准备的财富。(398-400)”①

这样在说明他自己是一位“占有的主体”时，阿基琉斯就说明了只要他人承认其选择“权利”的合理性，这种新型自我的内核是能够与其特定的选择结果相分离的。他的立场，逐渐以米德的“主我”为中心，类似于罗尔斯关于无拘无束的自我（unencumbered self）的一种样式——这种自我被认为是先于其目的的。为了强调他的自我与选择行为之间的等同，阿基琉斯扩展了早先他对“内在语言（interior language）”的运用，即他同时谈论“灵魂”与他的“自我”（Martin 1989：192）：“对于我来说，没有什么比我的灵魂（*psykhên*）更为重要，无论是伊利昂（Ilium）建筑精良的城堡里在阿开奥斯人到来之前贮藏的财富，还是在福波斯·阿波罗（Phoebus Apollo）在多石的皮托（Pytho）的石门槛围住的财富（401-405）。”他马上就解释了原因，任何人的灵魂（*psykhê*）都是无形的，在生命中“占有”这种灵魂是完全不同于对于物质的占有的：“一个人的灵魂（*psykhê*）是不能像掠夺来的或者占有的东西一样，一旦通过了牙齿的藩篱是不能再回来的。”（408-409）这里灵魂（*psykhê*）指的是占有的能力（faculty for possessing），我们必须将之与特定的占有（particular possession）的性质区分开来。占有的能力是指一个人甚至可以在他或者别人所作的特定选择中保持**冷淡态度**（disinterest）的能力，并且只有我们有能力进行选择，它就能使自身保持连续性。这类似于罗尔斯道义论的自我（deontological self），“主体的同一性，必须不依赖于我所拥有的事物而确定，也就是说独立于我的利益、目的以及我与他人的关系”。②

这些话标志着阿基琉斯对个体自主性最为高调的说明，也是他对于个性化最为理论化的陈述。而他认为使者们所描述的**一类**人，其生活历史处于国家形成期的时间与空间之中。但他坚持认为这一“主我”，能够作为他人认可的“宾我”在更为持久、具有社会适应性的角色中体现出来。他不无准确

① 格里芬澄清了阿基琉斯这里所用的词语，它最初指的是一个性伴侣（*aklohos*, *akoitês*），这在一语境中意思是“谈婚论嫁的妻子（195：123）”。我相信将选择的行为与选择的特殊对象区分开来的能力，可以质疑阿基琉斯现在对布里塞斯的爱恋的真诚性。

② 对于哈默来说，阿基琉斯在第9卷中的自主性“说明了他自己的幸福是与武士阶层的协商结构是无关的”，意味着“社会所赞成与反对的东西，对于将我们与他人的联系并没有意义”。(2002：96) 桑德尔的“占有的自我”（1998：54-59）说明了自我的内在意志，与他表达对于目的淡漠的能力是十分紧密地联系在一起的。

地将对这类人放在了一个爱琴海的世界中，他们之间的交换网络不仅排除了阿伽门农在特洛伊当下的交换途径（exchange circuits），而且也有别于之前英雄过去在特洛伊传奇财富的交换，同样区别于后来公元前八世纪德尔斐（Delphi）的交换——德尔斐作为爱琴海地区财富的存贮与展示的中心而闻名。① 阿基琉斯所确定的自我，并不愿意受到英雄时代的过去或者当下精英们为泛希腊的荣誉进行的竞争中形成的评价所束缚，也不愿庸庸碌碌于积累与炫耀财富（*keimêlia*）——在铁器时代早期这是 *basileis*（王）富有的标志，无论是他们活着还是死后作为其应得的报偿（*geras thanontôn*）［城堡、羊群、三角鼎、马匹等等（406 - 407）］。在自己的土地和他父亲的馈赠之外，除了拥有与自己特性与需要相符的妻子和房子之外，阿基琉斯也不再有他求。

从道德上说，阿基琉斯所描述的这类新人是一种意志的行动者，他将自己的身份归于有意的创造性行为（self - willed act of creation）。如果我们将这一新人，与受惠于他人的英雄自我——这是通过同伴的哀悼形成的，作为他死后应得的部分报偿（*geras thanontôn*）——进行比较，我们会发现这两种人从道德上说差不多是对立的：新人在自我定义时既不需施惠于他人，也不受惠于他人。如我们刚才所看到的，从社会层面来说，阿基琉斯自我创造的行为说明这类人是不同于公元前八世纪日益增长的泛希腊精英交换路径和过去（神话）传说的路径。具有这样一种道德形象的人在哪一种类型的历史世界是典型的呢？我们可以这样说：这一长篇大论将这类人，与作为使者的首领［奥德修斯、埃阿斯（Ajax）和福尼克斯（Phoenix）］这样“内在的听众（internal audience）”② 的观念与价值区别开来。公元前八世纪《伊利亚特》中更多的荷马“潜在的听众（implied audience）”，在很大程度上区别于作为首领的内在听众，那么这类新人可能会更适合于这些更广泛的隐含听众所认可的社会，尽管这个社会还没有完全出现。③ 这类新人像是与我们同时代的

---

① 格里芬引用 Burkert1985：49、Morgan 190：10 和 Taplin 1992：33 - 34 的观点，说明公元前八世纪后半期德尔菲在泛希腊地区的重要地位。

② “内在的听众（internal audience）”是指在现场亲自聆听的听众，而下面的“潜在的听众（implied audience）”是指并非在现场，而是后来再现相关场景而进行的表演的听众。——译者注

③ 在第 3 章我们会进一步讨论在荷马史诗叙述的“内在的听众”和我们可以说外在于（external）这些叙述的、但因而也“隐含”于其中的听众，这种区别参见 L. Dougherty 1995：19。

人，从社会上与政治上说，他们是在当地最早的寡头国家（无论是城邦国家还是族群国家）中作为公民出现的。事实上用达尔（Dahl）的原则（1989）来说[①]，他与他的新社会满足莫里斯（1996）的标准，突出了希腊国家得以出现的“中庸（middling）”的意识形态，但并非预示、导致抑或压制了此后三百年民主的发展。

这种由其意志规定的自我，显然是指向将来而不是过去的。尽管阿基琉斯出身高贵，但他是游离于德尔菲核心的精英交换网络之外的。阿基琉斯的确并没有必要去反驳“首领们之间的伦理合作关系”（Gill 1996：147），因为阿基琉斯还面临着一种可能性，即阿伽门农会以某种方式为他曾施加给阿基琉斯的难堪羞辱而进行补偿（387）。阿基琉斯并没有回应出使的首领，似乎他们与他不能再生活在遵守同一个道德的共同体之中（Gill 1996：142－148）（当然之后他的确返回了这一共同体，甚至与阿伽门农达成了和解）。因而在这种意义上阿基琉斯并不是像帕里（Parry）和怀特曼（Whiteman）描述的那样，作为一个社会的“局外人”（参见 Gill 1996：124ff.）。但是吉尔却没有看到阿基琉斯二阶推理的意义，即英雄是以一种独特的方式来对自我、对他自身的人格进行评价，这完全依赖于个人的偏好与选择，从其他任何价值来说都找不到确切的对等之物。[②] 这的确是外在于这一史诗所体现的英雄世界同时代或者之前的社会所肯定的任何价值体系。

阿基琉斯的话可能出现的唯一世界，实际上存在于史诗叙述**之外**的个体思想与心灵之中，荷马正是为了这些人而构想了阿基琉斯的演说。这个世界毫无疑问与国家和公民身份的形成是一致的，无论这是一种城邦国家还是族群国家。我们会在第 3 章看到阿基琉斯在第 9 卷所说的偏好，与《奥德赛》中奥德修斯在其妻子、家族、领土和老父亲面前恢复其价值的方式是一致的。但是从《伊利亚特》第 9 卷（在第 9 卷 408 到 409 行）的这些诗行里可

---

① 达尔的原则指平等原则，即所有的成员有平等参与公共事务决策的权力，都应当得到同等的尊重。——译者注

② 在他对于阿基琉斯这一宏论的长篇讨论中，吉尔只是顺便提到了阿基琉斯对于其 *psykhê* 的重视，但却没有提到这个词（1996：149；cf. 311，n. 276）。Wilson 认为阿基琉斯原则上来说并没有在 *timê* 的基础上有实质性的不满，或者认为他的荣誉是“无法企及的”，他只是说他的生命（*psykhê*）不能够被 *apoina*（阿伽门农所提供的补偿形式）的物质形式来计算。

以看出，阿基琉斯的敏感，与阿尔基洛克（Archilochus）[①] 借卡戎（Charon）的嘴所说的话不无相似：卡戎是一位头脑简单的工匠，在公元前九世纪爱琴海地区德尔菲式的对于财富与荣誉竞争的背景之下说明了城邦公民的“中庸之道（middling values）”：“我对于巨吉斯（Gyge）黄金的财富一点不动心，我觉得没必要与他竞争，我也不嫉妒他神样的功绩，我也不想要他指挥他人的最高权力（这是僭主），这些东西我都看不上眼。”（fr. 22；Arist. *Rhet.* 1418b. 28）[②]。同时阿基琉斯所使用的这种二阶推理也预见到了公元前七世纪的一种不和谐的声音：萨福（Sappho）在其第16首诗中，做出了以个人的偏好和选择来作为价值的评判者的著名宣言。她运用了“比衬”（Priamel）的修辞手法：“有些人说最美丽的东西是……另一些人说……”（16. 1 –3 and 19 –20），以说明由集体性的偏好所要求典型的英雄的、爱琴海式的选择。但与阿基琉斯类似，由重要社会他者所赋予价值的事物，在她自己的选择面前黯然失色了：“但是我要说最美的就是个人所喜爱的任何东西。”（16. 3 –4）

阿基琉斯准备公开地回到其推理得以进行的认知性视角，以结束其演说——也就是回到女性哀悼演说家，特别是他母亲的视角上去。他解释了他如何有能力在忒提斯的先验道德立场上，给予在自身的利益之上进行选择的行为以卓越的价值——他在第1卷中第一次正是借助于这种立场，而现在我们可以说，作为一个自我哀悼者，他已经完全将这种立场内化了。通过间接的陈述，阿基琉斯向使者解释或者阐明了忒提斯的话，她的话语预言了她、赫卡柏、安德洛玛刻、海伦（以及《奥德赛》中的佩涅洛佩）可能会向她们逝去的男人所作出的正式的 *gooi*。[③] 因此在这里他以 *goos* 的形式表演了对于他自己最为文绉绉的哀悼，宣称他的两种死亡、两种命运，以及他人可能给予这两种死亡与命运的荣誉（*kleos*）的程度：

> 我的母亲银足的忒提斯，告诉我，有两种命运（kêras）引导我走向死亡的终点，要是我留在这里，在特洛伊城外作战（amphimakhômai），我

---

① 阿尔基洛克（Archilochus），约公元前680年–公元前650年，古风时代希腊诗人。——译者注

② 吕底亚的巨吉斯（Gyges of Lydia）（公元前687年–公元前662年）据记载是第一个在德尔菲进行盛大祭祀的人。（Her. Ⅰ. 14）

③ Martin 认为在9. 413中，阿基琉斯“事实上在引用忒提斯的话”，他将 *kleos aphthiton*（不朽的名声）这一短语归结为她权威的、神圣的说法（1989：183，n. 63）。

就会失去回家的机会（nostos），但名声将不朽（kleos aphthiton），要是我返回（oikad'）故邦亲爱的土地，我就会失去美好的名声，但性命却会长久，死亡的终点（telos thanatoio）不会很快来到（kikheiê）我这里。

在这些诗行中阿基琉斯预见了在 18 卷中忒提斯为他所作的哀悼——当她听到阿基琉斯为帕特罗克洛斯发出的巨大哀鸣，后悔“送他去对特洛伊作战（*makhêsomenon*），从此我再也不能，在他凯旋（*nostêsanta*）时，欢迎他返回（*oikade*）到可爱的佩琉斯的宫阙”。（18. 59 - 60）因为忒提斯给他提供了选择，他就能够在这里为自己上演赫卡柏不久以后会为其儿子赫克托尔所表演的角色，赫卡柏是这样吟诵的：“现在你的死亡和命运（*thanatos kai moira*）已经来临（*kikhanei*）。”

阿基琉斯一结束演说，他的听众提醒我们，他们已经完全理解了他在“首领如何商谈”这一剧本背景之下所说的。他们惊讶于他话语坚决（*krateros*，431），这种惊讶不仅是对于语言背后激情的反应，而且是对这些话语内容的反应：他将自我看作一种极端自主性的“主我”，而这种“主我”视自身为“占有的主体”；他的言外之意就是这样以“宾我”角色出现的自我，在整个共同体中有一席之地。并不奇怪的是，这些出使的 *basileis*（首领），根本就没有准备要接受这种新的对于个体进行定义的理论意图，因为它贬低了首领体系中普遍的互惠这一理性化的标准，反而诉诸拟剧行为之上的新标准。① 但对他的长篇大论而言，前有奥德修斯所提出相反观点与诉求（225 - 306），后有福尼克斯和埃阿斯的异议（434 - 605；624 - 642），他们直接的目的在于反驳在他们看来存在着致命缺陷的阿基琉斯的个人主义：它描述的是一种难以作为他们所认可的任何共同体可能成员的自我，无论这种共同体是指 *basileis*（首领）的个体家族，还是团结在首领周围的武士同盟。

---

① 阿基琉斯不协调的声音在多大程度上类似于苏格拉底向他的雅典同伴展示的“道德个人主义”？我们将在第 7 章看到在《申辩篇》中，苏格拉底执着地主张以人们内在心灵（*psykhê*）中特有的理性标准为基础的“新型个人主义的公民身份”。作为类似于阿基琉斯“占有的主体”，苏格拉底希望人们放弃以前选择的目的与兴趣，这样他们就不必满足那些标准的要求［23，引自《高尔吉亚》（*Gorgias* 457d - 458b），将这种新型的、“唱反调”的公民自我塑造成为在桑德尔的意义上无拘无束的自我］。

3.4《伊利亚特》第24卷

他们要求重新引入同情（怜悯）的主题，金（Kim）最近揭示出对同情的重现是这一史诗主导性的基调。[①] 但是金对于同情过于狭隘的定义，妨碍了对于这种情感是如何打开自我建构之路的理解。[②] 当福尼克斯提醒阿基琉斯友爱（*philotês*）这种深厚的感情将他们两人（以及佩琉斯）紧密联系起来时，他出人意料地将一种非常不同的自我观念放置到阿基琉斯的个体之中。这种自我在道德上承认建构起它自身的那些关系，如果没有这些关系这种自我会解体。它所“占有”的这些关系，与占有的自我选择去占有目的与利益的方式颇为不同——这些目的与意义可能在某天与它分离。由于慷慨和义务的首领情结（the complex knot of chieftain generosity and obligation）将他们的生活结合在一起（438ff）[③]，福尼克斯公开声明：“我这样为你忍受了很多痛苦，很多辛劳，我因此想起众神不许我生个孩儿，神样的阿基琉斯，我却把你当儿子，或许有一天你能保护我，免得遭受毁灭。”（493－495）这是一个由他人构建起来并受惠于他人的阿基琉斯；他是如此属于他们而他们也是如此属于他，他不能说其自我的界限结束于何处，他们的自我又开始于何处。桑德尔将这描述为占有的另一种作用机制，这是一种“体现”于其目的、关系与环境之中的典型自我，这些目的、关系与环境占有这种自我，较之于自我占有它们更多。这种自我的目的先于它，而界限仍然是开放与变动的（open and fluid）。它的挑战在于更少依赖于选择，而更多依赖发现（1998：56－58），也就是如同我常描述的那样，要承认这些目的。福尼克斯、奥德修斯（302行）及埃阿斯（632行）将同情看作具有认知能力的感情，它推动着自我的界限与他人的界限进行本质的融合。

---

① 金将同情（怜悯）视作这一史诗的中心主题，并将这一主题分为三个部分：在第1到8卷阿基琉斯与阿伽门农的争执，使阿基琉斯丧失了对希腊人的同情；在第9到16卷他最终屈服于对他的同伴同情的请求；在第17到24卷最终扭转了他对于特洛伊人缺少同情的印象（2000：67－71）。

② 金所理解的在《伊利亚特》中的 *oiktirein*、*eleein*、*eleairein*、*kêdesthai* 以及相关的 *nêleês*（无情的）之类的词，都意味着“饶命”、不杀人”，必然是作为一个更强大的人相对于一个稍弱小的人相关的词语（2000：39ff.）。

③ 这是指福尼克斯曾受到其父亲的忌恨，后来他逃出自己的家庭，阿基琉斯的父亲佩琉斯收留了他，因此他曾与阿基琉斯一起生活过很长时期，将他当作儿子一样看待。慷慨是指首领对于部下大度，而义务则是指部下有义务支持首领。——译者注

在第 24 章中，特洛伊的老王普里阿摩斯出人意料地来到阿基琉斯的帐篷中，试图以赎金换回他儿子的尸体（468 – 676）。老王不仅成功地劝说阿基琉斯作了这种交换，而且还使得阿基琉斯对待他这个死敌，就像一位到访的友人。这位年青的英雄与老王一起开始了赫克托尔的葬礼仪式，分担着共同的悲痛：普里阿摩斯为赫克托尔，而阿基琉斯则是为帕特罗克洛斯和他的父亲佩琉斯。他们的相遇一直被认为是这一史诗中的戏剧性高潮，但是近来学界却并不同意用其他任何特别的语境来解释他们之间所发生事情的意义。例如其中一些学者，如克罗蒂（Crotty）（1994）、格里芬（Griffin）（1995）与金（Kim）（2000）等人，将这一场景中弥漫的悲伤与同情的情感分离开来，融入到关于其性格与主题的感性讨论之中，他们无视任何与公民身份的初始形式相关的历史维度。① 而另一些人，如锡福德（Seaford）、赞克（Zanker）等人，发现了这些情感的政治性内涵，但是却没有给出一种理论框架以解释公民自我的内在建构，或者解释公民自我间的相互交往。② 只是哈默（Hammer）近来的讨论（2002：170ff.），才认识到同情的表达是推动作为“政治领域”的城邦形成的基础。他的解读也敏感地意识到，阿基琉斯需要经历一种认知的改变，才能作为公民行为的典范。

然而，如果我们不将这种悲恸与同情，与第 9 章中他主张的道德自主性进行对比，与他所想象的由心智相似的诸自我所组成的新社会［这个社会基于对于他重视的任何事（或者任何人）的个体选择］进行对比，那么我们

① 与纳斯鲍姆一样，我更乐意使用的是“同情（compassion）”而不是“怜悯（pity）”这个词，因为在今天“怜悯”意味着对于受苦者的居高临下和优越感，但我们在 *eleos*、*oiktos*，或者它们的一些衍生词中是找不到这种含义的（2001：301 – 302）。康斯坦不同意这一点，他将“同情”用在与我们亲密因而带有强烈感受的人之上，而“怜悯”则是用在那些我们对之保持一定距离与优越感的人之上（49ff.）。

② 对于锡福德（Seadford）来说，普里阿摩斯和阿基琉斯之间形成了一种交往关系，这种关系产生了一种“在潜在的敌人之间的惺惺相惜”，说明了“在哀悼和葬礼仪式的整合力量之下，哪怕是敌对的外邦人，彼此也能和解”。（1994：176）而这种“葬礼仪式”（106 – 143）是推动形成“城邦时代的行为模式与感受模式”的情感和认知手段（177）。它仍然是一种复合性的而不是基于历史的行为，可以将不同时代的精英、公民和神话形象所施行的葬礼组合起来。锡福德在任何地方都没有将其交往的作用机制与公民身份联系起来。而对于赞克来说，阿基琉斯特立独行的个性在他对于普里阿摩斯的“怜悯”中达到极致，表现出了独特的宽宏大量和利他主义（1994：122 – 130；1998），这是“超越于互惠性”的（1998：81）。他直接就将这与公元前八世纪的突然出现的“社会多样性”的需要联系起来，这一时期的精英可能会发现荷马关于伦理与社会制度中的“统一规范”是有助于跨越“部落”边界的（1994：136）。

对于阿基琉斯为普里阿摩斯共悲与同情能力的理解仍然是不完善的。我们将这一自我哀悼者的“主我”，通过一种拟剧行为，计算出他自己的自我价值，并促使他人承认他所认为他应得的价值（*timê*）从而有力地揭示他的内在世界的方式，看作自主性的表达。但是我们要问的是，这种自我能够封闭在“主我”的主动性中，并仍能作为社会性存在者而发挥作用吗？这些作为使者的首领们清楚地反对将阿基琉斯算作是无情无义之辈。为了参与社会，这种极端自主性的“主我”需要建构一个“宾我”——其他的个人也能承担这种角色。“宾我”需要传达一种表演的态度，其意义就是能同时得到自我的承认，**以及**代表着重要社会他者的另一些人的承认。因为只有在自我学会了采用与之交往互动的人们的态度，它才能脱离其主观性，意识到自身是一种社会客体（Mead 1964：283－284）。只有这样自我与他人才都能生活于一个由相似的个体组成的共同体中，每个人都能采用其他人的视野，希望达成“相互的承认”（Habermas 1992：186），用米德精辟的表达来说，就是“如果我们想成为自身，我们必须成为他人”。（1994：292）

米德与哈贝马斯关于个体化的观念说明，当自我采用了一种具有社会意义的表演/施行性态度时，他需要放松他可能为自己选择的严格界限，承认它在一定程度是为那些妨碍它自我建构（self－fashioning）的纽结（ties）所占有，因为这些纽结让他人去建构它，像无子的福尼克斯将阿基琉斯作为自己的儿子。因而我认为阿基琉斯与普里阿摩斯之间的互动首先并不是社会性的或者人类学的，而是认知性的或者语言学的：当阿基琉斯将自己表现为一个自我哀悼者时，它完成了将阿基琉斯的“主我”的表演态度传递给希腊使者的任务。阿基琉斯自身与这些使者在道德上保持的距离会一直保留，直到阿基琉斯在他人身上，找到更能接受他自身，接受他拟剧性地向他人表现出作为自我哀悼者、自我评价者以及自身命运的宣告者的形象才消失。他能在普里阿摩斯作为一个乞援剧本的表演中，在赎回一个与其自我相似的形象的剧本中找到这一点吗？普里阿摩斯能够在阿基琉斯的希腊盟友失败的地方成功吗？

从第22卷普里阿摩斯看到阿基琉斯杀死他儿子的那一刻起，老王的悲恸（在22.416－428）打动了阿基琉斯，使他接受了老王的请求与赎金，这是他会在第24卷第469行以下所做的事情。普里阿摩斯清楚地说明（22.417－422）自我表现对于引发出阿基琉斯身上的两种感情来说在策略上的重要性：他请求他的人民让他到阿开奥斯人的帐篷里去：“我应向那个无恶不作的家伙请求（*lissômai*），或许他敬重（*aidessetai*）我的年纪，对我的年老表示同情（*eleêsêi*）。”（22.418－419）这些感情中的第一种，即 *aidôs*（羞耻/尊重），唤醒了个体对于他的社会感情。*aidôs* 有两重基本的意义，一是在某人面前感到羞耻，另一方面是尊重某人，这说明荷马时代的希腊人在他们自身中已存在着“内化的他者”（internalized other），他们应当注意的这种他者权威性的要求。[①] 特别是这里 *aidôs* 唤起阿基琉斯的自我，要求他放弃其“主我”的冲动角色，认识到它必须承担起由主导性的社会他者所认可的这种或者那种“宾我”的角色，*aidôs*（羞耻/尊重）粉碎了认为自我在一种拟剧行为中向他人表达时，可能隔绝于其私人或者内在世界的幻想，因为它坚持认为这样的经验只是在他人将这种经验作为他们自己的经验而加以分享时才有意义。

普里阿摩斯还可以进一步强化他坚持的观点，即阿基琉斯在同情的感召下注意到了 *aidôs*（羞耻/尊重）的召唤。恰当地说，*aidôs*（羞耻/尊重）是一种纲领性（programmatic）的情感，它提醒我们在自身中注意他人的要求以及可能的共享意义，但是它本身一无所获。同情补充了 *aidôs*（羞耻/尊重），因为它以一种特别生动的方式，让自我去承认向它面对的“宾我”这一可能角色。在对于他人的感同身受中，同情给自我提供了一种可能的符号或者形象，作为自我的一面潜在的镜子；它还促使自我去进行认知的行为——我特别指的是判断——这是在自我与他人之间取得共识的基础。[②] 这种共识认为尽管存在着明显的等级、状况、性别、族群等差别，但自我能在他人受难的拟剧行为中，发现一种与自身的拟剧行为相似之处。

---

① 对于 *aidôs* 一词的意义，参见 Cairns 1993：1－47。对于它在荷马时代的社会中的意义，参见 Cairns，1993：48－146 and Yamagata 1994：156－176。对于凯恩斯来说，*aidôs* 意味着羞耻，要求“将他人完全内化，这样人们才能成为他自身的旁观者”。（1993：18；以及 144）。B. 威廉姆斯将其描述为在某人自我之内的真实呈现，它“确实是抽象的、普遍性和观念性的，但……却是潜在的某人，而不是没有人，并且是某个不同于我的人”。（1993：84，以及 144）对于 Redfield 来说，*aidôs*（羞耻/尊重）是“对于表达出的理想社会规范的缺失……是直接在自我之内可以直接体验到的，作为对于他人对于其自身的预期判断的内化”（1975：116）。

② 凯恩斯注意到荷马在不太幸运的个人向更幸运的人请求时，经常将 *aidôs*（羞耻/尊重）与同情（*eleos*）联系起来，如同普里阿摩斯在第 24 卷第 503 行所表现出的那样（1993：49，with n. 10）（1993：with n. 10），此外还可以参见 *Il.* 21.74，22.123－124 and 419，24.44 and 207－208；以及 *Od.* 14.388－389，19.253－254，22.312，and 344；有关同情与认知的关系，参见 Nussbaum 2001：304－327 and Konstan 2001：8－18；有关记忆、认知与乞援之间的关系，参见 Crotty 1994：77ff。

阿基琉斯将老普里阿摩斯看作一个与自身形象相似的观点并没有引起很多注意，也许是因为普里阿摩斯从这个年轻人那里引出同情的策略，采用了一种更为迂回、从戏剧效果上看也更令人信服的路线。在向阿基琉斯发出公开请求的过程中，普里阿摩斯促使这个年轻人至少从三个不同人的角度来看待自身的角色：赫克托尔、阿基琉斯上年纪的父亲佩琉斯以及他自己。普里阿摩斯开始了他的请求的口头表述部分，将他自身与佩琉斯进行公开对比，但这并没有把我们的注意力直接引向他自身与阿基琉斯之间任何直接的对等。在第 22 卷他在考虑如何向阿基琉斯请求时，一开始就想到这种对等的方法。而现在这一时刻已经到来，他却乞求："想想你的父亲，神样的佩琉斯，他和我一般年纪，已到达垂危的暮日。"（24. 486）这两个上年纪的父亲形象，以及阿基琉斯与赫克托尔作为他们的儿子之间相应的对等性，使我们看不到这个老人与年青人之间微妙的关联。

有人曾指出，在这一时刻普里阿摩斯和阿基琉斯都遭受了一种放逐者的孤立（Seaford 1994：121 - 122，n. 16），两人先前都表达过，如果知道了他们最亲近的人（帕特罗克洛斯、赫克托尔）被杀，他们宁愿去死（Zanker 1994：121 - 122，n. 16）。但是普里阿摩斯试图让阿基琉斯去认识他们之间的对等首先是表演性的，因为它将阿基琉斯在第 9 卷中的长篇大论与普里阿摩斯当下的哀求行为联系起来，他们两人都彼此向对方表现为一个宣布他们自身独特命运的自我哀悼者和自我评价者，都承认这种命运是他们的生活历史，试图从对方那里确认自己这样的生活必定与对方的生活没有什么不同。事实上普里阿摩斯勾画出了佩琉斯的悲惨命运，是为了对应于他自己的命运，将佩琉斯个人的命运与那些匿名的他人——"一些人"（somebodies）或者"没有的人（nobodies）"进行对比①；同样他在援引赫克托尔或者他自己的命运时也是这样做的。就佩琉斯他说："毫无疑问，四周的居民可能折磨他，没有人保护，使他免招灾祸与毁灭。"（488 - 489）但是普里阿摩斯相信佩琉斯至少可以有希望有一天看到他的儿子归来，这让他得以开始第一波的自我哀悼："但我却有一个不幸的命运（*panapotmos*），尽管我在辽阔的特洛伊，生了很多优秀的儿子，可是现在我要说的是，没有一个（*ou tina*）留下来了。"（493 - 494）

普里阿摩斯自己声称的与他人的区别，将自己放到那凡人间独一无二的

---

① 这是指《伊利亚特》第 24 卷 485 行以下，普里阿摩斯请求阿基琉斯想想他的父亲："四周的居民可能折磨他，没有人保护，免招灾祸与毁灭。"。——译者注

命运中，这让人回忆起阿基琉斯在其长篇大论中对其自身作为前途难测的道德形象的自我描述和自我表达［在他的例子中，需要在两种宇宙秩序以及程度不同的 *kleos*（名誉）之间进行选择］。在这一点上，普里阿摩斯将阿基琉斯的注意力从普里阿摩斯自己转移到他的五十个儿子身上，他们大多数死于战场的，特别是"我剩下的一个儿子，城市与人民的保卫者，他为祖国而战斗时已经被你杀死，他就是赫克托尔"（499－501）。普里阿摩斯所表现的赫克托尔的命运同样是独特的：他是最后为阿基琉斯和希腊人所杀的儿子，也是唯一他要努力去赎回尸体的儿子（501－502）。① 由此普里阿摩斯的策略就将佩琉斯、他自己以及赫克托尔这三个人孤立开来让阿基琉斯去思考。现在普里阿摩斯劝告这位英雄要考虑所有这三个人："你要敬畏（*aide io*）神明，怜悯（*eleêson*）我，如同想起你自己的父亲！"（503－504）我们会问，为什么他一开始提及的是三个人，然而却只是要他同情其中的一个，即他自身呢？我们会看到普里阿摩斯的悲恸，的确引导阿基琉斯相信他遭受着一种与他人不同又不能幸免的命运。但是尽管有着这种确信，他的话为何能引导着阿基琉斯将所有这三个人视作他自身的另一种样式呢？②

如同我们前面看到的那样，呼吁阿基琉斯施行 *aidôs* 只是纲领性的，单靠自身是没有什么作用的。但是现在 *aidôs* 要求它的感受者转换认知角度，或者进行一种框架（frame）［在戈夫曼（Goffman）的意义上来说的③（Goffman 1974）］转化，以解释当下的情形。在这种情况之下，普里阿摩斯提醒阿基琉斯神给予祈援者庇护的神圣性（Cairns 1993：118）。这种认知的转换是从此时此地的框架，发展到希腊的神、神话和共同体记忆的这样超越性的叙述框架，后者通常是从对于个体行为进行集体性的社会控制中产生的，在后面一些章节中会有更进一步的讨论。但是普里阿摩斯试图让他所请求的同

---

① 麦克劳德（Macleod）指出荷马的武士通常是活着赎回的，而不是交还尸体（1982：20）。而在第 22 卷 256－259 行，以及 338－343 行中，赫克托尔试图与阿基琉斯达成一项协议，允许彼此都可以让对方的亲属赎回其尸体，由此他形成了自己独特命运的一个重要成分。

② 在第 3 章会提到科赫特（Kohut）（1977，1985）关于"自身对象（self object）"的概念，为个体对于他自身在别人心中形象的感知提供了一种心理学模型。

③ 戈夫曼所讲的"框架"，是指人们内化了的现存的社会规范和社会准则，是一系列的惯例和共同理解，也就是人们在社会生活舞台上进行演出的依据。戈夫曼认为，人们在社会生活中以不同的角色、在不同的场次进行表演，如果能够按照剧本表演就会按照剧本表演，当剧本不明确或不完整时就要随机应变、临时创作。——译者注

情产生一种情感反应，这一反应会完成与另一个显然有别的自我，就他自己的生命历程与命运进行**言语**的交流，其目的在于使得阿基琉斯将普里阿摩斯看作他在第9卷中努力向希腊使者所呈现出自我的样式——那些英雄却拒绝在泰勒意义上“认可”这种自我。

正如努斯鲍姆（Nussbaum）所描述的，在希腊和西方传统中，同情要求自我表演三种认知行为以回应他人的不幸：判断不幸的严重性；判断不幸是否活该；以及在亚里士多德传统中，判断自我是否能经受起类似的不幸——或者用努斯鲍姆改进的理论来说，判断自我对于他人不幸的承受能力（2001：304－321）。她关于这最后一种判断的幸福主义观点（Eudaimonistic version），特别是将这种同情的目的理解为获得语言交流的努力，在这种交流中某个自我将另一个人的命运与生活经历作为两者共同分享的“宾我”角色而接受下来。它强调了他人的命运与生活经历必然包含在某人自身的命运与生活经历之中，也强调了他人的命运与生活经历对于他过上自己值得过的生活来说是必要的。用桑德尔的话来说，同情向“自我”表明自己也能如此为他人所占有，这样自我的边限就是变动和不确定的。用米德的话来说，这有助于解释为什么“如果我们想成为我们自身，我们必须成为他人”。①

普里阿摩斯当然希望阿基琉斯至少去评判这三个人中两个的命运与生活经历，因为他立刻就将他自己的情况与佩琉斯进行了对比，“我比他更是可怜（*eleeinoteros per*，504）”。但是他同样坚持自己特别的作风，如同阿基琉斯在其长篇大论中所做的一样，因为“忍受了世上的凡人没有忍受过的痛苦，把杀死我的儿子们的手举向唇边”。（505－506）这最后的评论认为，当他悄悄地溜进帐篷时（477－479），阿基琉斯要对于普里阿摩斯刚才无声上演的请求姿态做出回应。为了描述这一时刻，荷马史诗的讲述者将自我孤立的老王，与一个逃离自己的国家，去乞求一个强人庇护的凶手进行比较（480－482）。我们会记得阿基琉斯曾提及过类似的生命经历：在第9卷中他仍然余怒未消，将其感受到的阿伽门农对他的羞辱概括为“如同没有任何价值（*timê*）的流浪汉”。（9.648）

① Mead 1964：292，哈默也表达了一种类似的观点，他区分了史诗中早先阿伽门农羞辱阿基琉斯的时候，他“承受他人之苦（suffering －from）”的能力，以及阿基琉斯知道帕特罗克洛斯的死，知道了“他自己的痛苦是与他人的遭遇相联系”时“共担他人之苦（suffering－with）”的能力。康斯坦坚持认为同情（*eleos*）或者怜悯（*oiktos*）的主体，并没有与客体“融合”在一起或者“等同”起来，而是一直保留着情感的距离（2001：60－65，71－72）。

在我们对第9卷的讨论中，这种缺乏社会地位的异乡人或者法外之徒（outlaw）容易表达出这种极端的自主性和“主我”的不合群性，这是符合让普里阿摩斯心烦意乱、悲痛不已的观念的，即相信他的命运让他超越了所有人类共同体。如同在第9卷中的阿基琉斯一样，他仍然沉溺于其内在世界的主观经验之中。他的话将一种恳求他人的仪式性行为，转变为一种拟剧化行为，这一行为中的“主我”表演性地呼吁他人认可那种极端的自主性，如同阿基琉斯曾做过的一样。作为对他的话的反应，阿基琉斯将同情普里阿摩斯（24.515），将福尼克斯、奥德修斯和埃阿斯拒绝给他的东西给予这个老人。因为他看到普里阿摩斯时，阿基琉斯就面对着一个卑怜的自我，它反映着他在第1卷结尾时向他的母亲忒提斯哭诉的情形：他说他最为珍爱的人却被屈辱地夺走了，自己完全要依赖于一个强有力的他人来帮助。在普里阿摩斯对于极端自主性和自我宣称的独特命运的想象中，阿基琉斯认出了一种可以与其自身的自我相互交换的自我来。与普里阿摩斯不同的是，他认为佩琉斯、赫克托尔、帕特罗克洛斯等人，尽管他们有着不同的生活经历，但却分享着一种并非极端，而是**相对**自主性的个体命运。这些个体都承认一种由他们所不能控制的宇宙大序的剧本而施加给他们的“宾我”角色。①

实际上阿基琉斯同情行为的发生有两个阶段：在他表现出对普里阿摩斯同情的任何外在迹象之前，他首先在其内在世界中体验到对普里阿摩斯悲恸的情感反应。事实上如同麦克劳德（Macleod）所认为的那样，阿基琉斯一开始是将这个老人推到一边（508行），拒绝了普里阿摩斯的请求（1982：130）。但正是在这一时刻，他被普里阿摩斯对赫克托尔的悲恸打动了，这引发他自己对仍然活着的佩琉斯的悲伤，随即也引起了对于帕特罗克洛斯的悲痛。普里阿摩斯的话在阿基琉斯心里激起了一种急切的愿望（*himeron*），要去为佩琉斯做一次*goos*（哀悼）（507）。这样两个人都为他们所钟爱的人缺场的记忆所触动，不由自主地上演了一场*klauthmos*（悼念）：“他们两人都怀念亲人，普里阿摩斯在阿基琉斯的脚前痛哭（*klai'*）他杀死的赫克托尔，

---

① 哈默将阿基琉斯同情普里阿摩斯的能力，置于阿基琉斯自我内在化的动力之中，同样也置于阿基琉斯听到帕特罗克洛斯之死而“感受痛苦”，以及他为遗弃佩琉斯的自责中（2002：185－186）。因为阿基琉斯关注对于自我价值的内在计算，哈默将阿基琉斯的同情描述为“**想象**他自己处于另一个人位置上的能力”（185；我加的着重号）。而我强调在阿基琉斯与普里阿摩斯的交流与认知机制时——这里哀悼起到了主导作用，我将阿基琉斯的同情描述为一种**发现**，即内在自我价值的计算并没有什么意义，除非这些自我价值是由那些建构自我的目的与意图决定的。

阿基琉斯则哭（*klaiein*）他的父亲，一会儿又哭帕特罗克洛斯，他们的哭声（*stonakhê*）响彻房屋（509－512）。”

在阿基琉斯克服了这种似乎是高于（或者低于）任何话语表达的纯粹感觉之后（513－514），他才进入到他同情的第二阶段。这里荷马的讲述者描述了阿基琉斯将普里阿摩斯作为一个祈援者而加以接受的姿态：“他立刻从椅子上跳起，把老人搀扶起来，同情（*oiktirôn*）他灰白的头发和灰白的胡须。（515－516）”随后阿基琉斯所说的话，突出了一种反映着规定人类共同体的道德与神学方面的正义观点：在这种共同体中最高的价值完全不同于与他在第9卷的长篇大论所勾画出的新的社会秩序。第9卷中个体显得至高无上，他有能力根据最珍惜的东西来确定价值的能力，并要求他人也承认这样一种植根于个体差异性之上的极端自主性。这里阿基琉斯放弃了他特有的深入“主我”内心世界之上的认知框架，因为另一种奥林匹亚（Olympian）框架认为任何个体的生活无足轻重。然而它为每个人的命运都提供了一种合理的解释，包括佩琉斯和普里阿摩斯的命运。这一观点的核心就是宇宙的、专横的执行正义者，即宙斯。他以两个装着福与祸的罐子，对每个人的命运进行安排。一些人过的生活混合着祸与福，如同佩琉斯和普里阿摩斯；另一些人完全过着悲惨的命运，类似于异乡人或者法外之徒，他们无论从凡人那里，或者从神明那里都得不到任何尊重（*timê*）；而只有神才会得到完全的幸福（525－551）。①

这种宇宙正义严酷的光芒，以多种方式改写了阿基琉斯在他的长篇大论中所想象的自我本位的（egotistical）和乌托邦的秩序，但是最为戏剧性的方式，就是粉碎了个人认为的其身份建立在内在世界的个体偏好差异这一观点。阿基琉斯的新观点是将个体人类的命运，还原为一些单纯观念，这些观念使个体的需要与欲望互不相关。但是取消个性差别，较之于那些夸大差别的观点更是一种乌托邦，因为它使得每个人的生活经历或多或少与他人的生活经历具有象征性的可交换性这一信念具有合理性，这种语言交往中的乌托邦主义当然有着重要的社会意义。在《伊利亚特》的戏剧世界中，生活经历的可交换性当然会采用消除希腊和特洛伊之间伦理差别的世界主义（cosmopolitanism）形式，以及消除富人与穷人之间差别、消除领土上“自己人”与局外人差别的社会修正主义（social revisionism）形式。从历史上说，在前

① Teffeteller 2003 强调了 B. Williams 1993 提出的荷马的个人在将特定的行为与结果（无论好坏）归结到神时，显现了一种理性基础上的负责任并且一致的自我观念。

国家向早期国家的过渡时期，由荷马听众组成的持中立态度的社会性世界（social world）中，新生的世界主义与社会修正主义，对由武士首领间平衡的或者普遍的交往行为所维持的社会结构进行质疑提供了理由。这样 *basileus*（首领）道德生活的所谓目的，在他的哀悼者公开地为他所主张的命运与程度不同的 *kleos*（名声）中极好地表达出来，如同我们在这一章的第一、二部分已经看到的那样。阿基琉斯同情普里阿摩斯的行为，是形成这种具有历史性意义的乌托邦秩序的关键，因为它贬低了前面那些要求的合理性，使得分享共同的或者公民的生活的观点更有说服力，我们在这样的生活中——无论是友好的还是敌意的关系中——可能遇到的所有命运都是可以互换的。

同情是如何挑战由首领间互惠交换主导着的关系的逻辑呢？赞克认为阿基琉斯同情的行为，以及这一行为让他施及普里阿摩斯身上的善意，都是利他主义的，因为它们超越请求与赎金之间的相互交换而得到的报酬（1998：73 - 85）——这当然可能是阿基琉斯完成这种交换可能希望得到的了。赞克则认为阿基琉斯同样反对任何基于人们的评价与交换基础上的价值（*timê*）；他的动机毋宁说是更为“个人化”（87），因为这些动机是源于对于人类同伴受苦的同情之中，产生了我们等同于利他主义的“大度（magnanimity）”（90）。如果我们想理解超越了互惠性的大度是如何打开一种新的认知视角，开启了称得上“乌托邦”的交往，我们可以再次借助于米德的理论：在米德的论文《伦理学观点中的仁慈》（*Philanthropy from the Point of View of Ethics*）[1964（1930）]，他认识到仁慈的馈赠（giving）既是一种“冲动”，也具有“责任”的意义（393 - 395）。他相信责任将我们置身于社会秩序之中，我们在这种秩序中会同情，或者把“我们自己放到他人的位置上”，也会对造成他人如此悲惨的社会秩序进行负面的评价（397 - 398）。我们的同情或者慷慨的行为中包含着一种不同的社会秩序，一种理想的或者普遍的秩序，或者说明了这种秩序的合理性。只有我们发展了目前的秩序之下潜在的“智慧”，只有我们能够成为“尽管社会还没有使其成为可能，但却包含于其中的那类自我”（403），这种秩序才会实现。因而慷慨的馈赠回应了“假定的不同秩序”的呼吁，这种秩序是作为“超越特定秩序的对话领域”而发挥作用的，因为它认为馈赠与接受“外在于任何既成的共同体中”，能够让他们“认同行为习惯的改变与价值的重构”（404）。

阿基琉斯和普里阿摩斯为荷马的听众戏剧化地设计了这样一种可能的论域（discursive universe），而他们之间达到高潮的互动，突出了人们能达到这种论域的推理。这种论域其实是一种社会秩序，米德认为：“因为它是在普遍承认的行为的约束条件和共同目的之上，作为一种关联性行动而发挥作用，它的主张就是理性的主张。它是一种社会秩序，包含着任何理性的生物，只要它是，或者可能是处于与思想相关的情境之中。(404)”阿基琉斯和普里阿摩斯所体现出的加入“理性生物的共同体”的关键在于，他们具有从他人对于他人自身内在世界与生活经历的拟剧性表达中，看出自身形象的能力。如果我们更多地从历史角度看，这种能力意味着放弃了起源于铁器时代早期首领的交换这样受惠的自我价值（self - worth）观念，而代之以语言的交流，在这种交流中相对自主的公民选择了“唯一”的生活历史，即他与他同伴的经历可以互相交换。如果这似乎有些自相矛盾，那么哈贝马斯可以帮助澄清这一点：

> 在普遍的生活方式的理想化设定中，每个人都能够接受其他人的观点，并且可以相互承认。这种设想使个体化的存在者能够在一个共同体中存在——个人主义成为普遍主义的一个侧面。(1992：186)

第二章　早期希腊的正义施行:《伊利亚特》中的争执调解

作为正义的施行,《伊利亚特》中关于葬礼仪式(特别是哀悼)和首领商谈(特别是商量如何分配战利品)的剧本,为新生的国家及其公民提供了一种原型,因为它们成功地揭示了国家形成期(约公元前 900 年到公元前 760 年)的 *basileus*(首领)是不确定性的人(problematic person)。我们已经看到,一个阿伽门农、一个阿基琉斯,由于发挥了较之于他人更多的道德自主性而倍受争议,特别是表现在竞争性地分配价值(*timê*)的剧本中更为明显。如果他们颇受争议的决策不无准确地反映了这一时代现实的话,那么到公元前八世纪,首领试图通过与其社会的竞争者相联系来评价他自身价值的努力,通常会招致对他的主张有效性的批评。但是我们必须记住,*basileus*(首领)不仅是在类似于《伊利亚特》中的战争时期的剧本中享受着道德上的特权,在和平时期也同样如此。就像我们在第 1 章看到的 *basileus*(首领)的角色,是作为村落与地区性政体中交换与分配关系的枢纽,被赋予了结合着一些相当于头人、大人物和酋长的权威性因素。在这一章中我们会审视另一种剧本,它的成功运行对(国家)形成期脆弱的、以村落为基础的社会来说是至关重要的,因为这种社会在其家族和血缘群体中不时会遇到难以处理的、足以威胁到共同体稳定性的争执。这是一种我们能够加以重构的最早的司法性剧本,我们可以称之为"进行仲裁(*rendering a dikê*)"或者"做出'最公正'的仲裁(*dikê*)",这是各方最可接受的非暴力解决方式,并且是最为符合传统的。

当这样的争执出现时,*basileus*(首领)就会重新承担起其作为交换关系枢纽的角色,因为这里维持稳定的方法在于重新分配个人和他们群体的价值(*timê*)或社会地位。"进行仲裁(*dikê*)"要求 *basileus*(首领)有高超的表演能力，这与涅斯托尔试图调停阿伽门农与阿基琉斯关系的短暂且不成功的努力不一样（《伊利亚特》第1卷第247行到284行），*basileus*（首领）的表演需要协调争执各方及其支持者的各种交往角色（言语类型与言语行为、表演态度及主体地位）和认知行为，他希望引导这些人去评价、承认与商谈各种相互竞争的价值（*timê*）主张。因而作为这一场景中进行裁判核心的首领，他有责任让持不同意见的参与者之间形成统一的道德意识，从而在他们之间达成共识。毫不奇怪的是，作为核心的 *basileus*（首领）还有权利赋予他的讲话以以言行事的力量，这是其他的参与者不具备的特权，除非 *basileus*（首领）让他们分享这一权利。为了审视这些争执解决的材料，我希望研究仲裁的 *basileus*（首领）在表演/施行相对的自主性背后的作用机制，以及这一机制在形成共识中的作用。我特别感兴趣的是要理解他的表演如何在观念上促进大人物或者酋长社会中共识的形成，又是如何与我们在《伊利亚特》第24卷所看到的阿基琉斯与普里阿摩斯之间的同情交换过程中原型公民（proto－citizen）共识不同的。

这一问题非常关键，因为我们将会在第3章、第4章中看到，在公元前七世纪后期的某个时刻，国家将“进行仲裁（*dikê*）”的剧本转换为由司法官员进行公共仲裁的剧本；更令我们感兴趣的是，它最终转换成了由公民进行陪审团审判的剧本。当这种情形发生时，陪审团审判的剧本就要容纳下“公民如何商谈”的剧本，从而使所有争执的参与者可以通过他们共同支持或者反对某种立场来取得交互主体性理解，这些立场中包括客观事实、社会规范，以及声称遭受不正义对待的诉讼当事人的主观经验等。但是在讨论这些问题之前，我们有必要理解 *basileus*（首领）的交流与认知的杰出才能是如何促成共识的，理解他专有的表演/施行自由特权，与国家成文法和公民自主性起作用的方式是不同的。但似乎矛盾的是，我们也要理解这种个体才能是如何既妨碍了成文法和公民的发展，然而又为它们（的发展）准备了道路。简而言之，我这一章的目标就在于去理解这些仲裁的王是怎样从早期解决争执的首领表演/施行者转变为一个公民、陪审员或者法官的。

1. 仲裁的转变：*basileus*（王）作为正义的施行者

在国家形成期关于价值的令人棘手的争执，为哈贝马斯提供了观察他称之为“对于世界的去中心理解”的机会，也就是，人们一度相信的集体的经验、传统的真理、有效的主张都从酋邦的确定世界观中分离出来——这种世界观是内在的、无可置疑的，基于祖先及其子嗣群体之上的。哈贝马斯用以下的话来描述这种“世界观的去中心化”：

> 生活世界……储存着先辈们以前所做的解释成果。任何一种交往都存在异议的风险，而生活世界则构成了与之相对的保守性的均衡力量。因为进行交往行动者，只有通过可以批判检验的有效性要求持赞成或否定的态度，才能达成理解。**随着世界观的去中心化，这两者之间的关系发生了变化。**所以储存知识的世界观越是去中心化，就越是难以用一种免于批判解释的生活世界来预先满足交往的需要；而这种需要如果越是必须用参与者自身的解释活动，即由充满风险的共识（因为它出于合理性动机）来满足，我们也就会看到行为具有合理性取向 。（1984：70，强调是原文的；cf. 1990：138）

这种去中心化的商谈能够发生在公元前八世纪争执的解决中吗？我已经援引过芬利（W. I. Finley）的观点，在荷马史诗的任何地方，我们都找不到相当于现代商谈的东西，也就是对各种相互竞争的路径进行持续的理性讨论，清楚地考虑它们的优缺点（1979：114 - 115）。但是斯科菲尔德却证明在《伊利亚特》的议事会上进行“持续的、专注于对一个问题的理性解决”①之时，的确有着作为“英雄理想”的理性讨论出现。根据斯科菲尔德的观点，作为英雄理想的*euboulia*（“好的判断”、“好的建议”）的另一种性质，就是既用过去，也用将来的眼光来理解当下的局势——也就是将此时此地的局势放到不同的时间框架中，这种框架可能以审慎、怜悯、正义、正义感或者公正感的形式，从而在坚持德性（*aretê*）与价值（*timê*）的英雄式规范之上，在商谈中注入一种“**外部**的观点”。（1986：16；强调是原文中的）

如果斯科菲尔德是对的，那么荷马社会中的商议包括了将事件置于不同的时间框架中的认知能力。我们可以将这种能力进行扩展，希望它能够帮助解决我称之为争执调解中棘手的“存在论匮乏（ontological inadequacy）”的问题——我用这一词语指的是产生僵局的情形，即攻击行为或者犯罪行为发

---

① 试比较斯科菲尔德提到《伊利亚特》中六次特别重要的会议与集会（1986：8），与哈默所说的十六次首领共同参与的决策场景（2002：230，n. 63）。

生时，或者说争执自身进一步发展时，日常现实不能提供足够的真理性价值（比如关键的事实不能弄清楚）或充分的可判定性（两种冲突的原则不能协调）以达成解决。一种摆脱这种僵局的方法是利用生活世界中一个必不可少的成分，即“超越”时间、空间和行动者等日常经验的实在（reality），用以解释争执的事实或原则，乃至争执本身。在铁器时代早期的共同体中，关于祖先和神明传说的叙事世界（narrative world）提供了这样一种实在；而在公元前八世纪，精英们希望泛希腊的英雄时代也能提供这样一种实在。① 进行公正的仲裁（*dikê*）于是可能就在于谁有权接近这一关键的超越性实在，以及掌握将这一实在与日常生活联系起来的言语形式，从而控制对争执的认知过程。

这一问题使我们回到了坦迪对于 *basileus*（王）与 *aoidos*（游吟诗人）之间关系的修正观点上来。他猜测在公元前八世纪这两种形象能结合起来，给予一种新的 *basileus*（王）的权威以合法性，这类 *basileus*（王）近来通过与他共同体之外的地区进行海上贸易获得了惊人的财富，而其合法性的关键在于将新王与那些有着英雄历史的人及其功绩联系起来（1997：166－189）。但是我们可以进一步明确问题的焦点在于，一方面要探讨这两种人物是如何能在八世纪之前相互作用，形成一种（哈贝马斯意义上的）“理解”，这种理解“事先包含在免于批评而得到解释的生活世界中”，而在另一方面，到公元前700年，“（不得不）通过参与者自身所作解释的努力，以满足这一需要”。加加林（Gagarin）于1992年对于荷西俄德的《神谱》中一个类似的段落进行了讨论，进一步将 *basileus*（王）与 *aoidos*（游吟诗人）相似的语言才能并列起来（*Th.* 79－104）。荷西俄德在列出了九位缪斯之后进行了这种比较，卡利俄铂（Calliope，　“美妙的声音”）是最后的也是最为重要（*propherestatê*，79）的一位缪斯，因为她同时“伴随”着（*opêdei*，80）*basileus*（王）与 *aoidos*（游吟诗人），这首诗详细地说明她是如何为 *basileus*（王）做这样的事：

伟大宙斯的女儿尊重宙斯抚育下成长的任何一位王（*basileis*），看

① 在《伊利亚特》的公开讨论中，涅斯托尔在阿基琉斯与“宙斯也给他荣誉”的阿伽门农这样的王进行争吵时向他建议（1.279），以及他提及阿基琉斯神圣的谱系（1.280）时，试图通过根本性的框架转换来进行仲裁。正如哈默所看到的，涅斯托尔认识到“有效领导的原则在于有能力积极地提出不同的甚至相反的观点（2002：92）”。

> 着他出生，让他吮吸甘露，赐予他优美的言词。当他运用 *themistes*（法律）做出公正的仲裁（*dikai*）时，所有的人民都注视着他。他也能运用自己的理智（*epistamenôs*），干脆利落地向他们发表演说，即使遇到相当棘手的争执也很快做出判决。正因为如此，当人民在集会中受到误导行事时，他会极力婉言相劝，从而得到体谅（*ekhephrones*），赢得他们的回报。当王（*basileis*）走过人群聚集的地方时，人们对他如对神一般地恭敬有礼；他在人群中鹤立鸡群。缪斯给人类的神圣礼物就是这样。（《神谱》，第 81 行 – 93 行）

注意到这种礼物使得荷西俄德想起了 *aoidos*（游吟诗人）与琴师（lyre player），他们与 *basileis*（王）一样分享着神圣的馈赠，因为同样有着优美的言词从他们嘴中流出来，消除人们的悲伤。他们不是用仲裁，而是用英雄与神的传说让听众忘记他们的忧愁（《神谱》，第 94 行 – 104 行）。加加林的讨论使我们将荷西俄德归之于这些人物的言语礼物（才能）理解为由他们修辞的技艺所得到的交流与认识的能力。他将 *basileis*（王）所表达的仲裁（*dikê*）概括为一种“言语行为”（*logos*）（1992：61），我认为我们应当将“进行仲裁（*dikê*）”看作与一系列的言语形式相协调的表演，表达出变动中的认识与存在论的诸观点，以形成一种所有人都能授受的非暴力解决方案。但是加加林在注释中注意到，无论是 *basileus*（王）还是 *aoidos*（游吟诗人）的口头表达能力，都相当于确定的知识：*basileis*（王）在公众面前“干脆利落”[或者说“以坚毅的语调”（*asphaleôs*），*Th.* 86] 地说话，“用他的智慧”（*epistamenôs*）处理了相当棘手的争执（*mega neikos*, *Th.* 87），轻松地判决罪犯为受害方进行赔偿（*matatropa erga*, *Th.* 89）（*Th.* 88 – 89）[①]。

但是加加林最为重要的观点，涉及荷西俄德在描绘 *basileis*（王）与 *aoidos*（游吟诗人）的话语对于他们听众产生的效果时所用的两个词，即“劝说（*paraiphamenoi*）”（《神谱》90 行）和“放弃（*paretrape*）”（*Th.* 103）：他让他们“改变”或者“放弃”当下的想法，甚至是“欺骗”他们。加加林解释可能的欺骗，“在某种程度上是故意使诉讼者思想产生转向，即从那些

① 加加林认为，在荷马史诗中，巧妙地说与讲真话是同一回事（1992：64 – 65），但是进行仲裁的 *basileis*（王）的交流与认知的技巧，在我们现代的意义上来说，与明白真相没什么关系。

分歧最大的问题，转向分歧较小的问题，仲裁者希望在此基础上产生一种可以接受的解决方案（1992：66）。”但是如果我们将这两个词看作一种竞争性策略，目的是为了控制在解决棘手争执时的认知过程——这一过程面临存在论匮乏的问题，那么它们就有着更加丰富的意义。就如坦迪所认为的那样，如果游吟诗人“认为他们的正当性”源自于他们有得到特别的信息的专属特权，即拥有“特别的、神圣的知识”，那么这种知识必然在某种程度上与 *basileis*（王）的“特殊兴趣”联系起来（1997：170，175）。

荷西俄德对进行仲裁的首领与诗人耦合的才能所做的理想化的描写，说明在铁器时代早期的生活世界中，*basileis*（王）在进行仲裁时，将诉讼者与旁观者对当下争议的困难细节的注意，转移到对祖先与神有关的时空体中是合理的。这种时空体保留在每一个共同体对于过去宿怨的记忆当中，而且与当地在系谱与史诗传说中形成的时空体不无关系。正如口叙诗学（oral poetics）① 可以帮助我们理解传统上游吟诗人如何去“读懂”他们听众的心绪与需求，以表现精英领导人的兴趣，然后将那些兴趣以适当的“吟唱途径（paths of song）”② 中选择的时空体表现出来，进行仲裁的 *basileis*（王）也将一种看起来无法解决的争执，引向“仲裁途径（paths of adjudication）”，这种仲裁方式的时空体将争诉方对此时此地问题的关注，转向了一种彼岸的、超越性的视野。③

我相信我们可以重建这种“诱导性的（如果说不是欺骗性的话）”表演在交往与认知方面的细节。成功的关键在于表演者/施为者在每一个阶段彼此间采用表演/施为的态度时，以及在各种言语形式向他们所排除或打开是

① 口叙诗学（oral poetics），也译为口头诗学，指对口头创作的诗歌进行研究的理论。——译者注

② paths of song，这个词相应的希腊文是由两个相近的希腊词语组成，即 *oimê*（对英雄的颂歌）及 *oimos*（道路），表示口头诗歌颂英雄所选择的主题，这一主题可以转换为另一主题，正如一条道路可以通向另一条道路。——译者注

③ 对于荷马的“吟唱途径”（paths of song），参见 Ford 1992：40－42，esp. 42，n. 78。斯托达德（Stoddard）将这里诗人与进行仲裁的 *basileis*（王）的才能，看作一种 *enargeia*（“诗性的再现”）：“缪斯给予诗人以一种将事件变得让听众以为是在眼前再次发生的能力，因而这些事件是‘诱导性’的，也就是说它们显得像是真的，让听众忘记所有其他类似的事情……（*basileis*）也利用 *enargeia*，他通过劝说让受到伤害的一方接受解决方案，以作为正义‘呈现’在其听众眼前的方法（2003：12）”。同样也可以参见坎塔雷拉将荷马的 *basileis*（王）看作正义行动者的讨论（2003：279－288）；cf. 1979：251。

否接受“可批判地检验的有效性（criticizable validity）要求”（借助哈贝马斯的说法）这一有关共识的可能性时享有的自主性程度。我们有必要去重新审视在早期希腊法律程序中的一些常见的术语，看看这些自主性的程度是如何在一个序列中联系起来的。这一序列的一端是我们发现的关于权威性的无可置疑的表达，以及具有特权的、以神话为基础的世界观最为典型的认知能力；而另一端则是不断增加的去中心化的言语形式及公开的商谈性认知行为。这些词语是：*themis*，即在以言行事的陈述和规范行为这些形式中所出现的、在文化方面具有权威性的声音，它限制着个体的自主性；*themistes*，即 *basileus*（王）所进行仲裁（*dikê*）的施行，它通过存在论框架的转化而转换听众的注意力；*thesmion*，或者其复数形式 *themia*，这是构成一个共同体法律记忆的犯罪典故及其解决；起誓赌咒（oath challenges），这是 *basileis*（王）将争执与超越性的实在联系起来的康庄大道，因为他们表演/施行性地将诉讼者放在具有文化意义的共同体之中，这一共同体会压抑个体的自主性；*themos*，它们施行性地植根于共同体关于王所施行的典型性 *themistes* 的记忆之中（这是指国家第一次出现的真正法律的术语——无论是成文的或者非成文的，保存着历史上或者传说中的能作为未来公民陪审员“模仿原型”的个人所作的口头表演/施行）；最后是 *nomos*，这是在大约公元前500年有意识建立起来的法律，它已经与个体的典型表演/施行相分离，被认为是公民通过交往行为发挥其集体自主性所产生的结果。在第三章我会更彻底地讨论 *thesmia*，而在第四章则会讨论 *thesmos*，第五章到第七章讨论 *nomos*。

2. 阿基琉斯之盾上的争执

很久以来人们已经认识到，在国家形成之前和形成之中的一段时间里，就调解争执而言我们最有价值的成文资料片断有：描绘在阿基琉斯的盾之上的一个观察，即一桩命案发生后要求惩罚的补偿（*Il.* 18.497－508）；墨涅劳斯（Menelaus）和安提洛科斯（Antilochus）对战车竞赛中二等奖的争吵（*Il.* 23.566－595）；荷西俄德与他的兄弟关于继承权的争执（*WD* 27－41）。①

① 从历史上看，这些场景所表现的早期希腊的仲裁的准确性有多大呢？参见 Gagarin 1986：20，42－43，Westrook 192，Todd 1993：33－35，Thür 1996，and Carawan：51ff。我们会在第4章讨论荷西俄德与他的兄弟的争吵。

但是在讨论我们关键的资料片断之前，我们应当承认埃里克（Eric）在《希腊的正义观》（*The Greek Concept of Justice*）（1978）中所作出的一个观察。从社会学上说，我们现存的两部早期希腊史诗都用了一种类似的叙述框架展开其主要冲突：公共集会（*agora*）上，争讼双方都试图从共同体首领那里就争夺一个女人所发生的争执寻找和平的解决。在每部史诗中，妇女象征着诉讼者的价值（*timê*）；而在每一个冲突中，他们都希望通过发誓，召唤神明的参与以达成解决（1978：123－149）。然而，尽管很容易看出在这种框架内，阿伽门农在与阿基琉斯为布里塞斯争吵（*Il*，1），哈维诺（Havelock）提醒我们（*Od*，2）特勒马科斯（Telemachus）召集了一个会议，要求追求者停止向佩涅洛佩求婚，耗费他父亲的财产。他同样也指出，荷西俄德（*WD* 213－285）运用了类似的但更为抽象的场景以描绘泛希腊对于正义的追求（1978：194ff）。

哈维诺认为，在希腊文化的记忆中，精英中争执的调解是与一个能够进行多种叙事方式转换的基本剧本联系的。并不奇怪的是，这种剧本与戈德希尔所说的民主雅典公民身份的四种“主要行为”，以及“进行仲裁（*dikê*）”和“公民如何商谈”的剧本（这些在导言中已作过介绍）有着极强的相似性。在荷马与荷西俄德那里，这种剧本要求个体愿意将自身看作精英：进入公共场所；与竞争对手发生语言冲突争夺能体现其地位的象征性物品；希望通过 *basileus*（王）或者 *basileis*（诸王）的仲裁而得到解决（*dikê*）。这一剧本的每种叙述形式都假定它的听众会认可这种处理对抗或 *agôn* 的方式。

在阿基琉斯之盾上的争议情形中，“寻求/进行仲裁（*dikê*）”的剧本是以一种 *ekphrasis*（图说）的形式出现的，即对活灵活现描绘的事情的口头表述：①

> 许多人聚集在城市的广场，那里发生了争端。两个人为一起命案，争执赔偿。一个人公开宣称他作了全部补偿，向大家诉说，另一个人拒绝一切抵偿。双方都要求将争执交由公判人裁断。众人鼓励着两个人，支持着两个人。传令官努力使喧嚣的人群保持安静。长老们坐在光滑的石凳上，围成庄严的一圈，每当嗓音洪亮的传令官递上权杖时，他们就

① 荷马将这一剧本，与盾上表现的一场快乐婚礼的另一剧本进行了对比，说明了两种剧本在他的听众心里必然是有着关联的，也许是作为表现着村落生活中“社会团结与社会冲突的仪式”（Redfield 1975：187）。

依次立起做出仲裁。场子中间摆着整整两塔兰同（*talants*）黄金，谁解释法律最公正，黄金就奖给他（*Il*，18.497－508）。

这种戏剧化表现出的争执解决，让我们能够重构在国家形成之前和期间荷马听众头脑中的一些剧本细节：这正是 *basileis*（诸王）——我认为他们相当于村落长老（*gerontes*）[①]——的特权；他们的目的在于为争讼者、他们的家人和支持者公开地做出他们可以接受的并与传统一致的“公正”仲裁（*dikê*）；仲裁的行为，就其性质来说是口头表达的，针对具体个案的，有时是在与其他 *basileis*（王）[②] 竞争时做出的。从盾上的争执所表现出的表演角度来看，我们可以区分三种通常的角色：诉讼者、观众（可能是他们的家人与支持者）和仲裁者。

3. 什么是 *themis*?

这一系列行为的顺序和一组有限的角色说明，这些争执与在希腊的社会生活中其他受约束的竞争（*agôn*）场合在本质上没有什么不同。从这一角度来说，关于受约束竞争的知识，使用了一种希腊人称之为 *themis* 的文化权威。例如，哈维诺称 *themis* 为一种“口头法”（oral law），它可以迫使描绘在阿基琉斯之盾上的凶手（或者他的亲属）因其罪行而给受害者的家人提供补偿，同样，口头法在《伊利亚特》第1卷中禁止了阿基琉斯杀害阿伽门农（1978：135）。作为一种观念，口头法的意义非常难以清楚地说明，因为它无所不在，像“氧气”一样维持着文字出现之前的文化生活世界。哈里森（Jane Harrison）以一种涂尔干式的方式，将 *themis* 看作希腊的集体意识本身，其“群集本能（herd instinct）”同时提供了“社会制裁和社会律令（social sanction and social imperative）”（1912：485）。相对而言，在早期希腊故事讲述者那里较少提到 *themis* 的名称，因为它指的是那些在社会生活中通常不会受到质疑的东西。但是当将它人格化而作为一位女神时，*themis* 指的则

---

① 参见坎塔雷拉将 *gerontes*（长老）和 *basileis*（首领）等同起来的观点与证据，这一观点忽视了他们所处的年代顺序（2003：136－137）。

② 参见加加林有关黑暗时代争执调解中的“运行良好的秩序”的观点（1986：20－45，esp. 42－43）。卡拉万（Carawan）认为荷马的简洁描写使得听众“认可”这一情景，明白这些形象都是符合他们自身角色的。（1998：53）

是在酋长社会（chieftain society）中召集集会的要求，不管它是限于首领们的议事会（*boulê*）还是面向范围更广共同体的大会（*agôra*），甚至只是一个宴会（*dais*）。正如坦迪观察到的，这些场合都通常是用来制定政策和分配荣誉（*timai*）的（1997：142－144）。① 那么这一词语是如何能让宗教与政治的力量结合在一起呢？在前国家时期的共同体中，这些力量对于增强以某种商谈的形式进行决策的能力是至关重要的。

要回答这一问题，我们需要考虑 *themis* 更宽泛的意义，因为当我们探讨它作为一个普通名词的用法时，它是作为理解首领们生活世界中无可置疑原则的关键，其政治作用与其宗教性的力量尚没有区分开来。在荷马与荷西俄德那里，*themis esti*（或类似）的表达（“根据 *themis* 来说……”）经常指的是得到清楚规定的仪式性行为：宣誓（或是个人发誓某事是否是实情，或者说一个人应当如何宣誓）；②在 *xenia*（主人－客人）的关系中如何对待陌生人；③ 在哀悼时不去洗浴的决定（*Il.* 23.44）；对神献祭（*Od.* 3.45）；或者不像凡人应该做的给神献祭（Hes，*WD* 137）。但是这些表达也同样能够证实在亲戚与家庭的范围内的非正式的、习俗性的人类行为的正常施行，比如男人与女人一起睡觉的天性（*Il.* 3.134，9.276，19.177）、父亲亲吻其儿子的天性（*Od.* 11.451）以及寡妇为死在他乡的丈夫哭泣（14.130）。有时候，*themis* 的提及意味着出现了可能会侵犯神与人边界的危险：凡人武士在看到战场上波塞冬利剑的锋芒时应该停下战斗（*Il.* 14.386）；当帕特罗克洛斯死

---

① Tandy 1997：142－144。可参见 *Il.* 15.87，16.387，20.4；*Od.* 2.68 and Hesiod *Th.* 901. 也可以参见 Vos 在荷马史诗、荷马颂诗（*Homeric Hymn*，古代归于荷马名下的一部颂诗，用英雄六步格写成，其中有34 首赞美诸神的颂诗流传下来）以及荷西俄德那里有关女神 *Themis* 的观点（1979：42ff.）。

② 在《伊利亚特》第9 卷134 行与276 行，以及第19 卷第177 行中，这种表达概括了男人与女人一起睡觉的自然本性。但是这里却出现在阿伽门农发誓承诺中，即与自然的习惯相反，他并没有与阿基琉斯俘获的布里塞斯睡觉。在第23 卷44 行里阿基琉斯誓言表达的是，除非帕特罗克洛斯得以焚化，否则他就不会用水洗浴。在第23 卷581 行，它认可了安提罗科斯应当将手按在一些物件上，发誓他在与墨涅劳斯的比赛中，没有故意去阻挠对手的马车这一立场（用手按在物件上起誓，参见 Sealey 1994：97－98）。

③ 在《伊利亚特》第1 卷第779 行，这一表达指的是佩琉斯提供丰富的食物与饮料给他的客人的友好态度。在《奥德赛》第9 卷268 行，指的是奥德修斯希望从独目巨人（Cyclops）那里享受到客人应得的礼物。在第14 卷56 行，这指的是欧迈奥斯（Eumaeus）应当表现出的对客人的敬重（*timê*）；而在24 卷286 行就是奥德修斯向拉厄耳忒斯（Laertes）所说的应当给任何有 *xenia* 关系的人提供的赠礼。

时，神样的阿基琉斯的头盔不应当沾满血污掉到尘土中（*Il.* 16.796－799）[①]；而艾奥洛斯（Aeolus）也不应当帮助一个神所憎恶的人[②]（*Od.* 10.73）。[③]

在所有的例子中，*themis* 这一表达通常都说出了一种"应该或要"（*ought* or *should*），从这种以言行事的因素中似乎得到了伦理的力量。[④] 同样，讲话的人也经常将它作为劝说他人的权威性言语行为：它意味着或者蕴含着指出了一个行为或一个事态符合还是背离了一个无处不在的文化规范。但是正如以上所说明的，当这个词指 *basileis* 所进行的权威性行为（这将他们的地位与他人区别开来）时，荷马与荷西俄德也用了 *themis esti* 来证明一种更确切是政治意义的行为的合法性。它使得诸如在集会或者会议上公开发表意见（*Il.* 2.73，9.33，11.807）、帮助制定策略（24.652）等这样一些特权具有合理性。[⑤] 它同样也认可了在 *basileis*（诸王）之间，或者 *basileus*（王）与他的下属之间的交往：并裁定以下行为为正当的：涅斯托尔告诉特勒马科斯关于 *nostoir*（阿开奥斯武士在离开特洛伊之后的命运）的消息（*Od.* 3.187）；扮成老乞丐的奥德修斯向年青的 *basileus*（王）特勒马科斯就他的家庭的政治厄运诉苦。最为有名的是，在荷西俄德的《神谱》中 389 行以下，它认定了一种关键的策略：宙斯在领导着针对提坦（Titans）的反叛

---

① 这里指阿波罗由于支持特洛伊人而打掉了帕特罗克洛斯的头盔，让它沾上了血污与泥土。——译者注

② 这是指奥德修斯的船队被刮到艾奥洛斯的海岛上，艾奥洛斯因奥德修斯得罪了神而拒绝接待他。——译者注

③ 在荷西俄德的《赫拉克勒斯之盾》（*Shield of Heracles*）第 22 行中，这一词语指的是凡人应履行由神所见证的协议的义务；在 244 节中雅典娜用它来警告战神（Ares），他并没有被允许去杀死赫拉克勒斯，夺去他的武器。沃斯（Vos）对荷马与荷西俄德中的 *hê themis esti* 的概括大部分与我是一致的（1979：1－35）：就其肯定的用法，他认为："*themis* 是一种规定着人们在一起生活规范的名词，特别是让人们一起生活成为可能，其特征在于绝对性与普遍性。"（13）就其否定的表达 *ou themis* 指的是"不容争论的行为，对于每个人来说争论完全是不可能的和不允许的（13－14）"。Cantarella（1979：246－247）与 van Effenterre（1985：156）则注意到这两种表达都出现在 B 类线形文字中（Linear B）。

④ 当沃斯说明 *themis esti* 的肯定的用法是："通常用来支持为什么要某人做某事，或者应当做某事的理由。"（1979：7）这明确说明了 *themis* 的以言行事的力量，而其否定的表达，他称之为"普遍的有效性，绝对的禁令"（15）。

⑤ 参见沃斯（Vos）将 *themis* 看作荷马史诗中"国王"或者"王子"的私人特权的观点（1979：1－6）。

时就是依靠这个策略巩固了他的权力：

> 奥大洋产生的不朽的Styx在那一天如此计划，但是奥林波斯的闪电之神把所有的不死神灵都召集到绵延的奥林波斯山，宣布任何神只要对提坦作战，他就会不革除其权利（*geras*），让他们保有从前在不死的神灵中拥有的地位（*timê*）。凡是在克洛诺斯（Cronus）手下无职无权的神灵都将得到公正的职位和权利——这就是*themis*。[①]

这里不可能将*themis*所具有的社会力量，与黑暗时代世界中首领支配权的基本根源分离开来：这就是他在再分配的交往关系中的核心角色，他召集追随者并对那些承认他权威的人给予奖励[②]。因而*themis esti*一语表达了一种**"应该"或"要"**的以言行事的力量，在修辞学上，这种力量常使用在一种试图进行劝说的言语行为中。

最后这些政治事例使我们回到了盾上的争执解决之上：这些长老们在竞相仲裁中是否会运用司法权威强化早期铁器时代首领们的意识形态呢？他们该如何出场发挥其交往与认知的特权，以表明他们在再分配体系中处于核心地位呢？要解答这些问题，*themis*必然有着多于"口头法"的内涵，甚至多于人们从"社会制裁和社会律令"中得到的"集体意识"。伊文·尚特赖纳（Even Chantraine）将*themis esti*翻译为"神所设定的秩序"，以及"置根于现实之中的实践或者习俗"，这样就看不出它与首领的再分配之间的关系了。[③] 更有启示意义的是热尔内对于*themis*的理解，他认为它不仅具有专门属于某个血缘群体的（*genos*）宇宙大序的意义，而且还是为这一群体的首

---

① 有趣的是，荷西俄德引用了这故事，以解释冥河（river Styx）——人格化为女神，是第一个自己与其孩子（竞争、胜利、强力与暴力）搬到宙斯在奥林波斯的宫殿里的神，为了奖励（*timê*，399）她，宙斯让她来见证奥林波斯诸神的誓言（399－403）。

② 参见 Tandy 1997：101ff. 和 Donlan 1994.

③ 参见 Chantraine 1953，这里*themis*这个表达被翻译为"quelque chose comme 'ce qui est l' ordre etabli par les dieux"（法文，"类似于'神所建立起来的秩序'的东西。"——译者注），以及"d' un usage ou d' une coutume solidement implantee dans la realite"（76）（法文，"在现实中形成的一种用法，或者一种稳定的习俗。"——译者注）沃斯（Vos）将*themis*定义为"一个古老的概念，它的基本意义是一个世界中的秩序（die Ordnung in erner Welt），包含着不加区别的自然秩序、正当的行为方式（dem wesensrichtingen Benehmen）、法律体系（der Rechtsordnung）以及社会与道德秩序"。（1979：29）

领所实施的——事实上作为一种“家族内的正义（intrafamilial justice）”[2001（1917）：22－24；159]。而科尔萨罗（Corsaro）对这一词语定义的内涵更为丰富，他认为 *themis* 有着宗教的、政治的与经济的（如果坦迪是对的话）说服力，它是作为一种传统的、口头传递的规则与规范的体系，保证着命运（*moirai*）与地位（*timai*）公平地再分配，这样，任何一方不会为分配给它的东西而感觉受到伤害。① 显然作为社会秩序的基础，这一定义揭示了 *themis* 作为分享资源的作用机制：每代人都必须通过重新解释和重新商谈来重复对于 *themis* 的表述。②

作为一类能获得这种秩序的知识，*themis* 包含着一个人所有应当知道的如何去做与如何说，以支持与保证权利间“符合宇宙大序”的平衡。至少在科尔萨罗看来，这一词语通常试图唤起所有在场者的一致共识，通过这种共识，人们能认可一种具有普遍道德的共同体。但这并不意味着所有争执或者集会的参与者，都有资格得到与 *themis* 相关的信息。相反，在铁器时代早期的社会中，关于什么是 *themis* 的知识并没有提高参与者的个体自主性，而是妨碍了这种自主性：必须从具有权威的发言者嘴中说出它如何使用，而他们相对于（vis－a－vis）他人的自主性是有特权的或者是居高临下的。③ 每个人应当知道的如何做或者如何说的意义，在任何确定的场合都很难说是清晰的或者可以理解的，因为当下情境的一些微妙的细节，通常使得参与者弄不清楚此时此地纷繁复杂的现实，是如何可能与宇宙大序结合起来的。

正是因为这一原因，*themis* 有时意味着一种神谕的知识——即在**现在**去

---

① 对于科尔萨罗（Corsaro）来说，*themis* 是“传统的规则与规范体系的人格化，遵守它就能保证与维持一种进行公平分配（*equa ripartizione*）份额（*moirai*）的秩序，这样没有人因分配给他的东西而感到吃亏。公平的分配是 *themis* 这一观念的基础，而社会秩序是基于对价值（*timai*）的公平再分配（*distribuzione*）之上的。只有法律保证了公平的分配，*eunomia*（法律的良序）才存在”。（1998：57－58）

② 哈默认为我们并不能首先通过 *basileis*（王）的特权联系去理解 *themis*，因为它更多是在公共空间中使得政治关系成为可能的因素：它是“公共空间的建构”，表达了对“公共交往的主张”（2002：121，116）。他承认 *themis* 是作为政治诸角色的“施行性维度”，需要“通过明确规定的仪式与法律……”，商定“权利的框架”。

③ 参见《奥德赛》第 14 卷 56 行，这里牧猪奴欧迈奥斯（Eumaeus）使用了 *themis* 这个词，强调了他在欢迎更为不幸的、乞丐打扮的奥德修斯时的道德优越性。在 16 卷第 91 行，伪装打扮的奥德修斯抱歉地用 *themis* 这个词，与比他社会地位“更高的”特勒马科斯说话。沃伦认为在《伊利亚特》第 2 卷 73 行中的 *themis*，以及第 1 卷 198 行中的 *themistas* 都是王为了“保护所有人的利益”而具有的特权，其中包括着“……为他人提出建议及做出决策”。（1979：3）热尔内指出当领导人并没有强大到足以保护他的家族或者 *genos* 的利益免受外人的侵扰时，*themis* 就具有不稳定性。（2001：25）

领会能够在**后来**被证明是与社会利益与宇宙和谐相一致的能力，这是一种对未来可能的预测。依据认识论上本质的不同，我们可以更为准确地将 *themis* 大致地划分为两种知识形态：在当下，它可能是或者不是自明性的，但是在未来，每个通情达理的人都能够通过反思明白它。所以，在当下说出它时，它的以言行事的力量基于的是不容讨论的理由；我们可以说，*themis* 涉及的可能只是一些琐屑的事实、一些带有相互矛盾律令的规范，或者互不相容的个体经验。它的理由不得受到这些质疑，通常已经预先包含在具有权威性的发言者的道德视野之中。①

4. 作为“关联性行动（joint action）”的争执解决

这样在阿基琉斯之盾上所展现争端的情形，尽管是作为剧本而出现的，但可能对于参与者或者我们来说都包含着不确定性。在三种参与者的角色中，每一种会采用什么样的言语形式？他们的表演会产生什么样的认知行为？这究竟是怎样使得诉讼者以一种所有人都可以接受的方式表现出自身呢？个人的权威究竟是怎样恰当地达到这一点？荷马对争端的描述是有所省略的，这表明他所突出的是仲裁者的角色而不是争执的产生、较早前解决争执的努力、诉讼者寻求解决的真正动机，以及他们相互对立主张的确切性质。这些遗漏并不是偶然的，因而，当我们将这一事件转化为我们现代所认为的对于解决法律纠纷重要类型的知识时，就要依靠推论作为指导线索了。如果我们假定，根据 *themis*，早期希腊的争执通常是受害一方（“原告”）自助行为的一个阶段，而不是由原告与被告被迫或自愿诉诸共同体仲裁所导致的结果，我们就可以开始理解盾上所描绘的人物头脑中的知识状况了。②

自助同样可以澄清原告习惯于用什么语体来施行他们的行动，我们可以认为每一位诉讼者都在听众面前表演了某种自我表现的行为——这些听众包

① 我这里对于 *themistes* 的讨论，不同于将它作为一类神谕知识的传统理解（比如：Vos 1979：17－22）。

② 关于自助（self－help），参见 Sealey 1994：107－111，and Thür 1996：58－62，在某些方面强化了沃尔夫（Wolff 1946）的观点，反对了加加林（Gagarin 1986）的观点。而卡拉万与图尔（Thür）一样，反对沃尔夫（1998：49－68）的观点，重构了早期希腊的争执解决过程［在我看来，自助是与 *basileus* 维护与保持其自身的价值的特权与责任一致的，正如阿德金斯（Adkins）所描述的，同样也概括了他准备物质与人力的资源去做到这一点的需要（1972：15－16）］。

括他自己的家人、他的支持者或者范围更广的公众。除此之外我们还可以推断这种自我表现必然部分地依赖一种叙事，也部分地依赖于申明身份的（言语）类型（genres of status assertion），而身份申明的合理性是基于这种叙述之中的。每一种自我表现的表演/施行，必然在对话中（以矛盾或者冲突的方式）与相应对手的自我表现相关。因而我们可以从盾上辨认出哈贝马斯所发现的交往行为必然相关的各方：说话者、听众及旁观者（1990：135）。此外，对于我们来说这张盾包含着一个在交往行为过程形成的“世界”中出现的三重意义：仲裁者、诉讼者和旁观者的言语行为所涉及的日常现实的客观世界；由人际关系——其相互作用被认为是合法的——所产生与维持的社会世界（social world）；各个说话者声称的唯有本人能通过自我表现而达到的主观世界（1990：136；1984：70）。[①]

第一个发言者（“被告”）施行了两种言语行为，认为他为杀人案完全付出了血的代价：他使用了类似于祈祷的庄严陈述形式，“郑重地承诺”或者“申明”（*eukhomai*）”这一点，然后“宣布”它，说明它，或者向共同体“澄清”（*piphauskô*）它。[②] 这两种行为都构成了一种自我表现的叙述，说明发言者尽管牵连到了凶杀案之中，但是他却努力遵守对受到伤害的人及其家人所失去的价值（*timê*）赔偿的习俗。他所声称的赔偿（*poinê*），有理由在象征性意义上完全恢复（或者偿清）对方丧失的价值。而原告的言语行为直接地“否认”（*anainomai*）自己曾接受任何补偿，或者（最有可能）他“拒绝”接受它，在这种言语行为中必然有一种自我表现的叙述，以反驳第一位发言者的陈述，或者表明与其陈述存在着矛盾。[③]

---

① 哈贝马斯提出不同文化领域或者不同的世界观区分，是指涉及着三种世界领域区分，即区分为“客观世界”、“社会世界”和“主观世界”。此三种世界对应着三种不同领域的事物：自然现象、道德法律和艺术。每一种领域或事物有不同的判断标准，具有不同的“有效要求”。对应客观世界的是真理要求，对应社会世界的是正当要求，对应主观世界的是真诚要求。——译者注

② 这里的*eukhomai*，参见 Muellner 1976：104，Westbrook 1992：73 and Carawan，后者的翻译是：“他认为**有权**要求完全的补偿。”而 Westbrook（1992：74）的看法则不同，认为程序要求凶手的亲属进行赔偿，如果长老们希望这样做的话。

③ 在近东争执解决中，长期以来存在着一种传统，除了谋杀的发生有着减刑的情形，否则就允许受害者的亲属选择赎金或者是复仇（死亡）作为赔偿。由于习俗允许在这种情况支付固定的赎金，威斯布鲁克（Westbrook）相信盾上凶手（或者他的亲属）正说的是这件事，而他认为受害者的亲属必然拒绝赎金，因为他们会认为凶手进行了“残忍的攻击”，会坚持选择复仇而不是赎金（1992）。参见威尔逊（Wilson）对于赎金（*apoina*）与复仇（*poinê*）的解释，他将其作为在《伊利亚特》中“赔偿之诗”中不同的“主题”（2002：14－17）。

凶手有罪，这是没有问题的；但却没有提供任何关于凶手的信息，也没有这一行为到底有多少合理性的说明，也未提及关于身份的主张。通过省略这些事实细节，荷马的描述突出了原告的不妥协、追近的仲裁行为本身，以及仲裁的主角，即长老们。但是他们认知行为的性质和这些行为是如何展开的，仍然是含混不清的。①

为什么荷马将我们更感兴趣的东西省略了？比如冲突起因的一些细节；每一位诉讼者所表达的“有效主张（validity claim）”——这些“主张”反映着自己一方对于事实、规范和个人经验的理解；冲突调解的一些迹象。也许这些争执者并不能辨认出他们可以证实其真实性的客观事实（reality），以作为案件的“实情（fact）”；也不能就这里谁显然是“对的”，总结出一种所有共同体成员都可以接受的原则；也难以相信不同的个体有理由对发生了什么、现在必须做什么等采取不同的主观立场。换言之，这些参与者的生活世界让他们对那些客观世界、社会世界、主观世界各自的独立意义不加思考，他们对理解代表着不同世界的观念而相互冲突的有效主张并不感兴趣；这些主张只有通过对于赞成与反对这些观念的理由进行评估性的阐释才能对他们有意义。② 因而在我们看来，*themis* 使得他们差不多无视于我们所认为是“自然的”问题，将他们引向了一条在寻求仲裁（*dikê*）时由于不可知的东西而模糊不清的道路。

他们没有能力或者没有兴趣对独立的客观世界、社会性世界和主观世界进行区分，这有助于支持近来学术上的一种观点，即认为在早期希腊，法律程序的目标并不在于证实真正的犯罪或者无辜，或者找出发生的“实情”，而在于通过仲裁（*dikê*）得到一种所有各方都可以接受的，或者可以和平解决争执的“证明方式（mode of proof）”。③ 唯有当人们难以在能轻易证实的实情之上形成一种为各方都能接受的解决方案时才会将争执提交到长老们面前。这样，被告如果希望打断原告的自助行动，除了向地方首领或者诸首领

---

① 关于争论的确切性质的不同思考，以及每一位诉讼者、长老们和支持者在“心里”可能的思考，参见：Carawan 1998：55－56；Thür1996：66－69；Sealey 1994：103－105；Gagarin 1986：26－33；Nagy 1979：109，附有一个重要的参考文献：Muellner1976：105－106。

② 参见 Habermas 1984：51。

③ “证明方式（mode of proof）”是希利对于 *dikê* 的翻译（1994：101－104）。用热尔内的话来说，“从消极方面说，特别是那些解释前法律（prelaw）的东西，没有可能有客观的真理来支持一个判决”。（1981：189）

申诉之外别无他法。图尔（Thür）认为，就这一盾上的争执而言，如果这一案情能够很容易地为一个简单的事实性选择所解决（比如赔偿是付了还是未付，这与习俗相符还是相悖等），那么长老们就不可能为做出最公正的判决而竞争。[①]

因而也许我们感到失望，类似于盾之上的争执并没有引发黑暗时代的村落共同体集体从事“侦探”，但是这让我们认识到，较之于现代的陪审团审判和侦探故事来说，它们是多么具有“创造性”、“诗性”和“预见性”，因为它们不仅为诉讼者提供了竞相表达自己要求的表演机会，而且还竞相探究仲裁的种种道路，它们导向一种难以捉摸且尚不可知的“证明”，最终会引起共同体价值（*timê*）的重构。[②] 在这里，成功的 *basileus*（首领）所上演的“证明”，在某种方式上必须压倒诉讼者、他们的支持者以及与他相竞争的 *basileus*（首领）的表演技巧。但是在荷西俄德的《神谱》第 79 行到 104 行中对 *basileus*（首领）与 *aoidos*（游吟诗人）的类比，对于诉讼者在追求“证明”的过程中必经的模糊道路的性质倒是有所启示。因为作为一个表演者，无论是 *aoidos*（游吟诗人）还是 *basileus*（首领），都在与对手进行竞争，设计认知性的“偏转”，以便从当下的困境解脱，上升到一种充满希望的、想象可以实现的先验秩序。

作为“证明方式”的 *dikê*（仲裁）的性质，以及在认识论上有分歧的 *themis* 的性质同样告诉我们，为什么荷马将冲突的解决悬搁起来了：尽管存在着类似于“寻求”或者“进行仲裁（*dikê*）”的剧本，存在着试图运用 *themis* 的确定性仪式，但是这一时期所展现的争执结果却是从来都不能预先知道的。不仅只是诉讼者或者（和）人群对即将进行最公正仲裁（*dikê*）的长老的选择是不可预料的，而且争执解决的方式以及每一位诉讼者最终的社会地位也是不可预料的。实际上，谁会被判定妨碍了对凶杀案给予“恰当的”赔偿呢，凶手（或者他的亲属）还是受害者的亲属？然后，谁会被认为对于损害他人的价值、延续混乱的社会秩序负有责任呢？[③] 这些情形本质上是戏剧性的，因为尽管它们有着受规则支配（rule - governed）的性质，但

---

① 参见 Gagarin 1986：32 - 33 和 Thür 1996：67 有关赔偿问题的对立观点。

② 卡拉万同样也注意到了在荷马及其他传说的争执中，都较少有了解“到底是谁干的”的兴趣。

③ 参见热尔内对于 *timê* 的扩展讨论（2001：281 - 302），Yamagata 1994：121ff. 以及希利对于荷马的 *timê* 的简洁定义，即作为一个人要求共同体加以承认的“份额”、“权利”或者“特权”。（1994：142 - 144）

其结果依赖于（因而在某种程度上是不可控制的）三类表演角色表演不可预见的攻/防过程——这三种角色分别是诉讼者、意见不一的公众以及长老们。用我们现代的话来说，作为“证明方式”的仲裁（*dikê*）在很大程度上是一种谈判的问题。

为了理解即将进行的调解的不确定性，我们可以将它与一种约翰·肖特（John Shotter）所说的“关联性行动（joint action）”这类现代事件进行比较。关联性行动是从本质上说不能相互控制的参与者之间的互动行为，其结果不能为预先形成的规则与角色所预示或决定。在我们的文化中，这包含着诸如非正式的交谈与讨论、劳工协商、教导、辱骂、体育活动和咨询等这些偶然遭遇的事件（1980：53），正是因为我们能够区别我们一直置身其间的现实的客观意义、社会意义和主观意义，我们就不断地相互阐明彼此的话语与行为，以对话的方式在事实上重建起彼此的社会世界与个人世界，通过他人解释其这样而不是那样作为的理由所进行的“协商”，达到“一致的理解”。[①] 换言之，它们是一些基本的交往行为，既发生在公共的情形下，也可能发生在私下的场合，其后果既可能意义重大，也可能极为平常。

乍看起来，早期希腊的生活世界似乎没有给类似的关联性行动留下空间。就像我们已经看到的，*themis* 在一个极端上，是指以仪式出现的强约束性行为与互动，人们很重视它必须按照严格的确定性展开。[②] 但如果争执调解的结果依赖于各方及共同体利益之间进行协调并与神话世界观一致的“偏转”，那么 *themis* 并不能将这种确定性带到解决争执之中。事实上从一种更广泛的观点来看，早期希腊文学中一些最富戏剧性的场景将可能的典型剧本，比如反击挑衅者（当他发难时）而“召集会议”，发展为古代的关联性

---

① Shotter 1980：32－56，esp. 53；1993：3－4 and 108－111。Wastbrook（1992）对于盾上争执进行了令人信服的解释，却遗憾地忽视了早期国家（宫殿国家或者城邦国家），与希腊铁器时代早期的前国家共同体之间，存在着集权的法律权威与控制力的不同。

② 可参见伯克特（Burkert）对于仪式的定义，即仪式作为“通常是在一种时空中，按次序进行演示性行为的过程，具有神圣性，如果有任何的遗漏与偏差，就会引起极大的焦虑以及制裁的呼吁。仪式作为交往与社会的外在表现，建立和保证了一个封闭群体的稳定性。由于仪式具有这样的功能，毫无疑问从最初它就是与人类共同体的形成一起产生的（1985：8）”。肖特对比了前现代的社会中关联性行动与广义上的仪式：“只有在一个高度仪式化的、预先规定着形式的社会互动中，行为的趋势与内容才能为规则/角色的模型所解释；通常交流的趋势与内容，是由人们不得不在互动中处理的事情决定的。”（1980：34）

行动。[①] 因而，一个事件向关联性行动转化，也就是向不受严格的、仪式性协议约束的事件转化，挑战着作为能预知行为确定性程序的知识结构这类典型的剧本。关联性行动阻碍了一个剧本所设计好的自动的认知反应，因为它包含着参与者某种程度的自主性，无论是个体自主性还是集体自主性。因而，早期希腊的每种争执解决，甚至哪怕其剧本是作为文化知识的一部分而预先“固定”下来的，只要它保证给予其首要表演者/施行者在对其他表演者的所思与所说的内容进行认知上的回应时有着相当的自主性，那么它就有了发展为关联性行动的可能。换言之，“寻求仲裁”与“进行仲裁（*dikê*）”的剧本一旦在表演中出现，那么它们至少在其自身之内包含着一种可能性，即这种知道如何维持社会稳定的文化知识，可能变为带来更大不稳定性的催化剂。

现在我们可以更好地理解为什么荷马突出仲裁者在争执调解过程中的角色，因为那位长老的解释技巧最能准确地把握对立者双方讨价还价的过程，用达成“共识性理解”（用肖特的话）或者“联合的”方式，产生各方都能同意接受的解决方案，（1980：50）。从根本上说，这位长老认识到这一争执过程是我们现代意义上的“谈判”努力，而不是简单去客观地“发现”或“认识”有意义的解决，与此类似，他也会理解每一位诉讼者（以及他的家庭）的个体社会身份必然是来自于协商。他，而不是诉讼者或者观众，会进行自主行动——这种行动是现代民族国家的公民在作为我们公民社会典型特征的关联性行动中，会为其自身施行/表演的。这种公民社会的“非确定性领域”促使我们彼此商谈，因为我们对于理解以下事实负有责任：我们（在性别、民族、阶级和种族方面）的差别与相似性，以及我们作为个体的独特性，决定着我们关于我们的社会现实与个体现实的经验。[②]

---

① 例如阿基琉斯在《伊利亚特》第 1 卷中要求召开会议，以挑战阿伽门农拒绝接受克律塞伊斯赎金的决定；在《伊利亚特》第 2 卷中阿伽门农开会以检测部属的忠诚；特勒马科斯在《奥德赛》第 2 卷中召集会议，寻求共同体的帮助。

② 通过关联性行动，肖特认为公民身份与共同体进行着“‘关联（发展的）行动’，随着时间的推移，产生了想象性的目的，这种目的是在人们之间的‘协商’之中得以‘维持’的，只是在当前条件下，就下一步如何行动进行共同讨论的暂时目的（1993：134）。”这使得我们“采用了一种批判、反思的自我意识，一种在谈论我们做什么时对于我们正在‘做’什么的意识，准备承认我们所有文化宣言（cultural statement）都是在这一矛盾、冲突以及不确定性时空中的协商中建立起来（134－135）”。

5. 作为证明方式的发誓

因而，盾之上的长老必然在某种方式上享有诉讼者个体的自主性，以及共同体集体的自主性（也为其负起责任）。但这是怎么进行的呢？最简单的回答是，每一位长老都就这一争论提出一个解决方案（*dikazein*），而无论受害者的家庭接受或拒绝来自于凶手或者他的亲属的赔偿。诉讼者以及公众则决定长老们的哪个解决方案是最可接受的。[①] 但是，如果我们认可仲裁（*dikê*）构成了一种证明方式，那么每位长老提出的解决方案要由诉讼者的一方或者双方在公众面前加以表演。根据图尔、希利以及现在卡拉万的观点，这种表演最有可能是当场构造一个誓言，由诉讼者施行宣誓。学者们不无启发地考虑到了为这个案子构造一个最好的誓言，可能会非常复杂，它们靠获胜长老的高超认知能力，用希利的话来说就是“天分”。[②] 卡拉万认为每一位长老都会要求诉讼对立双方“通过对于证据的起誓或者见证，或者可以想象的其他佐证方式，为他们的主张给出正式的证明来”。他接下来说，这类仲裁“会听取诉讼者的主张，但是会质疑他们的诚信”。这样，**诉讼者自身**通过他们的自愿认可或含蓄赞同，就决定了谁来做出“最公平的仲裁”。[③]

如果卡拉万是正确的，那么基于“自愿认可或者含蓄赞同”之上的解决，不是尊崇了一个诉讼者面对着他人和共同体的自主性吗？特别是这一解决是在一种自助行动的背景之下发生的。诉讼者不是在自由地表现出选择其自身目的的意志论自我的成分吗？这难道不是使得获胜的长老显得完全没有自主性，只不过是协助达成个体自主性与共同体自主性的“共识原则”吗？荷马将这样的个人称为 *istôr*，看起来强化了这一看法，特别是如果我们将 *istôr* 视为对誓言或者其他证明方式的见证者，而不是一位“有知识的专家”

---

① 参见 Gagarin 1986：27 – 31。

② Gagarin 1998：52，57，59 – 67，and 81（并没有参考 Sealey 1994 或者 Thür 1996）。关于誓言的用法，参见加加林对这种争执的解释，他认为作为发誓的证据，在荷马与荷西俄德那里并不是作为一种“自发的”证明方式，而是作为机智地胜过对手的“修辞策略”（1992：76），同样可以参见 Gagarin 2005b：86 – 90。关于公元前五到四世纪仲裁与审判中誓言的综述，参见 Allen 2000：320 – 322。

③ 1998：57，这是我打上的黑体，出现在 Thür 1996 与 Sealey 1994：104 – 105。

的话。[①] 卡拉万认为这种施行/表演的解决，与克里特的盖尔蒂（Gortyn）[②]现存最早的成文法典是一致的，后者可能保留着公元前七世纪的法律史实。这一法典要求法官提议用誓言或者其他的证明，从而使争执者达成协议。作为其后果，卡拉万推断在盖尔蒂："结果并不是统治者的谕令施加给一方或者另一方的判决。相反，统治者的社会功能是调和敌对的各方：每个人都要去认识到另一方的主张，使任何一方不至于面对不可接受的结果，这样就避免了冤冤相报何时了的情形。"（1998：61）

在我看来，这种对于"共识原则"表面的尊重不过是虚构的；虽然它与公元前六世纪及以后的城邦社会并非不相容，但我们不能让它强行适用于一个在 *basileus*（王）领导之下的前国家共同体，特别是如果我们接受坦迪关于公元前八世纪新 *basileus*（王）出现了合法性危机的观点。我相信，由 *basileus*（王）所见证的宣誓表演确实构成了"由统治者的谕令施加给一方或者另一方的判决"，誓言一般是用来限制诉讼者的个体自主性和整个共同体的自主性的。它作为 *themis* 的实施，是与 *basileus*（王）作为中性进行再分配的权威相一致的。当卡拉万将争论中的一个重要问题与大约公元前620年雅典的德拉古（Draco）[③] 关于谋杀的法典联系起来时，他就不经意地引导我们走向了这一方向。这一问题就是，尽管原告的家人预先同意接受赔偿，或者按习俗的要求接受之，但盾之上的原告是否仍然拒绝接受呢？也就是说，这一争执是否是由于个人的固执而引起的呢？[④]

如果是这样的话，那么长老们的任务就在于确定某种关于杀人案的"减

---

① 参见 Carawan 1998：61－63。希利认为 *istôr* 意味着"一个聪明人"，但是在别的地方他观察到，希腊人经常用召唤一位神明的方式来发誓，"这样他可能知道"（*istô*）这种对于 *istôr* 的解释，强化了将 *istôr* 作为誓言或者其他证明的见证人（Sealey 1994：103，带有荷马中的例子）。同样参见 Cantarella 2003：284－286。

② 盖尔蒂（Gortyn）是克里特的首府，它制定了现存的欧洲第一部完整的成文法典，即《盖尔蒂法典》（The Law Code of Gortyn），这部法典制定于公元前5世纪前期，汇集了较早的习惯法和此前各类成文法，大部分内容为今天所称的民法规范。——译者

③ 德拉古（Draco），生卒年不详，一般被认为生活于公元前7世纪，古希腊政治家，立法家。他曾统治雅典，于公元前621年整理雅典法律，并写出一部完整的法典。该法典因限制了贵族的违法乱纪而受到一部分人的欢迎，但该法极其残酷，规定所有罪行均处死刑。他的继任者梭伦将他的法典废除，只保留有关谋杀的部分。后人常用"德拉古式（draconian）"一词来形容严酷刑律。——译者注

④ 参见 Carawan 1998：65－67，注意德拉古法典关注的是有资格参与争论的亲属成员意见的不一致，也注意到了意愿问题，他的解释是立足于加加林的解释之上的（Gagarin 1981a），同样也为希利所支持（Sealey 1994：103－104）。

罪情节”，威斯布鲁克（Westbrook）认为这种减罪情节形成于某些更为早期的近东法典中（1992：71），它们可能涉及意图的程度或者意志问题，这确实出现在荷马笔下其他关于杀人案的争执中。这样长老们希望从原告那里知道的是，“在神与集会的共同体面前，他是真心地拒绝凶手和平解决的请求吗?”而且卡拉万接着说：“如果……甚至他自己的亲属都愿意商谈，那么原告承担的道德义务会更为沉重了：他能够藐视他的亲属都承认的巨大习俗力量与共同体利益吗?”如果这种重构是正确的，那么盾之上讨论的首要目的并不是在于确定犯罪或者无辜的实情，或者是讨论杀人案的赔偿所应用的共同体规则，而是在于探讨凶手和受害者亲属的精神状态。

因而讨论的目的在于使双方主体对于犯罪不同的体验方式面对“习俗的力量与共同体利益”（即 *themis*）。用我们现代的观点来看，主体双方各自有着深入其内心世界的专属特权。作为一种关联性行动，它的作用机制显然依赖于这些内心世界发生了什么和即将发生什么。解决方案看起来是在尊重凶手和受害者亲属这两方的个体自主性，他们作为意志论的自我与商谈的自我，都能自由地设定其目标、实施计划、进行反思，通过反思而与各种传统、意见和遵守习俗的压力之间保持一定距离。如同上面所提到的，誓言作为一种关联性行动，它的交往机制会促使参与者去探究三种意义的世界的各种主体立场。但通过提议并见证誓言，获胜的长老排除了根据可以普遍接受的赞成或反对的理由对这些启示进行辩论的必要性。他的誓言会给这个顽固的原告，或者给凶手及其家人以一种时空的框架——这种框架旨在压倒双方主体内心世界中的任何理由。这些誓言阻止了任何诉讼者及观众相互表达对于犯罪看法、给出他们拒绝按照习俗所作赔偿的理由的机会，因为它们会运用共同体的记忆和英雄的传说，**转移**所有在场者的注意力，使其不再将有关议题变成可以用赞成或反对的辩护立场进行理性化处理的争辩性问题。

这些誓言成功地充当了一种“证明方式”，因为它代替了为什么应当取得非暴力共识的其他理由——这些理由是神话性的，其本性最终是神秘的。*Basileus*（首领）必然“见证”会带来和平的誓言，因为他是以代表着神来见证誓言的行动者的身份出现的；这里他主要是模仿宙斯，而宙斯对于所有进行仲裁的 *basileis*（首领）来说，是他们对 *moirai*（份额）与 *timeai*（价值）进行分配所“模仿的原型”。荷西俄德也提供了这种原型的场景（《神谱》第386到403行），即宙斯邀请斯娣克斯（Styx）到他的家里作为神圣誓言的首要见证者。而一个更富戏剧性效果的例子是，当阿伽门农结束与阿基琉斯的争论时最终也发了誓（《伊利亚特》第19卷，第258到265行），这实际上完成了涅斯托尔试图作为仲裁之王（*basileus*，首领）而给出仲裁（《伊利亚特》第1卷第247行以下）：

> 首先请至高至尊的宙斯为我作证，再请大地、太阳与惩处地狱中的伪誓者的诸复仇女神（Furies）为我作证：我的这双手从没有碰过少女布里塞斯，无论是迫使她同床还是什么别的用意，她在我的营帐里没有受到任何触犯。若以上有虚妄，愿神明对我处以对其他伪誓者一样的严厉惩罚（19.258－265）。

请注意这些誓言允许阿伽门农不必给出他过去曾抢走布里塞斯的原因，阿基琉斯也以一个誓言作为回应，使人不必再继续追问他当时为何做出毁灭性的愤怒反应的理由。[①] 这样，较之于任何其他的社会机制来说，在一个前国家的共同体中 *basileus*（首领）监督下的誓言可以更好地起到重新施行 *themis* 的作用，因为它神奇而魔力般地唤醒了卡拉万所说的诉讼者主张中的“道德责任”，先于“国家的强制命令”，“通过社会良知来约束（他们）”（1998：68）。

在我们对誓言起到这样的作用进行更多的探讨之前，我们需要考虑一下为什么荷马没有解决盾上争执的一个最终理由。这会帮助我们理解为什么誓言可能类似于法律（*thesmoi*）一样，是通过将争端在存在论上转化或者改变为一种压倒性的时空框架之中，来解决争端。一些学者已经注意到了盾之上的情形是一种解决冲突的典型努力，所以他们相信荷马鼓励他的听众将这一情景回溯到这一史诗中阿伽门农与阿基琉斯间没有解决的主要冲突上。[②] 如果那位顽固的族人的确是这个盾上争执的焦点，那么他的道德困境就反映了

---

① 19.270－275。阿伽门农的理由是在第9卷116行以下及19卷86行以下给出的，作为一种神话的、魔力的解释以回应阿基琉斯，因为他们将道德抉择中的错误归结于宙斯或者其他神明。威廉姆斯将阿伽门农的理由看作荷马的个体为他们的决定而承担道德责任的方式（1995：ff）。

② 参见 Schein 1984：141－142；塔普林讨论了盾上所有情景之间，以及与史诗的其他部分之间在语言上与主题上的关联（1980：1－2）。也可参见 Andersen 1976：5－18. 参见 Wilson 对于 *apoina*（类似于赎金这样的赔偿形式）与 *poinê*（类似于惩罚与复仇这样的形式）之间的仔细区分，将其作为《伊利亚特》中不同的主题和交换类型，当然它们可能是“混合”在一起的。（2002：16－17）

阿基琉斯面对阿伽门农时所处的困境；在福尼克斯对阿基琉斯的话里，还反映了更早的英雄墨勒阿格尔（Meleager）面对着他的家庭和共同体时的困境（*Il*，9.524－605）。这样，这一盾上的情景不仅反映了在第9卷中阿基琉斯的不妥协，[①] 同样也反映了第1卷中爆发的冲突以及墨勒阿格尔的困境，它们都表现为与某位个体价值（*timê*）的丧失相关的一种逐步升级、不可预测的关联性行动（第1卷106行以下的阿伽门农，第1卷163行以下的阿基琉斯，第9卷524行以下的墨勒阿格尔）。

在第1卷以及在墨勒阿格尔的故事中，进行仲裁的长老（如涅斯托尔）或地方的 *basileis*（王）[*gerontes Aitôlôn*（埃托隆人 的首领）] 运用他们的智慧，试图去商讨一种“与每个人价值相应的（*kata moiran*）安排（1.275－81）[②]；在第9卷中，解决阿伽门农－阿基琉斯之争的努力更为显著，冒犯的一方（阿伽门农）愿意为阿基琉斯损失的价值（*timê*）进行大方的赔偿 [无限赔偿（*apereisi' apoina*），9.120－156]；而埃托利亚（Aetolean）的祭司，受到地方 *basileis*（王）的派遣，愿意给墨勒阿格尔提供他最中意的土地作为份地（*temenos*）（9.575－580）。在这两种情形中，为受到损失的价值（*timê*）提供赔偿（9.155），与盾之上凶手或他的亲属交纳的 *poinê*（罚金）并没有什么不同。[③] 但在第1卷与第9卷中，作为当事人的阿基琉斯与墨勒阿格尔都运用了他们的自主性，拒绝（*anaineto*，9.585）了这种再分配，认为其未能充分体现他们的价值，因而关联性行动被延迟了。

特别值得注意的是，埃阿斯在劝说阿基琉斯接受阿伽门农所提供的赔偿时提出了一个理由：“任何人都会从杀害他的兄弟或者孩子的凶手那里接受赎金。杀人者付出大量金钱后可以留在社会；死者亲属的心灵与怨气因赎金而平息。(9.632－636)”埃阿斯的简短叙述对解决凶杀案的争执给出了实在的范例，因为它突出了“进行仲裁（*dikê*）”剧本中的一个被忽视的行为：**接受仲裁**（*dikê*）。它将阿基琉斯和墨勒阿格尔看作盾之上那位无名的人，拒绝通过一种象征性的财富形式恢复自身的价值。通过拒绝“公正”的仲裁，三个人都固执地拒绝与他们的亲属一致，延长了社会无序的时间，中止

① 参见 Schein（1984：142）和 Muellner（1976：105－106），以及其他一些人的观点。

② 参见加加林对于这里涅斯托尔作为一个仲裁的 *basileus*（王）的角色的强调。

③ 注意阿伽门农也许是给阿基琉斯提供了一种非同寻常的“无限赔偿 [（*apereisi' apoina*），9.155]，而盾之上的长老也许正试图给凶手安排一般说来有限（*peirar*）的 *poinê*（赔偿）（18.501）。

了对彼此的社会人格的相互承认。[①]

如果我们将埃阿斯所举的例子以及阿基琉斯盾上诸人物的匿名性从而在经典剧本中的固定形象，与阿基琉斯和阿伽门农之间的争执的更加丰富、更为复杂的细节相比，我们就会发现这一剧本和关联性行动之间效果丰富并充满张力的相互作用。接受仲裁的行为，说明了在埃阿斯举的例子以及盾上面的情形中表现出的习俗或者 *themis* 具有正当性，表明对公正仲裁（*dikê*）有保证或者有希望。但是荷马的听众已经看到一次阿基琉斯拒绝习俗，这一次也没有任何东西能够保证他会就帕特罗克洛斯的死而接受特洛伊人的赔偿。在埃阿斯的例子中以及盾之上的剧本都是典型性的，所以它们表达了理想的社会行为的积极典范的高度可预测性和规范性；而墨勒阿格尔的拒绝，作为一个“旧时的故事，没有新事”（9. 527），以一种禁止性力量戏剧性地表现了一种相应的负面规范[②]。在这一方面，所有三个例子都有着一种与阿基琉斯愤怒的当下困境有关的含混存在论（ambiguous ontology）：它们漫游在《伊利亚特》主要的叙事之外，只有具有特别洞见力的游吟诗人和 *basileus*（首领）才能领会。

6. 誓言、范例与比喻是如何类似于法律的？

埃阿斯所举的例子，墨勒阿格尔的故事以及盾上的情形，以及作为证明方式的誓言，都类似于荷马在他的整个叙述中无处不在的比喻。正如雷德菲尔德（Redfield）所认为的，这个盾看起来是作为一种“主要的比喻形式”，象征着在特洛伊战斗的希腊人的“缩略（reduced）”世界之外（1975：187）更广阔生活的世界。塔普林（Taplin）也将这个盾与比喻联系起来，这一比喻可以将《伊利亚特》中征战的英雄世界，放置在一种“作为整体的世界

---

① 在《伊利亚特》第 1 卷与第 9 卷中，阿基琉斯对于阿伽门农的攻击，否定了后者作为有能力的首领的社会人格：他自己拒绝战斗或者接受阿伽门农的赔偿，使得后者的人格不再有能力参与到通常的首领的相互交换之中。参见 Gill 1996：136 – 154，这一观点要感谢 Donlan 1982b 和 Claus 1975。

② 这里指墨勒阿格尔的父亲卡吕冬王奥纽斯收获时未向阿尔忒弥斯献祭，这位女神便派一头野猪糟蹋卡吕冬的田园，墨勒阿格尔邀集很多英雄围猎，亲自把野猪杀死。后来库勒忒斯人和埃托隆人为野猪的头和皮发生战争，他在战斗中杀死舅父，被母亲阿尔泰亚所诅咒，愤而退出战斗；以后卡吕冬面临毁灭，由于妻子的恳求，他才改变态度，把敌人赶走。——译者注

之中”，相当于绘画再现的方式能将一个细节置于“一种更宏大的背景之中”。① 用认知术语说，我将把盾上的情景、墨勒阿格尔的故事、凶杀案例以及这个比喻描述为公元前900年到公元前700年希腊“共同生活世界”的诸切片，也就是说，“作为一种毋庸置疑的文化信念贮存库，那些参与交往的人在努力进行解释时，都是从这一贮存库中援用公认的解释方式的”。（Habermas 1990：135）同样，我认为这些来自于生活世界的理想社会行为中含混的存在论和禁止性力量，是与宣誓以及被称为 *thesmoi* 的口头法相关的——希腊人相信 *thesmoi* 是仲裁的 *basileis*（王）为公元前七世纪到前六世纪的城邦共同体实施的。

在荷马史诗中生动保存并且无处不在的生活世界片段，这些誓言、比喻、范例等，类似于法律，因为它们为有序生活设计了剧本。与法律一样，它们必须密切地反映听众的日常生活中或多或少可预测地上演着的剧本——这种剧本并不同于史诗主要叙事中的剧本，后者正如我们所看到的，有更大可能发展成为关联性行动。用哈贝马斯的话来说，英雄的冲突转变为关联性行动，会使对于世界的理解“去中心化（decenter）”，因为他们将共享的生活世界，与类似于阿基琉斯这样成问题的角色所体验到的世界区分开来（1990：138）。生活世界越是去中心化，就越是必须通过“参与者自身的解释努力”取得一致性（1984：70）。这些参与者可能包含着英雄人物，当然也包含着荷马的听众。

如果《伊利亚特》看起来预示着后来希腊的成文法，这是因为荷马赋予了它多重的存在论维度，它们的剧本在程度不同的社会有序或者无序中上演着。与立法家一样，史诗试图让他的听众在认知上在这些剧本之间穿梭。像在盾之上进行仲裁的 *basileis*（首领）一样，荷马面对着关于价值的棘手困境时，他拥有他笔下争讼的人物与听众所缺少的认知性资源。如我们所见，*basileis*（王）拥有誓词（oath formulae），即共同体对典型犯罪的记忆以及解决这一犯罪的誓言，荷马也有着关于誓言、事例、比喻、墨勒阿格尔故事之类的古老传说的存贮库等。但是在 *basileis*（王）与荷马之间的差别在于：荷

---

① Taplin 1980：12。塔普林同样将盾上的 *basileus*（王）在视察他的丰饶的农田（*temenos*）（18.555－557），与奥德修斯用理想化的 *basileus*（王）来描述佩涅洛佩（《奥德赛》第19卷109－114行）的名声联系起来。（原文为：“尊敬的夫人，大地广袤，人们对你无可指责，你的伟名直达广阔的天宇，如同一位无瑕的国王，敬畏神明，统治无法胜计的豪强勇敢的人们，执法公允，黝黑的土地为他奉献小麦与大麦……”—译者注）

马与他的听众，有时是与他的主角分享了这些在存在论上不同维度中的信息。通过这些信息，荷马向他的听众展示了阿伽门农与阿基琉斯的道德行为是如何“去中心化”的；这使得他的听众达成一种“阐释性成果”，哈贝马斯称之为与交往行为相似的“（因为由合理性所推动的）风险性共识”（1984：70）。

荷马的存在论转换并不阻止他的英雄的诉讼者及他的听众的自主性，甚至鼓励他们使用这种自主性。在第 4 章中，我认为这与早期的立法家做的事情差不多，这些立法家作为智慧的施行者/表演者将 *thesmoi* 转化为法典，因为他们的解释要求在被控罪行的各种偶然性与每个用作仲裁（*dikê*）的理想化法律剧本之间穿梭。但是荷马给他的听众所提供的并不是法律，而是另一种理想化的剧本（誓言、比喻、事例等）；那么，他是如何将其巧妙地切合于这些存在论转换的？他的听众能从他的语言中认出他将他们带入的那个世界吗？用文学的话来说，当时的人将生活世界中的剧本转换为英雄们成问题的关联性行动这样的艺术形式时，它们会作为一种时空体而出现。如同我们在第 1 章所看到的，巴赫金的“时空体”是口头或者视觉艺术中的时间、空间与行动者中的主导性表述，它们规定着形而下与形而上实在的界限，以及使人物与他们的环境及彼此之间相互协调的逻辑。荷马的时空体经过精心的构思，成为特别的故事讲述的剧本形式：一些是作为比喻和例子而出现的，但是另一些却展现了“战场上”、“在战时会议上”、“航海中”、“与巫女建立起的主客（guest - host）关系”、“访问冥府”等情形中激动人心的英雄场景。①

因为时空体旨在娱乐人、刺激人、唤起惊奇和促进反思，它就给讲故事的人及听众提供了艺术的途径，通过这种途径，包含在剧本中的定型性知识能够以两种方式之一呈现出来：要么是作为有序的、熟悉的叙事结构，例如比喻和例子，充满着习俗（*themis*）的力量和宇宙的大序；② 要么是作为一种“成问题”、陌生并且无序的剧本，这是指当无法预测的英雄突然做出某种惊人之举时。这两种方式都帮助了听众在将文化资源库转变为区分英雄世

---

① 盾上宇宙的想象是精心安排的：中心是地球、天空、海洋、太阳、月亮与星星，而欧申纳斯河（river Ocean）围绕在其边缘（参见，e. g. Redfield 1975：187 - 188；Taplin 1980：5 - 11）。

② 对于盾所指的神话世界之外的现实，参见 Schein 1984：29 - 30；参见 Rheinhardt 1961：405 - 406。

界与听众的后英雄世界生活的边界时，将久远的英雄世界与他的日常生活联系起来。[①] 如同明钦（Minchin）（1992：237）和巴克尔（Bakker）（1997 a：76 - 80）所指出的，要自由地在英雄与后英雄的世界里穿梭，史诗的吟唱者并非经常使用剧本本身，而是更经常使用时空体，有时将这两个世界结合在一起，有时将它们彼此分离开来。

这样，荷马的时空体引导着他的听众去认识到某个关联性行动偏离了比喻、例子或者盾之上的典型场景所表达的正常秩序，正如立法家会让公民陪审员将被指控的犯罪细节对照特定的成文法。因为这些典型场景在有一天会为成文法所替代，它们在这里是作为一种原型的法（proto - laws），运用史诗中的时空观，发挥哈维诺所说的在无文字文化或者低级文字文化中对信息进行"口头贮存"的作用（1978：42 - 43）。通过这些场景，听众能够在不同的存在论体系或者说"框架"（戈夫曼意义上的）中转换自如。这些框架构成了理解某个活动的"原初情形"的阐释性背景或者准则（1974：10 - 25）。任何对于这一原初情形的观察都能够给它设立不同的框架，从而重新安排（rekeying）或者改变该活动，比如说使其从一种战斗变为游戏，从悲剧行为变为喜剧行为，从真诚变为嘲讽等。[②] 以这种方式，类似于"在战时会议上"这样的荷马时空体，提供了一个叙述的桥梁，它作为榜样影响村落社会中日常会议中的行动。这可能引导着荷马的听众将类似于阿基琉斯拒绝接受仲裁（*dikê*）这样的英雄抉择，看作一种与他们自己世界中 *themis* 一致

---

① 比如一个比喻运用了日常活动中的收获，来代表英雄的武士相互屠杀（11. 67 - 69，cited by 1980：8）。对于巴赫金混合着神话的、自然的与历史的时间经验的史诗与戏剧的时空体来说："在希腊人世界的每一方面，他都看到一种神话时间的踪迹，他将史诗与戏剧看作一种浓缩的神话事件，会在一种神话的场景中或者画面中展现出来。"（1981：104）

② 参见 Goffman 1974：39 - 44。戈夫曼将框架的"基调（key）"看作"一套惯例，根据这个惯例一个既定、就其基本框架来说早就是有意义的活动，转变成虽然基于这一模式，但对于参与者来说却完全是另外一回事的东西"。（43 - 44）如同在《伊利亚特》第 11 卷第 67 行到 69 行描述了和平活动的比喻，被用来表现英雄的英勇，这准确地描述了对荷马的听众所产生的效果。不幸的是，因为框架的意义变化是如此之大，从戈夫曼的"什么正在发生"的"基本框架"或者"解释图式"——决定了"正在发生的事"的存在论的意义（清醒的现实、梦、戏剧、神明的干预等），到"房子"这样的词概念（word - concept）之类的简单言语"事实"（Minsky 1975），"框架（frame）"一词经常被混淆。除了这些含混之外，巴克尔（Bakker）还用"框架"一词来指荷马的叙述规定的一种视野，通过这种视野一个行为就得以强调，它的细节可以描绘（1997a：88ff.）；我遵从戈夫曼的"基本框架"的意义。

或者相悖的行为。

7. 用礼物、誓言与吟唱来进行仲裁（*dikê*）

我们对法律争议的第二个主要证据 出现在《伊利亚特》第23卷帕特罗克洛斯葬礼上的竞赛中。与在阿基琉斯之盾上的 *ekphrasis*（图解）一样，这些比赛描绘了一些与《伊利亚特》中尚未解决的主要冲突不太相干而自成一体的剧本；类比地看，盾上场景与这些竞赛提供了对这些棘手冲突的一个理想解决方式。因而，类似于盾上的争执场景，马车比赛的争执，同样也是戏剧化地表现出 *basileus*（王）可能做出的与 *themis* 一致的仲裁（*dikê*）方式。但与盾上的情形不同的是，荷马对于这场竞赛中所有八件事的叙述，给我们提供了丰富的细节。没有另一个事件比马车比赛更为详细，对于它的叙述比其他事件的平均幅度多十倍，而在这场比赛中，对于奖品的争执占有相当大的比重，其长度总计起来占大约20%的比例。这样，我们很清楚这一争执是因为这场比赛之前以及比赛过程中的何种背景所引起的，试图解决这些争执的诸多努力，以及它们所展现的各个参与者的动机及主张。

相应地，就达成共识过程中仲裁的 *basileus*（王）所扮演的角色而言，我们还可以从这一比赛中比盾上情况知道更多的细节，特别是我们会看到他在认知与交往行为中所具有高超的表演能力来协调争执各方与观众们，从而阻止争执各方发挥个体的自主性以及群体的集体自主性。较之于盾上的情形更为具体的是，我们将会看到 *basileis*（王）是如何与馈赠礼物相关联的，后者是领导人作为价值再分配核心的经济功能实现根本性的框架转换。这可以更清楚地解释“*themis esti*”这一主张的以言行事的力量如何裁定 *basileus*（王）可以通过仲裁建立起个人权威——这是以牺牲争执者与观众的权威为代价的，他们由于没有足够的自由或者知识，不足以将自身表现为达成仲裁中的平等参与者。

明钦解释了荷马怎样按照通常的“比赛”的剧本去描述马车竞赛，由于每件事有着内在的差别，会出现着形式不同的“回合”（track）（2001：42ff.；1992：238）。她认为以这种方式，荷马通过插入不可预知行为来打断比赛剧本的可预料结果，能激起他的听众的兴趣。[①] 明钦注意到荷马使马车

---

① Minchin 2001：42ff.，esp. 44－45；cf. 1992：238.

竞赛中的“获奖”，特别是对二等奖的主张，成为有争议的问题时他很明显在用这种技巧。但是她并没有注意到荷马将“寻求仲裁/进行仲裁（*dikê*）”之剧本插入到通常的比赛剧本中①。

事实上，等到所有的奖项都有人争夺时，我们发现 *basileus*（王）用了三个回合的仲裁（*dikê*）巧妙地协调个体的价值问题：安提洛科斯与阿基琉斯在第一回合中对立（23.541-554）；墨涅劳斯与安提洛科斯在第二回合中也接着这样做（23.566-595）；而第三回合中，涅斯托尔得益于阿基琉斯对于他的过去与现在地位的尊重（23.615-650）。与阿基琉斯盾之上的情形不同的是，荷马让我们见证了比赛的“原初情形”，我们不需要听取每一位争执者相互对立的主张和自我表现。相反，当比赛出了问题，就像导火线一样在观众当中引起了关于谁在比赛中领先、选手中谁应当获得奖项的争吵时，荷马强调了与地位申明相关的言语形式：来自于原告的威胁、指控、抨击及挑衅；来自被告的让步、甘拜下风及妥协，这种言语形式与争讼方急切的自我表现是一致的——他们要求自身的价值（*timê*）得到认可，或者贬损他人的价值。②

所有这三个回合的仲裁（*dikê*），在一个高度竞争性社会中，都面对着由于个人勇气、地位、运气、财产以及流逝时间所导致的价值得失的棘手困境。以这样的方式，他们使“获奖”行动成了一个问题：“价值中的这些变化有多重要？获得价值的某些方式应当优先于另一些吗？这些变化会要求对于个体的社会地位与身份重新进行全面的协商吗？③”根据希利对于荷马 *timê* 的定义，“每个人的价值都是他的内在品质，反映了他的出身，并且体现在他的行为与人们给予他的声誉中”。（1994：143）而且，“荷马的 *timê* 是个人权利的总和。再者，每个人的 *timê* 都是不同的。它作为自身品质的结果而为自己拥有，其中，出身只是他的品质中的一个因素”。（145）这些对于固有“品质”以及个体价值（*timê*）独特性的主张，几乎使这一荷马式概念与

① 但是明钦的确承认，荷马在提出这个奖项的问题之后，又提出了“一种友好的解释争执的方式”。（2001：65，67-68）

② 对于 Redfield 来说，这些比赛是“可以赢得荣誉的舞台”，也是“荣誉能得到承认的舞台”。（1975：209）

③ 塔尔曼将马车竞赛看作个人的优异与个人的先赋地位之间彼此的竞争及对抗所表现的紧张——在一个社会中先赋地位更加依赖于毕生的成就，而不是竞争性的表现。

现代自主性自我的特征合一了。[①] 然而毫无疑问的是，荷马所质疑的获奖问题，是直接针对荷马式精英们可以体验到的个体自主性的："个体真的形成一个单一的传记式的自我认同（终其一生），还是在其生命不同的时期有着多重的、变化的身份呢？个体在他的行为中如何超越时间而保持连续性呢？"用一种更为现代的说法："英雄自我的哪一个维度——意志论的、认知的，或者商谈的——主导着他施行形成其声誉的自我决定呢？"（cf. Warren 2001：63）

8. 第一回合：阿基琉斯和安提洛科斯

这些问题之所以引人注意，是因为赛车形成了一种游戏的框架（ludic frame），在这种框架中每一个参与者在出入赛场时都暧昧地享有两重身份：他"一般的"、日常的自我，这种自我具有社会人格和完整的价值（*timê*）；而他作为竞争者会短暂地失去这种身份，他获胜、得名次、出风头或者落败的机会都是与他人一样的，并且通过马车比赛体现出来的价值（*timê*）的得失都是平等的。这里荷马发现了与英雄的叙事交替着的另一种存在论框架：这一框架给每一位竞争者施加了一种在仪式性中"阈限（liminal）"[②] 的身份，让他既是又不是同一个人。[③] 当比赛结束，参与者离开他们游戏同伴回到他们日常身份中去时，混乱就爆发了：第一，阿基琉斯承认狄奥墨得斯（Diomedes）是获胜者，但是出于某种出人意料的动机，决定将二等奖颁给欧墨罗斯（Eumelus），尽管他最后才跑回来。根据游戏的常理，即它关于时间、空间和人物的特别意义，这并不是一种合逻辑的动机，但荷马却告诉我们阿基琉斯是这样做的，因为他"看到欧墨罗斯时感到了同情"（*ton de idôn ôikteire*，23.534）。[④] 如我们所看到的，同情的合理性源自于对欧墨罗斯有特

---

① 对于 *timê* 的现代自由主义式的理解的矫正，参见热尔内对于它基本的集体性的强调（2001：281－302）

② 阈限，原为心理学名词，指外界引起有机体感觉的最小刺激量。这个定义揭示了人的感觉系统的一种特性，那就是只有刺激达到一定量的时候才会引起感觉。——译者注

③ 关于阈限（liminality），参见 Turner 1995：95－130。参见 Redfield 将葬礼上比赛的特征概括为"游戏与仪式"之间（1975：262，n.78），他强调了它们都受到规则的限制，与冲突不同（210）。

④ 认知心理学和话语分析可以解释阿基琉斯出人意料的动机与关联性行动是一致的，这对于好的故事讲述来说是重要的，因为阿基琉斯决定给予欧墨罗斯二等奖，明钦认为"引起我们注意的是不可预料的因素，结果出人意料之外"。（2001：65）

别权利深入的“世界”的主观意义的理解。这是出于这样一种感觉：尽管当下的结果是这样，但欧墨罗斯作为优秀的御者，较之于这场比赛更值得承认（注意第2卷289行、536行和546行）。

而哈默强调了阿基琉斯这里的同情能力是作为“一种公共决策过程”的象征，“在这一过程中会有不同的主张，因而必须得到协调”。（2002：140）对于他来说这代表着新的典型城邦公共空间的出现。从意识形态上来说，阿基琉斯的这种姿态，是与大人物或者酋长在前国家共同体，或者新生的城邦中的再分配一致吗？我们要注意正是阿基琉斯清楚地表达了欧墨罗斯利益的无声请求，使得他的声望、他累积的价值（*timê*）和他作为资深御者的个人身份得到确认。奇怪的是，荷马很快地指出这一仲裁尽管是阿基琉斯做出的，但是却赢得了那些在场的人的一致同意（539）：作为进行仲裁的 *basileus*（王），阿基琉斯将欧墨罗斯的自我表现用“配音”（ventriloquizing）表达出来，给予他说明自己值得奖励原因的自由，从而精心安排了嘉奖中的交往行为。阿基琉斯在做了这些的同时，也拒绝了给观众以任何争论的机会，他们只是赞同其首领的姿态从而模仿其行为。

在更早的一些时刻，在比赛还在进行而其结果很难预测时，阿基琉斯更加戏剧性地在阿开奥斯人就结果进行预测时表达的各种意见之间进行调和。在伊多墨努斯（Idomeneus）与小埃阿斯（lesser Ajax）之间就谁可能取胜也爆发了争论（448－487），因为这是在“阿开奥斯人的首领与君王们”之间所引发的，他们被称为“*philoi*（朋友）”（457），这种讨论接近于精英们的 *boulê*（集会）。由于一种关联性行动的推动，这种争论很快升级为侮辱，每个人都用它来攻击他人思维与推理的修辞技巧，甚至一种全面的肢体冲突（*eris*）即将爆发（490）。阿基琉斯介入了这种冲突，责备他们双方“不体面”的行为（493）。他阻止同辈表达这种观点的理由，仍然是他施加给他们的交互主体性的观点：“如果别人这样做，你们也会谴责。”（494）这样在两种情形中都是由于阿基琉斯这位首领的高超智慧，在他的公众中引起了健全的情感和良好的判断：当交互主体性作为一种公共美德而呈现给我们，其作用机制更像是首领主导的共识形成过程，而不是一种公众的共识形成机制。

毫不奇怪的是，第二个到达的安提洛科斯，很快认为受到了欺骗，因而要求仲裁（*dikê*）（542）。他认为实际上根据游戏框架所设定的竞赛规则，只有他才能获得二等奖项；对于安提洛科斯来说，这种游戏框架之外的任何事情都是不相干的，阿基琉斯对于欧墨洛斯的同情形成了一种“非法”的框架转换。但是值得注意的是，在他的抗议中提出了一种解决的建议，这是基于 *basileus*（王）的传统保留剧目中的另一种活动之上的，即通过再分配而相互赞誉和赠予礼物：

> 这一时刻他本应将马给他（欧墨洛斯）——阿开奥斯人都赞同这样做，若非安提洛科斯——心胸宽广的涅斯托尔的儿子，起身争辩，面对着佩琉斯的儿子阿基琉斯要求公正："阿基琉斯，如果你真按刚才的话那么做了，那会激怒我，因为你想夺我的奖品，认为他虽然毁坏了战车，惊吓了战马，但仍然是位杰出的驭手（*esthlos*）……
>
> "……但是如果你确实可怜他，也从内心里喜欢他，那你的营帐有无数的黄金、铜块与绵羊，无数的女俘和单蹄马，你以后从中取些给他，哪怕更珍贵，或者现在就取来，这样阿开奥斯人都会赞同。"（540－544；548－552）

作为最终的裁判和法官，阿基琉斯缓和了有着潜在破坏性的关联性行动，做出了可能的最公正的仲裁（*dikê*）。他接受了安提洛科斯应当获得二等奖的主张，也接受了安提洛科斯所提议的给欧墨洛斯设立新奖项的建议。事实上阿基琉斯仲裁的智慧与权威，使他能够支配两位竞争者各自的主体立场，控制这一游戏框架的内外两方面，给荷马的听众描绘出他们之间交互主体性的关联。他设立了两个二等奖以象征两个人同等尺度的价值：安提洛科斯的奖项是今天的，而欧墨洛斯则是因过去累积的价值而获奖。就人的社会地位是否也应随价值的变化而发生显著的变化来说，阿基琉斯堵住所有关于这一问题可能客观的、规范性的及主观的观点，因而提出了一种双方都赞同的解决。在显现了他的认知与交往方面的才能之后，阿基琉斯对于阿开奥斯人的共同体描绘了一种普遍的道德意识，并且在这一过程中说明了进行仲裁的 *basileis*（王）的自我转换角色是如何可能的，因而相对他当下的能力而言，他几乎与在第 1 卷到第 9 卷中所表现出的毫不妥协的争执者没有相似之处。

但是阿基琉斯通过赠予礼物这样经济性的处理而得到这样的结果并不是偶然的，这些比赛，对于所有他们游戏性的、准仪式性的组织来说，掩盖了一种重要的再分配的机会：如同雷德菲尔德所强调的那样，这种比赛在哀悼者（这里是阿基琉斯）和竞争者（阿开奥斯的精英们）之间形成的相互关系中"分配奖品"（*aethlois ktereize*，23. 646）——将死者的物品作为奖品进行再分配（1975：205－206）。从功能性的观点来看，获胜者要求从帕特罗克洛斯遗留的财富中获得奖品，与阿基琉斯决定从他的帐篷里拿出礼物来作为额外的奖品并没有什么区别。在两种情形中，阿基琉斯都起到了核心作用，他承认他人的价值（*timê*）时，他的财富也为自己赢得了名声，重新确认了他自己在等级中的上层地位。这样以慷慨态度所作出的仲裁，能够带给各方以丰厚的回报。于是社会团结的美好前景，从安提洛科斯的“谨慎”、安慰性的提议，以及阿基琉斯“真心实意”的接受中产生出来[①]，这种美好前景掩饰了两种自利的行为：安提洛科斯作为一位获胜者保住了他自己新的地位，而等级更高的首领也再次确认了他们相对于年轻同伴的优势。[②] 这种为大家都能接受并且符合传统的解决，使得精英们同时达到自己自利的目标，也缓和了哈默一种过分夸张的看法——他认为这场比赛的争执显示了首领们达到了新的“认同”，即他们必须在“由他人所建立起来的（公共）空间中”进行活动（2002：143）。

9. 第二回合：安提洛科斯与墨涅劳斯

但在马车比赛中对奖项的最主要的争执与仲裁（*dikê*）却是在第二回合，它是在安提洛科斯和与他争夺二等奖的墨涅劳斯之间爆发的。老涅斯托尔的儿子安提洛科斯驾驭的是一排慢马，并且缺少驾驭的经验。为了弥补这些缺陷，涅斯托尔建议他在比赛策略上运用些诡秘的技巧（*mêtis*）。安提洛科斯接受了这一建议，用一种胆大的动作超过了墨涅劳斯，差点让他退出比赛。在颁奖的时候，墨涅劳斯满腔怒火，指责安提洛科斯是通过狡诈而不是凭真正的技艺（*aretê*，578），不公平地赢得了奖励：[③]

> 安提洛科斯，你是聪明人，却干得好事！你辱没了我的技艺，阻碍了我的赛马，让自己的马跑到前面，尽管它们差很多。来啊，阿尔戈斯人的首领与君王们，请你们做出公正不偏的评判……
>
> ……不，为什么不让我来评判？我想没有哪个达拉奥斯人会有异

① 这里指的是安提罗科斯提议让阿基琉斯给欧墨洛斯以另外的奖品，阿基琉斯于是将一副胸甲奖给了欧墨洛斯，从而解决了这场冲突。——译者注

② 关于安提罗科斯的老练与审慎，参见 Minchin 2001：66 和 Redfield 1975：208。

③ 参见加加林对于这一争执有益的讨论（1992：67－68）。

议，评判会公正。神的后裔安提洛科斯，快站过来，按照传统（*themis*）站在马匹与战车面前，手握你用来赶马的那根柔软皮鞭，轻抚战马，凭震地和绕地之神起誓，你刚才阻挠我奔跑并非有意地施诡计（23.570－574；579－585）。

在这第二次仲裁（*dikê*）中，墨涅劳斯处于较高的等级，这使得他不能够求助于阿基琉斯去充当仲裁者与评判人。相反，他庄重地拿走了象征权威的权杖（*skêptron*），召集阿尔戈斯的精英在他们两人间作一个公开性（也许是竞争性）的评判（*dikê*）。事实上他主要是借助于特权而在现场召集了一个会议，用他的通常表达表明："来啊，阿尔戈斯人的首领与君王们，请你们做出公正不偏的评判（*dikê*）……（574）"这开启了一种多多少少类似于阿基琉斯之盾所描绘的情形的争执调解程序：墨涅劳斯严厉而简洁地提出了他的指控，认为他所应当获得的第二等奖并**不是**基于他过去娴熟的技巧（*aretê*）和首领的权力（*biê*），而是在比赛中领先（578）；换言之，他是在游戏框架内说明了事实的优先性。

但在阿尔戈斯的首领开始听取安提洛科斯的自我辩护之前，墨涅劳斯突然中止了进行仲裁（*dikê*）的共同努力，转而采用一种私己处理的方式："不，为什么不让我来评判？"（*ei d' ag' egôn autos dikasô*……579）"他的意思是这可以为他的指控提供一种更便捷、更准确的证明，会成为大家实际能接受的最好解决方式（580），并且这种解决与古老的习俗（*themis*，581）是一致的。① 墨涅劳斯挑衅安提洛科斯，让他站在他的马匹与战车面前，抚摸着马，握住他的皮鞭，向波塞冬发誓：他不是有意（*hekôn*）用欺骗的策略（*dolos*）去阻碍墨涅劳斯的（582－585）。这一誓言提出了一系列的问题：为什么墨涅劳斯要以个人提议的方法代替公众的方法去解决争执？为什么誓言这种言语形式能够作为一种完满的解决方法而让所有人满意？这两种解决方案有什么实质的区别吗？

要先回答第二个问题，我们应当再次回顾图尔令人信服的证据，即类似于那些在阿基琉斯的盾上所描绘的早期希腊的"长官"（*basileis* 或者长老），并不决定有罪还是无辜这些实在的问题，而是决定哪一方应当向哪一个神灵

---

① 卡拉万认为墨涅劳斯坚持他自己做出一个仲裁（*dikê*），这是作为上层 *basileus*（王）的"权利"。Vos 认为墨涅劳斯坚持认为法律程序和赌咒发誓应由 *basileus*（王）的特权来确定（1978：8－9）。

发下什么样的誓言这一类程序性的问题（1996：61ff）。就像我们已经看到的那样，希利与卡拉万都说明了这种重构的合理性：希利坚持认为“*dikê* 并非就是一种仲裁”而是一种“证明方式”（1994：101）。类似地，在墨涅劳斯和安提洛科斯之间的争执中，墨涅劳斯的原初意图是召集阿尔戈斯的首领们给出 *dikê*，就什么样的争执有必要发誓提出了一系列的宣誓提议并进行讨论。然而事实上墨涅劳斯的第一与第二条解决争执的方法并没有实质性的区别，他所要确定的只是事情足够清楚（Thür 196：65），或者他的地位具有足够的优越性（Sealey1994：93－94；Carawan 198：52），这样他就可以跳过群体的讨论，直接得出必然的结论，即他是那个可以为他的对手拟就誓言的人。图尔说：“……如果我们假定其他的首领也（会）表达誓言，如同墨涅劳斯所做的一样，那么在这一文本中两种 *dikazein*（仲裁）就看起来是极为一致的：根据由诉讼者某一方宣誓所作的 *dikazein*（仲裁）将会解决这一争执（1996：66）。”

但是作为誓言组成要素的认知能力，是如何要求诉讼者适当承认彼此的价值呢？我们已经认识到了作为一种言语形式的誓言，是由三种更简单的言语形式复合而成的，它们反过来引发了一系列的存在论的转换。每一种誓言，都类似于由神裁法（ordeal）① 或者决斗来仲裁的方式，起到了仪轨（ritual imperative）的作用。② 通过它的呼吁，誓言请求神明注意人类的事务；通过它的内容（“我发誓……”）及祈求（“如果我作了伪誓，愿 X 降临于我”），誓言运用各种时空体，以一种英雄世界观的视角——这里神灵通常会干预人间事务——去看待他们世俗的争执背景，促使卷入其中的人转换存在论的框架。作为仪式，誓言以一种宏观的与英雄的方式，重塑了琐碎的人类争执。因为如果人的努力失败了，神明们会运用其超凡的能力以做出恰当的安排。③ 这就是为什么誓言能为重新上演 *themis* 而提供一种适当的

---

① 神裁法（ordeal），古代一种审判方法。将嫌疑犯置身于对其肉体有伤害的物中，例如将其手浸于火或沸水中，受神主宰，若身体无损，则定为无罪。——译者注

② 关于荷马的誓言，参见 Sealey 1994：95－100；在第 106 到 107 页，他总结出了由决斗来仲裁与由神裁法来仲裁的联系。参见 Gernet 1981：190，这里誓言与神裁法都被认为是由“同样的思想方式”所“主导”。在其他地方他也认为由决斗和发誓来仲裁，都是先于用投票的方法来解决争执的：从根本上说每一方决斗者或者发誓者的人数原则上能够解决这一问题。后来发誓变成了一种证明方式（2001：104－105）。

③ 热尔内（1981）将誓言看作一种仪式，其目的在于与“另一个世界”交流（170），在一个“超越的世界里”改变参与者之间的关系（172）。誓言（作为一种神裁法）将一方或者双方“摆到另一个世界，他们的命运在这里会展现出来”。［1981（1968）（190）］

安排。

从认知上来说，在一种关联性行动的背景下，起誓的要求提供了一种表演性的“转换”。如同安提洛科斯与墨涅劳斯的争议所表明的，正是因为使用誓言进行框架转换，神明能够干预人类事务，才使得诉讼者从对于他们争执的自利性理解，转变为对于争执的再评价。[①] 墨涅劳斯的挑战迫使安提洛科斯至少以三种方式，来修正对于他刚刚赢得的价值（*timê*）重要性的理解。如我们所看到的，这位年长的首领似乎在意他在当下情形中的成就，而不是像欧墨罗斯那样在乎他累积的名声。为什么呢？在他所拟就的誓言中，“*hekôn*（有意）”这个关键词迫使安提洛科斯为他在比赛中的行为承担个人责任，实际上要他承认这是舞弊，导致墨涅劳斯马车差点儿绊倒了，这种承认证实了墨涅劳斯在比赛中技艺高超而应获胜。[②]

但同时这种对于责任的承认也提醒安提洛科斯，在这种游戏框架内他的地位尽管有所提升，但并不能与墨涅劳斯一生所取得的成就相提并论。而阿基琉斯为前面对同一个奖项的争执进行仲裁时，无论现在与过去所获得的价值（*timê*），无论是比赛框架之外还是之内的价值都是要有效考虑的——墨涅劳斯作为名声显赫的首领的社会地位也持续得到尊重。[③] 最后这一誓言敦促安提洛科斯召唤马神波塞冬，来给这个年轻人未来可能会做的与马相关的一系列行为作出启示。如同威廉姆斯所指出的，当荷马对于人类行为的后果找不到特别明显的原因时，神明的干预经常就被“作为隐秘的原因而起作用”（1993：32）。如果安提洛科斯发的是伪誓，他会一辈子由于这种“掌握在波塞冬手中”的神圣原因，来解释未来的灾难。

在荷马听众的世界中，誓言是作为终结不确定的关联性行动（problematic joint actions）的力量而发挥作用的，因为誓言在神与人沟通交流的英雄时空框架中终结了争执。去商谈仲裁（*dikê*）的仪轨（ritual imperative），促使参与者在纯粹宗教基础上形成一致的理解：任何人都应当敬畏来自于超人

---

① 加加林将荷西俄德的争执解决看作“机智的转变”，为的是让诉讼者和观众注意到共识（《神谱》第90行中的 *paraiphamenoi*，以及103行的 *paretrape*），类似于荷马诗歌为了取悦观众所作的“引人注意的转变”（1992：66）。

② 参见希利关于誓言中有意行为的观点（1994：94－95），威廉姆斯将 *hekôn* 与 *aitios* 等重要的术语看作希腊的责任观念（1993：50－74）。参见李凯尔特（Rickert）（1989；cited by Sealey）就关于有意与无意行为的希腊词语的说明（1989），也可以参见 Gernet 2001：350ff. 和 Cantrarella 2003：253－274 更为一般的讨论。

③ 同样与哈默的观点不同（2002：143，），妥协证明了年长的 *basileus*（王）的地位。

角色（superhuman agents）再分配的安排，要将其作为对于自己不幸的解释。誓言能够约束和限制未来人们的行为，因为它们支撑着一种信仰，即相信来自于史诗传统中的英雄时空体，能够不知不觉地吸引人们参与到实在的生活剧本或者时空体中。通过誓言个体实际上能够允许他的身份获得双重的存在论维度，即同时在日常生活的框架内以及英雄传说的框架内行动。对运用誓言而进行仲裁的首领来说，誓言不仅起到以一致的理解来解决带有风险性的关联性行动问题，而且将这种认知性的解决，与自身及参与者分离开来，归咎于神。①

这样安提洛科斯由于发誓的要求而作了让步，从而迅速地解决了这一争执：他自责自己年轻而冲动，承认墨涅劳斯的优越等级。他将作为奖品的牝马交给了墨涅劳斯，然后如同阿基琉斯早先所做的一样，努力地与墨涅劳斯建立起一种礼物交换的关系。这一次他自己表现为礼物的赠予者，以证明他在王的形成过程中（*basileus* – in – the – making）次级的地位：

> 请不要生气，墨涅劳斯王啊，我比你年轻很多，你是个了不起的人，你也知道年轻人失去控制会做出什么来，因为他们心思敏捷，无奈判识肤浅。请你大度待我，我愿将这匹牝马交给你，你如果还想要更好的东西，我也甘愿立刻送给你；神的后裔啊，我不愿失去你的宠爱，在神明面前发下伪誓。(587 – 595)

如同阿基琉斯所做的一样，墨涅劳斯发现很难拒绝这种赠予。于是他因安提洛科斯的年轻以及他高贵的家庭而原谅了他，然后将相关的礼物反过来回赠给安提洛科斯，这样就保证了和睦，因而他自身就成为赠予者。他反过来将作为奖品的牝马作为礼物赠给安提洛科斯，差不多是重新确认自己作为一位高等级 *basileus*（王）所具有的优越性。我再一次认为荷马的叙述渲染了这一姿态的内涵，将它作为一种情感的展示，以达到掩饰其经济的、自利的动机。②

---

① 我这里在文本上同意明钦的观点，她认为这一争执的解决“没有妥协，也没有神明的干预”。(2001：68)，但是誓言说明如果没有神明干预的**威胁**，这一争执将难以解决。

② 明钦将这种解决理解为一种展示，即说明了墨涅劳斯为什么“这样为阿开奥斯人爱戴”，这是因为“他尊重别的更有能力的人为其利益而作的努力，并且他乐意公开承认他的感激”。(2001：69)

因此这种复合性的起誓要求，与在仲裁（*dikê*）中相互的、再分配性的礼物赠予一起，造成了表演中的演员与观众间共同的错觉。通过这种起誓要求，基于神话基础上的前现代社会中的生活世界就能够保持其规范以及以故事相传的理性——简言之，就是其对于 *themis* 的理解。现在我们就处于一种更好的位置，可以理解这种 *themis* 之所以得以保存，从根本上是依赖于进行仲裁的 *basileus*（王）的权威，因为他自己处于社会等级的顶端，占据再分配体系的核心，这样就可以决定他人之间的关系及其等级。而且对于 *basileus*（王）的这两种角色来说，在形成共识的过程中，他是借助于存在论的框架转换而同时承担起——实际上是被迫的——对于个体的与整个共同体的自主性的普遍责任。

10. 第三回合：涅斯托尔与阿基琉斯

Basileus（王）具有认可他人价值的权威，也作为再分配性的交换体系核心而发挥作用，这与游吟诗人在讲述史诗时的技艺有多么密切的关系呢？在马车比赛之后的"集体荣誉"的第三个困境的解决提供了一种答案：它同样使得我们回到坦迪的假说那里——他认为在公元前八世纪 *basileis*（王）与游吟诗人共同分享着可以深入共同体记忆的一种特别知识。在第一回合里，我们看到了作为仲裁者的阿基琉斯娴熟地面对着微妙的问题，以一种象征性的奖励承认欧墨洛斯与安提罗科斯的价值。但是当奖品无人争领时，他恭敬地——也是出乎意料地将这种形式的礼物给了老涅斯托尔，但并不是因为他在比赛中的表现而给予他奖品，实际上是因为他不再能参加竞赛了（23：615 - 623）[①]。因而这一奖品能够使得每个人承认与回忆起涅斯托尔年轻时超凡的体魂技艺。涅斯托尔感激地接受了奖励，然而他通过口头表演而表现了他不为人所知的成就，从而与阿基琉斯与观众一起完成了关联性行动：他叙述了在两代人之前，他在埃佩奥斯人（Epeians）为阿马里科斯王（Amarynceus）举行的葬礼上所进行的比赛中辉煌的成就。

涅斯托尔对其个人功绩的补充说明，让他可以在其他的精英面前表现自

---

① 这一奖品并不是在解决争执意义中作为仲裁（*dikê*）的一部分而给予的，但在一个相对的特权与权利的意义中，它仍然构成了一种仲裁（*dikê*），一种"份额"，某个人可以基于他在"宇宙秩序中的适当位置"而应当得到它（Sealey 1994：139 - 140）。Gagarin（1992：68）认为阿基琉斯将这一奖品给予涅斯托尔，是因为多年前为阿马里科斯王（Amarynceus）去世而举行的赛车比赛中他受到了欺骗（23.638 - 642）。

己，通过一种象征提醒他们回忆并承认他的竞技成就及他的地位。① 这像一个简短的讲述，老练的诗人将它放到对于涅斯托尔英雄经历更完整的叙述之中。用荷马的语言来说，就是他的 *klea andrôn*（光荣事迹）（Nagy 1990：202）。更特别的是，它类似于 *oimê*（歌咏），从 *oimê* 的一种词源来说，这是指诗人可以在吟诵（rhapsode）方式中将歌连接起来，形成一种更长的史诗叙事；或者根据另一种词源，*oimê* 也是指通过诗的途径（poetic path）而转向新的主题。因而正如争执发生后，进行仲裁的 *basileis*（王）受委托而承担着开辟仲裁的道路（strands）或者“途径”的任务，游吟诗人（*aoidoi*）以及吟诵者也有着用象征着“道路”或者“途径”的歌咏（*oimai*），来展现个体价值的任务。在这两种词源中，*oimê* 都给诗及其听众带来了一种根本性的转换。②

11. 什么是 *Themistes* 和 *Thesmia*？它们是如何关联着的？

当史诗诗人在英雄叙事中为这一仲裁的形象找到了神话的原型时，他们试图让人们相信仲裁的 *basileus*（王）召唤来自神明世界的愤怒与惩罚的能力。用认知性的话语分析来说，诗人诉诸了在混和着神、英雄以及常人世界的“典型场景”当中“进行仲裁（*dikê*）”的剧本。在荷马和荷西俄德那里，除了我们将在第 3 章加以讨论的米诺斯（Minos）形象（*Od*，11.568ff.）之外，还有诸多分配价值的诸神萦绕在奥林波斯以及冥府的彼岸世界，时时处处都警惕着人们违反誓言。③ 荷西俄德同样也相信神及逝去的人的灵魂都是

---

① 参见纳吉对于荷马中 *sêma*（符号、标志）这个词的讨论，他将其看作要求得到认可的线索，包括在比赛开始前涅斯托尔教安提洛科斯时的使用，以及它与史诗中对于他年轻时代成就的回忆的联系（1983：40，51）。更广泛的观点，参见 Barnouw 2004：259－290 and 319－345。加加林从第 1 卷涅斯托尔对阿基琉斯与阿伽门农的争执进行调解所使用的言语形式中，看出了诗与仲裁之间的关系，但是他却没有看到这里的联系。

② 参见 Nagy 1996：63－64，Ford 1992：40－48，Bakker 1997a：60－61，和 Rubin 1995：62。

③ 在《伊利亚特》第 3 卷 276 到 280 行，以及 297 到 301 行，在墨涅劳斯与帕里斯进行决斗之前，精英首领与普通武士都非常清楚违反了他们即将发下的誓言会受到的惩罚（Sealey 1994：106－107）。同样在《伊利亚特》第 19 卷 258 到 265 行召唤了奥林匹亚与下界惩处伪誓者的神［埃里倪斯（Erinyes）］。荷西俄德也看到了类似的掌握着再分配权力的神或者恶人（*WD* 190－194，219，282－285，803－804，和 *Th.* 231－232）。

作为“分配者（*daimones*）监督人们，特别是争执已被裁决（*dikai*），邪恶的罪行已经犯下的时候”。[①] 这些诗意灵感描述的神进行再分配的剧本，当然使得以下观念更加合理：诸神最终可以不加警示地将痛苦施加于人。但是荷西俄德在总结他对黄金时代的人的描述时，也提供了（在《工作与时日》第121－126行）一条线索，即这些“分配者”可能源自于历史中的日常现实生活：

> 自从这个种族被大地埋葬之后，他们死后是作为大地之上神圣的精灵。他们是凡人的守护者与监护人。他们身披云雾，漫游于大地各处，注视着人类的公正（*dikai*）与邪恶的行为，并赐予他们财富，这是对于 *basileis*（王）的一种特别的报酬。

他们的源自大地而非天空的高贵性，他们作为凡人的保护者的角色，赠予财富（多产）的能力，以及道德上公正的监督权，所有这些描述的都是给予铁器时代早期共同体中的长老或者首领的特权，是他们的 *geras basileion*（王的报偿）。[②] 但为什么在人中间只有 *basileis*（王）才具有关于分配的神圣知识呢？我认为这是因为在每一个村落中，只有他们才具有解决争执的代代相传而累积起来的经验，因而只有他们才能诉诸黄金时代的精灵，作为解决争执的“模仿的原型”（在纳吉的意义上）。[③] 这些精灵“守护着”和“保存着”（*phulakes*，123；*phulassein*，124）共同体关于以往案例、决定及宣誓形式的记忆，这在回顾中被认为是神圣的宝库，是外于在历史中创造它的人类的。

---

① *daimones* 与分配（*daiomai*）在词源上的联系，参见 West 1978；参见 *WD* 267－269，这里宙斯看守着 *dikê*，West 将这种功能与对于誓言的见证联系起来（1978）。在《工作与时日》第121到126行，荷西俄德将黄金时代死去的人称之为注视着人类的 *daimones*，在254行到255行，他警告那些进行仲裁的 *basileis*（王），三万个神灵正监督着 *dikai*（仲裁）的结果。当然并非偶然的是，在《伊利亚特》第23卷582－585行，安提洛科斯清醒过来，拒绝按照墨涅劳斯为他拟就的誓言发誓，因为他自己不愿意面对 *daimones* 感到“有罪”（……*daimosi einai alitros*，595）。

② 韦斯特将他们对于仲裁（*dikai*）与犯罪行为的监督（124行到125行），看作254行到255行的补充（interpolation）（1978）。

③ 根据加加林的观点，如前面所提到的：“没有迹象表明……在荷西俄德的时代，*basileus* 除了仲裁之外还有其他职能。”（1992：63）Edwards 同样指出在荷西俄德的世界中他们“特别的……仲裁角色”。

在一种仲裁施行/表演的程式化剧本中，这种特权性的认知才能使得这些首领们能够实现存在论框架转换，运用诸时空体而在神与人的传说、在他们关于解决争执的共同体记忆以及现场争执中冲突的、对话的立场之间穿梭。事实上，在审视复杂的人类事务时，这种知识传递给他们以一种灵活而巧妙的两维或者三维的观念。[①] 毫无疑问誓言在展示这种多元视角中发挥着作用，不过，当 *basileus*（王）运用这种认识性的能力去想象、探究与展开这些复杂的实在（世界），然后回过头用“恰当的”誓言处理当下问题时，希腊人会为这种表演性行为本身取一个什么名字呢？到目前为止，我们已经在仲裁的施行/表演（*dikê*）中看出了一系列言语形式：诉讼者所使用的主张、否认、威胁、指控和自夸等，以及由 *basileus*（王）所要求的宣誓形式这一主要语体。但是还有一个术语表达了神与 *basileus*（王）所专有的一种特别财富，它预设理解的王能够在进行仲裁（*dikê*）时有能力把握这些次要的言语形式，这是靠使用任何有必要的语体来劝说他人接受。

在荷马那里，这一术语就是 *themistes*，从广义上说，它差不多经常翻译为 *themis* 的复数形式，意味着“传统规则和习俗”之类的东西，或者更严格地说是在作为各种规范与法律意义上的“*themis* 的整体”。[②] 但是我认为它的意义要复杂得多，指的是一个人要理解如何达成“符合 *themis* 之事（*hê themis esti*）”而需做的事情。这个词出现了六次，作为宙斯授予 *basileus*（王）的财富或者特权，宙斯还交给他权杖（*skêptron*）——权杖象征性地说明了 *basileus*（王）在进行仲裁、发布咨议（*bouleuô*，*boulê*）或者在公共集会（*agora*）上提议起誓（*horkos*）时运用 *themistes* 的施行。[③] 而 *themistes* 的缺乏

---

① 无论是在荷马那里，还是根据盖尔蒂法典所规定的解决争执的过程中，卡拉万认为 *basileus*（王）的角色“就是去协调对立各方的意见，每一方要去理解另一方的观点，这样就可以中止复仇的循环，如果其中一方面临的只是不可接受的结果，这种循环不可避免地会出现”。(1998：61)

② 参见 Gagarin（1992：75）和 Westbrook（192：66－67）。Vos 将 *themistes* 定义为“不仅是附属于某种地位的权利和特权，但同时也是作为法律程序的规则，即非成文法（Gesetze)”。它们构成了“尚没有为任何人充分了解的司法管理的主要原则”。(1979：9）热尔内称它们为“神圣的决定，是由一个 *genos*（氏族）的头领在宙斯的启示下做出的”。(2001：24)

③ *Themistes*+ *Skeptron* 再现在《伊利亚特》第 1 卷 238 行（还有 *dikê* 与 *horkos*)、第 2 卷 206 行（与 *bouleuô* 与 *agora* 一起)、第 9 卷第 99 行（与 *bouleuô* 一起)、第 9 卷第 156 行与 298 行以及《奥德赛》第 11 卷 569 行（与 *dikê* 一起)。在《伊利亚特》第 16 卷 387 行提到由那些轻视神明的人进行仲裁（*krinô*）而产生的“不公正的” *themistes*（与 *dikê* 与 *agora* 一起)。在 *themistes* 出现的十五次场合里，宙斯的名字出现了九次。

让荷马四次感到震惊，他认为这是认知上无能的表现：无论是个人与他人发生关联时缺乏社会常识，还是人们在集会与商议中没有能力展现公共智慧。① 当荷马在讲到安菲诺摩斯（Amphinomus）——佩涅洛佩的求婚者中唯一具有可敬道德品质的人——时，运用了一种特别的叙述（在《奥德塞》第 16 章 403 行）：当求婚者知道特勒马科斯在完成对皮洛斯（Pylos）与斯巴达的旅行后安全返回后，他们的头目安提洛奥斯（Antinous）提议将这个正在成长中的首领干掉，安菲诺摩斯于是站起来讲话，"其讲话（*muthoisi*）最令佩涅洛佩中听，因为他心地善良（*phresin*……*agathêsin*）"。他好意对求婚者们相劝：

> 朋友们，我不希望杀死特勒马科斯，杀害国王的后代（*genos basilêion*）乃是件可怕的行为，还是首先让我们问问神明的意愿（*boulas*），倘若伟大的宙斯发布（*ainêsôsi*）的意旨（*themistes*）同意这样做，我自己也会杀死他，并且鼓励其他人这样；如若神明们反对（*apotrôpôsi*），那我就请大家罢休。（16：401－405）

围绕着 *themistes* 的大多数语义学成分都在这一场景中出现了，它们都是与宙斯、与公共的讲演，特别是与商议的言语形式有联系，也显示出了恰当而智慧的思考。但是，这一剧本并不关注一个实际的仲裁（*dikê*），这些求婚者也没有参与到"进行仲裁（*dikê*）"的剧本之中。因而宙斯的 *themistes* 并不局限于做出仲裁。但是在什么情况下一个 *basileus*（王）会展示出 *themistes*，并且将其在表演/施行中将其颁布出来呢？荷马告诉我们，*basileus*（王）是通过对于动词 *aineô* 的使用而将它们显现给人们的。按照纳吉的观点，在希腊史诗中 *aineô* 这个动词以及其名词（*ainos*）表示一种"权威性的言语，……一种肯定，一种被强调的言语行为，它是由显赫的社会群体做出的，并且也是为他们而做出的"。（1990：31）其特征之一就是它在说话者（或者诗人）及听众中形成了一种"社会契约"，因为它是作为一种仅仅为足

① 在《伊利亚特》第 5 卷第 761 行，赫拉将阿瑞斯（Ares，战神）看作"无知的"（*aphrona*），他对 *themistes*"一无所知"（*ou tina oide*）；而在《奥德赛》第 9 卷第 215 行，独眼巨人被认为是既不知道（*eidota*）*dikê*，也不知道 *themistes*。库克洛普斯（Cyclopes）人既没有公共的集会（*agora*）、议事会（*boulê*），也没有 *themistes*（法律）（*Od*. 9. 112），每个家族的头人管理着他自己内部的争执（*themistesuei*），不干涉别的家庭的事情（9. 114）。

够聪明、足够有教养或者紧密结盟的人所掌握的密码而发挥作用的。①

这些见解使我们回到了早先讨论过的 *themis* 的意义中去了，我们有必要进一步解释个体关于共识的观点怎么能够被所有人接受。表演/施行 *themistes* 的 *basileus*（王），接受并理解了一种来自神的密码式信息，潜在地规定了一个道德上正当的、与神联系在一起的共同体。作为一位表演者/施行者，他的任务是必须使他的听众理解和信服这一密码式的信息。有意义的是，安菲诺摩斯的话语（*muthos*），至少在这一时刻，的确劝阻了这些求婚者。更为重要的是，他在这种并非仲裁的情形下同时运用了 *themistes* 和 *ainêo*，是为了突出一种关键因素，这种因素是在荷马所有提及 *themistes* 的其他场合中都隐而不显的：通过向任何使用 *themistes* 的人揭示出神的意志或者劝告，可以表明自己乃是神谕预言家。*themistes* 类似于神谕一样，它们向 *basileus*（王）传达了神关于过去、现在与未来的超越性视域，启示着 *basileus*——他在阿基琉斯之盾上也被称为 *istôr*（18. 501）："他看到了别人看不到的"——用纳吉的话说，这能让那些缺乏这种第二种视力的人信服。②

因而 *themistes* 能够在人们讨论最好的行动方案的任何会议商谈上启用，启用它就是在宣称某人具有向神咨询如何理解某个人类相互作用的权威，故而 *themistes* 是严格意义上施行的与以言行事的。如同我们在讨论 *themis* 时的观点一样，"神所知道的东西"，也就是应当在回顾中向所有人显示出来的、对共同体最有利的、应当接受的方案。如果我们的思路是正确的，那么这种普遍的、商谈性的和以言行事意义上的 *themistes* 的施行，应当比我们可能认识到的更为普通常见。斯科菲尔德看到，在《伊利亚特》这样的战争故事

---

① Nagy 1990：148，and 1979：237－241，这里说明了这个词与智慧（*phroneô*）的联系。尽管其用心良好，但是安菲诺摩斯却从没有将他所认为的求婚者侮辱了神明的观点坚持到底，他也没有能理解 *ainos* 或者说谜一般的奥德修斯——他装扮为年老的乞丐，给他在即将到来的屠杀面前拯救自己的机会（18. 125－150）。

② 参见热尔内关于 *themis* 神谕性质的讨论（1981：189－190）。Vos 解释了这里的 *themstes* 是作为宙斯通过"法律"（Gesetze）来表达他意志的方式，对于人类来说要认识"法律"是有困难的；但作为神，作为 *istôr* 是可以知道的。（1979：19）*istôr* 来源于 *oida*（"我已经看见"，"我知道"），从字面上说意味着"知道某事的人"，而在阿基琉斯的盾上，它既是指实际上解决争执的 *basileus*，也可以是指制定解决方案的人（Cantrarella2003：286；cf. Thür）。纳吉将 *istôr* 所看所闻与神谕的观点联系起来（1990：259－260）。但是这个词同样可以指"见证"一个誓言或者打赌的 *basileus*（Carawan 1998：61－62）。*istôr* 的这两重意义满足了框架的根本性转换的要求，以一种超越性的实在来看待此时此地的情形。

中，远不同于在通常共同体生活中，*themistes* 与荷马那里的“王室的”仲裁的关系并不紧密：“通常看不到 *basileis*（王）在掌管着 *themistes*。”但是如果真是如他所认为的，“王者（*basileis*）运用正确判断分配正义这一观念在公元前八世纪社会以及荷马想象的英雄世界中都是贴切的”，那么 *themistes* 与 *euboulia*（“良好判断”）应当在荷马与荷西俄德的诗中任何地方都不可分离（1986：12）。

这两个词语的意义是如何交织在一起的呢？如同我们前面注意到的，斯科菲尔德令人信服地说明，*euboulia*（良好判断）是“荷马首领的卓越才能”，可以为他获得类似于战场上英勇作战赢得的价值（*timê*）（9，13－16）。尽管这六次会议都没有正式地上演“寻求仲裁/进行仲裁（*dikê*）”的剧本，但每一次都提供了与仲裁（*dikê*）类似的机会，争执中的个体竞相在他们的同辈面前要求重新分配价值（*timê*），而这种分配则是受制于一个主要的 *basileus*（王）的许可，正是 *basileus*（王）所展现的 *euboulia*（良好的判断）形成了共识。斯科菲尔德还给 *euboulia*（良好判断）赋予了我们在之前讨论过的另一种品质，现在我们可以来澄清它与 *themistes* 的联系：它是同时从过去与未来的情形来理解当下的情形，在商谈中引入一种“**外在的**观点”，插入到英雄们确定 *aretê*（美德）与 *timê*（价值）的密码中（16，强调是原文中的）。这正是我们看到进行仲裁的 *basileis*（王）所做的，他们通过 *themistes* 宣示了一种神秘的“神谕的”知识，说明了事情如何做才会最好，从而驳倒对立的主张。斯科菲尔德认为一个好的咨议者（counselor），必须有能力同时控制理性与情感，才具有说服力：“……但是他必须通常是对的，他必须专注于现在要怎么做，但这会涉及总结过去的经验并思考未来。”（16）这里所谈及的“过去”与“未来”，常常不得不借助时间的与存在论的框架转换，将当下讨论的问题回溯到集体的记忆与英雄神话中去，这是通过先知式的洞察而接近神圣的知识。

Themistes 所包含着 *euboulia*（良好判断）的第三种特性，还会使我们返回到已经讨论过的争执之中。我们看到了欧墨洛斯在马车比赛中表现拙劣，但阿基琉斯却对他产生同情——这在竞技比赛中是很不合情理的，他也找了一个理由使欧墨洛斯因为过去的成就而获得了荣誉，这一理由是基于欧墨洛斯有着达到某种主观性实在（subjective reality）的特别能力之上的。而观众对于这种姿态的欢呼证实了将竞争者、裁判和观众联系在一起的交互关系。

同样斯科菲尔德也认为有时候展现出的 *euboulia*（良好判断）促使争执者从他们对手的位置去审视这一冲突。最为知名的是在《伊利亚特》第 1 卷，当涅斯托尔试图为阿基琉斯与阿伽门农进行仲裁（*dikê*）的时候，“阿基琉斯与阿伽门农都被要求不仅只考虑他们自己和他们的荣誉（*timê*），而且也要从其他人的观点来看：**他（his）**的位置及处境让**他（him）**有资格要求什么”。①

这样，从同时接纳客观的、规范性的及主观性的视野以便在交往行为中形成共识来看，*euboulia*（良好判断）和 *themistes* 的合理性事实上是同一的。我们可以说 *themistes* 表现出 *euboulia*（良好判断）的抽象性质，一般是通过 *basileus*（王）表演叙述性的言语形式，转换时间上的与存在论框架，以寻求一种施行性的解决。有时 *themistes* 可以促使他为“适当的”诉讼者拟就“适当的”誓言，以向“适当”的神明发誓；另一些时候 *themistes* 使他从共同体的记忆中为当前的困境找出具有典范性意义的事件、案例或者预言。在他们的表演/施行之前，所有情形中的 *themistes* 都提供着基于过去经验之上以言行事的权威性保证，即 *euboulia*（良好判断）会出现。在 *themistes* 的施行之后，它们就为一个成功的交往性行为的共识所认可。②

当施行 *themistes* 包含着“做出仲裁（*dikê*）”的剧本时，我们就能更准确地理解 *basileus*（王）特有的关于过去与未来的“神谕性”关键知识的秘密。正如图尔所认为的，“为了解决争执，早期城邦的权威人物必须在他们心中准备着相当多的誓词形式”。（1996：69）这必然是一种合法的记忆宝库，它以一种复杂的言语形式，保存着共同体过去曾成功解决争执的口头相传的记忆，与在《伊利亚特》第 9 卷中福尼克斯劝说阿基琉斯而对墨勒阿格尔的微型叙事并没有什么不同。我们对于这样一种言语形式并没有确切的名称，但是作为一种口头记录，它们在叙述中早就简化为诉讼者的自我表现与

---

① 1986：28；斯科菲尔德指出了在第 19 卷 181 行到 183 行中，奥德修斯在试图协调阿伽门农与阿基琉斯的矛盾时使用过类似的理由。

② 在《伊利亚特》第 9 卷第 155 到 156 行，我们看到当 *basileus*（王）的仲裁被其下属看作“适当”的时候，共识就产生了。阿伽门农向阿基琉斯允诺送他七个部落，他们会“把他当作神（*timêsousin*），他的 *themistes*（法令）在他的权杖之下得到执行（*teleousi*）”。也就是说这些下属会“接受”（*telousi*）阿基琉斯的建议或者仲裁，一致认可它们作为一种政策或者解决方案。也可参考一种更通常的解释，即下属会由于尊重长官而执行他的“法令”（e. g. Griffin 1995：93 或者 Vos 1979：5）。

地位申明的形式；它们也通过联系着犯罪的观念（比如“主题”、“剧本”、歌咏的道路或者途径）与誓词的记忆而组织起来。[①] 我们关于史前希腊的立法程序的知识帮助我们认识到，以文学形式中出现的这类口头言语形式的最终产物就是 *thesmia*——大多数学者是通过亚里士多德对于这个词语的使用而对它有所了解（在《政治学》3.4 以及 16.10），用奥斯特瓦尔德（Ostwald）的说法：“它是对于仲裁过程的记录，包括每个案例中所作出的决定，或者作为各个具体决定基础的原则。”（1969：174 – 175）[②]

如果有关 *thesmia* 的这一史前史的描述是准确的，那么 *basileis*（王）正式创立它的时刻乃是在基于英雄的时空体之上的口传公共记忆与公民性的、后英雄的及（我们）可以更多地从历史中发现的、更文字化的时空体的记忆相互衔接之际。作为其结果，*thesmia* 对于我们来说是在成文法（*thesmoi* 以及后来的 *nomoi*）发展过程中的过渡阶段。在共同体口头相传的记忆中，仲裁的 *basileis*（王）会在施行 *themistes* 时，对于与当下争执有关的 *thesmia* 进行重构与重组。[③] *Thesmia* 使得他们能够再次施行地方性记忆中的仲裁，使得共同体“回返”到让他们能更接近于英雄时代的过去，而这对于增强他们仲裁（*dikê*）的说服力有着极大的帮助。他们的施行同样在模仿的原型上有着令人信服的资源，比如 300000 个“神灵”（*athanatoi*，*WD* 250）以及荷西俄

---

① 对于 Havelock 来说，“这样贮存在口头曲目中所有类型的知识，都可能在叙述的形式中得到类似的反映……”法律规定可以提供最好的例子是：“为了形成一种法律的命令，人们想到并陈述了某个角色所做的某件事情或者某种行为，而不是以某种特定情形可能发生的抽象原则的形式反映出来。”（1978：43）我认为这一描述构成了口头 *thesmia* 形成的第一步，但是在成文法形成之前，一个 *thesmion*（案件）的行为或者角色可能在叙述中被忽略，以便得到一种抽象的相互作用或者原则。例如在《雅典政制》第 16 卷第 10 行中的引用或者转述了一个德拉古关于僭主的法律：它一开始宣称是一种“雅典的 *thesmia* 和祖先的法则”。它宣布：“任何为达到僭主统治而起来作乱的人，或者任何帮助建立僭主政制者，他与他的家庭都应当被认为是非法之徒（*atimon*）。”也可参见荷西俄德的《名媛录》（*Catalogue of Women*）43（a），其中 41 行到 43 行中可能的 *thesmion*，将在第 3 章中讨论。

② 也可参见 Ruzé 1992：87；Gagarin 1981 b：71 – 72，后者将 *thesmia* 理解为“成文的记录，或者至少是将来的案件中可以运用的一些重要决定”。（72）也可参考 Rhodes 1981，ap. 3.4，他并不能肯定亚里士多德是否以这种方式理解 *thesmia* 这个词。

③ Vos 也想象了一个类似的过程，但并没有将其与 *thesmia* 联系起来。他认为荷西俄德在《工作与时日》第 221 行中提到施行 *themistes* 的“法官”“进行不公正的仲裁（*dikai*）”，“从他们的‘*Kodex*’（法典）中选择并不适用于具体案例的法律规定”。（1979：10）

德称之为 *daimones*（*WD* 122）的黄金时代的 *basileis*（王）。如果按照荷西俄德所说的，这些英雄的化身（avartar）“守卫着”或者“保存着”（*phulakes*, *WD* 123；*phulassein*，124）共同体的重大案例、决定和宣誓的记忆，那么亚里士多德认为雅典的 *thesmothetai* 刚好履行了德拉古法律改革（约公元前621年到620年）之前的这种功能，他写道“……为的是，通过记录下 *thesmia*，他们可以为自己保存或者保护（*phulattôsi*）它们，用于解决争执。”（*Ath. Pol.* 3. 4）

口头的 *thesmion*[①] 听起来应当是什么样的呢？作为一种言语形式，在其发展的口头阶段中，*thesmia* 可能是作为构成更长叙述——比如史诗——的基础成分。除了“在里面没有近来的事”的诸如墨勒阿格尔故事的微型叙事之外，还有“清单（list）”和“目录表（catalogue）”，它们作为类似信息的片段，通过记忆而保留在史诗吟唱者的保留剧目之中。目录表可能尤其适合用来与 *thesmia* 进行对比，因为它记录着类似清单之类的条目（比如人名与地名、舰只与军队），但通过叙述它又对每一清单有所展开阐述，于是便将一个诸如“在战场上击败敌人”这样的简短剧本转变为长篇史诗特有的两个或更多的时空体，比如唤起一个垂死者在和平时的家庭联系和故土乡情。与清单与目录表一样，*thesmia* 会依赖一种贮存着作为备忘之用（人名及地名）的“初级”信息的“认知地图”，然后在它们之内“嵌入”需要记忆的行为，比如对某人荣誉（*timê*）的侵犯，以及纠正不公的仲裁的性质。[②]

这种口头相传的 *thesmia* 与类似于荷马史诗的目录表之间的联系，甚至完全可以发展出一种相应的诗体（poetic genre），即以目录表结构（catalogue structure）为特色的六步格（hexameters）[③] 谱系诗（genealogical poetry）。尽管它们是在荷西俄德或者后来一些诗人之名下面支离破碎保留下来的一些残篇，我们对这类诗的结构与范围已经有足够的理解，所以我认为荷西俄德《名媛录》（*Catalogue of Women*）之类的诗可以看作口头 *thesmia* 的宏大模型。

---

① *Thesmion* 是 *thesmia* 的单数形式，往往是指作为调解争执的先例，与成文法不同。——译者注

② 参见明钦对于荷马史诗的目录与清单中的认知地图的观点（2001：73－99，and 1996）。

③ “六步格（Hexameter）”是古典时期希腊文和拉丁文的诗歌格律，荷马《伊利亚特》和《奥德赛》、赫西俄德《神谱》、维吉尔《埃涅阿斯纪》、奥维德《变形记》等著名诗篇都是用六步格写成。每个六步格诗行有六个音步。其中前四个音步是三音节的长短短格，它们可以被两音节的长长格代替；第五个音步一般只使用长短短格；第六个音步是不完整音步，只有两个音节。——译者注

我们甚至可以推测谱系的因素必然包含在 *themistes* 的施行之中，因为表演这些 *themistes*，聆听祖先的谱系吟唱，对于维护首领的权威是非常重要的，对于其表演性的保留剧目也是必不可少的。因而如果说荷西俄德认为 *basileis*（王）具有特别的才能："通过公正仲裁（*dikê*）的方式确认 *themistes*"，看到在 *basileis*（王）与游吟诗人之间言语行为的相似性，那么，大人物/酋长们就必须借用游吟诗人去宣称自己具有一个英雄的血统，以胜过其对手而维护其自身的价值（*timê*）。① *Themistes* 与史歌（epic song）都利用了同样的认知能力去转换存在论框架，从当下的日常生活逐步退回到最近的与遥远的英雄与神明的过去。如韦斯特（West）就此而恰当谈论毛利（Maori）文化的："任何有意成为首领的人，其教育中重要的一部分，就是至少能够列举出他自己二十代以上的血统渊源，知道其家庭源远流长。"②

因而作为早期解决争执的剧本，"进行仲裁（*dikê*）"给予了个体的 *basileus*（王）的才能以一种奖赏，促使他在一系列的交往行为与认知行为中进行协调，其中一些行为是他自己表演的，而另一些则是他引导着诉讼者与其支持者去表演的。传统给他的运用提供了不少言语形式及认知活动的保留剧目，我已经努力地利用我们有限的成文资料突出了其复杂成份，其中包括着对 *themis* 做出权威的、以言行事的主张、回忆宣誓形式及 *thesmia*、存在论的框架转换、默认一些参与者的主体地位、设定所有相关各方的交互性视角，以及能够将所有这些结合在一个称之为 *themistes* 的知识与语言的神圣展示之中。我已经说明这样一种杰出的表演/施行，是与其他形式的首领权威与交换一致的，而国家形成期的共同体正是建立在这些权威与交换之上的。

尽管在《伊利亚特》中出现了围绕着阿基琉斯的公民交往及认知的原型，但史诗对于争执调解的表达，并不真正地上演着具有公民参与特征的角色与程序。然而争执调解显然的确在《伊利亚特》写成后的几代人之间经历了变化，因为最初的成文法开始出现在公元前640年左右。这一时代（以及以后）的市政官员与精英公民觉得有能力将这种"进行仲裁"（*dikê*）的剧本，重组到仲裁程序与陪审团审判中，为他们自己确定所扮演的角色。在第

---

① 关于后几何时期及古风时期谱系诗与 *basileus*（王）的家庭地位之间的关联，参见 West 1985：8－9。注意涅斯托尔是如何将阿基琉斯神圣的谱系介绍给阿伽门农以达成解决的（*Il*，1.280）。

② West 1985：24。这个例子韦斯特引自 S. P. Smith 1921：16－18。

3、4 章我们会看到进行仲裁的 *basileis*（王）的杰出才能，是如何利用自己对于各种商谈和推理的影响，降低对于以下这些形成共识的技巧的依赖，比如个体对于 *themis* 的主张、存在论的框架转换、宣誓及默认他人的主体地位、设定所有相关各方的交互性视野等。在第 3 章中，借助于热尔内的一个重要观点（2001），我们会看到，只有当受到指控的罪行所涉及的各方都理解了某类个体的主观、内在世界的认知与道德维度时，争执调解的剧本才可能被重组为陪审团审判：这类个体受到不义伤害，特别是被所谓“hybris（僭妄）”这一典型罪行所伤害。更具体地说，我所指的是奥德修斯，作为受到他人的僭妄的伤害的个体公民原型，他也学会了如何将自身从一个受不义侵犯的受害者转化为正义的执行者。

第三章 《奥德赛》中的自我转换及正义治疗

1. 正义的剧本与执行者是如何转换的?

如果在城邦的形成时期，*basileus*（王）由于其特有的认知与交往技艺而作为正义的施行/表演者的原型发挥着作用，那么普通的市民是否也能获得这些技艺，从而成为一个正义的执行者呢？在第 2 章中我们看到 *basileus*（王）与史诗诗人并没有什么不同，都显示了几种杰出的才能：他将当下的争执放入到不同的时间与存在论框架中，其中一些框架将胜出其他框架；当他在施行正义（*themistes*）时，利用权威声音（*themis*）以言行事的力量，将要求的起誓赌咒、事例、谱系这类言语形式都整合到共同体记忆（*thesmia*）之中；他通过接管诉讼者与观众的自主性，向所有在场的人呈现出诉讼双方以及共同体整体的主体地位，从而将争执作为一种潜在的关联性行动而加以控制；在维系自己作为共同体再分配的核心的权威不变的情况之下，他重新调整了诉讼者的价值（*timai*）以达成共识。在这一章及下一章，我会讨论随着国家的中心权威在公元前 700 年之后开始强大时，*basileus*（王）的这些特别能力是如何利用正义的施行来表现其他公民的剧本与角色的。

在第 4 章我们将讨论立法家与成文法对于陪审团审判的发展来说，是如何起到促进作用的，但是在这一章我要探讨的是作为这些新的正义的执行者与剧本的原型表演者，希腊人需要想象什么样的自我。在国家形成期进行仲裁（*dikê*）的 *basileus*（王），如果要使其特有的知识与交往技艺与公民整体的能力相适应，那么推断出他必须经历一种自我转换，似乎是合理的。这样一种自我转换会涉及什么呢？当审判的官员与陪审员在表演法庭“进行仲裁（*dikê*）”的剧本时，这种新的可能自我——无论是真实的还是假定的，是如何运用他们的认知能力呢？为了替代仲裁的 *basileus*（王），官员及由公民充任的陪审员 - 法官（juror - judges）（后面称为“陪审员”），应当具有在多元的时间与存在论框架下考虑争执的能力，尽管我们将会看到，这些框架的性质必然会发生改变。与 *basileis*（王）类似，官员与陪审员需要按照 *themistes* 来讲话与仲裁，但是他们没有必要具备 *themistes* 的表演/施行能力，而应具有源自于 *thesmoi*（最早的市民法）的 *themis* 观念（我会在第 4 章表明，这些最早的市民法，是由他们国家的立法家根据法律实践的记录而编撰的，而立法家最为重要的 *themistes* 以及 *thesmia*（争执解决的先例）——无论真实或想象的，是通过犯罪与惩罚的观念而得到区分的）。官员与陪审员们就面临着以这些抽象的法令——无论是成文的还是未成文的——来解释当下争执的要求。

最终，他们还要面临诉讼者的自主性的问题。与仲裁的 *basileis*（王）不同的是，在争执调解方案的调解过程中，官员与陪审员并不允许站在受到伤害一方的主体地位而承担责任。陪审员审判（jury trial）作为一种精心安排的言语形式及主体地位的剧本，最终保护了诉讼者的自主性，防止作为关联性行动的争执调解突然失控。在古风时代早期，官员与陪审员需要理解诉讼者，特别是被告在其思想与行为中在多大程度拓展自主性；他们同样必须确保诉讼者具有对于一个公民的价值（*timê*）应当与其他人的价值及整个共同体的价值相互关联的共同理解。

因而，为了给这些未来的仲裁角色与剧本提供一种模式，*basileus*（王）的自我转化就取决于在他身上发生了精英公民们能够理解、赞同甚至加以模仿的认知及道德的变化。从道德上说，他们必须修正他们对于人类自主性的理解，特别是每个公民要理解他与其他人进行交往时，为什么要为他自己的决定与行为负责任，以及在他自己的控制之外有什么样的命运与神明干预的力量。正如努斯鲍姆所认为的，这一问题“对于希腊人来说是根本性的”，贯穿于其整个传统中，甚至在我们的后康德世界里仍然与我们相关（1986：4 - 5）。她还特别通过理性评价与选择之上的自足性（self - sufficiency），将这一问题与希腊人保护自身免遭命运或者神明的干预（偶然性）影响的伦理追求联系在一起。为了理解这一追求，她建议我们比较一下希腊人是如何将自主的观点一方面与友谊、爱、政治行为及财产这些“外在的善”联系起来，另一方面与“人类内在天性中较难以控制的部分”，特别是“所谓‘灵魂中非理性部分’，如欲望、感觉、激情等”联系起来（6 - 7）。她得出结论，认为自我转换对于以下这一追问来说是关键的——无论希腊人还是我们都一样："于是我们要问：是否重构人类、改变或者抑制我们自己的某些部分，就会导致更多的理性控制与自足性，而这是否就是一种理性的人类生活的自足性的恰当形式?"(7)

我认为《奥德赛》及其中心人物奥德修斯的历程，给公元前700年之后的希腊听众提供了一种自我转化的经验，他们在扮演仲裁的官员与陪审员的表演角色时必须接受这种经验。但是，在讨论这种可能性之前，我们应当考虑近些年来就这同一个问题的讨论，即自我能否转化自身，这一问题被认为是自由主义、社群主义以及商谈民主主义关于自我观念的争论中关键之所在。如我们在导言里面所看到的，三种自我的自主性理论，以及自我与他人的关系理论之间争论的症结就是：自我是先于其目的，因而可以自由选择这些目的，还是它的目的是由他人所给予的，自我只能去发现这些目的并表述出来?金里卡（Kymlicka）在他近来参与自由主义与社群主义就自我观点的交锋中，着手解决这一症结：**这是一种我们将自我的边界划到哪里的问题**(2002：226－227)。他观察到，如果罗尔斯是对的，自我的确先于其目的，那么"其边界就是预先被确定的"(226)；而社群主义希望看到一种包含在共同体传统及善的共同意义之中的自我目的，这样看起来，他们同样将自我的边界看作先定的。

但是让金里卡困惑的是，一些最有影响力的社群主义思想家（比如桑德尔与泰勒）认为自我在表明自己作为人的立场时，个人的边界是变动的——这更类似于罗尔斯在描述自我理性地修正它过去所选择的任何目的的能力时表达的观点。金里卡看到："在这一点上并不清楚的是，在两种观点之间的区别是否仍然存在。"因为如果个人先于他的目的，其分歧就是"个体在哪里划出个人的边界"(226－227)。换言之，桑德尔与泰勒关于自我的地形学(topographies)在某种程度上保存着开放性，类似于一会儿表演着自由的剧本，一会儿表演共同体剧本的混合体。最后，商谈民主主义关于自主个体的观念同样无疑是开放的，在自我的同一性（即能够认识到个体的过去、现在与将来生活之间的连续性）之外，哈贝马斯甚至更强调我们将自我同一性与规定着我们境况的东西——包括传统与公共的价值——区分开来的能力(Warren 2001：63；1995：173)。但是对于我们的自主性而言更为重要的，是在某种类型的公共对话中与他人进行相互间的理由说明，以及对于我们自身进行关键判断的能力。正如沃伦所说："自我的自主性，依赖并应当参与到相互间的理由说明与反馈过程中；换言之，自主性包含着交往的能力，这一能力并不是作为一种个人的财富而存在，而只能作为交往性的理解与互动

这一共同基础的一部分。”（2001：64；cf. Habermas 1990：19）

这样，当代的理论家无论将自我置于其目的之前，或者认为自我是由其目的建构起来的，都认可一定程度上对于自我边界有所改变的自我转换。商谈民主事实上也允许自我获得自主性，也允许通过一种治疗模式、一种心理疗法而重置其边界，这让我们想起了希腊人，想起了他们对于理性自足性以及解决争执的伦理要求。特别是沃伦，他曾讨论过人格的紊乱是否妨碍了个体在交往中的互动，并因此妨碍了他们从他人那里获得对于其自身自主性的认知，即他们不能受惠于商谈民主所要求的相互间的理由说明。他问道：“那些相对还能发挥自我功能的人，如果受到不安、焦虑、自负等情绪——这些情绪会成为干扰群体决策程序的内在障碍——的影响，当他所在的共同体走向民主化时，他会变得更为自主吗？”（1995：188）

我将主张的是，作为执行正义者的主要角色，大多数希腊公民需要这种治疗性的自我转换。但是在古风时代的希腊文化到哪里去找一种恰当的治疗模式与过程呢？答案是在国家形成时期提供给仲裁的 *basileus*（王）以仲裁方面援助的那种资源：史诗诗人（epic poet）。我想《奥德赛》给它的听众提供了一个体验自我转换的机会，这种自我转换的轨迹突出了在认知的与道德的教育中，需要对个人作为执行正义者这一角色的认知。在奥德赛所经历的漂泊、返乡以及对于佩涅洛佩的追求者进行报复的过程中，荷马式的诗人（Homeric poet）① 在这个英雄身上重演了人格的自我转换，他也希望在他的听众彼此间分享这种转换。通过采用不同个体、群体及共同体的多元视角，利用新的框架来理解诉讼者的行为，特别是以自愿/非自愿的行为框架以及道德责任的框架，代替存在论的框架转换，聪明的听众能够从这种自我转换中获得施行正义的技巧。这使得未来的官员与陪审员，能够给受到争执困扰的个体提供 *themistes* 与 *themia* 更为公民化的版本，他们可以从中得到多元的自我观点，形成与共同体的价值相一致的自我解释，而不是与个人或者亲缘群体的需要与欲求所确定的“目的”一致的解释。这种能力最为新颖的特征在于做出了一种假定，即陪审员要为他人确定其自我的性质，并劝说诉讼者及观众将其价值（*timai*）与共同体利益结合起来，同时也尊重诉讼者内在的主观世界。

为了说明这种假定，我会关注《奥德赛》中的两个情节，我认为英雄奥

---

① 西方很多学者并不相信历史上确有一个“荷马”创作了《荷马史诗》，而认为是很多诗人经过几代人的努力集体创作出来的，所以有此说法。——译者注

德修斯在这两个情节中经历了两次自我转换：一是在第5卷中，奥德修斯决定离开海中女神卡吕普索，荷马在这里颇有策略地决定将他的听众引入到英雄的世界中；二是在第11卷中他访问冥府（*Nykyia*），这一事件在奥德修斯的漂泊过程中发生得较早，但是荷马让听众在卡吕普索的插曲之后体验了这个事件。两个情节都让我们同时从古代与现代的角度，来思考英雄将自己转化为一个人类行动者（human agent），即重新将自身界定为一个人（person）并重塑他的自主性的过程。这两个情节也同样激起了学者们就这部特别的史诗以及这位英雄进行长期的讨论：《奥德赛》戏剧化地表现了道德的普遍性，这是否与《伊利亚特》有着截然的区别呢？在《奥德赛》中，行动者为他们的命运负有着更大的道德责任，因而他们之所以成功或者失败，并不是因为神的恩惠或者敌视，而是由于他们自己的道德选择吗？奥德修斯与他在《伊利亚特》中的角色以及《伊利亚特》中阿基琉斯与赫克托尔之类的前辈相比，是否是一种新型的英雄？如果是这样的话，我们能将他这种新颖的成分与一种新型的自我联系起来吗？奥德修斯的性格事实上真的在这一史诗中改变了吗？尤其是他的道德意识的确经历着一种发展吗？

从一种当代的视角来看，奥德修斯离开卡吕普索的决定，给荷马的听众（以及我们）提供了重新审视意志论、认知性以及商谈性维度自我的蓝图，并事实上启示他们及我们如何将这些自我的维度重组为国家公民的自我形式。在哈贝马斯、沃伦和金里卡等人的帮助之下，桑德尔与泰勒对于自我的讨论，为我们澄清了在奥德修斯性格之中作为行动者（agent）的自我与作为人（person）的自我之间存在的差异，以及作为一个相对封闭的与相对开放的施行角色的自我之间的差异——这些差异的确在奥德修斯的性格中发挥了作用。

但是我特别感兴趣的是，在第13卷奥德修斯访问冥府的情节中，奥德修斯与荷马的听众共同分享了进行仲裁的王（*basileis*）在国家形成期所经历的体验，即我们在第2章中所讨论过的 *themistes* 与 *thesmia*。这里借用西蒙（Simon）的观点来说，荷马在他的史诗表演中为他的听众安排了一种心理治疗的形式（1978）。我将特别讨论奥德修斯访问哈得斯（Hades）的最后时刻，他遇到了米诺斯。在我看来，米诺斯类似于希腊传统施行 *themistes* 与 *thesmia* 的典范，不断被模仿（11.576－627）。这里我们会理解为什么奥德修斯在体验了五位英雄形象的 *thesmia* 时，开始获得了一种转化了的自主性。这五位英雄分别是奥里昂（Orion）、提梯奥斯（Tityus）、坦塔洛斯（Tantalus）、西绪福斯（Sisphus）、赫拉克勒斯（Heracles），我将他们都概括为由于傲慢而犯了僭妄之罪的人。科赫特（Kohut）的“自我心理学”（self psychology）① 的心理分析理论（1985，1984，1977）可以给我们提供一种对于个体自主性的交互主体性的理解，这种理解与希腊城邦的公民与自我的自主性，以及自由主义、社群主义与商谈民主主义理论关于自主性的争论是一致的。因而我们会讨论奥德修斯事实上作为神圣正义的执行者而施行的关键时刻，即他对于求婚者进行的审判与杀戮的时刻，我将论证他此时在运用他探访哈得斯以及决定离开卡吕普索时所获得的自我认知与道德理解。最后，我们会比较奥德修斯在第 11 卷中对于哈得斯的访问，以及在第 24 卷中那些求婚者的亡灵到达哈得斯的场景。通过比较他向求婚者所索求的正义，以及荷马为解决奥德修斯接下来与被杀的求婚者亲属的争吵所用的方法，我们就可以回答以下的问题：“《奥德赛》就是为荷马的听众所上演的庄严的 *thesmion* 吗？”

2. 有关僭妄与正义的一个诗化商谈

一些人会认为史诗《奥德赛》主要关注的是奥德修斯在神明的帮助之下，为他自己、他的家庭和他的共同体获得正义。但是这种需要并不意味着其成功的结果“满足了人们希望看到正义在世界中实现，恶人受到惩罚的**自然**愿望”。（Rutherford 192：5；强调是我标的）这就是说，奥德修斯所寻求的正义并不是自然的，而是历史所限定的。它必须满足大约公元前 700 年它所处的城邦与族群的国家社会（state societies）② 中听众的兴趣，我们不可能指望从这种社会中找到与《伊利亚特》中的社会相当的正义。事实上学者们很早以来就注意到了两部史诗中神的观念（它们的“神学”）的差别，以及在神与凡人之间各种关系对于人所产生的诸道德后果的差异。二十世纪的荷马学者特别注意到《奥德赛》中第 1 卷第 32 行到 43 行中宙斯的“纲领

① 精神分析的自身心理学（psychoanalytic self psychology）是由美国精神分析学家海因兹·科赫特（Heinz Kohut，1913—1981）所发展起来的。这种心理学认为，自身是人格结构的核心，人格的发展状况取决于自身的发展状况。而自身的发展不但独立于本能，而且统摄本能。科赫特的精神分析思想有一个发展过程，总的趋势是赋予自身以越来越尊崇的地位，最终导致彻底抛弃正统精神分析的本能论模式。——译者注

② 国家社会（state society），这种社会一般具有强有力的中央集权政府，存在着社会 - 经济的分层，有着市场经济及一定规模的人口。——译者注

式”的评论——他驳斥了人类因为其不幸而谴责神：“不，他们（凡人）所经历的超越其通常命运的灾祸，要归咎于他们自己的道德上的愚蠢（*atasthaliêisin*，34）。”这话似乎与我们在《伊利亚特》第24卷525－551行中看到的阿基琉斯与普里阿摩斯所共同的看法直接形成了鲜明对照：在那里，阿基琉斯想象宙斯专横地从两个罐子中抽签决定分配给人类善与恶的比例。

因而，似乎《奥德赛》中的人类，较之于在《伊利亚特》中负有更多的道德责任，具有更大程度的自主性。① 从历史上讲，我们甚至可以从每部史诗不同的世界观出发，认为荷马社会的“生活世界”并不统一，尽管每一种生活世界的视域都基于一种源于祖先的、明确而无可置疑的真理及有效性主张之上。后一部史诗假设的世界观在哈贝马斯的意义上“偏离”了前一部史诗中假定的道德因素（cf. Habermas 1984：70）。如果这听起来是有道理的话，那么后一部史诗的神学以及对人类责任的描绘，提供了对于到底是神，还是凡人自己决定人类命运的真正原因这一问题表示赞成或者反对的理解。《奥德赛》在这一关键点上也引起了很多争论，因为它给很多学者留下了印象，认为这方面它是矛盾的或者并不一致，一方面它表明人有一定程度的道德自主性，但同时又让人成为一种不公的、由神所施加灾祸的牺牲品。

《奥德赛》的前102行以一系列简略的笔调进行了这种比较，开启了与《伊利亚特》的道德宇宙的对比。类似于 *thesmia*，这些笔调描绘了一些犯罪行为、行凶者和他们的命运。荷马的讲述者记叙的第一项犯罪就是奥德修斯的同伴，“他们之所以丧命，是因为他们自己道德上愚蠢的亵渎（*atasthaliêisin*），他们把太阳之神许佩里翁（Hyperion）的牛群饱餐一顿”。（1.6－9）。在除了波塞冬（Poseidon）之外的众神所参加的宴会上，宙斯描述了第二项与第三项犯罪：由于埃吉斯托斯（Aegisthus）奸娶了克吕泰默涅斯特拉（Clytemnestra）并杀死了阿伽门农，因而奥瑞斯特斯（Orestes）杀死了埃吉斯托斯（29－30 and 35－43）。这些相互关联的 *thesmia* 引发了宙斯愤怒的指责，认为凡人应当为他们自己的“道德愚蠢”负责任（32－34）。

---

① 参见下面关于两部史诗中关于神、人及道德责任之间的联系进行的比较，大多数学者都赞同在《奥德赛》中人承担着更大的责任：Jaeger1966：83－84；Dodds 1951：32；Fräkel 1975：85－93；Rüter 1969：69－82；Lloyd－Jones 1971：28－32；Griffin 1980：144－178；Clay 1983：215ff；Kullmann 1985；Friedrich 1987：375－378；Heubeck 1989：22－23；Rutherford 1992：3－7；Yamagata 1994：32ff.；Cook 1995：32－45；和 Barnouw 2004：46－49。

因为神之父（the father god）指出，诸神曾小心地警告过埃吉斯托斯不要作他的那些行为（37－43）。第四项罪行就是奥德修斯刺瞎了圆目巨人（Cyclops）的眼睛，宙斯告诉雅典娜为什么奥德修斯在其返乡的途中耽搁如此之久："震地神波塞冬因为圆目巨人的眼睛被奥德修斯刺瞎了而对他震怒不已。（68－69）"雅典娜则叙述了最后一项由佩涅洛佩的求婚者所犯下的罪行，这位女神试图向特勒马科斯灌输足够力量与勇气，让他在伊塔卡召集会议，"去警告所有的求婚者，他们一直在他的家里，无情地宰杀（奥德修斯）成群的牲畜和蹒跚的弯角牛"。（91－92）①

为什么荷马在这里将这五个关于犯罪与惩罚的小故事以纲目形式排列出来呢？这种犯罪与惩罚的结合，是否在向他的听众告知一种关于正义、人类责任及自主性的观点？我们可以用努斯鲍姆的说法来问：《奥德赛》这一百多行的引文，是否预示了一种希腊人的英雄与自我，它可能引导希腊人寻求一种立足于理性评价与选择之上的自足性伦理，以便保护自我免于遭受厄运和神明的干预呢（1986：4－7）？在这里我们不能够对近几十年来学者们关于这些问题的所有思想进行概括，但是我同意将埃吉斯托斯的罪行看作奥德修斯的同伴及那些求婚者所犯下罪行的原型的观点，这三组僭妄者必须为他们的冒犯承担完全的道德责任。② 与之相对照的是，奥德修斯对于圆目巨人所犯下的"罪行"完全缺少我们在其他罪行中所看到的完全有意识的、故意的目的。以这些标准来看，它根本并不是真正的犯罪，而是神可能出于自私的理由而不公正地牺牲人类的例子。就波塞冬这位神而言，其理由是他的怪

① 最近一些学者看出这两种有关神－人关系的观念是不一致的或者相矛盾的，参见 Fenik 1974：211ff.，Clay 1983：219ff. Kullmann 1985，和 Thalmann 1992：32－34。而另一些人认为两者之间存在着一致性，如：Friedrich 1987：383，Segal 1994：195－227，和 Cook 1995：45ff（在我对在 *Nekyia* 这一部分中僭妄的讨论中，我认同后一种立场）。

② 参见 Cook 1995：15－48，esp. 33－48，他强调了埃吉斯托斯受到的惩罚的"纲领"性质（44－45），也可参见 Segal 1994：215－227，Friedrich 1987，amd Kullmann 1985：6－7。巴尔诺（Barnouw）将船员、埃吉斯托斯以及那些求婚者，看作奥德修斯轻率的反衬者，他一直坚持使用的"实践智慧"，在注意到各种迹象与警告时，会考虑不同的冲动、观念和可能的结果（2004：37－49）（Friedrich 认为船员的意图并没有如求婚者那些任性，因而他们的罪并不是同等的程度）。一些近来的解释并不认为船员们要为他们的命运负责任，参见 Fenik 1974：212－213，and Clay 1983：35－36 and 230。Nagler 将史诗开头的诗行，看作这些罪行与奥德修斯作为正义行动者的"罪行"之间的关联：他在自己家里屠杀了这些求婚者（他的下属）（1990）。

兽后代中的一个亲属——圆目巨人波吕斐摩斯（Polyphemus）被奥德修斯所杀，这是宙斯向我们详细讲述的（1.71-73），宙斯并宣称这作为让奥德修斯继续受苦的借口，是站不住脚的（76-79）。

神明给凡人施加痛苦的这种理由[①]主导着《伊利亚特》，这一事实并不必然意味着在《奥德赛》中宙斯的谴责，代表着在希腊道德理性中的一种革命性的进展。[②] 但是后一部史诗确实贬损了波塞冬对于奥德修斯的愤怒与惩罚的理由，而肯定了惩罚埃吉斯托斯、奥德修斯的同伴及那些求婚者时所依据的理由。为什么呢？因为这一正义观之所以提出来，是为了适应一个国家社会的精神，而不是一个前国家的社会，而一个国家社会的政治背景较之于《伊利亚特》中如阿基琉斯之类原型公民所面临的局面更为明确。作为一个自我，奥德修斯以源自于相对阿基琉斯更为明确的内在情态（interior landscape）、源自于更深刻的人格资源，去面对更为清楚意识到的政治挑战。后一部史诗的正义观，可以用库克（Cook）简明扼要的表达来说："在《奥德赛》中，奥林匹克的正义就是公民的正义。"[③] 但是，在这些富于启示性的表达之后也存在一个问题：如何去发现解决政治（国家）困境的正义与奥德修斯的人格之间必要的关联呢？我们发现了确认这种关联的一个途径，即希

---

① 这里指神出于自私的目的而将痛苦施加给人。——译者注

② 可参见 Kullmann 1985：14-20，Bukert 1985：247-250，和 Cook 1995：42-45。

③ 1995：33。Jaeger 第一个将《奥德赛》的正义观与梭伦的正义观联系起来（1966）；同样也可以参考 Lloyd-Jones 关于《奥德赛》、荷西俄德以及抒情诗人那里的正义观（1971：28-54）；Havelick 1978：150ff。库克（Cook）并没有想在史诗中看出城邦正义的蓝图，因为他从根本上将波塞冬看作自然世界的象征，而不是前国家世界的象征，特别是奥德修斯所游历的海洋与被施过魔法的大地。但是他的确是通过在《奥德赛》与雅典对于厄瑞克忒斯（Erechtheus）（传说中的雅典王，在他任雅典王期间被迫与厄琉西斯城进行残酷的战争，当时厄琉西斯城有色雷西亚人的国王欧摩尔波斯之子伊玛拉德的支援。最后双方进行了一次决战。在战斗最激烈的时刻，厄瑞克忒斯和伊玛拉德相遇了，他们展开决斗。两位英雄久久地厮拼。他俩势均力敌，无论武艺和胆略都不分上下。最后厄瑞克忒斯的长枪刺死了伊玛拉德。伊玛拉德的父亲欧摩尔波斯悲痛欲绝，恳求海神波塞冬为他儿子之死向厄瑞克忒斯复仇。波塞冬乘着战车劈波斩浪飞驰到阿提刻。他挥起三叉戟，刺死了厄瑞克忒斯。厄瑞克忒斯死后墓被题为"波塞冬·厄瑞克忒斯"，意思是能和海神对抗的人，从而接受后人的崇拜。——译者注）和雅典娜（希腊神话里，当一个城池正在爱琴海边的岩石上被凡人建立时，众神之王宙斯就预见了此城日后必将成为广大地球上最光荣的一邑。海神波塞冬与宙斯的女儿雅典娜则为谁有权成为它的守护神而不停地争执较量。于是，宙斯指定，在俄林波斯山上展开一场大赛，谁能从地上生出最有益于人类之子的赐品，城市就将以之来命名。而这座城市的建立者们，一群凡人，则被召唤来作为他们自己命运的裁判。海神

腊罪行的原型——僭妄（hybirs，骄横，狂妄），正如同我们在第1章中看到的，僭妄首先激发起阿基琉斯去进行自我确认与自我转换。

热尔内提醒我们，尽管《伊利亚特》中阿伽门农与阿基琉斯之间的主要冲突也是由于僭妄的行为引发的（1.203），但《奥德赛》是一部僭妄行为层出不穷的史诗；僭妄的主题表明人们日益关切血缘群体的社会形态及其领导方式的瓦解［2001（1917）：24－25］。而我的观点认为，正是这一主题让这部史诗成为一部关于僭妄的诗性的、叙述性的商谈。[①]当荷马在史诗开头的102行中提起奥德修斯漫长的遭受痛苦的命运，并将这与他的同伴对太阳神，埃吉斯托斯对阿伽门农，以及求婚者对奥德修斯所犯下的罪行联系起来时，诗歌的听众必须同时面对僭妄行为的客体（受害者）和主体（加害者）。

除了波塞冬之外，所有的神当然会对作为受害者的奥德修斯感到同情（1.19－20），并在宙斯与雅典娜的鼓动下支持他返乡。奥德修斯的同伴与埃吉斯托斯当然毫无疑问的都是僭妄的主体，他们体现了在 *atasthaliai*（愚蠢）（1.7 and 34）支配之下所产生的道德无知，无论这是由神所挑起的，还是由于个体内在的、自然的倾向所引发的——有点类似于他们自身的拥有物（Gernet 2001：26）。[②]但是作为僭妄的主体，求婚者差不多独占了诗歌中这

波塞冬威严地挥舞着他的三股叉，立刻山峰为之震撼，土地裂了开来，一匹毛色如雪、四足如风的神马从地下跳出来，飘荡着鬃毛傲然奔驰过山谷。“请看我的赐物”，海神说，“有什么比这样一匹神马更能带给你们成功和荣誉呢?”雅典娜则徐徐弯身到地，在地下种下一粒种子。她不说一句话，但依然恬静凝定地望着人类。立刻，他们看到地上生出一个小小的绿芽，再生出树枝，长满浓密的果实。“波塞冬的神马给你们带来了战争、哄斗与痛苦，而我的橄榄树则将给你们健康与强壮、丰收与和平，而且是幸福与自由的保证。你们的城邑还不该以我的名字命名么?”于是人类众口一声地说：“雅典娜的赐品更好，让我们的城邑以雅典为名”，这样雅典娜成为雅典的保护神，因而与波塞冬一直存在着矛盾。——译者注）的公共崇拜之间设想的联系，从而将波塞冬与自然世界联系起来。

① 僭妄一词在荷马那里出现了31次，其中《奥德赛》就出现了26次之多（Fisher 1992：151）。

② 僭妄与 *atahhalos* 的关系，参见 Gernet 2001：26 and 54－55，Segal 1994：200，Fisder 1992：155－156，Clay 1983：35－36，以及 Nagy 1979：160。Hybirs（僭妄）这一词在《奥德赛》与 *atahhalia* 相关，如16.86（*atashtalon hybrin*＝24.352），17.588（*hybrizontes atasthala*＝20.170），and 24.282（*hybristai*……*kai atasthaloi*）。（有关 *atasthalos* 与其 *atasthalia* 出现的相对频率，参见 Saïd 1979：42，n.2.）。Fenik 1974 与克莱（Clay）等人并不相信船员们的 *atasthaliai* 与他们罪行的道德责任有什么关系。Friedrich 反对

一词的用法：十九位言说者，包括荷马的讲述者、雅典娜、特勒马科斯、欧迈奥斯、无名的求婚者、佩涅洛佩以及伪装中的奥德修斯，都是这样控诉求婚者的。在他们的嘴中，僭妄这个词似乎是有着一种类似于《伊利亚特》中的“*ou themis esti*……”这样的以言行事的道德力量。①

“僭妄”一词的以言行事力量突出了这一概念通常被忽视的表演/施行的维度：僭妄是指控式的②，由它的言说者做出了一个直接的主张，即僭妄的主体X出于自私的原因，玷污了客体Y的价值（*timê*），因为X没有认识到

这种观点（1987：383－393），但他认为相对于求婚者的“僭妄罪行”来说，船员们的僭越是“没有犯罪意图”（397）却没有说服力。与求婚者一样，船员们无视警告，打破了宗教与社会习俗以满足他们的欲望。Segal强调了在一个“精心安排的舞台上”，船员们应为他们的决定承担充分责任（1994：215－217）。在14.262行中，奥德修斯用了僭妄来描述他**虚构的**（fictional）船员违背了他在埃及给他们下的命令，为了物质利益而放纵欲望（这一章节讲的是伪装成乞丐的奥德修斯对于牧猪奴欧迈奥斯讲叙自身的来历，但并没有陈述实情。——译者注）。但是这一情节反映了在第9卷44行中奥德修斯实际的船员的行为，他们由于“过分糊涂”（*mega nepiôr*），在基科涅斯人（Cicones）那里拒绝服从他；后来在太阳神那里，他们“倔强的脑筋”（*thumos agênor*，12，324）使得他们再次拒绝服从他，打破了他们发下的不杀神牛的誓言。这些证据反驳了费希尔的观点，即船员并不应因“正义的僭妄（straight hybris）”而有罪，因为他们之所以愚弄和侮辱了太阳神，并不是由于“公然的、完全故意的”动机，后者当然是“严重的僭妄”（1992：182）；这同样反驳了费希尔早先的一种观点，即荷马的讲述者考虑到了僭妄中“恶的程度不同”（166－167）。

① 事件、说话者、听众分别是：雅典娜向诸神的谈话（1.227）；特勒马科斯向求婚者、涅斯托尔、墨涅劳斯和欧迈奥斯（1.368，3.207，4.321，16.86）；荷马的叙述者（4.627，16.410，and 17.169）；欧迈奥斯对于伪装的奥德修斯与佩涅洛佩（15.329，17.581）；佩涅洛佩对于求婚者、安提洛奥斯、欧迈奥斯、欧律克勒娅（Eurycleia）（16.418，17.588，23.64）；无名的求婚者对于安提洛奥斯（17.487）；伪装的奥德修斯对于欧迈奥斯、求婚者欧律马科斯（Eurymachus）以及回头又对欧迈奥斯（17.565，18.381，20.170）；拉厄耳忒斯对于伪装而后又认出的奥德修斯（24.282 and 352）［这十九次事件，占诗中26次出现僭妄这一词语情形的76%）（Saïd：42，n.2）］。正如我们会看到的，奥德修斯实际上并没有使用僭妄这个词，尽管在第22卷中他作为正义的行动者面对着求婚者，他的确用了*hyperbasitê*（64）一词，以回应求婚者欧律马科斯在自我辩解时所使用的*atasthala*（47）。

② 正如MacDowell指出的：“*hybis*通常是恶的，这是一个评价性的词，而不是一个中性的词。（1976：21）。”费希尔将荷西俄德对这个词的使用称为公元前700年左右农民的“最为有力的语言武器”。（1992：198）

Y 的价值（*timê*）的恰当界限。事实上讲话者说的是，X 没有将他或者他们自身，恰当地与 Y 的自我联系起来，与 Y 的社会利益或者身体的健康所遭受的损失这样的后果联系起来。从控诉僭妄的讲话者的眼光来看，X 并没有从内心里尊重共同体中重要社会他者的位置。结果 Y 被剥夺了自己，或者他们集体应当得到的地位。这解释了为什么僭妄同时侵犯了个体（或者群体，如果是这样有所指的话）以及整个共同体；这也意味着说话者所指控的僭妄背后所掩藏着的以言行事的力量（我们将会更为仔细地分析），包含着整个共同体所激发起的怒火与义愤（*nemesis*），而不仅是最为直接地与个人或者群体相关。

因而在这种意义上，麦克道尔所说的可能存在着没有受害者的僭妄行为是不对的。因为即使没有个人或者群体是名义上的或者公开的受害对象，僭妄也有损于主要社会他者对社会的意识形态观念，表现出了对于社会秩序的潜在危害。① 同样，费希尔所认为的作为僭妄的施恶者必然有意要侵犯某人，这也是一种误导。凯恩斯认为僭妄通常是指的个人长期的“主观态度”或者“禀性”，它能持续地显现出对于他人价值（*timê*）“隐含的冒犯”（1996：10）。无论从一个假定的僭妄作恶者的观点来看，还是从任何听到指控的人来看，僭妄这个词的以言行事的力量同样也产生了一种警告。这会限制道德自主性的滥用导致的各个自我之间离心离德，或者背离共同认可的行为规则。也许是由于这种原因，空间的观念主导着僭妄，它强调了对于边界的关注，因为这个词常常是与“逾越”、“超过”这些词语联系在一起的，比如 *hyperbainô*，*hyperbasiê*，*hyperbios* 等等，*hyper* 也许就是其词源学上的起源。② 在

① 参见 MacDowell 1976：23 - 24；参见 凯恩斯 关于僭妄至少需要一个“隐含的”牺牲者（19996：10，32），以及 Cantarella 关于为什么僭妄一定需要一个牺牲者的观点（2003：119）。我认为热尔内正确地看到《奥德赛》第 17 卷 487 行，僭妄（hybis）与“正常的社会秩序（*eunomiê*）是对立的，无论一个受指控的僭妄（hybis）行为的背景是什么”（2001：21 - 22）。费希尔认为热尔内的研究包含着“严重失误”，因为它过于强调了犯罪观念的宗教与共同体的维度，而不是个体维度，（1992：5），这一点我并不认可：在 17 卷 487 行中 *eunomiê*（秩序）并不必然指的就是个体行为而非其社会条件（Fisher 1992：173）。

② 参见 Gernet 2001：27 - 28，在《奥德赛》中，*hyper* 为词根的一些词也是与 *hybris* 为词根的词相关的，如 1. 227（*hybrizontes hyperphialôs*），368（*hyperbion hybrin* = 4. 321 = 16. 410），3. 206 - 207（*hypebasiês …… hybrizontes*），and 17. 581（*hybrin …… andrôn hyperênoreontôn*）。（关于 *hyper* 为词根的这些词在诗中相对的频率讨论，参见 Saïd 1979：42，脚注 2.）

整个希腊传统中，无论是在其客观还是主观的意义上，僭妄都强调了在人们思想中划出边界以确定社会群体的性质，但是这同样也激发起了对个体性的关注，对于正当还是不正当地做一个个体意味着什么的关注。从我们当代的观点来看——这里我们要再次概括金里卡的观点：僭妄一词对于希腊人与我们自身来说，都意味着划定出与那些群体相关联的自我边界（2002：226－227）。

3. 卡吕普索、奥德修斯与无拘无束的自我

如果《奥德赛》试图对于僭妄进行思考，包括对于僭妄的客体（受害者）与主体（加害者）这些个体的思考，那么它的听众与它的英雄都需要理解两类的道德角色以及其（我们意义上的）主体性：如果他是僭妄的受害者，那么一个人会怎样去思考或者行动呢？如果他是一个加害者呢？更为重要的是，每个人**应当**如何在其自身的位置上思考与行动呢？如果他理解了其对手的主体性，是否会更好地理解每个人自身的角色呢？奥德修斯当然是这部诗中僭妄的主要客体/对象，而求婚者是主要的主体。但是从僭妄的视角及其对于个体的影响来看，这部史诗展现了一种奇特的困境。英雄奥德修斯是在卡吕普索的小岛上搁浅的，在这里他对卡吕普索肉体的依恋与道德上的无力，让他不能积极地承担僭妄客体的角色。尽管他已经在哈得斯从特瑞西阿斯（Tiresia）的预言那里知道求婚者在对他行僭妄之举，知道他**可能**在返乡之后报复他们（11.115－120），他还是尚不能决定去扮演或者表演这一角色。

这样荷马就向我们呈现出奥德修斯既是一个，同时也不是一个僭妄的对象；直到荷马给争吵中的求婚者做出奥德修斯死亡的谎言（2.96），[①] 求婚者也不为作为僭妄的主体而觉得怎么有罪。作为一种道德的困境，奥德修斯在哪里确认他自己处于僭妄的关系之中的问题，给他在卡吕普索小岛上暧昧的身份这一传统问题提供了另一种视角。但在公元前八世纪晚期，对与国家形态（statehood）以及与可能极为自行其是的个体家族进行斗争的共同体来说，这种困境同样也是一种政治的困境。我认为这一困境引起诗歌的听众去

① 这里是指奥德修斯的妻子佩涅洛佩欺骗求婚者，因为奥德修斯已死，因而她要为奥德修斯织一件寿衣，以拖延时间。——译者注

反思个体的道德与政治能力，从而划定在导言中所谈到的公民与自我的必要边界：一种为了保持积极的公共观念而有必要从他人那里获得充分承认的个体价值（*timê*）尺度，一种可以使用意志来维护个体利益与家庭利益而名副其实的个体自主性；一种商谈的自由，特别是能与同伴一起参与集会、讲演或者交换理由说明的自由。我们应当注意到这些边界既承认对所爱的人、土地与财产的个体关联，同样也承认个人的社会与政治的角色。从莫里斯（1996）所描绘的早期城邦“通常”的意识形态角度来看，所有这些边界都可能受到他人的侵犯。因为这一边界在所有这些目的与个体人格之间建立了联系。在奥德修斯能够成为一位担当正义的角色之前，他必须决定（190）再次成为一个人。在我看来，这种人，是与阿基琉斯于他在《伊利亚特》第9卷的长篇演说中所发现的“通常”意义上一样的“新人”。

我并不认为我们能够将奥德修斯恢复其自身为人的道德谕令，与一些学者将他看作一种“新人”的倾向分离开来。我这所指的并不仅是我们在《伊利亚特》中所看到的英雄自我主导类型的转换——这种转变中奥德修斯的忍耐力、自制力和精明的智慧（*mêtis*），代替了《伊利亚特》对于勇气、尚武精神的偏好，展现了贵族首领典型的权威，而且较之于阿基琉斯在《伊利亚特》第9卷中所描述的人格来说是更为清晰的人格典范。我们可以如弗兰克尔（Fränkel）一样，在奥德修斯身上看出一种“新型的英雄主义”（1975：87），这种英雄主义是基于日益增长的道德责任感之上的，有助于荷马的听众“理解生活”，即“知道世界是如何建构起来的，从而以最为有利的方式来看清形势，每个人以自己的方式，认真对待个人的生活”。（93）或者我们可以在普奇（Pucci）的“新英雄”意义上来理解奥德修斯，这种理解是通过一种结合着语言与智慧的内在声音，体现了对“最深层的自我（innermost self）”的意识，由此“反映了或者显示了在个人中什么是永恒（本质的）东西”（77，76－80）。与普奇对于奥德修斯通过其“深刻性（depth）”（79）而取得“自我认同”的能力的认知一样（1987：44，47），佩拉多托（Peradotto）在英雄诸多身份的伪装和转变中看出一种能提供“广义自我”的“潜在人性范式”，这种范式再次提供了“深刻的自我意义”（1990：169）。因为英雄人物一再隐姓埋名、变化多端，佩拉多托认为他揭示了一种更具有活力、更开放，而“更少宿命论”的主体形式（169）。①

① 参见戈德希尔讨论奥德修斯的匿名与他固有名字之间的对立，如何决定了诗中的认知主题（1991：4－5）。这涉及的不仅是这部诗中的人物，而且也涉及在“认知性对话”中的听众：听众所关心的秩序与僭越将它转变为“伦理的对话”。

西格尔（Segal）同样将这种新型的“人的精神（inner man）”（以及“更深刻的人”），作为理解奥德修斯性格的关键，特别是这位英雄放弃与卡吕普索一起生活的临时身份，到费埃克斯人（Phaeacians）的领地去（1994：15），在那里他要经历一种“再生”，而在第9到12卷中会叙述他自己“灵魂旅行”的神奇历险（19－20）。西格尔研究的主要长处在于他将这种再生的过程、再次进行的自我转换，看作史诗的主要关注点，这一关注贯穿了“在他饱受磨难，见证神明是如何在凡人间发挥作用”的过程中，以及他对“道德意识是如何形成的”的体验中（197）。西格尔将这一过程看作主持正义（administering justice）的预备阶段（195－227）。他同样坚持认为在整个叙述中奥德修斯的性格一直在发展，根据认知而发生着改变，因为英雄从过去的经验中学习，得到了自制力与忍耐力，这样在“更深刻的基础上，重新确立了……从前的存在状态”（57－58）。巴诺夫（Barnouw）中肯地指出，与《伊利亚特》中的形象相比，奥德修斯是一种“新的英雄形象”，因为他多次通过内在性的思考，戏剧化地表现了“实践智慧”；这种“一贯性（single－mindedness）”的智慧，比较了冲动行为与有条不紊的行为，估计了其潜在的积极或者消极的结果，并推断了各种迹象的意义，催促他人也这样做（2004：54）。所有这些都有着“恢复”他从前基于家庭关系与财产之上的自我这唯一的目的。

西格尔相信要确定奥德修斯的性格是否经历过转变可能是“一个困难的问题”（57；cf. Thalmann 1992：70－71），但是近来就奥德修斯的研究成果为我们提供了充分有力的证据，从而可以与西格尔一样认为有着这种转变。卢瑟福（Rutherford）令人信服地主张，这部诗“呈现了奥德修斯性格发展的‘一贯的……道德形象’，与阿基琉斯没有什么不同，在道德发展中的这种‘过程’中有一些‘阶段’”（1986：147 and 1992：20－27）。此外他还认为英雄并不仅是获得了类似于我们在活着的人身上所体验到的“心理上”的复杂性（cf. Griffin 1980：51－52），而且奥德修斯的转变是为了给荷马的听众上一堂关于自制力、自我否定与忍耐力的“道德课程”，在他们的眼中他获得了“道德权威”，而这对于“检测与分配正义”的任务是必要的（Rutherford 1986：150－160）。事实上卢瑟福将英雄的历险描绘为从一种僭妄的主体到客体的道德变化过程，因为他将奥德修斯曾经在海上的漂泊看作“海盗行径的英雄（buccaneering hero）”干的一些犯罪行为，但到头来却以要求“神明对于求婚者施以惩罚”的“更为严肃与更为权威的形象”而结束（1992：22）。

近来这些关于奥德修斯自我转换的哲学与道德方面的讨论当然有助于保

持对这一史诗核心伦理问题的兴趣（古人向来就认识到了)。[①] 但是它们同样使我们回到了两个问题上去：我们如何将对奥德修斯个性的道德关注，与他的身份的历史维度以及他所表现出的正义联系起来呢？我们应将古代与现代的自我观念紧密地联系还是保持距离呢？西格尔强调了荷马意义上的自我与现代意义上的自我的区分，在某种程度上类似于吉尔区分“客观主义”与“主观－个人主义”模式的思路（Segal 1994：5)。这一区分将这两个问题联系起来了，提醒我们奥德修斯的主观性——无论它是多么新颖与特别，必然与历史决定的正义边界与意义联系起来，比如特别属于某一社会阶级的价值以及属于早期古风文化发展过程中的价值。作为受到历史限制的城邦殖民时代早期的贵族首领与族长的角色之一，我们真的能看到奥德修斯改变了他的性格吗？我们将奥德修斯性格描绘为新的道德与哲学典范的自我，这具有唯一人格和确定社会形式的自我中，其道德性自我与历史性自我之间的关联并没有引起太多的学术关注；但是其中习惯上被称为 *Geistesgeschichte*（历史精神）的成分，却引起了类似于斯内尔、多兹（Dodds)、弗兰克尔与阿特金斯（Atkins）这些学者们的兴趣：在二十世纪中期他们相信奥德修斯的新型自我标志着古风时代的希腊出现了西方观念新的发展阶段。

但是如果我们忽略这类观点，我们怎么历史性地表现出奥德修斯的对自我的道德重塑，在僭妄的关系中对客体角色的隐忍及他向执行正义者的转化？幸运的是近来的研究对于我们有所启示，这些研究澄清了在文化与政治的意义上奥德修斯的社会角色。摩金（Malkin）（1998)、多尔蒂（C. Dougherty）（2001）之类的学者，将奥德修斯看作在西地中海地区的希腊探险者的原型或者是与殖民时期相适应的新文化的英雄。[②] 而另一些人，比如

---

① 例如可以参考亚里士多德对于《奥德赛》的著名描述：与《伊利亚特》相比较而言，由于《奥德赛》对于认知过程无处不在的关注，因而更为“复杂”。对于亚里士多德来说这部史诗是“基于性格的”（*êthikê*，*Poet.* 1459b15)，这意味着对个体的特性的认识，依赖对行为中变化的模式进行道德性评论。Rutherford 就诗的道德特性给出了其他一些古代的例子。

② 摩金（Malkin）将奥德修斯等同于公元前九世纪到公元前八世纪中期希腊西部地中海的探险家的原型，他甚至倾向于将《奥德赛》的创作确定在公元前九世纪或者前十世纪（1998：259－273)。多尔蒂将奥德修斯看作“新时代的文化侠客（culture hero)”(2001：175)，在公元前八世纪的殖民时期，他在文化与经济意义上扮演着协调希腊人与非希腊人差异的角色。她特别对于奥德修斯通过对希腊听众的叙述，从而起到了不同文化之间解释者的诗人角色感兴趣。两人的研究都没有关注诗的正义主题，但尽管存在着差别，但两人的研究却都强调了英雄作为希腊社会的创建者（或者重建者）的角色，这样他们将奥德修斯看作划出了自我与他人之间文化边界而不是政治与道德边界的角色。

罗斯（Rose，1992）与塔尔曼（Thalmann，1998）将奥德修斯描述为国家形成期的政治主体——此时铁器时代早期贵族的利益受到以前的附庸群体（subaltern group）的挑战。① 但是如果我们希望将奥德修斯作为人的道德形象，与他可以采取或者放弃的社会角色联系起来，我们就需要通过一种认知性的表演回到他的道德意识的发展过程中，对于这个角色所面临的选择进行比较与评估——无论是否出于殖民的或者政治的兴趣。② 这些选择使得一些重要的价值发挥了作用，它们在公元前八到六世纪的史诗的部分听众（尽管不是全部）那里引起了强烈的共鸣。③ 在泰勒这样的道德哲学家与桑德尔这样的政治哲学家的帮助之下，我将说明同样的选择也可能得到今天史诗听众的共鸣。

雷德菲尔德最为清楚地说明了奥德修斯是如何让这些关键的价值发挥作用的，他将这部史诗的特征概括为诗人与听众基于“共享的规范价值”之上

① 罗斯认为英雄有着“复合的性格”，他否认荷马在艺术上给予奥德修斯“连贯性与自主性的主体”的意图，因为他的殖民者的角色，结合着农民以及“déclassé”（法语，失势——译者注）（1992：120－121）的贵族群体的不同价值观。塔尔曼认为奥德修斯，特别是赢得了射箭比赛（《奥德塞》的一个情节，伪装成乞丐的奥德修斯与求婚者比赛射箭，奥德修斯趁机用箭射杀了求婚者。——译者注）而作为正义行动者的奥德修斯，代表着一种公元八世纪后期处于困境中的贵族，他们在追求更为平等的意识形态中，急切地要将他自己社会秩序的等级观念加到社会之上。他认为尽管荷马戏剧化地表现了类似于奴隶与自由的非精英阶层的另一种主体地位，史诗还是让这两种不同的价值观进行竞争，以说明“贵族男子由于其天性与成就，而更适合在一个组织良好的家庭与政体中支配统治权”。（1998：283）参见萨义德认为英雄具有“复合特性”的传统观点，即他具有军事才能、智慧与德性等等（1998：214－226）。

② 我们会看到这涉及理解在史诗的道德发展过程中不同的主体类型——这一过程包括意愿性与非意愿性行为，以及道德自主性的要素，参见 Cantarella 2003：253－273。巴尔诺（Barnouw）关于奥德修斯的研究主要关注奥德修斯作为认知角色的英雄，将他看作我们可以在西方哲学传统中“实践智慧”的开创者之一——从苏格拉底到现代思想家，包括霍布斯、莱布尼兹、康德、席勒、叔本华与杜威（2004）。他同样也面对着受 Geistesgeschichte（精神史）影响的学者以及他们关于自我发展的观念（Snell，Fränkel，Adkins）的挑战（149－176）。但是他对奥德修斯的审视基本上是非历史性的，他认为：“任何在荷马的文本背后去找出什么历史世界的企图都是天真的。”（237）

③ 参见塔尔曼对公元前八世纪以及古风时期由阶级所决定的不同群体对史诗中的关键价值、选择、后果可能做出的反应的细致讨论（1998：291－305）（我在讨论第 24 卷和第二次 *Nekyia* 的重要性时，会再涉及这一问题）。多尔蒂讨论了女性听众可能的反应，包括对史诗叙述“内在”的，以及外在于或“隐含”在其叙述框架中的女性听众的反应（1995）（我们对于正义的讨论会涉及这种可能性）。

的交流（1983：218）。英雄多次的历险激起了人们的兴趣，因为这些历险“开始了伦理选择”，将“价值问题生动地表现”为殖民时代（约公元前770到公元前550年）最为迫切的文化问题的“思想实验”（219）。这里所呈现的奥德修斯的另一种表现，即作为一种新型的自我，它的认知与道德形象描绘了进行了“特别思考”的“经济伦理学（economic ethic）（218）。雷德菲尔德将这种思考看作严格的理性计算，它开启了一种控制运气与神明干预的愿望，而努斯鲍姆将这看作希腊哲学传统中的伦理追问。对于奥德修斯来说，他必然多次将有关家庭、家族与共同体“普通事情”的价值，与在他面对敌对力量时所遭受（肉体与情感上的）痛苦与损失的总和进行比较（Redfield 1983：230；cf. Nussbaum 1986：6－7）。

用我们当代的词语来说，这种“经济人”的计算，是作为反映着一种自我的自由观念——主要体现在意志论所赋予的选择个人目的这一能力之上，与社群主义自我对于他人赋予我们，而且我们也应当承认的目的的认知性理解之间的斗争。[①] 事实上今天类似于泰勒的社群主义思想家，会将雷德菲尔德的“经济人”的观念加以修正，以将他更多地看作一个人（person），而更少地看作一个行动者（agent）。我这样做的本意是将他并不首先理解为一种目的性或者策略性行为的主体——这样的主体要计算一个目的或者另一个目的的得失，而是理解为可能进行“自我解释努力”的主体（Taylor 1985a：23）。这是一个可能考虑到进行“强评价（strong evaluations）[②] 的另一种选择的个体，因为他们会要求个体表达足够“内在”的偏好，从而揭示出自我的多元观念，以及作为人的不同方式（24－27）。因而对于泰勒来说，我们

① 雷德菲尔德是从 *homo oeconomicus* 发展出他的“经济人”这一概念，霍克海默与阿多诺从奥德修斯身上看到了经济人的原型：资本主义中资产阶级（bourgeois）的、自由的自我，这样的自我知道进行合理的自我牺牲以推进他的“原子式的利益”（atomistic interest）（1972：61）。对于雷德菲尔德、霍克海默和阿多诺的奥德修斯观点有见地的批判性讨论，参见 Barnouw 2004：211－216。

② 泰勒称之为“弱评估”（weak evaluation），仅仅考虑行为的结果（outcomes），无法真正有效提出一种伦理价值，你之所以作某种决定仅仅因为那是可欲的，而非关涉欲望之外的某种更高的“善”。而与之对立的强评估的点在于，人类主体在作出个人选择之后，还必须把这些选择与其文化传统、语言、善概念等解释基础——泰勒称为“解释的视域”（horizon of interpretation）或“背景资源”（background resource）——来相比较，以得到一种“二阶反思”（second－order reflection），透过这种二阶反思，个人才能真正评价出自我的认同与自我所遵循的伦理价值来。——译者注

可以不根据他人可能采用的“性能标准（performance criterion）”之类的客观准则进行评价（103－104），但可以作为“意义的主体”而表现出我们的人格性，这是一种特殊类型的行动者，他可以在自身发现独一无二的人的意义，因为它们涉及“骄傲、羞耻、道德的善、邪恶、尊严、财产的意义、人类不同形式的爱等”情感。(102)①

正是从展现奥德修斯的特性这一时刻开始，荷马努力地将他的英雄更多地描绘为一个人，而不是一个努力返乡过程中成功或者失败的行动者。当然关于奥德修斯的叙述中一个突出的特征在于：它所叙述的主角及其命运大都由许多别的人物表现出来的，在这一史诗的叙述者让奥德修斯一直与卡吕普索女神在她偏僻的小岛上与世隔绝，直到我们在第5卷直接遇到他。我们回想起在史诗中所有“扩展的叙述模式”中这一情节的独特性：英雄不仅是在这里没有遇到一个陌生的社会——一个陌生社会的挑战会激发出他内在力量、忍耐力与聪明才智这些独特的才能，而且他与卡吕普索在奥巨吉亚岛（Ogygia）的处境也让他处于一种根本上含混与夹缝间的世界——这一世界“处于两种生存方式之间”。② 为什么荷马实际上坚持让听众遇到耽搁在这样一个与世隔绝的小岛上的英雄？为什么事实上荷马坚持让听众首先是在这样一个与世隔绝、“夹缝之中”、与更为熟悉的环境是有着极大差异的生存方式中遇到英雄呢？为什么奥德修斯与这位同史诗中的其他女强人格格不入的女中豪杰的关系，看起来是如此“亲密”，似乎陷入到了她对他的“情深意

① 我在关注奥德修斯的内在考虑［这种考虑是以多种方式与巴尔诺所谓英雄的实践智慧相互作用的（2004）］的，认为奥德修斯考虑到了自我可能的不同意义。巴尔诺认为奥德修斯的自我本质上是同一的，因此并不需要经历转换，尽管他相信英雄的性格在其形成过程中，从其经验中受益颇多（15），比如他认为奥德修斯努力“去恢复自我的意义”，“重新获得他曾享有的身份”（e. g. 5. 259）。我与巴尔诺一样，认为奥德修斯思想与情感的内在作用，就是作为具有一个意志的统一自我。参见巴尔诺对于Snell关于奥德修斯统一或者真实自我这一颇有影响的论述的反驳。（2004：163－174）；也可参见Vernant对于希腊人有笛卡尔式自为“意志”的否认（1988），以及B. 威廉姆斯所主张的奥德修斯有一种真正现代意义上的意志。（1993：39）泰勒的自我解释与“意义的主体”的人，是建立在将其自身与笛卡尔意义上的行动者区分开来的基础上的。(1985a：97－98)

② 这里Crane比较了卡吕普索的异域风情（以及其暗示的“福岛”与下界）与伊塔卡日常现实的不同。Louden认为卡吕普索的情节，是出现在与史诗“扩展的叙述模式”的比较之中，显然是有意在表达其差异。

切”之中呢?①

如果我们认为荷马在这一章节中通过构思，精心地安排了这些细节和其他一些细节，一个目的可能正如西蒙所指的，是为了营造一种“心灵之诗(poem of inwardness)”，其意图在于表现英雄所经历过的“特定的精神历程”，这个英雄“受到了毁灭的威胁，所有使得荷马的英雄成为作个体的东西有着剥夺的危险”(1978：64－65)。近来普奇、佩拉多托以及西格尔（还有其他一些）这样学者，在学术上将英雄描述为一种“内在的、更深刻的人”，这说明了这一意图在现代与后现代意义上的自我中都激起了共鸣。西蒙所提起的“毁灭的威胁（threat of extinction)”似乎对推动将古代或者现代的自我对同一性（identity）进行的思考是根本的。我们可以将很多围绕着卡吕普索章节中不合常规之处，看作一种思想试验，荷马试图以此想象在殖民时代零度的自我（a zero degree of self)。诗人做到了这一点，从其英雄身上将这一时代认为是对于人格来说最为根本的那些品质差不多都剥离了，让奥德修斯花七年时间去遭受这种根本性的分离过程。最终当英雄生命力量衰退时（5.151－153；160－161)，所保留下来的一切不过是一种认知资源与道德资源：前者（认知资源）就是他计算与卡吕普索一起的生活价值——这种生活提供了一种凡人未曾听过而默默无闻的不朽性——的能力，这是通过将这种价值与他想要恢复类似于友谊、爱、政治行为以及财产等“外在的善”(采用纳斯鲍姆的观点）而必须进行的努力进行比较而得到的；而奥德修斯第二项永恒资源——道德资源，就是他的意志。②

在我看来，这种关于奥德修斯在奥巨吉亚岛上的思想试验类似于荷马关于义务论自我的一种版本；更确切地说，类似于罗尔斯的在其所设想的“原初位置”的“无拘无束的自我”（1971)。尽管看起来荷马引导他的听众经历一种根本性的框架转换，想象英雄的自我迷失在一个确实的乌有之乡(neverland)，它被剥夺了所有的物质性的和社会性的财富——这些财富可能

① Louden 1999：110－111。人们常常注意到卡吕普索与其他的女性形象［特别是基尔克(Caice)］之间的相似性，Louden 却注意到了她们重要的区别（104ff.)，指出卡吕普索与希腊和近东“与凡人交往的可怕女神”的原型并不一致（114；这些原型，参见 Nagle 1996：esp. 141－149)。学术上对于卡吕普索与基尔克进行的比较，参见 Crane 1988：31ff。

② Vernant 在对于英雄的身份进行简要而浪漫的思考中，强调了在奥巨吉亚岛上等待着奥德修斯的匿名（anonymity）的不朽性，将它与荷西俄德在《工作与时日》第154行所提到的无名死者进行了比较（1996：188，with n. 17)。

让他与其所知道的人（humanity），即一个先于任何他可能选择的目的而建构起来的自我联系起来，只有其理性的思考和道德的选择能力保留下来了。与一种原初位置的无拘无束的自我一致的是，奥德修斯看起来正如桑德尔所描述的，在两种占有性的自我观念困境中左右为难：他意识到了有一种距离将他自身与他曾经拥有的“外在的善”分离开来；[①] 而他在奥巨吉亚岛上的自我知识向他说明，他“真正的”自我事实上可以没有这些外在的善也可以存在。但是同时他在卡吕普索身边长期的羁留，提供了一种充足的替代性占有（包括性方面的肉体舒适、女神的调养与关爱），已经补偿了这种剥夺。这些差不多可以平息奥德修斯身上执着的对 X 或者 Y 的欲望——这些欲望可能剥夺某个人的一种自我的意义。[②] 奥德修斯生动地表现了将正义的决策与自我观念联系起来的这一基本问题新的转变：“当我想作为一个正义的执行者而行动时，我必须成为哪一类的人？这是我**希望**成为的那类人吗？”

同样根据桑德尔“占有是与人的自为性（human agency）以及某种意义的自我控制是联系在一起的”。（1998：56）相应地当自我在任何一种占有的观念之中经历了剥夺，它就面临着塌陷（disempowerment）的威胁。这里我们就面对着自我的边界与人格问题。将奥德修斯与他曾经拥有的目的区分开来的距离，既是地理方面的——奥巨吉亚岛足够远离人或者神明的栖居之所（1. 50 and 5. 100 - 102），也是认知性的，因为卡吕普索试图让她的客人忘记其返乡（1. 55 - 57），将这件事情从他的记忆与道德关注中抹去（1. 235 - 243）。桑德尔对于这里的第一种剥夺的描述准确地把握了英雄的困境，即他从前的目的向他消退了，差不多将他转化为无名者（nobody）：

---

① 事实上桑德尔选择奥德修斯（受到 Allen Grossmam 的启示），作为他的第一个具有完整性与连续性自我的例子，这种完整性与连续性通过我们将自身与占有之物区分开来时所获得的知识而产生。我认为这过于简单地评估了英雄的身份同一性，因为这种研究假定了奥德修斯的“自我认知（self - knowledge）”保存着连贯性：“他能够作为与他离家时的同一个人而回家，佩涅洛佩仍然熟悉他，他的身份并没有为他的漂泊而变化。这与阿伽门农不一样，他回家的时候像一个陌生人，因而遭受了不同的命运。”（1998：56）

② 我是从桑德尔那里借用这两种占有的自我观念（1998：56 - 59），但他只是将其中一种运用到奥德修斯身上（见上一条注）。而自我从第二种占有概念中无奈地失落了，这让卡吕普索添加了另一种微妙的作用，即她“遮住了”或者“盖过了（*kaluptein*）”英雄。

> 人们越来越不清楚的是，在何种意义上这是我的目的而不是你的目的，或者是某一他人的目的，或者根本不是任何人的目的。自我之所以被剥夺，是因为自我与那些目的与欲望相分离，而那些欲望和目的，曾逐渐地波动变幻，共同构成一个连贯的整体，提供了固定的追求，形成一个生活计划，而且也说明了有其目的的自我连续性（1998：57）。

但是如果自我是真的等于其目的，并且其边界也牢固地确立起来，那么为什么它会这么容易就失去这些外在的善呢？在荷马的听众心里一个答案可能是：“因为这样的自我永远不需要为成为僭妄的对象（受害者）而担心！”我们将会看到，如果奥德修斯接受卡吕普索所给予的不死性，他将向荷马的听众确定了永远脱离僭妄关系网络中诸多自我不一致的可能性，对于我们来说，他也会确定一种极端道义论的无拘无束的自我。在这一时刻，奥德修斯像《伊利亚特》第9卷中的阿基琉斯一样，放弃了“主我”选择与再次选择（choose and rechoose）其对象与目的的能力。类似于前面的英雄，奥德修斯已经进入了一种荷马在《伊利亚特》中相当于对 *phykhê*（灵魂）进行评价的内在情境之中。

但是同样麻烦的是第二种类型的剥夺，类似于卡吕普索向奥德修斯显现出来的那些欲望与目的，以及先前他渴望而残留在他心中的欲望与目的，驱散了自我的属性。桑德尔又一次提到了英雄的处境：

> 多种可能的追求与目的所带来的要求和压力混杂在一起，泥沙俱下，所有这些都不加分别地冲击着我的身份，我无法将它们厘清，也无法标示自我的边界和界限，无法说明我的身份终止于何处，我的各种属性、目的和欲望的世界开始于何处。特别是在我对于我是谁缺乏任何清晰的领会这一意义上，我丧失了力量。（Sandel 1998：57）

对抗每一种塌陷的方法，就在于理解在自我解释中人类的自主性，是为意志的意志论式的运用所主导，还是为认知式的运用所主导。选择一个新的目的（或者更新旧的目的），通常能够淡化与过去的目的与目标的疏远，而且它还肯定了那些处于这些目的之外，或者先于这些目的的自我意义。以这种方式，我们可以将奥德修斯的解决看作雷德菲尔德的“经济人”的伦理在发挥作用，他扮演着理性计算的角色：经历了奥巨吉亚岛的欢乐，也体验到伊塔卡（Ithaca）[①] 的责任，他选择去恢复后者。换言之，他肯定了占有 X 或者 Y 的价值，远远比失去它们，任由僭妄的主体（作恶者）支配的危险更为重要。

让我们回忆第 1 章中对于阿基琉斯所进行的讨论，阿基琉斯这个英雄同样反对他人在一个传统的交换路径中可能希望的价值，去规定他的生命与 *phykhê*（灵魂），特别是他最终确定要根据自己的性质与需要，在将来表达选择妻子与处理家务这些偏好的"主我"能力。因而两个英雄都通过他们的意志表现了一种道德的自主性。但是在《奥德赛》中，荷马在根本上突出这一选择行为及其行动者，他所有的叙述都以这种行为为中心，巧妙地让他的听众关注这一选择行为。如果这确实是这部史诗"最精心构思"的章节（Louden 1999：104），一个原因在于这里荷马精心地表现了运用意志这一"内在的"行为。通过与奥德修斯对卡吕普索消极的依赖状态进行对比，荷马极力地突出了这一行为。因为即使是在调情中，"女神不再能给你快乐，夜里他不得不在空旷的洞穴里度过，女神有情他无意"。（5.154－155；cf 5.14－15）尽管神在动员卡吕普索释放他中起了作用，我们对于《奥德赛》中荷马道德的理解说明了奥德修斯的确有一种意志，也应为他离开的决定负责。[②]

但是荷马同样鼓励我们将这种选择归结到奥德修斯自我解释的认知努力上去。用泰勒的话来说，英雄对于他作为丈夫、父亲和伊塔卡的首领、从前特洛伊的劫掠者以及女神的情伴这些多元身份的观念踌躇不决（这里让我们回想起普奇这样的学者突出了奥德修斯的犹豫与反思的态度，作为他新人格的关键因素；佩拉多托认为这对于英雄将其自身投射到多元的人格这一能力也是关键的；以及巴诺夫认为奥德修斯的性格，符合通过不同的知识与情感

---

① 伊塔卡（Ithaca），奥德修斯所统治国家的名称。——译者注

② 参见威廉姆斯对于 Snell（1960）与 Vernant（1988）观点的反驳，后两位认为荷马中的凡人缺少与现代对意志的理解一致的东西（1993：29ff.，and 38－39）。哈默（1998）在比较伊利亚特式的英雄与现代的个人时，细致地说明了文化的价值如何影响到自为性、意志与选择的观念。Cantarella 赞同热尔内的观点（2001：349ff.）认为荷马使用了表示任意、意愿性行为的词（*hekôn*，*ethelôn*，*boulesthai*，2003：257－259）。Lyoyd－Jones 认为荷马将人们表现为一个不顾神明干预而真正使用着意志的主体（1971：9－10），但在 28 页以下他讨论了《伊利亚特》与《奥德赛》中"毋庸置疑的道德风尚"：在《奥德赛》中神尽管警告凡人不要作不道德的行为，但并不干预人的决策，（e.g，*Od*.1.32ff.）。参见 Yamagata 1994：32ff。《奥德赛》中道德责任应当是指人为他们的决定承担责任。

行为进行的内在思[①])。思考这样一系列可能“深刻的”身份（泰勒的话），奥德修斯必须权衡其社会的、共同体的归属性，以及努斯鲍姆所说的“人性内在组成要素中更加不受约束的部分”——“所谓‘灵魂的非理性成分’：欲望、情绪、感情”（1986：7）所提供的选择。在这种解读中，英雄是有资格作为一个“强大的评价者”和“意义的主体”，这是以诸如“骄傲、羞耻、道德的善、邪恶、尊严、财产的意义、人类不同形式的爱等”这些典型的人类情感中的人格性为基础的（Taylor：1985a：102）。

但是为什么荷马将两种不同类型的自我摆在英雄面前呢？一种自我是由于意志论维度与行为主导的，另一种是由认知维度与行为主导的；一种自我是被假定为先于其目的而建构起来的，另一种自我是由那些目的建构起来的。如果我们回到卡吕普索这一章节的观念之中，我们会发现一个答案，即其原因是围绕着这一作为思想实验的选择行为展开的，这是荷马为他的听众塑造的根本性的框架转换。通过在对话形式中让英雄与女神所进行的选择，荷马不仅是为奥德修斯，同时也为听众们创造了表演性态度，这对于奥德修斯或者观众们是作为一种方法，一方面“回应”（在巴赫金意义上）了受难与死亡的人的看法，另一方面“回应”着默默无闻的不朽者的观点。首先卡吕普索提出：

> 拉埃尔特斯之子，机敏的神裔奥德修斯，现在你真的希望能够立刻归返，回到你那故土家园？我祝愿你顺利。要是你有智慧知道，在你到达故土之前还要经历多少苦难，那么你或许会希望仍留在我身边，看守我的宅院，享受长生不死，尽管渴望见到你的妻子，日夜思恋……(5.203 -210)

而后奥德修斯则表达了他的选择：

① 参见普奇关于诗的思考场景，英雄“考虑着”相反的行为过程（*mermêrizein*）（1987：75）。这些场景“表现着人物内心深处的紧张”（69）。Peradotto 也认为奥德修斯在他对多元的身份与匿名性的容忍中，深刻地感觉到了矛盾的同一性，比如在他将自身看作“无人（no one）”、零度的身份，拒绝任何对自己的概括，以这种方式表达唯一真实的、自主性的自我（190：152 -155）。Barnouw 仔细地区分了对于冲动进行思考、考虑与思量的不同动词（*mermêrizein*，*hormainein*，*dokein*，*phainein*，*bouleueein*）（2004：190 -220），描述了在奥德修斯的自我（*thmos*，*phrenes*，*etc*）深处，这种“本能的思考”无处不在（99 -108）。

> ……但这正是我日夜所希望（*ethelô*）和思念的：返乡，看到回返的那一天。即使哪位神明在如酒色昏暗的海上打击了我，我仍敢忍受（*tlêsomai*）它，因为我胸中有一颗坚定的心灵去忍受苦难（*talapenthea*）。我无疑忍受过无数风险，经历过许多苦难，在海上或者战场，不妨再加上这一次。（5.219－224）

这一给予及其拒绝使得英雄与听众至少可能体验到作为一种道义论的、无拘无束的自我，在罗尔斯看来，这是一种没有目的或者目标，但是却可以享受人类可以想象得到的最高形式的福祉（well－being）的自我：在一个大多数希腊的公民与非公民只知道匮乏和劳作的时代，享受完满的 *eudaimonia*（幸福）。[①] 如韦尔南（Vernant）所认为的“卡吕普索的章节第一次在我们的文学传统中出现了可以称之英雄对于不朽性的拒绝”。（1996：188）但是根据雷德菲尔德的观点，这种拒绝却表现出对成为一个先于其目的的自我这一雄心的**贬斥**（devaluation）。相反的，奥德修斯的回答却给予了我已提到的进入了僭妄关系之网的危险以价值：引人关注的第 522 行（刚才提到的）[②] 用了两个从 *tla*－、*tle*－这一词根发展出来的词，通过同时得到自己的福祉与危及自己的福祉，来把握自我塑造（或者再造）的机会。如同普奇所提醒我们的，这一词根能同时意味着“敢于”和“忍受”，也就是在“为……承担责任”的意义，同样也在“忍受（痛苦、支持）”的意义上“敢作敢为”（1987：46）。作为一种原型的公民自我，奥德修斯说明了这种含混的不朽性所具有的并不十分真实的道义论生活（deontological life），较之于更为危险但是却更有意义的自我是多么脆弱，因为沉湎于需求、欲望和成就的生命，将抹消任何真实的身份。[③]

荷马让他的听众了解的是作为审判的官员与陪审员的观点，我认为其原因并不仅是这类无拘无束的人格在价值上低于严酷的人类生活，并且也是因

---

① 参见雷德菲尔德认为财产与丰饶（*koros*）在奥德修斯世界中是最为关键的伦理问题的观点（1983：243－244），而罗斯在对饥饿的讨论中，将饥饿看作史诗中、也是荷马的听众中所认为诸人物最为有力的动因（1992：106－112）。

② 第 522 行的原文为：“即使哪位神明在如酒色昏暗的海上打击了我，我仍敢忍受（*tlêsomai*）它，因为我胸中有一颗坚定的心灵去忍受苦难（*talapenthea*）。”——译者注

③ 正如我们将会看到的，类似于食忘忧果的人（lotus－eater，奥底修斯发现食用忘忧果的人终日处于一种懒散、无忧无虑的状态。——译者注），以及在一定程度上佩涅洛佩的追求者，都说明了这种表现自己人格的可能性不受欢迎。

为只有在一些僻远或者逍遥的寄居之地，自我中的意志论及认知的维度都能够显现并加以比较的情形之下，自我之中的思考与道德选择才能够发挥作用，我们才能理解这种人格。正如努斯鲍姆所指出的那样，这种理解能够对于那些有意追求个体伦理、进行自我转换的少数公民承诺一种特别的奖励；但是更大的好处会出现在陪审团审判与仲裁之中，当精英或者有时普通公民施行正义时，一种不同的自我转换可能会发生。这里一种必然在某种程度是道义论的假设性思想实验中，作为最早的施行者，他们必然被要求去想象他们面前的诉讼者，是如何体现出另外的一些自我——它们是向自我中竞争着的意志论和认知的维度开放着的。为了做出一种仲裁（*dikê*），这些官员或者陪审员必然为这些作为同伴公民的诉讼者决定，进入这种僭妄关系之网后应当怎么做，他们怎么可能或者是否应当脱离这些关系之网，在取得一致而共同理解的情形之下，重塑他们的自我边界。

4. 奥德修斯的听众：认知与道德的挑战

卡吕普索的章节在奥德修斯的学校中提供了一个重要的关于施行正义的课程。首先它说明了成为一个僭妄的对象（受害者）的价值；从另一个角度来看，这一章节还说明了除非是成为僭妄的对象而冒着与他人的自我拉开距离的危险，否则个体实际上并不能成为一个人［如果这听起来似乎自相矛盾，我们可以回忆起热尔内的观点，即个人主义发端于在争执中因社会原因受到伤害的一方，因为他突然成为同情的对象，引起了对于 *eunomiê*（秩序）的集体性关注。这样的个人，通常是在一种自助（self - help）的行为中肯定了他进行正义处罚的权威］。① 而卡吕普索的章节同样揭示出这种成为僭妄对象的过程，是作为一种英雄进行自我转换的过程，他在思考的行为［荷马的“思虑”（*mermêrizein*）］中引入了他的认知与道德资源，而且这种思考“深入”到自我之中，使得英雄通过短暂的迂回而到达了道义论的领域，其中意志论的思考使得他至少能够想象先于其目的的自我。

但是正如我们在第 2 章所看到的，国家形成时期仲裁的 *basileus*（王）在引入存在论的框架转换和另一种自我样式的保留剧目时，他有着多重手

---

① 2001：257 - 302；参见 Cantarella 是如何以人类学的方法讨论前国家时期的法律的（2003：274 - 279；cf. 1979：217ff. ）。

段，其中包括 *themistes* 与 *thesmia*。《奥德赛》是否也教给他的听众，即未来的官员与陪审员去施行这些 *themistes* 与 *thesmia* 呢？有必要回忆一下，*themistes* 可能是由源自于共同体的记忆与神话的传说（short narratives）所组成，而仲裁的 *basileus*（王）用来处理与争执相关的事情，它们可能包括着事例、比喻及与争执者相关的谱系信息；*thesmia* 是共同体记忆中关于犯罪的传说，它们已经获得了典范性的地位，可能包含着宣誓与其他可以做出公正仲裁（*dikê*）的手段。

同样让我们回忆一下哈维诺的观点，他认为在荷马两部史诗里，“从 *thesmia* 那里寻求仲裁（*dikê*）”的剧情的主要叙述结构是不同的：《奥德赛》的基本叙述结构将奥德修斯与他的家庭，描述为受到了在道德上应受指责的角色所施加的不正义行为伤害的对象（1978：150－151），因而哈维诺断定荷马鼓励他的听众将奥德修斯、特勒马科斯以及佩涅洛佩看作在与他们的敌人，特别是求婚者在争执过程中（类似于阿基琉斯之盾上的那个人）潜在的“原告”，这是否有些牵强附会呢？第 2 卷伊塔卡人的集会公开地确定了奥德修斯家族与求婚者之间有着一场争执，但同样它也很显然地说明了争论不得不表现为一种自助的行为。尽管特勒马科斯急切地请求协助，而共同体群却不能或者不会为了缺席（或者死亡的）的首领家族的利益而采取集体行动对抗求婚者。在这一争执中主要的对立方，是作为家族代表的特勒马科斯以及作为求婚者头目的安提洛奥斯。但是这一争执的听众是谁呢？史诗给这些听众指派了什么样的表演角色呢？

对于这些问题的回答并非是明确的。这一集会的一方听众——在叙述中诸人物所面对的“内在”听众，是由伊塔卡人组成的。① 荷马将他们看作 *laoi*（“民众”，2.13，41，81 以及 252），这一词语在史诗中有着特别的意义，常常指的是臣服于或者依赖于首领的无差别的共同体成员，他们的处境可能是岌岌可危的。② 在伊塔卡人集会中的 *laoi* 是符合这一定义的，是由三位德高望重的精英共同体成员生动地表现出来：埃吉普提奥斯（Aegyptius）、哈利忒尔塞斯（Halitherses）、门托尔（Mentor），后面的两个人愿意用预言与道德箴言来劝导他们伊塔卡人的同伴支持特勒马科斯的观点。尽管荷马的讲述者，或者相关各方都没有运用 *dikê* 这个词来描述这一争执的目标，但

---

① 一些《奥德赛》的“内在”听众，参见 L. Dougherty 1995：19ff.，这是从 Iser（1978）那里借用这个词的。

② 这个词在荷马那里的用法，参见 Houbold 2000：1－45，esp. 1－3 and 12－13。

“原告”（奥德修斯家庭的成员与支持者）的证据说明其目的就是要伊塔卡人在对立双方的利益之间做出一种判断。原告希望这一决定能够产生干预，其结果就是求婚者停止他们对佩涅洛佩的追求，离开奥德修斯的宫殿——我们必须假定，这是出于自愿。这种在第 2 章中得到检验的争执解决的准则，使我们回忆起在阿基琉斯盾之上的争执，那里“长老们”从他们的座位上站起来，引导人们进行商谈与决策时，*laoi*（民众）是引人注目的（18.497 and 502）。

事实上豪博尔德（Haubold）近来对于荷马史诗及稍后传统中的 *laoi*（民众）的研究表明，一般说来，作为公众（a public）的人们，在社会与政治方面通常力量微弱，当他们被要求进行仲裁、终结僭越、决定重要的共同事务时，却拥有“观念性的力量”（2000：157）。他还特别认为，《奥德赛》为了“激起……较量……控制”他们的判断，一直留意让这些伊塔卡人作为奥德修斯与求婚者进行斗争故事的必要“背景”。① 这说明了 *laoi*（民众）作为这一集会和奥德修斯复仇的内在听众所起到的认知角色的作用，但这却并没有解决他们的身份问题。如同我们所看到的，*laoi*（民众）可能基本上是无差别的，但是从他们中间可能出现类似于埃吉普提奥斯、哈利忒尔塞斯、门托尔这样的精英个体。我认为同样值得注意的是，埃吉普提奥斯有四个儿子，但在这些叙述中可以分为三组成员：一个［安提福斯（Antiphus）］作为同伴（船员）随奥德修斯出征而葬身于圆目巨人之口；一个［欧律诺摩斯（Eurynomus）］是求婚者中的一员，而另两个（没有提到他们名字）因为操持其家务，因而也是作为 *laos*（民众）的成员（2.17－22）。这些某些方面似乎无足轻重的信息，说明了 *laoi*（民众）身份是流动的，而豪博尔德近来的研究证实了史诗中的发言者都在 *laoi*（民众）面前，就求婚者及其同伴在 *laoi*（民众）中的成员资格竞相发言。②

但是 *laoi*（民众）的身份，除了既是无差别性的，也是个性化的，并且也是变动的成员之外，还有另一个维度，就是它还指叙述之外，但包括于史

---

① Haubold 2000：110。稍有不协调的是，Haubold 有时将伊塔卡的 *laoi*（民众）描述为奥德修斯与求婚者斗争中“强大的第三方”（114）、“强大的法官”（118）。尽管他们代表着公共利益而在人们的观念中十分重要，*laoi*（民众）在荷马那里并不拥有这样的权威或者权利。

② 2000：104－125，esp. 112－113 and 120－121（Haubold 并没有注意到埃吉普提奥斯的儿子们在所有三个群体中的多重身份）。

诗之中“隐含”的听众（implied audience），这是由史诗的讲述者所面对的听众/读者，他们被当作这一传说最终的接受者（L. Dougherty 1995：19ff.）。尽管我们缺少我们所看到的荷马史诗的“最初”听众的信息，甚至哪怕是最初演叙荷马史诗的几代听众的信息，但近些年来学者们已经提到了公元前六世纪的雅典人，是特别的、从历史上可以认定的荷马最早标准版本的接受者的有力证据，无论这样的版本是口头的、成文的，或者兼而有之。[①] 比如库克找到了奥德修斯返回伊塔卡，与古风时代的雅典人奉献给英雄厄瑞克忒斯、雅典娜和波塞冬的公共祭拜联系起来有趣的相似性（1995：128－170）。与我们的兴趣关系更密切的是库克（以及其他人）将史诗中为避免个人与社会的毁灭而对于人的责任的强调，与德拉古和梭伦的司法联系起来（约公元前620年到前590年）（Cook 1995：33－34）。

但是在我看来，更为有益的是要去思考，到底是谁构成了史诗叙述的内在与外在的 *laoi*（民众）呢？他们作为听众成员的表演角色可能是什么？豪博尔德的研究将出现在古风与古典时期文本中的 *laoi*（民众）看作在公民制度出现之前的英雄世界中，占据着历史性的公共社群（civic community）时空的社会原初民众（autochthonous people）形象。更为重要的是，这些传说中的居民构成了对公民体制进行奠基的“创始人”。诗人与历史学家将他们作为土著居民（aetiological folk），试图让他们来说明后来的体制是如何从刚刚萌芽的英雄式原型发展起来的（2000：169－170）。更为重要的是，这些 *laoi*（民众）的早期仪式性的政治聚会，对于日后的公民与体制来说，是作为一种不完善、通常是失败的社会行为模式，它在日后的城邦会臻于完善（173ff.）。

豪博尔德再次让我们将古风时代的雅典人作为奥德修斯的特别听众，认为雅典的公民是以荷马的 *laoi*（民众）作为其先辈的样式，特别在泛雅典娜节（Great Panathenaea Festival）[②] 上，从公元前六世纪中期开始就有着《伊利亚特》和《奥德赛》的演出。这一节日中人们以仪式再现了雅典的建立，

---

① 关于雅典史诗的版本，参见 Nagy 1996：110－111 和 S. West 1988：36－40。

② 泛雅典娜节：古希腊宗教节日。起初每年在雅典城举行一次，后改为每四年举行一次。节日期间，雅典所有属地的代表都要到雅典城参加庆祝。届时，人们要向雅典娜奉献一件崭新的绣袍和动物祭品，并举行盛大的体育竞技和音乐比赛。其规模堪与奥林匹克竞技媲美。——译者注

用厄里克托尼俄斯（Erichthonius）[①]、忒修斯（Theseus）[②] 这些英雄的雄功伟业以及那些荷马中 *laoi*（民众）传说的事迹（183 - 196），为雅典的公民提供了一种认识他们国家与政治体制起源的特别机会。除了与泛雅典娜节相联系的仪式之外，豪博尔德还指出传说中的 *laoi*（民众）所建立和设计的雅典公共体制一个引人注目的方面是法庭（171 - 172）：埃斯基涅斯在《复仇女神》（*Eumenides* ）[③] 中证实了这一点，他在战神山议事会（Areopagus）审理杀人案件的法庭上，以雅典娜之名向与会的 *laoi*（民众）宣布了一项新的法律（*thesmos*），而法庭是雅典娜从他们之中招募了第一批成员构成的（681 - 684）。欧里庇得斯（Euripides）同样也让达那俄斯（Danaus）召集阿尔戈斯的 *laoi*（民众）组成审判杀人案件的第一个法庭（*Orestes* 871 - 873）。如果豪博尔德所认为这一史诗传统反映了传说中的 *laoi*（民众），他们进行司法审判的最初阶段略显粗糙是对的，那么推断出在《奥德赛》第 2 卷中以及这整部史诗中伊塔卡的 *laoi*（民众）作为“内在的”听众，在雅典或者其他法庭开始出现的地方，为荷马早期“隐含”的听众预设了这种功能并非是没有道理的。

当伊塔卡的 *laoi*（民众）没有能够促使他们的首领对于求婚者采取行动时，他们是否在引导荷马的早期听众从他们的冷淡与混乱中，看到一种传说中的前公民正义施行（performance of precivic justice）传统中“典型的”不足性呢？如果这些荷马的听众从伊塔卡的 *laoi*（民众）身上，看到一种原始的、不完善的陪审员 - 法官原型，史诗会要求他们弥补其祖先在认知和道德上的无能为力的状态吗？如果这些问题值得思考，那么我们需要更准确地理解伊塔卡人认知与道德缺陷的特点，以及为什么奥德修斯家族和求婚者之间的争执得不到仲裁（*dikê*）；而这些缺陷，是荷马会放在后来相关的伊塔卡人，也就是史诗潜在的听众面前的挑战。让我们再回忆一下，在史诗中作为 *laoi*（民众）的成员似乎是流动的：类似于埃吉普提奥斯的儿子之类的个体，

---

① 厄里克托尼俄斯，是传说中火神赫淮斯托斯与地神的儿子，雅典娜是他的监护人，他从小在雅典娜的神庙中被秘密抚养长大。这个孩子长大做了雅典之王，创立了纪念雅典娜的古老庆典泛雅典娜节日。此外，他在雅典城第一个使用马驾车，开创了雅典的赛车比赛运动，而厄瑞克忒斯是他的后裔。——译者注

② 忒修斯，是传说中的雅典国王。他的事迹主要有：剪除过很多著名的强盗；解开米诺斯的迷宫，并战胜了米诺陶诺斯；和希波吕忒结婚；劫持海伦，试图劫持冥王普鲁托的妻子珀耳塞福涅——因此被扣留在冥界，后来被海格力斯救出。——译者注

③ 《复仇女神》（*Eumenides* ），是埃斯库罗斯的悲剧之一。——译者注

是属于 *laoi*（民众），成为奥德修斯的同伴（船员）或者求婚者。而求婚者如果觉得将自己称为 *laoi*（民众）时对其有利，也会这样做（e. g.，22. 48 – 49）。这样史诗的表演可能鼓励荷马的听众将他们自身等同于这三类群体之一的认知与道德形象。如果是这样的话，集会的情景会使得听众成员去决定“你站在哪边的立场上”吗？

作为一位首领，年轻而不谙世事的特勒马科斯在试图开始解决争执时，也因有失公正（*dikê*）而受到一些指责。但是他对 *laos*（民众）所作的要求原则上来说是合理的，他将关键的认知与道德问题分离开来，事实上向内在的与隐含着的听众同时发问：“当你遇到僭妄时，你知道这一点吗？你知道如何恰当地对它做出回应吗？”他并没有运用僭妄的字眼，但他公开地将求婚者的行为概括为僭妄性的（他们破坏了主人 – 客人的密切关系及婚姻习俗，2. 48 – 58），其严重性足以激起伊塔卡的集体义愤（*nemesis*，64），也足以激起在他的邻居面前所感受到的个体意义上的羞耻感（*aidôs*，65），并且这也是对共同体利益的一种威胁（愤怒的神明会惩罚所有人，66 – 69）。① 他也同样使得伊塔卡人（我认为也包括荷马的听众）没有留下道德空间去采取一种中立的立场：他们必须要么赞成要么反对其家族（73 – 74）。而且他认为正是伊塔卡人自身应为他所忍受的苦难负责任（79）。当安提诺奥斯将其频频来访的责任归咎于佩涅洛佩狡猾的耽搁策略而反驳了特勒马科斯的指责时，特勒马科斯的理由失去了可能曾有过的对于众人的说服力，开始站不住脚了。

而真正的长老哈利忒尔塞斯和门托尔必须站起来支持这一理由，他们每个人都运用了不同的技巧以促使 *laos*（民众）去把握一种令人困惑的知识。我将把每个人的表演特征，看作在争执调解过程中与 *themistes* 的认知目标相一致的。哈利忒尔塞斯解释了一种不祥的鸟之迹象②，预言这意味着奥德修斯将必定回来杀死求婚者（161 – 176）。门托尔也并非没有注意到求婚者的傲慢、暴戾与在道德上无知的表现（235 – 236），他指责伊塔卡人多么惊人

---

① 费希尔注意到第 1 卷第 225 行到 229 行中，当我们一见到求婚者时，他们就对特勒马科斯的好客加以攻击，“很容易就被看作对于他的家族的僭妄行为”。（1992：165；cf. 176，这里求婚者“对于所有奥德修斯家庭成员处心积虑地持续攻击”，这是与公元前五世纪雅典僭妄的标准是一致的）。萨义德对于求婚者的罪恶进行了一个简洁的描述（1998：243 – 250），也对伊塔卡人集会中的九段发言进行了概括，对于其主题进行了分类。

② 在哈利忒尔塞斯讲话之前有两只苍鹰飞来，相互搏击。——译者注

的健忘：在审判活动中，一个 *basileus*（王）的权威之所以是合法的，就在于他拥有事物应当如何合理地分配的知识（*phresin aisima eidôs*，231），而 *laos*（民众）忘记了奥德修斯正是这样一个关注并维护这些知识的 *basileus*（王）（233－234）。为了克服民众这方面认知上的错误，门托尔向他们表现出了他们都可能感受到的不平与愤怒（*nemesis*），指出所有的伊塔卡人都应当对于求婚者做出这样一个权威性的言语行为："现在我感到了愤怒（*nemesizomai*）。"门托尔这并不是对求婚者说的，而是对"我们共同体的其他人所说的（*allôi dêmôi*，239），因为你们默默地安坐于此，没有用语言来抨击（*kathaptomenoi epeessi*，240）或者谴责（*katerukete*，241）这些求婚者，甚至哪怕是你们人数众多，而他们只是少数"。在这段慷慨激昂的劝说中，门托尔强烈暗示着伊塔卡人没有能够将自身联合起来恰当地处理与求婚者的关系，以及重要社会他者的价值。换言之，正如特勒马科斯所警告的，他们正冒着将他们自身与求婚者混淆起来以及由此所产生的僭妄的危险（cf. Haubold 2000：112）①。

为什么伊塔卡人对这些强有力的理由及警示如此反感呢？门托尔提醒他们，他们在人数上超过了求婚者，费希尔认为 *laos*（民众）缺少实质的力量，因而任由"求婚者因其地位而拥有的力量而肆意妄为"。（1992：166）②这一观点我认为是不可信的。他们的"漠然"（166）毫无疑问反映了长期以来缺乏有效领导的情况，从历史上来说，也反映了前国家社会或者早期国家社会中，涉及家庭与血缘群体利益的共同体制度是相对薄弱的。但是我们不应当忽视伊塔卡人缺少作为，既是主题性的（thematic），也是纲领性的

---

① 在 Lévy 对于荷马 *nemesis* 的清晰分析中，他说明了在英雄的、贵族的价值中这个词语与 *aretê*（优秀）、*timê* 和 *aidôs*（个体在他人面前感到的羞耻）之间的联系（1995）。如果门托尔为伊塔卡人模仿了 *nemesis*（愤怒）的表演，我们就可以推断出他们对于贵族价值理解的不全面，或者认同了求婚者反常地表演的 *nemesis*（愤怒）。同样也可以参见 Barnouw 对于集会的讨论，他也强调了 *aidôs* 与 *nemesis* 是作为共同体的价值与道德的表达，并且反对 Adkins（1960，1972）与 M. I. Finley（1979）有影响的解读。Edwards 指出埃吉普提奥斯、哈利忒尔塞斯和门托尔都是"名声显赫的人"，他们代表着在共同体的 *busileus*（王）缺席的情况下，或者在一个太小而不可能存在个体领袖的村落中"非正式的 *gerousia*（长老会议）"（2004：121－122）。

② 我也不同意 Cantarella 认为的这一集会上"看起来武力是人们唯一所知道的逻辑"，"王家权力"以及伊塔卡所有的社会关系都是基于武力之上（2003：123，126）。在几页之后她就作了让步，认为"尽管权力真的是基于武力之上的……而荷马的王权（royalty）只是牢固地建立在民众的同意之上的"。（129－130）

（programmatic）的。我这里的意思是，这种缺乏可能是由于史诗中 *laos*（民众）传统的消极角色所造成的，但我同样也指的是荷马需要以两种方式来表现其**内在**的听众：用社会学的话来说，这些听众不幸地面对着财富与权力的炫耀时，态度卑恭，不知道避免不必要的胆怯；而用认知与道德的话来说，他们不能看出求婚者的僭妄无理无据，这是一种耻辱。用这种方式，荷马暗示在类似于雅典这样的共同体中，**潜在的听众**会将他们自身视作法官，其社会的、认知的和道德的智慧能够而且必须回应史诗时代 *laos*（民众）没有能力面对的挑战。

5. 作为精神治疗的对逝者的审判

正因为这些理由，我相信荷马要求他潜在的听众为奥德修斯和求婚者之间的争执充当仲裁者的角色。在整个卡吕普索的章节中，史诗同样要求其听众见证奥德修斯是否愿意自己承担正义的执行者角色这样的不确定性问题，或者说他是否会成为正义的自主性行动者的一个**人**（person）。我们记得听众在第 5 卷中直接与奥德修斯照面时，就知道这是一个可以通过对自身诸视角比较而进行自我转换与自我解释的诉讼者。奥德修斯离开卡吕普索而在大海中漂泊，然后到达了费埃克斯人的领地，并通过那里而回到伊塔卡时，所有的荷马听众都知道了奥德修斯的内心思想。但是他们在从第 1 卷到第 5 卷中所获得的认知与道德的理解，构成了他们去承担仲裁的 *basileus*（王）的传统角色的重要步骤，因为他们现在拥有了争执过程中所有的三个视角：仲裁者客观的第三人称视角；原告奥德修斯、特勒马科斯与（在某种较小的程度上涉及）佩涅洛佩的主观位置；以及他们的对手——求婚者的视角。我已经在第 2 章里说明，史诗事实上要求他们在做出伊塔卡的 *laos*（民众）所没有完成的仲裁（*dikê*）之前，"遇到僭妄时知道是怎么回事"。

当然对于这些视角以及僭妄性质的更深刻的理解，需要他们（作为法官）基于共同体的利益为每一位原告确定自我的边界，特别是从意志论和认知的维度来确定。从我们对于仲裁的 *basileus*（王）的能力讨论中，我们知道老练的第三称的客观视角中有一种本质的成分，就是将争执放在不同的时间与存在论框架中来处理的能力，包括日常生活中过去与现在的因素，以及更多带有神话以及其他在共同体记忆中的口头传说这类想象成分、具有另一个世界实在特征的事情。我已经指出过，这就是 *themistes* 的本质任务，通常

为 *thesmia* 所伴随。这给我们提供了一种通向第 11 卷（*Nekyia*①）的新方法，这一章讲述了奥德修斯在哈得斯的入口处与亡灵及类亲属（quasi - descent）进行询问，以到下界去见到更多的魂灵。

构成这一情节的插述给学者与批评家带来了无数的疑问，但是其“宏大结构”对于我来说是一种 *themistes* 的壮观表演，其高潮在于一系列与不同的僭妄及其惩罚相关的 *thesmia*。② 我认为这些 *themistes* 与 *thesmia* 的听众，是内在的（英雄自身）和隐含的（在雅典或者其他地方，有能力作为未来的司法官员与陪审员的这类听众）。*Nekyia* 有五部分：第一部分，英雄向他新近死亡的船员埃尔佩诺尔（Elpenor）的灵魂、预言家特瑞西阿斯以及他的母亲安提克勒娅（Anticleia）进行了询问（*nekuomanteia*）（11. 51 - 224）；第二部分，是一些前辈的著名女性（英雄或者神的妻子、母亲与女儿），奥德修斯平静地见过她们的灵魂（225 - 332）；第三部分，一个短暂的“插曲”，让奥德修斯回到费埃克斯的当下时空之中，他正在这里向他的主人讲叙这一次冒险（333 - 384）；第四部分，*katabasis*③（英雄下了冥界），在这里奥德修斯第一次遇到了他在特洛伊伙伴的灵魂并与之交谈（阿伽门农、阿基琉斯以及埃阿斯）（385 - 567）。第五部分，他偷偷地看到了审判的 *basileus*（王）米诺斯（Minos）的灵魂以及四个我称为做了僭妄之举的前辈英雄（奥里昂、提梯奥斯、坦塔洛斯、西绪福斯），最后以遇到赫拉克勒斯的魂影结束（568 - 626）。

我们可以很容易看到这一章节不停地在当下（奥德修斯的漂泊、在他缺席时他的家庭与共同体面临的困境）、新近（甚至可能是特洛伊与伊塔卡）以及更远古的英雄时代——大致与奥德修斯的曾祖父奥托吕科斯（Autolycus）同时代——之间进行着时间与存在论的框架转换。纳格勒（Nagler）等学者都已经注意到了这种转换，他将整个诗分成了两种存在论的“领域”：“此时此地的伊塔卡”，以及奥德修斯向费埃克斯人所讲叙的奇特历险的“占卜之所”（1990：339）。纳格勒将包括访问冥府这些作为史诗中心的历险，看作施行/表演了那些我所认为 *themistes* 的首要认知功能：它们“给伊塔卡的情形设立了一种存在论的镜子，我们可以从这面镜子中看到其相对‘真实’的主要特征，而这是反映在反向的以及平行的复杂体系中的”。

---

① 在古希腊文化中，*Nekyia* 是一种召唤亡魂以询问未来之事的仪式，而《奥德赛》第 11 卷主要讲述的是奥德修斯访问冥府的故事，故一般称这一章为 *Nekyia*。——译者注

② 就这些学术上的争论及观点的综述，参见 Tsagarakis 2000 和 Crane 1988。

③ *Katabasis* 在希腊语中有着下降的意义，如下坡、太阳下山、战场上的撤退等意义。——译者注

(1996：151；cf. 1990) 我会以稍有不同的方式来发展这一观点，探究这两种“另一个世界”的领域（与首先的三个亡灵进行灵异的交谈，看到米诺斯和四个有僭妄之举的英雄，还有赫拉克勒斯），与伊塔卡“相对‘真实’的社会”有着什么样的关联。

纳格勒关于存在论镜像的观点提供了一个线索，我们可以将它采用过来，说明奥德修斯在哈得斯里面所听到与看到的向他反映了有关他自身的另一些看法；换言之，当一个有先见之明的仲裁的 *basileus*（王）在施行 *themistes* 时，所涉及的人物、时间与地点这些要素不再对作为诉讼者的奥德修斯实际地显示出通过自我解释所得到的自我转换的视野来。它们从他的文化传统中所发掘的资源，能够给他提供一种内在的“深刻性”，我们在现代会将这种深刻性，与反省甚至无意识获得的知识联系起来。① 正因为这一原因，我认为奥德修斯在卡吕普索的岛上所实现的自我转换有着在哈得斯这里的根源。一些学者通常质疑英雄为能够平安地返家而向特瑞西阿斯询问的必要，认为无论是从叙述还是从道德的角度来判断，这都是一种不充分的动机。因为他需要知道的是他的确能够在不利的条件下回家，因而他能够而且也会对于求婚者展开报复（11. 100 - 120）。他的确是从船员们吃掉了太阳神的禁食之牛，他与其船员就要承担道德责任这一警示中受益。② 但是在这些

---

① 我不同意威廉姆斯的主张，他认为荷马的道德都缺少“内在性”，即缺少有着“隐秘动机”的“内心生活（inner life）”（1993：46）。奥德修斯在哈得斯所看到与学到的许多东西，传达的是一种他不能够、也不会与他人分享的理解与方法；然而当他决定离开卡吕普索返乡的时候，我们还是看出他在按这些理解与方法而行动。格里芬对于荷马人物“心理学”的讨论，认为他们显然都拥有对“隐秘动机”作出反应的个体性人格，表现出了一种“复杂性”，甚至是“不可思议的”（1980：50 - 80，esp. 51 - 52，and 76 - 78）。关于奥德修斯自我的“深度”，以及这种心理学的深度，与诗中逐渐清晰起来的隐晦意义之间的关联，参见 Barnouw 2004：30 and 249 - 259。如果认为奥德修斯不能够将其在哈得斯所知道的**一切**，与他或早或晚在现实生活中所经历到的联系起来是合理的，那么我们就会看到荷马在这里借助了个体的无意识观念（尽管不是用的这个词）（与 Segal 观点相反，1994：63）。

② Tsagarakis 同样为奥德修斯询问特瑞西阿斯的必要性辩护（2000：48 - 49）。在 Reinhardt 的描述中，特瑞西阿斯的言语起到了关键的 *themistes* 的作用：他通过向英雄和荷马的听众揭示出在过去到未来的时间中，卡吕普索的情节，太阳神的牛、对于求婚者的报复联系在一起的隐密关联。它同样也说明了在过去与未来中什么样的行为与角色所做的什么是对的，什么是错的，它还保证了回头来看一切都会与神明的意志一致[1996（1942）：110 - 114]。参见库克对于 *Nekyia* 这一“中心主题”的描述，他认为 *Nekyia* 与卡吕普索的传说以及太阳神的牛一起，构成了对于英雄的返乡与复仇的“注解”（1995：11）。

连续的叙述片断中，奥德修斯与其他英雄的会面有什么必要性呢？

我们在前面说明了自我与他人进行理由说明的对话，努力去达成共识时，自我的商谈民主观念提出了治疗性的自我转换观点。以达成共识为目的——如果不是手段的话——这一过程，类似于仲裁的 *basileus*（王）引导诉讼者去重新规定其社会人格的能力，他通过 *themistes* 与 *thesmia* 在一种治疗性的自我转换中重新调整了价值（*timai*）。如果我们在奥德修斯与哈得斯的个体灵魂照面中看到一种自我的镜像，那么我们就可以将这种动力看作心理治疗方法的一部分，它能够传授一种与他人相关的自我的知识，这种知识构成了重塑自我边界的本质要素。在西蒙关于“作为治疗的史诗”的讨论中，他认为荷马及荷西俄德的叙事表演，承认了一种“含混的边界”，它“更多地具有孩子的思考与梦想，而不是成人清醒思考的特性”。他还补充道，这些史诗“充满了自我的膨胀与扩张的语言”（1978：86）。

罗德（Rohde）的观点比较特别，他认为奥德修斯在哈得斯遇到的诸魂灵是双重的自我，反映出奥德修斯作为并不自主的角色，有着不尽如人意的英雄特质，它被动地经受苦难而不是采取行动克服它（Simon 1978：57）。对于西蒙来说，*Nekyia* 之类的情节说明了史诗是作为一种心理治疗的形式，因为它允许诗人及其听众通过奥德修斯与其他人的交往互动，去经历自身与社角色会及家庭角色“短暂且大多是无意识的同一”，而不是与其自身的同一。以这种方式诗人、听众与英雄的特性都在一个产生英雄自我的“新成分”（75）的治疗过程中，“通过与（英雄）同悲共苦”，克服其自身成问题的“去分化（dedifferentiation）”① （87）。

西蒙（Simon）所提到的自我与他人的同一性的心理分析模型就是科赫特的“自身对象”②（Simon 1978：86，n. 21）。科赫特的“自身心理学”将

---

① Dedifferentiation 是一个生物学术语，指已经分化的植物器官、组织或细胞，当受到创伤或进行离体（也受到创伤）培养时，已停止分裂的细胞，又重新恢复分裂，细胞改变原有的分化状态，失去原有结构和功能，成为具有未分化特性的细胞；这里指的是个体的特立独行，不考虑他人与社会的特点。

② 科赫特的自身心理学认为，自身（self）是人格的核心，它有三个成分，即雄心（ambition）、理想（ideal）和介于这两者之间的才能（talents）和技艺（skills）。自身的发展取决于充当自身对象（self object）的人（通常是父母）能否满足孩子的心理需要，即反映性需要（mirroring need）、理想化需要（idealizing need）和他－我需要（alter－ego need）。如果父母人格健全，那么就能基本上满足孩子的这些心理需要，父母在满足这些需要方面偶尔的失误，反而会促进个体人格结构的形成，使儿童将原先由自身对象为其行使的心理功能内化为自己的人格结构，科赫特称这一过程为变形性内化

自恋看作我们与他人互动的首要模型。自恋同样提供了一种基于交互主体性而不是自主性之上的心理共生现象（psychological symbiosis）的关键理解，这对于自我的情感健康来说既是必不可少的，也是可取的（1984：47，52）。科赫特认为"我-你"关系有两种基本的类型：首先，"我"将"你"作为一种意欲、爱，或者愤怒与攻击的对象；第二，"我"体会到"你"作为在生活环境中代表着重要"自身对象"——泰勒会称为"重要他人"或者（我对于米德理论进行了改造）"主要社会他者"。如果这种自身对象要发展为"在时空中统一的、与过去相关，并有意地指向一个有创造性、生产性的未来"的自我（52），这就提供了自我需要的凝聚性、力量与和谐。自身对象对于将自我与"同情的（empathic）"他者联系起来的三种移情（transference）方式作出响应：第一是通过移情去寻求可以向自身反映出其凝聚性与力量的"宏大"形象的人物，通常是在一种母性关系中；第二种类型是去寻找一个人物形象（通常是父性的）同情的反应，这一形象反映着自我的理想化愿望（idealized aspirations）；第三种移情是希望能够找到一个具有类似于它本身的才能与技巧的自我客体，通常是双胞胎或者另一个自我（192-193；cf. 1977：185）。

让我们暂且只研究一下奥德修斯在哈得斯里戏剧化表现出来的作为在自我与自身客体之间三种类型的移情。我们也可以比较这些移情怎么能让我们以一种更为经典的弗洛伊德式理解来看待英雄的努力。比如罗斯就试图以一种历史化的心理分析对《奥德赛》进行讨论（1992：122-134）：罗斯认为荷马是通过激起公元前八世纪晚期典型的男性精英（或者准精英）的恐惧与欲望来讨论奥德修斯的身份（123-134）。他将奥德修斯视作"男人中的独行侠"，其"身份首先是在与女人的关系中被讨论的"，特别是由他对其所遇到的一系列女中豪杰的暧昧态度来表现的，这包括卡吕普索、瑙西卡娅（Nausicaa）①、基尔克（Circe）②、塞壬（Sirens）、斯库拉（Scylla）、卡律布

（transmuting internalization）。如果父母人格有缺陷，那么就不能满足孩子的这些心理需要，使孩子遭受创伤性挫折（traumatic frustration），使孩子不能将原先由自身对象为其行使的心理功能内化为自己的人格结构，从而导致自身这一人格核心在结构上存在缺陷，导致各种心理病态。由此可见，自身心理学认为，自身的发展状况，心理疾病发生与否，是由个体与自身对象之间的关系决定的。——译者注

① 费埃克斯人的公主，也是奥德修斯在费埃克斯遇到的第一个人。——译者注

② 基尔克是艾艾埃岛上的神女，曾将奥德修斯的同伴用巫术变成猪，又要把他留在海岛上。——译者注

狄斯（Charybdis）[①]，她们都代表着性的满足、身体的滋养与保护，或者对忌讳性知识的欲望，但同样也有对于阉割或者吞没，包括身体的沉沦（physical engulfment）的恐惧。

但是作为自身对象，这些人物形象中的大多数所获得的意义并不是将奥德修斯的基本冲动（drive）（力比多、攻击性）客观化，即将自我的连贯与分裂状态，或者自身的理想化意义反映到其所期望的自我中。[②] 这样卡吕普索移情的、母性的保护与滋养，反映着经历了九死一生海难的英雄渴求某种意义的健全与富足，接近了不死的宏大可能性。他七年逗留在她身边，当然会让人觉得这是母亲给孩子提供的童年安全期的延长，但这同样说明了持续依赖于这样原初形式的移情，可能对于任何希望获得更加成熟自身对象关系——比如他与佩涅洛佩的关系[③]——的人来说都是重要的。瑙西卡娅同样给奥德修斯提供了一个同感移情（empathic transference）的机会，但是她对于在海难中九死一生英雄的救援，也提供了一个婚姻伙伴能够给自我所提供的安全与成功的理想化观念，同样也是在佩涅洛佩那里得以实现。[④]

这两位女性刚好与奥德修斯在哈得斯所遇到的他的母亲安提克勒娅形成鲜明对比。安提克勒娅被看作一个自身对象，她以一种经受苦难的、憔悴残存的自我面对着她的儿子，因为这一自我为重要社会他者所抛弃或者隔绝。她的悲惨、分解（decomposed）的状态，实际上代表着奥德修斯自我意识的状态，正如她所说的，“凡人的天命（*dikê*），任何人死亡后，筋腱已不再连接肌肉与骨骼，灼热火焰的强大力量把它们制服，一旦人的生命（*thumos*）

---

① 女妖斯库拉与卡律布狄斯盘踞了一片海峡。要想通过海峡，要么选择避开斯库拉，走靠近卡律布狄斯漩涡的路线；要么选择避开卡律布狄斯，走靠近斯库拉的峭壁的路线。根据基尔克的建议，卡律布狄斯会一下吞没奥德修斯的所有人马，而斯库拉一边肯定会有损失，但不至于全军覆没。于是奥德修斯听从基尔克的建议，选斯库拉一侧行进，尽管斯库拉抓住了他的六个同伴，但他还是通过了这片悬崖。——译者注

② 科赫特的自身心理学反对弗洛伊德对于建构自身的基本动力的依赖，它更看重的是与他人相联系的自恋。

③ 参见罗斯所得出的结论：“抛弃（卡吕普索）被看作英雄的生存的唯一出路，即获得作为一个主导的、独立的男人身份。”（1992：125）

④ 奥德修斯认为在瑙西卡娅与佩涅洛佩之间的联系是，她们都是其自身对象：在第6卷第180到185行中，他希望瑙西卡娅具有一种在丈夫与妻子之间存在的和谐精神关系（*homophrosunê*）。许多学者因而推断认为，荷马试图让我们在这两个女人之间找到一种相似性。当荷马将两个破镜重圆的伴侣，比做两个遭遇海难的游泳者上了岸，荷马强化了佩涅洛佩作为奥德修斯的一种自身对象（23.233－240）。

离开了白色的骨骼，灵魂（*psykhê*）也有如梦幻一样飘忽飞离。”（218－222）她也以同样可怜的奥德修斯仍然活着的父亲的形象，给奥德修斯以类似的自身对象，而他父亲的衰困正是因为英雄的离去（187－196）。安提克勒娅在回答他儿子所询问的她自己的死因时，她淡然地回答道：“我也是这样死的，以这种方式迎接我的命运……思念你，渴望你，逐渐地夺走了我甜蜜的生命（197；202－203）”。通过这些反映出来的自我形象，安提克勒娅告诉了奥德修斯一种他现在还不能清楚理解的知识，即他在伊塔卡放弃了他本身的自我意识，这种自我的目的来自于家庭、社会与共同体的角色中，滋养了他与其他人；相反他却选择去承担武士的自我（warrior－self），在特洛伊追求个体名誉（*kleos*）之类的目标，采取了毁灭的手段来实现这一目标。[①] 安提克勒娅，类似于卡吕普索与瑙西卡娅，都给英雄再次启示了返回佩涅洛佩身边的方向，将她作为一个能够充分恢复其滋养生命的自我（life－nourishing self）的自身对象（161，224）。但是奥德修斯既然对哈得斯的访问在他的漂泊中发生得比较早，他得需要多年的时间来理解这是一种什么样的劝谕。

奥德修斯在哈得斯里所遇到的自身对象同样说明了他与男性形象的关系，但这种关系并不符合罗斯的观点。罗斯认为，“与《伊利亚特》中典型的战争英雄们不同的是，一开始奥德修斯似乎并没有与其他男性同一或者关联起来”（124）。从诗的叙述表面上看可能是如此，但是英雄在哈得斯与不下十来个重要的男性他者进行过交往，他们为其自身的发展反映出不同的需要与可能性。其中的两位——特瑞西阿斯与米诺斯，给他提供了一种智慧长老的理想化形象，其神谕与仲裁的知识能够促使当下的人们进行时间与存在论框架的转换。其他的七位男性，都反映着将他们作为孪生形象或者另一个自我所表现出来的才智、技艺与行为。除了一个情形（赫拉克勒斯）之外，他们在每种情形中都提供了一种负面的、“影子式的”自我形象。如果英雄有着任何进行自我转换的希望，那么他就应当拒绝与这些自我形象的同一。在阿伽门农与阿基琉斯的例子中，奥德修斯同情地与这些自我攀谈时，他们都强调了武士在《伊利亚特》对名誉（*kleos*）的追求中本质性的能力与价值（男性的领导与勇敢，在战场上光荣牺牲的渴望，对于其同伴的至高尊

---

① 罗斯将安提克勒娅（Anticleia）的名字［可能同时意味着“为名誉（*kleos*）而竞争”和“背弃名誉（*kleos*）”］与贬低《伊利亚特》中武士们所追求名誉的《奥德赛》的主题联系起来（1992：129，with n. 65）。

重）。阿伽门农与阿基琉斯的例子说明，如果自我的意志论维度，决定要以妻子与儿子这样基于他人支持和滋养性的关系之上的身份为代价，去获得这些名誉，那么这一切将是徒劳：阿伽门农公开地比较了克吕泰默涅斯特拉[①]和佩涅洛佩，他与阿基琉斯现在都渴望听到自己失散的孩子［分别是俄瑞斯忒斯和涅奥普托勒摩斯（Neoptolemus）[②]］的消息，但奥德修斯仍然可以找到特勒马科斯。在埃阿斯的例子中，埃阿斯体现出激烈竞争的武士文化所激发起的导致自我毁灭的羞耻感[③]，奥德修斯看出了他由于对名誉的狂热而失去了具有社会性品质的自我，这不再能引起移情的反应。我们可以再一次推断奥德修斯从这些会面中知道了有关其自身的一些本质性的东西，尽管我并不认为在荷马或者现代背景中这种知识是“有意识的”。[④]

6. 米诺斯与五位行僭妄者

Nekyia 的最后部分（568－627）骤然回溯到远早于特洛伊战争的英雄时代，也同时使我们回到了解决争执的剧情之中，因为这里奥德修斯遇到了坐在法官位置之上的米诺斯。他持着黄金的权杖，正在“进行审判”（*themisteuonta*，569），无名的死者围绕着他：“或坐或站，等待着他的判决（*dikas eironto*）。”无论在国家形成期之前还是之后，“*dikai*”这个词语可能在司法程序中早已形成了（Gernet 1981：212，n. 289）。荷马于是给出了奥德修斯看到的五位英雄人物的简要名单：奥里昂、提梯奥斯、坦塔洛斯、西绪福斯、赫拉克勒斯。每个人都点出了名字，然后简要地描写了他们是如何施行/表演着一种体现着惩罚与最终命运的行为。无论在古代还是现代，很多人认为这一部分是后来对于史诗的窜改。但现在人们却认为它是由精心挑选的会

① 阿伽门农的妻子，与情夫埃吉斯托斯一起杀害了阿伽门农，驱逐了自己和阿伽门农的儿子俄瑞斯忒斯。——译者注

② 涅奥普托勒摩斯是阿基琉斯的儿子。——译者注

③ 这是指埃阿斯与奥德修斯争夺奖品失利，因而愤然自杀。——译者注

④ 参见 Tsagarakis 就奥德修斯在哈得斯所获得的知识的观点是：“英雄听取了死者的话，回忆起与他们有关的事与人，他开始了解他们，这是重要的：他身上潜在的‘集体记忆’苏醒了，这对于恢复与实现其目标来说是根本性的。”然后他将奥德修斯在其旅途中所面对的“外在力量”，与“在他的 *Nekyia*，可以说是在他的记忆中”的理解进行了对比（2000：69）。

面与人物形象组成的，在史诗的传统中它们代表着 *katabasis*（下界），构成了荷马对于哈得斯复杂看法的内在组成部分。①

尽管对于荷马为什么留下这六个人物让他的英雄去观察，每个人到底在做着什么行为，以及这些行为与奥德修斯所处的形势有什么关系，人们并没有多少共识。众所周知，克里特（Cretan）的国王米诺斯在哈得斯是作为死者的法官，他的兄弟拉达曼提斯（Rhadamanthys）② 一样也是法官：《伊利亚特》第 4 卷第 564 行中提到拉达曼提斯住在埃琉西昂（Elysium）的乐园中。很久以后，在品达（Pindar）的《奥林波斯赞歌》（*Ol*）第 2 章第 75 行里，他才在福岛上对于杰出的死者进行判决。③ 但是米诺斯在这里自第 11 卷第 568 行的出现，提出了一个直接的问题：死者要从米诺斯那里寻求一种什么样的审判（*dikai*）？他们是要米诺斯就他们在末世间的争执给予一种裁决吗？或者作为新来的 *psykhai*（亡灵），他们要寻求就自己在末世会享有或者遭受的特别命运作一种裁决？

不幸的是，学者们在这一问题上意见并不统一。从公元前八世纪起的早期希腊末世论（eschatology）信仰的证据，并不足以让我们就末世什么是可能，或者什么是不可能发生的事总结出一个大体一致的连贯性规则来。④ 一个关键且引人注意的地方在于，这些死者是否在死后承受着个体的或者集体的命运。这一特别的命运观念是从日常生活的争执解决中借用来的，它假定了对逝去的人进行末世的审判（*dikê*），能够判定他的行为是道德的还是有

---

① 关于这一段真实性的争论，参见 Heubeck 1989：76 - 77；Crane 1988：87 - 89；Sourvinou - Inwood 1995：84 - 85；和 Tsagarakis 2000：11 - 13。关于 *Nekyia* 及 *katabasis* 的传统，参见 Tsagarakis 2000：21ff.；Crane 1988：101；和 Clark 1978：38ff。

② 米诺斯是希腊传说中宙斯与欧罗巴之子，是克里特的国王，统治期间，使克里特成为富庶发达的文明。以严明的法治而著称于世，死后，成为冥府的审判官之一。拉达曼提斯是米诺斯的兄长，死后也是冥府的审判官之一。——译者注

③ 米诺斯与拉达曼提斯作为米诺斯的国王，与对逝世的皇族成员的祭奠仪式相关，在希腊的末世说里他们是作为审判官，参见 Sourvinou - Inwood 1995：34 - 36 and 55（这里他们在末世中的个体地位）；米诺斯在柏拉图那里是作为死者的审判官，见 *Apol.* 41a，*Gorg.* 5233 - 524a，*Minos* 318d - 318e，and *Axiochus* 371b - c（Tsagarakis 2000：116，n. 503）。

④ 关于这一时期希腊末世论信仰的争论，参见 Souvinou - Inwood（1981，1983，and 1995：esp. 413 - 444）与 Morris（1989a）之间的交流。同样可以参考 Gnoli and Vernant 1982，Garlnd 1985，and Vermeule 1979。

罪的，而且这一判决也能够导致末世生活中与宇宙大序一致的自我转换。[①] 但是正如塞尔维诺 - 因伍德所说的，直到公元前七世纪，这还并没有对“普通的”死者起作用——自公元前七世纪起出现的庄严的纪念碑和碑文才证实了这种末世论。而且“寻求来自米诺斯审判（*dikai*）的”无名的灵魂，就是普通但却“鲜明的、好争吵的死者”的角色，他死了较之于活着也难与另一个他者相处吗？[②]

能给我们所提供的就是这些可疑性质的材料，我们不能够确切地知道奥德修斯或者荷马早期的听众，能在多大的程度上理解米诺斯的 *themistes* 的目标。我怀疑对于哈得斯的米诺斯描述的原初意图就在于显示他享受着活着时同样的地位：对一个仲裁的 *basileus*（王）而言，共同体受益于其杰出的认知才能。[③] 对于希望看到英雄以及其他人的亡灵，能分别在哈得斯接受决定其个体命运的道德性仲裁的后世听众来说，米诺斯在这里庄重、神圣姿态的意义可能发生了变化。无论如何米诺斯如同圣像（icon）站在那里进行着分

---

① 关于在荷马史诗中死后的惩罚，参见 *Od.* 3.276 - 280，and 19.258 - 260，其中的过错在于伪誓；关于奖励，参见 *Od.* 4.563 - 569，涉及《奥德赛》第 11 卷 539 到 573 行的“常青的草地”（全部为 Tsagarakis 2003：116 - 117 所引用，包括注）；亦可参见 Souvinou - Inwood 1995：67，with n. 167。

② 1995：87 and 66 - 67；1981：22 and 38。尽管塞尔维诺 - 因伍德承认早在荷马那里，我们可以在对死后个体命运的一般经验中发现这种信仰的萌芽（1995：66 - 67）。关于米诺斯在哈得斯死者间产生的争执进行调解，参见 Crane 1988：89，with nn. 32 and 33。举例来说，Heubeck 就支持这一观点（1989：111）；cf. Page 1976：48，n. 6，and Rheinhardt 1993：117。但是在莫里斯对于荷马末世的描述中，他认为米诺斯对于死者个体进行判决（1989a：309 - 310）。Crane 同样得出结论，认为如果我们理解米诺斯代表着“一种审慎的行为或者过程，能辨别 *psychai*（灵魂）并决定他们的命运”，那么在整个 *Nekyia* 结尾的这部分（568 - 627）就有着更多的“连贯性”。他猜测，尽管公元前四世纪的文本更清楚地表明了米诺斯对于死者的判决，但对于个人命运的信仰可能“同样是适用于公元前八世纪的”（1988：104）；Tsagarakis 也认同这一点（2001：116，n. 503）。在柏拉图的《理想国》中谈到厄洛斯（Er）的神话，他希望读者们回忆起奥德修斯在哈得斯所看到的，是不同于他自己所说的无名的法官（*dikastai*）审判（*diadikaseian*）每个人的灵魂（*Rep.* 614b and 614c）的。

③ 塞尔维诺 - 因伍德合理地认为米诺斯继续在末世当着判官，他活着时是作为享有巨大权威的首领，死后继续统治着死者（11.485 and 491）（1995：87）。她猜测米诺斯在这里代表着一种变化了的由统治者主持的米诺斯（Minoan）式葬礼仪式（34 - 36，45，55，87 - 88）。但在我看来似乎不像，正如 Cantarella 所认为的，在施行 *themistes* 时，米诺斯保存着一种真正的迈锡尼式王权审判的法律实践（2003：281 - 283）。在我看来，在一个完全英雄化的下界的观念之中，他的行为是与铁器时代早期，也包括早期国家时期仲裁的 *basileus*（王）的角色是一致的。

配 *dikai* 的传统施行，某种意义上类似于纳吉（1996）在史诗传统中所确定的模仿榜样：他为后继进行仲裁的 *basileis*（王）确立了榜样，也为后来处于法官与陪审员位置的公民确立了榜样，当他们解决争执和做出惩罚时，只有具备认知的美德，才能做出公正的仲裁（*dikê*）。米诺斯对于奥德修斯来说是作为一个自身对象，作为正义的执行者，象征着一种理想化的施行/表演。

但是在第568行到571行间，米诺斯为死者进行判决（*dikai*）的场景，与随后对一系列的英雄形象判决有什么样的联系呢？是否如大多数评论家所认为的那样，奥德修斯在一个时刻看到了米诺斯进行判决，而随后在另一时刻就依次看到了英雄们的形象与他们各自的命运，这里的确存在着一种不连续性（参见 Sourvinoui－Inwood 1995：88）？或者说通过对于米诺斯判决中少数几个引人关注事例的说明，这一系列的形象就成为其审判的逻辑扩展？也就是一些人得到了好的命运（奥里昂、赫拉克勒斯），而另一些人则得到坏的命运（提梯奥斯、坦塔洛斯、西绪福斯）（Crane 1988：104）？或者以类似的方式，这一系列的形象突显的事例都是"著名的"，其"严重性"给奥德修斯留下了深刻的印象（Tsagarakis 2000：111）？如果我们稍加思考，对米诺斯独特施行 *themistes* 作为例子进行说明，特别是他运用源自于泛希腊记忆库中的 *thesmia* 来解决争执，或者为寻求仲裁（*dikê*）的无名死者决定命运，我相信这些英雄形象之间的次序是有着连贯性的。让我们回忆一下自第2章起，我们就将 *thesmia* 重构为一种保存着成功解决争执的言语形式，它是在叙述中以简要的形式记录下来，也许是根据犯罪的类别而在记忆中得到编排的。如果说一系列的英雄形象是紧接着米诺斯为无名的死者进行判决的描述的，这是因为这些英雄的命运构成了典范性的例子，它们是原初的审判者保存或者维护着的，以作为进行"公正"的仲裁（*dikê*）最为有用的工具吗？无名的死者集合在一起或坐着或站着，类似于哈得斯里面的 *laos*（民众），而与阿基琉斯之盾上的解决争执的情形（*Il.* 18.497－508），或者伊塔卡的集会并无不同（*Od.* 2.13ff.）。用门托尔理想化的"呼吁"概括说来，他们所"要求的"（*eironto*，2.570）就是"聪明并且亲切、和蔼的持杖之王"给予他们如何恰当地分配事物的知识（*phresin aisima eidôs*，2.231）。我认为每个人都希望至少在米诺斯的 *thesmia* 中，看出反映着他过去所作所为（behavior）的关键行为的一种自身对象。在英雄人物的命运中，每一位死者可能会看到自我转化意义上的蓝图，而这正是一个公正进行的仲裁（*dikê*），或者正义地安排的末世的认知性目标。[①]

同时我们记得纳格勒所说的类似于 *Nekyia* 这样的章节提供了反映伊塔卡的日常生活发生事件的“存在论镜子”。我们应当记得每个英雄的形象都是以奥德修斯的眼睛看到的，无论是新近的过去还是不远的将来，他们意味着对奥德修斯提供了看待他自身以及其他人的“第二视觉”吗？如果是这样，那么他们能够向他反映出他自身的境况，同样也反映出他的船员在海上的历险中发生了什么，以及在伊塔卡那些求婚者做了些什么吗？以这种方式他们会让他想起特瑞西阿斯在他的警告中（11.100－120）所强调的船员在到达伊塔卡之前可能的命运，以及奥德修斯独自一人回到伊塔卡时其家庭和求婚者的情况。[②] 作为以 *thesmia* 的形式记载下来的这些自身对象，这五位英雄形象不仅是为这些无名的死者，也同样为奥德修斯及荷马的听众［他们是未来的公民陪审员（以及诉讼者）］准备了一种最终的认知与道德的自我转换，使之成为正义（*dikê*）的执行者。

因为正如我们已经看到的，“从 *basileus*（王）那里寻求仲裁（*dikê*）”，以及“受他人不义之苦”的剧本，为史诗的叙述提供了根本的主题。奥德修斯从这些人物形象的 *thesmia* 所学到的教训告诉他，那些受到 *atasthalia*（道德弱智）与 *atê*（盲目短视）支配的人争执不休，因而要避免他们在道德与认知观点上的缺陷。用纳格勒的话来说，他们“无视其他角色的主张，失去了对更重要后果的关注，做出了灾难性的决策”。[③] 就我看来，这描述了在僭妄之苦下一些人的道德形象，我接下来会认为，作为 *hybristês*（僭妄者）而出现在 *thesmion* 的每一个形象都说明了各种不同的僭妄。因而米诺斯的 *thesmia* 的情景，会使得奥德修斯、荷马潜在的听众以及那些无名的死者，在认识到他人以及他们自身的僭妄性行为，给这些船员、求婚者以及奥德修斯家族的成员等人分配了积极或者消极的道德角色，他们就可以准备承担正义

---

① Rohde 认为提梯奥斯、坦塔洛斯、西绪福斯的出现明确地强调了 *thesmia*——在我所说的意义上的 *thesmia*：“也许这三位被挑出来，是作为更多这些情景集合起来的例子。”（1925；rpt. 1987：40）

② 这里运用科赫特的话来说，我认为在 Nagler 的存在论镜像观念中所包含的是：船员与求婚者都是奥德修斯的自身对象，因为他们都反映着他所努力追求的自我控制与道德自主性方面的形象。

③ 1990：352，讨论了这些成问题的看法，它们妨碍了求婚者这样的争执者采用传统的解决争执的手段，比如宣誓或者竞赛等等。

(*dikê*) 执行者的角色。①

我同样也认为，如果我们看到这五位英雄人物作为僭妄形象的代表，每一位都是与自我的商谈民主的自我观念一致的道德意识发展过程中的一个过渡性阶段，因而他们才前来遭遇其普遍而又特殊的命运。这样他们中的每一位都有助于奥德修斯的心理治疗，让他在泛希腊的故事讲述传统中回到冲突、惩罚与服从的场景之中，刚好可以与科尔伯格（Kohlberg）所谓（道德的）“前习俗水平（preconventional）”特征一致。这种特征中交互的关系主导着我们与特殊的他人交往（通常是在家族背景中强大的权威人物形象），我们关于正当的观念使我们服从这些人物的规则与权威，以避免惩罚（cf. Habermas 1990：123）。（实际地或者潜在地）认识到他自身仍然停留于第一阶段的水平中，或者只是期待着第二阶段的“习俗（conventional）水平与第三阶段”的“后习俗”（postconventional）”水平，奥德修斯会理解基本的道德理由（moral reasoning），能够认识到我们自己生活中权威性的人格意志，实际上渗入了将我与重要社会他者等同起来的意志，因为重要社会他者是超个人的（suprapersonal）和集体性的（153－154）。

一旦这种道德理由内化后，正是这种意志保证了我们对于道德规范，或者说对希腊人所称的 *themis* 的遵守。最终这些英雄形象能够为这些作为潜在陪审员的荷马听众提供一种自身对象，因为他们在戏剧性地表现出道德意识发展过程中一个阶段时，每一个形象都会让听众日益了解后世称为“犯罪心理（criminal mentaliy）”这一复杂类型的意识。事实上 *Nekyia* 这一章节给聪明的听众至少提供了一种对于古风时代希腊的犯罪心理的一种直观理解，一种对于犯罪心理学与心理治疗学的介绍，这对于承担正义执行者的角色是必不可少的。用热尔内的话来说，这些亡灵为英雄生动地表现出了僭妄的主体或者加害者，而英雄未来会在卡吕普索的小岛上决定去承担僭妄的对象或者受害者的角色。这里我对于热尔内的观点稍作修改的是，他们显示了早期希

---

① Heubeck 指的是提梯奥斯、坦塔洛斯、西绪福斯作为“侵犯了神明特权的僭妄”罪行（1989：113）。柏拉图在他的《高尔吉亚篇》中将这三位作为在他的末世审判中的犯罪的典型（523a－526d，esp. 525e and 526c－d），并由拉达曼提斯、埃阿科斯（Aeacus，米诺斯的另一个哥哥——译者注）、米诺斯来进行审判。苏格拉底认为最为邪恶、无可救药的灵魂被吊在哈得斯，作为在他人面前展现的“例子”（*paradeigmata*）、“情形”（*theamata*）和“警告”（*nouthetêmata*）（525c－d）。大多数滥用权力的国王（*basileis*）、僭主和统治者都是这样，苏格拉底提到的最为典型性的犯罪就是滥用权威（*exousia*）、放荡（*truphê*）及僭妄（*hybris*）（525a）。

腊的道德与法律思想可能会怎样思考那些行僭妄之举的人，以及那些受这些僭妄后果之害的人的个体行为。

从社会学上看，这些英雄大多数都说的是过去几代 *basileis*（王）的情况，他们的罪行是由于他们自己有着过多欲望，因而试图去操纵与位尊者的交换关系，侵犯他们的荣誉（*timê*）。在塞尔维诺－因伍德对提梯奥斯、坦塔洛斯、西绪福斯的结构性分析中，她巧妙地说明了这几个英雄各自是如何触犯了主导着宇宙中人与神在性、食物与死亡方面秩序的行为准则。（1986 and 1995：67－70）[①] 而我吸收了她的研究成果，并强化了其对于僭越边界的观点，将僭越作为一个主导的课题。我会补充她对于犯罪行为抽象的、宇宙论的理解，突出希腊仲裁发展过程典型性的侵犯行为，也就是认知、道德与社会背景中的僭妄。

6.1 奥里昂（Orion）

第一个形象源自于过去久远的神话：巨人奥里昂，他是被阿尔忒弥斯（Artemis）[②] 所射死的猎人，他死亡的原因既是因为他射杀了野生动物，也因为（如卡吕普索所说的）他迷惑住了不知餍足的爱者——黎明女神（Dawn），使得阿尔忒弥斯的醋意大发（5.121－124）。[③] 奥德修斯是这样描述他的："在米诺斯之后，我又看见了巨人奥里昂在常青的草地上，驱赶着他往日在荒凉的山间所杀死的野兽，手握那永远不会折断的全铜棍棒。（572－575）" 通常的解释是，这一场景是作为一个例子，荷马用它来描述死者在末世中如何表演着他们活着时通常做的活动，因而这样奥里昂似乎享受着狩猎的快乐命运。[④] 但是否如大多数评论家所理解的那样，这种命运意味着一种道德上的中立？如果是这样的话，那么它就与施加给提梯奥斯、坦塔洛斯、西绪福斯的严酷惩罚形成了鲜明的对比——现代学者常常把后面三者

① 参见 Cantarella 对于这三位罪人的讨论，她将他们的罪行概括为藐视神明以及不愿意承认神人之间的差别（2003：223－226）。但她并没有将这些罪行与僭妄联系起来，也没有讨论塞尔维诺－因伍德的解释。

② 阿尔忒弥斯（Artemis）是希腊神话中的月亮女神与狩猎女神，传说她曾爱上奥里昂，但因嫉妒而杀死了他。另一种说法是阿波罗为了保住阿尔忒弥斯的贞洁，使用诡计使得阿尔忒弥斯误杀了奥里昂。——译者注

③ 关于现存奥里昂神话不同版本的综述，参见 Fontenrose 1981：6－21。

④ 参见 Sourvinou－Inwood 1995：88；Heubeck 1989：111；Crane 1988：103，Burkert 1985：196；J. Finley 1978：126；和 Rohde 1925：39。

称为“罪人”①。对于奥里昂在（前荷马与后荷马时代）神话传统中的进一步研究表明，其实他也常常是与道德上受到谴责的僭妄行为联系在一起的。当我们努力将他的行为看作原型猎人的所作所为，他有着给奥德修斯提供自身对象的可能，我们同样在这一自身对象那里发现了负面的道德判断。换言之，在我看来，奥里昂同样也是一位僭妄的“罪人”。

作为猎人的原型，传统中奥里昂侵犯着其他生灵（包括人与神），不承认相互交往需要的文明化的限制（Schnapp 1997：33-34）。事实上传统中有着奥里昂缺乏制约的众多例子，他不仅是不加约束地使用暴力去狩猎，还同样在性欲与食欲上也没有限制。举例来说，在荷西俄德的传统中[fr. 148aMW；also Parthenios（20）]，奥里昂是米诺斯的孙子、波塞冬的儿子；他希望从墨涅佩（Merope）的父亲奥诺皮翁（Oenopion）[“酒鬼脸”，（Wine-face）”②] 那里得到她，因而去希俄斯（Chios）清除了猛兽。当奥诺皮翁食言推脱时，奥里昂便乘着醉意调戏墨涅佩，这样就被她的父亲弄瞎了眼（另一个说法是米诺斯自己就是奥里昂的主人，而他的女儿成为了奥里昂的牺牲品）。③ 这些行为直接形象地说明了“行僭妄之举”的剧本中的一些场景，特别是僭妄的主角具有年青人的冲动，并在体力上占有巨大的优势。

如果如施纳普（Schnapp）所言，奥里昂“较之于任何其他猎人，更多地体现出不受控制的暴力”（1997：453），如果么关于他的神话的总体看法揭示了一种僭妄的性格，即“冲动、狂暴、不计后果……（并且）缺乏自我控制”（Fontenrose 1981：18），那么奥里昂就给奥德修斯反映出了古风时期心理发展过程中的另一种自我，这一自我不能够进行自我控制，而自我控制则可以从重要社会他者那里交换他们的认同。作为黎明女神情色所好以及阿尔忒弥斯的愤怒与嫉妒的对象，奥里昂是作为一个与奥德修斯相似的自我，因为卡吕普索也为奥德修斯所迷住，正如船员被“恐怖神女”基尔克所迷惑，④ 而那些求婚者也为佩涅洛佩情色的请求所迷惑。奥里昂肆无忌惮地猎杀野生动物（它们对于阿尔忒弥斯来说是神圣的），同样也类似于船员们

---

① 关于这三位作为“罪人”，参见 Sourvinou-Inwood 1986 and 1995：67-70；关于三位的参考文献，参见 1986：37. for Tityus，37，n. 3；for Tantalus，40，n. 17；for Sisyphus，47，n. 52。

② 奥诺皮翁的绰号为“酒鬼脸”，即面色红润而像喝了酒一样。——译者注

③ 参见 Fontenrose 1981：2ff，以及其注，包括 Apollod. 1. 4. 3. 奥里昂同样据说也曾与阿尔忒弥斯比赛，并试图性侵她（Aratos *Astr.* 2. 34）或者另一位女士奥皮斯（Opis）（Apollod. 1. 4. 5）。

④ 关于“恐怖女神”及其男性的受害者，参见 Nagler 1996：142-153。

对太阳神禁食之牛的猎杀；而船员们可笑地从无法无天的宰牲者转变为受害者，正如求婚者肆无忌惮地宰杀奥德修斯的畜群，反过来成为他的受害者。正如我们所看到的，奥德修斯同样也包含在这一无法无天的猎人的同类之中，因为他亵渎性地杀害了那些求婚者。①

这样奥里昂在哈得斯的出现有可能较之于大多数学者所认为的更丰富的意义。但是他最终的命运是什么呢？大多数的文本材料，包括荷马在内，承认宙斯在他死后给他以荣誉，将他变成一个仍保留着他名字的星座。但是在哈得斯中他被想象为一个不停地穿过草地，驱赶着他在荒凉的山冈上猎杀的野兽的猎人（*leimôna*，573），手里拿着置它们于死地的工具——他的青铜棒。但是在我看来，这一文本显示他**很明显地不再在狩猎**，或者说他在末世不再做着他在活着时喜欢做的事，因为这些野兽早就在山里被杀掉了（*katepephnen*，574）。那么他到底在干什么呢？他的这一行为究竟有什么意义呢？作为猎人，他的职业突出了猎杀一个地方（希俄斯与克里特都提及过）所有野兽的超常力量，而这种超常的力量正是导致其死亡的一个原因，因为大地之神（Earth）感到了愤怒（Hes. fr. 148aMW. 15 - 17）。如果在末世里他正“驱赶”或者聚拢（*homou eileunta*，573）他活着时在山上杀死的野兽，而在哈得斯的情境里并没有山，那么一种自我转换就发生了：猎人奥里昂在死后改变了他活着时候有着的过多欲望的可怕迹象，现在他可笑得如同一个在放牧的牧人穿过牧场。② 这远不是他享有特权，重新进行活着时候的体面活动，

---

① 奥德修斯会在赫拉克勒斯那里遇到与类似于奥里昂但更强大而无法无天的猎人；船员与求婚者之间的类似是由于他们滥食神牛（这同样也与奥德修斯肆无忌惮地屠杀求婚者类似）。参见 Nagler 1990：339 - 342。塞尔维诺 - 因伍德只是将奥里昂与第 10 卷 156 - 173 行奥德修斯在基尔克的岛上“合法地”射杀了一头巨鹿联系起来。(1995：88)

② *homou eileunta* 的意思是“驱赶、聚拢”，参见 Heubeck 1989：112。由于奥里昂的僭妄、作恶的人格，我不同意 Heubeck 或者其他人的观点，认为这里可以看到一种“重复”的原则——他在哈得斯的亡灵重复着他在活着时候的主要活动（111，citing Nilsson 1967：454）。这里英雄放牧因他滥杀而死去野兽的亡灵，与太阳神的牛没有不同，这些生灵在某种意义上被认为是不死的（cf. Vidal - Naquet 1986a：24）。从一种关于城邦意识形态的结构主义观点来看，他作为猎人的原型与一种转换的形象，象征着从野蛮到文明生活、从不行祭祀，不义地、贪婪地享用肉食，到与其他人一起分享资源的过渡，参见 Schnapp 1997：35 - 36。在《奥德赛》第 11 卷第 308 行中，他年轻时的英俊是与巨人奥托斯（Otus）与厄菲阿尔特联系起来的。（这两位巨人是伊菲墨得娅与波塞冬的儿子，长得高大英俊，但在《奥德赛》中说他们稍逊于奥里昂。——译者注）。奥里昂类似于后来的埃弗比形象，比如墨拉尼昂（Melanions）和希珀吕托斯（Hippolytus）；参见 Vidal - Naquet 1986a：118 - 119，引用了 Oppian*Kyn.* 2. 28 - 2。

在我看来这种命运更像死后的一种清偿，总之是一种惩罚。

6.2 提梯奥斯

下一个英雄形象是更为强大的提梯奥斯，对他的描述给一个完整的 *thesmion* 提供了所有重要的叙事因素：他的名字、出身、他对于神圣价值（*timê*）的侵犯、他所触犯的神明以及他受到的惩罚：

> 我又看见提梯奥斯——富饶大地之子，横陈大地，伸展开来超过九亩；有两只秃鹰停在他两侧啄食肝脏，吞噬他的内腑，他无力用双手阻拦，因为他对宙斯的高贵床伴（bed - mate）勒托（Leto）施暴行——在她途经美好的帕诺佩斯（Panopeus）赴皮托（Pytho）之时（576 - 580）。

提梯奥斯的罪行显然是对天神的伴侣有着性的欲望，[①] 他与他的巨人同伴奥里昂都遭受到了那种不能够控制、不可羁绊的 *thumos*（欲望）的命运之苦，因为在 *thumos*（欲望）之中产生了强烈的情感与欲望，在奥林波斯诸神诞生之前，由大地之神与天空之神所产生的怪异与巨大的后裔（包括诸提坦）（cf. Hesiod，*Th.* 126ff）都具有这样的特点。[②] 但是提梯奥斯对于宙斯的不义，更为强烈地是从欲望中产生，特别从其肝脏之处产生。根据塞尔维诺 - 因伍德的结构性分析，他违背了“有助于统一宇宙的性的规则”，因为他僭越了神 - 人的边界。他性侵的是天上的女神与宙斯的荣誉，反过来他受的惩罚就是向下直接对准他“性欲的器官。”（1986：38）

但我要想加上的是，与奥里昂一样，提梯奥斯的 *thesmion* 使得奥德修斯

---

① 参见 Caldwell 对于提梯奥斯罪行与惩罚的精神分析，他将其与另一些在传统中被置于哈得斯之中代表性的罪人的罪行与惩罚联系起来（1989：134 - 140）。Caldwell 将孩子对于父母性事的好奇（32ff.），与特瑞西阿斯、西绪福斯在冥府（37 - 39）的经历联系起来，并直接与后来的神话联系起来（Cf. Apollod. 1. 4. 3）。但是奥里昂与提梯奥斯的冒险反映了儿子不同的恋母情结，前者包括在阳物母亲（phallic mother）（即母亲被想象为具有阴茎，心理分析理论认为男孩子最早的性意识中，会认为所有人都具有男性性器官。一旦他意识到女性没有这种器官，会产生一种对于阉割的焦虑。——译者注）（黎明女神、阿尔忒弥斯）面前的软弱感（cf. Caldwell 1989：33）。

② 特瑞西阿斯向奥德修斯警告说，“如果你们乐意约束你的 *thumos*（欲望）和你的同伴”，奥德修斯以及他的船员都会回家（11. 105）。

与荷马的听众明白了一个僭妄者（*hybristês*）必须在哪里，以什么样的道德因素重新建构自我的边界，才能成为正义的执行者；答案也就是要在“灵魂不受控制的部分”，运用意志论的意愿能力。提梯奥斯据说是一位居住在尤卑亚（Euboeia）或者福基斯（Phocis）的邪恶国王（*Od.* 7.321－324），而他埋葬的墓地据说在泡萨尼阿斯（Pausanias）[①] 的时代仍然被提到（10.4.4）。与奥里昂类似，他的身材也是伟岸的。作为一种自身对象，他同样向英雄以及荷马的听众说明，如果我们在古风时代的儿童期耽搁的时间太久，在自我肯定性的表现与自夸中扬扬自得，我们就会受苦（Kohut 1977：185）。最为重要的是，提梯奥斯向奥德修斯生动地表现出，意志能够在性的欲望与侵犯支配之下，运用受到误导的自主性去决定自我必须拥有的目的与对象。[②] 这告诉奥德修斯一种至多只能部分被他意识到的知识，即求婚者会模仿这四种主要的不义行为中的两个，对他作恶：他们会对他家里的女仆进行性的侵犯[③]，坚持在他仍可能活着时追求佩涅洛佩。[④]

6.3 坦塔洛斯

坦塔洛斯是奥德修斯遇到的第三个有罪的英雄：

> 我又看见坦塔洛斯在那里忍受酷刑，站到湖水里，湖水直淹到他的下颌，他虽然焦渴欲饮，但却无法喝到湖水，因为每当这位老人（*ho gerôn*）躬身欲喝湖水时，那湖水便立刻退却消失，他的脚边现出黝黑的泥土，神明使湖水干涸！繁茂的果树在他的头上方挂满果实：梨、石

---

① 泡萨尼阿斯（约143年－176年），罗马时代的希腊地理学家和历史学家，著有《希腊志》，这是一本关于古希腊地理志和历史的十分有价值的书，描述了奥林波斯和德尔斐的宗教艺术和建筑，雅典的绘画和碑铭，卫城的雅典娜雕像，以及（城外）名人和雅典阵亡武士的纪念碑。——译者注

② Sourvinou－Inwood强调了奥里昂、提梯奥斯与西绪福斯与奥德修斯不同而不是相似的方式，他们侵犯的是神，而这三位与奥德修斯之所以“可比较”，是因为奥德修斯冒犯了波塞冬，而他的船员则冒犯了太阳神（1995：88）。但是她认为骗子西绪福斯与奥德修斯的人格较为相近（88－89）。

③ 这里指求婚者与奥德修斯家中的女仆苟合。——译者注

④ Yamagata将这看作求婚者四种主要的不义中的两种。其他两种是他们只进不出地消耗奥德修斯的财产，以及他们拒绝敬畏神和人的*nemesis*（复仇）。此外他们还准备刺杀特勒马科斯和奥德修斯——如果他回来的话（1994：28－31）。但是正如萨义德所认为的，大多数求婚者对于奥德修斯家庭的冒犯都与饕餮（吃喝）相关（1979：10）。

榴，以及红彤彤的苹果、甜蜜的无花果、果肉饱满的橄榄树。但当这位老人伸手渴望把它们摘取时，风却把果实吹向昏沉沉的云气里。（582－592）

在这一片段的*thesmion*中没有描述任何罪行，但无疑地从这一惩罚的性质以及留传下来最早的坦塔洛斯故事的片段可以看出，他侵犯了一种“取食的规则”——塞尔维诺－因伍德正是持这样的观点（1986：42），她进一步的讨论令人信服地证明了坦塔洛斯原初的罪行就是违反了神－人之间宴饮的交往规则，也就是食人（cannibalism）；荷马却决定在这里不描写以下情形：坦塔洛斯杀死了他的儿子佩洛普斯（Pelops），并试图用他儿子的尸体在宴会上款待诸神（Sourvinou－Inwood 1986：40－47）。因为在希腊人的眼中，食人意味着将人与神变成野兽，坦塔洛斯的罪行将耻辱加给了奥林匹斯诸神，因为它威胁到“作为宇宙秩序的保证，僭越了有助于将宇宙协调起来的一个基本原则”。（42）我们将同样会看到食人的主题，对于希腊人来说是“不当取食”最为邪恶的形式。这一主题使得坦塔洛斯成为求婚者与奥德修斯的船员生动的另一个自我或者自身对象。

但是坦塔洛斯罪行的意义并不仅是在食人，而且也在于这件事发生时所处的杯觥交错（culinary exchange）的社会网络之中。与神共餐（commensality）的主题一直是这个故事的另一种版本，即英雄试图去偷食神的食物或者泄露在神的桌子上听来的秘密的企图，代替了食人的主题。[①] *Nostoi*（英雄返乡）这一章节描写了坦塔洛斯为追求神才配享的快乐而激起了不能抑制的欲望，正因为宙斯的慷慨他才享受这种快乐：宙斯给了坦塔洛斯所欲的一切。但英雄则利用了这一慷慨的赠予，贪婪地在桌子上享受众神亲自伺候所带来的快乐，过着神仙的日子。宙斯迫于要遵守他的诺言，顺从了他，但是却放了一块石头在坦塔洛斯的头上，让英雄终止了在他面前享受恩惠的能力

---

① 参见 Pindar *Ol.* 1.60－64 和 Euripides *Or.* 8－10，在 Sourvinou－Inwood 的讨论中，它们包含着另一些不同的说法（1986：44－46）。Cantarella 对于学者们（*Schol. Od.* 11.582）不同观点最为感兴趣的是，坦塔洛斯的手被绑住而吊在山上，这让她可以将他与普罗米修斯及其受到惩罚的形式联系起来，后来在雅典中成了“cruci fixion（*atympanismos*）（古代的一种酷刑，将人绑在或者钉在木板上并将其吊起来，直至其死亡，后来的耶稣就是受这种刑罚而死。——译者注）”（2003：226－230）。但我认为这与我们这里在荷马中看到的坦塔洛斯没有什么关系。

(fr. 3 West = fr. 10 Allen)①。这种特别的宴饮活动作为犯罪行为的文化背景，在我看来说明了坦塔洛斯的僭妄的罪行类似于奥里昂与提梯奥斯，是由于过多的欲望而滋生犯罪。但坦塔洛斯的行为却是从不同于这两个巨人所采用的道德理由产生的，而是源自于一种道德意识发展过程中的更为复杂的阶段。当奥里昂与提梯奥斯与位高权重的形象进行交往时，他们表现着前习俗阶段的道德水平，其中自我的行为，在其自身的意图与其敌对者的意图的张力下保留着一种“情境制约（context - bound)”。但无论出于猎杀野兽的侵犯欲望，还是性的满足需要，坦塔洛斯都直接表达了他的意愿，不顾其对手的立场，似乎也无视任何代表着社会期望与规则的普遍意志（Habermas 1990：153 - 154)。当自我的对手表现得比其预期更为强大，自我就受到了不可避免的惩罚这一直接后果之苦了。奥里昂与提梯奥斯的故事似乎说明了在孩子 - 父母关系中常常发生的事。

换言之，这些巨人看起来并不能将他们自己的行为放到客体的位置——这种客体的位置可能对于他们来说，代表着在他们与位高权重的形象特别照面（particular encounter）之外的一种交互关系的体系。当坦塔洛斯开始利用宙斯的慷慨时，他显然是利用了全方位观察者的位置，来理解支配着主人 - 客人关系的交互体系。因为他运用着策略性的理由，试图戏弄他神圣的交往伙伴，他必然看出了他们的可交换性，以及在他们背后的重要社会他者的集体意志（Habermas 1990：154)。他借助于一些花招，从不拒绝按照自身的意志来对待这样一种客观的、普遍的立场。因而他的罪行以及随之而来的惩罚向观察者说明在这种交往关系中公正的、超越于人的权威可能有多么的智慧与强大：事实上它控制着这一体系中的“一举一动”，甚至类似于宙斯之类神圣的演出者也被迫遵守其谕令，因为宙斯毕竟也要遵守对于坦塔洛斯慷慨的承诺。

这样坦塔洛斯作为一种自身对象给奥德修斯以及荷马的听众成员反映出什么呢？与之相关的是，我们已经看到他让神去食人的原本意图违反了禁食的原则，而且更为严重的是他是在一种主人与客人之间的杯觥交错的社会性网络中这样做而触犯了原则的。同样求婚者的僭妄也是在宴饮的场合的主

① 热尔内将坦塔洛斯与 *basileus*（王）为招募下属所赐予的 *eanos* 或者宴饮联系起来。这些下属反过来有义务报答首领赠予的礼物。热尔内认为这种早期恩惠与义务之间的关系，后来发展成为以社会契约与法律形式出现的“真正道德思想的形式”（1981：151 - 159，esp. 157 - 158)。

人－客人关系中体现出来的，特别是他们没有回馈其主人的慷慨。荷马描写了他们饕餮着奥德修斯牲畜的样子，粗鲁地宰杀与烹食肉品，在这个方面类似于食人。[①] 坦塔洛斯同样向奥德修斯反映出了他的船员没有能力控制好他们的食欲而表现出来的僭妄，他们贪婪地吃掉了太阳神的牛。"不当取食"情节中的船员在杀掉这些野兽时，违反了牺牲祭祀的恰当形式，也使得他们回到野蛮的过去。[②]

但是同样重要的是，坦塔洛斯为奥德修斯与荷马的听众展示了一种比奥里昂与坦塔洛斯更为微妙的犯罪心理类型，因为他有着更为高级的认知能力，更能意识到自我与他人的主体性位置的可交换性，以及他自己作为一个第三人称的观察者的客观角色。他之所以更加有意识，不仅是因为他去欺骗，而且他是**有意**去欺骗。这样他在道德上具有更多的自主性，要为其行为承担更多的责任。同时除了他的聪明之外，他给奥德修斯和荷马的听众反映出一种致命的盲点，我将它等同于 *atasthalia*（道德弱智）与 *atê*（盲目短视），因为他严重地低估了他的神圣的交往伙伴可能看到与知道的东西。就这一方面来说，他给奥德修斯的船员们做了一种陪衬：尽管有着警示，但是他们还是不能理解，无所不知的太阳神会看到并惩罚他们偷窃他的牛。从认知与道德上来说，求婚者同样也发现他们反映着坦塔洛斯的罪行与惩罚，因为他们同样无视对他们不义地靡费奥德修斯的家畜的警告。与坦塔洛斯一样，他们也会发现自己是最后的宴会上可笑的客人：这就是在奥德修斯家里的最后宴会，类似于婚宴，每个人都希望以之庆祝自己成为佩涅洛佩的新丈夫，但奥德修斯杀死了他们（23：141－151）。

6.4 西绪福斯

接下来出现的是西绪福斯，永远地在斜坡上推他的石头。对于奥德修斯以及求婚者来说，他的形象几乎有着难以估量的意义，因为较之于坦塔洛斯，他的认知能力与犯罪心理被认为有着更强烈的欺骗与操纵的意图：

> 我确实看到西绪福斯在那里忍受酷刑，正用双手推动一块硕大的石块，伸开双手双脚用力一齐支撑，把它推向山顶。但他正要把石头推过山巅，重量便使那石头滚动，骗人的巨石回落到山底。他只好重新费力地向

① 参见 Saïd 1979：24－41，和 Vidal－Naquet 1986a：25。

② 参见 Cook 1995：56，和 Vidal－Naquet 1986a：23－24。

山上推动石头，手脚汗水淋淋，头上沾满了尘土。(593 - 600)

在荷马那里，西绪福斯已经由于他的狡诈而声名狼藉；而荷西俄德的《名媛录》事实上将他看作一位科林斯（Corinth）的“仲裁的 *basileus*（王）”，是风神埃奥洛斯（Aeolus）的一位儿子①，“是施行 *themistes* 的王”（*themistopoloi basilêes*, fr. 10.1）。② 作为风神之子，这一世系使他在丢卡利翁（Deucalid）③ 世系中是奥德修斯的祖先（West 1985：176）。尽管我们会看到另一种传统中将西绪福斯而不是拉厄耳忒斯（Laertes）④ 作为奥德修斯真正的父亲。西绪福斯在这些早期的传统里是作为一个高明的骗子出现的，因而不奇怪的是他在试图欺骗与戏弄旨在制约人类自私的欲望的各种规则与义务体系时，其犯罪的心理素质是超过了坦塔洛斯的。如果他在这里是作为奥德修斯、求婚者以及未来的陪审员（以及诉讼者）的自身对象而起作用，那么他的行迹中有两个方面是特别地与他所能给出的道德教训有关。

他在 *Nekyia* 里的出现也许直接与他主要的欺骗行径有关：用狡诈的语言欺骗死神，从忒奥格尼斯、阿尔凯奥斯（Alcaeus）⑤、弗瑞西德斯（Pherecydes）⑥ 那里，可能还在埃斯库罗斯、索福克勒斯的戏剧这样的资料中，我

① 西绪福斯（Sisyphus）据说是风神埃奥洛斯（Aeolus）的儿子，科林斯城（Corinth）的创建者。——译者注

② 参见 *Il.* 6.153 - 154，这里他被描述为 *kerdistos egenet' andron*（“他生性极富计谋”）[Hes, fr. 43（a）ff. *Theognis* 697 - 718]，这里他拥有 *poluidrêiai*（聪明的方法）(703) 以及 *poluphrosunai*（异常精明）(712)，他还是 *andrôn pleista noêsamenos*（“最为狡诈的人”，38a6）。(Alc. 38a5 - 10) 在《名媛录》中他的父名（patronymic）可能也有着双关的意义（*aiolomêtês*, 10.2）。涉及西绪福斯的古风与古典时期作家，参见 Souvinou - Inwood 1986：47 - 49。

③ 宙斯对潘多拉向凡人释放出来的烦恼与折磨并不感到满足，于是他决定用一场大洪水来毁灭他们，以此作为对凡人不敬诸神及其邪恶多端的惩罚。洪水之后，幸存者只有丢卡利翁（Deucalion）和皮拉（Pyrrha），前者是普罗米修斯的儿子，后者是潘多拉与埃庇米修斯所生的女儿，他们听从普罗米修斯的劝告建造了一艘方舟，并将其藏起来以备不时之需。大洪水到来之际，丢卡利翁与皮拉夫妻两个便藏在方舟内，在波浪上漂浮了九天九夜。到了第九天，方舟搁浅在巴那塞斯山（Parnassus）的山顶上，在那里他们向诸神做了一次祭献以平息他们的怒气。而西绪福斯是丢卡利翁的直系子孙，因而也算得上是普罗米修斯的后裔。——译者注

④ 拉厄耳忒斯（Laertes）是《奥德赛》所提到的奥德修斯的父亲。——译者注

⑤ 阿尔凯奥斯，公元前620—公元前580年，希腊抒情诗人。——译者注

⑥ 弗瑞西德斯，生活于公元前6世纪的希腊思想家，亚里士多德曾认为其著作类似于“神话与哲学的混合体”。——译者注

们同样可以知道西绪福斯下到了（*katabasis*）冥府，“非法地”越过了人的生死之间根本的界限（Souvinou - Inwood 1986：47 - 48）。他凭借他的机智，像奥德修斯一样说着一些口是心非、甜言蜜语的话（*haimuliositi logois*，Theognis 704）。正是凭借着这种才能，他在进入地府后骗过了死亡女神珀塞丰（Persephone）①；女神答应让他长生不死——正如奥德修斯骗过了恐怖女神基尔克——正是基尔克让他下到地府；奥德修斯也胜过了卡吕普索——让她允诺了他的不死。在弗瑞西德斯讲述的故事中，宙斯派出死神（Death）去惩罚西绪福斯时，他埋伏起来并将死神绑起来，防止他夺去任何人的生命。②

但是如同我们在坦塔洛斯那里所看到的一样，西绪福斯的罪行并不仅是由于侵犯了类似于神 - 人 - 动物或者生 - 死这样的宇宙间不同形式的边界，他同样也蔑视神；在一种所有人都认同的文化体系中，他较之于神更为老谋深算。在这个例子中，葬礼仪式与关于末世的信仰就是这种文化体系的一部分。因为西绪福斯不得不死去而进入冥界，这个骗子告诉他的妻子不要为自己举行符合习俗的葬礼仪式（*ta nenomismena*），这样他就能够劝说哈得斯送他回来以责骂她。西绪福斯再次回到地上，他一直活到了很大年纪。③ 与坦塔洛斯一样，西绪福斯的狡猾使得他处于葬礼仪式的交往关系之外——这一

---

① 珀塞丰是希腊神话中冥界的王后，她是德米忒尔（Demeter）和宙斯的女儿，被哈得斯（Hades）绑架到冥界与哈得斯结婚，成为冥后。西绪福斯感到死神塔纳托斯差不多来时，他就蒙骗塔纳托斯令死神自己戴上手铐，结果地上再没有人进入冥国，人们停止对冥王哈得斯进行献祭。宙斯命战神阿瑞斯去西绪福斯那里释放塔纳托斯，塔纳托斯立即摄走西绪福斯的灵魂。西绪福斯临死前叫妻子不要对冥王作献祭，冥王哈得斯及冥后珀塞丰等不到献祭，西绪福斯就希望冥王放自己回人间，叫妻子作献祭后再回来。然而，西绪福斯并没有依约回到冥界，这激怒了哈得斯，哈得斯再派塔纳托斯去摄走西绪福斯的灵魂。——译者注

② Pherecydes fr. 78（ = *schol. Il*，6. 153）部分保存在 Apolllodorus 1. 9. 3。虽然西绪福斯没能用说服挫败死神，我们也不能得出结论就认为他使用了暴力，如 Sourvinou - Inwood 所主张的那样（1986：48）；学者们认为西绪福斯有能力注意和预测死神的到来，这是他能绑住他的对手的关键（*aisthonomos tên ephodon*……）——也许他将 *mêtis*（狡诈）与 *biê*（暴力）结合起来了。

③ Souvilou - Inwood 严格地区分了一种荷马的信仰与后荷马的信仰，前者认为灵魂不会在葬礼之前进入冥界，而后者认为这是可能的。她由此推断出在这一故事的最初版本中，西绪福斯是在葬礼之后进入冥界的，但却哄骗哈得斯让他重返地面，以便得到应当在葬礼仪式上给予死者的其他东西。她认为在随后的版本里，他是在葬礼之前进入冥界的，然后才返回要求为他举行葬礼（1986：50 - 51）。但是我们真能在荷马与非荷马的材料之间严格地区分有关希腊的葬礼实践与信仰吗？参见莫里斯对于 Souvilou - Inwood 的方法的批评（1989a）以及她的回应（1995：413 - 444）。

仪式设定了所有主体的地位（死者、送葬群体、哈得斯自身）及每个主体的责任。西绪福斯再次与坦塔洛斯一样，他知道他胆敢愚弄与欺骗的神明哈得斯，代表着并支配着葬礼交换体系的最终控制者，凌驾于所有参与者之上。西绪福斯向上滚动石头，并见证石头不可避免地落下来。这样惩罚给他施加的不仅是死亡本身的不可逃避性，而且说明将生者与死者这些角色联系起来的永恒循环的体系是不可逃避的。①

我猜想这里在 *Nekyia* 西绪福斯接受的 *thesmion*，提醒了奥德修斯以及史诗的听众他的第二项事迹，这是在另一交换体系的互惠关系——姻亲交换中展开的，其中说明了这样一个老骗子是如何也被骗了。从荷西俄德《名媛录》一段残篇不太清晰的记叙中，我们可以看到西绪福斯付给埃同（Aethon）② 大量的牛作为聘礼，希望他的女儿迈斯特（Mestra）能成为西绪福斯儿子格劳克斯（Glaucus）③ 的新娘［fr. 43（a）］。但是当迈斯特当了逃跑的新娘，回到她父亲身边，西绪福斯就要求返回他付的聘金（也许同时也要求将新娘送回）。似乎是雅典娜来仲裁这一案子并给出了如下的 *thesmion*，我们要注意它是如何去人格化（depersonalizes）的，即在叙述中将争议的细节简化为一种超人格的关于普遍互惠性交换法律的阐释。这种解决不仅预示着作为个体解决争执方法的 *thesmion*，会转变为作为口头成文法的 *thesmos*，而且从认知与道德的视角上说它也展现了从科尔伯格的前习俗水平到习俗水平

① Souvilou - Inwood 深刻地解读了这一惩罚，特别关注了西绪福斯在宇宙间上下来回穿梭（1986：52 - 53）。

② 埃同（Aethon）是一位塞萨利安英雄，他的父亲一说是特厄帕斯（Triopas），一说是麦密冬（Myrmidon），他的祖父是波塞冬。在塞萨利的杜提斯（Dotios）有一座祭祀得墨忒耳用的神圣树林。树林中间长有一棵巨大的橡树。这棵橡树的树梢都能够着天了，当地的居民便用缎带来装饰这棵橡树，并为之举行供奉仪式。但是埃同这个傲慢自大、莽撞无礼而又贪婪无度的家伙竟决定要毁掉这棵神圣的橡树，然后将其砍成木材，用来建造一座交际酒会用的大厅。因为他的奴隶中没有一个敢胡乱造次，所以埃同就亲自动手砍伐起来。得墨忒耳为了惩罚埃同这种亵渎神圣的罪行，便用“贪食症”的诅咒惩罚他。在吃掉房屋中的所有东西之后，埃同饿得跑到大街上到处乱窜，又把崇拜者献祭给赫卡忒（Hecate）的食物吃掉了，但仍旧无法消除他的饥饿感。为了得到购买更多食物的金钱，埃同连自己最心爱的女儿迈斯特都卖掉了，她可是波塞冬的情人。不过海神授予自己的情人变形的能力，所以她还能够回到自己父亲的身边来，然后埃同又再把她卖掉一次，她再变形跑回来。经过了漫长痛苦的岁月之后，埃同因为忍不住饥饿竟用牙咬自己的肌肉充饥而最后死掉了。——译者注

③ 西绪福斯儿子格劳克斯，与西绪福斯的父亲同名，是大英雄伯勒洛丰的父亲。——译者注

的转化。雅典娜判决道："当一个人决定付出买价得到某种财产时，绝对有必要注意……与（物品）的价值相符的买价……一旦某个人首先付了钱，（物品或者付款）事实上并不退回。"[fr. 43（a）41 - 43][①]

尽管看起来由于西绪福斯被迈斯特（与她的父亲）欺骗了，这样她就可以增强她父亲的 *oikos*（家庭）经济上的财富。作为演双簧的一对骗子，这一父女组合也预示着佩涅洛佩与奥德修斯的组合（在 18 章 274 行到 280 行）：佩涅洛佩叱责未婚者侵犯了姻亲交换的互惠关系以欺骗他们，因为如她所声称的，他们没有带求婚聘礼，而这正是他们滥用了主人的慷慨，无视求婚者适当的角色（*dikê*）。通过这种方法她以自己的机智（*mêntis*）欺骗了他们：要与她结婚就要带来丰厚的求婚聘礼——当然她并不希望这种婚姻的发生；而所有这些都悄悄得到她的丈夫的赞许，他正穿着乞丐的装着平静地站在一旁暗笑。更广义地说，西绪福斯在荷西俄德的《名媛录》中的不轨行为，能与求婚者在佩涅洛佩的丈夫仍活着时追求她的过程中所作的不义之举相提并论，对于这里讨论的道德 - 法律的侵犯来说，一个男子为其家族利益而去追求一个其一家之主（父亲或者丈夫）没有任何理由抛弃的妇女，这似乎是不合法的欲望。

因而作为一个自身对象，西绪福斯为试图运用 *basileus*（王）优越的认知能力与特权的任何人反映出了一种影子形象。我曾认为他在哈得斯里面的出现，突显了他在两种交换体系中滥用这样的才能与特权的企图[②]。但是当我们看到阿基琉斯的盾上的情形以及荷西俄德所描写的痛苦经历时，考虑到仲裁的 *basileus*（王）所作出的解决争执的方法同样是基于交换基础上的，我们也不要排除第三种情况的交换[③]。与前面三位英雄不同的是，西绪福斯的欲望少有肉体上的性质，而是想扩张其认知、道德以及存在论上的边界，表明其因智力与意志而高人一等。我已经在第 2 章努力表明了仲裁的 *basileus*（王）运用根本性的框架转换的能力，这是作为施行 *themistes* 必不可少的一部分。在我看来西绪福斯戏剧化地表现出 *basileus*（王），或者说作为一个"骗子 - 王（*trickster - basileus*）"，将其认知的杰出才能转变为一种能够超越生与死、人与神，以及对于规则的服从与逃避这些界限的 *mêtis*（机智）的

---

① 加加林稍有不同地讨论并翻译了这段话（1986：56，n. 16，and 35 - 36）。

② 这两种交换分别是指葬礼仪式上（生死）的交换与新娘的交换。——译者注

③ 第三种交换指 *basileus*（王）需要通过赏赐来解决争执，但由此赢得了荣誉的交换。——译者注

方法。与前面两位罪人不同，但与坦塔洛斯相似的是，西绪福斯的老奸巨猾让我们确信，当各方在约定彼此间的责任时，他是知道这些规则的，也知道各方所承担的角色。

这样西绪福斯式的僭妄是在习俗的层面上表现出来的，甚至可以预料到会在一种后习俗的道德意识层面上发生。而在道德意识的层面上，个人就对着自己群体的价值与利益，和通过社会契约而得到的普遍、公正的利益与价值之间的冲突。当奥德修斯返回伊卡塔时，这一过程中的困境会成为奥德修斯本人的困境，他会结合着 *biê*（强力）的 *mêtis*（机智）去施行正义。由于具有对僭妄对象的同情（sympathy）与权威，最终奥德修斯会摒弃作为仲裁的 *basileus*（王）与求婚者达成解决（*dikê*）的做法，转而采取了一种骗子 - 王（trickster - *basileus*）的复合角色。他会采取一种自助性的行为，作出他自己的判断以确定他的侵犯者有罪还是无辜。对于奥德修斯来说，西绪福斯命运的起伏是作为他前景的警告，因为当他为了他自己家族利益与首领权威，欺骗然后杀戮那些求婚者时，他事实上破坏了主人 - 客人的交互性关系。他对其他人滥用骗子 - 王的社会地位与认知优越性的潜在可能性，也许能够解释为什么显然一种非荷马的传统会认为西绪福斯而不是拉厄耳忒斯是奥德修斯真正的父亲。[①]

① 雅典的悲剧斥责奥德修斯为“没有出息的西绪福斯的后代”（Soph. *Ajax* 189）以及“西绪福斯的种”（Eurip，*Iph. Aul.* 524）。索福克勒斯让菲洛克忒忒斯（Philoctetes）将西绪福斯看作奥德修斯的父亲（在 417，449，以及 624 - 625），其中提到一则故事：奥托吕科斯（Autolycus——赫尔姆斯和喀俄涅之子，奥德修斯的外祖父，从其父亲学得欺诈之术，以巧手盗窃闻名。——译者注）在接受拉厄耳忒斯给安提克勒娅付出聘礼之前，允许西绪福斯让她怀孕（417）。我们当然不能确定这则故事的起源，但它认为奥德修斯的外祖父是一位骗子 - 王，他还为了他的利益，控制着多种交换，除了偷盗、（可能）作伪誓之外，还将姻亲交换作为解决争执的手段（*Od.* 19. 396）。一些人认为西绪福斯的父权是源于埃斯库罗斯佚失的关于奥德修斯与埃阿斯就阿基琉斯的武器进行竞争的戏剧（阿基琉斯死后，特洛伊人去抢夺尸体，想剥取他的铠甲。埃阿斯挥舞长矛守护着尸体，逐退逼近的人，把所有的特洛伊人都赶进了城里，希腊人把阿基琉斯的尸体抬回战船。阿基琉斯的母亲忒提斯准备把她儿子的铠甲和武器作为奖品奖给救回阿基琉斯尸体的英雄，此时埃阿斯和奥德修斯都跳出来，证明自己是那位英雄。最后奥德修斯凭借花言巧语说服了裁判，得到奖品。埃阿斯听到这个仲裁，顿时怒火中烧，他的朋友们好言相劝，才把他拖回战船上。回去后他不吃不喝也不睡，想去把奥德修斯砍成碎片，这时奥德修斯的保护神雅典娜使埃阿斯发狂，女神蒙蔽了他的双眼，使他把羊群当作敌人左砍右杀。清醒过后他明白过来，最后发出一声叹息说：

6.5 赫拉克勒斯

在米诺斯所引出的 *thesmia* 事件的高潮，就是奥德修斯遇到了赫拉克勒斯，或者如荷马所解释的，遇到了赫拉克勒斯的魂灵。[①]“在西绪福斯之后，我又认出力大无穷的赫拉克勒斯，或者只是他的魂影；他本人正在不死的神明中间，尽情饮宴，旁边有美足的赫柏（Hebe）陪伴——她是伟大的宙斯和脚登金鞋的赫拉的爱女。”（601－602）为了理解荷马为什么要将这个形象放到最后，我们回忆一下前面四个形象戏剧化地表达出来的傲慢自我，他们屈从于 *atasthalia*（鲁莽）与 *atê*（盲目），因为他们无法克制其对于一种超人格的（无论是肉体上还是智力上的）权威的过分欲求，这样就侵犯了道德意识的前习俗水平、习俗水平以及后习俗水平（至少是处于萌芽状态）上典型的规则。每一位所遭受的嘲弄式惩罚说明了这些自我在活着时，固执或者沉迷于这些道德层面的一个阶段，也就是说他们活着时不能够进行自我转换，而我们认为奥德修斯造访哈得斯的目的就在于要理解这种自我转换。如果说赫拉克勒斯在这一系列人物中，对于奥德修斯与荷马的听众来说是作为一个极致的自身对象，我认为这是因为在荷马的神话传统中，他再现了前面四位形象因傲慢而产生的鲁莽与盲目，然后以经历一种自我转换的形式来弥补在他死之前所犯下的这些不义之举：从一个向来举止傲慢的英雄，变成以其才能压制他人行僭妄之举的形象。[②]

首先，赫拉克勒斯让我们回到了猎人奥里昂那里，因为正如施纳普所指

“天哪，永生的神祇为什么如此恨我呢？他们为什么这样侮辱我，而厚爱狡猾的奥德修斯呢？现在，我站在这里，双手沾满了绵羊的鲜血，这会成为全军的笑柄的，也会被敌人嘲讽的！”于是向妻子交代后事后拔剑自刎。——译者注）（Standford 1963：103，114，and 261，n. 4）。但是这种传统可能起源于谱系诗句，以《奥德赛》第 11 卷最为典型。关于奥德修斯的奥托吕科斯遗产，参见 Clay 1983：68－89。Barnouw 希望看到《奥德赛》中的奥德修斯是一种“悔过自新的”骗子，因而不再名副其实，因为他的诡计不是无缘无故的，而是为着他自己的利益，为达到返乡与获得承认的目的而事先精心计划的（2004：23ff.）。

① 参见 M. L. West 所认为的赫拉克勒斯的神性回溯到公元前 600 年之后荷西俄德所作的《名媛录》中，在其中［fr. 1. 22，25. 26－33，and 229. 6－13（130）］它是“诗的……一个有力的信念”。

② 费希尔将在古典雅典文化中的赫拉克勒斯，当作是文明化英雄的反讽性的例子，他自己的欲望与暴行常常体现在他试图“压制”他人野蛮的、未开化的行为表现出的僭妄。

出来的，与其他英雄相比，赫拉克勒斯更能在希腊人类学的想象中体现出猎人野蛮的暴力，因为此时人们还没有受到与神的相互交往关系，或者与其他的人进行竞争中所应遵守规则的驯化（1997：34）。与古风与古典时期的重装步兵不同的是，赫拉克勒斯使用的是棍棒与弓箭，通过诡计和远距离的袭击来捕获其猎物（35）。在 *Nekyia* 他事实上是以一种无羁的侵略姿态向奥德修斯呈现出来的，拿着他上弦的箭准备射击，险恶地穿过哈得斯，驱赶着鸟儿之类这样的牲灵，在他的腰带上镌刻着对自然与人类施加暴力的可怕象征。赫拉克勒斯同样也唤起了人们对于强势女性［比如赫柏和翁法勒（Omphale）①］的迷恋取向（既是字面上的，也是比喻性的）。与之相关的是，他同样与巨人奥里昂或者提梯奥斯一样，对于自己的性欲少有节制的能力，由此也与他们一样受到了权威的父亲形象的惩罚（即受到蒙蔽的宙斯）［*Il.* 19.95 - 125］。并且与坦塔洛斯一样，他对于食物无止境的欲望，超过了一般凡人。

赫拉克勒斯尽管与坦塔洛斯和西绪福斯这些巨人一样，除了有着扩展具体的自我边界的野心，还同样征服了死亡而超越了根本的界限。与坦塔洛斯一样，他作为神的客人而要求在奥林匹斯山上永生（cf. Slater 1968：387 - 388）。他比西绪福斯更为知名的是，在游历冥府并从那里返回这一过程中，他体验了 *katabasis*。② 这一历险比别人的经验更为特别，可能激发了荷马选择赫拉克勒斯作为奥德修斯最后遇到的形象，因为它说明了赫拉克勒斯命运的独特性，至少是在希腊的故事讲述中存在这种独特性：他是第一个侵犯了人的肉体的、存在论的以及道德的边界规则，但在接下来的惩罚中转化为一种正义的形象。③ 他“渐渐”以道德的方式赢得了巨人们所追求的奖赏，将不合法的人类渴望改变为合法性的希望。这似乎可以解释在赫拉克勒斯对奥德修斯所讲寥寥数语中，为什么荷马特别关注“没有尽头的痛苦”（*oizun*……*apeiresiên*，620 - 621）的惩罚，这是老英雄为获得其成就不得不忍受的：

---

① 翁法勒是吕底亚的女王，赫拉克勒斯杀死了他的朋友伊菲托斯，因此被罚给女王翁法勒做三年奴隶。在服役中，他成了女王的情人，性情也发生了很大改变。他开始好穿女人服饰，同翁法勒的侍女们纺织羊毛线，而女王则披着他的狮皮，手持他的橄榄木棒。一段时间后，翁法勒给予了赫拉克勒斯自由，并嫁给了他。一些文献中提到他们生下了一个儿子。——译者注

② 在史诗《米尼阿斯》（*Minyas*）中，参见 Tsagarakis 2000：26ff。

③ 参见 Schnapp 认为赫拉克勒斯是作为古风与古典时期希腊从不义之人向正义之人转化典型的观点（1997：36）。

……赫拉克勒斯一见到我立刻把我认出，两眼噙泪，说出有翼飞翔的话语：拉埃尔特斯之子，机敏的神裔奥德修斯，不幸的人啊，你遭到什么可怕的命运，就像我在太阳的光辉下遭受的那样。我虽是克洛诺斯之子宙斯的儿子，却遭到无数不幸，不得不受命于一个孱弱之人。他让我完成各种苦差事，他曾派我来这里捉拿那条恶狗，因为他想不出其他更为艰难的差遣，我终于捉住那条狗，把它赶出哈得斯，靠着赫尔姆斯和目光炯炯的雅典娜的助佑。(617 - 626)

因为作为他人的自我，赫拉克勒斯呈现出这样一种自我样式：他过去沉溺于自己不义之举的自我，经过长期痛苦役使，使得他在末世达到了一种绝对正义的道德状态。显然他的遭遇是为其 *atasthalia*（鲁莽）与 *atê*（盲目）而赎罪，这是由于它的意志论自我中的欲望过多，而他的自我转换主要在于认知方面的而不是意志论的。也就是说与前面四位英雄形成鲜明对照的是，他似乎已获得一种新的自我领会，一种对自己身份修正的观念。我认为正是这一点使得赫拉克勒斯比起其他四位英雄来，更能在奥德修斯与荷马听众的灵魂中激发起一种极为有效的心理治疗或关怀。

当然作为一个天生不会满足的猎人，赫拉克勒斯提醒奥德修斯与他的船员们在他们漂泊的过程中他们必须偶尔狩猎以活命。我们曾说过，作为一个不知餍足的意志论形象，赫拉克勒斯预示着这些船员在太阳神之岛上的自我毁灭，他们会在岛上经历着一种“文化上的退化”，作为猎人袭击并吃掉太阳神的牛，而不是用它们的肉进行恰当的祭祀。① 正如学者们很久以前就认识到的，猎人赫拉克勒斯在这里出现，是作为奥德修斯在自己家里杀戮求婚者而侵犯神圣的主人 - 客人关系的暴力罪行的一种类似形象。一种实在的东西是两位野蛮的猎人英雄之间存在着一种实在的关联：赫拉克勒斯所展示的弓（在 607 - 608 行），预示着奥德修斯会用弓作为正义的工具对付那些求婚者。②

作为两位英雄之间一脉相承的象征，弓这一物品沟通着对奥德修斯与荷

---

① Schnapp 1997：58 - 61，following Vidal - Naquet 1986a。库克将赫拉克勒斯对于吉里昂（Geryon，希腊神话中的三体有翼怪物，为赫拉克勒斯杀死。——译者注）神牛的袭击看作太阳神之牛情节的“反面投影”，甚至作为他自己权利中的 *katabasis*。（1995：85 - 86）

② 关于赫拉克勒斯与奥德修斯之间的关联，以及弓作为他们之间的象征性联系，参见 Thalmann 1998：175 - 177 和 Clay 1983：93 - 96。

马的听众之间不同的时间与存在论的框架，将这久远的英雄佚事与奥德修斯的过去与未来的历险联系起来。但是更为重要的是，赫拉克勒斯的弓与奥德修斯的弓是作为一种 *thesmion* 而起作用，使人回忆起一种典型的犯罪以及这一罪行的作恶者和他受到的惩罚。当（21 卷第 2 行以下）佩涅洛佩提出进行箭术比赛，迫使奥德修斯向求婚者表明自己真实的身份时，她重新从一个尘封已久的角落里找出了差不多被人遗忘了的武器（*thalamonde*……*eskhaton*，8 –9）。就这张弓来说，诗中倒叙了它的历史，它是奥德修斯年轻时在墨塞尼亚（Messenia）作为一种馈赠从伊菲托斯（Iphitus）那里得到的。伊菲托斯与奥德修斯两人不约而同来到这里处理各自不同的纠纷（negative reciprocity）（偷盗牲口）。奥德修斯显然是顺利地完成了他的任务，但是伊菲托斯请赫拉克勒斯帮助找回一些被盗的牝马时，却遇上了“他的凶手与命运（*phonos kai moira*，24）”，因为这位大英雄“杀死了他，即使他是其家中的客人，这个狂妄的傻瓜，他一点也不敬重神明的眼睛，也不怕亵渎客人的餐桌，这张桌子是他让伊菲托斯坐的。尽管如此，他还是杀死了他，而让那些健壮的牝马留在他的马厩”。[①]（21. 27 –30）

作为一个自身对象，赫拉克勒斯与西绪福斯类似，给奥德修斯提供了一个在伊塔卡扮演执行正义者这一角色的视野，这是从道德意识的习俗阶段和后习俗阶段而来的清醒教训：坚持某人的个体意志，甚至以自己的人民或者家庭利益的名义，冒着违背处理相互关系的普遍规则的危险，或者为向超人格的权威付出可怕的代价。这样奥德修斯也必须向他的共同体（特别是求婚者的亲属）解释其杀戮他的客人的原因。然而赫拉克勒斯也提供了另一种教训，这一教训对于灵魂治疗的允诺，远不仅是给出了在社会交互关系中限制个人意志的警告。用科赫特的话来说，年长的英雄为年青的英雄打开了“移情的道路”，这一道路取代了自我对古风时代奥里昂与提梯奥斯等为代表的自身对象的“依赖”，也能取代塔坦洛斯与西绪福斯身上体现出的更为个性化的自身对象（1984：65 –66）。我认为在评论第 5 卷中奥德修斯拒绝了卡吕普索提供的舒适、安全并且不朽的生活时，科赫特实际上提到了奥德修斯

---

① 在《伊利亚特》第 5 卷 392 行 –404 行中，赫拉克勒斯也被认为是 *skhetlios*（残忍的）（403），他用弓去攻击赫拉和哈得斯这样的奥林匹亚神祇。根据阿波罗多罗斯（Apollodorus）（2. 6. 1 –2）的说法，赫拉克勒斯可能出于报复而杀死了伊菲托斯，因为他认为自己在一次为争夺新娘的射箭比赛中受到了伊菲托斯父亲的欺骗，这一报复的动机可能同样让他去偷窃牝马。

进行道德选择时的复杂性。正如我们在那里所看到的，英雄拒绝与一个母性的自身对象建立移情性的关系，这一自身对象只会向他反映出让他感觉到无力与幼稚的宏大自我。由此他选择了承受惩罚之苦，希望通过与佩涅洛佩这样更为成熟的自身对象一致而获得名副其实的自主性。

赫拉克勒斯所传递的关键信息，就是通过对自我的重新定义而进行治疗的痛苦道路。荷马以以后卡吕普索、安提克勒娅和特瑞西阿斯等这些形象传达了这种自我转换的根本特征：在夫妻关系中自我享有名副其实的自主性。当两位英雄彼此相认的时候（601－602），奥德修斯不仅是将赫拉克勒斯看作享有神明永恒快乐的人，而且也是与妻子破镜重圆的丈夫。与佩涅洛佩类似，赫柏以一种成熟的自身对象形象，给赫拉克勒斯提供了一种具有基本"协调性（intuneness）"的自我①，这种自我会实际地反映其连贯性，反映出它可以获得的理想形象（Kohut 1984：70）。②

7. 《奥德赛》式正义中的自为与人格

这五位行僭妄之举的形象所传达的知识，对于奥德修斯在卡吕普索的小岛上所做出的自我转换，以及他在伊塔卡作为正义的执行者的表演是至关重要的吗？他们是作为榜样或者原型，为奥德修斯作为未来的司法官员、陪审员与诉讼者作好的准备吗？他作为正义的执行者与作为正义问题的决策原型形成了两个独立的问题。奥德修斯在伊塔卡通过移情（empathy），从他在哈得斯的经历中理解到承认那些行僭妄之举的人，以及那些受僭妄之害的人的主体地位的重要性。卡吕普索的情节为我们生动地表现出了他的决定：奥德修斯在到访哈得斯的数年之后，返家去宣示他的家族及其个体的权威，从而承担作为求婚者的僭妄对象（受害者）这一痛苦的角色。但是这一决定同样也促使他承担了另一角色，即有必要表现出一种骗子－王（trickster－*basile-*

---

① 科赫特的自身心理学认为，自我与其自身对象之间必须具备基本的协调性（intuneness）。——译者注

② 塔尔曼同样注意到了每位英雄和他的妻子之间的这种关系（1998：175－176）。他进一步解释了赫拉克赫斯与奥德修斯之间的相似性，将箭术比赛以及奥德修斯在他的家中使用暴力放在一个更为广阔的社会学与人类学的背景中：在前国家社会中男性精英对于交换佩涅洛佩之类妇女的竞争，象征着对财富、名誉和权力的竞争（181－206）。

us）的角色，这一角色的 *mêtis*（机智）表现在，奥德修斯在年老乞丐装束的伪装下，利用主人－客人的规则而胜过了那些求婚者。除了这些主体地位与角色之上保持平衡之外，奥德修斯还从米诺斯的 *thesmia* 中得到了启示，即一个 *hybirstês*（僭妄者）意识到他在交换体系内扮演的多重角色，也意识到他有意去欺骗，因而可能会显现出一定程度的内疚感。如前面所解释的那样，这只是在当一个人采取了这种体系客观的、超人格的立场才有可能——也就是作为塔坦洛斯与西绪福斯的法官和惩罚者的宙斯与哈得斯（可能也有米诺斯）的立场。

在第 22 卷中当奥德修斯表现出了施行正义所必需的思想与行为时，他采取了法官和惩罚者的立场。或者我们应当说，奥德修斯同时持两种立场，即“原告”——求婚者的僭妄对象的立场，奥德修斯还保留在交换的体系之中，以及超然于这种体系之外超人格的、神圣的法官与惩罚者的立场。当我们考虑奥德修斯是否能够成为司法官员或者陪审员的原型公民时，这一含混性会成为问题。我们不能将这种含混性，与奥德修斯从作为文化英雄（culture hero）的赫拉克勒斯的麻烦经历而得到的教训分离开来。事实上在第 22 卷一开头，奥德修斯表明他自己是一个复仇的执行正义者，摆出了他在哈得斯里看到的赫拉克勒斯所采取的同样威胁而凶蛮的姿态来。在第 22 卷第 1 到 4 行，他脱下乞丐的外套，跳到厅堂的门槛上，拿走他的弓与装满箭的箭壶，表现出了他的见机行事（*mêtis*）的一面。如果正如纳格勒所认为的那样，在门槛上的这一刻显示了一种边界的跨越，这并不仅是因为英雄即将在他自己的家里对那些求婚者大开杀戒——他们是他的“扈从（retainers）”，使仪式性的箭术比赛一下就变成了仪式化的杀戮（1990：348 – 351 and 354）；他同样声称自己正在转变其认知的、道德的和存在论的观点，现在他向求婚者宣称，“我已置身于我们的争执之外，我认为我将要采取的行为无疑地构成了一种正义的仲裁（*dikê*）”，“这场竞赛（*aethlos*）真正是 *aatos*”（22. 5）。

Aatos 这一多义的词被认为有着“无误”或者“前所未有”的意义，可能指的是他即将射向安提诺奥斯的致命一箭（22. 6ff. ），也可能指的是竞赛（这里以及 21. 91）或者誓言（在 *Il*，14. 271），它们都可以无误地解释一场冲突（Nagler 1990：351 – 352）。但是正如纳格勒以及其他人所强调的，*aatos* 的词源说明了它同样意味着“其结果并非 *atê*（偶然）的竞赛”，或者一种通常由于某人的 *atashtalia*（道德上的鲁莽与愚蠢）而造成的灾难。纳格勒解释这一点是“由于没有见识”，使得对手“……忽视了其他行为者的主

张，没有意识到更重要的后果，并做出了灾难性的决定”。[①] 但是下一行诗（第6行）含混的句法说明他在宣布要用弓射第一箭时，奥德修斯可能背离了他的报复所追求的公平与正义的特定知识。他可以说“现在，**最终**（nun aute），我要瞄准另一个目标（而不是斧头），没有人曾射过，但愿我能射中，如果阿波罗赐我以荣誉”。或者说“**但是**现在，我会瞄准另一目标……”[②] 一种解读认为英雄将杀戮看作箭术比赛的一种扩展或者终结，而另一种解读则认为这是有悖于比赛的公平与正义。换言之，奥德修斯可能**的确**将他的杀戮看作由于鲁莽和通常的 *atê*（盲目）而常常引发的斗争。在这一时刻，*aatos* 以及荷马的句法利用了这一事件的含混性，上演了一种“寻求与进行仲裁（*dikê*）”版本的剧本，上演了流血战斗的剧本。这样奥德修斯会在他与求婚者的冲突中，采取原告的主体立场；也可以采取更为客观的、非个人的神明立场——这一立场的仲裁与惩罚最终会有利于共同体，也会采取会引发新一轮僭妄性暴力的加害者的立场。

在射杀安提诺奥斯之后，英雄仍然在复仇者的角色、仲裁的法官以及狂暴的武士之间纠结。从基于其家族的价值观之上正义的一系列理由出发，他在一种立场与另一种立场间穿梭。比如与“寻求与进行仲裁（*dikê*）”的剧本相一致的是，他严肃地列举了对求婚者的五项指控：“你们耗尽我的家财；你们奸淫我家的女仆；你们在我仍活着的时候向我的妻子求婚；你们不敬畏神明；你们并不担心人类公正的义愤（*nemesis*）（22. 35 - 41）。”但是随即他又采取了一种宇宙主宰的角色宣称：“现在毁灭的绳索（*peirat'*）已经拴住了你们所有人。”[③] 其中一个求婚者欧律马科斯（Eurymachus）承认英雄的杀戮的合理，“说事情都是恰当安排的（*tauta*……*aisima*，46）”。与审判（*dikê*）的剧本一致的是，欧律马科斯在自我辩护提及了对求婚者一系列冒犯感到相当内疚，但他认定安提诺奥斯应对全部罪行负责，或者因为他的意

---

① Nagler 190：352；也可参见 Fernández - Galiano 1992：157。

② 22. 6 - 7，有关这一行诗句法上的含混，参见 Fernández - Galiano 1992：219 和 Nagler 1990：351，n. 50。Barouw 反对将第22卷第5行中的 *aatos* 解释为奥德修斯将无法控制的、不计后果的暴力施加给求婚者。他认为这里英雄在其一贯“预期与估计”之下而举止从容（2004：89 - 91）。

③ 这里的 *peirata*，参见 Fernández - Galiano 1992：226，关于 *olethrou peirat'*，Bergren 1975：35 - 40，esp. 38 - 40；在这一声明中，奥德修斯反映了荷马早期叙述者的说法——他们早就宣称求婚者看不到“死亡的绳索已经缚住了每个人”，甚至在安提诺奥斯死了之后也是如此，这是非常不明智的（32 - 33）。

志而应承担个人责任（*aitios*……*pantôn*，48），指控死去的这个人在追求佩涅洛佩的过程中“阴谋”（*alla phroneôn*，51）利用赢取新娘的机会，因为他并不是真正在找一位妻子，而是希望代替奥德修斯成为 *basileus*（王）而进行统治。① 然后欧律马科斯提出了一个妥协方案，以便在有利于奥德修斯家族的前提之下达到解决（*dikê*）：他将求婚者描述为奥德修斯的 *laos*（民众），承诺为奥德修斯损失的财产提供补偿（54－59）。

为了反击这些主张，英雄必须退回到他原告的角色中去。与《伊利亚特》第9卷中阿基琉斯拒绝阿伽门农所提出的慷慨让步与补偿没有什么不同的是，奥德修斯斥责哪怕是无穷的补偿也是不够的（61－62）。他接受唯一可行的赔偿（*apotisai*）就是可能致命的武力角斗（64－69）。从这一点上我们必须看到，在进行仲裁的过程中奥德修斯实际上会杀死每一个求婚者，特别是（如欧律马科斯所认为的）较之于他人来说更蓄意地、更为活跃地参与僭妄之举的人。但是英雄在杀戮他人时宽恕了其家族的一些成员，这是否如坎特雷拉所认为的那样，在求婚者进行“公开的”裁决，以及对于家庭成员及其随从施行“家法”的背后，事实上有两套不同的“逻辑”（2003：250；236－253）？我们刚才已经看到，在欧律马科斯绝望地试图与英雄达成和解的过程中，他的确引入了一种在意图或意志（intent or will）基础上的标准来确定无辜还是有罪。但是坎特雷拉相信，奥德修斯进行了公开的裁决（复仇），对其敌人的“心理偏好”或者“主观状态”并没有兴趣，他所关注的是事实而不是意图。当奥德修斯在考虑家族成员的命运时，他决不会承认有意还是无意的行为与道德责任的问题（25）。坎特雷拉进一步认为，宽恕的行为也与侵犯者的“心理偏好”并没有什么关系，而只是涉及受侵犯一方人格上的取向（252）。

但实际上是没有任何求婚者被宽恕，甚至哪怕是更有道德意识的安菲诺摩斯（Amphinomus）和勒奥得斯（Leodes），奥德修斯的评理（reasoning）并不支持坎特雷拉的观点。当预言人勒奥得斯恳求英雄尊重与怜悯自己时，奥德修斯在基于可能性之上进行了评理，其中包括：由于他的预言人的职

① 22.45－59，欧律马科斯同样指责安提诺奥斯策划了刺杀特勒马科斯（53），塔尔曼认为这些诗行说明缔结与佩涅洛佩的婚姻，与担当伊塔卡这样的共同体中 *basileus*（王）的职位之间存在紧密关联（1998：187－188）。Foley（2001：126－143）与 Cantarell（2003：85－104）描述了佩涅洛佩担当这一角色时所表达的矛盾心态，有时会拒绝这一角色。

业，勒奥得斯“毫无疑问必然祈祷（*arêmenai*）”奥德修斯的死亡以及他自己与佩内洛普的姻缘（321－325）。换言之，这个人的内在希望与欲求很可能与求婚者的愿望旗鼓相当，因为这种理由他必须去死。[①] 歌人费弥奥斯（Phemius）运气较好，他用勒奥得斯同样的话来请求奥德修斯，但与预言人不同的是，他能找到一个举足轻重的见证者——特勒马科斯来证明他的歌唱是情非所愿，并非有意去做的（*ou ti hekôn*……*ou khatizôn*，351）。而特勒马科斯自称能懂得费弥奥斯的内心想法，把他称作为“无辜的”或者“没有责任的（*anaitios*，356）。传令官墨冬（Medon）同样也被赦免了，这里奥德修斯个人对墨冬过去给奥德修斯家庭所提供的服务以及所做的善行（*euergesiê*，374）的记忆，证实了他持久（忠实）的意图。

如果说所有的求婚者都死掉了，这主要是因为他们听信了欧律马科斯的集结号召［后来还有阿格劳斯（Agelaus）以及其他一些人］，对英雄进行攻击作为抵抗（22.70－78ff.；241ff.）。一种等级制度所主导的惩罚方式体现出来：求婚者英雄地以战斗的方式死去，而一些家奴［最为知名的就是墨兰提奥斯（Melanthius）以及那些女仆们[②]］则耻辱地死去。[③] 但是在奥德修斯对求婚者与家奴的裁决与惩罚行为中，他在见证人——也就是与他一起复仇的人的帮助之下，对每个抵抗者内在的可能意图进行了长时间的领会，并做出了评估与决定。在一种僭妄性的关系之网中，这一行为突出的更是一种人的而不是神的视角，抛弃了仲裁的 *basileus*（王）所使用的存在论框架转换的方式（通过神话、*thesmia* 与誓言），而采用了有关人的行为的认知与道德框架，其中包括着确定行为到底是有意还是无意的，也涉及内心的赞同或者意愿，以及这一行动者在道德上是否应负责任。奥德修斯向荷马的听众说明了僭妄的受害者个体在进行裁决时，可能自主地（在其支持者的帮助下）行

---

① 荷马说明了类似于奥德修斯对于勒奥得斯“内心生活”的判断，在道德上说是复杂的，因为前面提到勒奥得斯是求婚者中唯一意识到他们道德上的愚蠢（*atasthaliai*）并感到烦闷的人（21.146－147）。如库克所指出的，这个人也被认为是奥诺皮翁（Oenopion）（“酒鬼脸”）的儿子，习惯坐在调酒缸旁边（141－145），这让他与求婚者的僭妄方式等同起来（1995：151）。

② 墨兰提奥斯是奥德修斯的牧羊奴，但却是求婚者的帮凶。在奥德修斯杀死求婚者之后，墨兰提奥斯被砍下耳朵、鼻子和生殖器，受辱而死；与求婚者行淫的女仆则被吊死。——译者注

③ Cantarella 讨论对这些女仆的“女性化”惩罚时，将这种惩罚与一种传统的死亡仪式联系起来。（2003：240－247），而墨兰提奥斯所受的拷打与死刑是一种早期国家的“crucifixion（钉死在十字架上）”——*atympanismos* 的形式（247－250）。

为与思考。在完成对求婚者的裁决与惩罚之后，奥德修斯再次重新采取了神的命运视角：在告诉奶妈欧律克勒娅（Eurycleia）杀戮的事情时，他否认了他自己过多的责任，声称“这是神施加的命运（*moir'* ……*theôn*），他们自己的贪婪欲望害了自己”（413）。他冷酷地总结：“由于他们自己道德的愚蠢（*atasthaliêisin*），他们得到了一种悲惨的命运（*aeikea potmon*，416）。”

前面我提出奥德修斯与赫拉克勒斯的相遇，说明了那些运用暴力来防止他人行僭妄之举的人，是冒着可能给他们自身的牺牲带来耻辱的危险。他们打破了必须共同遵守的交换体系的规则，这样他们就侵犯了要试图去保护的边界。尽管奥德修斯能熟练地进行角色转换——从人到神的视角的框架转换，以及在认知与道德的框架之间的转换，但他也不能够逃避为其“家族”的正义而施行暴力的后果。在《奥德赛》第24卷中，奥德修斯被设想接受了这种不太愉快的后果，就要回答这一问题：“奥德修斯作为一种国家法律的原初施行者，能够胜任未来的官员、陪审员和诉讼者这样的角色吗?”学者们进行了长期的争论，但仍没有确定第24卷是作为诗的其余部分的内在组成部分，还是后来可能在泛希腊的背景下，在雅典关于正义与表演/施行的公共观念的影响之下而添加上去的。① 我相信它的确是在人们心中的国家正义观之下而形成的，特别是它贬低了以家族利益的动机来追求正义的理由。

这一卷最为显著的结构特征是它又再现了诗中较早之前的两段情景：其中有第二次的 *Nekyia*，它描述的是求婚者的亡灵在地府里的旅程，他们在这里遇到了阿伽门农与阿基琉斯的亡魂（24.1-204）；还有第二次伊塔卡人的集会，这是求婚者的亲属在与奥德修斯之间就新的争执试图达成调解（420-466）。我在前面认为，第一次 *Nekyia* 是作为 *themistes* 的庄严施行，是为了为奥德修斯，即史诗在伊塔卡的内在听众，以及荷马潜在的听众做好准备，为英雄返回伊塔卡作好认知与道德上的准备。在第24卷中的第二次 *Nekyia* 同样为奥德修斯以及其他的听众做好施行正义的准备，但是第二次的

① 关于这一争论的简要综述，参见 Heubeck 1992：353-355，with references。我同意近来以下学者的讨论：S. West 1989，Seaford 1994：38-42 和 Sourvinou-Inwood 1995：94-106，他们将第24卷看作“续写作家”的作品，这些作家将这一卷的主题与诗的其余部分连贯起来，以得到一个更接近公民正义观念的结论，也许创作于公元前七世纪后期或者前六世纪，并且创作于雅典。

施行并非源自于家族一方的私下决策，而是来自宙斯与雅典娜客观的、超人格的权威，神将这一施行作为 *thesmos* 或者为共同体的口头颁布的法律而确定下来。第一次 *Nekyia* 让英雄从过去的僭妄之举的典型犯罪角度，看到了与求婚者即将到来的 *aethlos*（竞争）可能是多么的复杂与意味深长：米诺斯这样运用 *thesmia*，以过去久远的故事说明奥德修斯在不远的将来所进行的仲裁与惩罚的个人行为的正当性。而第二个 *Nekyia* 则为奥德修斯刚刚结束的复仇安排了不同的框架，进行了不同的解释，从而为英雄准备好了宙斯的正义。阿伽门农在哈得斯从一个求婚者的亡灵那里知道奥德修斯回来后杀掉了这些求婚者时，他打断了求婚者，赞扬了昔日同伴奥德修斯以及佩涅洛佩，预言她（死后）会得到一种特别的 *kleos*（名声）（192－202）。这些话将新近发生的杀戮，放到特洛伊过去史诗故事的背景下展开，尤其是预言了有关这一事件及其光荣主角未来的 *kleos*（名声），从而说明了杀戮的正当性。

然而这一叙述并没有使得阿伽门农的这一判断无条件地成立，因为第二次伊塔卡人的集会没能达成和解（*dikê*），求婚者的亲属与奥德修斯的家丁仍然要诉诸暴力。雅典娜将宙斯早先在奥林波斯给她下的判断传达给伊塔卡人（在481－486）。她断然命令："伊塔卡人！停止你们残酷的战斗！停止杀戮，不要流血。"（531－532）这执行了稍早前宙斯对她所下的指令："但我会告诉你怎样才是适当的：因为既然奥德修斯已报复求婚人，便让他们立盟誓，奥德修斯永远为国君进行统治。我们会命令（我们会强迫，*theômen*，485）这些人将自己的亲属与兄弟被杀的仇恨忘记（*eklêsis*），让他们彼此像从前一样彼此间友善（*philoi*），让那里充分繁荣与安宁。"（481－486）。这里的 *eklêsis*（忘记）在其本义上相当于赦免（amnesty）：由神明的（强加的）*thesmos* 所带来的公共法令，它可以正式禁止回忆与复述那些在伊塔卡的任何人在一段时间内都可能不会忘记的事情。①

但是这一谕令的意义，对于诗歌的两类听众，即内在的听众与潜在的听众来说，是以相当不同的方式起作用的。对于虚构的伊塔卡人来说，谕令可能禁止他们在集会上公开商谈与讨论杀戮的事件，同样禁止以公开的颂歌表演形式来纪念复仇者或者对其进行哀悼。但是对于荷马隐含的观众来说，谕令的意义是什么呢？他们当然是在《奥德赛》中听到宙斯的裁决与命令，这部史诗赞扬了奥德修斯与佩涅洛佩以及他们的支持者向求婚者索取家族正义

① 关于只出现在这里的这个不同寻常的词（一个新词?），参见 Heubeck 1992：413。

的方式，并且如我已经主张的，诗人当然希望他潜在的听众，对奥德修斯施行正义的方法与理由进行争论与探讨。从这一点上看，对于荷马潜在的听众来说，*Mnêsterophonia*（“屠杀求婚者”）就构成了对求婚者的罪行及惩罚的一种庄严的 *thesmion*。然而我们刚才也看到，神圣的谕令禁止伊塔卡的 *laos*（民众）记取并复述这件事，因而对他们来说，它不可能成为 *thesmion*，奥德修斯英雄的裁决（*dikê*）因而不可再重复。

奥德修斯的正义对于每一位观众的意义有所不同，它们之间的矛盾引发了如下的问题：“对于英雄自己的人民来说，禁止他们记取、复述或者模仿他的功绩，那么这种英雄行动者的正义又有何用？”当荷马潜在的听众在思考将他们与伊塔卡的 *laos*（民众）不完善的世界区别开来的界限时，我们可以在他们的思想中发现一个答案：他们（与我们）可能会想：“正义就是奥德修斯和我们应当如何**做**，或者他与我们应当如何**想**的问题吗？”换言之，让我们回到奥德修斯自身中就卡吕普索给予的不朽性生活所进行的思想斗争中，他们与我们会问：“正义不就是行动者之间或者人之间（agents or persons）的事情吗？它是为达到维护某一方的利益这一目的，还是在彼此之间对于我们是谁达到相互理解的事情呢？”

让我们回忆一下奥德修斯在奥巨吉亚岛上就行动者与人格的不同意义所进行的讨论，行动者体现了对可能成功或者失败地达到特定目标的策略性理由与行为：在奥德修斯的例子中，这意味着返回到海上艰险的历程中，寻找归家的路。他知道到家里他需要利用他的 *mêtis*（机智）来担当骗子－王（trickster－*basileus*）的角色，这一角色会最终转化为狂暴的武士来对付他的客人。但宙斯吩咐伊塔卡人不能再次出现这种正义的执行者，这样他们就可以不用将这一事件转化为 *thesmion*。但是我们看到作为人的奥德修斯，从他在卡吕普索的小岛上的思想斗争以及他在哈得斯与亡灵的会面知道，自我可以通过一种自我解释而进行转换。通过将自身与他人之间所建立起来的适当关联，以及与他人之间僭妄关联这两种道德立场的比较，这种转换能够唤起与评价这两种立场所决定的自我的多元视角。我们看到奥德修斯在作为复仇者、法官与惩罚者的角色之间穿梭时，他正是运用着从认知与道德上对伊塔卡之中自我与他人的这种理解。因而当宙斯的命令阻止伊塔卡人模仿奥德修斯作为复仇的执行正义者的暴力行为时，也命令着荷马的潜在的听众和我们不去模仿史诗中英雄在不完善的、返祖性（atavistic）的 *laoi*（民众）中间所成就的正义，而要模仿他将正义作为对于人的探索与重新界定的理解。

坎特雷拉极力主张“（希腊）法律的产生”（*diritto*，droit）就是在《奥德赛》的结尾，因为受到伤害的一方（奥德修斯）通过暴力而实施了惩罚性的制裁，也因为荷马的社会在米诺斯或者阿基琉斯盾上的仲裁者身上看到这些特别的、仲裁的 *basileis*（王）的角色（2003：274－291）。但就我看来，如果希腊的法律是在这部诗的结尾出现的，它就是通过雅典娜与宙斯突然的外在干预才发生的。他们警告争吵的双方精英反省自利的诉求，代之以对共同体的安宁与繁荣的追求，他们还以宙斯恐怖的暴力威胁强化了这一警告（24.39－40）；但他们坚持传统的认知行为与情感，特别是记忆、复述与回味等，这是复仇的根源，产生了奥德修斯用来杀戮求婚者之类的暴力行为。如果这样一个神圣的谕令真的有资格作为一种 *thesmos*，那么雅典娜的突然到达，也是使用了传统史诗的形象——她是充当传达神明警告的信使。但是她的警告带来一种与过去的认知有所不同的信息：她要伊塔卡人为承担道德与政治的责任做好准备，以得到人们理解所有人的利益在于什么地方，而不是得到一个人对另一个人胜利的满足感。

作为执行正义者的旁观角色，雅典娜与宙斯以仲裁者（*diallaktai*）与立法家（*nomothetai*）的方式干预了伊塔卡的争执，而仲裁者与立法家被认为是在公元前七世纪与公元前六世纪在整个希腊的城邦国家才出现的，特别是产生于濒临内战（*stasis*）的共同体中。我们会在第 4 章看到，一些人给公民提供了新的工具以及新的正义剧本，以代替宙斯谕令伊塔卡人忘记的故事讲述与哀悼——我所指的是写下的、成文的法律及陪审团的审判。我们同样可以看到，至少他们中的一位，即雅典的梭伦，扮演了仲裁者、立法家及诗人的多重角色。我会解释为什么这一个体能够将这些角色结合起来，强调公民能够使用成文法与陪审团审判的剧本，作为正义的执行者与人来行动。这一新的工具与剧本会使民众将奥德修斯作为使用血腥暴力的复仇者，与他作为思想者与法官的角色区分开来，让他们尝试着将诉讼者的内在自我（*psykhê*）作为人来讨论，在作为僭妄或者其他罪行的客体（受害者）与主体（施恶者）的角色中来进行理解。

第四章　施行法律：立法家、成文法条与陪审团审判

这样，我们就审视了荷马两个想象的英雄，将他们看作国家形成期（公元前900到前760年）以及早期国家（约公元前700年起）时期将自身转化为一种新的社会角色与新的自我的 *basileus*（王）的原型。我认为荷马戏剧化地表现出了阿基琉斯与奥德修斯承担正义的执行者这一传统角色的努力，他们“进行仲裁（*dikê*）”的努力给荷马的听众开启了将自我进行理论化（theorizing）的可能性。每一位英雄都短暂地与他的同伴及下属孤立开来，以体会一种能够增进其道德自主性的个体化观念。这是以庇难所的形式出现的，英雄选择到这里，是为了施行性地（performatively）去重新定义自身，将他与重要社会他者重新结合起来——我将这些重要社会他者看作在新生国家中精英公民的团体。用现代的话来说，每一位英雄都表现了一种短暂构想其“无拘无束”自我形象的自主性，然后选择去将他自身“再拘束（re－encumber）”于由交互主体性所形成的一系列社会角色之中。我们看到这种再拘束使得阿基琉斯能够解决同伴间的争执，并与其主要对手进行和解；它也使得奥德修斯经历一种自我转换，惩罚那些威胁到他个体地位（*timê*）及其家族利益的同伴；它使得阿基琉斯承认，在其共同体中他的命运是可以以某种方式与其他人的命运相交换的；而对于奥德修斯来说，它使得他理解，得到正义意味着重新调整犯罪的客体（受害者）与主体（加害者）之间的关系，将他们作为人而不仅是行动者。

但在接下来的公元前七世纪与公元前六世纪，什么类型的行动者、什么样的认知与交往能力主导着国家中正义/法律（justice）的施行呢？我们关于这一时期希腊法律实践的知识仍然是相当粗略的，但是显然最终进行仲裁的 *basileus*（王）在调解争执过程中的主导角色，在寡头制国家中让位于精英公民群体，并且（到了公元前五世纪中期）在类似于雅典的民主共同体中

让位于普通公民。同样清楚的是，“寻求/进行仲裁（*dikê*）”的剧本为适应这种转变而经历了重大的调整，产生了我们在公民法庭上看到的陪审团审判的剧本。在这一章中我将会重构这一剧本发展过程中的关键环节与形象。在第一节中我将会关注新型的言语形式——成文法的作用，它们使得陪审团审判最终代替了仲裁的 *basileis*（王）的 *thesmia* 与 *themistes*。我也会讨论成文法给陪审团审判中受到指控的犯罪行为提供了什么样的存在论框架（在戈夫曼的意义上），以及它是否使得大多数公民在法庭上担当陪审员处理法律诉讼时，能够拥有一种公民式样的王者权威与认知美德；而且我的考察还会回到作为在形成陪审团审判的剧本与成文法过程中的法律施行者，希腊人会想象其为哪一类自我，以及这一自我——无论是真实的还是假想的，是如何使得陪审员们在演出“进行仲裁（*dikê*）”的法庭版剧本时去运用认知的能力。

成文法出现在公元前七世纪中期，是刻画在神庙的墙上或者 *stelai*（石碑）上石头或者木头（板或片）表面上的成文法律，这些铭刻的法律通常是展示在国家最为显眼的地方。① 伴随着这一发明，至少在后来的希腊人看来，是一些特别的个人，也就是所谓立法家（*nomothetai*）所展现的明显法律智慧。从公元前四世纪中期开始，并一直持续到希腊化时代，向后则回溯到约公元前650年左右的三百年间，在哲学家与历史学家中出现了札琉科斯（Zaleucus）②、卡隆达斯（Charondas）③、狄奥克勒斯（Diocles）④、安德洛达马（Androdamas）⑤、菲洛劳斯（Philolaus）⑥，以及更为知名的吕库尔戈斯

---

① 有关最早成文法的证据，参见 Gagarin 1986：15 and 51－52；有关它们在公开空间的展示，参见 R. Thomas，1996：28－29 and 2005，和 Detienne 1992：33；关于从口头法到成文法的过渡，参见 Thomas，1996 and 2005，Camassa 1992，Maffi 1992a，and Ruzé 1992；关于早期法律拟定的政治背景，参见 Holkeskamp 1999：11－27，Gehrke 1995，Maffi 1992b，和（有关雅典的）Humphreys 1988。

② 札琉科斯（Zaleucus），生活于公元前七世纪，是希腊的立法家，据说编写了希腊第一部成文法。——译者注

③ 卡隆达斯（Charondas），生卒年不定，大约在公元前六世纪到前五世纪，西西里立法家。——译者注

④ 狄奥克勒斯（Diocles），亚里士多德《政治学》中提到他是菲洛劳斯的朋友，因逃避与其母亲不正常的情爱关系而去国，与菲洛劳斯一起定居忒拜。——译者注

⑤ 芮季俄人安德洛达马，今不可考，亚里士多德在《政治学》中提到他曾为色雷斯的卡尔基殖民城市制定过法律（参见亚里士多德《政治学》1274b）。——译者注

⑥ 菲洛劳斯（Philolaus），希腊哲学家。约公元前480年生于塔伦托姆或克罗托内（在意大利南部），卒年不详。菲洛劳斯是毕达哥拉斯学派（继毕达哥拉斯本人以后）最杰出的代表，他是第一个向公众宣传毕达哥拉斯观点的人。曾因政治迫害而移居忒拜，成为忒拜的立法家。——译者注

(Lycurgus)[①]、德拉古（Draco）、梭伦（Solon)[②]、庇塔库斯（Pittacus)[③]，他们分别是意大利、西西里、色雷斯之类的城邦殖民地以及科林斯、斯巴达、雅典和与密提林（Mytilene)[④] 等地法律的起草者。[⑤] 我们在公元前七世纪中期稍后也发现了与这些法律相关的最早的公民陪审员。[⑥]

---

① 吕库尔戈斯（Lycurgus，又译为莱库格斯），传说是公元前七世纪的斯巴达立法家，他是斯巴达国王的儿子，其父死于非命后，王位传给了其兄，不久其兄也死了，王位才传给了他。吕库尔戈斯强调斯巴达人应皆赋道德和健康，养成任劳任怨、勇敢善战、忠心为国的风尚。吕库尔戈斯的名字，对于斯巴人来说是正义的象征，是热爱人民和祖国的理想领袖的象征。他为斯巴达建立了一套独特的法律和政治制度，这套制度不仅保证了相当长时期里斯巴达的军事优势和实力，而且通过这一制度所建构的一种严正和艰苦的生活方式，也吸引了当时和后世的许多人。——译者注

② 梭伦（公元前638年—公元前559年），生于雅典，出身于没落的贵族，是古代雅典的政治家、立法家、诗人，是古希腊七贤之一。梭伦在前594年出任雅典城邦的第一任执政官，制定法律，进行改革，史称“梭伦改革”。他在诗歌方面也有成就，诗作主要是赞颂雅典城邦及法律的。——译者注

③ 庇塔库斯（约元前650年—公元前570年）（Pittacus，也译为庇达卡斯），也是古希腊七贤之一，米提利尼人，是一个政治家和军事领导人。他在阿尔卡尤斯兄弟的帮助下推翻了列斯堡的僭主美兰克鲁斯，成为那里的法律制定者，统治了十年。作为一个温和的民主政治者，庇塔库斯鼓励人们去获得不流血的胜利，但他也阻止被流放的贵族返回家园。——译者注

④ 密提林（Mytilene）是位于莱斯沃斯岛上的城邦国家，原是雅典同盟国，后来背叛雅典倒向斯巴达。——译者注

⑤ 在公元前四世纪中期，历史学家埃福罗斯（Ephorus）说札琉科斯是第一个为城邦起草法律的人（*FGrHist*70F139），而他的活动一般认为是在公元前六世纪中期，但是现存资料最早提到他的，除了埃福罗斯之外还有亚里士多德（*Pol*，1274a20）（cf，Van Compernolle 1981：761）。柏拉图在《理想国》（*Rep.* 599e）顺便提到卡隆达斯；亚里士多德也讨论过作为立法家的卡隆达斯，以及菲洛劳斯、德拉古、毕达库斯（Pittacus）以及安德洛达马（1274a20－1274b25）。我们今天关于卡隆达斯（以及札琉科斯）最完整的记叙是西西里的迪奥多罗斯（Diodorus）　[（ca. 40－30）12. 11. 3－12. 21. 3]。Hölkeskamp 讨论过这些相对较晚资料的意义（1992：88），并梳理了在柏拉图、亚里士多德以及其他一些资料中立法家的主题（1999：28－59）。

⑥ 我这里指的是德拉古的杀人法律第17行中提到的51位 *ephetai*（与这一法律有关的文本，参见 Stroud 1968）。加加林认为：“事实上，*ephetai* 就是审判案件的陪审员。”（1981a：47）卡拉万观察到“这些法官看起来就是最早的陪审团，作为代表机构，是为了执行通过多数人投票来解决争执的任务而特别建立起来的。”（1998：80）这一法律区分了在审理非故意杀人案件时，借助于特定的 *basileis* 的权威来进行仲裁（*dikazein*，11. 11－12），以及借助于 *ephetai* 的权威来进行“审判”（l，13；cf. l. 29）的情形。我同意卡拉万将这些 *basileis*（王）看作雅典审判中的领袖，他们在仲裁（*dikeazein*）时的行为，在本质上与国家形成期仲裁的 *basileus*（王）的作用相当，即引导争执

在雅典作为立法家的德拉古与梭伦，与陪审团审判的出现之间有着一种历史关联，尽管其间的信息是相当模糊，以至于我们只能去猜测被新的成文法所授权与教化的公民，为什么要将陪审团审判作为解决争执的一种新的剧本。我运用表演/施行（performance）的概念将立法家与公民陪审员联系起来，认为在表演/施行的传统之下，那些为公民订定法律的立法家，为国家提供表演型的意识形态，能够号召无名的公民，最终即雅典民主体制中的"任何人（*ho boulomenos*）"，根据这种新的剧本来施行正义。但是我也认为在六步格（hexameter verse）史诗传统中的诗人（荷西俄德），以及贵族会饮中的哀歌（elegiac）诗人［梭伦与提奥格里斯（Theognis）[①]］扮演了重要的中介角色。尽管诗人为国家改编仲裁剧本大多并不成功（梭伦是一个例外），但他们在诗歌的表演传统与模仿形式（form of mimesis）中智慧的名声，给立法家与其法律编撰提供了他们严重缺乏的声誉。最终后来的 *nomothetai*（立法家）以及公元前四世纪的公民陪审员受到激励，将他们自身看作由德拉古或梭伦、札琉科斯或者卡隆达斯开创的、体现着法律智慧的保留剧目（repertoire）的学徒，对于这些剧目的模仿使得陪审员们相信他们正在发挥非凡之人——作为英雄式执行正义者的立法家的认知能力。

在第二节中，我认为这种学徒身份及其推理形式引导着陪审员去表演，将"法律主权"的观念付诸实施——从公元前五世纪起，以及整个公元前四世纪，这种观念为所有雅典人所信服。这一观念将立法家馈赠的法典，看作适合于这一时代的社会契约版本。但是更早些时，如公元前五世纪的大多数时间里，陪审员审判的兴盛靠的是"民众主权论（popular sovereignty）"的意识形态。在这一时代，立法家作为一种自我的形象，对于施行正义来说还不算是非常重要。现存最早的法庭演讲，即安提丰的《关于谋杀希罗底斯案》（*On the Murder of Herodes*）（约公元前420年）说明了在合情理的可能性之上（reasoned likehood，*to eikos*）所使用的论证，是如何给陪审员提供了自我的想象性经验，使得他们在一种与人民主权论一致但更为平等的方式下一起讨论；在安提丰那里我们还会发现与社会契约论起源相关的联系。

的各方达成一致的解决。*Ephetai* 只是在不可能达成共识的情况下才进行审判（1998：69－72）；他们的认知（*diagnômai*）任务就在于既为原告，也为被告找到解决方案（71－83）。Cf. Gagarin 1981a：47－48；亦可参见 Humphreys 1983：236－238。

① 提奥格里斯（Theognis），哀歌体诗人，创作盛期为约公元前544年到公元前541年。——译者注

在第三节里我试图去理解为什么从意识形态上说，立法家只能够在后来的埃斯基涅斯、德摩斯梯尼（Demosthenes）[①] 这样的演说家之中才能重新出现：他们在几次大的动荡后给陪审员树立了认知的榜样，特别是在伯罗奔尼撒战争中雅典败给了斯巴达，以及在公元前411年与403年间的寡头政变[②]，动摇了人们对民主以及对由平等的公民进行商谈所获得的智慧的信念。我对于这种从公元前七世纪到前四世纪的法律施行/表演传统（legal performance tradition）变化进行研究的一条主线，就是去讨论这种传统与更为人所知的诗艺智慧传统之间的竞争。正如纳吉所认为的，这些传统被认为源于一些重要的表演者（“模仿的原型”），比如荷西俄德、忒奥格尼斯和梭伦这些诗人，他们说明了这种诗艺智慧以及与所追求的法律智慧的相通之处。当然，进行模仿的陪审员的表演/施行，肯定与诗人的表演有所不同。但是无论他们是运用基于可能性之上的证据去思考设定的自我，还是模仿梭伦与德拉古的法律智慧，陪审员进行的认知性模仿（cognitive mimesis）都教会他们如何通过转换存在论的框架而施行正义，就像仲裁的王者（通过 *themistes* 与 *thesmia*）在他们之前所做的，或者诗人习惯上做的那样。正如我在讨论《奥德赛》的结尾时所认为的，成文法会让我们所设想的那种实在与自我的意义与仲裁的王者与诗人有特权得知的那种叙事的、神话式的实在与自我的意义相去甚远。

回顾一下国家形成期，我相信我们能够将陪审团审判中对于自我的考

---

① 德摩斯梯尼（Demosthenes），公元前384—公元前322年，雅典演说家、民主派政治家，早年从伊萨学习修辞，后教授辞学。积极从事政治活动，极力反对马其顿入侵希腊。后在雅典组织反马其顿运动，失败后自杀身亡。——译者注

② 雅典的贵族寡头派在公元前411年春剥夺了公民大会的权力而设立了一个由400人组成的议会，这个议会的目的是建立一个新宪法。依据这部宪法只有5000人在公民大会中有表决权，而向市民的赡养费停发。但这个5000人的议会并未召开，因此这400人的议会就掌握了所有的权力（公元前411年5月和6月）。这场政变最后既没有使波斯同意与雅典达成一个协议，又没有能够与斯巴达达成和平。斯巴达此时正处于胜利状态，因此它根本不想与雅典达成和平。由于舰队里的划浆手依然是民主派的而不是寡头派的，因此这次政变很快就又被取消了。几个月后这400人的议会就失去了它的权力，5000人的议会召开。前410年中民主制被恢复，赡养费重新发付。由于波斯没有与雅典达成协议，因此在萨摩斯岛上的寡头派放弃了阿尔喀比亚德，但阿尔喀比亚德则换到了民主派的阵营中去了，他成为民主派在萨摩斯岛上的首领。公元前404年，雅典在伯罗奔尼撒战争中败北，斯巴达人占领雅典后，建立了著名的三十僭主政府，对雅典公民实施专制独裁统治。公元前403年，雅典民主派发动政变，克里蒂亚斯的“三十僭主集团”被推翻了。——译者注

虑，与荷马在阿基琉斯与奥德修斯个体化场景中自我身份的实验联系起来。这就要求区分两种认知行为，由陪审员加以施行/表演：一种是适合于公元前五世纪的审判，而另一种是适合于公元前四世纪的审判；我们也要区分与这两种认知行为相匹配的关键性以言行事的陈述。每一组陈述与认知行为都会以意识形态上不同的方式使每位陪审员得出结论："我能够想象我自己是另一个我"，从而以一种新的方式来实施在《伊利亚特》与《奥德赛》中所上演过的命运交换与人际重新调适。我们的讨论会得出结论，认为公元前五世纪与公元前四世纪关于自我的思考，类似于思辨思考的自我，也类似于今天施行正义的主要剧本中出现的影子个体（shadowy individual），即罗尔斯的"原初位置"上的"仲裁者"。

1. 法律剧本的修订：立法家与成文法

1.1 谁是立法家？

在古风时代与古典时代希腊的神话传统中，常常将最早的人类司法管理，有时甚至是将法律本身的职能授予了神或者英雄人物。我们已经看到荷西俄德将黄金时代的神看作匿名的"争执解决（*dikas*）与审判犯罪的仲裁者"（*WD* 124；cf. 253 – 255）；① 我们也看到米诺斯在哈得斯里用他 *thesmia* 的保留剧目表演着 *themistes*（*Od.* 11. 568ff），显然 *thesmia* 在那里的出现是作为分配正义的神话原型。公元前四世纪前半期，柏拉图称米诺斯不仅是宙斯指派来审判死者的三个儿子之一（*Gorg.* 523e – 524a），而且将他看作人类的立法家，米诺斯则是直接从宙斯那里接受法律的（*Laws* 624b）。稍后亚里士多德知道在克里特的一些共同体甚至宣称仍然在使用米诺斯的原始法典，这是沿用了先前居民的法典（*Pol.* 1271b29 – 30）。其他的立法家据称同样也是从神那里得到他们的法典：吕库尔戈斯据称是来自阿波罗，而札琉科斯则称来自雅典娜。②

---

① 柏拉图在《法律篇》（*Laws* 713d – e）中，描述了一个克洛诺斯（Cronus）时代的 *daimones* 种族，他们所起到的作用与荷西俄德那里是一样的；cf. *Statesman* 271d – 272d。

② 就吕库尔戈斯与阿波罗的关系，参见 Plutarch. *life of Lycurgus* 31. 2；有关札琉科斯，参见 Aristotle fr. 548，和 Plut. *De leude sua* 543a，以及 Clement of Alexandria *Stromates* 1. 26. 152（后面两则材料为 Bertrand 所引用 1998：82，n. 317）。

但是大多数古典时期的雅典人将早期城邦的法律看成是人类制定的，到公元前四世纪立法家的名字已经蔚为大观，形成了一些立法家的群体，类似于七贤（Seven Sages），其成员据称也生活于七贤的同一时代。两个群体中的不同形象有着不少的轶事与传说，通常有着类似的主题。[①] 由于柏拉图与亚里士多德的权威性，现代学者通常认可了一些更为知名的立法家基本的历史真实性（当然包括梭伦与庇塔库斯，也许还有札琉科斯与卡隆达斯）[②]，尽管不时还有质疑；近来有观点认为我们差不多可以完全否认类似于札琉科斯与卡隆达斯这些人物曾经存在的历史可能性。一位学者甚至更为极端地将早期立法家的形象概括为植根于公元前五世纪，特别是前四世纪的一种“虚假的历史想象”，是模糊了早期城邦国家领袖历史真实的“哲学与意识形态的烟幕弹”。[③] 他同样认为我们应当重新评估一种成熟的法典在公元前七世纪或者前六世纪就出现的可能性，最早的成文法的性质看起来并不可能是这一时代个人单独写下的成体系的成文法典。事实上最早的法律，是为了处理威胁到早期国家的（现实的或者担心的）特别的突发事件而做出的反应：它们看似“单个颁布、各自独立、互不相干的成文法令……分别满足于特定的需要”。[④]

---

① 有关立法家的叙说传统，参见 Hölkeskamp 1999：44 – 59 和 Szegedy – Maszak 1978；关于七贤，参见 Martin 1994。有两个名字，即梭伦与庇塔库斯同时出现在两个群体中。而七贤之一，普里恩的比阿斯（Bias of Priene），因其进行审判（*dikazein*）的能力闻名于世（Hipponax fr. 123W，quoted in Diog. Laert. 1. 84）。第欧根尼（Diogenes）讲了一则关于比阿斯之死的故事——他在死的时候还在争论一件案子；他还认为在敌人之间的争执，比朋友之间的争执更好做出裁决（dikazein）（1. 87）。有关比阿斯的所有资料，参见 Hölkeskamp 1999：232 – 233 以及 Martin 1994：110 – 111 and 125，n. 10。

② 可参见 G. Smith 1922；Adcock 1927；Bonner and Smith 1930：67 – 82。近来一些思考对此也有疑惑，但似乎最终接受了这一传统（或者部分接受），参见 Fine 1983：102ff.；Gagarin 1986：51 – 53；Camassa 1992；Sealey 1994：25 – 29；Bertrand 199：68 – 69。特别要注意希利关于叙拉古（Syracuse）的立法家狄奥克勒斯（Diocles）到底是历史人物还是想象的英雄人物的讨论（1994：26 – 28）；cf. Hölkeskamp 1999：242 – 246。

③ Hölkeskamp 1992：89，and 1999：11 – 27 and（in summary）60. 他对于西洛克里（Locri，意大利南部希腊的一个城邦——译者注）立法家札琉科斯的所有资料进行了综述（1999：187 – 198），认为“札琉科斯与他的 *nomothesai*——泛希腊立法思潮的根据，仍然是极端模糊的”。有关卡隆达斯以及他的成就（130 – 144），他认为“与卡隆达斯这一形象一样，他的 *nomothesai* 最终很难作为一种真实的历史现象加以分析”。但是 Osborne 批评了这一观点（1997）。

④ Hölkeskamp 1992：91，and 1993：59 – 65；cf. 1999：14 – 21，这里承认高尔蒂（克里特）的法律的确与现代的法典观念一致。

如果怀疑这些立法家及其成就的历史真实性是合理的，那么我们能够确定这些基本上是想象的人物形象服务于公元前五世纪、前四世纪甚至更晚的希腊人的目的吗？举例来说，在雅典德拉古与梭伦这样的立法家，会使得公元前五世纪与前四世纪政治家与法庭演说家复兴想象中的“祖先规制（*patrios politeia*）”的呼吁具有可信性吗？[①] 在某种程度上，后来的雅典人需要将德拉古、梭伦或者克利斯提尼（Cleisthenes）[②] 这些出类拔萃的个人，与制定法律的行为，以及后继的子孙能够为城邦的利益模仿或者重复这一行为的可能性联系起来，尽管我们会看到，后来时代的立法不时被诋毁为对共同体有害的、不负责任的公民行为。换言之，对于政治领导人与演说家来说，立法似乎是作为一种让普通民众进行成功或者不成功表演的公民剧本。而对于立法家自身而言，立法似乎被认为是将这一剧本作为一种表演传统而创立起来。在这一剧本从其原始的（立法）场景转换为公民陪审员坐在法庭上时，立法家们筚路蓝缕之功与创新精神，以及杰出的认知能力是能够得到适度的继承的。

2.2 立法的原始场景是什么样的?

轶事传说中的立法家，将这一原始的剧本当作早期国家历史中的 *anomia*，即“礼崩乐坏（lawlessness）”的危机，它通常是由派系的冲突（*stasis*），或者在管理不同种族的人民时，建立强大中央集权的国家权威的挑战而引起的。[③] 公民选择立法家作为仲裁者的理由通常都是因为他具有智慧的

---

① 有关雅典人借鉴祖先规制，参见 Hansen 1991：296 - 300。在公元前五世纪后期到公元前四世纪，在借鉴了祖先规制的政治家与法庭演说家中，最早的可能是特拉西马库斯（Thrasymachus fr. 1）（约公元前 411 年）（以一位公民大会上的匿名的演说家之名）。提及德拉古、梭伦或者克利斯提尼等立法家对于祖先规制的运用，参见《雅典政制》（*Ath. Pol.* 29. 3），它记载一个叫克勒托丰（Cleitophon）的骑士于公元前 411 年提议的一项法令（克勒托丰提议在修订法律时要全面研究祖先的法律，以做出明智的决定。——译者注）。而 Teisamenus（404）建议对雅典的法律进行全面的修订并重新加以颁布（Andoc. 1. 83）。也可参见：Dem. 22. 30. 31；24. 153；26. 23；Isoc. 7. 15 - 16；Aesch. 3. 257。Finley 1975：34 - 59 从一个相对现代的观点来讨论了雅典人对于祖先规制的借鉴。

② 克利斯提尼（Cleisthenes），约公元前 570 - 公元前 508 年，是古代雅典政治家，属于被诅咒的阿尔刻迈翁家族。他因为公元前 508 年对雅典的政治机构进行了改革，将其建立在民主的基石上而为人所知。他的外祖父是僭主西库翁的克雷斯忒涅斯，父母分别是墨迦克勒斯和阿佳丽斯特（Agariste）。——译者注

③ 参见 Holkeskamp 1999：48 - 50，和 Szegedy - Maszak 1978：201 - 206，with sources。

名声，他能以法典的形式及新的“规制”（*politeia*）（通常是对公民整体及其各种特权与权利的一种重构）为解决他们面临的困境提供一种对策，其结果就是产生一种和谐的“法律与秩序”（*eunomia*）。[①] 这一剧本包含着如此多的主题，以至于我们当然会质疑其历史真实性。但我们已经看到，要质疑是否真的有札琉科斯与卡隆达斯履行过这种职能，并非难事（不过学者们对于吕库尔戈斯在斯巴达的存在与可能成就，依然看法不一）。[②]

无论如何，我们不能够轻率地否认一些杰出的个人深刻影响了国家兴衰的历史可能性，哪怕是一些不太引人注目的人物，如曼提尼亚（Mantinea）[③] 的戴蒙那克斯（Damonax）[④]，当公元前六世纪中期昔兰尼（Cyrene）[⑤] 的公民邀请他去解决国内冲突时，他的确履行过仲裁者（*katartistêr*）的角色。他将公民重新划分到新的部落中去，并重新分配了司法权力与宗教特权[⑥]。更早一些，西库翁（Sicyon）[⑦] 的僭主克雷斯忒涅斯（Cleisthenes）（ca. 596 – 560s）也被认为对公民整体进行过类似的彻底调整（Her. 5. 68）。希罗多德非常明白这一点，他认为僭主克雷斯忒涅斯的外孙、雅典的克雷斯忒涅斯“模仿了”其外祖父的行为，将雅典人重新划分为十个新的部落，这样，在公元前 508 年的政治危机之后，民主可以被确立起来。我们可以得出结论：立法家（或者仲裁者）剧本雏形是基于公元前七世纪与六世纪的历史危机，即城邦的重组与公民重新协调。有一位经典的立法家，即梭伦，他对于这种剧本的表演/施行是从未受到怀疑的。尽管人们对梭伦在公元前六世纪早期到底给雅典带来了什么样的改革、什么样的法律还会有所质疑，但是他较之于札

---

① 参见 Raaflaub 对于古风时代立法家，以及 *eunomia* 对于早期希腊政治思想的极端重要性的讨论（2000：42 – 48，esp. 46）。

② 正如我在第 3 章的结尾所认为的，在《奥德赛》第 24 卷中伊塔卡公民会议的失败，以及在奥德修斯的派别与求婚者的亲属之间的流血对抗，是与这一剧本的第一部分一致的。而雅典娜带着宙斯的 *thesmos* 进行突然的干预，在我看来这似乎设想了历史上的立法家出现的史诗版本。

③ 曼提尼亚（Mantinea）是希腊南部的一个城邦。——译者注

④ 戴蒙那克斯（Damonax），生活于公元前六世纪左右，曾在昔兰尼进行过立法改革。——译者注

⑤ 昔兰尼（Cyrene），是位于现利比亚境内的古希腊城市，始建于公元前七世纪。——译者注

⑥ 古代关于戴蒙那克斯改革的主要史料是 Her. 4. 161 – 162 以及 Diod. 8. 30，而当代有关这一改革及昔兰尼历史上其他方面发展的最好解释见于：Chamoux 1953：138ff.；一个最近的讨论参见 Hölkeskamp 1999：165 – 172。

⑦ 西库翁（Sicyon），希腊的一个城邦。——译者注

琉科斯或者吕库尔戈斯来说，对我们有着更确定的历史真实感。[①]

3.3 立法与表演（施行）传统的形成

为什么国家最早的成文法（statute law）必须写下来呢？为什么希腊公民可能在公元前650年左右看到采用相对新的书写技法以解决法律争执、记录下公民集会与议事会上颁布法令的好处？这当中可能存在着多种原因。首先让我们考察一下这后一种功能，即一条写下的法令能够为后代保存相当多重要的国家决策。正如伯特兰（Bertrand）所认为的，每一种法律都形成了一种简短的“历史叙述”；举例而言，它的记录形式是“下面让盖尔蒂（克里特）[②] 公民满意的是”，或者在（克里特）德雷罗斯（Dreros）[③]“这就是城邦如何决定的”[④]。这样一种记叙的汇总就在国家历史中的任何时候都能给公民提供确实而明显的证据，表明哪怕是在他们过去最为久远的时刻，都可能保存下来，并在可预见的未来影响公民的行为（Bertrand 1999：82）。因为法律是镌刻在神庙的墙壁上或者其他公共建筑上，或者在国家最为公开的空间的 *stelai*（石碑）上，这种证据事实上是以象征国家主权或者不朽的纪念碑的形式出现的。[⑤]

伯特兰认为，诸如此类的法，最终将两种存在论领域（ontological realms）结合起来了：当下此时此地的日常生活，与受到神助的祖先在原初时刻建立国家、在国家处于危机时救亡图存（通常要归功于立法家）、再次在神明的帮助之下创造 *eunomia*（良序）的时刻结合起来。[⑥] 在最早的成文法中，*nomothetês*（立法家）自身的法律智慧，能够与其创立时刻的创立者

---

① 对被认为是梭伦的法律的详细讨论，参见 Ruschenbusch 1966；也可参见 Mossé 2004。古代与现代对于梭伦改革的学术争论的综述，参见 Almeida 2003：1－69。

② 盖尔蒂（Gortyn），位于克里特岛上的一个希腊城邦。——译者注

③ 德瑞罗斯（Dreros），克里特岛上希腊的一个城邦。——译者注

④ 参见 Bertrand 1999：55－56；这里的两个例子来自 van Effenterre and Ruzé（1994）（分别是 I. 16 and I. 81）。

⑤ 关于公元前七世纪到前六世纪公开宣传这些镌刻的法律，目的可能在于对城邦整体权威、法律观念本身，以及支配着司法实践的精英的纪念，参见 Detienne 1992：31－33；Holkeskamp 1992：99－101 和 1999：278－279，284；以及 Whiteley 1997：660。

⑥ 正如 Bertrand 说明了札琉科斯从雅典娜（Plut. *On Self－Praise* 543a；Clement of Alexandria *Stromates* 1. 26. 152）、吕库尔戈斯从阿波罗（Ephorus in Strabo 10. 4. 19）、米诺斯从宙斯（Plato*Laws* 634a）那里接受了法律（1999：39 with nn. 125 and 126）。有关这一主题也可参见 Szegedy－Maszak 1978：204－205。

分离开来，以便未来的公民模仿。同样，在这种意义上，成文法形成了一种模仿的传统，公民对于这种传统的践行保证了公共秩序。① 法律作为成功决策的一种微型叙事（mini - narratives），作为当下可以得到的神圣智慧的精髓，类似于从共同体的记忆中恢复了口头 *thesmia*，这是国家形成期仲裁的司法王者在仲裁（*dikê*）时的工作。现在只有通过石头或者木头上文字的媒介作用，那些记忆才能为任何能够读或者听的公民获得：当法律被写下时，它就享有一种施行的自主性，这就挑战了仲裁的 *basileus*（王）独享的创造性回忆。②

很多早期（如果不是全部的话）的成文法首先关注的是用于解决争执的程序，而不是记录政治决策或者处理实在的法律问题。有人认为法律尤其是为了控制继承了 *basileis*（王）的仲裁角色的官员对权力的滥用，如汉弗莱斯（Humphreys）令人信服地指出，梭伦立法背后的主要目的在于"防止滥用授予给官员或者仍然为地方领主支配的权力。"（1983：237）③ 同样，在这里，早期的法律也提出了执掌司法职位的人的施行问题：法律试图控制其施行的特权，颁布禁令，限制其风险和时间限度，最终转换了解决争执过程中的主角、行为与时空维度的性质。正如汉弗莱斯所指出的："成文法本身就是将法官（judge）与他'运用'法律所做的判决保持距离的方式。"或者说法律通过由任命或者选举产生的、有固定任期限制的审判官员的一种方式，使官员与其当地关系与利益保持距离（232）。法律甚至还给判决（*dikê*）决策过程中的认知问题提供指示，举例来说，法律规定了官员可以使用的证据的性质；限定了司法官员、诉讼者以及他们的支持者用于彼此交流的言语形式；法律还安排了这些言语形式使用的适当次序，以保证解决的过程会以一种控

---

① Maffi 指出早期希腊法律产生了一种"非人格化的命令"，哪怕它们是由立法家个体所制定的（1992b：425）。Bertrand 提到法律所具有模仿特征的文献是柏拉图的《法律篇》，其中雅典的陌生人讲叙了一个克洛诺斯时代的共同体，被当作当时最好国家的榜样（*mimêma*，713b），这是因为那里是由守护的精灵来管理司法；这个故事的道德意义在于，当时由人类来统治的所有城邦都应当模仿（*mimeisthai*，713e）克洛诺斯的模型（Bertrand 1999：85）。

② 关于法律起草以及成文法的自主性，参见 Detienne 1992：31 and 49。

③ 关于早期成文法的程序特征，参见 Gagarin 1986：8 - 15 and 2005a；关于成文法试图对司法官员权力滥用的限制，参见 Gagarin 1986：85 - 86，Humphreys 1988：466 - 473。另一些人认为精英们使用了成文法去限制普通公民获得的政治利益（R. Thomas 1996：10），或者在一个类似于盖尔蒂的城邦中，少数家庭要支配对 *kosmos*（首席官员）之类关键公共职位的竞争。

制良好的“关联性行动”——一系列精心排列的、可预测的施行/表演行为片段——而展开。①

在这些法律中特别引人注目的是关于使用誓言（oath）的规定。正如我们在第 1 章与第 2 章所看到的，誓言将仲裁程序置入一个神话的或英雄的时空体中，在仲裁的开始与结束时发挥作用。德雷罗斯与希俄斯（Chios）② 的法律可能使得国家能强调官员们在履行职责时，发誓将自己置于神明的监督之下。显然在雅典较晚时期就是如此（*Ath. Pol.* 55. 5）。不过在德雷罗斯，当 *kosmos*（首席官员）③ 由于试图改变法律规定时，可能已经被要求使用誓言（Gagarin 1986：82 – 85）。但是，遗存下来的铭刻似乎更关注于官员可能或者必须要求诉讼者进行宣誓时的谕令：在埃瑞特里亚（Eretria）④（550 – 525），在做出一项仲裁之前必须发誓；而在盖尔蒂用誓言来解决争执的情形主要是涉及与奴隶有关的争执。法律可能不仅涉及谁主持谁来发誓，而且甚至也规定了如何构成誓言的一些细节问题。⑤

因为成文法涉及形成裁决（*dikê*）的程序问题以及公民个别或者集体地进行的其他政治活动，它们确保了大多数重要公共活动的表演/施行性（performativity）。我在这里的意思是，成文法事实上使得一个人——只要他有权利资格——履行恰当的程序、接受惩罚或者交纳罚款，这都是将公民与

① Maffi 描述了立法家形成法律程序记忆图像（mental picture）的认知能力是足够清楚有序的，从而引导程序或者审判“自主发挥作用”（1992b：428）。在约公元前 650 年到公元前 600 年间的德瑞罗斯（Dreros）（克里特），一个称之为 *kosmos*（“统管”）的职位只能任职十年。如果有人无视这一任期，法律就会取消他的仲裁，向他征收他所收取诉讼费用两倍的罚款，并禁止他活着时担任公职，也剥夺他的公民身份（Meiggs and Lewis 1969，n，2）。希俄斯（Chios）（公元前 575 年 – 公元前 550 年）对于收受贿赂的 *demarch*（“共同体领袖”）与 *basileus* 都进行处罚；如果任何人在 *demarch* 的法庭审判时受到伤害，*demarch* 要交纳双倍的罚款；一种民众的议事会也建立起来作为上诉法庭。在厄特里亚（Ertria，希腊的一个城邦——译者注），官员（*archos* 或者“领袖”）如果没有收到公民的罚款，必须自己掏腰包；正如在戈提那或者克里特的 *kosmos* 一样。参见 Gagarin（1986：86 – 96）and Gehrke（1995：16 – 18）；同样在高尔蒂（公元前六到前五世纪），不同的法律都明确规定了司法官员必须根据既定的程序来审判案件，但他们可能运用其“自由裁量”的权威（用希利的话来说）（1994：410）。

② 希俄斯（Chios），希腊的一个城邦，位于爱琴海的希俄斯岛的东岸。——译者注

③ *Kosmos* 是克里特的一种官职，相当于首席官员。——译者注

④ 埃瑞特里亚（Eretria），希腊城邦，位于尤比亚岛南岸。——译者注

⑤ 在公元前六世纪末的瑞瑟蒙（Eleutherna）（克里特），法令规定要监督 *allopollitai*（共同体的外邦人?）宣誓，尽管并不能确定其背景就是要解决争执（*IC* Ⅱ，148，cited in van Effenterre and Ruzé 1994）。

法律的制度、机构与规范联系起来的公共“纽带（glue）”所必需的。作为成文法，它既规定也预见不同的公民团体（公民大会、议事会、官员群体）在恰当的场合以一致的思想与声音来行动与讲话。而且法律对于决策、与敌人媾和或者惩罚不法之徒的指令，脱离了 *basileus*（王）展示他的认知才能的任何独特时刻：法律所规定的行为在性质上是例行的、标准的，并且可以无限重复。

这样成文法中关于立法程序的规定，给公民提供了一系列“剧本”集，我指的是剧本的意义，即给“任何”符合规定资格的公民以一种预先确定的语言与行为序列去加以施行/表演。从一个国家历史的长远观点来看，每年其成文法会自动地召集匿名的演员（performers）来表演这些剧本，并且也会自动地控制任何个体公民的好恶从而保证国家的生存。从另一方面说，与惩罚犯罪行为或者处理公民生活中普通事件（比如一家之主去世而无继承人）之后果相关的法律，构成了更为严格意义上的剧本，即定型的文化知识片段。正如马菲（Maffi）所指出的，立法家特殊的认知能力使得他能够描述这些公民生活的剧本：“因而立法就意味着知道如何将纷繁复杂的人类行为，简化为将会持续存在的可预测图式（*schemi di previsione duraturi*）(1992b：425)。”

除了立法家的认知才能之外，法律与制定法律的立法家的可分离性，也给予了立法家一种含混的个体性。传说中有时将立法家看作共同体的旁观者，或者将他排除在共同体之外，将他看作从神那里接受了法律的人；或者当他将自己的法律传授给共同体之后，就必须将自身从共同体中脱离出来的人。① 无论如何，如果说他不是独一无二的话，也是非普通公民，至少不是与其他人一样的公民。然而正如伯特兰主张的，立法家并不先于国家而存在，而且必须为国家的需要服务；他并不能作为国家的君主进行统治（1999：42，46）②。（举例来说，关于早期立法家最具传奇色彩的轶事，就是卡隆达斯戏

---

① 立法家常常长途旅行，这样他们能从外部获得其智慧［比如吕库斯（Plut，*Lyc.* 4）；梭伦（Plut，*Solon.* 2. 1）］；札琉科斯（Ephorus in Strabo 6. 1. 8）。正如我们所看到的（n. 18），一些人离开家乡去接受来自神明的法律，在他们之中，自己离开其共同体的是梭伦（Aristotle *Ath. Pol.* 11；Plut. *Solon* 25 – 28）与吕库斯（Plut，Lyc. 29），有关这后一个主题，参见 Szegedy – Maszak 1978：206 – 208。

② McGlew 在概括古代的僭主与立法家之间的相似性时忽视了这一点（1993：87 – 123）：如果一位僭主进行审判时“直接矫正”公民不道德的行为，那么他就是作为一个超越法律或者在法律之上的独裁者，这并不是真正的立法家。参见 Dewald 对于希罗多德将东方的、非希腊式的独裁视为希腊僭主的“专制榜样”的讨论（2003：27 – 32）。

剧性地由于一念之差而带来的死亡：当时他不小心触犯了一条他自己的法律，就将这种法律的惩罚——死刑，加给了他自己。[①]）为什么在传说中，将立法家对于共同体的自由与他对于共同体的依赖性这两种相互矛盾主题并列起来呢？如同梭伦所戏剧性地向我们表现出来的，第一个主题将他想象为具有极端的个性与自主性，有能力创造法律或者从神那里接受法律，并与他的同胞公民保持距离；第二个主题则对这一主张持极为相反的立场：将他重新放入其共同体中去，凸显他自身应当像任何其他公民一样服从于他的法律，从而淡化这种假设的自主性。[②]

1.4 诗歌与法律中的模仿与正义

从表演/施行的观点来看，成文法开创并控制着一种公民性模仿（civic mimesis）。我的意思是成文法构成了一种关于行动、台词与角色的权威性保留剧目，公民在未来可以重新上演其情节、台词与角色。用纳吉借用克尔凯郭尔（Kierkegaard）的话来说，这种复述让人“向未来回忆起”国家最为重要的剧本（1996：52）。从这种观点来看，希腊人似乎已经将新的书写技艺运用到传统的宗教与诗的模仿特性上了，后者在纳吉看来，认为这是对于原型行为与人物的仪式性重演与“向前复述”（56）。他认为在古风时代的城邦中，它的最明显体现就是合唱队的抒情歌咏，特别是那些旨在给予神明或者英雄应得的荣誉（*timai*），同时将男孩与女孩转化为成年男性或女性公民的保留剧目。每一年在领唱的监督之下，这些合唱队都会重新上演原型的表演者的歌曲与舞蹈——原初的表演者作为原初的演员或者“模仿的原型”在歌咏中出现。[③]

---

① 这一故事的最佳版本在 Diod. 12. 19. 1 –2 中，其中提到叙拉古的狄奥克勒斯（Diocles）讲过同样的故事。

② 试比较立法家的自主性，与他们对公元前六世纪希腊僭主更加个体性行为的依赖之间的基本对立，至少希罗多德曾描述过这些立法家是如此（Dewald 2003：40 –47）。

③ 参见阿尔克曼（Alcman，阿尔克曼，公元前7世纪中叶的希腊抒情诗人，合唱歌最早的代表。他写过颂歌、饮酒歌等，但使他获得声誉的却是少女合唱歌。——译者注）的《少女颂》（*Maiden song*）（约公元前600年）。最初的合唱队领唱哈格西科拉（Hagesichora），以及她年青的同伴阿吉多（Agido），都为所有后来的表演者所模仿。类似后来在《荷马诗颂·阿波罗颂》（*Homeric Hymn to Apollo*，古代归于荷马名下的一部史诗，用英雄六步格写成，其中有34首赞美诸神的颂诗流传下来。——译者注）的表演者都扮演着德洛斯的少女（Delian Maidens），她们将自己表现得像少女们最初的表演者（Nagy 1996：56 –57；73）。

成文法是否借助了这种表演机制来保证成年公民会恰当地再次履行他们对于共同体以及彼此之间的义务，从而以恰当的份额来占有他们相应的价值（*timai*）呢？如果是这样的，那么成文法的表演传统可能的确借助了类似于各种诗歌中的“向前回忆”的模仿传统①。纳吉将这种特征描述为各种传统中向过去投射“原初创造者”或者“模仿原型”（1996：76）人物形象的需求，后来的表演者在“重新创作”这些原初歌曲或者文体时能够加以仿效。纳吉认为想象一位原型表演者并投射到过去——他们可能是，也可能不是历史人物——可以解释我们所理解的荷马、荷西俄德、阿尔基洛克等人的自我。立法同样也可以将作为模仿原型的立法家形象投射到过去，当公民们遵守或者运用法律时会模仿这些形象的宣示与意图。②

我认为 *thesmos* 一词，作为条规法，指的是由立法家口头或者写下的法律宣示，他被认为是这些宣示的原初讲述者或者写作者，也是未来公民仿效的模型。除了宗教与政治条规之外，奥斯特瓦尔德认为这一词语还可以指“基本制度的建立”，以及用来建立这一制度的律令，遵守各种不同文化的规则与实践的义务（1969：12－19）。所有这些意义都传达了通过重复履行 *thesmos* 的律令而“回忆起”原初的谕令。如果 *thesmos* 的原初背景之一涉及争执的解决，那么构造这个词是否是为了与 *thesmion*（其复数为 *thesmia*）区别开来？我已经指出，后一词语代表着口头宣布并保存下来的解决棘手争执的案例，以及这些案例的处理与解决（比如通过宣誓形式或者惩罚），而对于它们的施行构成了 *basileis* 的一项基本特权。这样的 *thesmos* 并非随便任何人都能重新制定的，因为它带有某个 *basileis* 的卓越特征：它试图“追溯”到共同体记忆中的过去以及英雄时代，而非像 *thesmoi* 那样通过公民模仿性的重演而向前投射。

---

① 在口头诗歌与神话的传统中，如果每一次上演时某个原型人物都被认为是第一个“演出者”，现在或者未来的演出只是重复他的表演，那么这种重复就是“recollect forward（追忆）”；但实际上可能并不存在着这样的第一个“演出者”，只不过是为了将过去的演出作为原型而虚构出来的，那么后来的演出就是对想象中原型的“retroject backward（回溯）”。——译者注

② 纳吉（Nagy）认为立法家的传统要遵循这种模仿的样式（1996：76）。我们会看到他是如何在墨加拉的忒奥格尼斯（Theognis in Magara）的例子中看到这种类似（1985）。大多数学者以类似的方式将公元前五到前四世纪的早期立法家的重要性，与指认一个个体作为重要制度的“奠基者”这一知识传统联系起来（例如 Hansen 1990：82；Szegedy－Maszak 1978：208）。有关这一种知识传统的基本研究，参见 Kleingunther 1933。

1.5 荷西俄德的诗艺正义（poetic justice）

在成文法的剧本及其通过条规法“做出仲裁（*dikê*）”的方式出现之前，至少还有过一种诗艺的表演传统曾试图去改变在第2章讨论过的由仲裁的 *basileis*（王）主导的审判剧本。在该章中我指出了国家形成期史诗诗人与仲裁的 *basileis*（王）的认知与交往才能之间的相似性，我认为这两类人物形象试图共同去支持以村落为基础的社会中 *basileus*（领袖）的权威；我同样也指出了荷西俄德（约公元前700年）在《神谱》（*Theogony* 79－104）中使用了和他们类似的语言。因为拥有这种理解，这位诗人在《工作与时日》中提供了一种诗艺的表演，以替代“进行仲裁（*dikê*）”剧本中的审判之王所进行的拙劣表演。事情（无论是真实的还是想象的）发生在阿斯特拉村（Ascra）（Boeotia，波俄提亚）[①] 中，是关于继承问题的争执，当地的 *basileus*（王）的最初判决偏袒了荷西俄德的兄弟佩耳塞斯（Perses）。[②] 诗人通过将他诗艺表演塑造为“获得公正（*dikê*）”的剧本，试图表现出自己更为高超的认知与交往能力，因而比“贪图贿赂”的法官更适合做出更为公正的仲裁。重要的是要注意，与他的言语形式与认知行为相关的剧情几乎完全依赖于对集体记忆的“追溯”；没有条规法的帮助，诗人在对公正的探索中就会束手无策。

荷西俄德首先描述了一位“不和女神”（Eris）刺激人类进行毁灭性的争斗，而另一位不和女神则刺激他们卓有成效地竞争，然后对他的兄弟说：

---

① 据《工作与时日》记载，荷西俄德是生活于希腊波俄提亚（Boeotia）的阿斯特拉村（Ascra），属于塞斯比亚城邦（Thespiae）管辖。荷西俄德与他的兄弟佩耳塞斯在分割其父亲的遗产时发生冲突，佩耳塞斯靠贿赂王“获得并拿走了较大的一部分”。但由于佩耳塞斯游手好闲或者奢侈享乐最后变穷了，来向荷西俄德乞求救济或者试图再次挑起诉讼。《工作与时日》就是在这种背景下写作的，用来训诫其兄弟或者世人。——译者注

② 莫里斯讨论了荷西俄德作为希腊公民的“中庸观念”早期主要的代言人，也就是说这一观念相信所有公民在道德与社会方面基本上是平等的（1996：28－31）。他同样也以这一观察将荷西俄德与梭伦联系起来了：“作为荷西俄德核心的理想人格再次出现在哀歌中，尽管主要的听众变化了。”（30）参见 Millett 的观点，他认为在《工作与时日》中荷西俄德基本上展示的是一个农民的社会及其主要价值观念（1984）。但是 Edwards 却认为荷西俄德的阿斯特拉村是一个“较之于农民社会（peasantry）更为原始、也更为自主的共同体”。（2004：5，and passim）。有关荷西俄德在诗中表现出的诗性人格（poetic persona），参见 M. Griffith 1983：55－63；有关他与他的兄弟的争执，参见 Gagarin 1974 and Edwards 2004：38－44，176－184。

> 噢，佩耳塞斯！请你记住：不要让那个乐于伤害的不和女神把你的心从工作中移开，去注意和倾听法庭上的争讼。一个人如果还没有把一年的粮食、大地出产的物品、德墨忒耳（Demeter）的谷物及时收贮在家中，他是没有什么心思上法庭去拌嘴和争讼的。当获得丰足的食物时，你可以挑起诉讼以取得别人的东西。但是，你不会再有机会这样干了。让我们现在就用来自宙斯的、也是最完美的公正审判（*dikêisi*）来解决我们之间的争端吧！须知，我们已经分割了遗产，并且你已获得并拿走了大部分，你是靠讨好热衷受贿的王者从我这里夺走的，这些家伙最乐意审理此类案件（*diken*）了。这些傻瓜！他们不知道一半比全部更加好，也不知道草芙蓉和常春花也会很宝贵。（*WD* 27－41）

为了增强他对争执调解与史歌（epic song）之间的类比，荷西俄德淡化了他在叙述中的自我表现，而巧妙地将一些有关细节插入到主导这部诗歌的智慧忠告与启示的言语形式之中。在向他的兄弟建议不要浪费时间花在法庭的诉讼中去争夺别人的财产时，诗人回忆起他们的争执：当时或许穷困潦倒的佩耳塞斯通过贿赂去影响长老们重新分配遗产，给了佩耳塞斯远超过他应得的一份。或者，也许他们之间的争执尚没有被仲裁（Edwards 2004：39）。这样，荷西俄德要么打算去纠正一个过去的错误，要么是在劝说他的兄弟放弃将他们的事诉诸法庭仲裁。如同墨涅劳斯对于安提罗科斯所建议的一样，他主张他与佩耳塞斯自己来协商达成适当的解决（*dikê*）。为此，他们必须在当下的关联性行动中采取一个能够消减敌意的认知性行为。我们可以称这种行为为“承认”。当安提罗科斯承认他不足以名列老狄奥墨德斯之辈，或者如《伊利亚特》第18卷中集会的阿尔戈斯人承认涅斯托尔过去岁月的光荣时，就是这样的行为。在安提罗科斯的例子中，当看到伪誓①有可能带来的框架转换时，年轻人清醒过来。这里的荷西俄德则更加类似于涅斯托尔，指望着他自己的诗艺表演能够让佩耳塞斯明白事理。

因而史诗歌咏的剧本构成了荷西俄德的自我表现，并不需要多少故事讲述，而且只是偶尔地使用申明地位的言语形式。因为荷西俄德有特权获知存储在文化记忆中的道德智慧，他相信自己能够让佩耳塞斯认可按恰当比例分

① 这里是指狄奥墨德斯为争取奖品时，相信安提罗科斯不敢发誓说明并非故意阻挠自己的马车，而安提罗科斯也认为自己不能作这样的伪誓。——译者注

配给每一个人的价值（*timê*）。他显然相信他的诗艺表演可以起到与誓言一样的效果，促使像他的兄弟那样的听众进行认知视野的转换，即从一种世俗的、日常的现实转换到英雄-神话的世界。从这种观点来看，荷西俄德的诗艺装备中包含着与荷马史诗大同小异的事例、图说手段以及比喻。而且，它还是基于一个现实（对于荷西俄德来说）与急迫的问题，即矫正或者防止他的共同体中强人所行的不义，这使它预示了差不多两代人之后出现的陪审员审判的剧本。不过在这里，“陪审员”是诗歌的听众，而“被告”则是佩耳塞斯。用一种程序上的术语来说，这部诗要求上诉——公元前590年左右的梭伦会称之为“*ephesis*”① 或者“上移”，即请求从一个层级的审判（面对官员）上移到另一个层级的审判（公民大会的法庭）②。

但是荷西俄德的表演中，什么代替着公元前650年左右使得陪审员审判成为可能的成文法的地位呢？在第2章中我注意到了加加林的观点，他认为在早期希腊中，在法律与诗歌中使用的言语行为，其起源、效果与功能是类似的，而在《神谱》第80行到103行中，荷西俄德用口头技艺详细说明了这种类似——这种口头技艺是神赋予人的，令人愉悦的，可以迅速地解决由社会纷争或者怨恨而产生的混乱。用我的话来说，诗人与仲裁的 *basileis*（王）都能够通过存在论框架或者叙事时空体的转换而做到这一点；但只有诗人才能将这种效果描述为是巧妙的劝告（*paraiphamenoi*，*Th.* 90）或者“转移”（*paratrape*）他的听众的思考（Gagarin 192：61-64）。这样，荷西俄德在《工作与时日》中正义的诗艺表演让他的听众在两种现实中来回穿梭：一种是涉及公元前700年左右的农业活动、组建与养活一个家庭、处理邻里之间的关系等现实生活，这是与佩耳塞斯的不义行为相关的；另一种是贯穿这一诗歌始终的道德智慧的各种主旨，这是源自于诗歌传说智慧（poetic lore）的一些片段：关于神明的神话片段；人类共同体的起源与发展；动物寓言；一系列关于道德、社会与宗教问题的格言与谚语等。我认为这些对于佩耳塞斯与荷西俄德的“陪审员”来说，起到了成文法与证据证明同样的作用，它们会最终影响陪审员审判的剧本。在成熟的陪审员审判过程中，这

① *Ephesis*，是指在雅典的法律中向更高法庭提出的上诉。——译者注

② Van Groningen 认为荷西俄德希望推翻法官的决定，的确是以一种公开的诗艺表演来代替着法律的演说（1957）。Edwards 认为阿斯特拉的村民就是这部诗的原初听众，从而更接近于这一标志。

两种类型的表演都会不时策略性地插入到原告与被告所作的发言中，这样陪审员就能够进行一种存在论的转换，超越诉讼者所叙述与申诉的世俗生活的细节，转向从法律上相对来说理想的、持久的公正人类行为的非叙事性（denarrativized）解释，证据的证明肯定了诉讼者的请求是遵守了共同体正当或真理的标准。

毫无疑问的是，荷西俄德《工作与时日》首要的主题与关注的是正义（*dikê*），他用了 73 行诗（213－285），作为一种“诗中之诗”，来概述正义与不义行为之后特别厚重的道德原则框架。一般说来，这些诗行提及了人与神通过适当的协调来解决争执的场景——这种解决有的成功有的失败。[①] 与成文法一样，它们也倾向于做出相对非叙事性的解释，实际上是某些抽象的剧本，描绘了正义/不义的积极的或者消极的范式。哈维诺发现了这些剧本中的大多数与荷马史诗中充分发展的对特定情节与人物的叙述之间，有着一系列令人信服的相似性；他认为荷西俄德是在写作的帮助之下构思了这些剧本的（1978：193ff）。举例来说，荷西俄德在一处诗中之诗里，将正义人格化为一个被贪婪的男人们劫掠与强占的妇女：“无论哪里当正义（女神）被裹挟，当贪图贿赂的人侮辱她，在司法中用扭曲的决定审判时，灾祸会随之而来。”（*skholiêis*……*dikêis*，*WD* 220－221）。

“贪图贿赂的人”一词当然让人回忆起“贪图贿赂的 *basileis*（王）”偏袒佩耳塞斯的判决或即将发生的判决；而司法（*themistes*）则让人们回忆起在第 2 章中所作的论证，即通过施行 *themistes* 而进行仲裁的 *basileis*（王），基于共同体对典型犯罪的记忆判案，这些罪行通过发誓而被成功解决了。[②] 这个妇女的牺牲象征着不义，哈维诺认为她类似于《伊利亚特》第 1 卷中的克律塞伊丝或者第 6 卷第 454 行到 460 行之中的安德洛玛刻。如果哈维诺是对的，那么荷西俄德其实暗示着这两个情节是作为一种泛希腊的 *thesmia*，他

---

① 参见 Havelock 对于“诗中之诗”的扩展讨论，这里他将荷西俄德的更为抽象的场景与剧本，与荷马史诗中争执正在发展、千钧一发的情景联系起来（1978：193－217）。同样可以参见加加林对于这部诗中 *dikê* 的讨论（1973），以及 Lloyd－Jones 将荷西俄德的正义，与荷马史诗以及抒情诗中的正义的比较（1971：32－52）。

② 在两行之前，即 219 行，荷西俄德将其他两个剧本中的誓言人格化，即一段旅程中旅行者“正义”超过另一个旅行者（“自大”）；而接下来的比赛中，作为竞争者“正义”在“自大”之前到达终点（216－219），而“誓言”则矫正了错误的审判，让“正义”作为获胜的竞争者。“看到誓言与错误的审判难分胜负（*hama*）。”这种解读参见 Havelock 1978：196。

从其具体细节中抽取了某种还不算是法律（*thesmos*）的东西。

荷西俄德想以诗产生一种新的正义（*dikê*）的意图是否成功呢？我们当然无从知晓佩耳塞斯（如果他曾存在的话）是如何反应的。但是尽管荷西俄德对于古风时代与古典时代的诗艺传统有着影响，他有关正义的诗艺剧本似乎更多的是结束了一种表演传统，而不是开创了一种新的传统。在《工作与时日》中，他别具一格的由格言、谚语、寓言、神话片段以及 *thesmia* 组成的保留剧目库，反映了专门适应于阿提卡村落世界的某种独特才艺；他并没有想要让"任何人"重复他的表演，或者让这一表演适用于任何环境。在这种意义上，它只是对传统的向后追溯。因为它没有"向前回忆"（cf. Nagy 1996：52），所以荷西俄德的正义表演/施行是公民无法模仿的。

1.6 梭伦：造就公民、吟唱歌曲与撰写法律

梭伦提供了最为有力的证据，说明了在公元前 600 年左右法律模仿与诗艺模仿传统能够以新的方式交织在一起，使它们都打破了仲裁之王的施行传统，给公民提供了解决争执的国家剧本形式。荷马与荷西俄德说明了史诗传统是如何有效地支持了最早的希腊法律与政治反思，但是在《奥德赛》的结尾、在荷西俄德纠正或者预防"个人的"错误的独特尝试中，都说明了对于国家正义而言这一诗艺传统具有的局限性。① 然而，当梭伦在第 36 首诗中宣称"我已经写下了法律……"（*thesmous*……*egrapsa*，18 – 20）时，他开创了一种十分不同的表演传统，这种传统将制定法律确立为公民的一种原型行为（archetypal act），并确立他本人为其创造者。

当然我们知道梭伦在公共领域的成就远不止是创作了立法的剧本，因为在公元前 594 年，他受命去协调解决即将在雅典引发国内战争的一场社会与政治危机。我们的古典文献资源［主要是亚里士多德的《雅典政制》（*Ath. Pol.* 5 – 13.1）以及普鲁塔克（Plutarch）的《名人传》］描述了他出人意料地取消了债务，从而解决了迫在眉睫的债务奴隶危机；他重新将公民整体分成四个阶层；他还发布了新的法典代替德拉古法典并进行了其他的改革。通常认为在大约公元前 592 年到前 591 年间，梭伦很可能制定了他的法律，试图将他作为仲裁官（*diallaktês*）所实施的正义解决方案持久化，即人

① 参见 Raaflaub 回顾了荷马与荷西俄德对早期希腊政治"反思"的贡献（2000：26 – 37）。

们永远可以向前回忆它。[①] 而且，梭伦也同样开创了一种表演性的传统，它的作用机制与立法之间有不少有意思的类同，即他以哀歌[②]、抑扬格（iambic）[③]、扬抑格（trochaic）[④] 等韵文形式为会饮（symposium）（酒会）创作的歌咏（poetic song）[⑤]。一般说来，古典学家与古代史学家对梭伦的诗与他的仲裁和立法的关系的理解并不成功，但是这种情况已经有所改变。[⑥] 梭伦将他的政治、法律与诗人的角色，融合到一种执行正义者之中，这特别依赖于有意识的自我塑造行为。与《伊利亚特》第9卷中的阿基琉斯以及《奥德赛》第5卷中的奥德修斯一样，这种自我是从一种自我肯定（self - valorization）的表现中产生的。与史诗中的英雄一样，它反映了对个体与共同体之间联系的假设。这种自我同样是一种无拘无束的自我，但是与史诗中的自我不同的是，梭伦的自我坚持认为自身超越了他所规定的新的共同体内的一致[⑦]。

我们可以从罗侯（Loraux）的一个观点出发，他认为从梭伦第36首诗可以看出，梭伦诗歌的吟诵者将制定法律看作个人在城邦中所能履行的最重要的政治行为（*ergon*），而且这种行为是立法家剧本中关键的事件，正是它在

---

① 对古代与现代历史学家关于梭伦的政治生涯的相互冲突的描述与评价，除了近来Almeida的详细综述之外（2003：1 - 69），还可以参见 Foxhall 1997，Mitchell 1997，Wallace 1997. Balot 2001：73 - 79，and Mulke 2002：13 - 16。

② 哀歌（Elegie），希腊文是 *elegi*，由一行六音步句接一行五音步句组成的对局体诗，在古希腊最初是用作葬礼挽歌。——译者注

③ 一种诗体，即一个轻读音节之后跟一个重读音节，也称为短长格。——译者注

④ 一种诗体，即一个重读音节之后跟一个轻读音节，也称为长短格。——译者注

⑤ 我认为梭伦所有现在的诗歌，包括哀歌，都是为某类会饮的听众而表演的。参见 Tedeschi 1982 and Mükle 2002：11。会饮通常是作为独唱（solo）表演的习俗，参见 Pellizer 1990：177，with reference to Rossi 1983：44. 过去多数学者认为一首诗的超越会饮（extra - sympotic）的戏剧背景，比如梭伦第1首诗中的 agora（集会）（poem 1），实际是描述了它所表演的场合。Herington（1985：33ff.）相信这些显然是“政论性”的诗能够在“公众聚会的场合”表演。Bowie（1986：18 - 20）（contra West 1974：12）认同诗歌在会饮场合的表演，Anhalt（1993：122）也是如此；参见 Mükle 的全面讨论（2002：73 - 75）。

⑥ Almeida 试图将历史学家对于这一改革的研究，与文本研究者对于政论诗（political poems）的研究对照起来（2003：70 - 118）。但是他将其文学讨论主要限制在 L' Homme - Wéry 1996，Blaise 1995 and Manuwald 1989 的研究中，但是却忽略了 Anhalt 1993，Loraux 1992，and Balot 2001：58 - 98 等类似的讨论，而它们有助于协调两类学者的方法与关注的问题。

⑦ 作为立法者的梭伦，认为自己是一个旁观者，自己并不能整合到雅典社会中去。——译者注

anomia（礼崩乐坏）危机之后恢复了秩序（1992：95；115－116）。第一人称的吟诵者将梭伦大胆改革措施的主要成就概括为：取消了债务，并赎回了阿提卡因欠债而卖到国外为奴的公民（36.1－12）；吟诵者进而宣称（13－20）：

> 还有那些在此地屈身为奴的人，在其主人面前瑟瑟发抖，我让（*ethêka*）他们自由（15）。我之所以做到这些（*tauta*……*erexa*，15－17），是以我的力量（ktatei，15），让强力（*biên*）与正义（*dikên*，16）终相结合（*xunarmosas*，16）。我之允诺都已完成。同样，我订立了（*egrapsa*，20）同等对待恶人与善人的法律（*thesmous*，18），这是通过给每个人以公平对待的判决（*eutheian*……*dikên*，19）而作的一种拼接（a joint）（*harmosas*，19）。

为什么梭伦将这两种行为，即"让（公民）自由"与"制定法律"相提并论呢?[①] 我们可以将第一种行为描述为一个高傲宣称自己做了超级政治行为的人的姿态：他（重新）赋予人们以公民权，将其从奴役中拯救了出来。他以自己个人来代表公民整体承认或拒绝给他人以同等地位的主权。这种单人的姿态同样可以通过将他的思想与言语纳入一个历史性行动中，对争执做出公正的解决（*dikê*），而这通常应当是由民众进行的政治商谈与决策。吟诵者认为与这一行为类似的或者相等的行为就是制定法律，而他对此也具有同样的权威与主权。请注意：这两种行为在性质上都是建构性的，它们将分离的东西结合为一体，类似于一个木匠"拼接东西（*ksunarmosas*，16 and *harmosas*，19）"去造一艘船或者一张桌子一样；或者（用更为现代的比喻）如焊工将一块金属焊在另一块上。立法家因而被想象为一个技术精湛的细木工（joiner）。[②]

---

① 同样可以参见 Blaise 1995：27 和 Almeida 2003：229－230 对于这些相似行为的讨论。

② 参见《奥德赛》第5卷第247行到250行，这里奥德修斯建造了他的筏船，"进行拼接"，将木板连在一起（*kai hêrmosen allêloisi*，247），然后像"技艺娴熟的木匠一样"，"用木钉与横木将它们钉在一起"（*harmoniêisin*，248）（*anêr*……*eu eidôs tektosunaôn*，249－250）。在讨论建造筏船时，C. Dougherty（2001：28－29）（following Casson 1971 and 1994）区分了传统的造船工艺，与在公元前八世纪出现的一种新工艺，后者更像是一种细木工（cabinetry）而不是（粗）木匠活（carpentry），因为它是将木钉（tenons）钉入槽中（mortises）。她认为这两种工艺，在古典诗歌中都是作诗的隐喻［C. Dougherty（2001：29－37）］。对于纳吉来说，木工与纺织在印欧传统中，都是作

梭伦显然很喜爱这种木工的形象，这是将不同的因素连接或者拼装为一个单一结构的“协调”艺术，是新的城邦化理解的正义（*dikê*）的关键。在其所有的诗中，这种形象成了他解释组织良好的公民整体、公民的心智以及精心构思的诗歌的一个主导性手段。[①]与仲裁的 *basileis*（王）类似，正义对于梭伦来说是一种见识（seeing）的问题。但是他与荷西俄德和荷马看法不同的是，他并非将它放到充满超越日常现实生活的神话与共同体记忆的那种不同存在论框架中，他也不是通过 *thesmia* 的保留剧目、誓言或者典型性的惩罚来解决争执。正义对于他来说，是一种寻求多重结点的认知性拼接（congitive joinery），所有的结点都可以为人类的观察与理性的理解所把握。[②]一些结点揭示了如何去限制精英与平民政治利益的对立[③]，另一些结点则说明了

为诗歌创作的隐喻。如果我们区分直接用木头建造物件的木匠（*tektôn*），与将已做好的部件拼接为新物件的细木工（joiner，词根为 *ar* -），区分织造新布料的纺织工与将布料缝成大衣的缝纫工，那么就可以将这两种比喻相提并论了。因而“歌的**木匠**，就是歌的**细木工**，如同**纺织**歌的人，就是将歌**缝合**或者**缝补**的人，也就是 *rhapsôidos*（编织）（Nagy 1996：74 -76）”。Frankel（1975：138）将古典诗歌中木匠的形象看作一类共同体成员，他诚实、尽责和勤勉（例如在《伊利亚特》第 3 卷第 60 行到 63 行中，帕里斯将赫克托尔的坚强人格比喻为一个不屈不挠的造船工）。对此莫里斯还加上了阿尔基洛科斯的卡戎（Archilochus's Charon），即残篇 19（fr. 19）中的木匠；而我则要加上梭伦这位政治思想家与立法家。

① 参见 Wéry（1996）对梭伦运用这种形象以描述诗的技艺，以及作为立法家所具备的政治智慧的讨论，特别是她注意到 *harmazô* 以及 *aritos* 这些词的词源（145，n. 1），有关 36. 15 -20 的讨论，同样可以参见 Blaise 1995：26 -27。

② 参见 Jaeger 极具影响的文章《梭伦的欧诺弥亚（秩序）》（*Solon's Eunomia*），其中认为梭伦的目的是为了帮助雅典人“理解普遍的法律，使得他们认识到公民的社会行为与城邦利益之间的本质关联，从而理解普遍的法律在其城邦中支配着人们之间活生生的关系”。（1966：90）同样可以参见 Vlastos 对于梭伦的公众正义的“可理解性”的论述：它是“通过人类行为可以观察到的后果”而起作用的（1995：32）。Mülke 对于这种颇有影响的梭伦正义观的现代解读的批评并不可信（2002：93 -95）。Raaflaub 将其概括为一种“既是经验性，又是政治性”的思想（2001：40）。Almeida 强调了梭伦正义中 *nous*（理解、智性）的作用，特别是在一种“不义的”（*adikos*，4. 7）的 *nous*，与一种“恰当的”（*artios*，6. 4）*nous* 之间的对立（2003：191 -192，194，203）。cf. Mülke 2002：112 -113 and 200，和 Anhalt 1993：68 -69。梭伦显然创造了 *gnômosunê* 一词，以指代一种让人认识（*noêsai*）所有事物局限性的能力（fr. 16；L' Homme - Wéry 1996：150）。J. Lewis 强调了梭伦在努力去理解个体生活的运气时，对于 *nous* 的认知能力局限性的意识（2001：126 -135）。

② 例如 poems 4，5，6，36，and 37。关于这一主题，参见 Almeida 2003：190 - 191 和 Balot 2001：80 -86。

导致个体公民与群体的灾难性政治行为的因果关联，这些行为并非来自于神的意志，而是来自于自我之内意志论因素的肆意妄为——其中大多数表现为危险的僭妄；[①] 另一些结点代表着出现在政治协商中不同的视野与主体立场[②]；然而还有一些结点揭示着公民生活如何能作为可预测的模式进行分析——“作为将会实行的可预见性计划”（Maffi 1992b：425），如同一个人可以认识将共同体的过去、现在与未来联系起来的政治模式；[③] 最后，如我们在 36. 18 - 20 中看到，成文法是作为一种可以让公民进行“公正”判决的结点，在梭伦那里它意味着唯一可以适用于任何情形的统治。[④]

最后的认知性拼接，也就是制定法律，然后理解并运用它，是我最为感兴趣的。梭伦在第 36 首诗中分辨出的三种不同行为：歌咏、政治思考与对话（商谈）以及制定法律，只有最后一种由于过于新颖而不具有文化上的渊

---

① 关于人对于政治灾祸的责任，参见 poems 4，9，and 11. Jaeger（1996：83）指出这类似于《奥德赛》第 1 卷 32 行以下宙斯的讲话；也可参见 Anhalt 1993：70 - 71。对梭伦理解的 hybris，参见 poems 4. 8 and 4. 34，13. 11 and 13. 16 and 6. 3，with Fisher 1992：69 - 76 and 210 - 212，包括费希尔所认为的雅典制止僭妄的法律（*graphê hybreôs*）可能也是源于梭伦（76 - 82）；同样可以参见 Balot 2001：90 - 94；Mülke 2002：113 and 198 - 199，Almeida 2003：191 - 195 and 198 and Anhalt 1993：82 - 91，他们都讨论了古典诗歌中僭妄与 *koros*（贪婪）的关联。Helm 说明了在第 6 首与第 13 首诗中，梭伦创造了一种谱系的比喻，将僭妄的起源、道德的毁灭（*atê*）追溯到财富（*olbos*）、贪婪（*koros*）那里（2004：26 - 27）。

② 参见 poem 33，这里梭伦描述一些人公开指责他没有谋求僭主的声音；以及 poem 34，他描述了与他的观念对立的公民们的政治野心。关于第 33 首诗，参见 Wéry 196：152，Anhalt 193：104 - 105，Balot 2001：95 - 96，and Mülke 2002：338 - 340.

③ 在 poem 27 中，梭伦将一种典型的公民生活概括为十个阶段（每阶段为期七年）。poem 13 则描绘了道德姿态的肖像画廊，概括了不同匿名的公民对于他们生活中命运的祸福作出反应的“内在想法”（有关这首诗，参见 Manuwald 1989 and Mülke 2002：232 - 243）。Vlastos（1995）认为梭伦将人生活中掌管命运祸福的正义（人的 *moira*），归咎于神，而不是看作理性的后果，但是 J. Lewis（2001）则对这一观点并不认同。梭伦在 4. 14 中将 *Dikê* 人格化为一位女神时，Almeida 说她有着一种“认知的能力”，可以以过去的知识来理解当下的情形（2003：212）。而在 36. 3 与 13. 8 中，出于同样的原因，一位人格化的 *Dikê*“有着一种积极认知的力量”。（202）

④ Havelock 认为梭伦的成文法，是通过口头 - 书写（oral - writtern）的“拼接”而产生“公正的”判决（*dikê*）：每一判决，尽管是基于成文法，但仍是口头的，并且由于案件的特殊性而有着自由裁量权。这样它就是一种“调整、协商的过程……因为尺度如果要适当，就与案件中人物的身份与环境是有关的。它们不得不一一‘对应’”（1978：253）。Blaise 似乎认同并借用了这种解释（1995：30）；参见 Almeida 2003：226。

源与威望。公民们怎么能够被劝导去接受并履行法律呢？梭伦诗艺的解决方案并不仅是将政治协商与制定法律相提并论，而且是将它们的片段相互嵌入，造成它们的一种诗性的结合。当他使用 *tithemi*（“我放置、处理、规定”）的一般过去时态（*ethêka*）① 来指称解放公民或者重新塑造公民的政治行为时，就是为两者创造了一个诗艺的结合点。然而 *tithemi* 这个动词同样也用来指称一种立法的行为［比如 *thesmothêtes*（立法官）的行为］②。能够这样联系起来的听众可能会想：“这两种行为在本质上是一回事吗？”但事实上梭伦的这首诗在说到立法时（*thesmous*……*egrapsa*，18－20），用的是一般过去时“*grapho*”（“我写下”），以代替了 *tithemi*。他看来认为有必要保持“解放公民”和为他们“立法”两种行为之间的含糊性，或者在它们的相似与区别之间游移不定。

正如罗侯所认为的，梭伦似乎希望将立法作为一种卓有成效的政治行为：如果普鲁塔克在其《梭伦传》中对他的记载是准确的话，他称这种制定法律为 *ergata megala*，即“伟大的政治成就”（poem 7）（1992：122）。但是显然他同样希望将他的法律变成诗歌，因为普鲁塔克记载道，一些人说梭伦将他的法律改编为六步格史歌（epic hexameters），它是以这样的话开头的：“让我们首先祈祷克洛诺斯之子宙斯，我们的首领，请他给下面的法律（*thesmois toisde*）以荣誉与好运。”（poem 31）梭伦小心地在制定法律、歌咏与采取政治行动之间保持了区别，**也同时**进行着融合，他这样做的目的是什么呢？③ 我相信这是由于在公元前 590 年有一种需要，要求将立法作为不同的独立的表演传统，但它应当与酒歌（sympotic song）与政治商谈的表演传统一样，能够以一种聪明而权威的方式造就公民。

梭伦为了给这种还不是表演传统的行为赢得声誉，使用了两条策略：一

---

① 古希腊语中的一般过去时，通常称为不定过去时，描述过去的一个“纯粹、简单的”动作。——译者注

② 也许在雅典 *thesmothetês*（立法官）的职务，以及这一词语本身在梭伦的时代非常流行：亚里士多德承认这一点（*Ath. Pol.* 3. 4），普鲁塔克也是如此（*Sol.* 25）。罗兹认为从词源上来说，“*thesmothetês* 应当是一个立法家”，并认为这一职务在梭伦之前就产生了（1981：102）。同样可以参见 Ostwald 1969：12－20。

③ 一些证据表明在古风与古典时期的雅典的口头表演/施行中，法律是唱出来的，包括一些“法律吟唱者（*nomôidos*）”的角色。参见 Bertrand 1999：98－100，R. Thomas 1996：14－15 和 Camassa 1992：144。

是使用法律“向前回忆”正义，而另一条策略则是通过史诗讲述以向后回溯到奥德赛式正义。但是这两种策略都依赖于梭伦的一个观点，即所有三种行动都是合而为一的，因为它们产生的效果是一致的：产生良法（*eunomia*）。从字面上说，*eunomia* 这个词指的是最恰当分配声誉与好处的方式方法，但是在第 4 首诗中它指的是木匠用精良、紧密联系的部件造出的产品（*eukosma kai artia apant*’4. 32）。梭伦差不多是令人吃惊地宣称，建立起这样一种结构需要约束那些不义的公民，抑制他们对于无度生命（*koros*）的欲望，制止他们的僭妄（4. 32 – 34）。既然 *eunomia* 同样能够矫正不公的判决（*dikas*，4. 36），那么它神奇的效果就可以与在第 36 首诗中法律为精英与平民所进行的公正判决相提并论（36. 18 – 20）。换言之，公民通常模仿立法家，在他们进行判决时将立法家的 *thesmoi* 运用到每一个案件中去，他们自然会恰当地分配公民的利益。传统上归结于宙斯的正义，如布莱斯（Blaise）所认为的，就变成“自动产生的（auto produit）”了（1995：30 and 32），或者我们可以说它实施了前面讨论过的“法律的施行式自主性”。（Detienne 192：31 and 49）

梭伦的第二个策略让我们回忆起了《奥德赛》第 24 卷，在 24 卷第 529 行到 532 行雅典娜突然进行了干预，她给争吵中的伊塔卡人带来了宙斯在 24 卷 481 行到 486 行所宣布的 *dikê*，谕令求婚者的家庭停止他们血腥的冲突，让奥德修斯复仇的行为到此为止。宙斯让他们做出和解的宣誓，禁止记取其亲人的死亡，让和平与繁荣降临。正如刚才所提出的，现在梭伦赞许的正义形象就像木匠的构建作品，这在他的听众那里激起了奥德修斯这位木匠与复仇者的认知性技巧，我们能够将这些技巧与梭伦式正义的目标联系起来吗？我们已经看到在这些诗中，梭伦的主要目标就是克制僭妄、自利的追求，拥护公共利益——在第 4 首诗中梭伦称之为 *eunomia* 的智慧。有意思的是，*eunomia* 在《奥德赛》中只出现过一次，那是求婚者怀疑伪装的奥德修斯是否是一个以人的形象出现的神明之时：她“监视（*ephorôntes*）哪些人狂妄、哪些人举止适度（*eunomiên*）”。在第 4 首诗中梭伦似乎以人格化的“护卫者”（*episkopos*，4. 3）雅典娜来将这位监视的神明具体化，她所看到的是一些非常类似于荷马笔下的求婚者之类匿名的公民，他们的愚蠢（*aphradiêisin*，4. 5）使得他们去羡慕富人；他们首领的理智缺少正义感（*adikos noos*，4. 7）；他们会因其僭妄而很快遭受惩罚（4. 8）；他们在宴席上不知道如何控制过分的欲望（*koros*）或者举止得体。[①]

正如在《奥德赛》中宙斯认为英雄的复仇会胜过求婚者及其亲属，梭伦同样也认为他的正义（*dikê*）形式就如同复仇者一样，最终会取得胜利（4. 15 – 16，13. 8ff and 36. 3）。他并不讳言他复仇的正义（*dikê*）具有真正的力量，因为梭伦作为仲裁者运用了政治的权威，他的木工活连接了“强力与公正的解决”（*homou biên te kai dikên ksunarmosas*，16）。如果解放公民的行为与制定法律的行为真的是同一的，那么一种行为背后的强制当然也可以应用到另一种行为上去。*Dikê*（正义）与 *biê*（暴力）有时的确是对立的，正如在荷西俄德那里的情形（*WD* 274 ff.），不过在此梭伦倒不必与传统决裂，因为《奥德赛》同样面临着处理暴力如何服务于正义的困境。[②] 正如前面所看到的，宙斯宽恕了奥德修斯运用 *biê*（暴力）对付求婚者，但是他同时禁止公民将仇恨“代代相传”。他并不允许在伊塔卡形成以自助行为进行复仇的成文法先例。但是，神在宣布这一谕令（我将其比作 *thesmos*）的同时，以一个霹雳的形式按照传统显示了他的 *biê*（暴力）。如同布莱斯简洁地概括的：“作为一位立法家，梭伦是在城邦这一地方上的宙斯，他（作为一个人）独立担负这一任务。他也通过他的行动及行动使用的原则全力以赴，站在奥林匹亚之王的高度，以自身为法律奠基。”（1995：33）

成文法起源时的暴力让我们回到了立法家颇成问题的个体性之上，我们也可以去质疑梭伦自身的个体性。在传说中立法家通常是作为一个外邦人来到共同体的，或者是离开家乡去接受来自一个神明的法律，或者一旦他传授

---

① Almeida 同样将第 4 首诗中的僭妄，与求婚者的僭妄以及他们认知上的缺陷联系起来；他也将求婚者缺少智慧（*pinutos*，*Od.* 1. 229）与 *punuta*（在 4. 39）联系起来，这里 *punuta* 这个词描述了 *eunomia*（秩序）的效果：一个秩序良好的城邦（*eukosma*，4. 32）中，任何东西都是相互关联的（*artia*，4. 39），并且是井井有条的（*pinuta*）。Anhalt 在讨论古风诗歌中的 *koros* 主题时，也马上将梭伦的这种僭妄与求婚者联系起来（1993：80）。她把梭伦将雅典娜的 *episkopos*（见证）想象为荷马的一种转换，但是她并没有将其与《奥德赛》第 17 卷 187 行联系起来。Balot 讨论了梭伦思想中 *koros*（“贪婪”、“餍足”）与僭妄之间的“循环”（2001：91 – 93）。

② 参见 Almeida 对于这些 *kratos*、*dikê* 与 *biê* 意义的讨论。他认为正是梭伦根本的创新，打破了 *dikê* 与 *biê* 之间的对立（2003：225 – 230）。Blaise 并不认为这两个术语之间是必然对立的，她在宙斯对 *kratos* 的用法中看到了一种合法使用的暴力，而梭伦则试图将这一点吸收到他对正义与法律的理解之中（1995：28 – 30 and 32 – 33）。参见 Mülke 2002：385 – 387；Balot 将梭伦对于权力与正义的关注，放到了稍后更为广阔的希腊政治思想的背景之中（2001：97 – 98）。

了法律之后就离去了。我们回顾一下，梭伦没有凌驾于他的共同体之上，或者说作为其统治者（Bertrand 1999：42.46）。梭伦的诗当然也指明了这种立法剧本，但是它们首先是去戏剧性地表现一个作为诗人的公民，从他在其共同体的政治与法律生活中所选择扮演的不同角色出发所面临的道德挑战与危险。事实上我认为在这些诗中，诗人－公民的（复合）角色会向他自身与听众发问："公民的角色与仲裁者和立法家的角色是一致的吗？或者说它与这两种角色是相互排斥的吗？"这种多重角色的选择是我们之所以难以理解梭伦的"创造的个体性（creative individuality）"的关键。"创造的个体性"是耶格尔（Jaeger）的话，他赋予这个词以各种"超人格因素"之独特融合的含义，他是指我们对于梭伦作为仲裁者和立法家的政治角色的客观、历史性的理解（1966：98）。梭伦通过在他的诗中的弦外之音，将这些多重的角色汇集到一种个人化的"统一模式"中；耶格尔并不认为这一看法有什么问题。

但是在我的讨论中，我试图去区分梭伦所扮演的作为仲裁者、立法家、可能的僭主及公民的多重角色——我们可以从历史中某些时候的梭伦身上区分这些角色，但是某些时候是不能区分的。因为我相信梭伦的诗人身份有意去混淆这些角色，甚至反对一个角色比其他角色更为重要的观点。麦克雷（McGlew）对于梭伦作为仲裁者、立法家与诗人的角色进行了有益的讨论，说明了这种区分的需要，同时也说明了当我们提及这些多重的角色，以及梭伦倾向于让这些角色相互作用时，会面临困难。他认为梭伦用诗进行"自我表现"，从而"形成他自身是一个好斗而不受欢迎的印象（1993：102；cf. 104）。称这是一种"对（梭伦）政治**身份**的诗艺发现"（104，着重号是我强调的），一种他自己"塑造"的"**身份**"（107，着重号是我强调的）。对于麦克雷来说，这意味着梭伦作为仲裁者和正义的执行者时也选取了"僭主的**角色**"（111，着重号是我强调的），而目的只是为了在放弃僭主角色时，"从他**自身**中放弃这种权力（107，着重号是我强调的）"。但是如果说"梭伦的成就……本质上是戏剧性的，即用自身表演出对他所见到的雅典政治困境的解决方案"（106，着重号是我加的），那么，我就尚不清楚这种**自我**、**身份**与**人格**的性质。

一般说来，麦克雷将梭伦"诗艺的自我表现"，与普鲁塔克这样的传记作家在评论他的"故事"时所发现的"自我"区分开来（107）。在诗艺的自我与历史的自我之间的对立，或多或少可以与阿尔梅达（Almeida）在古今历史学家努力去理解的梭伦与现代的"文艺批评家"竭力去把握的诗人梭伦之间所作的区别相提并论（2003：1－118）。如果我们承认梭伦的历史角色，选择通过传统的哀歌体与抑扬格的表演，在诗人身份的伪装之下来说唱，那么我们就可以进一步深化对于这些自我的区分。他作为诗人的角色，使人回忆起梭伦扮演不同的政治角色时（仲裁者、立法家、可能的僭主及公民）时，他作为一个历史人物的行为与决策（如我们所见，其中一些角色，特别是作为立法家与僭主的角色，都遵循着在公元前七世纪到前六世纪所发展起来的剧本及表演传统）。

我相信，如果去关注诗人的身份所单独呈现出来的“内在”的道德挣扎与道德决定的环节，我们就可以更好地把握梭伦难以捉摸的个性：这些环节之所以特别引人注目，是因为它涉及意志论、商谈的与认知的自我维度——无论这种自我只是一种表演中的自我（persona，角色），还是扮演着一种政治角色的历史人物。无论如何，这种引人注目的自我参与能唤起米德意义上的“主我”，来审视与评价这种自我能够、应当而且也会采用的“宾我”角色。歌者梭伦在他的一些诗中区分了两种决定，类似于阿基琉斯与奥德修斯一样，他不得不面对我所称的希腊自我的纲领性问题：“为了决定正义的问题，我应当成为什么样的人？”以及“这是我所**希望**成为的那类人吗？”

第一个决定涉及梭伦作为仲裁者与立法家所享有的前所未有的权威（*kratos*）。当他发现自己拥有着差不多无限的权力，他就希望利用这些潜在的强力（*biê*）服务于公民表演/施行①。这些权威包括解放那些因为债务而受到奴役的公民，也可能包括将公民整体再次划分为具有相应不同特权的阶层，以及订立新的法律以指导公民的审判，这些公民在未来会面临这些新的关系。在一些抑扬格的四音步（tetrameter）诗句中，梭伦通过如下的问题生动地表达了他的困境：“如果能为所欲为，一个公民想做什么人？他会怎么评价他的各种选择（可能性）以及他自身呢？”这些问题会让我们回忆起奥德修斯在卡吕普索的小岛上的内心挣扎，在那里英雄必然在桑德尔所称的不同的“占有性”意义上的自我之间做出选择，每一种选择都可能导致自我被剥夺与丧失：一种自我选择承诺着他可能获得他所要的无数外在的善（在努斯鲍姆意义上），而忽略对自我真实目的的理解；而另一种意义的自我则否认对这些占有的依赖，成为“不拘束”于它们的自我，但对于到哪里去寻求一种稳定的、连续性的自我则困惑不已。

---

① 关于梭伦作为仲裁者的角色，是否早于他被任命为立法家，参见 Almeida 2003：20－26；参见 McGlew 1993：94－95。

梭伦以四音步诗中对话交流的形式作了可能的回答，这是与其同胞公民进行的交流——他们催促他或者希望他去做雅典的僭主。他们的呼声对于他来说是表达了对于其（米德意义上）“宾我”角色的期待，这是一个“通情达理”的公民在他的地位上可能会选择的：在大约公元前600年左右，这一角色就是僭主，即希腊版本的君主（autocrat）。但是梭伦反对这种来自于重要社会他者的“智慧”：“我是无愧的，因为我拯救了我的国家，不攫取独裁与暴力（*biê*），没有玷污与毁坏我的名声（*kleos*）!”（32，1－4）与此不同的是，他用另一种权力观与自我观来说明他的目标：“因为以这种方式，我认为我战胜了许多人（*pleon gar hôde nikêsein dokeô pantas anthrôpous*，32. 1－4）。”这种自我放弃出于自利的目的而实施任何社会暴力（*biê*）。在第33首诗里，梭伦这样一个抑扬格体的歌者，贬斥了依靠暴力而飞黄腾达的方式。他想象了一个嘲笑的公民斥责梭伦作为仲裁者，拒绝从神的手中接受僭主的位置，认为这是缺乏灵活性、远见性、坚定性和胆量的表现，是彻头彻底的愚蠢。但是（梭伦认为）一个公民将自己的生命与家庭的幸福，去交换仅仅当一天的雅典的僭主，实在是太自作聪明了！(33. 5－7)①

不过，梭伦对于僭主的拒绝只是部分地回答了作为正义的执行者，他“应当成为什么样的人，以及希望成为什么样的人”的问题。这一角色断然拒绝其他人（同胞公民）给他所提出的建议，放弃了他特殊的政治角色所带来的机会。恰如其分地说，正如我们看到的，这种自我的自主性依赖于他不想愧疚（*ouden aideomai*，32. 4）。然而一旦他并不认同**他们把他看成“巨富”之**自我，他能够确定自己与他人的关系吗？如何确定呢？换言之，一旦重要社会他者的诸“宾我”角色被排除了，“主我”能再次改变个人抉择，从而选择另一种更好的“宾我”角色吗？这里梭伦运用诗的想象，将其自身当作一个假设的、“道义论的”或者无拘无束的自我类型，悬浮于一种孤立的状态之中，他的公民身份不能从中恢复。他从他的仲裁者的角色超脱出

① 在第34首诗中，梭伦同样将僭主与 *biê*（暴力）联系起来，这种联系体现着他人的欲求与希望，但是“我并不以之为意”。他似乎将僭主的权力，看作以强力在精英与下等阶层之间公平地对土地进行再分配（34. 7－8）。在第36首诗（poem 36）中，与梭伦不同的是，僭主对于平民（*dêmos*）并不加以约束，而是“煽动”他们（36. 20－22）。在第37首诗中，梭伦反对与那些凭强力（*biê*）而有权有势的人结盟，他同样也知道如何抵制平民（*dêmos*）。关于“煽动”（*kentron*）的形象，参见 Anhalt 1993：122－124，Blaise 195：33，和 Mülke 2002：390－391。

来，将这种自我描绘成斗争的各派别间的连接点：我站在两方中间，像一块界碑。（37.9－10）或者说他重塑了一种英雄的形象，将自己描述为："手持一个有力的盾牌，站在两派的面前，不允许任何一方获得胜利（*nikan*, 5.5－6）。"① 最后，他最为生动的自我表现将史诗的形象（epic imagery）改编为既像英雄又不像英雄的武士，"有如孤狼在一群猎狗之中"（36.26－27），抵御争执各方对自己的进攻。②

在这些形象中，梭伦诗人的身份让其"主我"孤立出来，成为无依无靠而挣扎着的自我（ego），不会让自身局限于只能在他的共同体中才有可能实现的个人目的之中。与《伊利亚特》第9卷中的阿基琉斯和《奥德赛》中的奥德修斯一样，他拒绝他人所重视的目的，表现出了一定程度的道德自主性。但与这两位英雄不同的是，他在再次肯定自身作为一种"占有的主体"（Sandel 1998：54）时遇到了困难，因为他的政治角色所被动地接受的目的，乃是一种城邦正义的景象——我称之为"认知性的拼接"，这是一种尚不存在、其同胞公民尚不理解的目的。而且梭伦的木工活与荷马或者阿尔基洛克不一样，甚至是与（我们在下面即将看到的）忒奥格尼斯都不一样，即必须发挥一种**非人格**（impersonal）的暴力（*biê*）以作出判决，而这是一种任何个体自我都不能基于自身利益而合理地占有或者使用的力量，除非是他想做一位僭主。其后果就是梭伦这样一个木工，一直处于不同的派系之间；到底要再次支持还是摒弃他人所分享或者认可的目的，他举棋不定。这种自我仍然保持为一种非占有性的主体，过于无拘无束，是由"主我"所产生的超社

① 这一形象并不仅仅出现在抑扬格的诗中，也出现在第5首诗——一首哀歌中。尽管哀歌体与抑扬格的诗内容可能有着重叠之处，但通常抑扬格体诗的吟诵者会以更为恶毒和侮辱性的攻击形式出现，在描述自我、敌人与朋友时会使用更为传神的手段。参见 M. West 1974：22－39，esp. 32－33；Gentili 1988：33－36 and 108－110；Pellizer 1983 and 1981。同样梭伦在第37首诗中作为 *horos*（界石）的自我形象，表现出了一个划界者的"声音"。参见奥伯对梭伦与这种技艺之间的关联进行的讨论——这种技艺可以对能造就（making）公民的正义，与毁灭（unmaking）公民的不义之间进行区分。也可以参见 Mülke 对这一形象的讨论（2002：407－409）。对于 Balot 来说，梭伦的诗表现了"多元的意识形态立场"，"并不能轻易地就认为是'精英主义'或者'平等主义'……"（2001：79－80）。但是他并没有将这种多元的政治身份，与梭伦诗的类型与角色的多样性联系起来。

② 参见 Anhalt 对于荷马与非荷马品质之间的这种相似性的讨论（1993：125－134）。cf. Blaise 1995：33－35，和 Mülke 2002：394－397。

会性（extra - social）的生物。①

诗人梭伦让他的“主我”去反思其政治身份与作为公民的角色时，尽管面临着这样的僵局，但是只要看看在第1章中讨论的阿基琉斯对于普里阿摩斯的同情，便会发现一种解决方案。当“主我”发现没有“宾我”可以接纳，在社会中没有人能够反映他自己对于自身的评价时，他就可以想象一种不同的社会秩序：这种秩序是理想且普遍的，是当下所潜在的“智慧”发展出来的。米德描述这种智慧为一种“理性生物的共同财富”（1964：404）；而我认为这种乌托邦式的共同体，符合梭伦对于由他的认知性拼装所统治的城邦的看法。在他的诗中，特别是在抑扬格三音步体的残篇中，梭伦以诗人的身份呼吁他的听众，不仅要承认这种超越性的社会蓝图以及为追求它而需要的智慧，而且特别要承认那些掌握着建构并维护这种社会而牺牲了自身利益的公民的价值。但是一个古风时代诗歌传统中的诗人表演者，如何能号召他的听众认可这样一个非占有性的、游移不定主体的价值呢？

答案在于刚才讨论过的诗人的自我呈现中，梭伦在那里“有如孤狼在一群猎狗面前”（36.26 - 27），从而避免卷入派系争斗。我相信批评家在梭伦的“狼”的自我形象中识别出“替罪羊”的仪式姿态，是很有道理的。因为“狼”的这种形象很好地把握了在古风时代的希腊，一个作为共同体中潜在的任何人、但又不是某一个人的意义，他在保持自身作为一种超社会性的生物的同时，拯救他的共同体。② 在这首诗叙述者的表演态度中，似乎失去了对“宾我”角色的表演，事实上他意图牺牲他自己的公民身份以希望获得一种未来的社会秩序。如同我们已经看到的，与这种秩序相应的新的自我，必然是非人格性的：为了向前回忆法律的权威，梭伦作为正义的执行者而进行仲裁时，不能为了自利的目的而使用暴力（*biê*）甚至是权威（*kratos*）。换言之，这种新的自我不应当是任何特定的个体：由认知性拼装所支持的正义，必须依赖类似于“任何愿意的人（*ho boulomenos*）”这样的匿名主体，

① 回忆一下在第1章中，米德将“主我“理解为一个说话主体形式中的自我（ego），它自发地（也即兴地）评价着“宾我”的哪一种角色能促进我们个体的自身利益（1934：173 - 186，and 1964：138 - 141 and 142 - 145）。

② 参见 Anhalt 1993：134 and 138 - 139。关于狼作为一种希腊文化的外来形象，参见 Svenbro and Detienne 1979，他们指的是 *le loup nomothète*（*apud* Aesop fable 229）和 *le loup légiférant*（225）。当然他们是将这一形象与牺牲者和社会秩序的形成联系在一起，并没有将其与梭伦联系起来。Peradotto 认为从《奥德赛》第3章起，奥德修斯作为一种新人的身份的关键在于，他有能力不停变换身份，从而不是任何人，也同时是任何人。对于 Peradotto 来说，这形成了一种独特的自主性自我（1990：152 - 155）。

他们会引导此后雅典一百年的民主。梭伦作为一个替罪羊的自绘像产生了一种复杂的观念，即正义的执行者与社会的拯救者应当是任何人，又不是任何人；既是受拘束的，又是无拘无束的。

有必要强调的是，梭伦的这种自我牺牲，是在他用抑扬格与哀歌体诗句表现的游戏世界（play - world）[①] 表达出来的，在这一世界中他的不同身份可以任意地交换和混淆起来。作为一位历史人物，他有可能在历史学者与传记作家所认为他经历的十年自我流放期间做出了这一牺牲——当然也可能没有。[②] 正如麦克雷所认为的，他可能是模仿了一些剧本中立法家以不同的方式从其共同体消失，进行自我流放的形象（1993：107 - 109）。但我认为最为重要的是，他生动地表现了对于公民在新的仲裁与陪审员审判的公民剧本中承担了仲裁者的角色时，必然假定具备的个性或者需要重塑的个性的反思。事实上他对于未来的公民们说："当你们成为陪审员时，你们不再是你们自身，也不是任何人，但又是任何人。"巴洛（Balot）看起来理解了这一谕令，他认为立法家梭伦将他自己对于公共正义的责任扩展到了每一个公民身上，强调"每一个公民都有责任将正义感纳入自身形象之中"。（2001：86）这样一种对于自我的"重塑"（94，97）并不是一件轻松的任务，因为它要求雅典的个体——也就是他的同胞——暂时地忘记他自己生活中的那一份（*moira*）正义，以便他们在公共的领域中作为公民而设想他们公正的关系（cf. Vlastos 1995 and J. Lewis 2001）。梭伦自我牺牲影响最为深远的成就，就是建立并发展了公民陪审员制度，陪审员至少从原则上来说可以抵制某个人的操纵，反对此人炫耀难以模仿的司法智慧。德拉古关于杀人罪的法律记载了在公元前620年左右，一个由51个陪审员 - 法官（juror - judge）组成的被称为"伊菲塔"（*ephetai*）的公民陪审团来审判某件杀人案，[③] 而梭伦

---

① 希腊人的会饮以娱乐为主要的目的，伴之以音乐、歌唱与表演，因而是一种游戏世界，区别于其日常生活。——译者注

② 据普鲁塔克的《梭伦传》记载，梭伦订立了法律之后，有人称赞，有人指责，梭伦希望摆脱这种窘境，并逃避公民对他的责难与吹毛求疵，借口有一条去外国旅行的船，请求雅典人让他外出十年而乘船离去了。他希望在此期间，公民们会习惯于他所订立的法律。——译者注

③ 参见卡拉万对另一种理论的讨论，这种理论认为战神山议事会由前执政官（官员）组成，是雅典最早的杀人案件审判法庭。我认为他的结论是有说服力的，即认为 *ephetai* 组成的法庭是先于战神山议事会的，其功能就是解决杀人案件的责任问题，这只是在受害者与被告的家庭在"部落王（tribal kings）"（传统上仲裁的 *basileis*，比如在国家形成期）面前所进行的争执调解过程中不能达成一致的解决时才发生。这些 *ephetai* 是由来自四个公民部落的精英群体，加上三个主要的执政官（79 - 83 and 133 - 135）组成的。

建立了陪审员审判制度作为解决争执过程中的最终权威。他的两条改革措施允许根据法律召集比德拉古的 *ephetai* 范围更广泛的公民陪审团：首先法律允许在受害一方不能够提起诉讼时，“任何有意愿的”人都有权替他提起法律诉讼（*graphê*），控告任何公民的恶行。[①] 法律给每个公民，甚至是最弱小的公民，在对抗其他公民，哪怕是最有权有势的公民时，提供了开启一个解决争执的公共剧本的希望。

而梭伦的第二项改革对于陪审团的发展更具有影响力：它允许一个案件从一个级别的司法审判——也许是执政官（archon）的个人判决，“上诉”（*ephesis*）到一个称之为“*hêliaia*（民众法庭）”的新法庭，这种法庭很可能是全体公民大会。[②] 由于这种上诉的权利，司法官员（执政官）——相当于过去的仲裁的 *basileis*，不再拥有最终的仲裁权。现在这一权利属于公民整体，正如奥斯特瓦尔德所说的，这种改革“使人民成为最终的上诉法庭”。（1986：15；Vlastos 1995：41）。

到公元前五世纪后期及公元前四世纪后，雅典的司法体系由以下部分构成：在五个不同的凶杀法庭（homicide courts）审理案件的伊菲塔，数个“人民”法庭（*dikastêria*）——其陪审员人数在 201 人到 2501 人之间，从每年大约 6000 名登记参与陪审服务的候选人中产生；由公民大会和五百人议事会组成的临时法庭；不同法官委员会组成的法庭。[③] 通过司法审判的剧本，从公元前七世纪中期到公元前四世纪，法庭审判与法庭程序在雅典及其他地方发展起来。当然这使得公民对于其自身的体验、对于他与其他公民与非公民的关系、对于他们共同生活的公共世界的理解的确发生着深刻的变化。但是在我们讨论这些变化之前，先回顾一下梭伦所总结的立法、政治行动及诗歌表演之间的相似性。正如前面讨论的，梭伦有时在诗中希望将这三种行为

---

① 我们关于这种改革最为重要的文献就是 *Ath. Pol.* 9. 1 和 Plutarch，*Solon* 18. 6 – 7。关于其细节的争论，参见 Rhodes 1981：159 – 160，和 Ostwald 1986：9。Christ 引入“自愿起诉（volunteer prosecution）”原则（1998：120 – 122）来讨论梭伦的意图。Osborne 讨论了通过 *dikê* 或者 *graphê*（1985）起诉一个同胞公民这种选择实际上的法律后果（1985）。

② 我们对这一改革最为重要的资料同样是 *Ath. Pol.* 9. 1 和 Plutarch，*Solon* 18. 2 – 3，以及 *Lys.* 10. 16 and Dem. 24. 105；相关讨论参见 Rhodes 1981：160，and Ostwald 1986：9 – 15。

③ 有关不同形式的法庭以及它们的司法权限，参见 A. Harrison 1971b：36 – 64；关于人民法庭，参见 Hansen 1991：178 – 199；近来对五个凶杀法庭发展过程的考察，参见 Carawan 1998：84 – 125。

等同或者融合起来，有时又希望让它们保持差别。他这样做的一个目的可能就是为立法的技艺赢得与政治商谈、诗歌吟咏一样的声誉，正是它们将个体转化为公民。

1.7 忒奥格尼斯：诗人立法家为何失败？

荷西俄德并不是立法家编撰成文法典的唯一诗人先驱，也不仅是他一个人坚持精英个体在施行正义时，有时要"掉头"向更为民众化的法庭上诉。与梭伦诗艺的保留剧目更为类似的是墨加拉（Megara）（ca. 640 – 470）的哀歌诗人群体，被人们总称为"忒奥格尼斯（Theognis）"，也宣称在他们的城邦里施行正义。诗人们同样将他们对于正义的渴求带到他们所认为的上诉法庭上。这就将公元前七世纪和公元前六世纪的立法家，以及类似于忒奥格尼斯这样并非无名之辈的挽歌（monodic）[①] 诗人联系起来（当然也包括梭伦），这一联系已经被人注意到。但是《忒奥格尼斯集》（*Theognid corpus*）向我们说明了，并非所有这一时代的哀歌作者都预示了立法家的成文法，或者希望向一个更为民众化的司法实体上诉，以"撤消"不义的判决。以这些标准来看，忒奥格尼斯诗中正义的施行是容易引起误解的。与梭伦相比较，认为这种哀歌传统中的诗人对立法家的身份的要求是错误的。莫里斯认为："荷西俄德理想人格的核心在哀歌中重新回响，尽管听众发生了很大的变化。"（1996：30）然而，对于哀歌诗人来说，并非普遍如此。纳吉所主张的倒是真的，他认为（1985 31ff.）忒奥格尼斯的身份使他表现出了类似于吕库尔戈斯德拉和梭伦这样的立法家的成就：他是在危机时刻畅所欲言（Theognis 39 – 52；773 – 782），强调立法家的道德威信，指出德尔菲的神谕是他智慧的一个源泉（805 – 810），并且也主张给予所有人以公平的判决（543 – 546）。与荷西俄德一样，他甚至与挚友（a *philos*）争辩（*neikos*）（1082c – 1084）。

尽管有着这些主张，忒奥格尼斯的诗并没有将他的道德观念与立场塑造一套为所有公民都乐意永久地加以仿效、具有普遍可接受性而精心编撰的谕令。然而当他将自身表现为公正的争执调停者时，他采取了类似于梭伦的立场，用木匠的工具与技艺进行了类比。

---

① 挽歌（Monody）是一种诗体，通常是用来哀悼另一个人的死亡而作的诗，也用来哀叹旧事物的灭亡，由一个人独唱而不是合唱。——译者注

> 我必须凭木匠的直尺和矩尺来做出这个判决，库尔诺斯（Cyrnus）啊，给予双方同样的公道，依靠先知、鸟兆（bird auguries）① 和供奉祭品的帮助，以免招致错误带来的可耻谴责。(543－546)。

如果我们按照纳吉的（1985：37－38）做法，将忒奥格尼斯进行矫正的木匠与在梭伦第36首诗中的木工进行对比，在纳吉所指出的相似性之外，我们可以注意到一些关键性的区别。在第36首诗中，我们听到梭伦宣称“我制订法律，这是给每一个人公正的判决而进行的连接”。将这理解为他在公共舞台上履行了卓有成效的行为所作的自夸，并不为过：讲话者当然决不会认为他的目标没有达到，并且认为他的决定经受得起时间与神明的考验（36.3－5），而别的任何人都做不到这一点（36.20－25）。正是在此，他将自己的自画像描绘为一只与群狗对峙的狼（36.326－327）。

忒奥格尼斯可能利用了木匠的同样形象，小心地计算以保证他判决的“公平性”，这样双方都能够得到他们适当的份额。但是他立刻提出了神圣裁定的超自然迹象，以避免“狗群”这一方或者那一方的指责。显然梭伦的政治行动与立法包括多重的步骤与决定，而忒奥格尼斯这里只提到了一种特殊案例（*tênde*……*dikên*，543－544）：如我们在荷西俄德那里所见的一样，这个案例可能指的是他自己受到他人不公正的对待。当忒奥格尼斯进行矫正的木匠形象再次出现时（在805－810），他又将这一技艺的准确性归结为神明、神谕的源头，而且他还透露，避免错误的秘密就在于（*amplakiên*，810）丝毫不能偏离神的教导。相形之下，梭伦的诗充满着人类对于行为负责任以及个人能动性的强烈感受，为什么忒奥格尼斯的诗缺乏以自身的能力从事政治行为的自信呢?② 在其整个文集中，他一直在表现着两极化的墨加拉社会，这一社会分裂为试图僭妄的“坏人”（*kakoi*，*deiloi*）以及“正直的人”（*agathoi*，*esthloi*）（e. g. . 39－52；667－682）。有时正是社会中暴发户的低劣与无知使得人品下贱，而有时是精英们受到了寡廉鲜耻之徒的腐蚀。③

总之与梭伦不同的是，忒奥格尼斯的诗将他自身看作真正的 *agathoi/es-*

---

① 古希腊人的占卜经常是根据鸟的飞翔姿态来进行的。——译者注

② Anhalt 注意到了梭伦在第13、第4首诗，特别是第36首诗中有关“人们对于其行为的责任”的强调（而不是神的责任），他在第36首中强调了个人为他的政治行为负责（1993：117；142－144）。

③ 关于这些对立以及这些术语能彼此转换的方式，参见 Cobb－Stevens 1985。

thloi（好人）。再者，他并没有想象通过一些仲裁的程序为这两种类型的*kakoi*（坏人）提出可行的政治治疗方法。相反，他将自己描述为一个由于*kakoi*（坏人）的贪婪而失去财产与地位的受害者，他缺少可以利用的政治资源以挽回局面，只能够想象一种超自然的、民间传说中的矫正方法，即复仇的幽灵、恶鬼（hell - round）从坟墓中复活（341 - 350）；或者他将自己看作复仇的奥德修斯的模仿者，奥德修斯是一种正义的执行者，从哈得斯返回来杀死求婚者（1123 - 1128）。通过这种存在论的框架转换而寻求正义，与其说类似于立法家使用成文法，不如说更类似于仲裁的*basileus*（王）或者诗人传统认知的解决——他们从共同体记忆库中找出神话的叙事。纳吉在诗人忒奥格尼斯与奥德修斯之间总结出了一系列令人信服的相似性（1985：74 - 81），但是我认为两者所具有的智慧（*noos*，350，650）与机敏（*polupou*……*poluplokou*，215）来自于不同的源头：诗人忒奥格尼斯是在严格的会饮圈子里展示其智慧，原则上来说只有社会或者道德方面的同道才会呼朋会饮。

尽管忒奥格尼斯可以将会饮的认知与交往的作用机制，作为城邦大多数公民间理想的相互交往的乌托邦试验（e. g. ，31 - 38；467 - 496；563 - 566），但是会饮并不能产生适合于公共对话的商谈与评价方法，特别是涉及正义问题的商谈与评价，因为会饮通常的目的在于培养派系的而不是普遍的交往与行为模式；① 人们很难想象除了“会饮”，还有哪种社会场景与成文法的发展更不一致的了：会饮遵循的法律无论如何都关联于礼仪性与滑稽的氛围，而不是政治的空间。② 从这一观点来看，会饮群体——他们弄出了一些密码式的语言，只有其入会者才能解读——所看重的但让人困惑的表达，就构成了在梭伦与诗人忒奥格尼斯之间最大的区别。众所周知，后者以模棱两可的意义考验着他的酒友（e. g. ，667；949 - 954；959）。而梭伦的歌有

① 关于忒奥格尼斯那里，会饮作为城邦的微观镜像，参见 Levine 1985；但要注意到唐兰重要的描述：“作为对城邦（*polis*）类似的描述与说明，会饮并不是非常令人满意，而且在应当是（ought to be）与实际是（what is）之间的关键结点上，它并不能准确地连贯起来。城邦应当类似于一种组织良好的会饮……但实际上它却不是。（238）”

② 杜邦（Dupont）试图在公共法则与支配着会饮的滑稽规则以及会饮所追求的快乐之间总结出一些相似性，特别是涉及作为立法家与酒歌诗人的梭伦时（1977：21 - 39）。尽管她对公共法则与会饮规则的关联提出了很多有启示的想法，但是我并不认为她所总结出的在成文法则与会饮规则之间，以及会饮与公民大会之间的相似性（25）具有说服力。

悖于酒歌的传统，其语言不仅所有公民群体都可以接受，而且其关键词语都保持着稳定、公共的意义。① 以这种方式，梭伦试图将会饮转变为公民大会的一种合理的摹本，而他的歌咏也是作为政治商谈的一种新奇的诗句形式而出现的，比如他将订立的法转变为六步格的诗（见第31首诗）②。梭伦的三种行为——政治商谈、制定法律与会饮歌咏，如果不是从形式，而是从目的与意义的角度来看，都再次表明了它们是相互之间的不同版本。

这样，难怪诗人忒奥格尼斯经常在纯粹的政治领域中手足无措。但我已经提到至少在一个场合（在543－546），他摆出了立法家的姿态，以木匠的技艺为类比；另一场合是在945行到946行，他宣称："我照着墨线（*stathmên*，945）走着直道，并不偏向任何一边，我必须考虑怎么将万物拼接起来（*artia panta noein*，946）。"他甚至承诺："我会将我们的国家——一个光辉的城邦治理得井井有条（*kosmêsô*，947），但是并不求助于普通公民（*dêmôi*，947），也不听信不义之徒。"③ 但是更为常见的是，公共领域对于忒奥格尼斯来说，差不多是一种无望的、怪异的领域，在这里真正正义的人不可以从人或者神那里得到正义，没有人相信誓言，没人知道如何施行 *themistes*（1135－1150；cf. 734－752）。在更为沮丧的段落中，他的诗甚至反

① Anhalt在对梭伦的第13首诗的讨论中，强调了梭伦与有着密码式语言的酒歌传统的区别："梭伦似乎并不仅是对他社会的一小部分人说的，而是想将 *polis*（城邦）凝聚起来作为一个整体。"（1993：21）在讨论第4首诗时，她明确地将忒奥格尼斯将会饮描述为城邦的微观镜像，以及梭伦反对这种类比的意图进行了比较（81－82；101）。她也说明了在这首诗中，梭伦是如何赋予词语以所有人都能理解的特定意义（68；94－95）。Balot同样也对比了梭伦与忒奥格尼斯对于会饮的使用（2001：88－89），尽管他没有充分表现出各自的诗所认可的政治意识形态的差异（e. g.，80，83－85，90）。

② 杜邦将会饮中的哀歌（elegiac songs）看作允许人们在宴席上或在集会中就政治事务发表观点的媒介，或者说在雅集中作为政治商谈的工具（1977：26）；罗侯指出了梭伦与忒奥格尼斯赋予了 *epos* 这个词以不同的意义。从传统上说，这个词是诗中对于诗自身的指称。两位诗人都在这一意义上使用过这一词，也用来指称一般的言语。忒奥格尼斯用这个词来表达了这两种意义，但是对于梭伦来说，*epos* 作为一种言语也指的是佩西斯特拉托斯（Persistratus）曾使用过的欺骗性政治商谈（11.7－8）；而梭伦则试图以 *logos* 代替它，从而更有助于民主对话（Loraux 1992：120－121）。

③ 这里 *kosmeô* 这个词可能是在政治意义上使用的，即让城邦有序（cf. Her. 1.59，描绘了佩西斯特拉托斯在雅典成功的管理），而它还可能有一种含混的、戏谑的"美化"、"装饰"的意义，韦斯特（M. West）就是这样翻译它的（1993：144）。在这种情况下对句（distich）同样可以指忒奥格尼斯诗艺的、会饮的艺术。

对将政治商谈的剧本作为公民互动的可靠情景。忒奥格尼斯向年青的库尔诺斯建议："在公共场合演讲时决不要自夸（*agorasthai epos mega*），因为没有人懂得分清黑白对人有什么意义。"（159 - 160）这与梭伦的第 36 首诗中的主张适成对比。忒奥格尼斯因为坚守一派立场，所以他并不是立法家，因为他不能够以同胞公民的眼光来看待他自己的任何智慧与想法。这样，他的智慧主张就没有机会通过一个表演传统创作出所有公民都能仿效及"向前推演"的正义行为的剧目库：

> 太阳照耀着人类，看到的都是受谴责的人：我不知道公民的心里（noos）有着什么想法，因为无论他们好坏，我都不会取悦于他们；不管是小人还是君子，多数人都责备我，但是公民中没有任何人能够仿效（*mimeisthai*）我［1183 - 1184 + 1184a - 1184b（ = 367 - 368） + 369 - 370］。

2. 陪审团审判及其框架

之前我主张成文法对于陪审团审判的形成与发展的影响，必定会引起公民对于自我的体验、与其他公民或者非公民的关系，以及他对于自我和他人是如何维持着他们生活于其中公共世界的理解发生变化。法律作为转换了的解决争执的剧本，通过控制传统争执解决的过程中的要素（比如誓言、其他语体及其次序），将权威从个体的仲裁者转移到匿名的陪审员那里，使得公民能够在一种新的陪审员审判的剧本中表演多重角色。这种新的版本事实上要求他们重新确定其互动背后的（戈夫曼意义上的）存在论框架——此处的"互动"是一位诉讼者（被告）被指责为不义、有罪甚至是非法的。① 我的意思是由于陪审员审判经常（尽管并不是一直）抑制诉讼方的自助行为，坚持施加公正的国家解决方案，便促使各方参与到一种复杂的程序中去，这种程序设计的目的在于将被指控的不义互动整合（rework）——戈夫曼的话是"重构（key）"——到为每一位诉讼者和每一位公民陪审员清楚地规定各自

---

① Goffman 1974：21 - 25. 最终这些框架成为国家的"宇宙观（cosmology）"或者生活世界，这是戈夫曼从舒茨（Schutz）那里采用的概念（Goffman 1974：3，n. 6.）。

角色的场景之中。[①]

在雅典私人与公共的案例中的公正（术语上分别称为 *dikai* 与 *graphai*），这要求起诉的公民要悬搁起其公共生活（国家的“生活世界”）的“初级框架（primary framework）”——正是这一框架让他认为被告已经侵犯了他（或者国家），要求他们重置这一框架，但这一次不再是作为一种确定的事实，而是作为使用言语、证人或者其他类型的证明等的一系列证据与辩护。以这种方式，戈夫曼称之为经验的原初“情形”——比如一件故意杀人案，便被从其社会生活的初级框架中移走，在一种修订的、改编的版本中再次上演与“重构”：首先由官员进行初步聆讯；如果这桩案子送交审判，那么就交由同胞公民进行审查。[②] 而诚实的陪审员，至少从原则上说，会在一种**假想的**事实框架中考虑原告的表现，同样也会考虑被告相反的证据与辩护的表现；然后进行一些认知性活动。通过这些活动，他们可以基本上确定或者判断：哪一种受指控不义的假想版本，更接近于初级框架中有关真实性的共同标准，或者用他们在以特定的雅典法律的框架来审查这件案子时，他们判决所依据的版本，是否真正与侵犯的类型相一致？[③]

因而，陪审员审判作为一种复杂的剧本，要求扮演其角色的演员进行一系列复杂的框架转换或者“重构”。每一种转换都会质疑事实的特别意义以及如何去解释事实的不同框架。举例来说，陪审员会经常留意着诉讼一方或者另一方（或者他的证人）的主张与证据中有欺骗的可能性；[④] 或者说幻觉的框架同样也可以使得他们否认诉讼者或者证人所说的可信性。一旦他们考虑了这些（以及其他一些）框架，陪审员们最终不得不将他们所乐意看到的“真的发生了什么”的观点，与规定着以正义的行为与方法，通过惩罚以矫正不义的法律框架加以对观。我们可以看到这些认知行为大多是对以口头或者文字的交往活动进行的反应，都要求陪审员将这些信息纳入一种存在论的

---

① 参见 Johnstone 1999：4 –6 关于陪审员审判促使诉讼者的社会角色的“转换”，以及让他们上法庭的争执（这些转换会在第 6 章中更为细致地加以讨论）。

② 参见戈夫曼对于 strip 的定义（1974：10），以及它的“转义”（44）。

③ Maffi 在司法对话的一种能力中看到了成文法的“形而上学”的特性，即一个法官看到关键的已知事件，与法律颁布的（*enunciato*）特别规则之间的一致（*riscontro*）时，司法对话就能将“意义赋予”（*semantizza*）社会生活的普遍规则（1992b：426 –427）。

④ Hesk 详细讨论了雅典法庭上的演讲术，是否有意被演说家用来作为欺骗陪审员的多种技巧以及反技巧（counter – techniques）之一（2000：202 –241）。

框架之中，并且进行“框架转换”。① 因而从存在论与理性的角度来说，陪审员审判的剧本呼吁每一位陪审员都扮演木匠的角色，而这曾经是仲裁的 *basileus*（王）与立法家的特权。②

但是这种对于审判过程理论的、纲领式的解释，与民主体制之下雅典法庭的真正实践是相符合的吗？它准确地解释了陪审员是如何以及为什么判决一个被告有罪，并应受到惩罚吗？它在判决的程序与决策中，也对我所称的法律框架施加了影响吗？如果事实的确如此，我们就不得不认为“立法”剧本独自地引导与决定了正义的施行。但相对来说，真实的雅典诉讼更为复杂。对于促使众多雅典人进行诉讼的潜在动机的考察，说明了仅仅关注立法与法律框架，乃是从意识形态主导的一种民主虚构，因为立法只是部分控制了审判程序。我们在一些最新的研究中证实了这种复杂性，这些研究弄清了法律之外的一些潜在动机与理由，这与我们所知道的在公元前约 420 年到公元前 320 年间雅典的法律体系中的诉讼是一致的。例如大卫·科恩（David Cohen）指出人类学家所理解的“复仇（feuding）”，可以解释很多受到犯罪指控的案例：它描述了一个雅典的精英公民以及他的家庭能够利用法庭反对敌对的个人与家庭的社会冲突方式。有些时候这些斗争是伴随着个人整个成年的生活，甚至传递到下一代（1995a）。从科恩的观点来看，法律框架主要是作为社会羞辱［剥夺（*timê*）］的借口，而这就削弱了法律对于公民的权威性光环。

马休·克莱斯特（Matthew Christ）以一种类似的态度关注着雅典人对于其法律体系中的无度（excess）以及它轻易被滥用的含混态度，特别是他认为法庭是一个上演着文化矛盾的舞台，即，既要对公民同胞进行有理有节的攻击，又要促使他们的合作行为（1998：12；160 - 190）。丹尼尔·艾伦

---

① 例如在 Dem. 25. 3（delivered 338 - 324）原告将审判的认知性任务描述为：（1）对于陪审员来说，要“从原告与被告那里了解（*mathêsomenoi*）你即将投票的案件（*to pragma*）”。（2）对于每一位诉讼者来说，要说明“法律的合法性（*ta onta*……*dikaia*）是在他这一边的”。

② 陪审员面临的对有关人们的行为、诉讼者之间的相互指控、法律框架等进行“拼接”的文化假定这种认知任务，较之于现代陪审员更加艰巨。希腊的法律通常在法规与特定的案件之间留下了许多“缝隙”，这些断裂要求解释。有关希腊法律的“断裂”，参见 Sealey 1994：51 - 56；也可参见 Harris（1994：138 - 139，and 2000）关于希腊法律的“公开结构”的观点，这一观点修正了 Osborne 与 奥伯的观点（Osborne1985：43 - 44 和 Ober 1989：144 - 145）。

(Danielle Allen)揭示了雅典的一种社会心理，即允许有节制地进行攻击与表达愤怒（*orgê*），以证明惩罚其公民同胞的合理性（2000）。这里在每一个特定的起诉情形之后背后的真人戏剧（real drama）其实是一种战术性的博弈，其中一个公民试图去 纠正对雅典人所认可支配着公民交往的理想性互惠关系的侵犯。原告通过巧妙地利用社会记忆，潜在地支配着对应得的赏罚进行谈判协商的“讨价还价的规则”，以及公共意见的主导地位而达到这一点。法律程序及法律本身提供了一种必要的掩饰，将这种复杂认知的社会作用机制、民主的意识形态以及类似于攻击、愤怒、情爱与同情等这些情感的社会性表达隐匿起来；成文法自身并不支配在指控背后的动机或者程序。相反它是作为一种社会记忆与意见而发挥作用的，陪审员可以选择认可或者否认它们的有效性：事实上，法律受到了公民的统治性意见的支配而不是相反（175－179）。

这三种对雅典法律体系的解释，对于认为雅典的民主是由法律主权所支配的观点这一总体看法进行了必要的纠正。[①] 它们揭示了一种更深层的、更为封闭的作用机制，它使得成文条规法，与原告从被告那里“获得公正”（*lambanein dikên*），或者被告受到原告的指控并向其“偿还公正”（*didonai dikên*）的经验之间的关系更加复杂化了。事实上诉讼者（或者他们的代理人）与陪审员都试图利用法律，将法律的权威作为某人无辜或者有罪的证据，因为法庭是作为一个受到承认、得到认可的舞台，可以上演有关社会仇恨或者政治利益的真人生活戏。[②] 然而这种封闭的作用机制同时也受到意识形态的支持，因为它是依赖于成文法曾被、而且仍然也能被庄严地履行这一持久信念之上的。如果我们刻意强调法律是如何作为工具，服务于特定的社会与政治利益，我们就会轻视在法庭程序、决策，特别是在法庭辩论中**持有的一种假定**的重要性，即为了进行判决（*dikê*），陪审员在某种程度上要参

① 关于基于法律主权的意识形态向民主意识形态转化的历史背景，参见 Ostwald 1986：497－524。而一个相反的观点，参见 Sealey 1987。D. Cohen 比较了这两种观点（1993：299－300），参见 Hansen 1991：299－304。

② 在科恩的综述中，“对于违反法规的控诉被提交到作为法官（陪审员）的 *demos*（民众）面前。他们要考虑被指控的人是否违背了公共的对错观念，而这些观念的轮廓只是为成文法（*nomoi*）大致地描绘出来”。(1995b：244；也可参见 1995：34ff，更为复杂的观点在 2005)；参见 Cf. Allen 2000：179－190，但在她早先将法律作为证据的讨论中认为，典型的观点通常要求法律服从于社会看法，在雅典的法律判决中公平（equity）是没用的（174－178）。关于运用法律报个人或者政治的仇，也可参见 Rhodes 1998，esp. 156－160。

与立法剧本的写作（比如在某种程度上与立法者的立法活动互动）①。可以确定的是，在公元前五世纪晚期或者公元前四世纪，参加雅典的陪审团就意味着参与了作为施行传统的立法活动，这种传统要求陪审团进行与诗艺相仿的模仿行为。为了说明这一点，我们不得不重建陪审团审判的认知过程，以审视陪审员在将诉讼的法庭场景，与庭审过程与证据举证中不断变化的诸存在论框架联系起来时，是如何作为“木匠”而行动的。我们同样需要看到诉讼者（或者他们的代理人），是如何努力将这种“拼接”的行为与立法家的形象及其典型行为联系起来。

2.1 模仿与合情理可能性的框架

正如第2章的讨论所认为的，早期希腊的争执解决过程的目的，并不是确定“什么真的发生了”或者“谁真的做了或者说了这些”。相反，它是要达到一种让双方满意的解决，这是通过将“实际发生了什么”或者“谁真的做了或者说了这些”这些相互冲突的解释，与两种或者更多的存在论框架结合起来（比如日常生活的框架；让 *thesmia* 得以保留的共同体记忆框架；安排着发誓的神话或者英雄叙事的框架）。每一种框架都支配着对每一位诉讼者相对的荣誉（*timai*）的特定解释或者理解。最后，争执调解的过程就是决定，在两种或者更多的竞争性框架中哪一种能够胜过其他框架，从而在判决者、诉讼者与观众的心中产生意义。当陪审团审判发展起来，这种目标及其竞争性框架的作用机制并没有改变，但是框架的性质却发生了改变；特别是，最容易发生转换的框架，就是我认为能与日常生活“拼接”或者联系起来那种产生假设意义上的时间、空间与行动者的框架。[试回忆诅咒的言语体裁，它典型地将誓言归结为一种假定，比如阿伽门农曾用一个誓言以正式地解决他与阿基琉斯的争执：“如果我的话中在任何细节上我作了伪誓，愿

① 追问为什么保持法律自身是主权者（*kurioi*）这一假说如此重要，有助于重新审视陪审员与法律的关系问题。正如 D. Cohen（1995a；1996b）与 Allen（2000）所认为的，我们可以将法律至上性的观念追溯到柏拉图与亚里士多德的理论中，但是这一观念却是基于施行的国家传统之上的。另外可以参见 Todd 的观点，对于他来说，法律首先是劝导性的而不是约束陪审员的（1993：60）。奥伯认为雅典人未曾认识到人民主权与法律主权之间有着什么矛盾（1989：299－304）。而 Carey（1996：33－34）则区分了在一个案件中援引一条法律以确定被告有罪还是无罪这一首要功能，以及它劝导带有偏见的或者听信谗言的陪审员这一附属的功能。而哈里斯（Harris）与鲁宾斯坦（Rubinstein）2004 年的论文则论述了雅典法治对内与对外的不同方面。

神明让我苦难缠身。”（*Il*，. 19. 264 – 265）]

在这些早期的争执中，仲裁的 *basileus*（首领）显示出了认知的能力，他采用诉讼者的主观、内心世界的观点，并将其纳入着眼于每个人利益、进行公开调解的第三人称的客观观点之中时，常常认可诉讼一方或者双方的自主性（比如阿基琉斯在《伊利亚特》第 23 卷中同时承认安提罗科斯与欧墨罗斯的立场）。当陪审员审判发展起来后，复述这些多重的观点，并在竞争性的诸框架中对其进行“重构”的必要性仍然存在，但现在陪审员必须承担这一角色并有必要显现这种认知的能力。他们被引导着通过一种新的公民剧本去做到这一点，这种剧本的目的在于让他们一起推理（reason together）。在民主的历史中不同时期的一起推理采取了不同的形式：第二次寡头政变八年之后，即公元前 403 年，民主再次重建起来，[①] 这标志着一起推理从一种形式到另一种形式的重要转变。但是无论是在公元前 403 年之前还是之后，陪审员面临的认知挑战，都是重塑几个个体的精神与情感状态，这些个体中的每一个人都可能最终作为陪审员的伊菲塔意义上的“自身对象”。

在公元前 460 年到前 420 年之间的一些时刻，陪审员熟练地通过将一种假定的框架施加到受指控的罪犯的意图或者预谋（*pronoia*）之上，就可以做到这一点。他们不得不承认原告的愤怒和要求赔偿的愿望；他们也同样不得不将这些精神与情感的状态与订立成文法的相对框架进行比较。[②] 但在公元前 403 年之后，一种新型的个体开始承担这种认知的任务，而陪审员被他们引导着去重塑其“内在自我”。在这一点上，他们的判决应当正式地表现出基于模仿之上的表演传统。事实上现在他们被要求一起推理，以再现类似于梭伦与德拉古这样强大的立法家在订立与这一案件相关的法律时的“原初”意图。

我们有什么证据认为早期陪审员审判的目的在于恢复一个或者更多诉讼者的意图呢？卡拉万的《德拉古的修辞与法律》（*Rhetoric and the Law of*

---

① 公元前 431 年雅典及其同盟者与以斯巴达为首的伯罗奔尼撒同盟之间爆发战争，公元前 404 年战争以雅典失败告终。提洛同盟瓦解，雅典一度屈从于斯巴达。公元前 404 年民主政体被推翻，“三十僭主”肆虐一时。公元前 403 年民主政治得到重建。——译者注

② 热尔内提醒我们，*pronoia*（“有意”）是作为“意图（*hekôn*，*hekousios*）”的同义词来使用的，包括了以多种方式自愿地、有意地以及故意地犯罪。以这一观点来看，各种“无意”（*akôn*，*akousios*）犯下的事就是犯罪的反面，如偶然、疏忽甚至是短暂的激情之下所做的事（2001：352 – 354）。Vernant 说明了为什么第一类的犯罪从社会来看是“受到指责的”，而第二种行为从社会上来说是“可以原谅的”（1988：61）。

Draco)(1998)帮助我们回答了这一问题，他综合了学者们长期的争论，并就德拉古的杀人律法，以及随后梭伦在雅典杀人案件中的程序问题所作的贡献得出了些可信的结论，尽管这些结论仍存在争议。简而言之，他认为只是在非常特别的情况下，德拉古法律才会将杀人案的争议提交公众讨论。我前面讨论过卡拉万的主张，他认为在公元前七世纪，当自助的解决努力失败之后，杀人案件中诉讼者一般会以类似于阿基琉斯盾上的审判的情形，来解决他们的争执，也就是通过由仲裁的 *basileis*（王）所见证的宣誓而达到两方同意的解决（64－72）。但是如果各方不能达成一致，比如凶手承认涉案，却声称这一行为是出于无意、出于公愤或者偶然，或者没有受害者的亲属幸存下来要求赔偿；卡拉万相信这种情形下，从大约公元前620年起，德拉古就授权由51名陪审员组成的 *ephetai* 去审判，但并不是去确定凶手是否是有意地去杀人——这是留给受害者亲属的问题，而是确定凶手是否有责任（*aitios*）。根据卡拉万的观点，有责任（有罪）并不是要求这些陪审员确定“凶手的精神状态”本身（*per se*）(72)，而只是去重建可以确定被告是谋杀的肇事者这一事件的因果关系链条（72－79）。

卡拉万认为是梭伦将凶手的意图（*pronoia*）问题单独分离出来并交由公众讨论，因为他除了允许将案件从官员的权威“上诉（*ephesis*）”到公民大会组成的（上诉）法庭（*hêliaia*）之外，从公元前590年开始，梭伦还建立（或者重建）了战神山议事会（Council of Areopaugus）作为杀人案的陪审团。以这种方式，“他（梭伦）将凶手的意图这一问题从各个家庭那里接手过来，将它交给议事会”(384)。在这里我们开始看到，由精英公民组成的陪审团开始承担起一起推理的任务，以重现凶手的动机。卡拉万随即指出他们需要一种新的（戈夫曼意义上的）框架，这种框架可以产生解决“凶手意图的麻烦问题”的假定，它是一种合情理的可能性（reasoned likelihood）框架(384)。陪审员不得不在一个人的个体思想与行为中围绕着某个想象时刻的意图（*pronoia*）重建这种合情理的可能性；从公民生活众多可能的剧本中，选择最可能与诉讼当事人已知的事实与地位“拼接”或者联系起的一种剧本。以这一种将公民受到不义指控的原初片段，重新整合到某种将被告确定为凶手的剧本中去。

从陪审员审判的判决依靠陪审员有能力进行这种“拼接”时起，我们可以说成文法引导陪审员在认知上重演了同胞公民生活的关键时刻。就此而言，他们如同梭伦这样的政治改革家与立法家所做的，运用权威确认（或者再次确认）某个人的公民身份，或者通过流放与死刑否认其公民身份。但是到底这要求他们做出什么样的模仿呢？在这一点上卡拉万令人信服地重现了审判程序的变化，但仍有一些问题：因为他认为从公元前六世纪以降，一直到公元前四世纪，故意（intentionality）的标准“并不是关于凶手内在良心的，而是反映其外在行为的”，而陪审员并不需要去调查“可能性的动机这些很难以捉摸的因素（个人欲望、意图等）”（385）。显然卡拉万相信陪审员只是需要去确认被告的行为——例如他被发现在附近拿着武器，与受害者争吵，或者准备伏击等——与“一位公民没有正当理由而杀害另一位公民”的剧本的合理可能性版本是否符合。他还补充认为陪审员试图揭示的，乃是这种“蓄谋的敌意”的外在模式，而不是罪行背后的“内在逻辑”。

尽管从技术上讲，法律并没有要求陪审员对被告的“内心良知”或者“内在逻辑”进行解释，但他们怎么能将关于个体外在的行为与他们对伴随谋杀、偷盗、侵占之类特定犯罪的智识与情感状态的文化信念分离开来呢？[①]或者用哈贝马斯的行为理论来说，陪审员是怎么能够一方面从目的论（行为成功或者未能达到其目的）与规范论（行为与正当的、合法的标准相一致还是偏离）的角度来对行为进行判断，而却不在另一方面对这些行动者内心世界的表达到底是真实还是虚假的进行判断呢？当然将狡猾的奥德修斯当作英雄的文化，不可能无视这样一种“拟剧化的”维度是如何可能追踪每一个体的外在行为的。如果我们借助于现存最早关于杀人案件的法庭演说，我们就会发现被告非常热衷于将陪审员引向一种“内在逻辑”，以说明他们所谓犯罪的动机是如何的不可思议。这些现存最早的演说是分别属于两个审判，其被告雇用了演说家与智者安提丰为他们写的，时间大约刚好在公元前420年前后。卡拉万认为，“在安提丰的时代，对凶手的审判所关注的是外在的预谋行为，大多数并不关注动机”。（385）[②] 我认为这两个言说表明事实并非

---

① Dover说明了在公元前五到公元前四世纪的文本中，流行的与理解、道德责任、痛苦、悲伤、恐惧、攻击、同情、友爱、敌对等相关的行为观念和“心理”观念（1974：116ff.）。参见Allen有关近来对雅典中“应得（desert）”观念讨论，以及她对于雅典文化精神中愤怒（*orgê*）的分析（2000：36－38 and 50－59）。

② 在这之前，卡拉万认为：“当然有意的观念，显然预示了依据可能的意义与动机而来的理由，对于我们来说，这可能是从关注于外在敌意（*pronoia*）的证据，到注意内在的意图这一不明显的发展。”（1998：385）在安提丰的早期演说《诉继母下毒》（*Against the Stepmother for Poisoning*）（公元前420年之前）中，起诉人将受指控的凶手描述为一个可能由于丈夫的不忠而受到“虐待”的妇女（*adikoito*，1.15）（参见Gagarin 1997：114－115）。这样他敦促陪审员去从外在的行为，推断她的*pronoia*及杀人的意愿（*hekousiôs*）（1.5.6）是在嫉妒的愤怒这样常见的公民剧本所刺激而引发的；然后他将她的罪行（*aitia*）追溯到“她的心中预谋已久”（*enthumêtheisa*）的“内在”行为中，再“付诸实施”（*eheirourgêsasa*，1.20）。

如此。

在这些演说中，《关于谋杀希罗底斯案》（ca. 420）更为复杂，也更为老练，其中的被告欧西忒奥斯（Euxitheus）在多个方面处于不利地位：首先他不是一个雅典公民，而是来自密提林（Mytilene）的精英公民，这是一个臣服于雅典法律的同盟城邦，而他正因为杀害一位雅典人希罗底斯而受到审判。第二，他强烈地抗议他正非法地受到错误法律的指控（换言之，他试图反对原告所选择的法律框架，而这一框架得到了司法官员的认可）。第三，他自己进行辩护的主要证人是一个奴隶，当原告向这个奴隶拷问证据时，后者就欧西忒奥斯与这一罪行的关联给出了矛盾的解释，后来他们又杀死了这个奴隶。第四，可能被谋杀的人只是在夜晚失踪了：他的尸体从未找到。

既然这一案件中所有的证据都是旁证，欧西忒奥斯的部分辩护是基于对自己没有犯罪动机的合情理的可能性之上的。① 换言之，他与希罗底斯之间的所谓不义事件的原初情形是有问题的，它有着根本性的漏洞，使人无法获得相关重要事件的确定信息。为了填补这些漏洞，合情理的可能性求助于典型的公民剧本，以及关于不同形势下可能发生何种情感反应与认知状态（比如友好还是愤怒，有意还是无意）的文化观念。通过这些信息，合情理的可能性促使陪审员将已知的事实（*ta genomena*）重新整合到能够同时容纳已知与可能事实的假定框架中（*ta eikota*，Ant. 5. 25）。但是欧西忒奥斯不久前已经清楚地为陪审员准备了这些说明，恳请他们去考察他自己的意图（*pronoia*，5. 21），他的意思是这可以作为一种向导，来重新整合已确定的和可能的事件，以及情感、思想等。从认知上来说，陪审员不可能在无法真正了解欧西忒奥斯主观的“内心世界”的动机（或者没有动机）时，却被要求去重现一系列已知与可能的事件。

安提丰运用这种在合情理的可能性与个体意图之间的相互作用，这样他就可能在陪审员的头脑中上演他的当事人与希罗底斯清白交往的表演。因为欧西忒奥斯与希罗底斯喝了一晚上的酒，他暗示陪审员设想这个雅典人跌跌撞撞走到暗处，失去了控制而遭受了某种不幸（5. 26）。他认为要以合情理的可能性去确定死去的奴隶的证词中哪些内容是可信的——将欧西忒奥斯作为凶手，还是后来又否认了欧西忒奥斯卷入到事情中（5. 37）。安提丰甚至让他的当事人以被尊崇的（甚至是英雄的?）军事剧本的形象表演合情理的

① 近来有关欧西忒奥斯证据背后策略的讨论，参见 Gagarin 2002：152 - 160 and 164 - 169，和 Carawan 1998：314 - 354。

可能性，他让欧西忒奥斯宣称："因为事实上，合情理的可能性（*to eikos*）就是我的战友（*symmakhon*，5.43）。"

但是安提丰对于 *to eikos*（可能性，或然性）最为生动的使用出现在一个不太显眼的段落，这一段话描述了 *to eikos* 是如何在被告与陪审员之间引入一种交互主体性的关系。在一种可能性的框架之中完成他对于事情的描述之后，欧西忒奥斯宣称他已经尽最大可能证明了自己的无辜，他还加上：

> **现在原告使用的最有力的证据就是说这个人（希罗底斯）已经消失了，而你们同样也差不多很想听到这个事实。**但是如果是因此我就得进行合情理可能性的推理（eikazein），你们也可以像我这样做得很好，因为无论你们或者我在这一罪行中都没有罪。（5.64，强调是我所作的）

欧西忒奥斯就用这些话赋予了陪审员在一种共通的一起推理的认知能力，如果他们与他一样围绕关于希罗底斯之死的原初情形建立一个假定性的可能性框架的话。用这种简便的方法，欧西忒奥斯这样一个外邦人，一位臣服于雅典统治的盟国成员，就取得了与雅典陪审员平等的地位。他甚至借助了他们命运的可交换性：他们都是无辜的人。而且安提丰让欧西忒奥斯将一种他自己由于希罗底斯的失踪而面对的认知困境摆到陪审员们面前：当我们缺少一些关键的信息时，可能的知识是什么呢？关于他使用基于合情理的可能性之上的证据，他宣称道：

> 如果有人问起你们某件你们刚好不知道的事，我相信你们中的每一个人都会一样，说你们不知道。如果有人让你们多说点，我估计你们会觉得特别为难，因而不要将这些你们无法逃避的困难摆到我面前。（5.65－66）①

但是欧西忒奥斯随后坚持陪审员最佳的判决标准**并不是**基于合情理的可

① 这里安提丰可能在研究普罗塔戈拉所提出来的人类知识界限的问题。欧西忒奥斯向陪审员提出的认知性难题，让人们回忆起普罗塔戈拉在残篇 3（fr. 3）中再现的一个问题："对于你们在场的人，我是坐着的；但对于不在现场的人，我也就并没有显得是坐着的。因此我到底是否坐着并不清楚。"（Farrar1988：52－53，with n. 32）

能性之上的证据。他请求："即使我善于利用合情理的可能性（*eu eikazô*），也不要认为我能够以这种方式免罪！"（5.66）他转而坚持对陪审员来说，确定他无罪的黄金准则，并不是去弄明白希罗底斯是如何死的，而是弄明白他欧西忒奥斯本人并没有动机："我和他没事，怎么会杀他。"（5.66）欧西忒奥斯将自己与其他人行为的所有外在特征形式都摆出来，以使陪审员相信他的罪行是不可能的，不过他最终的证据就在于陪审员能够而且愿意模仿他的思维轨迹、他的精神状态及他的行为背后的"内在逻辑"。如果他们这样做了，那么他就会成功地与他们建立起一种交互主体性的联系，它符合在奥德修斯在哈得斯中所遇到的那些罪犯的"自身对象"原型。在这一案例中，每一位投票赞同欧西忒奥斯无罪的陪审员，会在他的身上看到一种类似于其"孪生兄弟"的自我样式，在本质上这类似于能克服人们共有局限性的一种自我（Kohut 1984：193）。我们会记得这种类型的转换，类似于奥德修斯将赫拉克勒斯看作一位受难的同胞，一个必须忍受命运施加的痛苦而无能为力的受害者。这也是为什么欧西忒奥斯要开始建立起合情理的可能性的假定框架，即促使陪审员"考虑"他偶然结识希罗底斯的"这些背景"，"从一开始，这些背景的出现并不是有意的（*pronoiai*），而是偶然（*tukhêi*，5.21）"。①

在安提丰所有三次现存的法庭辩护中，他成功地将缺少明确证据的劣势，以及使真相难知的局限性转变为他的当事人的优势。在每个案件中他都将认知的不确定性转变为一种机会，使陪审员能体验一种假定时间、空间和行动者的独特的民主经验，这种经验远远不同于依赖阿基琉斯、狄奥墨德斯以及其他的 *basileis*（王）的机智来解决争执。对于基于 *to eikos*（可能性）之上的论证来说，这意味着根据已知的和可能的事实以及相关的公民剧本来塑造被告自我与原告自我的精神拟像（simulacra）。在此，米德在对自身的"宾我"角色与特殊行动者的"主我"角色之间进行的区分再次对我们的理解有所帮助。从陪审员们对于在希罗底斯失踪的那天夜晚可能发生了什么的

---

① 欧西忒奥斯在他的总结中告诉陪审员，如果他们判决他不对，他们可能正好与原告一样可能会有着道德上的过失（*hamartia*）（5.89）。然后他认为我们并非有意犯的错误（*ta …… akousia*）是可原谅的，是值得"同情（fellow feeling）"或者怜悯的（*symgnômê*），因为这些是出于偶然（*tykhê*，5.92）；而一个有意的错误（*hamartêma*）才应归咎于理性的判断（*gnômê*，5.92）。热尔内认为直到公元前五世纪中期，*tychê* 才成为一种抽象、普遍的力量，可能导致人类的错误，这是一个新的概念，是作为 *physis* 或者人的本性（2001：335－336）。在第 6 章中我认为作为人之本性的 *physis*，对于安提丰来说同样意味着个体的自利，特别是它在形成一种合情理的判断（*gnômê*）时更是如此。关于诉诸希腊法律中的同情（怜悯）或者同感，参见 Konstan 2000。

重构中，相信他们必然会很好地描述出欧西忒奥斯的“宾我”角色：一个出色的密提林人，雅典同盟的忠实臣民，一个尽责的儿子，等等。他们必须将这一评估与原告的“宾我”角色的描述对比起来看。而安提丰让欧西忒奥斯引导陪审员从事这一任务，即诱导陪审员多次进行这些认知性的活动——在这种活动中，其“主我”必须依据德性与自身利益的标准来进行决策，总之就是依据其“内在”意图进行选择。

欧西忒奥斯希望劝导陪审员上演他的 *pronoia*（意图）这一版本的剧本，催促他们除在运用合情理的可能性去推测希罗底斯失踪的那天晚上到底发生了什么之外，还能做得更多。这样的表演还可以引导陪审员们重演那天晚上之前、之中与之后，他的“主我”所进行过可能的一些关键的道德评估，权衡社会所规定的反自私行为要求。欧西忒奥斯请求他们在泰勒的意义上（1985a），重建他作为一个人的道德维度。当然他提醒他们，他的思想与行为是追求特定目标的“策略性行为主体”所进行的：他曾在过去一些时候与希罗底斯交好（5.57－63）；在希罗底斯失踪的第二天早上他参与了搜救小组的活动（5.23）。毫无疑问他试图证明自己无罪，因为他的性命依赖于陪审员“正确判决”的能力（5.46）。但是他同样请求陪审员将他描绘为“意义的主体”，即一个能够根据由自己对一系列选择的情感反应而确定的行为标准，对于他面临的选择进行评估的个体。比如说，当他审视他犯罪的一系列可能动机时，他否认在他与希罗底斯之间存在着任何“敌意（*ekhthra*）”；他也反对认为他为了帮朋友的忙而犯下这桩罪行的观点，认为这是道德的诽谤；他声称他从没害怕希罗底斯会杀害他；他也驳斥了认为他这样一个富有的人，会因为钱财而谋杀一个一无所有的人这样荒谬的观点。（5.57－58）[①] 因而他的辩护的关键在于陪审员们愿意表演出欧西忒奥斯人格的某种版本，因为这一版本揭示出他根本不可能会使用他的**意志**去谋杀。[②] 陪审员们被请求去运用他们自己的权威，通过道德与认知的模仿，对于一个自称同辈

① 即使欧西忒奥斯对于某些特定的事实或者他的情感反应撒谎或者蓄意歪曲，他的辩护也是基于他引导陪审员去想象其主观的人格基础之上的。有关他可能不实的陈述，参见 Carawan 1998：322，和 Gagarin 1997：174－175。

② 这种认知上的模仿涉及欧西忒奥斯对于我们现代意义上意志的运用，与 Vernant 的观点不同的是，古典时期的希腊人并没有足够自主到将倾向、欲望、善的智性观念，从他们道德角色的“核心”中分离开来。我相信欧西忒奥斯的自我审察以及对杀害希罗底斯可能动机的否认，使得人们可以合理地认为“从他自己行为的意志……是他行为的真正根源”这一标准来说，他没有理由去犯罪（cf Vernant 1988：67）。他作为一个外邦的、没有祖国的人，在雅典这个不利法庭上的困境，可能促使他急切去假设他的内心生活（参见 Vernant 1988：82）。

（peer）的、平等的同胞公民的内心思想进行关键的评价而得出这种结论。

这就是为什么欧西忒奥斯最后要求陪审员运用合情理的可能性进行两种认知行为：一种是没有被惊慌、愤怒或者偏见所扭曲的合情理的判断（*gnômê*）（5.71－72），另一种是同情的情感行为（*eleos*）（*eleêthênai*，5.73）。如果陪审员成功地模拟了在希罗底斯失踪那个夜晚他自己的意志（他并无此意），他们就会理解“没有意图而犯下的错误（*ta men akousia*）是值得同情的（*syngnômê*），而有意犯下的错误（*ta de hekousia*）则是不值得同情的（5.92）”。以这种要求，模拟一个人的 *pronoia*（意图、预谋），通过同情来模拟体验这个人的不幸，都集中在这一思考活动中。安提丰让欧西忒奥斯立刻说出了这一点，他声称：“因为无意而犯下的错误是由于偶然而发生（*tês tykhês*）的，但是有意而犯下的却是在理性判断下进行的（*tês gnômês*，5.92）。”——我指出过这就相当于在指运用某个人的意志。如果热尔内将偶然（chance）与公元前五世纪中期的人的自然·本性（*physis*）的思想联系起来是正确的（2001［1917］：337－338），那么同情使得这种判断产生了一种情感维度，将一个外国当事人的本性（*physis*）与每一位陪审员同样的个体经验联系起来。安提丰向陪审员提出的最简洁的论证，以下面的方式修订了梭伦的“认知性拼接”：要成为你自身，你必须既不是任何人，又是任何人——你必须努力成为欧西忒奥斯。

2.2 民众主权与雅典社会契约

这种由安提丰引入到陪审员那里的对欧西忒奥斯进行认知性的模仿，与在约公元前460年到公元前411年间雅典人对各种形式的民众主权的信赖是分不开的，民众主权是以 *nomos*（订立的成文法）与 *psêphismata*（公民大会颁布的法令）表现出来的。但不仅公民大会，法庭也是运用这种民众主权的最可靠平台，甚至在公元前462年厄菲阿尔特（Ephialtes）① 改革以及公元

---

① 厄菲阿尔特，约公元前500—公元前461年，古希腊雅典的激进民主派政治家。出身于破产贵族家庭，苏福尼德之子，出身贫穷，以廉洁著称。公元前468年厄菲阿尔特参加反波斯的攸里梅敦河战役。与伯里克利合作，宣扬敌视斯巴达的政策，要求一切权力归人民，成为贵族派首领赛门的最大政敌。公元前465年后不久当选十将军。公元前462年厄菲阿尔特执掌政权，反对赛门出兵帮助斯巴达镇压农奴起义未果。当斯巴达以所谓“雅典的革命倾向”为由遣回雅典军队，雅典舆论大哗，倒向厄菲阿尔特一边，使他得以在公元前462－461年流放了赛门，推行激进民主改革，剥夺贵族院的权力，削减了行政机构的权力，使公民大会拥有了几乎全部的立法、司法（相当于陪审法庭）和行政权。这种激进改革导致他在公元前461年被反对派暗杀，但他的改革措施却延续下来了。——译者注

前450年代伯里克利的政策，都很可能支持创立和推动了在 *hêliaia*（作为上诉法庭的公民大会）之外的民众法庭发展（Ostwald 1986：5；78－82）。① 在所有的早期智者中，普罗塔戈拉是最清楚地为民众主权的正当性提供理性论证的政治理论家。他的认识论非常独特，只承认基于个体私人性经验之上的知识，或者如法勒（Farrar）所描述的，“日益相信在世界中体验自己的人们的互动”。（1998：47）因为这种互动既塑造了公民，也被追求社会和谐的公民所支配（77－78）。普罗塔戈拉思想与伯里克利政策中的民众主权，是作为人的本性的最可靠的表现。

但是安提丰同样也是一位政治理论家，他的智慧似乎是被普罗塔戈拉在约公元前460年到前450年间（或者稍晚一点）在雅典引发的冲击而激发起来的。② 通过清楚地表述了西方思想史上第一次出现的——就我们所知——社会契约理论，安提丰似乎既反对、也进一步发展了普罗塔戈拉对于政治与人性的理解。我们可以通过他的《论真理》（*On truth*）一文对此有所了解：他使用 *nomos/physis*（法律/自然）的对立来主张：“从城邦的法律（*nomoi*）中所产生的行为，都是肤浅地加在公民身上，而从自然（*physis*）中所产生的行为则是不可避免的。从法律中产生的行为，因为它们是一致同意的（*homologethênta*），因而并不是自然的产物；而从自然中产生的行为，正因为是自然的产物，所以并不需要一致的同意。”［B44（a）Ⅰ.23－Ⅱ.1］③

---

① 民众法庭是古希腊城邦雅典的民主政制其中一个司法机构，法庭的职责是接受公民就执政官的判决所作的上诉。——译者注

② 关于安提丰与普罗塔戈拉理论的关系，参见 Gagarin 2002：84－85，106，172，179；Pendrick 2002：247－248，266，271，282，321，353－354（主要是引用，不考虑其他学者的观点）；Farrar 1988：113－120；和 Decleva Caizzi 1986：297。

③ 奥斯特瓦尔德从这些诗行中看到“希腊最早关于契约理论的详尽论述”。（1990：298），他同意 Decleva Caizzi（1986：296）的观点以及 Kahn（1981：95，with nn. 3 and 5；and 102，n. 17）的观点。Guthrie（1971）认为在普罗塔戈拉那里包含着一种社会“契约”理论，并在安提丰那里提到阐明，但是 Kerferd（1981：147－148）却强烈地反对这种有关普罗塔戈拉的观点。他引用了一些公元前五到公元前四世纪的社会契约论的资料，但是却忽略了这些诗行（148－150）。法勒在普罗塔戈拉的学说中发现了社会契约理论（1988：91－95），并相信在这些诗行中安提丰也承认社会契约论，但是他却攻击了当时类似于普罗塔戈拉的说法，认为这对于个体来说是有害的（116－117）。番吉克轻易地否定了这些诗行与社会契约理论有任何关联，他相信是学者们将契约论“读到”到安提丰身上去的，但我看来这并不正确：他理解的“契约”观念过于字面化了（2002：325）。Kahn 认为以“契约与普遍同意的方式”来描述“政治联盟”时，这一观念就出现了（1981：94）。而 Kerferd 则认为在“从实际的或者默认的

我会在第6章中安排相当篇幅讨论在伯里克利和后伯里克利时代雅典中的安提丰的公民典范与自我。就目前而言，我只是指出，当欧西忒奥斯请公民们运用合情理的可能性以模仿他自己在希罗底斯失踪之前与之后的精神状态时，提出了"达成协议"（agreement，一致）（使用的是动词 *homologein*）的建议，这当中可以发现安提丰的社会契约观念在发挥作用。如上所述，这里涉及的协议是认知与道德方面的，它要求陪审员将三种存在论框架协调起来：欧西忒奥斯对于他可能的思想与行为的假设性重构；原告所指控的行为的原初情形（他们关于谋杀的看法）；有关罪行（*kakourgia*）的法律。陪审员必须将前两种框架消除一种，然后将余下的另一种框架与法律的框架结合起来。这样陪审员一起推理，他们与欧西忒奥斯或者原告方一起推理，劝导公民彼此表演别的公民生活中的关键性时刻，其实就是同意**成为**对方；这就在实现公民身份。这是社会契约理论中的核心经验，也是从这一理论中产生出来的命运的相互交换性（interchangeability）。[①]

3. 复活的立法家

在入侵西西里（Sicilian）大败（公元前415年–公元前413年），以及公元前411年曾短暂地倾覆了民主制度的第一次寡头政变[②]之后，民众主权

一致性同意中产生出政治责任"的情况下，这一观念就出现了（1981：147）。罗斯概述了智者关于社会契约作为对于人类发展的人类学理解的三个阶段中的第二阶段的观点（1992：275–276）。

① 在安提丰的《关于谋杀歌舞艺人案》（*On the Chorus Boy's Murder*）中，被告表现出了公民间的一致是如何从这些协调的框架中产生出来的，他注意到在受到指控的犯罪情形中，证人的证词中强化了他"真的发生了什么"的观点，而不是原告的观点："但是我，现在正给你以合理（*eikotas*）的解释，证人也同意（*homologountas*）这些解释，事情也与这些证人所说的一致，而论证也是基于行为本身……"（6.31）而在安提丰的四联剧第二部（*Second Tetralogy*）的开头，原告通常看到："任何人对于事实本身没有异议的争执（*ta homologoumena……tôn pragmatôn*），预先都可以为法律与公民大会的法令所解决，因为它们对于城邦生活的各个方面都有着统治权（3.1）。"（有少部分学者对于四联剧的作者有争议；可参见 Carawan 1998：171–192，and Sealey 1984。）

② 在雅典与斯巴达的斗争中，多个以萨摩斯岛为基地的舰队的指挥官比较倾向于寡头政权，他们联合到一起，他们认为雅典的民主制度是西西里远征及其造成的巨大损失的原因。阿尔喀比亚德此时随斯巴达的舰队在爱琴海行动，他支持这些军官的看法。由于他在斯巴达的地位不稳，他打算再次易帜。他让这些军官相信，假如在雅典一个寡

的制度规定及其共同协商的形式，逐渐失去了令人骄傲与自豪的地位，这曾是雅典国家的基础与保障。公元前 411 年后不久，特别是在雅典于公元前 404 年为斯巴达决定性地击败，以及公元前 403 年第二次寡头政变[①]后不久，雅典的理论家（政治领袖、与演说家）开始改变他们对雅典国家中权威来源进行概念化的方式。在一种意义上，他们是通过去人格化的方式，将权威看作城邦法律的“抽象主权”，而不是看作从忒米斯托克勒斯（Themistocles）[②]，

头政权上台的话，那么波斯也会同意与雅典达成协议，而他也愿意回到雅典。这些政变者有系统地行动，他们首先与雅典倾向寡头政权的贵族取得联系。这些贵族在市民集会上宣称当时的宪法不适合战争时代的需要。他们所传播的恐惧和不安使得市民集会同意建立一个编写新的宪法的委员会。这样寡头派在公元前 411 年春剥夺了市民集会的权利而设立了一个由 400 人组成的议会，这个议会的目的是制订一个新宪法。在这个宪法中只有 5000 人在市民集会中有表决权，而市民的赡养费停发。但这个 5000 人的议会并未召开，因此这 400 人的议会就掌握了所有的权力（公元前 411 年 5 月和 6 月）。这场政变最后既没有使波斯同意与雅典达成一个协议，又没有能够与斯巴达达成和平。斯巴达此时正处于胜利状态，因此它根本不想与雅典达成和平。由于舰队里的划桨手依然是民主派的而不是寡头派的，因此这次政变很快就又被取消了。几个月后这 400 人的议会就失去了它的权力，5000 人的议会召开。公元前 410 年中民主制被恢复，赡养费重新发付。由于波斯没有与雅典达成协议，因此在萨摩斯岛上的寡头派放弃了阿尔喀比亚德，但阿尔喀比亚德则换到了民主派的阵营中去了，他成了民主派在萨摩斯岛上的首领。——译者注

① 公元前 404 年民主政体被推翻，“三十僭主”肆虐一时，这就是第二次寡头政变。公元前 403 年民主政治得到重建。——译者注

② 忒米斯托克勒斯（Themistocles），公元前 522 年—公元前 460 年，雅典政治家、军事家。在希波战争中，忒米斯托克勒斯指挥希腊海军，将大约六百艘波斯军舰诱入雅典外的萨拉米斯湾，然后予以一举歼灭，从而赢得自马拉松战役以来，雅典对波斯的又一次辉煌胜利，也确立了以后一个世纪的雅典海上霸权。萨拉米斯湾海战以后，忒米斯托克勒斯的个人声望和权力达到顶峰。但是，雅典人害怕出现一个军事独裁者，结果忒米斯托克勒斯被陶片放逐。陶片放逐法只是放逐那些可能对雅典民主制产生威胁的人，十年内不许他们回到雅典，但不会对放逐的人本身进行任何迫害。被放逐的忒米斯托克勒斯起先住在阿尔戈斯。不久有人得到忒米斯托克勒斯私通波斯的证据（希波战争期间，忒米斯托克勒斯确实曾经给战败的波斯人，特别是波斯王族人物逃生的退路），于是雅典政府在整个希腊通缉他，忒米斯托克勒斯因此逃往波斯帝国。波斯国王想利用他的才智和巨大声望，没有伤害他而是给了他一块封地。他最终逃到了小亚细亚。人们都把他叫作叛徒。——译者注

赛门（Cimon）①，伯里克利到克里昂（Cleon）②、尼亚阿斯（Nicias）③、阿尔喀比亚德（Alcibiades）④ 这些领袖的影响之下形成的民主决策过程。正如我们前面所看到的，他们构想了一种对于“先辈们所信仰的我们城邦的政体”［这是我的一种迂回说法，可以比字面义的“祖先规制（ancestral constitution）”更好地把握“*patrios politeia*”］的迫切要求与怀旧之情。但是这种借助于法律的抽象权威的方法，也可以与过去的领袖及其人格联系起来：梭伦与德拉古现在显然主要是作为立法家而出现，他们的政治智慧为强大的民主做出了贡献。⑤

当民主制度在公元前410年初次得以恢复的时候，这种复古与怀旧之情

---

① 赛门（Cimon），公元前510年-公元前451年，雅典将军，在希波战争中屡建奇功，又常赠送礼物给贫苦人民和改善雅典的公共场所设施，极受人民爱戴。可是，他的政治观点颇为保守，对民主制度只作有限度的支持。他认为雅典人应该让他们的政策交由像他那种世所公认的贵族出身的人来决定。在忒米斯托克勒斯遭放逐之后十年中，赛门和其他的保守派人士掌握控制雅典的大权，并且阻止增加平民在政府内的参政权。——译者注

② 克里昂（Cleon），？—公元前422年，又译克利昂，是雅典政治家和军事将领，在伯里克利死后成为雅典激进民主派的首领。他在伯罗奔尼撒战争中反对与斯巴达媾和，极力主战。约于公元前427年或公元前426年当选为首席将军。最得意之时为公元前425年。克里昂曾遭到鼓吹和平思想的青年戏剧家阿里斯托芬（前446—前385年）的猛烈抨击。在《骑士》（公元前424年上演）、《云》（公元前423年上演）、《马蜂》（公元前422年上演）等喜剧中，阿里斯托芬对克里昂予以尖锐的攻击和辛辣的讽刺。公元前422年，为争夺爱琴海北岸重地安菲波里，克里昂统率雅典军队，与斯巴达及其同盟的军队展开激战，失败被杀。——译者注

③ 尼亚阿斯（Nicias），公元前470—公元前413年，雅典贵族，伯罗奔尼撒战争期间雅典的将军与政治领导人。——译者注

④ 阿尔喀比亚德（Alcibiades），公元前450年-公元前404年，是雅典杰出的政治家、演说家和将军。他是其母系贵族家庭的最后一名著名成员，这个家族在伯罗奔尼撒战争之后衰败。他在战争的后半段扮演重要角色，担任战略顾问、军事指挥官和政治家。在伯罗奔尼撒战争期间，阿尔喀比亚德曾经数次更换他的政治忠诚。在故乡雅典时，他主张一种好斗的外交政策，是西西里远征的主要支持者，但是在他的政敌指控他犯有亵渎罪之后，他逃到斯巴达。他在斯巴达担任战略顾问，提议或监督了反对雅典的几次主要战役。但是在斯巴达，阿尔喀比亚德也很快面临强大的敌人，又被迫叛投波斯。他在波斯担任顾问，直到他的雅典政治盟友将其召回。此后他担任雅典的将军数年时间，但是最终他的敌人再次将他流放。——译者注

⑤ 公元前411年之后和公元前403年之后，梭伦作为立法家榜样，参见 Ostwald 1986：370-372，415，and 511-514。梭伦作为民主的奠基者而在公元前四世纪享有更大的声望，参见 Hansen 1990：78ff. 和 Mosse 2004。

显示在通过收集与颁布所有的法律——特别是德拉古与梭伦的法律——来澄清现存法律的努力之中。[①] 当民主在公元前403年再次恢复时，雅典人更加齐心协力编纂他们的法律，重新审查、修订并且颁布了源自这两位经典立法家的法律。但是这一任务并不是由公民大会承担，而是由一个特别选举并经过任命的 *nomothetai* 或者“立法家”所组成的群体来进行的——这一时期其人数在510到560人之间。[②] 这种新的对于法律的复古之情及尊重之意，以及立法活动与立法家的形象是如何在法庭上表现出来的。并不奇怪的是，我们在从公元前400年左右到公元前四世纪中期现存的演说中发现了一系列的相关的文献，都密集援引了德拉古与梭伦的权威，并将立法家的角色确立为公共利益中最为核心的因素。由此我们就看到雅典的陪审员施行正义的能力，必须适应近来意识形态上向法律主权方向的发展。[③]

为了满足这种要求，演说家将关于法律的新意识形态的要素写成某种表演的传统形式。模仿的行为从其本质上来说是认知性的，这种模仿将两位立法家，特别是将梭伦作为“模仿的原型”，陪审员能够仿效他们的智慧，成为后世立法家。有意思的是，这种表演传统所发生的变化，类似于公元前六世纪到公元前四世纪以来在诗歌传统中的改变。两种试图编纂德拉古与梭伦的原初法律文本的努力——当然也加入了很多这两位根本没有创立过的法律，都类似于雅典人在修订与编纂诸如荷马之类的诗人和三位雅典悲剧家的表演剧本或者文本所做的努力。[④] 悲剧家的作品在公元前五世纪末期就已经

---

① 这次试图修订法典的努力，参见 Hansen 1991：162，和 Ostwald 1986：369ff。关于不同的法律公开地得到展示，以及它们是如何容易地被查询的，参见 Sickinger 2004。

② 关于 *nomothetai*，参见 Ostwald 1986：512－513 和 Munn 2000：264－272。从德摩斯梯尼那里我们知道，在公元前四世纪，在必须对法律的修订进行辩论的日子里，*nomothetai* 是从6000公民所组成的陪审团候选人（jury pool）中选择出来的（24.20－23）。汉森相信他们的数目是变动的，大约在501人到1501人之间（1991：167－168）。

③ Johnstone 讨论了演说家将公元前四世纪立法家的法庭演说看作“比喻（trope）”与“解释方式”以形成“法律推理”，使得演说家认可对法律非字面上的解释；在一种法规体系中对于一条法律的解释与其他的法律是一致的，对于法律的解释证实了它的基本“民主的”性质（1999：25－33）。我关注的是这一“比喻”认可法律决策中的模仿与认知性施行的合理性的方式，这是与从民众主权到法律主权的过渡相一致的；也可参见 Yunis 2005：201－207。

④ Nagy 认为荷马史诗的传播有五个时期。我所指的在修订的法典与表演的文本之间的相似性，是与第三时期的后半阶段相符合的，即从公元前六世纪到公元四世纪后期，以雅典为中心（1996：110）。

成为经典的形式（canonical form），在公元前四世纪雅典人为了这些悲剧能继续在雅典的国家剧院中重新上演，共同努力确立官方的文本。[①] 阿里斯托芬的《蛙》（*Frogs*）（405）清楚地说明了在两次寡头政变之间的共同体，希望回归到权威性的诗艺表演中所体现出的道德与政治指导，尽管他滑稽地从哈得斯取回埃斯库罗斯、欧里庇得斯在冥府的灵魂的情景，并不是原初的舞台表演中的情形。在公元前412年的一次比赛中，欧波利斯（Eupolis）[②] 在他的戏剧《人民》（*Demoi*）中，也召唤出米尔提阿德斯（Miltiades）[③]、伯里克利、亚里斯提德（Aristides）[④] 等领导人的灵魂——也许还包括梭伦的。[⑤]

直到公元前五世纪晚期，在戏剧中这种恢复过去权威形象的复古需要，当然是与当时政治观念的转向是一致的，即从对于民众主权的信念转向恢复祖先规制（*patrios politeia*）。正如雅典人不得不通过文本的媒介，去找寻杰出诗人“真正”的文字。他们可能在文本中去寻求德拉古“真正”的 *thesmoi* 与梭伦“真正”的 *nomoi*，以能够更为忠实地表演立法家的判决。但是在法庭上援引梭伦与德拉古的法律对于雅典人来说，真的能够如同在喜剧舞台上再现过去伟大的诗人与政治家具有同样的意义吗？为了将伟大的悲剧家召唤回雅典，阿里斯托芬滑稽地模仿了英雄下到哈得斯（*katabasis*）的史诗传统，以及招魂师（*psykhagôgos*）——能够让生者向死者问卜，或者让闹鬼

---

① 在公元前350年到公元前325年期间的某个时间里，雅典的政治家吕库尔戈斯编纂了这三位悲剧家官方的“国家剧本”，并给他们每一位树立起青铜的雕像（Pseudo - Plut. *Lives of Ten Orators* 841ff. , cited in Nagy 1996：174 - 176 and 201）。在这一世纪的后二十五年，这些改革为法勒伦的德米特里厄斯（Demetrius of Phaleron）进一步推进，国家接替了私人公民对于悲剧进行资助（Nagy 1996：156 - 157）。

② 欧波利斯（Eupolis），公元前446年 - 公元前411年，活跃于公元前429年至公元前412年，雅典的旧喜剧大师。——译者注

③ 米尔提阿德斯（Miltiades），约公元前550年到公元前489年，曾任雅典将军，领导雅典取得了马拉松战役的胜利。——译者注

④ 亚里斯提德（Aristides），约公元前530年到公元前468年，雅典政治家与军事家，参加过马拉松战役，后来曾当选为执政官。——译者注

⑤ 有关欧里波利斯的戏剧，参见 Ostwald 1986：341 - 342；Edmonds 建议对其情节进行重建（1957：978 - 994）。在伯里克利时代，喜剧作家克拉提诺斯（Cratinus）可能在《基罗涅斯》（*Chirones*）（fr. 246 - 268，Kassel and Austin 1983）中让梭伦复活。参见 Vickers 关于 *idolopoeia* 这一喜剧传统（1997：7，w. n. 34）

的亡灵安静下来的巫师——的作用。[1] 正如我已说明过的，他的先辈欧里坡里斯［以及克拉提诺斯（Cratinus）］[2]，运用向亡灵问卜（necromancy）的做法召回政治领袖的灵魂。[3] 但是，喜剧中作为糊涂花招而成功的做法，在法庭上总是不合时宜的。

同样，在公元前414年，阿里斯托芬在［《鸟》（*Bird*）第1553到1564行］中，嘲笑了苏格拉底提升他的雅典同伴灵魂的努力，让苏格拉底从事招魂师（*psykhagôgos*）的阴暗行当，将灵魂从地府“招回”而与生者对话。显然阿里斯托芬相信向亡灵问卜以及短暂地将死者“复活”的剧本，会给雅典人留下深刻的印象，它再现了苏格拉底努力帮助他的同胞公民通过某种认知性转变而得到智慧，尽管可能显得十分愚蠢。因而在七十多年中，演说家借助于一种向亡灵问卜的修辞形式，让陪审员对案件进行判决之前，在他们的头脑中复活梭伦与德拉古的形象，也许就并不那么奇怪了。例如公元前330年，埃斯基涅斯在总结他对于克特西芬（Ctesiphon[4]）［以及德摩斯梯尼（Demosthenes）[5]］的冗长攻击时，想象了梭伦亡灵的形象，接下来又想象了亚里斯提德的形象：

> 他（塞西芬）在演讲结束时召集那些与他同样收受贿赂的同伙，想象你在讲坛上——也就是我现在站在这里说话的地方——看到了我们国家的护卫者正严阵以待，以对付这些不法之徒：这些护卫者当中有梭伦，他以其最为奇妙的法律创立了我们的有序民主，他是一位哲人，也是高贵的立法家，请求你们像他一样安静下来，决不要听信德摩斯梯尼的话而非你们的誓言与法律。护卫者当中还有亚里斯提德……（3.257－258）

---

① 有关*psykhagôgos*（招魂）以及它与向亡灵问卜（necromancy）的关联，参见Ogden 2001：95ff.

② 克拉提诺斯（Cratinus），公元前519年—公元前422年，雅典的旧喜剧作家。——译者注

③ Ogden将这些喜剧的效果放到了与向亡灵问卜（necromancy）的文化背景之中。（2001：263）

④ 克特西芬（Ctesiphon），雅典演说家。——译者注

⑤ 德摩斯梯尼（Demosthenes），公元前384年—公元前322年，雅典演说家、民主派政治家，早年从伊萨学习修辞，后教授修辞学。积极从事政治活动，极力反对马其顿入侵希腊。后在雅典组织反马其顿运动，失败后自杀身亡。——译者注

更早些时候（公元前345年），埃斯基涅斯借助一些更为生动的形象召唤了梭伦的亡魂。毫无疑问，作为一位曾经的演员，他对于自己对表演技艺的把握是十分自豪的。埃斯基涅斯在攻击德摩斯梯尼的同伙提玛科斯（Timarchus）过着一种不道德与不体面的生活，尤其在公共场合粗鲁说话时，他回忆起了类似于伯里克利、忒米斯托克勒斯和亚里斯提德这些政治家高雅的举止。他认为所有这些人都遵循梭伦有关如何发表公共演讲的法律。但是他关于如何在公共场合表演的最有力证据就是所有陪审员都熟悉的梭伦式姿态，这可以是一种三维立体的成文法，在描绘它时他特别强调了其作为模仿原型的功能：

> 我很清楚你们所有人都驶向过萨拉米斯（Salamis）并看到了梭伦的雕像①。你们自己都可以证明梭伦的像树立在萨拉米斯的市集上，手插在他的大衣里。雅典人啊，这是对梭伦的姿态以及他向雅典人民演讲方式的一种纪念与表现（*mimema*）。（1.25）

作为一个熟谙于梭伦表演传统的行家，德摩斯梯尼也当仁不让，很快找到机会，将这一雕像作为过去公共演说家的“经典范例”，在这方面他还胜过了埃斯基涅斯。公元前443年他成功地指控埃斯基涅斯作为大使与马其顿的菲力（Philip of Macedon）进行谈判时犯了叛国罪。德摩斯梯尼的目的在

① 约在公元前七世纪末六世纪初，雅典与墨加拉为了萨拉米斯的归属权而进行战争。萨拉米斯是一个具有战略地位的海岛，敌人可以轻易以萨拉米斯为跳板袭击阿提卡的海岸线，此外它对于雅典当时商业航道的开拓也是至关重要的。从后来梭伦制定法令禁止除了橄榄油以外的一切农产品出口看来，当时雅典城邦的粮食供给可能只能满足本地需求，甚至需要依赖海上贸易进口，这更使萨拉米斯航道具有战略安全意义。此外，约在前632年发生了库隆图谋僭政的事件，而库隆得到墨加拉僭主的支持，因此与墨加拉开战俨然含有排除僭政对雅典寡头政治的潜在威胁的象征意义。然而，由于某些原因，战事使得雅典城邦感到吃力，于是城邦权力机构通过了一项法令，规定以任何形式鼓动重启旨在夺回萨拉米斯的战役者，将被处以极刑。在这苛刻的法令下，任何欲一洗耻辱的雅典人都噤若寒蝉。在这种情形下，梭伦故意先散布他失心疯狂的消息，然后一天他带着头盔突然出现在市集，并将早已写好的《萨拉米斯组诗》当着民众面前宣读，在疯狂的掩护下以诗人身份号召同胞再次拿起武器战斗。结果在民众（其中包括了庇西斯特拉图）的支持下，法令被取缔，梭伦被任命为战争指挥，而在其领导下雅典重夺萨拉米斯的主权。战争的胜利奠定了他在雅典城邦的崇高地位并进而为其赢得执政官的职位。——译者注

于质疑他的对手在修辞上招魂（*pskhagôgos*）梭伦的可信度。他将他第一回合的攻击放在我们称之为历史根据（historical grounds）之上，① 指出在萨拉米斯的梭伦像只是在那里立起了五十年，而这位立法家生活在两百五十年前，构思他的形象的雕刻家根本不可能知道梭伦的姿态是什么样的（Dem. 19. 251）。但是在这样一种表演传统的背景之下，德摩斯梯尼的批评与其说是历史性的，不如说是认知性的，因为他指责埃斯基涅斯没有能力去"看"或者了解他的模仿原型的真正本性。就像一位诗人对一个神话讲叙了一个与他的对手不一致的版本，或者是像竞赛中的吟诵者在表演出一个对立版本的荷马史诗，也像阿基琉斯盾上面仲裁的王者在与同辈的竞争中施行着与他们迥然不同的 *themistes*，德摩斯梯尼攻击的是，埃斯基涅斯不具有在共同体的记忆与当下的情形之间进行框架转换的认知能力。他抱怨埃斯基涅斯尽管不知道梭伦的标志性姿态，"却告诉陪审员，并模仿这种姿态（*eminêsato*，19. 252）"。

更为重要的是，在这种攻击中，德摩斯梯尼也提到了适当参与梭伦式的表演传统所希望达到的目标，即亡灵巫师"看到"逝者亡灵的能力，这样他就可以再次说：

> 然而这种姿态（Skhêma）非常有益于国家的方面就是，有能力见到梭伦的灵魂（psykhên）以及他的智慧（dianoian）的程度，但是他（埃斯基涅斯）却没有仿效这一点，所做的都是恰恰相反！（19. 252）

此时，德摩斯梯尼为了显示他自己是这种表演传统更为权威的行家，忍不住以他自己具有的才能完成对其对手的反驳，他提及了梭伦生涯中戏剧化的一个时刻：当雅典人投票禁止公开讨论萨拉米斯最近公开反抗雅典霸权时，他提醒陪审员，梭伦冒着极大的个人风险绕过了这一禁令。据说梭伦将自己打扮成一个传令官，走到集市上，朗诵起哀歌诗句而不是进行政治演讲。然后，德摩斯梯尼将法庭转变为舞台，他直接扮演起梭伦，演出梭伦的

① 两位演说家在法庭上用向亡灵问卜（necromancy）这种过招，是与他们就真实地还是欺诈地运用修辞术的讨论是相一致的，这是 Hesk 从埃斯基涅斯的演讲中有关出使菲力及德摩斯梯尼的金冠一事分析出来的（2000：231 – 239）。（公元前 330 年，由于德摩斯梯尼对国家立有大功，雅典决定授予他"金冠"。随即，他遭到埃斯基涅斯等人的诬蔑和攻击，并由此引发了一场公开大辩论。他在著名的《金冠辩》演说中，怒斥了对他提出诬告的人，以赢得绝对多数的支持、埃斯基涅斯被放逐罗斯岛而告终。该辩论演说至今仍被公认是历史上最成功的雄辩艺术杰作。——译者注）

另一首哀歌，即第4首诗，表明政治行为、歌咏和一种正义观可以在一位杰出个体不同凡响的智慧中融合在一起。

正如他所吟诵的："我们的国家永远不会毁灭，这是宙斯指派的命运，不朽的神明对她如此厚爱……"（Solon 401－402）德摩斯梯尼即兴表现着或者扮演着梭伦，纳吉认为这符合史诗吟诵者在"重演（reperformance）"中再现荷马的方式（1996：59ff）。德摩斯梯尼还能比这更为清楚地说明梭伦是一位诗艺的**并且**也是认知性的表演角色，陪审员如果想正确地判决就必须补充这样的角色吗？相形之下，埃斯基涅斯只是从一些不可靠的记忆，从新近在萨拉米斯竖立起来的雕像中复制梭伦的姿态或者样式。这相当于对原型的失败的模仿。而德摩斯梯尼则突出这一点，宣称："他（埃斯基涅斯）不能让人们记起（*memnêsthai* 19.253）梭伦。"接下来德摩斯梯尼将这位立法家得体的举止，与他对于埃斯基涅斯收受贿赂的指控联系在一起，从而嘲笑他的对手没能演出梭伦的姿态："对于你来说，没有必要将手缩在大衣里讲话，倒是要像手插在大衣里的使节一样做事。"（19.255）

这表明模仿具有将诗人或者立法家的灵魂从过去，即从无生命的死亡之中，召唤听众与观众活生生复现的现在的能力：① 这就是那位伟大的人物思想（*dianoia*）的品质与制定法律之意图（*pronoia*，有时是 *dianoia*）。正如我们会看到的，这些是陪审员无声地聆听法庭辩论时应当复活的，他们要作为后代立法家模仿梭伦。我们已经看到，在一个民众主权信念兴盛的时代，陪审员在基于合情理的可能性证据重构一个公民的内心思想时，安提丰之类的

---

① 公元前四世纪雕刻家及画家当然试图把握与再现他们行动者的个体精神与 *psykhê*，而 *psykhagôgos*（招魂）的魔法则表现了他们的技艺。色诺芬在《回忆苏格拉底》（*Mem.* 3.10.3）中，让苏格拉底问画家帕拉西阿斯（Parrhesius）灵魂的特征（*tês psykhês êthos*）是否能被模仿，他也对于雕刻家克雷同（Cleiton）（可能是 Polycleitus 的一个假名）提出过同样的问题。苏格拉底向克雷同请教艺术令人愉快的效果："你是怎么把握人们的灵魂（*psykhagôgei*）的，如何让他们看起来栩栩如生？"他认为关键在于雕刻家有能力在他的艺术形象中表现出"活生生灵魂（*ta tês psykhês erga*）"的形象。在另一个地方他想象了他的朋友克拉底鲁（Cratylus）的雕像，它把握了一个人的"运动的姿态（*kinêsin*）"、他的灵魂（*psykhên*）以及他思考的样式（*phronêsin*）（Crat. 432b－c）。在 Steiner 对于这些段落的讨论中（2001：32－35；69－70），她将古风与古典时期雕刻的能力概括为"重现先前的表演"，以及"推动活着的人，与不在场的人或者死者产生联系"，以表现"一个不在场个体'核心'的性格与品质"。从公元前五世纪起，这样的雕像开始树立在公众场所，它们使得个体观众"将他们自己当作是公民……"。（31－32）有关色诺芬一些段落中对模仿的论述，见 cf. Stewart 1990：83。

演说家能够引导陪审员模仿同胞公民的意图。但是在法律主权兴盛的时代，一起推理要求陪审员进行另一种模仿的表演，这种模仿很可能要求陪审员们先去模仿被告不义之举的意图，但是最终要求他们复活立法家制定法律时的意图。但是在讨论这种意图之前，我们应当了解一下在公元前四世纪类似于德摩斯梯尼这样的演说家，能否理解到这第二种模仿中的一个真正的认知性维度。

在德摩斯梯尼最早的一次演说中（公元前355年），他请求陪审员不要接受新近由被告莱普廷斯（Leptines）提交（草拟）并由公民大会通过的法律，也不要遵守它。[①] 他认为这种法律是耻辱的，只会鼓励公民之间的妒忌与对立："拟定这种法律的人（莱普廷斯）可能就是想造成这类事情，但是你们去仿效（*mimeisthai*）这样的事情是不适当的，甚至哪怕是怀有这样的想法（*phromountas*）都是与你们不相称的。（20.157）" 作为这种不明智模仿的一个积极性反例，他立刻对比了雅典人从遵守德拉古的谋杀罪律法条文中所得到的好处（19.158）。在前面讨论过他对于埃斯基涅斯进行攻击的演说中，德摩斯梯尼同样请求陪审员通过认知类型的模仿而作出恰当的判决，这就相当于行为的模仿。他敦促他们借助于其先辈中具有雅典式美德的贤良人士，并"通过行为模仿（*mimeisthai*）他们"，尽管陪审员生活于和平时代，不能如他们那样取得辉煌的军事成就。但他认为陪审员们可以进行这样的模仿行为："只要你们模仿先辈清晰的思考方式"（*to eu phronein*，19.269），因为"没有什么事情比轻视好的思想更无聊或者可恶的了（*to kalos phronein*，19.270）"[②]。

在德摩斯梯尼与埃斯基涅斯的这些段落中，模仿的认知性维度有助于陪审员运用梭伦与忒奥格尼斯所想象的"拼接"艺术来解决争执。一般说来，自公元前六世纪以来，希腊将模仿看作连接两类迥然不同的存在样式或者基本秩序的能力——可能是人模拟动物的运动和声音，也可能是希腊人模拟外国人或者另一希腊地方的口音，或者是一个公民模仿邻居的举止。[③] 换言之，

---

① 《反莱普廷斯》（*Against Leptines*）是德摩斯梯尼一份著名的演说，莱普廷斯提议可以通过交罚金而给予当事人以特别的赦免，德摩斯梯尼则反对这份提案。——译者注

② "仿效先辈"的传统主题，不时出现在演说家那里［例如 Dem. 22.78 and 24.186 (idem)］；Aesch. 2.138 and 171；Lycurgus 20.110 and 123，但是它通常指的是模仿他们的事迹。但是埃斯基涅斯特别指的是通过模仿（*mimeisthai*）先辈在协商中进行良好判断（*tas euboulias*，2.75）的能力，从而追忆先辈（*memnesthai*）的要求。

③ 可参见 Else（1958）在他对于 Koller 1954 所进行的评论中，有关公元前六世纪与公元前五世纪所发生的 *mimeisthai*（模仿）及其衍生形式的讨论。

模仿最重要的特点就是它能够在当下的表演行为中，将两种在存在样式、时间、空间上不同的事物连接起来。以这种观点来看，进行模仿以给出公正的判决，就相当于框架转换，我们认为在国家形成期仲裁的 *basileis*（王）在进行仲裁（*dikê*）时就具备这种认知能力。他们从共同体记忆中记取 *thesmia*（典型性的犯罪及对其成功的处理），现在要服从于民主的司法模式："任何人"都能参与到法庭辩论中去——他们能表演一种招魂术，召唤过去的立法家，将他的法律"套用"到当下情形中受到指控的不义行为上面去。[①] 当然立法家在法庭上，显然是以陪审员们的身份"出现"的，他们在了解应用立法家的法律时，就模仿了他的立法（*nomothesia*）的行动。

正如上面所认为的，在立法家灵魂的品质中，最值得陪审员模仿的就是他立法时的意图（*pronoia*）。他们是如何理解这一点呢？正如在安提丰演说中的陪审员，他们在模仿或者重构被告的内心思想时，需要具有一种假想的时间、空间和行动者的意义场。这种假设也引导着他们在此的模仿努力。用埃斯基涅斯的话说，就是陪审员不仅必须想象（*hypolambanete*）梭伦的灵魂在场，而且也要想象他在构想有关法律时的精神状态。埃斯基涅斯用一种近乎责备的语气，要求陪审员们去反思类似于梭伦、德拉古以及他们那个时代的其他立法家，在涉及与公民自我控制（*sôphrosynê*，1.6－7）的道德要求相关的立法时，投入了何种深思熟虑（*pronoia*，意图、打算）。德摩斯梯尼同样敦促陪审员去"审视"（*eksetasai*）作为梭伦立法家关键品质（*ethos*，22.30）的 *pronoia*。当重复这个动词"他知道……他知道……"来说明梭伦的意图或者打算时（*êidei gar êidei*，22.31），德摩斯梯尼强调了立法家事先就能理解民主社会的需求。正如约翰斯通（Johnstone）所指出的，借助于立法家的意图，演说家能够对立法家既定的法律进行变通的解释，以满足他们当事人的要求。[②] 事实上梭伦的名字常常使得人们联想到一系列名词与动词，意思是探索、理解、思考、区分的认知性行为，以及显示对某种需求的

---

① 参见 Nagy 1990：42－44，这里他将模仿定义为："通过仪式重演神话事件"（42），这是与我的存在论转换的意义，以及在国家形成期仲裁的 *basileis*（王）的活动是一致的，它们在共同体的记忆中为此时此地所犯下的罪行再现了解决的方案。

② Johnstone 将这种修辞的策略描述为"斟酌法律"，以允许"推断隐含的意义"（1999：26－27），他举的例子有：Lycurgus1.9 and 31.27，Dem. 22，11，36.27，58.11，Aesch. 3.11，和 Isaeus 2.13.（在这些段落中立法家都是无名的），参见 Yunis 2005：201－207。

智性关注。①

想象、恢复和模仿这类意图或者打算，与重构一个被告在犯罪时的意图有很大的不同。公元前四世纪时演说家当然会敦促陪审员考虑他们同胞公民的犯罪意图，正如安提丰所做的。不过，我们仍然有必要解释一下在商谈中对作为“一起推理”的这种新假设性思考的强调。前面所提到的修辞性的向亡灵问卜，以及约翰斯通的“解释性方案（interpretive protocol）”，只能部分地解释假设性思考，将它作为分享伟人智慧的视角。借助于这种假设性思考时，它只为陪审员最后的认知性行为提供了一种方法：**将他们自身看作立法家**。但是对于一个公民来说，承担一种立法家的身份，或者被演说家说成在承担这种身份，意味着什么呢？

在安提丰的《关于谋杀希罗底斯案》中，被告欧西忒奥斯愤怒地将其原告称为 *nomothetês*（立法家），因为他为了满足自身的利益而篡改法律（5.15）。这里的称呼显然是贬义的，如加加林所说的，是“讽刺性的”，意味着他的对手认为自己能与德拉古或者梭伦平起平坐（1997：184）。德摩斯梯尼也同样讥讽地将阿德洛提翁（Androtion）（22.25）② 和提摩克拉底

---

① 同一个动词 *êidei*（来自 *oida*，知道），与 *hegeisthai*（领导）一起出现在 Dem. 22.2 中，这里德摩斯梯尼引导陪审员去“了解（*mathein*）”梭伦是什么样的立法家，特别是梭伦理解公民不同的智识水平的预见能力。*Hegeisthai*（领导）同样也是在 Dem. 21.45 and 24.213 描述了这些才能；而在 23.54 它指的是梭伦或者德拉古，在 Lysias 1.31－32 也是指梭伦或者德拉古，而在 Isocrates 20.3 是指的一位无名的立法家。而在 Dem. 36.27 中它是与 *nomizein*（思考）与 *gignôskein*（知道）一起出现的［在 3.11 中，埃斯基涅斯赞扬了一位无名的立法家“准确地预见了（*eu prokateilêphotos*）”一些领导者在任职的末期试图操控他们被要求的审计，而吕西斯（Lysias）则借口立法家并没有能力去‘预计（*elpizein*）’公民会犯下擅离职守这样不可想象的罪行。（31.27）］。在 22.31 中 *nomizein* 再次与梭伦一起出现了，在 Dem. 42.1 中 *diorizein*（区分）、在 Dem. 23.54 中（有关梭伦与德拉古）的 *diairein*（划分）也与梭伦一起出现；在 Dem. 18.6，20.89－90，21.46，24.115，24.148，22.11（有关一位无名的立法家）以及 Aesch. 3.175 中，*oiesthai*（设想或者思考）出现了；在 Dem. 48.56 以及 Aesch. 3.38 中，*Epimeleisthai*（将自身关联于）出现过；Dem. 4.56 以及 Isocrates 20.（关于一位无名的立法家）*spoudazein*（忧虑）出现了。梭伦的 *gnômê*（智慧、智性）在 Dem. 20.104 中被提及，同样这个词出现在梭伦提议投票的“请求”这一意义上（参见 Dover 1994：123－124，讨论了 *gignôskein*，*gnômê*，*dianoia* 的不同意义）。埃斯基涅斯在 1.46 中赞扬了一位立法家（可能是梭伦）是聪明人（*sophos*）。在 20.102 中，德摩斯梯尼认为勒普提尼斯（Leptines）并没有阅读或者理解（*sunienai*）梭伦的法律。

② 摩斯梯尼在《诉安德洛提翁》（*Against Androtion*）的演讲中告诉法官说，目睹有罪之人因其罪行而受到惩罚足以警诫别人谨慎行事。——译者注

(Timocrates)[1]（24. 103，106 and 113）之类的人称为“立法家”，并且明确地将他们与梭伦这位楷模进行对比。但是陪审员有时也在一种非常积极的意义上自称“立法家”，这可能发生在非常特别的情形中：比如公元前 395 年，吕西阿斯（Lysias)[2] 提醒陪审员他们是民主恢复（新的法律编撰已经完成）之后第一次审理军队开小差、拒绝服役的案件。因而他认为“在判决当下的案件时，你们不仅是陪审员，而且也是立法家（*nomothetas*，14. 4)”。在公元前 323 年之后发表的一次演讲中，德摩斯梯尼（或者是署这个名的别的什么人）在审理一件涉及不能偿还航运借款的案件时提醒陪审员：“即便你们是在审理当下一个具体案件，你们也是在为整个港口立法（*nomotheite*)。”(56. 48）在更晚一点的公元前 330 年，吕库尔戈斯同样敦促陪审员对于法律进行宽泛的解释，从而如一个立法家那样来行动（1. 9)。但是用汉森(Hansen）的话来说，法庭“是与公民大会同等的政治机构”，有时候“甚至被描述为国家的最高机构”（1991：180)，演说家们很可能是在提醒陪审员，正因为他们的判决行使着高于公民大会、五百人议事会等机构，以及所有政治家之上的权威，所以他们就是立法家（179 – 180)。

这些提醒的最为生动的一次表现在公元前 375 年到公元前 350 年间的一篇被认为是德摩斯梯尼（这一点很可疑）的演讲中。为了提醒陪审员应当在判决过程中运用他们的“智慧”（*nous*)，这位演说家运用了“仿效先辈”这一通常的话题，如同埃斯基涅斯和德摩斯梯尼在公元前 340 年代所做的那样，提醒人们注意梭伦的雕像。这回的雕像是铜制的，立在雅典的集市上：

> 你们的祖先敢去死，这样法律才没有受到侵蚀；而你们却对以身试法的人不加惩处，这太可怕了！你们在集市上竖立起了梭伦的青铜雕像，正是这个人订立了法律，他因此而受到无边的尊重，但你们似乎轻视法律本身！(26. 23 – 24)

作为一种修辞手段，这一雕像当然使得演讲者可以将公民大众与一位伟大个体进行对比。但是这种手段同样向陪审员说明，当他们注意到这一形象

---

① 提摩克拉底（Timocrates)，古希腊政治家，曾与德摩斯梯尼辩论，德摩斯梯尼由此写下了《诉提摩克拉底》(*Against Timocrates*)。——译者注

② 吕西阿斯（Lysias)，约公元前 450 年—公元前 380 年，古希腊演说家。——译者注

时，他们就应当在这一形象中反思自身，特别是在法庭上安静地参与商谈时：

> 如果你们作为立法家对于作奸犯科者感到愤怒，但当你们当场抓到他们时却让他们全身而退，这怎么不是荒谬的呢？如果立法家作为一个人，却敢于与所有为非作歹的人为敌，而你们甚至不表示你对于邪恶之徒的鄙视，被一个人胜过，这不也是荒谬的吗？（26.24）

我再次认为，正义的表演/施行要求其行动者在另一个人那里看到一种“自身对象”，它在这一事例中向人们反映的并非其一模一样的孪生体、一个真实的“另一个自我”，而是其自我的一个理想的、宏大的意象（Kohut 1984：192－194；1977：185）。[①] 演说家似乎在召唤这位伟大立法家为人所记忆的或者被雕塑出来的形象，使陪审员能接近他超常的认知行为，通过一种理想迁移，形成对于他的认知表演的同感性关联。不过，安提丰希望欧西忒奥斯给陪审员提供以他我（alter ego）形式出现的“自身对象”，这种自身对象的认知能力与情感倾向，能与陪审员自身的能力与倾向匹配。这两种主体间关系都是通过一种认知性的模仿类型而出现的，它将时间、空间与行动者的某种假想式经验，特别是一个假定的自我，与当下的事件与人物连接起来。两种主体间关系都使普通公民有能力在民主的条件下承担执行正义者的角色，一位它们都使得在法律上具有资格的“任何人”可以一起推理。但是这两种框架在施行正义的推广策略（recruitment strategies）方面的差别，将民众主权的观念与法律主权的观念区分开来。在民众主权的观念中，公民陪审员在一起进行协商与推理中模仿被告或者原告的身份时，被要求相互扮演彼此的身份。他们依靠自身权威下的共享的认知行为进行仲裁协商，从而找到了一致的自我感。而在法律主权之下，公民同样要求相互扮演他人，但是他们必须借助类似于祖先伟大认知能力的灵魂的集体启示的一起推理，才能获得权威这么做。

换言之，公元前四世纪陪审员只是在能体会到想象中的立法家的智慧时，他们才被认为有能力施行正义，并进行彼此命运的相互交换推断；作为

---

① 当苏格拉底借助于*psykhagôgia*以描述克雷同的雕像对于观众的印象时，他似乎描述了一种典型的自身对象的移情：雕像通过模仿“灵魂的活动”，从而“控制了人们的灵魂”（Xen. *Mem.* 3.10.8）。

个体正义的执行者，他们在立法家认知的荫庇之下寻求保护。在这一观点之下，我们可以说法庭演说家正走向一种社会契约论，但这与普罗塔戈拉和安提丰的演说中清楚或者含蓄包含着的契约论显然有别，而更接近于柏拉图的契约论：他认为的普通公民要听从具有“伟大灵魂”的领袖——后者进行框架转换的能力，使得希腊人再次依赖于国家形成期的 *basileis*（王）这一类超凡个体的认知能力。

与此同时，我们当代主导的社会契约论——罗尔斯的原初状态，同样设想在公民决定正义问题时，需要“立法家”居中斡旋以达成共识。在对我们自身与他人的具体身份的一无所知的“无知之幕”假设之下，罗尔斯要我们不要把原初状态设想为人们现实的聚会，而是作为一种“直觉向导”，我们在任何时候、任何环境下都可以想象这一视角。但是，在我们以及与我们看法类似的同伴形成关于一个事情的特定正义观念时，我们怎么能够与那些不在现场但做着同样事情的公民同胞进行交流与讨论呢？共识而不是分歧，是如何从这种抽象的集合中产生出来呢？罗尔斯的解决方法就是去构想一个假定的个体，“想象各方被要求通过一位作为仲裁者的中介者来相互沟通”。他在不同时空中的各群体之间进行协调，解释所有各方立场的理由与证据，禁止拉帮结派，并且在理解达成之后加以宣布（1971：120）。

在我看来，这种仲裁者在罗尔斯的商谈剧本中履行了一种类似于希腊历史与政治图景中立法家的认知与交往的功能。它们像幽灵一样，都保留在人们的政治与法律传统中，体现着超凡的记忆能力，代表着不同时空中各群体的观点，知道如何为这些群体代言并加以规劝，最为重要的是确保公民间的冲突（*stasis*）不会压倒共识。当然我们也会疑惑，为什么我们当今某个既定时代，或者古代希腊社会中的公民不能够运用自主性来自行履行这些功能。在下一章中我们会讨论当民众主权的观点大行其道，公民与领袖在没有立法家或者仲裁者的形而上学指导下自行决定正义问题时，雅典的公民与自我所面对的陷阱。

第五章　渐进发展的公民身份：民主雅典的埃弗比与民众领袖（公元前465年-前460年）

1. 公民身份与成为男人

在修昔底德的《伯罗奔尼撒战争史》（*History*）第3卷中，他描绘了公元前427年科基拉（Corcyra）城邦所发生的一次内战，这一事件刺激了他描绘出民主党人与寡头党人之间派系纷争的画面：雅典与斯巴达的敌意，挑动了“同样的人性”（3.82.2）进行敌视与虐意妄行（82.1，82.3 and 83.1）①。他的描述强调了在“公民如何商议”的基本剧本之上衍生出几种不同版本，以及这一剧本不同路径的累积效应生动地表现出作为个体及党派的公民如何对另一些个体及党派的公民采取表演性的态度，从而产生了某种“对话网络”（用泰勒的话）和“为我们”的公共空间。我的意思是在这些描写所表现的变化中，协商中的公民相信他们正在上演一个熟悉的剧本，旨在达成 *dikê* 与 *nomos* 之间的一致。但是事实上，他们的商议却放弃了该剧本中的目标，将他们的共同体推到了国家的门槛之外。这些路径包括：“形成同盟”（82.1-3），“解释语言通常的意义”（82.3-4），“评估协商者”（82.5-6），“如何达成一致”（82.6-7）。

如果这些公民离弃了商议的目标，一个城邦就会被推到国家的门槛之外，那么我们同样也可以问：作为商谈者，他们是否也将自己推到了公民身

---

① Hornblower 认识到这种描述是泛希腊的：“毕竟‘在诸城市中’这一短语……在第2、3、8段中时常出现，我们最好将它看作对希腊城市的静态分析，当然还不时插入一些总体评论……这是科基拉所激发的，它一直受到关注……（1991：479）。”

份的门槛外了？像一位公民那样说话、思考与回答的能力的退化，可能意味着什么呢？公民身份门槛的两边各是什么样的自我呢？在“解释语言通常的意义”（82.3－4）这一路径受到破坏时，我们发现了一个答案，因为它说明了认知与交往能力受损的公民，不仅可能误解关键性公民美德的恰当表演/施行，而且在这一过程中，成了丧失人性的东西。我们可以将这一路径中公民美德的紊乱概括为六个命题：一是放弃商谈理性（*alogistos*）的鲁莽却突然显得是将伙伴团结起来（*philetairos*）的男人气概（*andreia*）了。第二，谨慎周到地关切未来却看上去成了不中用的怯弱。第三，节制（*to sôphron*）被称为缺乏勇敢（*to anandrou*）的挡箭牌。第四，理智地处理问题却被看作懒惰。第五，疯狂的暴虐被看作真正男子汉（*andros moirai*）的标志。第六，为了安全起见进行长时间的商谈，被看作无所作为的绝好托词（82.4）。①

根据这些颠倒的公民美德阐释，如果要被承认为公民与人，远远不仅在于具备政治的与生物意义上的勇气，一个人还必须以某种方式表明他知道如何扮演商谈者的道德角色，或者知道如何采取与作为“真正的人”的公民所具有的自主性相称的主体地位与表演态度。不久之前，修昔底德将这种专门知识当成一种智性判断（*gnômêis*）的能力，但它却为派系纷争无可救药地破坏了（82.2.6）。我们可以将这一能力看作修昔底德对于成年公民理想的认知成就的标志。② 在导言中我们粗略描述了雅典男性，要成为公民就要求他们从男孩转变为男人，特别是埃弗比（预备公民）的磨练，包括进行以言行事的埃弗比宣誓——这一誓言将每一位宣誓的主体导入到城邦的“对话网络”之中。在内战期间，公民会退出这一门槛之外，从而回到埃弗比式的经验之中吗？后者是因为青少年道德上的鲁莽、愤怒、恐惧的特征得不到控制，不能合情理地、审慎地以及节制地作出反应，还没有获得聪明决策的能

① 当一个派系纷争的城邦中形成共识时，这六个主张都是公共的德目，它们上下文的含义而不是字面意义会变化。修昔底德将之称作为“以一种极端的方式，新的意义（*tas dianoias*）产生了”（3.82.3）。Horblower 解释：“这一点……并不是词的**意义**事实上发生了改变，而是人们在评价相对变化了的事件时，人们可能进行的描述发生了变化（1991：483；强调是原文中的）。”参见 M. F. Williams 对于这些德性的意义及它们效价（valences）变化的图解（1998：24－32，esp. Table 1）以及 Edmunds 类似的图表（1975：77，Table 1）。

② 对于法勒来说，*gnômêis* 就是“修昔底德对于智性、判断……的专门术语”，它通常抑制着 *ôrge*（愤怒及所有冲动的行为）（1988：156）。也可参见 Luginbill 关于修昔底德的 *gnômêis* 与 *ôrge*（1992：24ff）的看法，他认为 *gnômêis* 是“人性（*physis*）中感知的、评价的侧面”。（26）

力（*gnômêis*）。如果是这样的话，我们就可以用一种通用的剧本来描绘“像埃弗比一样行动”，这既适用于公民身份的形成阶段，也适用于可能失去公民身份的退化阶段。

换言之，修昔底德对于乱糟糟城邦的描述（3.82－83）表明，当内战开始破坏商谈的协议以及支持这一商谈的理由说明时，每一位公民都为埃弗比形象所威胁，无论是作为其成年自我早期不太成熟的样式，还是未来他不再有资格成为公民的样式。[①]“像埃弗比一样行动”暗藏在公民身份的施行中，像一个潜在的灾难威胁着要取消自我与公民身份的边界，特别是当个人与重要社会他者（无论是否成功地）形成关键同盟以获得承认为公民的时刻。在这一章里，我会讨论从非公民到成熟公民地位的过渡，将其看作试图将个人恰当地与他人结成同盟的努力。我要问的是，这种同盟的形成，是如何将个体人格从公民身份之外的极端自主性，改变为政治生物的温和自主性的。同时，我们会看到内战（或者相当的国内灾难）对于个体公民身份的威胁，不仅使其蜕变为具有前公民特征的埃弗比，而且也会蜕变为一些更为陌生的身份要素——外国人与妇女，及其较为驯服的对应者：同盟者、侨民（定居的外国人）以及公民的妻子。

我假定认为，对于公共生活坍塌的焦虑引发了个体对公民身份经验的反思，公民身份的成分，已经分裂或者蜕变为一系列非公民的要素。特别是当公民面对着公共生活坍塌，而且必须同时面对着正义的问题时，这种情况尤其可能发生。这种反思所产生的是一种关于公民身份与自我的纲领性问题的根本形式，促使公民将他的公民身份思考为不同程度的自我性与他性（selfhood and otherness）问题：“在决定这一正义问题时，我必须在我自身之中的多大程度上体验作为埃弗比、外邦人与妇女的他性经验呢?”我猜想希腊公民会以不同的方式，在不同的时间与地点回答这一问题；我也认为在公元前460年代的雅典人会思索：成功取得民主公民身份的关键是否在于与公民领袖和非公民（包括他们自身之中的非公民成分）结盟。

如果我们想要在成熟的公民之中寻找体验非公民身份的途径，埃弗比的

---

① 在 Dem. 25.6（约公元前338到前324年）的原告以这一方面挑战了陪审员，警告他们在这一案件中的决定威胁到他们作为公民的名声。被告可能被审判，他说：“但是你们正在经受审查（*dokimazesthe*）”，这指的是一个埃弗比要获得公民权，或者公民要担任国家职务而必须通过的 *dokimasia*（审查仪式）。对于 Bowie 来说，阿里斯多芬在《云》（公元前423年）与《马蜂》（公元前422年）中的滑稽假定就是“颠倒的埃弗比”，一个年老公民的疯狂让他表现得像一个鲁莽的埃弗比（1993：78－133）。

形象在我看来就特别合适。在许多公民生活的剧本中，当个体穿梭于非公民与公民身份之间时，一种称之为 *dokimasia*（资格审查）的剧本出现了。它对于回顾这种边缘性的经验最为有益，因为每位公民都不得在埃弗比宣誓之前上演这一剧本；一个男孩迈出得到承认最为重要的一步，就是要接近像一个公民那样去说话与交谈这一“以言行事的门槛”。雅典文化中关于埃弗比的神话，特别是关于忒修斯（Theseus）① 的神话，用我们现代的词语来说，就是将他描绘为一位具有超级自主性（hyper - autonomous）的意志论自我，能够通过僭妄的行为及狡猾机智（*mêtis*）的智慧自由地表现自身。但是 *dokimasia*（资格审查）的公共剧本，会驯服每个埃弗比身上野蛮、鲁莽、血气方刚的成分，唤醒他自身之中更加适合于低度自主性（hypo - autonomous）的自我的焦虑与表演性的态度。埃弗比的认知与思考的能力是不充分的，从社会方面来说是不被认可的，因而也是不被接受的，这让埃弗比似乎是不自然的，不像个男子汉，反而像外邦人与女人。

在雅典的任何地方，个体都不能像在悲剧与喜剧舞台上那样能如此自由与肆无忌惮地在一个剧本的某个时刻表现自身，而后来被其他剧本的公共规则评判为举止不当。在舞台上雅典人的自我与他们外邦客人的自我戏剧性地相遇，因而上演了一种在意志论、认知性与商谈性方面不成比例的剧本。特别是悲剧中的自我，常常要从彼此之间，或者从观众那里寻求正义与认可。他们通常是以神话人物出现的，我们可以合理地将他们表演的行为看作埃弗比式的、外邦人的与妇女式的。埃斯库罗斯的戏剧《祈援人》（*Suppliants*）（公元前 463 年 - 公元前 461 年）描绘了外邦的女性角色试图跨入希腊公民身份门槛的努力，我相信她们使用了 *dokimasia*（资格审查）中召唤埃弗比的方式。② 由于迈耶（Meier）[1991（1988）]、法拉（Farrar）（1988）、采

---

① 忒修斯是传说中的雅典国王，他的事迹主要有：剪除过很多著名的强盗；解开米诺斯的迷宫，并战胜了米诺陶诺斯；和希波吕忒结婚；劫持海伦，试图劫持冥王的妻子珀塞丰——因此被扣留在冥界，后来被海格力斯救出。——译者注

② Scullion 试图将这一戏剧的创作时间确定在公元前 475 年到公元前 470 年间，这只是提醒我们，大多数埃斯库罗斯与索福克勒斯的戏剧创作时间是不确立的（2002）。他在体裁与结构上的理由是：交错结构（ring - composition）（口头创作的一种叙事技巧，在重要主题之前先叙述一些其他主题，然后以相反的顺序进行追溯。——译者注）、放在后面的 *de*（postponed *de*）（希腊文中的 *de*，可以放在指示代名词的结尾，以加强语气。——译者注）、合唱队的中心角色、缺少开场白，较之于在“政治假定”与“历史启示”之上的证据更缺少说服力，而对于后者他也是否认的，因为它们“变化过大”（99）。

特林（Zeitlin）（1996）、罗维德（Rohweder）（1998）、歌迪（Gödde）（2000）、特纳（C. Turner）、弗灵戈尔（Föllinger）（2003）这些学者在过去十五年里从强烈的政治与文化观点出发所进行的解读，我们对于这一戏剧的理解已经发生了变化；再加上西切尔（Sicherl）、罗瑟（Rösler）（1993）、索默斯泰因（Sommerstein）（1995，1997）这些学者的研究，我们现在可以将这部戏剧，以及《达那特三部曲》（*Danaid trilogy*）已佚失的另外两部戏剧解读为外邦的、妇女的以及埃弗比的角色，与两类成熟的精英公民领袖（广义的"民众领袖"）之间的竞争。同时，这一戏剧让我们去审视一种最近的倾向，即要以与雅典特有的民主政治形式、困境及意识形态的规范来解释悲剧人物与情境。[①] 是否正如罗德斯（Rhodes）所认为的，难道我们不能够扩展我们解释的背景：这一戏剧并非只关注"民主特有的背景"，而且也可以关注"更广泛的希腊知识背景"吗？（2003b：115）[②] 或者如罗侯（Loraux）更为极端的看法，难道我们不需要在悲剧人物、对话与对话的曲体学（music form）[③]、推理、记忆中，认识到悲剧是"反政治的"或者非公共性的，它挑战了在城邦政治意识形态中的良法理想（*eunomia*），即安宁和谐的观念吗？[④]

---

① 参见 Winkler Zeitlin 1990，特别是 Goldhill 1990 和 Winkler 1990，以及他们研究的基础，比如 Vernant and Vidal - Naquet 1988，idal - Naquet 1986，和 Meier 1991 等人的研究；同样可以参见 Euben 1990，Seaford 1994，以及 Goff 1995 的论文。更近一些的，参见 Goldhill 2000，以及 Pelling 1997 和 Connor 1996。

② 罗兹反对"特有的民主"的解读，因为与戈德希尔不同（Goldhill 2000 and 1990），城邦酒神节（City Dionysia Festival）的仪式并不必然支持一种民主的意识形态（2003b：106 - 113）；而在戏剧中关键的主题，反映了城邦通常的关注，并不特别就是民主的问题（113 - 119）。他承认一些戏剧（比如埃斯库罗斯的《祈援人》、《复仇女神》）的确暗示着"民主"（105，113）；但是格里芬稍有不同，他特别地支持戏剧中的"文学性"，而反对所谓的政治意义。

③ 研究音乐作品构成统一整体的和各部分的结构规律，以及对音乐作品的结构形式、主题和非主题成分的组合及其调性布局的系统阐述，称为曲体学；在这里是在比喻的意义上使用的。——译者注

④ 罗侯将这种"反政治性"理解为："无论是否显著，任何只要是偏离、反对或者威胁到构成城邦意识形态的责任与命令的行为。"这一意识形态的根本命令就是城邦在内部保持统一与和平，公民们忘记过去的冲突，反对将政治理解为"本身就是冲突"（2002b：26）；她对于悲剧最为关注的就是女性主角，特别是作为对这种意识形态进行挑战的哀悼者（2002b，1998，1987）；她更富有想象力的《分裂的城市》（*The Divided City*）回顾了几个古风与古典时期城邦内战之后的政治妥协与宽恕，主要集中于民主的雅典。

我们对于这一戏剧的讨论，探究的内涵有时是在罗候的“反政治”意义中，有时是在与所有的城邦相关的政治意义中，有时是特别与在公元前460年代的雅典政治背景相关的意义中来讨论，虽然我会给予“像一位埃弗比那样来行动”以及 *dokimasia*（资格审查）的剧本以优先性，它们常常是与其他更深植根于希腊社会生活的剧本交织在一起，并为它们所替代：宗教的祈祷；“寻求/给予仲裁（*dikê*）”——特别是诉讼者声称他们是僭妄：受害者（对象）的案件中；陪审员审判；“公民如何商谈”的路径，特别是事关寡头制与民主制对立的领导机制之时。国与国之间的结盟的剧本与国内派系之间商谈的政治剧本都是引人注目的。最后，婚姻的剧本，即男人与女人之间的恰当关系，在三部曲中占有很大比重。但最终我希望说明公元前460年代的一部悲剧是如何促使公民与非公民去反思我所说的公民身份“折射”的性质。每位公民的自我，以及集体性的公民整体，其表面的自主性与和谐，都建立在与非公民的他者形成的联盟体系之上，这是一种令人深思的思想。这一三部曲所提及的联盟，需要在多重现实的意义上进行商谈：在政治生活的日常世界中，条约将国家联系起来——公元前460年代的人可以看到在希腊政治历史中“一个自主时代”的临近；在文化世界中，婚姻给予男性公民以及他的家庭以自主性，尽管是以女性的自由为代价的；在思想与情感的“内在”世界中，在公元前460年后不久，每一个公民都可能会召唤其 *psykhê*（灵魂）。①

1.1 埃弗比的表演态度与主体地位

雅典“埃弗比”的地位在过去几年里得到了学术上应有的重视，学者们大都是从两重意义上对这一词语进行阐述：一是狭义的，一是广义的，这两者都与我所说的表演意义有区别。埃弗比狭义的意义指的是法律所规定的，由国家组织并资助的对十八岁到二十岁的青年进行强制性军事与道德训练项

① 在《达拉特三部曲》与《俄瑞斯忒斯》之间有着不少的相似性，后者大约创作于公元前458年之后的三到五年间。戈德希尔认为《俄瑞斯忒斯》是作为“将公民身份意识教导给公民的典型悲剧”。（2000：48）与迈耶不同的是，他认为我们必然可以认为三部曲中作为政治教育的性别政治（gender politics），已包括到这一悲剧的观念之中。他问：“在将自我构建为政治主体的过程中，需要什么样的边界？”（48－49）我在讨论《达拉特三部曲》时提出了同样的问题，但是加上了形容词性的“反政治的（antipolitical）”。正如我在上一章所认为的，希腊人在假定一个自我时，他们能够将其作为一种无拘无束的自我，暂时避免其作为一个政治的主体。

目，只有在这一训练之后，年轻的成年男性才可以恰当地作为新人（*neoi*）而加入公民之列，而 *neoi* 是在重装步兵方队中最年青的一个团体。在这一严格的意义上，雅典埃弗比只能确定地回溯到公元前四世纪中期；不过大多数学者认为埃弗比的萌芽更早一些，也许在民主制出现的早先几年或者几十年。[①] 但是学者们同样在希腊国家中具有更长与更广文化意义的“青春晚期”（late adolescence）上来说到埃弗比，这一时期以一定的性成熟的生理迹象出现为开始，以其被接受为 *neoi* 的重装步兵而结束，而且在很多文化中都用与成年仪式相关的经验与价值来描述。[②]

埃弗比狭义与广义意义上的因素，让我们确定了一种独特的表演态度与商谈角色，也让我们描绘出向可能的公民推进的剧本，最终他会进行埃弗比的宣誓。这一态度与角色显然是成问题的，它从神话、仪式性行为、公元前四世纪埃弗比训练项目中的细节等当中形成了一组品性，从而令“像一位埃弗比那样行动”的通常剧本成了一个负面性的文化术语。简而言之，这种负面性产生于埃弗比身上表现出的一种不受欢迎的自主性：要么，埃弗比认知与思考的缺陷，使他不能够在公民们面前为自己的行动与说话负责，他的自我是低自主性的（hypo - autonomy），要么，他用与公民规范相悖的行为或者语言进行自我抬高，形成了意志论自我的高自主性（hyper - autonomy）。低自主性特征包括：他与普通民众在身体上的隔离与交流上的孤立；他通过向国家领土边界迁移而形成的地理上的边缘性，这非常类似于一个流浪的外国人；他参与诸如狩猎之类低文明层次的经济活动，而不是农业或者重装军事行动；具有与妇女位置与活动相关的含糊的性别身份。[③] 他的高自主性特征与这种边缘化形成了互补，比如在战斗以及性行为中的暴力行为方式，以

---

① 关于这一意义上的 *ephêbeia*，参见伪亚里士多德的《雅典政制》（*Ath. Pol.* 42），以及罗德斯（Rhodes，1981：497ff.）与 *Pélekidés* 1962 的评论。基于碑文的证明，Reinmuth 认为埃弗比起源于公元前五世纪一种独立的军事组织，也许是在公元前 478 年到公元前 477 年间在亚里斯提德或者忒米斯托克勒斯的领导之下形成的（1971：136 - 138）；但这种观点受到了质疑（Siewert 1977：nn. 1 and 3）。Ridley 提出了一些文本上的证据（1979：531ff.），说明了公元前五世纪一些埃弗比的训练方式（534）。

② 可参见 Vidal - Naquet 1986a，1986b，和 Winkler 1990。费希尔帮助我们看到了在公元前四世纪狭义与更广背景之间的“埃弗比”。他在 Ridley（1979）研究的基础上，认为在公元前五到前四世纪大部分时间中，重装步兵训练是国家（通过仪式）发起的对于男孩与年轻男子包括非精英公民进行的体育训练，目的在于参加类似于泛雅典娜节这样的节日表演（1998：84 - 104）；也可参见 Bowie 合理的猜测（1993：50 - 51）。

③ 有关这些特征参见 Vidal - Naquet 1986a and 1986b。

及骗子的典型欺骗行径。所有这一切都让他成为希腊原型犯罪——僭妄的早熟主体。①

例如在民主制早期的忒修斯形象——“埃弗比的原型”，在希腊神话、诗歌与肖像中出现。② 一个系列的故事围绕着他的身份，他是作为一个外邦人、一个从萨罗尼科湾（Saronic gulf）游荡到雅典的年轻人③，一个通过僭妄与 *mêtis*（机智）取得了功绩的英雄人物，一个向他的父亲埃勾斯（Ae-

---

① Hesk 认为与斯巴达重装步兵进行比较，埃弗比的欺骗行径反衬了雅典民主意识形态中重装步兵的坦诚性（2000：29－40）。

② 对于忒修斯在公元五世纪之前文学、肖像与政治生活中的声望，参见 Walker 1995：35－111；Calame 1990：397ff.；Mills 1997：1－42；Castriota 1992：33ff. 和 Shapiro 1989：143ff。有关他作为埃弗比的原型，参见 Wakler 1995：94－96；Strauss 1993：105－106；A. M. Bowie 1993：51－52；和 Calame 1990：188－195；强化了 Jeansmaire 早先将忒修斯的神话等同于雅典的埃弗比的观点（1939：245）。Walker 将埃弗比忒修斯，与跨文化的成年仪式中反社会的、道德边缘性的行为联系起来（1995：101－104，with references）。

③ 雅典国王忒修斯是埃勾斯和埃特拉所生的儿子。埃特拉是特洛伊国王庇透斯的女儿，他的父系先祖是年迈的国王埃利希突尼奥斯以及传说中从地里长出来的雅典人，母亲的先祖是伯罗奔尼撒诸王中最强大的珀罗普斯。珀罗普斯的儿子庇透斯建立了特洛曾城。有一次，他亲自接待了在伊阿宋出发寻求金羊毛前 20 年就已经统治雅典的国王埃勾斯。埃勾斯没有儿子，因此，埃勾斯十分惧怕有 50 个儿子并对他怀有敌意的兄弟帕拉斯。他想瞒着妻子，悄悄再婚，希望生个儿子，安慰他的晚年，并继承他的王位。他把自己的心思吐露给朋友庇透斯。幸运的是，庇透斯正好得到一则神谕，说他的女儿不会有公开的婚姻，却会生下一个有名望的儿子。于是庇透斯决意把女儿埃特拉悄悄地嫁给埃勾斯，尽管埃勾斯已有妻室。埃勾斯与埃特拉结了婚，在特洛曾待了几天后回到雅典。他在海边跟新婚的妻子告别，告别时他把一把宝剑和一双绊鞋放在海边的一块巨石下，说：“如果神祇保佑我们，并赐给你一个儿子，那就请你悄悄地把他抚养长大，不要让任何人知道孩子的父亲是谁。等到孩子长大成人，身强力壮，能够搬动这块岩石的时候，你将他带到这里来。让他取出宝剑和绊鞋，叫他们到雅典来找我！”埃特拉果然生了一个儿子，取名忒修斯。忒修斯在外公庇透斯的抚养下长大。母亲从未说过孩子的生身父亲是谁。庇透斯对外面说，他是海神波塞冬的儿子。特洛曾人把波塞冬看作城市的保护神，对他特别尊重。他们把每年采下的新鲜果实拿来献祭波塞冬。而波塞冬手中的三叉戟就是特洛曾城的标志。因此，国王的女儿为一位受人敬仰的神生了一个儿子，这完全不是一件不光荣的事。

孩子渐渐长大，不仅健壮英俊，而且沉着机智，勇力过人。一天，母亲埃特拉把儿子带到海边的岩石旁，向他吐露了他的真实身世，并要他取出可以向他父亲埃勾斯证明自己身份的宝剑和绊鞋，然后带上它们到雅典去。他克服了重重困难，寻访到了父亲，最后当上了雅典的国王。——译者注

geus）在雅典的市中心出示他们父子关系真实证据的儿子。[①] 另一个系列的故事则叙述了他从海上航行到克里特，机智地战胜了米诺斯，打败了弥诺陶诺斯（Minotaur），偷偷带走了阿里阿德涅（Arande），引诱然后摒弃了她，去寻找他海中的“父亲”波塞冬，然后返回雅典，但不幸的是这导致了埃勾斯的死亡。[②] 忒修斯的埃弗比经验同样出现在一种宗教秘仪中，并融合入奥斯科弗里亚节（Oschophoria）[③] 和阿巴托里亚节（Apa-

---

① 忒修斯到了雅典，可是并没有得到所期望的平静和快乐。市民互不信任，城市一片混乱。他父亲埃勾斯的王宫也笼罩在魔影里。自从美狄亚离开了科任托斯，和绝望了的伊阿宋分手后，也来到了雅典，并且骗取了国王埃勾斯的宠爱。美狄亚答应用魔药让国王恢复青春，所以两人同居度日。美狄亚精通魔法，知道忒修斯到了雅典。她生怕被忒修斯赶出王宫，便劝说埃勾斯，把进宫的那位外乡人在进餐时用毒药毒死，她说他是个危险的奸细。埃勾斯根本不认识自己的儿子。他看到城市市民相互争斗，以为是外乡人在捣鬼，因此猜疑一切新来的人。忒修斯进宫来用早餐，他非常高兴能让父亲辨认一下面前的人到底是谁。装有毒药的酒杯已经端到面前了，美狄亚焦急地等待着年轻人喝酒。但忒修斯却把酒杯推到一旁，他渴望在父亲面前显示一下当年的信物。他装作要切肉，抽出从前父亲压在岩石下的宝剑，想引起父亲的注意。埃勾斯一看到这熟悉的宝剑，立即扔掉忒修斯面前的酒杯。他对忒修斯询问了几句，确信面前的青年就是他从命运女神那里祈求得来的儿子。他张开双臂，拥抱儿子，并把他向周围的人作了介绍。忒修斯也把旅途上的险遇说给他们听。雅典人热烈地欢迎这位年轻的英雄，诡计多端的美狄亚被国王驱逐出境，她逃到故乡科尔喀斯。——译者注

② 现存最早有着忒修斯事迹的文本记述是巴克基利得斯（Bacchylides，古希腊诗人，生活于公元前五世纪。——译者注）的酒神颂（dithyrambs）第17与18首（公元前470年代），而最为完整的叙述就是普鲁塔克的《忒修斯》（*Theseus* 6 - 23）。Walker从埃弗比经验的视野讨论了酒神颂（1995：83 - 104）；有关这与史诗《忒赛德》（*Theseid*）（雅典的一部史诗，主题是有关忒修斯的。——译者注）相关的系列神话，以及其可能的创作时间，参见 Mills 1997：19 - 25，with reference，以及 Calame 1990：397 - 406。Calame 将这一陆上的（land - based）故事与埃弗比第一年的服务，以及海上的故事与第二年的服务联系起来（1990：190 - 191）。

③ 普鲁塔克的《希腊罗马名人传》记载：忒修斯归来时，忘记挂上表示平安归来的船帆，埃勾斯看到以后感到万念俱灰，就从山岩上面纵身而下淹毙海中。忒修斯抵达费勒隆（Phalerum）港口，为了履行他出海之前发出的誓言，先向神明奉献祭品，然后派出传令官将他安全返家的信息带到雅典。等到传令官进城以后，发现绝大部分民众为国王的丧生满怀悲痛；可以想象得到，还是有很多人为这个信息而大喜欲狂。大家为了欢迎传令官，就把花圈戴在他的头上，用来感谢他所带来的喜讯；这种状况他当然无法推辞，只是把花圈挂在传令的手杖上面。当他回到海边的时候，忒修斯正在向神明酹酒，为了避免扰乱神圣的仪式就在一旁等待，酹酒完毕立刻前去报告国王崩殂的信息，忒修斯听到以后恸哭不已，悲伤的心情使他万分激动，立即兼程赶往雅典。他们提到从那个时候开始，每年的这一天举行奥斯科弗里亚（Oschophoria）。——译者注

touria)[①] 这样的雅典节日中。

在更狭义的军事意义上的埃弗比则义务巡逻在整个雅典的宗教神殿和边境要塞周围，扮演着作为 *peripoloi*（环绕城邦的青年训练营）中外邦人与流浪者的神话角色。在这一漫游时期他们虽然作为法律与政治的主体，但不得不保持沉默，因为他们不准介入诉讼程序。[②] 为期两年的时间对于他们除了军事训练之外，也有着道德维度的意义，这让人回忆起类似于神话传说中的埃弗比的不被认可的、僭妄的自主性，比如忒修斯以及“黑色猎人（black hunter)”。他们的成年监管者或者教练的一个头衔是 *sôphronistês*，字面上就是“控制者”的意思，另一个头衔是 *kosmêtês*（维持秩序的人）。但是这种狭义上的埃弗比同样也经历了精心安排的戏剧化时刻，这一时刻看起来是让他们表演性地经历忒修斯那样的英雄在他父亲埃勾斯面前得到承认的情景。[③] 这种授予公民身份的剧本就是 *dokimasia*，这是审查之后的“欢迎”（*dekhesthai*），它确定通过检验的时刻，这是一种自我表现和通过重要社会他者检测的场景，事实上，它是青年人第一次对于其公民 *timê*（价值）承认的请求。

Dokimasia（资格审查）是在青少年十八岁结束的时候进行的，他的父亲作为 *kurios*（法律上的监护人与保护者），在他政治活动年（political year）的年初，将他带到其村社特别为这资格审查而召集的公民大会上。[④] 这种由邻人

---

① 雅典男性的地方团体，所有男性公民事实上都属于某个“胞族（（phratry)”，其成员包括血亲成员，但也包括非血亲成员。所有“胞族”都分别庆祝祭祀“胞族会之神宙斯”（Zeus Phratrios）的节日阿巴托里亚节（Apatouria)。这是一个重要的节日，历时三天。在节日里父亲将年满三岁的儿子介绍进“胞族”，向所有成员发誓其子为合法婚生子。“胞族”成员则可质疑其合法身份。——译者注

② 除非在特殊的情境之下，参见 *Ath. Pol.* 42. 5。修昔底德指的是早在公元前 458 年 *peripoloi*（青年训练营）的军事任务（1. 105. 4)，后来在 2. 13. 7，4. 67. 2，and 8. 92. 2 也提到；参见 A. M. Bowie 1993：51，n. 24，and Ridley 1979：531。

③ 忒修斯（Theseus）的名字来自于认知场景中的一种关键行为：埃勾斯“放下”（*thesis*）一个证明其父亲身份的信物在岩石下面，后来忒修斯在雅典展示了这一信物之后，他就承认（*themenon*）了这个年轻人（Plut. *Theseus* 4)。

④ 我的重构是基于《雅典政制》（*Ath. Pol.* 42)、罗兹的评论（1981：493 - 510)，以及 Pelekides 1962：88ff.，Harrison 1971a：73 - 96，和 Whitehead 1986：97 - 104，包括他们引用的资料之上的。Whitehead 将村社对于其成员资格的控制看作“村社大会最为重要的功能”(90)。对于 Strauss 来说，“作为具有重大法律与心理意义的仪式，村社登记对于男孩子们来说是继续融入公民共同体的里程碑（1993：95)”。*Dokimasia*（资格审查）同时也意味着对于新的国家官员的资格、归化的公民以及在公民大会中讲话的演说家的审查。参见 Harrison 1971b：200 - 207，和 Adeleye 1983；有关国家官员的 *dokimasia*（资格审查）书面材料的例子，参见 Lysias 16，25，26 and 31。

进行的 *dokimasia*（资格审查）有着两个目的：一是确定候选人已达到十八岁；一是确定他生为自由人，即其父母双方都是希腊人。然后村社的成员就其年龄与父母籍贯这两个问题，在宣誓之后进行投票。有争议的决定可能上诉到陪审员法庭。而这一年的年尾，五百人议事会进行自身的 *dokimasia*（资格审查），以批准村社对每一个埃弗比的表决。村社的 *dokimasia*（资格审查）并非是一件小事，因为它不仅要登记作为村社成员的公民姓名，这种审查还是村社的管理职能中两个“最为基本的因素”之一，它可能是在民主制建立之后不久就形成了。① 但这一审查却是 *kurios*（监护人）向他的共同体同辈们呈现自己照看的儿童与青少年的一系列活动中的最后一部分：一般情况下，一个男孩在婴儿期时会在阿巴托里亚节上被带到他的父亲的胞族（phratry）（一种可能基于血缘的亲友单位）面前；而在大约十六岁时，又得再来一次。他也有可能作为一个成员而在其家庭成员所属的另一个群体中进行登记。② 显然《雅典政制》第42卷第1到2行说明，*dokimasia*（资格审查）的高潮就是村社成员的表决，或者是其随后的法律诉求，然后就是要求五百人议事会所作的确认。但是我们能对这一仪式是如何进行的，它的主角是谁，以及它涉及什么样的言语行为有更清楚的理解吗？

尽管在法庭辩论文本中，无论是有关村社还是有关五百人议事会所主导的批准公民身份的 *dokimasia*（资格审查）稍有涉及的资料有不少，但我们却并没有村社层面上关于这一仪式的认知与交往机制的具体事实。③ 不幸的是，我们所有的关于 *dokimasia*（资格审查）的最为详尽两种资料并没有描述十八岁的候选者的典型仪式，而是描述了在一种不寻常的情况下更年长的成

---

① Whitehead 1986：35 and 98－99。登记与注册具有非常重要的功能，因为村社对于其成员的书面登记，就是唯一的国家公民登记（34 and 37）[阿里斯多芬在《马蜂》（*Wasp* 578）中关于 *dokimasia*（资格审查）的笑话说明了到公元前423年，它是一个为人熟知的程序]。

② 第一个仪式 *meion*，包括着一种牺牲，第二个称之为 *koureion* 的仪式也是如此。胞族可能也有着它自己类型的 *dokimasia*（资格审查）。有关这些仪式以及它们与村社的 *dokimasia*（资格审查）的关系，参见 Lambert 1993：161－178。如 Isaeus（2. 14）所表明的，一位父亲可能让他的儿子在类似于 *oregeones* 这样的宗教组织中登记。

③ 通常并不清楚的是，法庭上提到的 *dokimasia*（资格审查）是否说明了村社或者议事会的决定。我们在 Demosthenes 39. 5 与 29，以及 44. 35－37 与 41；57. 9－14，Isaeus 2. 14 and 7. 28，可以清楚地看到提及村社的 dokimasia（资格审查）；提及议事会中国家认可的 dokimasia（资格审查），类似事件的发生在 Lysias21. 1；10. 31；32. 9；Demosthenes27. 5，30. 6 and 15 中提及。

年男性的仪式，他们已经（合法地或者非法地）拥有公共人格了（public persona）。① 我们可以从中合理地推断出适用十八岁孩子的标准程序吗？似乎可以合理地认为，这些仪式中运用了问答的对话模式；社长（村社的领袖）可能会就这一候选者的出身及父母籍贯相关的细节或者详情，询问未来的埃弗比、他的父亲以及其他的监护者（*kurios*），后者应当预见到其他的村社成员会证实这些情况，他们可能先前已经通过某些类型的公共记录得到了关于候选人的名字的信息。②

在我看来，关键的问题在于是否由可能的埃弗比自己来回答这些问题，还是他的父亲与其他监护者为他说话，而他仍然保持沉默。③ 换言之，站在法律的成年门槛上的他是否第一次作为一位参与者，而与重要社会他者的代表进行对话？他是否被允许代表着他自己的地位（*timê*），以第一人称来叙述他的出身与血缘谱系的方式来承担他的责任？或者他还没有被允许跨过这

① 在 Demosthenes 57.9 – 14 中，在法庭上发言人欧西忒奥斯（Euxitheus）请求将他从村社登记的公民里删除，可能是在公元前 346 年之后的法律要求清理所有的村社名单。这样他所说的 *dokimasia*（资格审查）并不是他最初的公民资格审查，而是与清查相关或者作为清查之后的 *dokimasia*（资格审查）［Whitehead 强调了这种特别的村社会议“不具有代表性”（1986：93）］。欧西忒奥斯同样宣称，在这次 *dokimasia*（资格审查）（也许是第二次 *dokimasia*）之前，他已经对于他的对手欧布里德斯（Euboulides）提出了不利的证据：他已经是一位成年的男性，具有权利并习惯于公开地发言。Demosthenes39.5 与 29 同样涉及一个刚好超过十八岁的公民的 *dokimasia*（资格审查）。在一篇关于 Mantitheus 或者他的同父异母兄弟 Boeotus 哪个大一些的演说中，一般承认陪审团认可 Mantitheus 的同父异母兄弟大两到五岁［Carey 与 Reid 认为 Boeotus 出生于公元前 387 年到 382 年，而 Mantitheus 则出生于公元前 382 到 380 年（1985：163ff.）］。Mantitheus 则宣称他的父亲在胞族那里登记了他的同父异母兄弟（可能是约十六岁时在 *koureion* 仪式上），但是在他的父亲死后（公元前 357 年），这个同父异母兄弟却盗用了 Mantitheus 的名字：“以 Mantitheus 之名向村社的成员再次登记……”（39.5）这样 Boeotus 在“登记他自己时大约为二十五到三十岁，是一个完全成年的男性”。因而无论是 Demosthenes 第 57 或者 39 行所描述的都不是对于十八岁的人进行 *dokimasia*（资格审查）的标准。

② Pelekides 1962：93. 要求父母双方都是雅典出生的人，这可能是起源于公元前 451 年到前 450 年伯里克利关于公民身份的法律。就通常村社的召集，E. Cohen 认为它们可能限制在每年一次的程度，而且村社里通常（或者经常）没有举行，但是在城市里却是举行的，但履行官方事务的法定最低人数也较少（2000：112 – 118）。但是我们所有关于村社会议的资料是零星的，其最好的例子就是 Demosthenes57 中欧西忒奥斯的村社偶尔举行的会议。

③ Pélékides 认为：“长官通常会给候选人的父亲或者监护人以发言的机会，或者给候选人本身以发言的机会，以说明他的出生，证明他对于公民身份的主张。如果没有人反对，他们就会直接进行投票……”（1962：93 – 94）

个门槛，要由他人代为展开这一简单的陈述，而他仍被迫作为被动沉默的观众呢？如果法庭程序对我们有所启发的话，那么很可能他仍然需要保持沉默，直到他在村社中得到登记。对于未成年人来说必须由他们的父亲或者监护人来代表，自己并不能订立契约或者做其他合法的生意（A. R. W. Harrison 1971a：73）。埃弗比候选人在此的地位类似于家庭主妇，后者也依赖于其 *kurios*（监护人）作法律上的代表，因为她们不能出现在法庭上，出示有利于她们自己的证词，所以她们至少在某种程度上类似于侨民与外邦人。[①]事实上我们的资料表明在一个年轻人通过他的 *dokimasia*（资格审查）的时刻，他能够，或者说有时候能够中止他的法律上的沉默与被动的生活，作为一个具有自主性公共身份的人而行动。[②]

如果还在预备阶段的埃弗比并不能说话，而只能让他的 *kurios*（监护人）为他说话，那么地方的 *dokimasia*（资格审查）让他不能站在以言行事门槛的任何一边，这会增强以下主张的说服力，即埃弗比的宣誓是作为埃弗比的公民言语形式的第一次表演。在埃弗比安静地聆听其他的人以言行事的陈述时，村社的 *dokimasia*（资格审查）作为一种认可性场景，大致这样展开：他的父亲说："我向你们保证，整个村社的人众所周知……我的儿子……是在执政官……在位期间，由我的妻子，即村社中……的女儿，与我本人，村社中……的儿子，这两人的婚姻关系而诞生的。同样，许多人都记得两年前，在库拉提斯节（*Koureôtis*）[③] 上我带他到胞族里来过。"[④] 如果这一场景是准

---

① 有关雅典妇女在法律上的沉默，参见 McClure 1999：19－24，以及 Just 对于妇女法律权能的扩展讨论（1989：26－39）。而侨民（metics）可能需要一位保护人（*prostatês*）在法律上代表他们，至少直到公元前四世纪早期仍是如此（A. R. W. Harrion 1971a：192－193）。外邦人的地位依赖于雅典与他的母邦之间的契约关系（A. R. W. Harrion 1971b：84）。Patterson 重新对侨民在雅典的地位进行讨论，梳理了涉及侨民的庭审案例（2000，esp. 102－110，使用了 Whitehead 1977）。

② 例如在 Lysias 10. 31 中，发言人吹嘘："当我通过我的 *dokimasia*（资格审查）时，我在最高法庭（*areopagus*）上控告了三十僭主。"在 Lysias 32. 9 中一位叔叔告诉七位孤儿中最大的一位："既然你已经通过了 *dokimasia*（资格审查），成为一个人，从现在开始你必须承担你自己的一般责任。"德摩斯梯尼夸耀说，他一跨过男孩（*ek paidôn*）阶段，通过了他的 *dokimasia*（资格审查）之后，他就立刻装备了一艘战舰，并提供了多种公共的服务（21. 154－157）。

③ 阿帕图里亚节的最后一天，其间胞族的成员聚会在一起讨论公共事务。——译者注

④ 正如在前面 282 页注②中提到的，*koureion* 仪式事实上是对于 *dokimasia*（资格审查）的一种彩排，参见 Parke 的描述（1977：89－91）。而我认为 *kurios*（监护人）代表着埃弗比的利益，回答伪亚里士多德所说的在执政官选举中 *dokimasia*（资格审查）中问的问题（*Ath. Pol.* 55. 3－4）。

确的，我们要注意预备的埃弗比的表演态度，他也许**并不是**说话的主体，而是一个由他人陈述的表演所体现出来的主体，而他人的叙述涉及的是**他们**的住所、婚姻、出身及孩子的抚养情况，等等。他的主体地位可能仍然是在他们的陈述中作为一个相关的第三人称的潜在主体而存在，虽然是一个有特权的主体——是作为一个有关他自己戏剧的观众；在他人的语言展现他的生活时，他的角色被设定为沉默与无动于衷的；或者像一个聆听“那个时候”父母求婚、结婚及努力抚养孩子故事的男孩，还不是家族叙事中一个自主性的行动者。

如果这就是地方的 *dokimasia*（资格审查）的交往机制，这一仪式就赋予了候选人以一种低自主性，让他扮演一种他人对话的观众与听众的角色。通过他父亲或者监护人的陈述——这些陈述的真实价值会由村社的成员稍后通过投票来决定。这个年轻人见证的他自己价值（*timê*）成份，是以**他们的**（their）对于他是谁的理解、作为**他们**认可他是谁这一主体间行为的核心而出现的。甚至可以认为，*dokimasia*（资格审查）中的候选人向年长者表现出了一种被动的身体姿态，当他们检查他的裸体以确定他是否达到了公民身份所必需的性成熟度时，他们的“主观性”正盯着客观化的他。[①]（同时）作为无声的观众或者无声的被观察者（或者兼而有之），候选者发现他在仪式中转变为一种成人样式的自我，米德称这种自我为“宾我”，泰勒称之为对话的自我，而不是独白式自我。

用认知与道德的话语来说，这种可能的埃弗比被迫采用了一种新的视野，既将他自己看作公民主体，同时也将自己看作他人让他成为的公民客体。从这一仪式上他被迫表现出的沉默与被动姿态中，他获得的是将他自己

---

① B. Robertson（2000）试图去重构 *dokimasia*（资格审查），运用在阿里斯托芬在《马蜂》（公元前 422 年）578 行中备受争议的玩笑话，其中老菲洛克里昂（Philocleon）认为作为陪审员的一个最大好处就在于“观看受检阅的男孩子们的阳物!”这显然指的是关于地方性的 *dokimasia*（资格审查）中有关年龄有争议的规定，并要求在陪审员法庭上加以解决。Robertson 提出了一种可能性，即认为年龄的规定并不是按年月来计算的（比如是否达到十八岁），而是通过关于谁达到了性成熟这样公共的意见而做出的“主观性”决定。但是他并不能证明在地方的 *dokimasia*（资格审查）中，所有的候选人都必须裸体接受村社成员的检阅，特别是菲洛克里昂所指的是有争议并诉诸法庭的案件。更有可能的是，只是在候选人带有着明显不成熟的性特征（比如缺少胡须，或者骨骼、肌肉瘦小，嗓音尖等），可能会要求接受更为严格的生殖器检查。这是与 Whitehead 和罗兹的观点一致的（Whitehead 1986：100－101，with n. 76，和 Rhodes 1981：500）。

同时看作一个自我与一个他人的能力，或者看成在公民的交互关系中“获得认可的”参与者。哈贝马斯认为青少年在互动中学会了从一个观察者的视野转变为一种参与者的表演态度时，通常就能获得这样一种认知性的角度。我们应当注意，理解这种新的态度是如何依赖于扮演听或者看的见证者的角色，“（这种）表演态度，”他接着说：“是与人的中立态度相伴的，他在场但却置身事外……这是一种在听众与观众角色中见证了一个互动事件的人的态度。”（1990：146）我们稍后可以看到埃弗比作为听众与观众的角色可能对于雅典戏剧的含义。

这样，*dokimasia*（资格审查）看起来类似于一种交往活动，其目的在于从旧的自我中塑造出一种新的自我：公民自我的出现，在本质上是与他人一起出现的，是由于与他们之间的关系而在交互主体性基础上建构起来的。在此之前，只存在一种（尚）没有与他人以具有政治意义的方式发生关联的非公民或者前公民。从我们现代的观点来看，这种新型自我类似于在桑德尔批判罗尔斯自由主义自我时所描述的，以及泰勒的著作中所强调的社群主义自我，因为这种自我体现在埃弗比有能力认识到他自身就是在代表性的重要社会他者之间对话所展开的叙事中提及的某个第三人称对象。而非公民或者前公民的自我似乎是桑德尔意义上的意志论者，这是一种未成熟的自我，他通过一种不容他人侵犯的意志力量而获得自身的目的，亦即如前面所说的，有时埃弗比的高自主性表达了一种傲慢不羁的意志，将自身当作一种绝对个体。

非常有意思的是，*dokimasia*（资格审查）的仪式似乎是有目的的，首先是要唤起埃弗比的希望，即他会作为一个泰勒意义上的“人”（person）而得到承认，这是一个“能够对话，能够回答……‘调查者’的人。”（1985a：97）。如果我是正确的话，还有第二个目的，即当他被迫保持沉默时，这一希望立即会落空。埃弗比之所以被迫保持沉默，这是因为他人还没有允许他以向“你”说出“我”的方式，为他自己表现出的人格负责。在这样的一种主体地位上，他还不能在村社成员们面前为自己负责。对于桑德尔来说，这一阶段的埃弗比被要求去获得自我的“认知”意义，因为他的目的是预先由他人给予的，因而他的任务就是“通过对于（他）自身的反思……以及探究自我的构成本性，认清法律与命令，（最终）承认（他）所追求的目的是（他自己的）‘目的’，从而获得‘自治’”（1998：58）。

商谈性自我的自主性也分有这一参与交互的“我－你关系”的理想，但是却面临着进一步的挑战：要能够获得哈贝马斯所说的在“我－你关系”之外的“伦理上的自我领会”——这种能力允许一个公民在理解自我与他人之前，知道他是谁，或者想要成为谁（1992：168 - 169）。一开始我们会认为这样的个体性对于任何希腊公民来说都是难以企及的；不过它并不完全是自我创造的或者是纯粹个体性；它只能够在与他人对话中被表演化地达到。因而通过让埃弗比上演从自身角度对于他人给予他的“目的”进行回应的愿望，*dokimasia*（资格审查）就至少为他打开了理解以下这段话的可能性：

> 一种伦理上自我领会的自我，是依赖于从对话而来的承认的，因为它首先是从对他人要求的反应中产生出来的。由于他人将一种责任给予了我，我逐渐让我自身与他人共同生活中所成为的那个我融为一体。（170）

我们会看到，这种自我塑造可能在多大程度上包含着一种自我反思——这种反思甚至允许民主的公民可以使自身与他所处的特定环境与传统保持一定的距离。与阿基琉斯、奥德修斯以及立法家梭伦没有什么不同的是，他们都假设了一种与他人不同的自主性自我。正如沃伦所说的，他以这种方式便可以在一定程度上进行“交互主体性的理由说明的活动”，在这种活动中，人们可以诉诸那些与特殊的情境与传统无关的普遍理性（1995：172 - 173）。最后，如果这可能发生的话，那么它必然发生在对民主商谈中的参与承诺了一种通过自我转换而得到自主性的地方。

我认为很有意义的是，这里对作为公民负责任的召唤，首先是要求公民要学会做一个他人对话的沉默听众，将自己看作他们商谈中的第三人称所指的对象。从实践的角度看，埃弗比正在接受训练以承担对社会来说非常重要的角色：具有 *isêgoria*（在公共讲坛的发言自由）与 *parrhêsia*（表达自由）权利的重要公民，首先需要做一个自愿的聆听者——他不会打断其他人的讲话，并且愿意从个体的和公共的自利视角来对听到的话进行解释。① 在我们

① 在公民大会或者五百人议事会上的公民在聆听发言者讲话时，禁止打断其讲话。（Stockton 1990：76，他是从 Aeschines 1. 35 来推测的）。有关 *isêgoria*、*parrhêsai* 与自由（*eleutheria*）的关系，参见近来的讨论：Monoson 2000：51 - 63，Henderson 1998，和 Wallace 1996。

看来，要成功地通过地方的*dokimasia*（资格审查），个人必须表现出在公民身份门槛上具有较少主体地位的意愿与能力，即当一名消极的聆听者与观众。聪明的政治家与剧作家甚至以“消极观众”的形象来讽刺民主的雅典，他们相信公民正在不负责任与无知地扮演消极听众角色，好像退化到前埃弗比的地位上。① 因而沉默地听，以及在他人对话中达到自我认知，至少暗中构成了向公民主体性门槛前进并跨过这一门槛的最初的几个表演性步骤。②

1.2 埃弗比是悲剧的理想主体吗？

作为一种公民的剧本，*dokimasia*（资格审查）具有很强的可塑性：它可以用各种形象，在村社集会或者五百人议事会之外上演。特别是，悲剧与喜剧舞台可以运用这种剧本以各种方式激发观众。从1990年代起，一些学者就建议我们将埃弗比作为悲剧的理想性主体：作为悲剧理想的观众，在日常雅典公民生活中被视为悲剧舞台角色的类似人物；而且，如果是埃弗比组成了合唱队，那么埃弗比真的就是悲剧的表演者

---

① 公元前427年，民众领袖克里昂在公民大会中责备公民，他们的行为类似于“演讲中的观众”，对于竞选演说的娱乐价值感兴趣，而弄不明白自身利益到底在于什么地方(Thuc. 3. 38)。不久以后，阿里斯托芬的菲洛克里昂（阿里斯托芬的喜剧《马蜂》中的主人翁，是一个非常乐意出庭而令人生厌的陪审员。——译者注）非常乐意出庭，而其被告是一位悲剧演员，他被迫哀怨地表演《尼奥贝（Niobe）》（指奥阿格罗斯，他是当时非常有名的悲剧演员，扮演过埃斯库罗斯或者索福克罗斯所写的《尼奥贝》中的角色。——译者注），以作为自己辩护的策略（*Wasps* 580）；参见McClure（1990：14－16）关于该主题的讨论。

② 今天一些研究雅典民主的学者的研究，用消极、沉默的观众的观念来解释了公民交往：这些观众是在他人的对话中认识到自身。奥伯认为普通公民与精英领袖之间形成了一种隐含的契约：只要在普通公民**这样被村社（dêmos）承认的情形**“想象的”掩饰之下，精英就在名义上代表着他们，那么精英就得到普通公民的支持，同时他们的阶级特权也得以维护（1989：304－309。）另一些学者认为，普通公民在剧场中，对他们自己熟悉的社会交往，与英雄传奇中“非真实”世界之间的距离形成了多种理解，从而理解悲剧人物的行为。比如在*dokimasia*（资格审查）中的埃弗比，这一悲剧的听众在理论上来说是消极的，基本上是沉默的，被迫去阐释一个他们不能干预的英雄世界（参见Easterling 1990，esp. 90，和Ober and Strauss 1990）。**从理论上说**，在法庭上的陪审员也是消极的观众，他们试图理解诉讼者表现的公民生活方式，尽管其聒噪的反应让他们似乎享有比戏剧的观众有更多的参与性。

了。[①] 如果正如温克勒（Winkler）、戈德希尔和其他人所认为的，在城邦酒神节的盛会（pageantry）、仪式与戏剧中，事实上都以当年新的埃弗比方阵"作为焦点"，我们就可以将他们而不是成年的公民看作节日的认知主体。这三天的庆祝活动，就是为了多次表演形成中的、埃弗比阶段的公民意识，从而能像一个公民那样去说话、思考及作出反应吗？特别是，悲剧要表达的似乎并非是埃弗比的军事训练，甚至也不是严格意义上的政治训练，而是他们的道德教育。这种道德教育的一个主要目的（至少在公元前四世纪）就是要向埃弗比灌输对于公民判断（*gnômê*）来说至关重要的审慎（*sôphrosynê*）。如果像戈德希尔所认为的，悲剧的情节与人物都在有意地质疑民主雅典的公共规范，那么作为一种"教化与质疑的手段"，悲剧总是对消极地坐在他的同伴中的埃弗比这一理想的观众，提出与"公民的责任与义务相称的"情感与认知的挑战（1990：125）。因而这一"作为悲剧观众"的剧本，让埃弗比退回到 *dokimasia*（资格审查）门槛的经验之上——他曾认为自己不久前成功地通过了这一审查。

毫无疑问的是，不少现存悲剧的情节、人物类型与道德困境都反映出埃弗比的主题与处境，就学者们看来，它们中的大多数都与希腊的文化与社会生活的结构性观念相关（比如，边缘与中心、运动与静止、狩猎与重装步兵作战、外邦人与本地人、女性与男性、欺骗与诚实、僭妄与审慎等之间的对立）。[②] 埃弗比誓言在文字方面的回响，可以在公元前五世纪的悲剧、喜剧与散文中发现。[③] 因而如伊斯特林（Easterling）（1990）以及其他人所认为的，从广义上来说，悲剧从英雄的过去呈现给雅典人的是这些神话与仪式的剧本，公民则能够将自己日常生活的剧本与之进行比较。但是如果在城邦酒

---

① 参见 Vidal－Naquet 1986a，1986b，and 1997；Winkler 1990；Segal 1998 and 1999；Bassi 1998：215ff。罗德斯将他对温克勒的批评限于：对于证据而言，如果人们关注于它是"合适的"，而不是"它实际上是如何发生"的话，那么其证据可能更为有效（2003b：109）。Bowie 认为阿里斯托芬的观众会认识到《骑士》（*Knights*）中的腊肠贩（Sausage－Seller）就是一位埃弗比，在第 178 到 193 行中，有着对于 *dokimasia*（资格审查）的嘲讽。（1993：52－58）。我们已经提到 Bowie 相信《马蜂》与《云》的喜剧构思都是围绕着"颠倒的埃弗比"设想的（78－133）。

② 除了在本页注①中提到的研究之外，还可参见 Zeitlin 1996，Bérard et al. 1989，Segal 1982，and Goldhill 1990。罗侯指出这些对于希腊"人类学式"的研究，都强调了一种超时间的文化模式、类型和图解（iconography），它们"审视着"希腊政治生活中矛盾的、变化的特征（2002a：45－62）。

③ 有关在埃斯库罗斯、索福克勒斯、阿里斯多芬以及修昔底德这些作家那里的反响，参见 Siewert 1977：104－107 和 Winkler 1990：29－30，with nn. 22－26。

神节中悲剧表演从认知、情感和交往机制方面，唤起了观众成为埃弗比的愿望——他们希望通过某种形式的 *dokimasia*（资格审查）而迈入公民身份的门槛，现存的悲剧是如何戏剧性地表现出埃弗比的表演态度与主体地位呢？也就是埃弗比的自我表现，对于他人与他自己所要求得到承认的公民价值（*timê*）与身份意味着什么呢？它们可能告诉我们，新生的公民自我身上是如何折射出非公民的因素，表现出埃弗比的低自主性与高自主性吗？最后，悲剧中埃弗比的自我表现，可能包含着罗侯所认为第一次出现的“反政治的”思想、情感，特别是记忆吗？它们与城邦关于和平共存与和谐的公民观念正好相反。

借助于维达尔 - 纳盖（Vidal - Naquet）的观点，我们需要返回到现存悲剧的故事情节与人物的性格特征中。维达尔 - 纳盖注意到在现存 33 部戏剧［32 部悲剧加上欧里庇得斯的萨图尔戏剧《独目巨人》（*Cyclopes*）］，“任何一部戏剧对希腊人与蛮族，或者公民与外邦人之间对立的描写，都发挥着重要的作用”。（1997：112）在强调埃弗比如何对于悲剧来说起到基础的作用时，维达尔 - 纳盖同样也将这种形象看作“暂时的外邦人”和“暂时的妇女”，因为埃弗比在神话与仪式中是与外邦人和妇女发生着关联（116）。维达尔 - 纳盖看出当剧作家以故事的形式展开这些对立时，它们最为常见的情节并不是将一个本地的青年从他的城市里放逐或者流放［如希珀吕托斯（Hippolytus）］，恰恰相反的是，“一个人先是作为一位陌生人进入城市，然后才揭示出这是他的故乡”（如俄狄浦斯或者俄瑞斯忒斯）。对于这种戏剧性发展重要的是，年轻人在说话与打扮（通常是伪装）的方式上有着“令人不安的奇怪”表演，维达尔 - 纳盖称这种表演为“策略行为中主要的动力之一”，如果不是“**首要**（main）动力”的话（118）。这里他将欧里庇得斯的《酒神的伴侣》（*Bacchae*）中狄奥尼索斯与彭透斯（Pentheus）之间的对抗，概括为他为悲剧所描绘的埃弗比一系列的主要情节的代表：“一位作为外邦头人的外邦人、亚细亚人、女人气的、阴险的《酒神的伴侣》中的狄奥尼索斯，事实上最终表明是一位忒拜人，是彭透斯王的亲表兄，而彭透斯却要以男人、以好战的重装步兵的名义监禁他（118）。”

2. 埃斯库罗斯《乞援人》中的公民审查

2.1 达那特姐妹（The Danaids）：从外邦人、妇女到埃弗比、侨民与妻子

在现存最晚的悲剧（约公元前 406 年）中描述的情节与主人翁的一些信

息，显示出与现存最早的两部戏剧，即埃斯库罗斯的《波斯人》（公元前472年）及《乞援人》（公元前463到前461年）的主角与情节惊人的相似性。事实上对于后一部戏剧，我们只需要将“作为陌生人而来到城市，然后揭示出这是他的故乡”的这种“男人”，转变为亚细亚（埃及）的年轻女人的“外邦人团体”，她们突然出现在阿尔戈斯的边境上——这个城邦经常在悲剧舞台上被选择作为雅典形象的代表。[①] 这些妇女构成了这一戏剧的合唱队以及主角群体，她们都是精神上焦虑的少女，是其引领者达那俄斯（Danaus）的女儿们。她们逃离埃及，以躲避与其父亲兄弟的儿子们——她们的追求者让人生厌的婚姻，因为她们女性的先祖伊娥（Io）[②]，就是一位阿尔戈斯妇女，她逃到埃及去躲避与宙斯让人生厌的结合。达那特姐妹希望劝说阿尔戈斯人承认她们为其共同体合法的成员，给予她们在阿尔戈斯法律完全庇护下的特权——也就是给予女性以平等的公民权。在戏剧情节发展过程中，阿尔戈斯人在佩拉斯戈斯（Pelasgus）[③] 的领导之下，经过了一种显然是民主的讨论，决定给予她们以侨民（metics）（定居的外邦人）而不是公民的地位。事实上在第609行到994行中，我们可以发现metics这一词语的最早

① 有关在雅典舞台上有关阿尔戈斯的悲剧形象相互对立的观点，参见Zeitlin 1990：145－147，and Saïd 1990。埃斯库罗斯在这部戏剧中使用埃及以及埃及人作为一个陪衬的他者（otherness），来说明希腊的男性自我，参见Vasunia 2001：33－58。

② 希腊传说中，古希腊最初的居民是彼拉斯齐人，他们的国王乃是伊那科斯；他有一个如花似玉的女儿，名叫伊娥（Io）。有一次，伊娥在勒那草地上为她的父亲牧羊，宙斯一眼看见了她，顿时产生爱意。宙斯心中的爱情之火越来越炽热，于是他扮作男人，来到人间，用甜美的语言引诱挑逗伊娥。伊娥非常害怕，为了逃避他的诱惑，飞快地奔跑起来。使整个地区陷入一片黑暗，她本来可以逃脱的。现在，她被包裹在云雾之中。她因担心撞在岩石上或者失足落水而放慢了脚步。因此，落入宙斯的手中。宙斯的妻子赫拉早已熟知丈夫的不忠实而进行监视。宙斯预料妻子来了，为了让心爱的姑娘逃脱妻子的报复，他把伊那科斯的可爱的女儿变为一头雪白的小母牛。后来宙斯终于在赫拉的允许之下让伊娥恢复了原形，在尼罗河的河岸上，伊娥为宙斯生下了一个儿子厄帕福斯，他后来当了埃及国王。当地人民十分爱戴这位神奇地得救了的女人，把她尊为女神。伊娥作为女君主统治那地方很长时间。不过，她始终没有得到赫拉的彻底宽恕。赫拉唆使野蛮的库埃特人抢走了她那年轻的儿子厄帕福斯。伊娥不得不再次到处漂泊，寻找她的儿子。后来，宙斯用闪电劈死了库埃特人，她才在埃塞俄比亚的边境找到了儿子。她带着儿子一起回到埃及，让儿子辅佐她治理国家。厄帕福斯长大后娶门菲斯为妻，生下女儿利彼亚。利比亚地方就以她而得名，因为厄帕福斯的女儿曾经有过这个名字。厄帕福斯和他的母亲在埃及受到人们的尊敬和爱戴。——译者注

③ 佩拉斯戈斯，剧中阿尔戈斯人的国王。——译者注

出现的两种形式［*metoikein*（居住，动词）与 *metoikoi*（居住，名词）］。

正如我已经说到过的，这一戏剧同时上演着希腊社会生活的多个剧本，既有复杂的也有简单的，既有从人类学上说是“永恒的”，也有对公元前460年的雅典人来说英雄时代与当代的（heroic and contemporary to Athen in the 460s）。乞援者与哀悼者之类的一些人，的确闯入他人的领域，给阿尔戈斯人以及戏剧的观众（雅典人、侨民与外邦人）提出了妇女们作为潜在的妻子与女儿角色，以及狂妄的男性对于她们的侵犯这些麻烦的问题。为了将所有这些问题联系起来，我们要问有没有一个我们可以称之为“与他人建立同盟”或者“在自我（同一）与他人（差异）之间建立联系”这样公认的一般剧本呢？这种剧本应当经常会上演，从而引起对于同时存在于公共生活与私人生活中的自我、自主性以及和谐的焦虑。当埃弗比寻求成年公民的承认、民众领袖领导公民进行决策、一个国家与另一个国家结盟，或者一个女人与男人缔结婚姻（这对于《达拉特三部曲》尤其重要）这样的戏剧性活动及特征浮现在观众脑海中时，这类剧本就会上演吗？

《乞援人》戏剧一开始就摆出了让人炫目的一招，各种剧本竞相出现，它们有意地彼此融合在一起，产生了一种杂乱的混合，我们会将这一混合与现代学者所认为的这一戏剧关注的核心问题联系起来：达那特姐妹自身的特征，或者说达那特姐妹的本质，特别是她们拒绝嫁给埃古普托斯儿子们的理由中所表现出的特性。① 这种现代的关注是由于我们对于三部曲中其他两部戏剧不全面的知识而产生的，它们分别是《埃古普托斯的儿子们》（*Aigyptioi*）［又名《埃及人》（*The Egyptians*）］和《达那俄斯的女儿们》（*Danaïdes*、*Children of Danaos*）。② 可以确定的是，这些少女在舞台上并不仅是在文化与法律意义上作为阿尔戈斯的外邦人而出现，而且也是作为对于支配着雅典一个公民与另一个公民之间，以及公民与外邦人之间关系的原初协议一无所知的人而出现。如果达那特姐妹听起来有些不得要领，这是因为她们在作为说话的主体时同时表现出含混的低自主性与高自主性。这与埃弗比

---

① 参见 Garvie 1969：212－213，Winnington－Ingram 1983：59－60，Sicherl 1986：82ff.，Seaford 1987：110 and 117－118，Fisher 1992：267，Sommerstein 1995：121ff，C. Turner 2001：28，以及 Föllinger 2003：194－204。

② 有关三部曲的重构以及每部戏剧在其中的位置，参见 Garvie 1969：180ff.，and Winnington－Ingram 1983：53－72，但是现在 Rösler（1993：7ff,）与 Sommerstein（195：121－130）更有说服力，参见 Föllinger 2003：188 and 201。毫无疑问的是，我们需要用“机巧”来重构三部曲的性质与次序（Winnington－Ingram 1983：55）。

的表演态度与主体地位是一致的。

换言之，她们让人炫目的混合剧本，给到达公民身份门槛的雅典人提出了一个根本性的问题：为了从重要社会他者得到公民价值（*timê*）的承认，我必须扮演什么类型的自我、表现出什么程度的自主性？在达那特姐妹那里我们发现一种似乎发展过头的意志论自我，一种主体间交往能力日益减退的认知性自我，一种将自身局限于自己环境之中的思考/商谈的（deliberative）自我，犹豫不决地坚持"错误"的理由说明，不能对他人解释其立场。对于埃弗比的文化形象来说真实的是，达拉特姐妹在出身、语言与穿着上是有些怪异，她们在父辈的 *kurios*（监护人）（她们的父亲达那俄斯）引导之下，从远方来到这个城邦的边界。达那俄斯教导她们如何按照符合阿尔戈斯习俗的方式来说话与行动（特别是小心地遵循他们的规矩）；她们将自己介绍给当地共同体的领袖（阿尔戈斯人的首领佩拉斯戈斯），她们也使用了诡计（*mêits*）迫使这个共同体考虑她们的请求。但是她们埃弗比式的地位，在根本上是由其道德与认知上的缺陷所决定的：她们带着既是过度又是不足的自主性，并没有为如此厚脸皮地求公民身份做好准备。尽管她们声称有权获得公民身份，但她们却表现出了自身是"没有教养的"、反政治的、非理性的生物，这是其由于个人的，甚至是不正常的对于婚姻中男性的主导地位的反感而造成的。① 由于她们藐视了权威（埃及的传统）、误解了权威（要求得到她们所知甚少的祖先之地阿尔戈斯的承认），她们的行为就与神话中的埃弗比一样，在道德上带有无所忌惮的特征。这种特征可能让我们想起桀骜不驯的青少年所强烈要求但又为社会所禁止的极端自主性，因为它拒绝接受一种在适当的交互性的我－你关系之中的主体地位。

因而这一戏剧看起来是要让雅典人反思相对于国家的集体自主性而言的公民个体自主性，这种观点正是法勒与采特林的解读：他们将少女们拒绝接

---

① 采特林（Zeitlin）将她们对于童贞的保护看作她们是处女之身的证据，"对于其自身而言，所有这一切都是自我完整性的标志，抵制着任何对于其自身边界的侵犯，或者任何打扰自身纯粹存在状态的染指或者玷污（1996：131）"。就作为潜在的新娘的地位来说，她们抵制了男人的"规驯"，参见 Seaford 1987：111 和 Gödde 2000：2，7－8 and 215－248。参见 Föllinger 对这种关注于性及性的角色的学术观点的批评（2003：191－192）。Rohweder 将达那斯姐妹对于婚姻的反感，理解为在一种权力关系中拒绝接受任何从属的角色；她否认了需要任何进一步、"实践的"理由，并以公元前 460 年代政治形势来解释这种拒绝（198：111－113，117－118）。

受政治的权威，看作没有能力理解政治对话可以将非公民散漫的自主性转化为公民的自我控制力。① 但是这种政治的解读只在某一方面是准确的，即它概括了少女们在这部戏剧中表现出了一种极端的意志论主体性，这种主体的自主性**显得**怪异、不自然，并且不能适应非常重要的各种政治关系——不仅包括了埃弗比与成年公民的关系，而且还有民众领袖与民众（*dêmos*）的联合、公民派系自身与国家的联系。以及国家自身与其他的国家联系的恰当方式。在所有这些政治剧本中，无论是个体的还是集体性的自我及其自主性，在表演中都显得岌岌可危。在公元前 463 年到公元前 461 年之间这一三部曲创作的时候，这些危险在雅典人看来是非常严重的，因而这一时期被认为是 *autonomia*（自主）这一概念与术语的形成期。② 然而这些女人们给佩拉斯戈斯与阿尔戈斯人以一种不祥的信息，挑战着他们有关政治关系、理由说明及身份的观点。与所有的表象相反，她们坚持自己并不是外邦人，而是本地人；她们是僭妄对象这一困境，现在成了阿尔戈斯人的困境："我们是你们（的一分子），如果你们阿尔戈斯人要保存自身，你们就必须承认我们是你们（的一分子）。"③ 用米德的话来说："如果你想成为自己，必须先成为

---

① 法勒看到在这一戏剧中"有一种民主互动的观点，它原则上是与个体自主性相协调的，事实上对于个体自主性也是关键的"。（1988：34）就《俄瑞忒斯特》（公元前 458 年）来说，她认为这部戏剧较早对民主理论做出了贡献，试图将"（个体）自为意义上的自我意识"与民主的社会秩序协调起来（1988：15）。采特林将说服（persuasion）的权力——无论情爱的还是政治的，看作达那特姐妹对于国家权威拒绝的关键：在两个领域中，说服都要求两种主体在交互关系中调整他们的自主性（1996：136 - 143）。对于 Rohweder 来说，达那特姐妹之所以反对婚姻，是因为她们在一种"非对称"的权力关系中，将妻子的角色等同于奴隶（1998：105 - 111，181）。

② 对于这一概念起源于约公元前 468 年到公元前 456 年，参见 Ostwald 1982：40。他将 *autonomia* 的意义限制在独立国家之间的政治关系中，其中一个国家显然比另一个国家更为强大，就像雅典与提洛同盟中盟国的关系一样。法勒认为在公元前五世纪中期 *autonomia* 指的是公民群体与国家以及个体与国家之间的关系（1988：103 - 106）。

③ 对于罗侯来说，悲剧偏爱从神话而不是从近来发生的政治事件中汲取情节，这使得剧作家能够创作想象的世界——在想象世界中"他人近在咫尺"——作为其后果，传统关于自我与他人的概念"……并不太适合公元前五世纪的雅典"（2002b：49）。在舞台上自我 - 他人的关系混淆起来，这样悲剧就可以取消公共意识形态在公民与野蛮的他人之间所作的严格区分。罗侯得出结论认为："没有什么较之于这一（公共的）观念——'他人是本地人（native）……'这一陈述更为怪异的了（51）。"

他人。”①

2.2 自主性、哀悼与自我评价

有意思的是，这一戏剧三次上演了自我表现的达那特剧本：第一次是这些妇女单独的表演（在她们的入场歌或者登场曲中，以及第一段合唱诗中，1－175）；然后是与阿尔戈斯人的首领佩拉斯戈斯的对话（234ff）；接着就是达那俄斯上场报告佩拉斯戈斯在舞台外向阿尔戈斯人提出女人们的请求（600ff）。这样雅典的观众可以有三次机会来评价、继而比较她们对其公民价值（*timê*）承认的要求：一次是对于妇女们直接表现出的，一次是以精英领袖的眼光而得到聚焦，最后是通过达那俄斯报告佩拉斯戈斯如何以言辞与他的民众（*demos*）互动而再次得到聚焦。我认为在这部戏剧的一开始，听众们会将这些少女们看作其剧本中可怜的演员，作为候选者，她们不合情理地试图将自身作为能合法发言的主体。从她们一上场起，达那特姐妹一直以多种方式违反公民协议，最为特别的是通过以下方式：七嘴八舌地发言；将这些特别的公民剧本混在一起；混淆公共的与私人的、男人与女人这些不同领域中的言语形式。这些剧本与言语形式包括请求、*dokimasia*（资格审查）、宣誓、寻求仲裁（*dikê*）、祈祷、诅咒以及哀悼。哀悼正是一种言语与情感的爆发，我认为在一种真正的 *dokimasia*（资格审查）中，哀悼打破了埃弗比的沉默假定。

在第1到18行中，少女们简短地向宙斯作了一个请求保护的祈祷，然后在没有人邀请她们说话、并且她们也无权准予自己说话的情况下，她们发出了短暂、简洁的抑抑扬格（anapestic）② 的歌声，传达着与典型的 *dokimasia*（资格审查）相应的信息：她们描述了她们的出生与来历，表明了她们父辈的 *kurios*（监护人）的名字与角色，然后直言不讳地说出她们宗谱上源自于阿尔戈斯人的祖先的观点。无论是在英雄叙事还是后来公民对话中，这都不是年轻女性的典型性行为，它挑战着女性应当保持沉默的文化传统，特别是在公共空间保持沉默的要求。达拉特姐妹恰当地把她们的父亲称之为

---

① Vasunia 将这一戏剧中希腊人（雅典的民主主义者）与他人（专制的埃及人）之间的冲突看作“如何将他性融合到希腊城邦真正核心之中的典范”。他借用了戈德希尔悲剧的观点（1990，2000），认为这一三部曲的结论是“控制性地融合他人”（Vasunia 2001：70－71）。在 C. Tuner 对这一戏剧的解读中，达那特姐妹混淆了公元前470年代希腊人－野蛮人之间截然的两极对立（2001）。

② 抑抑扬格，一种诗体，即短短长格。——译者注

“训导”（*boularkhos*，11），同时也称其为派系的领袖（*stasiarkhos*）和“棋手”（*pessonomôn*），这就在她们可能的 *dokimasia*（资格审查）中塞入了一个有关埃及派系斗争产生的政治难民的麻烦剧本，她们来寻求与阿尔戈斯结盟。在这一剧本中她们迅速地插入了乞援的剧本（19－39）①。

埃斯库罗斯表明这些厚脸皮的主张是由于达那特姐妹身上所具有的个体意义的自主性所激发的，这种自主性将她们与埃及这个国家以及她们的求婚者分离开来，其源头在于膨胀的意志论主体性：“我们从那个神圣的、与叙利亚为邻的地方逃离，并不是因为我们杀人害命而为国家所驱逐，而是我们**自发**的对婚姻的厌恶（*autogenê phuxanorian*，8）。”② 她们很快直截了当地认为拟议中将她们嫁给其埃及堂兄们的婚姻，侵犯了支配着父亲兄弟血缘关系的神圣习俗（*themis*），因为它允许这些年轻人“爬上讨厌他们的（*aekontôn*）床沿”（39）。但是我们后面知道这种与堂兄妹之间的婚姻是符合埃及法律的，而达拉特姐妹所拒绝的是婚姻中对男性的屈服（387－395）。那么到底是什么激起了这种反感呢，在什么意义上它是“自发”的呢？现代学者将这些问题中看到理解这一戏剧的关键，将这种反感的原因既看作“一个假定的道德与社会原则”（比如她们所说的对于乱伦的恐惧），也看成“纯粹她们性格中的动机”（Garvie 1969：221），也许是坚决地拒绝让她们的“意志受到侵犯”（Fisher 1992：267）。③

---

① 对于 *stasiarkhos*（派别领袖）不祥的弦外之音，参见 Friis Johansen and Whittle 1980，vol. 2：16－17。*Pessonomôn* 指的是 *pessoi*，这是一种棋盘游戏，它的关键下法可能象征着公元前五世纪雅典人在公民身份中上演的称之为 *polis* 的游戏方式，参见 Kurke 1999：254－273，esp. 260－261。由于结盟对于公共的自主性是非常关键的（cf. Thuc. 3. 82ff），达那特姐妹希望获得的公民地位已经威胁到了阿尔戈斯的自主性。

② 有关这个不常用的形容词 *autogenê* 的可能意义，参见 Friis Johansen and Whittle 1980，vol. 2：13－15。

③ 采特林采用了 Garvie“想象的……社会秩序”的说法，将这些女孩看作希腊处女的一种永恒的典范：她们抵抗男性情欲的粗暴占有，希望通过说服与魅力而形成性的结合（1996：153－159）。Seaford 同样也接受这种逻辑，认为她们害怕被从她们的亲属那里抢走，被迫作为新娘，特别是作为缺少嫁妆的新娘（1987：110 and 117－118）。Vasunia 的观点也是如此（2001：55－76）。而 Gödde 则扩展了这种婚姻的主题（2000：215ff）；法勒则认为这“纯粹是她们自身性格中的动机”（Garvie 1969：221 也是如此），将 *autogenê phunaxorian* 看作由于“达那特姐妹自身的行为、情感，也就是其‘自我意志’”所激发起的“主观个体主义”的自我（1988：31）。Meier 同样将她们的动机看作“要体现出她们的意志”（1991：119）。Rohweder 相信她们的理由构成了部分“模糊的史前史”，与这部戏剧理解为权利斗争的激烈冲突“并不相干”（1998：118）。Ireland 认为她们的动机“过去含混”，以至于很难用一个“统一的方法”去确定（1974）。

实际上学者们试图确定的动机问题，就是达那特姐妹自我的性质。用桑德尔的话来说，他们所寻求的是达那特姐妹的自我是如何“由其目的而产生的”。这些目的是预先由重要社会他者给予她们的吗？还是她们努力争取自由而为自己选择这种目的呢（1998：58）？用吉尔的话来说，达那特姐妹显示了一种“客观参与”模式的自我，还是一种“主观 - 个人主义”模式的自我呢（1996：11 - 12）？在做出这些选择之前，让我们看看达那特姐妹在自我陈述中坚持认为的所有的少女都是僭妄的牺牲品（对象）这一观点。僭妄这一词语出现得更为频繁，有十次之多，远远多于埃斯库罗斯现存的其他作品；僭妄通常指的是埃古普托斯希望强娶达那特姐妹，因为少女们一直在做出这一僭妄的指控——只有一次例外。① 在第 3 章中我们看到奥德修斯个体的与自我规定的行动，以及在整部史诗中由于他决定承担僭妄对象的角色而经历的自我转换。按照热尔内的观点，我们将成为僭妄的对象，与希腊人早先在他们的道德传统中形成的对个体关注与尊重的两种认知方式等同起来［2001（1917）：45 - 48］。热尔内将这种对于僭妄对象的关注，与形成对祈援者“通常与自发的宗教同情”的理由联系起来，祈援者表现出他自身成为了一种罪行（*adikêma*，不义）的对象——《祈援人》就是热尔内主要的例子（97 - 98）。

这样从她们一开始登场的时刻起，达那特姐妹就迫使观众，后来也迫使佩拉斯戈斯以及阿尔戈斯人对于一种自我、诸种情感（羞愧、尊重、恐惧和同情），以及刺激着公民对话、公共身份与公共和谐的理由说明作出反应。类似于 *dokimasia*（资格审查）中的埃弗比，她们越来越强烈地要求佩拉斯戈斯以及阿尔戈斯人将她们的请求理解为有关公民身份与公共利益的问题。她们将佩拉斯戈斯作为其“正义的同盟”，实际上成功地让公民们将她们危险的请求最终转变为一种民主的对话，转变为一致同意的口头表决形式（*psêphos*）。这些要求事实上给戏剧隐含的观众与内在的观众以两种逻辑之间

---

① 参见 Fiser 1992：267 - 270。僭妄（*hybris*）一词出现在：30，81，104，426，487，528，817，845，880 - 881。只是在 487 行，佩拉斯戈斯使用过这个词，他是除了少女们之外使用过这个词的人。根据 Helm 的观点，在埃斯库罗斯的《波斯人》与《俄瑞斯忒斯》中，其“负面谱系学”中有五种导致道德毁灭（*atê*）的罪恶，僭妄（*hybris*）居于核心位置，*Sôphrosynê*（审慎）则在相应的“正面谱系学”中占有核心的位置（2004：29 - 52）。在《祈援人》中这些形成对比的谱系学似乎具体地体现在达那特姐妹和埃古普托斯的儿子们关系中，她们得到了佩拉斯戈斯的帮助，特别是在这一戏剧的后三分之一（例如 762 到 1038 行）。如果具有更多有关三部曲的信息，我们同样也会发现达那俄斯也牵涉这些谱系中。

的联系。[①] 似乎达那特姐妹自我的性质，必定会在超政治与政治意义上的身份之间进行转换。我们差不多可以同意温宁顿－英格拉姆（Winnington－Ingram）的结论：他认为考虑到她们对于婚姻的反感，“这种含混必定是有意的”（1983：60 cf. Rohweder 1998：118）。

但是我们可以在某种程度上如雅典的观众一样，在三部曲的历程中回忆起这些女人从僭妄的对象，后来发展成为了暴力的主体（施恶者）来说明这种含混性。她们在新婚之夜谋杀了她们的埃及丈夫，这是费希尔以及其他一些观察者（1992：270）所看到的。我从学者们对于第37行的评论中发现，西切尔（1986）、罗瑟（1993）以及索默斯泰因（1995）等人确信《祈援人》的雅典观众可能理解了达那特姐妹对婚姻反感的原因，即在达那俄斯与他的兄弟埃古普托斯对于控制埃及的激烈竞争中，一个神谕预言达那俄斯会死在他的一位女婿之手（罗瑟与索默斯泰因认为《祈援人》是三部曲中的第二部，认为神谕是在第一部，即《埃及人》中出现的）。因而少女们之所以对于与其堂兄的婚姻感到反感，是由于每位女儿对于父亲孝顺的义务所引起的。当这种反感极端地表现出来时，这样的动机是非常传统的，事实上是作为一种“客观参与的”自我：她们的“目的”是预先给予的，她们是由其作为派系领袖的父亲的希望所支配，从而让他在争夺权力的斗争中获胜。他的确取得了胜利，在三部曲中最后一部《达那俄斯的女儿们》中，阿尔戈斯人与埃古普托斯的儿子们之间爆发了斗争，而达那俄斯已取代了佩拉斯戈斯成为阿尔戈斯的僭主。那么达那特姐妹不过是她们父亲僭主意志的工具吗?[②] 她们让

---

① 由此我并不同意费希尔的观点，他认为达那特姐妹“在任何阶段都没有理性地表达她们的情况，当然根本不会受到任何同情”。（1992：269－270）我认为她们侵犯了公共对话的规则而激起了反感，但是作为祈援者与哀悼者而激起了同情。

② Sommerstein称她们是在其父亲政治把戏中的“小卒”，这是因为她们称达那俄斯为“棋手”（*pessanomôn*，12）（1995：116）。同样他提出了一个问题，即达那特姐妹们是否知道这一神谕呢？或者达那俄斯并不相信她们可以保守这一消息，因而只是让她们勉强地对婚姻的前景产生反感（同上，119）吗？我认为（类似于学者对于第37行的看法），她们的确是知道这条神谕的，因为这一神谕给她们施加了极大的道德约束，要她们服从达那俄斯的命令，在她们的新婚之夜杀死她们的丈夫。由于赦免了她的丈夫林叩斯（Lynceus），许佩耳墨斯特拉作为弑父者的同谋更加有罪。一些学者在是否接受神谕的假说上颇为犹豫（例如Conacher 1996：109－110）或者不能肯定（Latacz 1993：141），而另一些学者则十分肯定地认同这一点（C. Turner 2001：27－28；Föllinger 2003：199－200，209 and 234）。Godde的主要观点由于没有能认真考虑这一点而逊色不少（2000：18－19，47），而Rohweder对于这一神谕假设的反驳似乎论证不足（1998：112－113）。

佩拉斯戈斯以及阿尔戈斯人去做的就是以民主的方式允许东方的僭主与 *stasis*（内斗）进入他们城邦的公共领域，允许妇女的暴行进入他们私人的庭院吗？

但是作为表演者，少女们熟练地在佩拉斯戈斯与阿尔戈斯人面前掩饰了这种动机。她们采用了一种极端意志论自我的立场，既反对人类的习俗，也反对男女对性的欲望以及女性在婚姻中服从于男性的“自然”法则，因而她们用“*autogenê phuxanorian*（自发的对于婚姻的反感）”这一短语，向观众呈现出了一种自主性的自我。这种自我具有两面性：一种意义上它不过是一种幻象、一种借口，以隐藏对她们父亲野心的服从；但是在另一种意义上它又是非常真实的，因为这种自我引入了一种非公民性的表演态度与主体地位，达那特姐妹将以此来对付佩拉斯戈斯。因为埃斯库罗斯将她们自主性的欺骗表演，嵌入了一种拙劣上演的 *dokimasia*（资格审查）的埃弗比剧本之中。他鼓励他的观众从负面来判断这些女人们的意志自主性，因为从意志形态来看，根据公民行为的准则，这种自主性是不可接受的。但是同时埃斯库罗斯也为她们精心安排了仪式行为、故事讲叙与哀悼，这些行为在情感上具有无可辩驳的逻辑，虽然与政治的逻辑不同（Loraux 2002b ：87 – 88），剧院的观众与阿尔戈斯人并不必然认为它们就是不真诚的而加以反对。因为正如这些表现出来的情感一样，她们宣称自己是具有阿尔戈斯身份“证据”的祈援者（20 – 29），这一证据就是她们女性的祖先伊娥所遭受的性暴力侵犯的记忆。①

正如我们在讨论《伊利亚特》第 24 卷中阿基琉斯与普里阿摩斯的关系时所看到的，祈援者的仪式性剧本，让一位相对弱小的局外人，与一位强大的权威主角公开相遇，后者掌握着社会整合的关键因素。② 从保留剧主旨中的有限姿态（gestures）里选取的一两种行为进行表演：跌倒在地、抱住膝

---

① 即达那特姐妹是伊娥的后代，而伊娥是原阿尔戈斯的公主，受到了宙斯的挑逗与侵犯，并因此而受到宙斯妻子赫拉的嫉恨。——译者注

② 有关古希腊社会中的祈援，参见 Gödde 2000，Giordano 1999 和 Gould 1973；荷马那里的祈援，参见 Crotty 1994，Thornton 1984 和 Pedrick 1982. C。Turner（2001），Naiden（2004）；Gödde（2000）以不同的方式说明了达那特姐妹非常笨拙地表演着她们的祈援。尽管少女们向阿尔戈斯的保护者表现出自己是受迫害的牺牲者，她们仍然会很快威胁到阿尔戈斯人的利益（C. Turner 2001：27 – 39）。她们的祈援同样是“麻烦的”并且也显得“怪异”，这不仅是由于她们不得体的表现，而且从古典时期雅典宗教与法律实践的眼光来看，她们不理解这个地方的政治权威，必然判断她们的请求的法律与道德理由（Naiden 2004：83 – 88）。Gödde 还讨论了达那特姐妹将她们祈援的仪式，转变为一种狡猾的“修辞”方式，夸大自身利益“受到的侵犯”（2000：esp. 177ff.）。

盖、亲吻双手、拿着树枝[1]，力量弱小的行动者在观众以及权威的形象面前做出了一种威胁。这种威胁积累着强烈的感情，伴随着语言的请求，要求安全的保护与社会的接纳。其中主要的情感是羞耻与尊重（*aidôs*），以及对来自于重要社会他者的报复与指责的恐惧——这种重要社会他者常常以“祈援者的保护人宙斯”的形象表现出来。[2] 但是祈援者有时同样也试图激发起同情（*eleos*，*oiktos*），并且这里恐惧也同样被激发起来，尽管是以另一种不同的方式。[3] 我们再次借助于前面对阿基琉斯与普里阿摩斯的讨论，可以看到在公元前四世纪亚里士多德将同情定义为由于看到另一个人遭受苦难而唤起的“一种痛苦”，一个人可能认为自己或者自己的亲人可能在某些时候可能也会遇到类似的苦难（*Rhet.* 2. 8. 2）。换言之，对于他人感到同情，我们需要确定我们自己难以忍受他人的不幸，或者说我们自身的利益在某种程度上是与他人的利益相关的，因为我们享有类似的“目标与目的”（Nussbaum 2001：319）。这样达那特姐妹，可能在她们的父亲与其兄弟的斗争中像人质那样行动；在其父亲的计划中，她们将自身的企图融入公民的对话之中而扮演自身的角色，基于羞耻与恐惧进行说理。当她们转而进行哀悼时，这种哀悼是基于同情之上的，伴随着对从埃及人那里可能遭受到类似灾难的恐惧。

为这两种逻辑所左右，观众可能一开始会运用从不同公民剧本中的协议而来的表演/施行准则，以理解达那特姐妹表现出的自主性。第 176 行达那

---

① 拿着树枝是祈援的一种标志。——译者注

② 在 345 行，她们将祈援的花冠挂在神明的祭坛旁边，祈求佩拉斯戈斯：“请你在运载国家的航船面前感到羞耻/尊重（*aidou*），它的舵把已被套上花圈。”他立刻带着恐惧作了回答（*pephrika*，“我浑身颤栗”，346）；稍后他喊出来：“恐惧占据了我的心灵……（*phobos m' ekhei phrenas*，379）”她们警告他，作为祈援者保护者的宙斯会感到极度愤怒（347）。[她们很快在 386 行指出，这种愤怒是不能为同情（*oiktois*）的请求所平息的。佩拉斯戈斯自己也有必要面对恐惧/尊重这种愤怒的要求（*aidesthai*，478），称这种愤怒对于“凡人”来说是“最大的恐惧”（*hypostos*……*phobos*，479）。]

③ 在第 211 行，达那特姐妹直接请求宙斯的同情（*oiktire*……），让她们不至于毁在埃及人的手中；在第 639 行，她们庆祝阿尔戈斯人决定收留她们，说道：“……他们怜悯我们（*ôiktisan hêmas*）。”在第 57 行以下，她们开始哀悼她们的命运时，她们提到“值得同情”（*oiktras*，61）的夜莺，将夜莺看作一种自身形象，将它的歌声看作 *oiktos*（59，64）——这个词有着试图同时表达哀悼与同情的意义。在听到了达那特姐妹的请求之后，佩拉斯戈斯确信所有的公民会憎恶埃及人的僭妄，同情年青的妇女们（*oiktisas*，486）。相反当戏剧快结局时，埃及的传令官威胁要拖走这些女人们，他说她们的衣服会被“无情”（*ou katoiktiei*，904）地扯破。有关这种由她们的请求所激发起的混合着恐惧与同情的感情，参见 Gödde 2000：178。

俄斯上场时①，他建议这些女人们说话时既不要太快也不要太慢（200）；但是她们在登场时却自行其是，说话不合时宜，各种剧本仍混合在一起。在23到29行中，她们开始祈祷，其中包含着公民宣誓的关键成分，我相信这是埃弗比的誓言在微弱地回响。但是很快这一誓言开始明确起来，她们将它改变为另一种言语形式，即对她们埃及堂兄追逐她们的诅咒。她们的祈祷（23-29）激发起了这块土地的神圣力量——其中值得注意的是一些神明，以及其他一些不以人的形式出现的事物，其中包括一位无名的奥林匹斯的神祇（*hypatoi* …… *theoi*，l. 24）、冥府的丰饶之神以及当地英雄的坟墓（*thêkas*），所有这些都在这个城邦、这块土地以及它的河流上面留驻（23-25）。这样如果达那特姐妹向希腊的听众暗示了她们承认祈援的剧本是一种勉为其难的 *dokimasia*（资格审查），那么这种特别的召唤可能让人们联想起埃弗比誓言的召唤。埃弗比的宣誓通常在 *dokimasia*（资格审查）一年之后实行，召唤着此地的奥林匹亚及冥府的神明与英雄们以及这块土地和它的边境来作见证。②

如果埃弗比誓言承诺的目的，就是取得重装步兵在方阵（phalanx）③ 中

① 达那俄斯在此时已上场（Friis Johansin and Whittle 1980，vol. 2：4）；而塔普林认为他的女儿们一上场时，达那俄斯就无声地站在旁边（1977：193-194）。

② 在第19到27行，有可能存在着埃弗比誓言的声音与意义的回响，包括：*euphrona*（19），在12行与14行，回响着誓言标志性的对于 *euphronôs* 的重复；*barutimous* …… *thêkas*（24-25），在第16行回响着誓言的 *timêso hiera ta patria*，以及 *Zeus* …… *oikophulax hosiôn andrôn*（26-27），第8到9行回响着 *amunô* …… *hyper hierôn kai hosiôn*。

③ 古希腊世界中的早期战斗模式主要是由贵族出身的武士们之间进行的单兵格斗。随着盔甲护具逐步从皮革制过渡到青铜制，士兵们的防护力得到了增强，但动作却变得愈加迟钝。特别是古希腊军队广泛装备的青铜圆盾沉重无比，必须以数道皮带绑缚在左臂上才能支撑得住，使用时甚为不便且只能防护身体的左侧面。为了克服上述缺点，在军队的主力转为由非职业军人出身的有产公民构成后，为了互相掩护缺乏防护的身体右侧并有效地进行战斗，方阵战术大约在公元前7世纪左右应运而生。方阵中的重装步兵左手持直径约1米的圆盾、右手持长约2米的长枪、肩并肩地排成密集而整齐的队形，如同巨大的刺猬一般向前挺进。一般的希腊方阵一般由8名士兵排成1纵队，然后根据总人数的多少向左右两侧延伸。假设总兵力为1万时，方阵的正面就将由1200余名士兵构成，其长度大约为1公里。方阵中士兵们手中的盾牌在保护自身左侧的同时也掩护了相邻战友身体的右侧，一旦最前排的士兵倒下后，原先位于第二排的士兵将迅速填上他留下的缺口。整个方阵战术的精髓就在于全部士兵同心协力、齐头并进，临阵脱逃者会受到最为严厉的惩罚。步兵方阵在与正前方的敌人作战时能够发挥无可比拟的威力，但侧后方却十分薄弱、易受攻击，且机动性较差，战斗时需要大片广阔而平坦的土地。——译者注

对于与他“并肩战斗（*parastatên*）”同伴的忠诚，那么达那特姐妹则固执地将这一诺言，转变为女性对那些强迫她们建立婚姻关系的男人的诅咒。她们的话让人想起传统的海难中的“不得好死”的形象，这是与重装步兵地位相称的“从容赴死”相反的：

> 请你将那些蛮横的、黑压压一大片如狼似虎的埃古普托斯的儿男，连同他们的那些快船，在其登陆之前，未及脚踏泽地，把他们赶下海岸，让他们面对（antêsantes，36）暴虐的潮汐，电闪雷鸣，狂飙夹着骤雨，在凶猛的风暴中丢失性命——让他们来不及触犯神圣习俗的谕令，自私地滥用堂兄的权利，想要爬上讨厌他们的床沿。(29－39)

一旦达那特姐妹开始自主地说话，她们就不能控制自己转换剧本，将一种言语形式浓缩到另一种之中，但是总体上我相信 *dokimasia*（资格审查）的认知框架结构还是居于主导地位。她们第一次颂歌合唱（40－175）将她们的祈祷扩展到包括伊娥在内的女性祖先谱系片断的陈述。这里她们大胆地保证向阿尔戈斯的公民出示“各种可信的（*pista*）证据（*tekmêria*），哪怕它们对于这里的本地人来说出乎意外”（54－55）。她们相信在她们充分地解释了这一点（*gnôsetai de logou tis en makei*）后，这种证据会得到阿尔戈斯人的承认。当然每一位埃弗比也都希望向村社出示受到认可的信物，我们看到作为埃弗比原型的忒修斯遇到了他的父亲埃勾斯时，这些信物是如何起到了关键的作用。[①] 但是出示 *tekmêria*（信物）作为向共同体成员的证据或者证明，也唤起了另一种“寻求仲裁（*dikê*）”的公民剧本，到公元前五世纪它意味着一种陪审员审判或者仲裁。[②]

直到这时，少女们只是暗示了这种“寻求仲裁（*dikê*）”剧本。但是一旦她们以第 79 行的某种方式，用 *dikê*（*to dikaion*）一词来指代她们的请求时，这个词就会在整个戏剧中重复地出现（25 次之多）。毫无疑问的是，作为僭妄的对象，她们的要求就是要在解决争执的框架内适当地认可其价值

---

① *Tekmêria* 能够以词或者物的形式表明身份的凭证：佩拉斯戈斯用这个词指的是他给出的口头证据，证明他自己是阿尔戈斯人的首领（271）。普鲁塔克用这个词来指代物品与叙述中的信息，它们能证明埃弗比忒修斯与埃勾斯的关系（*Thes.* 4）。但是 *tekmêria* 同样能够指代在陪审员审判、仲裁及预审时作为证据的理由与物品。

② 私人仲裁可能已经在公元前 399 年就已经出现，参见 Gernet 1955：103ff 和 MacDowell 1978：204。

(*timê*)。[①] 与阿基琉斯与奥德修斯一样，这种姿态与要求似乎让她们采用了一种极端的、超社会的自主性；与这些英雄一样，她们也会以一种暴力的威胁来强化她们的要求。整个三部曲传递的信息最为重要的部分就在这里，因为有很好的证据表明其中最后一部戏剧是以陪审员的审判为高潮的：因为她们埃及的求婚者对于阿尔戈斯人取得了胜利，达那特姐妹被迫嫁给了他们。但是她们父亲的僭主意志也在膨胀，她们听从了他的谕令，在其新婚之夜去谋杀她们的丈夫。所有姐妹都这样干了——除了一个人，即许佩耳墨斯特拉（Hypermestra）赦免了她的丈夫，因为她最终爱上了他。[②] 在这最后一部戏剧中，达那俄斯很可能将她送去受审，指控她不服从作为她的父亲与阿尔戈斯僭主的命令，危及他的生命（从神谕来看），这使得他做出的死亡命令以及她姐姐们的共谋看起来更加应受到谴责。[③]

---

① 有关这一戏剧提到的神的正义与人的正义，参见 Kaufmann - Bühler 1955：38 - 50。Naiden 说明了在祈援中，“神与人的因素”通常交织在一起，即宗教的法与公共的法交织在一起（2004：12）。特别是在其最后的阶段，在对申诉给予“仲裁的行为”时，这一点特别符合实际——在雅典通常是由五百人议事会，有时候也由公民大会来仲裁（75 - 80）。

② 对于三部曲最后一部戏剧的猜测，参见 Garvie 1969：204 - 233；在我的印象中，现在 Siccherl（1986）、Rösler（1993）和 Sommerstein（1995）的看法超过了这一观点。Rösler（1993：16 - 21）最为有力地说明了最后一部戏剧的高潮中就有陪审员审判的假定，并且有着来自泡萨尼阿斯［Pausanias（2.19.6）］（公元二世纪的希腊旅行家，著有《希腊志》一书，这是一本关于古希腊地理志和历史的十分有价值的书。他描述了奥林匹亚和德尔斐的宗教艺术和建筑，雅典的绘画和碑铭，卫城的雅典娜雕像，以及（城外）名人和雅典阵亡战士的纪念碑。——译者注）的证据（2.19.6），与公元前458年的《复仇女神》（*Eumenides*）有着极大的相似性。尽管索默斯泰因天才地重构了最后一部戏剧，但他否认其中存在审判的理由并不充分，特别是他认为《达那俄斯的女儿们》中的审判场景“可能极大地降低了几年之后《复仇女神》中审判的影响力”这一“严重问题”。他得出结论（124），认为，“埃斯库罗斯不大可能以这种方式重复他自己”。这就假定埃斯库罗斯在公元前460年代后期就知道他会在公元前458年创作《复仇女神》，或者说这样一位天才的艺术家不得不在我们碰巧遇到的每一部戏剧中都展示强大的原创性。近来大多数学术观点都接受了在最后一部戏剧中存在着审判的可能性（Latacz 1993：146，Föllinger 2003：188），尽管像 Conacher 等一些人还持有疑问（1996：106）。

③ 关于审判细节的关键证据是来自于泡萨尼阿斯［Pausanias（2.19.6）］，参见 Rösler（1993：16ff.）以及 Sicherl（1986：102ff.）的讨论。他们认为《达那俄斯的女儿们》中对许佩耳墨斯特拉审判的最为有说服力的证据就是在泡萨尼阿斯［Pausanias（2.19.7）］那里，在描述了这一审判之后的几行里，泡萨尼阿斯显然提到了埃斯库罗斯的《七雄攻忒拜》（*Seven Against Thebes*），说明了他将这位剧作家看作早期阿尔戈斯历史的权威来源。

因为许佩耳墨斯特拉为了自己的爱而拒绝了父亲与公共的权威，承认陪审员审判中理由说明的商谈。她开启了一种可能性，即在三部曲的结尾，达那特的自我应当重新定义，并通过民主的商谈而加以转换。但是目前这样的治疗并非触手可及：我们只看到少女们一直在努力表现出女性公民身份的资格，正如她们在 *dokimasia*（资格审查）中一样。但是她们表现出这些资格、这些她们身份“可信的标志”，就是对于伊娥以及她的孩子，由宙斯的抚摸而生的名为厄帕福斯（Epahphus）（“爱抚”）的小牛这一母系血统的回忆（*matros*……*mnasamena*，50 - 51）。她们是以另一种言语形式——哀悼而迸发出这种记忆的，这些经典女性的、非公民的对话表达了对失去家庭成员难以抑制的情感（57 - 76）。在她们意志论的自我这种散漫的自主性（autonomy）——其原初意义是“自我的立法”——的激发之下，她们现在说到了死亡，特别是导致自我毁灭的女性的死亡。通过哀悼，少女们表现出了自己是无力控制自身命运的角色，是可能在悲痛中自我毁灭的生灵，这种悲痛让妇女自暴自弃地对待她自身与她的家庭。她们在这里将自身等同于原初的哀悼表演者（纳吉意义上的“模仿原型”），她第一次唱起了夜莺的歌：这种夜莺一般叫作普罗克涅（Procne），她们将她重新命名为“令人同情的墨提多丝”（*Mêtidos oiktras*，61）。[①] 当蛮族的忒柔斯（Tereus），也就是墨提多丝/普罗克涅的丈夫强奸了她的妹妹菲洛墨拉（Philomela）时，这两个女人进行了报复，她们杀死了他的儿子；墨提多丝就变成了夜莺而忒柔斯则变成了戴胜科鸟或者鹰。

提到墨提多丝这个不寻常的名字，达那特姐妹不仅继续表现出埃弗比的性格，而且她们第二次将公民斗争（*statis*）的剧本融入了自我表现之中，说明她们在向神明与阿尔戈斯人请求帮助时乐意使用致命的狡诈欺骗（*mêtis*）。*Mêtis* 可能包含着一种“戏剧性的嘲讽（dramatic irony）”，指的是达那特姐妹后来在新婚之夜谋杀她们的埃及求婚者的计划（Friis Johansen and Whittle 1980 vol. 2：56）。但这其实是有着多重的所指，包括她们自利地祈援；她们进行自杀的威胁；她们带给阿尔戈斯人的伤害以及最终她们对于其埃及配偶

① 参见罗侯所讨论的关于雌夜莺的神话，为什么用在类似于达那特姐妹、卡珊德拉、安提戈涅和厄勒克特拉（Electra）这些悲剧少女之上。（1998：57 - 65）

的谋杀。① 如同夜莺一样，达那特姐妹明确地将自主的表演，等同于对于她们自身以及任何她们认为是自己的人的致命危险，因为她们将墨提多丝杀害自己的孩子当作 *autophonôs*（65）②，这个词可能意味着残杀自己或者自己的亲属，而在这里它指的是后者。不久后她们会作出一种自杀的威胁，她们要将自己吊死在阿尔戈斯海滨边境收容所的树上（159－161）。她们认为如果连神明都无法让阿尔戈斯人来欢迎她们，她们只得延长祈援的剧本，让其在冥界上演。

这一时刻 *autophonia* 与 *autonomia* 之间同构（isomorphic）关系出现了，在埃斯库罗斯的《祈援人》上演之后的二十年，我们发现了现存最早使用 *autonomia* 的例子，它也是用来评价面临着与这一悲剧相同情境的少女的，她自愿下到哈得斯，因为拒绝遵守她认为是野蛮的共同体法律。在《安提戈涅》第 821 到 822 行，索福克勒斯让合唱队嘲笑安提戈涅：

> 你去到那死亡的深渊，没有光荣，没有赞誉，你没有受到那让人消瘦的疾病侵袭，也没有受到刀斧杀戮之苦，你将自己为自己确定什么是法律（autonomos），在凡人中只有你在活着的时候要下到哈得斯。③

同样在第 875 行，他们斥责她：

> 你虔敬的行为（埋葬她的兄弟）虽然可能得到某种虔诚，但是你不能用你的权力与当权者对抗；你倔强的性格（orgal），由于它是自主地（autognôtos）认识，已毁掉了你。（872－875）

---

① 有关这最后一种可能性，参见 Rohweder 1998：122－124。墨提丝同样可以用来指她们散漫的独特自主性。他们明显将夜莺指代一种表演者，“她被迫从她的家乡放逐，徘徊在葱绿的河边，哀叹她孩子的命运，酝酿（*ksuntithêsi*，65）她的悲哀（*oikton*，64）”。用了 *suntithêmi* 这个词意味着将不同方面的口头叙述集中起来，甚至是不恰当地将诸言语形式混淆起来（参见 Liddell，Scott，and Jones Ⅱ. b，with citations and Friis Johansen and Whittle 1980，vol. 2：62－63，with citations）。纳吉将夜莺的歌声看作口头创作的典范，显示了“在变化中保持同一的能力”。（1996：59）

② 这个词可能有着两种意义，要依据上下文，参见 Friis Johansen and Whittle 1980，vol. 2：63。

③ 法勒认为索福克勒斯的这两段话，将 *autonomia* 表达为一种“个人的品质与成就”（1988：105）。有关非英雄式的、导致女性死亡的自杀，类似于杀害自己的亲属——比如墨提丝的观点，参见 Loraux 1987：8－11，with 71，n. 6。

事实上达那特姐妹并没有使用 *autonomia* 这个词来描述她们自己，尽管如此，但正如我前面所认为的，这个词可能在这一戏剧写作的年代十年内已创造出来了（Ostwald 1982：40）。这并不意味着她们没有在某种方式的说话中宣示她们的 *autonomia*，特别是考虑到她们桀骜不驯的习性。正如这部戏剧中包含着现存最早的“民主”这一观念的表达，但却不是刚好用 *demokratia* 这个词。[①] 达那特姐妹通过运用女性表演哀悼的特权，迂回地宣示了对于 *autonomia* 的权利。奥斯维德认为这个词起源于国家间的政治，是雅典人在建立提洛同盟（Delian League）[②] 之后不久，雅典更弱小的同盟“请求”承认他们独立自治的一贯权利，雅典人第一次勉强地使用了这个词，但不赞同这一主张，正如在《安提戈涅》（*Antigone*）的合唱队中的态度一样（1982：7－9）。[③] 在对话中由弱者一方**请求**独立，而强者一方则对于独立要求进行**指责**。这样 *autonomia* 就是历史中表演性地使用两种以言行事的言语行为时产生的，它们竞相表明自我立法（self－legislation）的性质。

在这种不能抑制的哀悼煎熬中，少女们进行了一种让人吃惊的自我描述，赞扬了对免于任何人言语干涉的自我立法。她们是用与哀悼的语言一致的方式来进行这种夸耀的，但意义却超出了哀悼。我们要特别注意她们的自我描述是如何颠倒了公民价值（*timê*）的剧本——在这种剧本中，第三人称的观众是基于公民自我表现的基础而评价其地位的，但是达那特姐妹却无需任何这样的观察者而作为说话的主体进行了**自我评价**，：

> 我说话的方式（legô），就是像这样痛苦地呼号，尖利、深沉，伴

---

① 在第 604 行婉转的说法：“人们举起了由多数人意见支配的手（*dêmou kratousa kheir hopêi plêthunetai*）”，以及 699 行“愿这里人们的共同体保卫自己的权利，统治自己的城邦（*phulassoi t' asphaleis timas to damion，to ptolin kratunei*）”。有关 604 行，参见 Friis Johansen and Whittle 1980，vol. 2：491。有关这两段话与 *demokratia* 的关系，参见 Pelling 1997：75。此外还可以参考第 942－943 行［“这样一个人民一致进行的投票，已由城邦做出（*toiade dêmopraktos ek poleôs mia psêphos kekrantai*）］”。有关埃斯库罗斯《祈援人》中类似这些与民主相关的双关语，参见 Musti 1995：19－53。

② 公元前 478 年，雅典组织了希腊、爱琴诸岛和小亚细亚的一些城邦形成新的同盟，同盟金库设在提洛岛，故名“提洛同盟”。它的目的原是为继续对付波斯联合作战，后成为雅典称霸工具，又称“雅典海上同盟”。前 454 年同盟金库迁到雅典。公元前 404 年，由于在伯罗奔尼撒战争中战败，雅典被迫解散提洛同盟。——译者注

③ 奥斯特瓦尔德认为在 *Ant.* 821 中，“这里的 *autonomos* 是一种由他人表述的‘客观’品质，并不是一种由个人‘主观’声称的品质”。（1982：11）

和泪水涟涟；苦哇，呜呼！它们就像凄苦的挽歌，为了确定我的价值，在我活着的时候，已经吟唱自己的悲哀（zôsa goois me timô）。（112－116）

她们用哀悼的形式，十分老练地同时扮演了死者及其女性亲属的角色，后者通常用恸哭来颂扬死者，谴责她们的敌人。[①] 说远开去，这意味着她们独占了两种主体位置，即第一人称的说话者与第三人称的评价者。正如我们已经说明的，这里并没有第二人称的对话者。[②] 在第1章中我们看见阿基琉斯为了表演自主性的自我评价，不当地扮演了哀悼仪式的两个角色，占据两种主体位置（哀悼者与死者）：第一次是第1卷中在忒提斯面前表演的，第二次是第9卷中在作为希腊使节的同伴面前表演的。现在达那特姐妹在雅典的剧院中重复了这种表演，让观众扮演着缺场的对话者的角色。在第9卷中，阿基琉斯将哀悼的剧本融合到了“领袖如何商谈”的剧本中时，他的同伴当然表达了痛惜之情。而雅典的观众对于公元前441年在索福克勒斯的合唱队中受到贬损的*autonomons*与*autognotos*，能在二十年之后也这样做吗？[③]

达那特姐妹她们将通常及物意义上的动词*timan*，改变为一种反身动词，这极其严重地违反了语言的用法。语法上的这种罕见之处显然指的是一种关于*timê*的拙劣剧本，即在一个由“客观－参与”的自我观念所主导的社会

① 我们在第一章里看到，这里所提到的*goos*从起源上说是突然发出的一串哭诉，也许是以叙述的形式表明了死者的命运，与哀悼者或者他的敌人命运不同。参见Alexiou 1974：165－184 and Derderian 2001：31ff。如果说这些抗议使得哀悼的妇女注意到她自己的困境，这倒是真的；但罗侯认为史诗中的*goos*“首先是妇女们自我哀悼的歌声”（2002b：109，n,），这就有些夸张了。

② 我们在埃斯库罗斯的另外两部戏剧中发现在某人还活着时就为自己进行哀悼的情景：一个是《阿伽门农》（*Ag.* 1322－1323）中，卡珊德拉即将赴死，在回应合唱队对于她的命运的同情时说道：“我想再说一句话，或者说做一个哀悼，这是为我自己的哀悼（*Hapax et' eipein rhêesin ê thrênon thelôemon ton autês*）。”在《奠酒人》（*Libation Bearers* 926）中，克吕泰墨涅斯特拉在将要被俄瑞斯忒斯杀死时感慨道：“我感觉到自己，一个活人，已在坟前徒然悲戚（*thrênein*）。”有关对达那特姐妹诗行的另一种回响，参见埃斯库罗斯的《尼奥贝》（*Niobe*），其中悲哀的母亲被描述为：“呆坐了三天，她仍然活着（*zôsa*），像母鸡一样，在为她死去的孩子举行的葬礼仪式上哀悼（fr. 6－7 Diggle）。有关悲剧运用*timan*指代死者的荣誉，参见Friis Johansen and Whittle 1980，vol. 2. 103。

③ 这是指索福克勒斯的《安提戈涅》，前面提到了在这部戏剧中对于*autonomons*与*autognotos*的评价是负面的。——译者注

中，一个主体妄称自身具有重要社会他者的主要功能。① 但是为什么在公元前五世纪中期悲剧能够将作为个体性自我立法的 *autonomia*，和女性与葬礼相关的行为联系起来呢？罗候认为城邦之所以长期以来压制妇女的“反政治”的哀悼行为，是因为它会释放一种会导致公共冲突（*stasis*）的家庭激情。② 罗候也同样强调了悲剧中悲哀的妇女因为其家庭的原因，“为她们自己的目的，站在她们自己利益的立场上而利用哀悼”。卡珊德拉、安提戈涅、海伦与伊菲格妮娅之类的形象，“会借助于原本为死者、逝去的他人而吟咏的挽歌，为她们自己，即活着的人而哭泣”。而她用来作为妇女“一再利用”的典型哀悼，就是达那特姐妹的呼喊，其高潮就是“为了确定我的价值（*timê*），在我活着的时候，已经吟唱自己的悲哀”。(2002 b：58－59)

这些少女们如同阿基琉斯一样作为超社会的生物，利用哀悼作为对于正义的呼吁，宣称她们濒临死亡。她们决不会真的自杀，但成功地将她们反政治的对话融入了阿尔戈斯人的政治商议之中，劝说（或者是欺骗）佩拉斯戈斯以及公民们对于羞耻（*aidôs*）与同情做出回应。阿尔戈斯人都心怀恐惧，因而做出了一个民主的决议，欢迎少女们加入共同体。换言之，她们的自我具有一种令人恐惧的自主性。③ 但是我却相信埃斯库罗斯描写她们的自我表现，是为了让他的观众依据公民身份的逻辑而对之产生反感。我认为他同样也估计到哀悼可能激起对于妇女作为僭妄对象、作为真诚的祈援者的同情。与阿基琉斯对待普里阿摩斯没有什么不同的是，她们在一个更广泛的人类共同体中呼吁成员资格，在这种共同体中自我与他人能够想象地共同

---

① 例如我们可以参见热尔内（Gernet 2001：281－302）对于 *timê* 的一般讨论，他特别提到死者应得的 *timê*（289）。我们可以回顾一下对于荷马那里的 *timê* 的讨论：Adkins 1972：14－18，Sealey 1994：142－145 and 150－152，和 Yanagara 1994：121－131。

② 参见 2002b：20ff.，2002a：31－44，and 1998。

③ 从我们当代的观点来看，她们的道德意识还停留在柯尔伯格所说的“前习俗”的水平，看不到只有重要社会他者能决定她们的价值或者美德这一现实。哈贝马斯认为在这一水平上的主角所作的道德判断是由策略推理（strategic reasoning）与激情所主导的：她们会运用威胁、武器或者诱惑来影响她们对手对于道德状况的判断（1990：133）。换一种关于道德自主性的自由主义理论来说，这些缺少认知能力的主角，会将他们另一种可能的选择看作“道德白痴”（Kekes 1997：32）的行为。从雅典的情形来说，达那特姐妹的道德自主性使得她们滥用了祈援（C. Turner 2001），拒绝承认一个具有权威性的政治团体评估她们身份的必要性（Naiden 2004），将她们仪式性的行为转变为一种极端的修辞策略（Gödde 2000）。

生活。①

为什么埃斯库罗斯要精心地让他的听众听到两种矛盾的声音，一种是公民身份的声音（“这些少女决不能，也不应当是我们中的一员!”），一种是羞耻与同情的声音（“我必须遵守古老的习俗，我感到我为她们的痛苦而难受!”）让我们首先考虑一下由佩拉斯戈斯的雄辩技巧所推动的阿尔戈斯人的民主表决的最终后果：阿尔戈斯人及其领导人的灾难，亚洲僭主取代他的位置、新娘们的大屠杀。在某种程度上阿尔戈斯人没有能够仔细权衡一下两种谕令：一方面他们作为人，会感受到少女们的痛苦，产生对于她们的同情，每一个自身的**个人**利益中包含着少女们的利益；另一方面他们作为公民，要保卫他们作为一个共同体的**集体**利益。埃斯库罗斯对于他戏剧潜在的听众强调了对于他们来说多么有必要搁置公民身份的规则，以认同 *aidôs*（羞耻）或者 *oiktos*（同情）；同样他们多么有必要作为整体，好好考虑与思量一下这些情感的利弊。因为毕竟这些都是强有力的情感，它们在将我们与他人联系起来的同时，可能让我们无视他们的差异性。②

尚不清楚的是，达那特姐妹是否会自愿地以这些呼号来结束自我表现的这一最初场景？或者她们的父亲达那俄斯走上前来听到了这些最后的威胁，是否真的听懂了玄机？无论如何，他以一种直接的警告让她们平静下来：“女孩儿，你们必须安静下来!”（*paides*，*phronein khrê*，176。）作为 *kurios*（监护人），他父亲的权威立刻引入了在她们无所顾忌的表演中失掉的第三者视野，而她们也立即分享了他老练的知识：他从岗哨看到阿尔戈斯人的到来，教她们表演一种符合礼仪的乞援行为。她们很快从其父亲那里得到了教诲，准备与佩拉斯戈斯照面，并通过他与阿尔戈斯公民打交道。同样这一哀悼也是作为她们两次自我表现场景的过渡；但最为重要的是，它让观众联想到了其埃弗比的主体地位。达那俄斯让她们表现出孤立无助、飘零异乡的形

---

① 罗侯将悲剧性的精神宣泄看作一种怜悯（同情）与恐惧的混合，观众首先是作为个人或者作为一个人类共同体的成员来进行体验的，“超越了他在公民共同体中的成员资格”（2002b：88－93）。

② 这里，我要感谢与 Alford（1993）与 Schwartz（1993）的交流，Alford 认为悲剧是作为一种在同情中进行的“文明化”教育（*paideia*）；而 Schwartz 则认为悲剧是让人们“远离”同情，这样观众就可以有一个“思考的空间”，以将他们的利益与激情进行对比（Schwartz 1993：283）。Naiden 从雅典宗教与法律实践的观点来看，注意到阿尔戈斯人的错误在于没有运用他们的“权利”对达那特姐妹的特性进行仔细地审查，从而考虑拒绝她们的请求（2004：87）。

象，提醒她们要展示适当与节制的行为。达那俄斯还让她们祈求神明，这些神明的雕像装饰着海岸边的边境收容所。① 现在她们预先得到了父亲的建议、了解了些许文化知识，像大多数埃弗比一样，她们有理由对于受质询者的角色做好准备，以回答她们所认为具有成员资格的共同体的领袖所提出的问题。她们在他的 *dokimasia*（资格审查）中扮演埃弗比的角色，会改进她们早先在第 1 到 175 行进行的无所顾忌的预演。但是她们作为外邦人的迹象太明显不过了，比如深色的皮肤（154 – 155）、埃及的装束、浓重的口音（118 – 119）以及蓬乱的外表（由于自我残损的原因造成，120 – 121）。② 如果她们在这一仪式中的举止让我们觉得根本不像面对着长官的埃弗比，那么让我们回忆一下维达尔 – 纳盖将埃弗比概括为一个“**暂时**的外邦人”和“**暂时**的妇女”的观点（1997：119；我作的强调）。尽管达那特姐妹表现出了很多的他性，她们仍然坚持采用了一种外人（outsider）的主体地位与表演态度，以寻求与阿尔戈斯人通过语言而建立起一种交互主体性的关系。

2.3 作为对话的 *dokimasia*（资格审查）

一场对话展开了，我们也应当理解她们的出现对于佩拉斯戈斯来说同时是一种挑战。如果佩拉斯戈斯在这一次照面中的角色真的类似于在 *dokimasia*（资格审查）中的长官，他对于这些奇怪的妇女和外来的埃弗比的反应，会为听众描绘出一种领导者的心态，即必须依据当地风情相应的表演态度来评价她们的价值（*timê*）。佩拉斯戈斯解读这一彻头彻尾异域的景象时面临着一种解释学的挑战，因为她们从没有显示出“合乎礼仪”（*kata nomous*，

---

① 很久以来，人们认为埃斯库罗斯在这里召唤的是雅典市集上的十二神祭坛［Altar of the Twelve Gods in the Athenian agora。市集（Agora of Athens）是古代雅典城邦的心脏。它是雅典城邦政治、商业、行政管理、社会集会、宗教与文化中心，同时，它也是公民法庭的所在地。而在市集中有一些重要的建筑，其中包括十二神祭坛，这是一个被围墙环绕的祭坛，建于公元前 522/521 年。这个圣地是出名的收容所，也被认为是城市的中心。——译者注］，祈援者有时可以在这里寻求避难（Friis Johnansen and Whittle 1980，vol. 2：166 – 167），但是它同时让人记起埃弗比的宗教教育与对阿提卡主要圣殿的参观，也回忆起他在埃弗比誓言中对于奥林匹亚的神明与地方神明的召唤。

② 黑脸（Blackface）是埃弗比黝黑外貌的写照，参见 Ma 对于在普鲁塔克《赛门》中（*Cimon* 1 – 2）“抹灰人”达蒙（Damon）的讨论（1994：50 – 51 and 62；cf. Vidal – Naquet 1988：112）。有关达那特姐妹黑色皮肤（一般与埃及相关）与死亡的象征性关联，参见 Vasunia 2001：47 – 53；亦参见 Seaford 1987：112，n. 70。

242）的祈援迹象；他也面临着一种道德的挑战，被迫去理解一些尽管完全像外邦人，但却声称是阿尔戈斯人的人们的场景。① 他一开始的姿态让观众产生了认知上的混乱；达那特姐妹同样也不能肯定她们在与谁说话，她们要求佩拉斯戈斯确定自己的社会地位，表明他的身份［“我是与一个个体公民，还是与神庙的住持，抑或一位共同体的领袖说话？（247－248）］。这样从彼此的隔膜中产生了一种危险的对话，在某种程度上两位陌生人必须产生一种交互主体性的关系，每一方都要分享他人的主体世界。

佩拉斯戈斯真诚地回答了她们幼稚的问题，在诚实地叙述阿尔戈斯的历史起源时，说明了自己的来历。作为他的身份的“凭证”或者“证据”（*tekmêria*，271），他介绍了自己的祖先以及他作为这个共同体缔造者的角色，介绍了阿尔戈斯的史前史，介绍了它的疆域与领域边界（250－274）。用埃弗比的话来说，他构建了一种共同体的叙述，每一位埃弗比候选人［或者他的监护人（*kurios*）］必须将自身也置于这种叙述之中——这些少女们也会很快地这样做了。“我们公开地承认，因为就血统来说，我们就是阿尔戈斯人”（*Argeiai genos exeukhometha*，274－275）。她们向他严肃地保证，她们即将进行的讲述所说的“完全真实”（276）。

但是佩拉斯戈斯尚不能允许她们进行陈述；由于为她们外邦风情，以及希腊人看待蛮族妇女常见的老一套想法或者剧本所阻碍，他仍然对她们所声称自己就是阿尔戈斯妇女的真实性表示怀疑。他罗列了四种我们不难理解的剧本：他疑惑她们是否会是利比亚（Libyan）的妇女（279－280）；或者她们是由尼罗河丰饶肥沃的土地所抚育的埃及的种族（281）；或者类似于印度游牧部族的妇女，横骑在骆驼上面，生活在靠近埃塞俄比亚（Ethiopians）的地方（284－286）；或者是茹毛饮血、弯弓射箭而不事婚姻的亚马逊（Amazons）女孩（287－289）。但是在第282行到283行，佩拉斯戈斯还在这四种剧本中插入了第五种剧本，它被认为是更难以理解的：“类似于由男性工匠在女人的模子（*gynakeiois typois*）上盖的塞浦路斯（Cyprian）的印章［*kharactêr*］。”

学者们在试图把握最后这一复杂的形象时面临着很多困难，这是由于误解了它的背景。它处于前面两种有关传统亚洲妇女的剧本与后面两种剧本之间，描述的并不是一种附加的传统剧本，而是认知过程本身。在这一过程

① 参见罗侯对于《阿伽门农》中克吕泰默涅斯特拉和阿尔戈斯的合唱队，试图猜度卡珊德拉的外表与语言时所面临问题的讨论（2002b：75－80）。

中，希腊之类的父权文化运用传统性别观念来理解事情，比如人物、场景、某些模糊或者难以确定的素材。[①] 采特林与罗侯对于这一段文字的阅读有助于澄清里面所混合的性与艺术的隐喻。[②] 特别是罗侯看到了在雕刻工匠的 *typos*（模子或者模型）与柏拉图的 *khôra* 之间的联系，后者具有“在可见的与可知的事物之间”的性质。她认为这是“一种容器或者篮子……可以装下所有的物体，作为任何东西的模具，对象可以进入它、留下印迹从而保留形象（1998：74）”。但是柯克的解读最接近于看出佩拉斯戈斯所描述的他自己的认知努力：柯克认为他使用了传统的知识材料，以一种明确的形式与身份去“雕琢”或者“雕刻”这些矛盾而复杂的生灵。罗侯将佩拉斯戈斯看作另一类型的 *dokimasia*（资格审查）：国家对于货币的检查以测试它的内在“成色”（*physis*）。这样“佩拉斯戈斯努力地从一些外在的迹象来衡量其内在的性质”。[③] 用更为现代的风格来说，我认为佩拉斯戈斯得发现她们的话是“不可信的”（*apista*，277），看到“我们男人的智慧，就在于努力抵制你们外表的迷惑，将传统的形象或者剧本加给（或者印上、雕刻上）你们”。[④]

如果佩拉斯戈斯没有说愿意“受到指教（*didakhtheis*），以便更多了解她们的主张”（289），那么在这两方面都困惑不已的主体之间的对话可能会结束于此。现在少女们得到了正式的邀请，在一个共同体的首领面前复述她们祖先伊娥的故事。在先前她们就断断续续自发地倾泻出来而没有人聆听。但这一次她们的叙述表演，不再是将这些剧本与谱系、祈祷、宣誓以及哀悼等言语形式一股脑儿混合地一起而不可控制的独白。埃斯库罗斯让她们——实

① Friis Johnansen 与 Whittle 认为要删去这一段，但是他们在文献与文化上的理由并不能让人信服（1980：vol. 2：223－226）。他们对于这一段话中充满了非希腊的名称感到困惑，其中包括塞浦路斯（Cyprus）——这是公元前五世纪一个“半希腊的地点”，希腊与非希腊的人物混居在一起（224－225）。但是塞浦路斯在文化上融合的内涵非常适合于达那特姐妹（以及佩拉斯戈斯对于她们的印象）。他们完全忽略了将塞浦路斯与阿佛洛狄忒联系起来的更为重要的情爱内涵（神话传说中阿佛洛狄忒诞生于塞浦路斯。——译者注）。

② Zeitlin 1996：153－154 和 Loraux 1998：73－74，这里塞浦路斯的情爱内涵对于两者来说都是根本的。

③ Kurke 1999：321. Kurke 将雅典硬币（成色）的检测与公民的 *dokimasiai*（资格审查）联系在一起（309－316）。

④ 佩拉斯戈斯开始与结束讲的话勾勒出一连串剧本（279－289），都清楚表明他在以自己主观认知努力进行对比与推断：他一开始说达那特姐妹“更像（*empheresterai*，279）利比亚的妇女”，而结束时则说：“我当然会认为（*kart' an êikasa*，288）你们弯弓射箭，是亚马逊女孩……”（287－288）

际上是合唱队的领唱，用与佩拉斯戈斯自身进行一前一后的对话的方式来复述这一传说。每个人通过一连串的悲剧轮流对白（stichomythia）的形式，都以适当的叙述顺序对于这一“神话母题”（mytheme）有所贡献（291－324）。我们要注意达那特姐妹是如何给出了伊娥早先故事的第一条信息，以及佩拉斯戈斯是如何证实在阿尔戈斯叙事传统中这一作为 *phasis*（现象）与 *logos*（话语）传说的确定性。从这一点来看，这一故事是通过问与答来展开的，即佩拉斯戈斯问所有的问题，而合唱队则提供所有的答案：①

> **合唱队：** 不是说在这阿尔戈斯的地界，伊娥曾是一位看守，守护着赫拉的神殿？
>
> **佩拉斯戈斯：** 当然是真的，这个传说（*phatis*）远近相传，根据这种说法（*logos*），宙斯不是与一位凡人睡过觉吗？
>
> **合唱队：** 是的，但是这些猫腻都瞒着赫拉。
>
> **佩拉斯戈斯：** 这场王家的妒争结果如何？
>
> **合唱队：** 阿尔戈斯的女神把女子变作了牛胎。
>
> **佩拉斯戈斯：** 这样宙斯的确靠近了那头长着可爱长角的母牛？
>
> **合唱队：** 是的，人言如此，宙斯化作公牛的模样让母牛受孕。
>
> **佩拉斯戈斯：** 对此宙斯蛮横的妻子如何反应？（291－302）

以这种方式佩拉斯戈斯与少女们通过一种由神话（*mythos*）、传说（*phatis*）和对话（*logos*）所组成的语言证据，建立了一种共享的社会性世界，一个“为我们”的实在。当对话的双方重新组合这些成分时，即有关伊娥的零零碎碎的传说时，甚至可能借助了诸如 *symbolon*（信物）等实在的东西将这些成分结合起来。② 这些叙述同时也作为戏剧展现出来，在其中长老

---

① 尽管这一戏剧的文本非常困难，大多数的编者安排佩拉斯戈斯提问，而由达那特姐妹回答，开始于第 295 行（Friis Johnansen and Whittle 1980：vol. 2：232－233）。

② 这些对话似乎运用了表示动作的无声姿态，在古风时代雅典，当一个 *symbolon*（信物）让精英人物在主人－客人、政治的或者商业的关系中重逢时，就会使用这种无声的姿态。*symbolon*（信物）象征着最初结合，通常是摔成两半的圆环，但有时是硬币或者陶件；这样未来的某天，约定的双方（或者是他们的代表，或者是其后代）可能将各自的一半拼接起来，从而证明他们的成员资格（Gauthier 1976；Shell 1978：32－36）。正如达那特姐妹通过谱系传说的表演而向佩拉斯戈斯说道：“你所说的一切，与我已说的是契合的（*kai taut' elexas panta sugkollôs emoi*，310）。”

从共同体传说的素材来审查新到的人，这是一种埃弗比的 *dokimasia*（资格审查）的理想化表演。在后面几行，达那特姐妹有一个绝好的机会将这种关于伊娥谱系传说的质疑，转变为她们自己谱系的故事：类似于理想化的埃弗比，她们轻松地将其自身谱系的故事插入到共同体的叙事之中。

佩拉斯戈斯：谁自称是宙斯受孕母牛的牛犊？

合唱队：厄帕福斯，名字其实源自于“抚摸”。

佩拉斯戈斯：谁又是厄帕福斯的后代？（谱系在这里中断了）

合唱队：利比亚，收采大地的果实，获取最多的进益。

佩拉斯戈斯：谁又是她的后代？

合唱队：贝洛斯（Belus），他有两个儿子，一个是这里我父亲的亲爹。

佩拉斯戈斯：告诉我乃父的名字，体现智慧的称谓。

合唱队：达那俄斯，他的兄弟有五十个儿子。

佩拉斯戈斯：直接告诉那个人的名字。

合唱队：埃古普托斯。现在你已知晓我祖先的谱系，你会采取行动，以保护这帮阿尔戈斯的人群吗？（314－324）

3. 民众领袖的自我：雅典的商谈与自主性，公元前465－前460年

在这种交流中达那特姐妹成功地迈过了一个准公民身份（*metoikein*，609，以及 *metoikôi*，994）的门槛，经历了由意志论因素主导的自我向一种主要是认知性自我的转变，后者的目的现在要由其阿尔戈斯的重要他者来规定。但是当达那特合唱队领唱说出了其追求者的父亲可恨的名字（埃古普托斯）时，佩拉斯戈斯就得对突然面临的挑战采取行动，这是她们刚刚经历的审查的后果。这一戏剧的道德与认知焦点就转移到了这个男性、精英以及公民领袖表演性态度上了。更为特别的是，佩拉斯戈斯的认知技艺与道德自主性是在共同体的集体自主性处于灾难之中的危机时刻而得到检验的。当众多剧本重叠出现时——包括类似于伊娥的传说与祈援的神话与仪式剧本，以及支配着在精英领袖与公民之间进行商谈与决策的政治生活中的剧本，他要以

越来越多的细节向观众表明，他是如何应付出现的挑战的。

这些公民商谈的剧本在性质上当然并不是阿尔戈斯的而是雅典式的，我认为如果观众将这一舞台上的剧本与公元前470年代到公元前460年代在雅典上演的剧本对比的话，会发现它们大有深意。对埃斯库罗斯的学术研究一直乐意接受对这一戏剧的“政治性解读”，而近些年来已经开始将从公元前470年代到公元前450年代的民主领袖的性质看作剧作家主要关注所在。① 特别是一些学者认为《乞援人》的主要意图在于通过讨论英雄的性格与面临的情形，来探讨雅典当时关于普通公民与精英公民自主性商谈的“非常实在的”问题。正如波德莱茨基（Podlecki）所提出的：“在要得到公民整体支持这一关键时刻，这些决策是如何做出的？总之，在一个由自由的、通常是有独立思想的个体所组成的社会中，有效的领袖特性是什么？”（1986：86）

但是学者们并没有对悲剧中英雄人物是如何与雅典政治生活经验中领导的类型或者个体领导者联系起来达成共识。事实上，我们会看到学者们甚至在确定佩拉斯戈斯这样的悲剧人物与厄菲阿尔特与赛门这些公元前460年代晚期的政治领袖之间是否存在着一致这一点上都有着直接的冲突。在三部曲所有内容中，领导的问题也同样受到了忽视，而佩拉斯戈斯作为领袖的表演，只有在达那俄斯与埃古普托斯之间激烈的兄弟之争与派系对立的背景下才可以得到更好的理解，我认为这是第一部戏剧所发生的；而达那俄斯建立

---

① “埃斯库罗斯的英雄，以及他所统治的 *polis*（城邦），显然面临着领导的危机，尽管这一问题反映的是一个神话的时代，但从当时的雅典历史来看，这反映着埃斯库罗斯的听众所熟悉的情形。”（Podlechi，1986：96）参见 Sommerstein 1997 和 Podlecki 1990 and 1986。Podlecki 以民主时代早期“雅典的领袖与追随者都不得不面对的一系列新问题”，讨论了薛西斯（Xerxes）（《波斯人》）、佩拉斯戈斯（《祈援人》）、厄特俄克勒斯（Eteocles）（《七雄攻忒拜》）、俄瑞斯忒斯（《俄瑞斯忒斯》）（1990：55）等人。然而 Podlecki 并没有将这些戏剧中的领袖与现实中的政治人物联系起来，Meier 却是这样做的——他认为在《祈援人》中埃斯库罗斯反映出了一种厄菲阿尔特的信念，即任何个体领袖或者派系相对于公民整体的主权来说都是弱小而无能的（1991：120－126）。Burian 将佩拉斯戈斯面对的戏剧情形看作“政治家的困境”，但是反对将他看作任何历史上的领袖（1974：10）。在 Rohweder 的解读中，这一戏剧是一种先于厄菲阿尔特革命的要求，即普通公民希望与传统的贵族领导分享其对于政治进程的控制。她认为它也同样要求普通人接受相对于精英领袖而言的“非对称”关系（1998：184－186）。

对于阿尔戈斯人的僭主统治，我认为是在最后一部戏剧中发生的。[①] 我们甚至可以希望将波德莱茨基对于埃斯库罗斯所提出的第二个问题改述为："总之在一个由自由的、通常是有独立思想的个体所组成的社会中，是什么样的**自我**能提供最为有效的领导呢?" 因为重构的三部曲以及公元前 460 年代的雅典政治，说明了公民领袖（并不仅是埃弗比）在他们面对公民所采取的表演态度与主体地位中，都显示出了一定程度的意志论的、认知性的及商谈性的自我。也许我们可以再一次改述埃斯库罗斯心里的这一问题，将之作为商谈民主程序中的剧本样式："如果我们希望我们的政治生活为对话而不是暴力……或者盲目的同意所主导，那么我们必须要求领袖具备什么样的自我呢?"（cf，Warren 1995：194）

要从政治方面来解释这些悲剧的领袖，我认为我们应当摒弃任何直接地将舞台上的英雄人物与个体的政治家——无论是死的还是活的——等同起来的观点。相反，我们最好将悲剧人物在进行商谈时所表现出来的特殊表演态度与自主性类型孤立出来，然后再将它们与我们可以合理重建的有关雅典公民大会或者别的地方进行辩论中所采取的表演态度与自主性类型等同起来。[②] 作为《乞援人》的核心人物，佩拉斯戈斯将更多地面对着领袖在两种相互竞争的自主性之间进行选择的困难：一种自主性是古风时期的，承担对于共同体的集体自主性的责任（与承诺）；另一种自主性是一种新的形式，它否定个体具有这样一种特权，因此公民的集体自主性可能决定个体的特性。当他的认知困境在悲剧行动者熟悉的口吻中爆发了［"我感到茫然不知所措，心里恐慌，做还是不做，不知选择是否成功!"（379－380）］正如迈耶与罗维德所认为的，佩拉斯戈斯的困境，与民主出现的最初几十年，尤其与公元前 460 年代的情形相关：一方面要根据传统道德与信仰来对行动进行评估，另一方面也要根据政治的紧急情况与后果来评估（Meier 1991：119－120；Rohweder 1998：143－153）。

并不奇怪的是，佩拉斯戈斯作为这样一种困境中的行动者中所表现出来的形象可能是非常虚弱或者矛盾的：他是一位民主的领袖（*basileus*），他

---

① Sommerstein 认为从三部曲的视角来看，我们可以修正其主角是达那俄斯而不是他的女儿们的理解，他认为僭主与民主领导的对立是除了婚姻之外第二个重要主题（195：131）。

② 在第 7 章中我会将这种将舞台的人物与历史形象联系起来的方式，与 Vicker 的"人物的多元特征"的观点进行对比，对于后者来说，舞台上不同的人物反映了"同一个（历史）人物的不同侧面"（1997：15）。

“统治”的阿尔戈斯处于一个特别的时代，结合着前国家时期的酋长权威特征和成熟的民主城邦时代的特征。从认知来说，这意味着要为每一种类型的自主性找到支持与反对的理由，然后从一种自主性到另一种自主性之间进行贬抑性转换（devaluative shift）①。埃斯库罗斯在他的戏剧人物中加入了几种竞争性的自我因素之间的斗争——一种是意志论的自我，类似于他的外邦对手达那俄斯一样，选择统治对方作为自己的目的；另一种是认知性的自我，他的目的是由希腊 *basileus*（王）的传统特权所确定的；还有一种商谈的自我，这种自我可能通过自我反思，让他自身与传统或者流行的观点保持距离，从而发现一个普遍理由以支持他应当负责的决策。

因为佩拉斯戈斯就与达那特姐妹建立起了一种“对话之网”，她们将他视作唯一具有权利恢复她们与其共同体之间长期不受承认的联系的阿尔戈斯人，也自然会认为她们的乞援能够通过与阿尔戈斯王家建立联盟的方式，重新将她们与阿尔戈斯联系起来（348－353；359－364）。但是佩拉斯戈斯的回答，否认了通过私人性的商谈建立联盟的可能性。他像一位民主主义者那样来思考，立刻就考虑到这件事对于城邦的影响，考虑到作为整体的人民对于达那特姐妹的欢迎（356－358；365－369）。与僭主达那俄斯不同的是，佩拉斯戈斯在决定联盟事务时，当然会否认自己具有以个人兴趣来作决定的意志论自主性，但是同时他也与对古风时代领袖过多的社群主义理解并不一致——这种领袖是站在共同体利益之上来思考与行动的认知性自我。然而尽管他们在寻求仲裁（*dikê*）的争执中都是当事人，但达那特姐妹坚持认为他能扮演这样的角色，请求他答应她们的要求：“求你与正义（*Dikê*）联盟了断此事，站在神明的面前作出公正的仲裁。”（395－396；cf. 343）佩拉斯戈斯的回答并不是拒绝了“寻求判决（*dikê*）”的剧本，而是拒绝扮演希腊社会中按照传统赋予 *basileis*（王）的关键角色。正如在第2章中所讨论的，在前国家以及早期国家阶段，这些领袖是在他们从共同体的记忆与神话所得到的特权这一基础之上获得的认知德性来仲裁争执的。②

---

① 贬抑性转换（devaluative shift）是哈贝马斯的用语，指用一套理由系统来批评或者消解另一套系统，特别是指传统的思维方式。——译者注

② 在第2章中我注意到了加加林强调在荷西俄德那里 *basileis*（王）：“作为荷西俄德同时代世界一部分的每位 *basileus*（王），都是法官，或者说都表现出他仲裁的角色；换言之，在荷西俄德的时代，没有迹象表明 *basilêes*（王）除了仲裁之外还承担着其他的职能。”（1992：63）我们可以看到卡拉万同样也强调古风时代“在王与长老议事会的处理过程中……可以在法官自身的智慧或者灵感中发现公正”。（1998：5）参见 Cantarella 2003：279－281。

相反佩拉斯戈斯采取了一种放弃所有仲裁权威，甚至是否认仲裁能力的主体地位："这可不是一个容易的仲裁，不要选我当作法官。"（397）早先我们看到达那特姐妹与佩拉斯戈斯打交道时，佩拉斯戈斯是作为埃弗比 *dokimasia*（资格审查）中的长官。这里她们转换到解决争执的剧本，达那特姐妹认为他具有一种自主性的仲裁权威，这与她们所认为的他**就是**城邦本身，体现着城邦的集体意志（*to dêmion*），是一位高于所有其他裁判者的统治者（*prytanis akritos*）是一致的（370－375）。一些人会认为少女们将亚洲的司法权威的剧本与观念投射到了希腊的共同体之上，但是她们心中这类争执的解决与裁判，可能让观众更密切地联系起了雅典的家园。尽管我们对于雅典在公元前600年到公元前450年的司法改革的理解并不全面，我们仍有充分的证据说明在村社中地方性的争执，传统来说是由个体的法官来解决的，可能是就由长官们自己来仲裁的，他们的自主性强大到足可以代表国家的权威。①

但是为什么佩拉斯戈斯在能够承认自己相当的权威之时，却认为自己没有能力做出联盟的决定呢？② 他的沉默是否不仅意味着放弃了僭主的野心及 *basileus*（王）的传统权威呢？这是否指的是**任何**领袖在政治决策中运用个体自主性中认知上的缺陷呢？如果我们回忆一下修昔底德对于公元前427年在科基拉和其他城邦所发生的 *stasis*（斗争）的描述，从"公民如何商谈"剧本中选取"拉帮结派"的路径，标志着在战争期间公民在公共领域走向毁灭的第一步（3.82.1－3）。同样让我们回忆一下避免这种毁灭的方法以及"公民如何商谈"剧本中的其他路径，也就是修昔底德称之为 *gnômê* 的商谈智慧

---

① 根据《雅典政制》（*Ath. Pol.* 16.5）记载，僭主佩西斯特刺图斯（Peisistratus）要求村社建立起法庭，并经常亲自到乡村去巡视以解决争执。而克雷斯忒涅斯（Cleisthenes）同样也让村长（demarchs）来解决较小的争执（*Ath. Pol.* 21.5，with Dem. phal. 228 F31；cf. Rhodes 1981：257）。到公元前453年地方法官"再一次（*palin*）"在村社里解决争执（*Ath. Pol.* 26.3；cf. Rhodes 1981：331）。Whitehead 认可了从克勒斯塞涅斯时代开始，直到公元前453年，村长"在他们的村社里是作为地方法官而行动"这样的观点（1986：37）。希利认为从梭伦开始的早期民主时代起，在国家的层面上有一种长期的实践传统，即执政官个体来解决争执，但听从于民众法庭，因为个体的执政官害怕他们的决定会触犯民众强大的利益（1976：259－260）。

② "不要选择我作为它的法官"，在表达了请求之后，佩拉斯戈斯还加上："正如我前面所说的，我不希望在向人民咨询之前就做出政治行动，尽管我有权做出这一点。"（……*oude pe kratôn*……399）Podlecki 注意到在第252、255、259行中，佩拉斯戈斯也主张过绝对统治（1986：83）。

形式——我认为其标志就是一种商谈性的自我。

埃斯库罗斯笔下的佩拉斯戈斯在整整一代人的时间之前就预见到这种修昔底德式的结论。拉帮结派的路径当然是公元前460年代晚期的雅典人所关注的——当时民主发展中经历了一段危险的时期。在对待国家主权的问题上，精英与普通公民的内部紧张促发了厄菲阿尔特极端民主的革命。这一革命的高潮在公元前462年，厄菲阿尔特成功地取得了对于保守的战神山议事会的优势，躲过了对他自己的暗杀。在国际上，雅典于公元前480年到公元前479年开始取得对波斯的胜利，并在公元前478年建立了提洛同盟。帝国内部的紧张，与雅典同其他希腊城邦，以及同波斯之间的纠葛相叠加，这样就使得围绕着选择同盟的一系列问题更加突出。正如我们已经看到的，从公元前460年代晚期到公元前450年代早期的这一段时间提供了 *autonomia* 得以出现的背景。尽管学术上一致认同 *autonomia* 首先指的是一个较弱的城邦相对于一个更强大联盟的独立性，但雅典人在这一段时间最为急切的问题，在于具有特殊才能的精英领袖在共同体利益处于危险之时，特别是直接涉及战争以及结盟与弃盟的问题时所应当使用的个体自主性的程度。

简而言之，这些关注集中于个体公民在公共利益问题上以多大的自主性来行动，也关注作为一位商谈者，他应当以一种鼓励而不是抑制集体自主性的方式使用认知与言语的自主性。在民主的雅典他当然应当成为一位成熟的公民以及“任何人（all man）”，用采特林的话来说，一个体现着“由公众定义的男人气概的人，即一位政治家，辩论中他也是语言（*logos*）的大师”。（1996：142）这样的形象也许能用“民众领袖（demagogue）”这个中性意义的词来最为准确地描述。正如芬利所认为的，这类领袖是民主体制中必要的“结构性因素”；“民众领袖”这个词“可以同等地运用到所有的领袖身上，无论是他来自哪个阶级以及持何种观点”。这种领袖“并不是从他们的风格与方式加以判断，而是从他们的施行/表演来加以判断”（1985b：69）。事实上芬利重新定义了民众领袖，将其作为一个商谈的主角。他的个体自主性，从观念上促进了民众的政治行动。因此在这种扩展的意义上，他将所有杰出的雅典领袖，从忒米斯托克勒斯、亚里斯提德、伯里克利、赛门到克里昂、尼亚阿斯、阿尔喀比亚德等等都看作民众领袖（61）。

3.1 作为民众领袖与商谈者的赛门与厄菲阿尔特

但是佩拉斯戈斯算得上民众领袖吗？我们能够将他扮演的商谈角色与公

元前460年代的雅典领袖等量齐观，因而这种表演也算得上是民众领袖所做出的吗？波德莱茨基认为佩拉斯戈斯的政治敏感类似于达那俄斯，他将佩拉斯戈斯概括为："有点类似于圆滑老练的 *dêmagôgôs*，这样的政治领袖用带有胁迫性的修辞术来游说，以通过他的观点。"（1986：84－85）从公元前470年代中期到前460年代，我们知道雅典的精英领袖在制定与特别的同盟者——斯巴达结盟的政策时一直在走钢丝绳。首先是赛门与忒米斯托克勒斯，后来是赛门与厄菲阿尔特，在对斯巴达采取以合作还是敌对的立场形成了对立的派系。到公元前460年代后期，厄菲阿尔特与他的派系极力促成与阿尔戈斯结盟，以替代斯巴达；① 而忒米斯托克勒斯作为乞援者在阿尔戈斯受到欢迎；雅典于公元前460年与阿尔戈斯缔结了一个条约。② 因此毫不夸张地说，在这些争论中的主要商谈者都冒着他们的公民身份被剥夺的危险，因为忒米斯托克勒斯很可能是因为这一问题而于大约公元前472年被陶片放逐，赛门也因此于公元前461年被放逐。③

索默斯泰因看到在公元前470年代到前460年代期间，"戏剧看起来在某种程度上类似于政治的角力场"。除此之外，这一时期在剧院里与公民大会上的公民都会在整个公共领域中考虑各方的意见（1997：69－70）。因为《乞援人》是在公元前460年代中晚期创作出来的，因此有理由认为埃斯库罗斯是在剧院里重演了类似于公民大会辩论中结盟的剧本。索默斯泰因提到这一戏剧的情节与人物的动机，与公元前462年这一特别年代的事件有着"惊人的相似性"：其时赛门的政治生涯与厄菲阿尔特的革命都处于角力的过程中。但是如果我们设想埃斯库罗斯让他神话的、仪式性的与政治性的剧本交叠起来，是为了表现两种表演态度——一种是古风时期的态度，一种是新的态度——之间的分裂，我们可能对于一个领袖在与外邦人进行结盟时，应当使用多大的商谈自主性会有更深入的了解，这里佩拉斯戈斯就是体现着两

---

① 公元前451年阿尔戈斯与斯巴达签署了一个30年和平条约，但在伯罗奔尼撒战争中阿尔戈斯与雅典联盟，但这个联盟并未给阿尔戈斯带来任何好处。此后阿尔戈斯与科林斯组成了一个联邦国，在公元前371年的留克特拉战役中它们一起击败了斯巴达。——译者注

② 有关忒米斯托克勒斯在阿尔戈斯的情况，参见 Thuc，1. 135 和 Plut，*Themistocles* 23. 1。有关雅典与阿尔戈斯的结盟，参见 Thuc，1. 102. 4。Hornblower 认为结盟的日期在公元前460年（1983：37）。C. Turner 认为作为戏剧主题的希腊人与蛮族的对立、公民与外邦人的对立，结盟和提洛同盟有着不同的关联（2001：46－48）。

③ 有关这些放逐，参见 Plut. *Themistocles* 22 and *Cimon* 17；cf. Meier 1991：105－111 and Fine 1983：344－345。

种不同态度之间差异的道德主角。

佩拉斯戈斯已经表明了每一种表演态度都在不同程度上结合着意志论的、认知的及商谈性的自我因素。但是公元前460年代的历史性争论，揭示了这些因素中的每一种都有着不同的能力，从而将某一事件理解为具有相应合理性标准的“行为观念（action concept）”。通过辩论，每一种理解的因素与能力，都在运用修辞术进行的商谈时，表现出了自身的精神形式。这部戏剧中修辞术成为正确还是不当使用个体自主性的标志。因此一个强调民众领袖商谈性表演的埃斯库罗斯问题就是：个体领袖怎么样在商谈中，怎样通过进行理性的分析而对集体自主性施加恰当影响？同样，一位领袖是如何通过混淆与欺骗而不当地剥夺了这种集体自主性？

公元前460年代早期，雅典人对于是否根本地改变与斯巴达脆弱的结盟这一问题上犹豫不决——在公元前479年雅典击败波斯后这种关系一直保留着。公元前465到前464年一次地震之后，一场希洛人起义威胁到了斯巴达，斯巴达人就寻求从雅典人那里得到帮助（Thuc. 1. 101 - 103）。一代多人之后，大约于公元前412年，雅典公众仍然记得这一要求是如何表现于斯巴达的佩利克雷达斯（Pericleidas）的戏剧性姿态中的：他不顾仪式的与政治的剧本，作为一位无助的乞援者来到雅典的祭坛“请求出兵”①。他们同样也会记得这一事件与公民大会的商谈表演有关：在大会上极端民主主义者厄菲阿尔特反对保存雅典“对手”（*antipalos*）的“提议”（*to phronêma*），而保守的民主主义者赛门“认为恢复斯巴达远远比他增加自己国家的声誉更为重要”。而就到底是保护斯巴达的自主性，还是以斯巴达为代价而增强雅典的自主性的争论中，赛门用“劝说”或者“误导”的方式——*anapeithein* 这个词能同时有这两种意味——赢得了胜利。在他的率领之下，*dêmos*（民众）派出了大量的重装甲力量去援助斯巴达。②

他是如何做到这一点的？人们也会记得正是修辞的力量决定了赛门当时的胜利。根据希俄斯的伊翁（Ion of Chios）——一位诗人兼哲学家，曾作为

① 参见阿里斯托芬的《吕西斯特拉斯》（*Lys.* 1137 - 1144），“佩利克雷达斯当年是如何来到这里，双臂拥抱我们的神坛，身上依然披着紫红色的大氅，脸色惨白地恳求雅典人的支援……赛门率领四千重装步兵，拯救了所有的拉客得蒙人（Lacedaemonia）”。

② 参见 Plutarch *Cimon.* 16. 9；普鲁塔克将有关这一记忆中的争论，部分或者全部归于克里提亚斯（Critias），这一段可能是这样解读的：“克里提亚斯说，当厄菲阿尔特反对并抗议……赛门所考虑的顾及斯巴达的利益……”换言之，“克里提亚斯说”这句话可能只是适用于“赛门认为……”

赛门的门客访问过雅典——的说法，赛门将两种比喻结合起来以描述雅典－斯巴达的同盟以及保持这种同盟的必要性。我们要注意乞援者佩利克雷达斯可怜的礼仪性姿态，都转变为相应具有军事意味的姿态。“赛门呼吁（*parakalôn*）（雅典人）不要让希腊遭受跛足之苦，也不要忽视已成为他们伴侣（*tên polin heterozugon*）的城邦的要求。”① 显然从第一个比喻来看，面对着波斯持续的威胁，对于雅典的利益来说，赛门将斯巴达的同盟视作是至关重要的；但是这一比喻同样意味着雅典的权宜之计，在于继续将自己的自主性只看作部分的自主，有必要由与其他国家的关系来保证，而不是完全的、严格由自己利益来决定的自主性。厄菲阿尔特的主张显然是针对这一提议的，他请求雅典人单独考虑雅典的战略利益，将他们自己的个体利益与国家利益视为一体。而赛门“伴侣”的比喻则否定了厄菲阿尔特将斯巴达视作角斗（*antipalos*）对手的概括，明确地主张雅典人决不应将自己的自主性想象为与斯巴达对立的绝对自主性。

但是这一比喻同样以双重的花招混淆了公民大会上的问题。首先它将公民的个体自主性换成共同的自主性，以重装步兵的传统形象代替了雅典人自身的形象。因此赛门认为雅典应当如传统上重装步兵为方阵中右边相邻（通过作为一个家族成员）的人所做的一样，为斯巴达的利益承担同样的责任②（有必要提醒的是，这种责任是埃弗比在宣誓时提到的第二项内容）。但是他混淆了正在讨论的自主性类型——到底是个体的还是公共的？他使用了一对雅典与斯巴达的重装步兵的形象，但掩盖了在长期的实践中，类似于他这样的雅典精英领袖，与其他国家（希腊的或者非希腊的）的精英之间发展起了一种 *philia*（友谊）与 *proxenia*（礼遇），以作为个人的声誉与财富的源泉。③斯巴达当然在这些外邦中是最为突出的。

这样赛门引导公民将他们的集体身份与集体决策转变为一种个体心理状态，其认知性因素由于与斯巴达个体的情感联系而在自己的自主性上加以让步。他请求雅典人承认与斯巴达人分享着共同的目标，总之要同情斯巴达

---

① Plutarch *Cimon*. 16. 10. 对于这一事件一个更为完整的重构，包括其资料与历史编纂（historiographic）问题，参见 Fine 1983：347－348。

② 有关方阵中同一列重装步兵间的义务，参见 Hanson 1989：119－125。

③ 希利总结了我们怎样去重构赛门与厄菲阿尔特之间的对立（1976：261－264 and 267 n. 8）。有关希腊精英与外邦人之间的友谊，参见 Herman 1987；有关这一时期雅典政治精英间的友谊，参见 Connor 1992：35ff。

人，对于他人遭受的悲惨命运感到恐惧。这种受到伴侣关系羁绊约束的雅典重装步兵形象，替代了传统的忠诚与友谊，这是为了应对更为紧迫的认知挑战，即如何理性地评价最为有利的行为过程。赛门的修辞术防止了雅典人“后退”，要求他们更为智慧地思考与权衡他们作为个体对于斯巴达人的同胞之情，压制他们作为雅典人所具有的集体利益的感受。同时这种修辞术也掩藏了类似于他自己这样的精英领袖在决策之后的意志论的、自利性的动机。更为重要的是，这一形象让赛门可以妄称自己承担了认知性任务，而这是厄菲阿尔特催促公民们自己去承担的。

为方便作出判断，要求评价者将竞争性行为看作“目的性”的，即在一个客观确定的世界中，这些行为是否能够达到一定的目的。评价者在多种行为中进行选择的理性标准，依赖于这些行为能在多大程度上满足于“真实的条件”，或者它们在多大程度上可能有效。但是斯巴达乞援者的请求，以及赛门借用的重装步兵为同伴感受到痛苦的例子，用道德或者“规范”的词语来说，形成了一种评估者**应当**去做什么以遵守社会规范的情形（这里包括宗教的、家族的及公民的规范）。当评估者将乞援者的请求以及斯巴达同伴的受伤，视作自我表现的主观性（或者“拟剧性的”）行为，它表达着表演者的主观世界——他有着进入这一世界的特权，就会出现第三个框架。这里理性的标准会试图去确定表演到底是真诚的还是虚伪的，或者说评估者从表演者的情形中合理地看待自己，因而做出恐惧与同情的反应。[①]

行为观念的多维视角，让我们能够更清楚地看到赛门高超的修辞术是如何压制着客观的标准，以有利于规范性与主观性的标准，以及它是如何阻碍了公民在所有三种行为类型之下来考虑问题。规范与主观的标准显示了交互主体关系中的“我－你”性的主体地位，它们模糊了一种客观的、第三人称观察者的视野。用言语行为理论来说，赛门在公民大会的表演态度在一个以言行事的劝告中插入了双重隐喻，其大意就是“让希腊遭受跛足之苦，忽视

---

① 有关这三种行为概念以及它们各自理性的标准，参见 Habermas 1984：85－100，这些行为分别被描述为“目的性的”、“规范性的”以及“拟剧性的”。Naidenz 强调了在雅典的语言中，一个审慎的实体（body）必须对于祈援者的请求做出关键性的评估：他是“有价值的”（*axios*）吗？他的请求是“合理/合法的”（*ennomos*）吗？（2004：82－86）

已成为他们伙伴的城邦的要求，**对你们来说是不正义或者不恰当的**”。[①] 赛门以这种方式让辩论转移了公民的注意力，让他们不去关心诸如“雅典人的自主不能与斯巴达人的自主性分离”这类以言行事主张的客观真理价值。事实上它剥夺了公民自身集体认知的自主性，鼓励他们贬低雅典的自主性，不将这种自主性作为他们商谈中最为重要的善。它同样将他们比作达那特姐妹所希望在阿尔戈斯找到的公民类型：一个亲缘群体里富于同情的成员，他们害怕同族人悲惨地处于困境之中。

埃斯库罗斯以及他的剧团，在上演佩拉斯戈斯盘问达那特姐妹的情景时所把握的厄菲阿尔特与赛门的表演态度多大程度上是准确的呢？佩拉斯戈斯很好地意识到欢迎达那特姐妹是一种目的性行为，会使得阿尔戈斯受到其埃及的追求者攻击而面临危险。从一种规范行为的角度来说，他同样知道应当庇护达那特姐妹，因为她们受到神明的保护。他同样必须将她们奇怪的自我表现看作一种拟剧行为，这种行为可能并不是真诚的（可能就是诡计），或者可能并不是他人能够认同的主观合理的反应。由于达那特姐妹的自我表现同时交织着三种行为概念，想要将任何一种行为孤立出来，单独进行分析都是不可能的，因而他的任务更为复杂。因为除了仪式性的乞援表演，达那特姐妹还加上了集体上吊自杀的威胁——如果她们被拒绝了庇护申请的话（457－467），那样就会产生宗教的亵渎。在希腊的观念中，这必定会给阿尔戈斯人带来毁灭性的后果。

由此佩拉斯戈斯的困境，听起来类似悲剧主角熟悉的痛苦：“我感到茫然不知所措，心里恐慌，做还是不做，不知选择是否成功！”（379－380）。他应当巧妙处理这三种行为概念的多维视角，尽管这使得他的努力更为复杂。毫无疑问，埃斯库罗斯认为佩拉斯戈斯痛苦的真正根源是认知性的：这个 *basileus*（王）宣称（在 452 到 454 行）：“我的一生都将毁于这些争执！我希望我对这些灾难一无所知（*aidris*），而不是个内行（*sophos*）！但愿现在我的判断都错了（*par agnômên emên*），这种结果反而更好！”事实上每次达那特姐妹试图诉诸他们在亲缘关系之上对于正义的理解以及他们的情感困境时，佩拉斯戈斯则以对于自己 *gnômê*（判断）、他个体的决策能力进行自我批判来应对。他认为对于一个自主性的个体而言，要去评估达那特姐妹的自

---

① 如果我们在其“要求”或者“需要”的意义上来理解 *parakalöôn* 的话，这种解读会更有道理，因为它强化了说话者对于其听众道德上的优越性。参见 Liddell，Scott，and Jones 1940 *s. v.* Ⅳ；cf. *ta parakaloumena*（Denosth. 18. 166，Polybius 4. 29. 3）。

我表现所激发的所有三种行为概念的理性标准是不可能的。事实上按照他的想法，没有任何人有能力判断这一问题。

这就可以解释为什么佩拉斯戈斯作为一位民众领袖，似乎从根本上是软弱与茫然的。甚至可以认为所有的民众领袖，无论他持什么样的意识形态的观点，在面对着民众（*dêmos*）时都是虚弱的。如果他辩称："这不是一个容易的判断，不要让我来做判断！"（397），这是因为他相信只有一种新型的自我才能评估这些少女们的价值（*timê*）。他已经能够听到第三人称的客观观察者指控他的声音："你敬重外邦人的价值（*timê*），会葬送自己的城邦！"（*epêludas timôn apôlesas polin*，401）显然这种自我是民主的、集体的并且也必然是多元的；这种自我与厄菲阿尔特一样，关注着集体的自主性，通过商谈理性所做出的赞同或者反对来进行决策，以从众多的观点中产生一致的意见，而不仅是让道德高尚者提议采用的方案投票通过。① 佩拉斯戈斯担心这种自我变化无常，它抱怨统治者，憎恶僭妄者，对于命运不如自己的人抱以同情（483－488）②。换言之，它**能够**在公共性的对话中掺杂着个体体验到的"恐惧与尊重"（*aidôs*）以及"同情与害怕"（*oiktos*），这是乞援需要的规范性和拟剧性的行为。尽管它让这些强烈的感情，服从于对于集体利益与集体自主性的主要关注。但是这种多元的、民主的公民自我，能够免受情感中包含着的对于他人不可避免同情的影响吗？

总之，这种多元性的自我的确具有同时保持这三种主体地位、理解三种行为概念及其各自的理性标准的认知能力。当达那特姐妹知道了公民的决定，她们立刻理解了为什么阿尔戈斯人反映出的态度是羞耻/尊重（*aidôs*）与同情，这些态度中每一种都有着恐惧的成分，尽管在陈述她们的请求时是用可怕的母性谱系的记忆，尴尬地表达出作为公民术语上的资格审查（*dokimasia*）。但是她们同样也理解公民是如何将这些情感转变为一种得体表述的公民对话，一种一致同意的口头表决。因而现在她们祈祷阿尔戈斯的和平与繁荣，宣称"这就是为什么他们对我们表示同情（*ôiktisan hêmas*），以仁慈之心进行表决［*psêphon*］，这也是为什么他们以羞耻/尊重（*aidountai*）之心

---

① 迈耶强调了这种一致是不能够通过赛门或者其他的战神山议事会成员的提议而产生，他们希望公民"参与投票"，必然是"他们自己……做出的决定"（1991：122）。Rohweder 认为佩拉斯戈斯在这里拒绝自己做出这样一个重要而困难的决定，与《复仇女神》（470ff.）中雅典娜坚持由雅典的法官，而不是由她单独来决定祈援者俄瑞斯忒斯的命运存在着相似性（1998：148）。

② 见 Podlecki 对于这些诗行的讨论（1990：74－76）。

对待宙斯的乞援者，我们如同一群招人怜悯的小羊”。（639－642）当然，佩拉斯戈斯与达那特姐妹很难给这种公民的认知能力命名，但通过迂回表达的 *demokratia*（民主），他们将传统的词语赋予新的内涵，成功地描述了一种“统治城邦的民众主权”。他们希望城邦“可以用谨慎的手段保护（公民的）*timai*（价值），这是由先见之明与高超智慧来保证的统治形式（*arkha*），从而维护共同的利益（*eukoinomêtis*，698－700）”。①

实在地说，这种主体的表演是哈贝马斯称之为“交往行为”的第四种行为，它对冲突的主体立场和每一种立场所表达的世界意义进行评价，并在每一行为所表达的不同意义间进行协调，产生对协同行动（coordinated action）的共同理解或者达成一致（1984：100－101）。但是交往行动并不是自发地从商谈中产生，它依赖于商谈的行动者——他们或者展示或者掩饰、鼓励或者压制这些参与者应当形成的自主性类型。正如赛门所体现的民众领袖依靠自我中的意志论与认知的因素而去控制辩论的努力，可能促进了一种远非理性的交往行为，比如公元前465年到公元前464年对于斯巴达进行援助的决定。但是民众领袖在作为进行集体性商谈的自我而行动的时候，在面对民众（*demôs*）时看起来仍然在本质上是虚弱的。公元前462年到公元前461年，赛门再次劝说雅典人帮助斯巴达，派出四千重装步兵去镇压希洛人，将他们从其老巢伊托墨（Ithome）赶走。② 但这一次他在推动交往行动中的角色可能给他带来了麻烦。当斯巴达人对他们的出现日益紧张并将他们遣送回国时，他与他的手下受到了侮辱。在赛门缺席的时候，厄菲阿尔特与他的派系（也许有伯里克利的参与）策划了他们的革命，劝说民众（*demôs*）从战神山议事会中驱逐了他们许多成员。当赛门返回雅典并试图扭转局势时，他被放逐了。

---

① 相关一些传统的术语有 *polis*（357，358，366），*xenêi laos*（367），*astoi pantes*（369），*dêmos*（398）。迈耶指出（1991：123－124），当佩拉斯戈斯试图向达那特姐妹解释她们所不知道的一种社会现实，即民众主权的原则时，一个语言上的新词出现了：“*to dêmion*（民众主权）”（370）。具有讽刺意味的是，埃斯库罗斯让达那特姐妹在反对这一观念时先说出了这个词：“但是**你**是城邦（*polis*），**你**就是民众主权（*to dêmion*），你掌控着祭坛，，掌控着国家的炉塘，不受任何的审判……”（369－372）。她们还在后面重复了这一术语，即第699行的 *damion*（迈耶并没有讨论它的出现），以表现出她们对于公民决定欢迎她们的惊讶。

② 古代相关的资料，参见 Thuc. 1. 102，Aristoph. *Lysistrata* 1141－1144，Plutach *Cimon* 17. 2，和 Xenophon *Hellenika* 6. 5. 33 中使用的一处引用段落。

索默斯泰因认为公元前462年到公元前461年的这些事件，与《乞援人》中的情节与人物是非常相似的，特别是我们将三部曲看作一个整体时：它非常类似于赛门面对雅典人的情形。佩拉斯戈斯劝说阿尔戈斯人帮助外邦的同盟者，达那特姐妹与达那俄斯却引来了埃及人的攻击，打败了阿尔戈斯的军队，杀死了佩拉斯戈斯，并让达那俄斯成为阿尔戈斯的僭主。① 这样佩拉斯戈斯的表演就是厄菲阿尔特或者赛门式的吗？从商谈与认知的角度来说，它显现了佩拉斯戈斯与赛门**共同**具有的民众领袖的因素。当佩拉斯戈斯坚持由民众（*demôs*）来决定是否接纳达那特姐妹时，他摆出了一种厄菲阿尔特式的姿态，不考虑特权的血缘关系，拒绝精英性的、基于亲缘之上的与外邦人的联盟，维护了一种商谈性民主的观念，即公民在决定问题时享有的自主权。但是达那俄斯却向他的女儿们篡改了佩拉斯戈斯实际向公民讲的话（在615到620行）。如索默斯泰因所言，我们发现阿尔戈斯的领袖表现出了一种赛门式的表演态度，混淆了这些问题，损害了公民认知与商谈的自主性。

佩拉斯戈斯似乎向民众隐瞒了与阿尔戈斯的利益攸关的重要信息，即达那特姐妹的埃及追求者已追踪而来；他传达只是对乞援者的保护者宙斯的宗教恐惧，以及少女们可能自杀而带来的亵渎。② 然而从行动观念与理性的标准来说，佩拉斯戈斯与赛门一样，阻止了公民从任何维度将与外邦人的联盟看作目的性行为的观点，哪怕是给阿尔戈斯的自主性带来了严重的后果。与赛门一样，佩拉斯戈斯强调了达那特姐妹要求的规范性，他运用了一种以言行事的行为，在一种我－你关系中表现了道德的高姿态：他“警告”（*prophônôn*，617）他们应当做什么以避免神明的报复。要知道作为个体他们很容易痛恨僭妄，也容易感受到同情（486－487），因而现在他主要诉诸他们个体在*aidôs*（羞耻/尊重）中体验恐惧的能力。这样与赛门一样，他“讲了这些话来劝说”（*toiande epeithe rhêsin……legôn*，615）；同样也类似于赛门的是，这一讲话依赖于对修辞术的操控。正如达那俄斯所认为的，“佩拉斯戈斯的民众（*demôs*）注意到了这位演讲者高度的感染力”。（*eupeithês*

① Sommerstein 1997：76－77。正如Sommerstein所认为的，赛门在公元前461年的放逐，可能是由于人们相信他对于斯巴达妥协、牺牲雅典自主性的政策，会让雅典迅速屈服于它的对手（77）。

② Friis Johansen和Whittle（1980，vol. 2）相信这里提及的“城市所面对的亵渎（*miasma*）”必定指的是少女们在边境收容所的自杀威胁。他们认为，“国王并没有在公民大会上用如此多的话来重复第465行的可怕威胁……”，但是“城市所面对的亵渎”说明了这的确是“他脑子中考虑的事情”（508）。

strophês，623－624）①

这种“感染力”表现出了一位大师在欣赏其才能的听众面前表演的效果。② 作为对于佩拉斯戈斯这位修辞家技巧的写照，这种“感染力”描绘了佩拉斯戈斯自主性的表演与技艺，反映了这位行家相对于智力一般的听众高超的认知能力。尽管他先前表明自己的无能：“我的一生都将毁于这些争执！我希望我对这些灾难一无所知（*aidris*），而不是个内行（*sophos*）！但愿与我现在对它的理解相反（*par agnômên emên*），一切都将循着相反的方向！”（452－454）佩拉斯戈斯并没有接受他作为行家（*sophos*）的角色，而是运用判断（*gnômê*），带领民众（*dêmos*）通过商谈来进行决策。他自主性的表演产生的“感染力”，尽管从民主的角度看有着正确的意图，但**的确**限制了公民的集体自主性，让他们进行了一致的表决，这样一种交往行为没有能够把握对于他们的利益至关重要的所有行为观念及理性标准。作为其后果，他们不经意地引来了战争、外邦的僭主，以及女人带到了新僭主家庭婚床之上的暴力。

在一种理想的交往行为中，每一位民众领袖的个体自主性必然在某种程度上影响公民对于集体自主性的表达吗？佩拉斯戈斯似乎已感觉到自己在认知上不足以面对民众（*dêmos*）。这种新型的自我是一种集体性的、第三人称的，是一位客观的观察者，很大程度上是复合的（plural），但在批评领袖、屈从于个人对命运不佳者同情的本能时反复无常。芬利认为在民主制中民众领袖有一种“结构性”因素，他指的是一种残酷必然性（cruel necessity），这促使了领袖表态。无论我们是否想到忒米斯托克勒斯、赛门、厄菲阿尔特、伯里克利或者他们的后继者，只要他们开始推进商谈时——公民通过这种商谈认识到集体的自主性，每一个人都是**冒险**将他自主性的个体当作一位公民。这是因为他内行的 *gnômê*（判断）与建议，并不可能包含着民众（*dêmos*）之类的复合自我在可能的交往行为中可以预见的所有观点与后果。或者说这种交往行为发展起来后，可能最终改变民众领袖的命运。忒米斯托

---

① 有可能的是佩拉斯戈斯的确将埃及人的军事威胁通知给了阿尔戈斯人，而达那俄斯却将这一消息向他的女儿和观众隐瞒起来了。达那俄斯让我们注意到这一说法，它的内容是经过了两位民众领袖的自我过滤：一位（佩拉斯戈斯）的自我是由协商的因素所激发起来的，另一位（达那俄斯）的自我却是由意志论的因素所激起的。

② *strôphês* 意味着骑手或者驭手的“转弯”（Friis Johansen and Whittle 1980，vol. 2：510），但同时也意味着摔跤手的搏斗与闪避，或者音乐家有旋律的指挥、舞蹈家的运动（Liddell，Scott. and Jones 1940）。

克勒斯与赛门在约公元前 472 年与前 461 年受到放逐而失去了个体公民的自主性，而厄菲阿尔特则于公元前 462 年死于一场政治谋杀；佩拉斯戈斯在抵抗外邦的入侵者时失去了生命，《乞援人》中的另一位领袖达那俄斯从佩拉斯戈斯的冒险中受益最多，变成了阿尔戈斯的僭主。这极为生动地表达了民主制中个体自主性是如何可能吞食所有人的自主性的。但当民众领袖冒着失去其个体性的风险时，他会用修辞学来打动每一位个体公民的情感需求，从而将整个 *dêmos*（民众）置于危险之中。

3.2 情爱中的埃弗比与公民：施行正义与诛弑暴君

这样我并不相信埃斯库罗斯希望他的观众将这一戏剧中唤起的神话与历史中的领袖，与（现实中的）特定的、具体的身份一一对应。佩拉斯戈斯并不必然就是厄菲阿尔特或者赛门，达那俄斯也不是；尽管这些英雄人物都塑造出民众领袖某些方面的形象，吸引着观众去反思近来从记忆中发掘出来的表现政治冲突的剧本——在不远的将来人们仍会为这种剧本感到恐惧。埃斯库罗斯试图通过表演，将民众领袖分解为多重的自我，所有的自我都在某种程度上与埃弗比的教育相关；而我认为埃弗比可能构成了悲剧的认知主体。采特林对此的理解最为准确，她将佩拉斯戈斯与达那俄斯都看作“达那特姐妹之上男性权威的不同形象”，都可能进行仲裁。她对比了每位领袖的认知形象（1996：143 - 144）：佩拉斯戈斯在其政治智慧（*gnômê*）中缺少自信，而达那俄斯则是“狡猾、现实、自信并且果断”，具有“以技艺（*technê*）与机巧（*mêchanê*）为鹄的”的“工具性智慧”（*phronêsis*）。每一位领袖有着截然不同的认知习性：达那俄斯是一位最为老练的航海家与船长，而佩拉斯戈斯则是土著祖先的后代，用即将迫近的海难的比喻表达了其认知性的痛苦：“我真的想过这些，但眼下却进退两难！”（438）“我已卷入到毁灭的大海之中，深不可测、无路可走，找不到落锚避难的地方！”（471 - 472）①

这样对于民众领袖的认知形象与认知要素的分析，必然给公元前 460 年代的雅典观众来说留下了深刻的印象，说明了对于埃弗比与领袖们来说，公

---

① 采特林（Zeitlin）引用了在 438 行到 442 行海难的比喻，但却没有引用 471 到 472 行的比喻；她也同样引用了在 407 行到 410 行佩拉斯戈斯船员的比喻：如果他想要“深入思考如何拯救阿尔戈斯和他自己”，就要像“视力敏锐的潜水员”，必须擦亮“不被荫蔽的从容眼睛”（1996：144）。如果我们按照 Rodweder 的解读（1998）来理解这两种领导形象，会认为他们代表着民主的起源时代（公元前 508 年 - 公元前 507 年）到公元前 460 年代后期精英领袖的一系列形象。

民身份都需要一定程度的自我塑造和自我转变。正如我们已经看见的，每一类型的自我，在它与重要的社会他者讨论其身份时，都能够或多或少地结合意志论的、认知的及商谈性的因素。对于埃弗比来说，这一商谈是从 *dokimasia*（资格审查）开始的；对于民众领袖来说每次公民大会的召开就是商谈。毫无疑问三部曲的最后一部，即《达那俄斯的女儿们》，较之于《祈援人》这一部能更有力地说明了这一点，因为它戏剧性地逆转了达那俄斯僭主式的、意志论的自我明显的胜利，最终将达那特姐妹从埃弗比式的法外之徒，转变为公民的合法妻子。这种逆转与变化的刺激因素就是正义的施行，在其中民众（*dêmos*）是作为商谈性的自我而集体行动的——这就是陪审员的审判。

达那俄斯指责许佩耳墨斯特拉不服从命令、危及其生命、强烈谴责谋杀埃及丈夫，试图在他最为邪恶的表现——僭主中，维持传统的 *basileus*（王）与父亲的特权。① 许佩耳墨斯特拉（Hypermestra）以一种拒绝的姿态回应了来自于重要社会他者试图预先为她的自我所确定的自的性，宣告了一种自主性。但是显然她一个人不能对她的决定进行“交互主体性的理由说明”，只能够在通过一种资格审查的形式，比如埃弗比的 *dokimasia*，或者通过民众领袖与公民大会的互动，证实或者否定她的自我规定或者自我转换的意图之后才能做到这一点。许佩耳墨斯特拉以神明必然干预的威胁，让阿尔戈斯的民众（*dêmos*）在陪审员的审判中决定她的价值（*timê*）。

在《乞援人》中，许佩耳墨斯特拉与她的姐姐们曾无所顾忌地哭诉：“尽管我仍然活着，我已经在悲哀的挽歌中确定了自己的价值（*timê*）（*zôsa goosi me timô*）（112－116）。”现在学术界猜想在《达那俄斯的女儿们》存在着一个作为高潮的陪审员审判，这启示我们去将这一剧本，看作对她身上存在的过度自主性与对达那俄斯僭主意志的盲从这一矛盾的公共性治疗（civic therapy）。我们都知道这一审判是引自作为阿佛洛狄忒（Aphrodite）观点的七行诗，她代表着许佩耳墨斯特拉的利益而请求。② 但是尚不清楚的是，

---

① 这是泡萨尼阿斯在关于这一审判的叙述（2.19.6）中所记载的指控。与索默斯泰因的观点不同的是，我相信这些指控并不构成足够严重的犯罪，不足以对许佩耳墨斯特拉进行监禁与审判。这与克瑞翁对安提戈涅的指控，以及安提戈涅不服从于克瑞翁僭主式的命令的动机是不同的。但是索默斯泰因重构了林叩斯在最后一部戏剧中可能的角色，有助于我们看出他和许佩耳墨斯特拉一起成为要保持政治与道德秩序的道德行动者。而 Föllinger 对于这部戏剧的解读，将这种代际之间的利益冲突及其引起的“决策冲突”看作这部戏剧的中心主题（2003：226－234，esp. 227）。

② 在《达那俄斯的女儿们》这一佚失剧本的残篇中，女神阿佛洛狄忒正在与许佩耳墨斯特拉对话。——译者注

这一请求是否借助于具有普遍合法性的情爱（*erôs*）以及男女之间性的结合（*gamos*）的力量——从这种结合中所有的繁衍才开始。“对于这些事情”，阿佛洛狄忒总结道：“由我负责。”（*paraitios*，fr. 7，Diggle 1998）。当许佩耳墨斯特拉被宣判无罪时，她通过了公民的审判，成了免除对其僭主父亲服从以及与她的暴烈姐姐关联的自我。阿尔戈斯人承认她作为道德与商谈的行动者，拒绝了达那俄斯预先给予她的目的，她运用自己的意志而与丈夫结合。

达那俄斯与其他四十九位达那特姐妹怎么了呢？如果神谕的确预言达那俄斯死于他的一位女婿之手，那么林叩斯（Lynceus）[①]，与许佩耳墨斯特拉一起行动并代表着她，很可能为他的兄弟报仇而干掉了这个僭主。[②] 由于婚姻，他与许佩耳墨斯特拉通力合作——她是一位归化的外邦人与女人，曾经的“埃弗比”，然后是一位“侨民”，现在是一位妻子；而他则是新婚燕尔的公民的丈夫。他们在一起，是否影射着为保持阿尔戈斯从前民主政体的一对诛弑暴君者？如果《达那俄斯的女儿们》以这一埃弗比与成熟公民之间情爱结合结束，那么戏院中隐含的观众已在他们身上认识到了雅典民主的“创立神话”：“正是理直气壮的爱”（*dikaios eros*），让阿尔莫迪乌斯（Harmodius）和阿利斯托吉通（Aristogiton）[③] 联手于公元前 514 年杀掉了僭主希巴克斯（Hipparchus）。[④] 其他四十九位达那特姐妹可能也为她们自己赎罪，嫁给

① 埃及国王埃古普托斯之子。他的妻子许佩耳墨斯特拉是达那俄斯的五十个女儿之一——众姐妹中唯独她没有杀死丈夫。据说林叩斯后来杀死达那俄斯，夺取了阿尔戈斯的王位。——译者注

② 参见 Sommerstein 1995：125；因为 Sommerstein 反对许佩耳墨斯特拉的审判这一说明，他将阿佛洛狄忒的话看作神明对四十九位达那特姐妹的赦免：她们应当为谋杀其丈夫得到宽恕，因为她们的父亲让她们反对两性结合的宇宙原则。有关林叩斯杀害达那俄斯的可能性，参见 C. Turner 2001：28－29，n. 9。

③ 阿尔莫迪乌斯（Harmodius）和阿利斯托吉通（Aristogiton）为同性恋人，出于对自由的热爱而于公元前 514 年暗杀了当时的僭主希巴克斯（Hipparchus），他们因此成为雅典民主的奠基者，雅典人奉若神明。——译者注

④ Monoson 2000、Ludwig 2002 和 Wohl 2002 都指出这一情爱的关系作为雅典特殊的典范，在伯里克利时代（公元前 460 年到约公元前 429 年）以及此后的时间里将个体公民与公民整体联系起来。特别是 Whol 讨论了他们诛弑暴君的关系是“仅仅出于爱”，这是借用了埃斯基涅斯（Aeschines 1. 136）的话（2002：3－10 and 20－29）。C. Turner 同样建议将林叩斯与许佩耳墨斯特拉，同阿尔莫迪乌斯与阿利斯托吉通等同起来（2001：47）。参见 Rohweder 所主张的丈夫与妻子之间不对称的婚姻关系，在戏剧中是作为雅典精英与普通公民之间政治关系的“模型”（1998：180－186）。

了阿尔戈斯人或者其他希腊人，尽管有一种传统观点认为她们永远在哈得斯里受罚。[①] 但是她们通过婚姻与阿尔戈斯人和解了，似乎可能是基于主题性的与戏剧性的原因，特别是希罗多德的记载，这些少女们将与泛希腊的德墨忒耳女性公民生殖相关的秘仪，也就是忒斯摩弗里斯节（Thesmophoria）[②]从埃及带回，教给了其发源地的伯罗奔尼撒居民，即“佩拉斯吉亚人”（Pelasgians）[③]（2.171）。[④]

如果《乞援人》看起来主要是被关于非公民向公民地位的转变、在公民与非公民之间以及民众（*dêmos*）与其领袖之间形成联盟这类剧本所主导，很难否认从三部曲中我们会得出这样的结论，即通过婚姻、诛弑暴君，以及在自我与他人之间达到普遍的和解以保证集体利益等方式来结束斗争（*stasis*）。但是这种需要并不意味着埃斯库罗斯都是在“一种意识形态框架中权力的重新取得与重新组合”中展现这些解决的（Goldhill 2000：47）。我认为他努力去说明一种设想，即个体或者共同体，可以像某个人同质的组成部分之间的和谐关系一样去享有自主性。通过回顾女性受男子暴力侵犯的记忆与痛苦，通过说明民众领袖与妇女们运用欺骗性的手段（*mêtis*），在民主的公民最顽固的心中激发起羞耻、尊重、同情与恐惧的方式，埃斯库罗斯在公民与外邦人那里唤起了埃弗比的形象，将其作为一种危险记忆的入口：这是一

---

① 阿波罗多罗斯说到，赫尔姆斯与雅典娜在宙斯的命令之下免除了她们的罪，她们于是嫁了新的丈夫，这些丈夫是在一场竞走比赛中赢得她们的芳心的（2.1.5）。有关她们在哈得斯所遭受的惩罚——用筛子来提水，参见 Garvie 1969：234－235。

② 忒斯摩弗里斯节（Thesmophoria）是希腊一个非常古老的节日，也称地母节。这一节日持续三天，社区里所有已婚妇女离开丈夫，像德米忒尔一样消失。她们进行斋戒，并且像文明到来之前的原始人那样睡在地上。她们仪式性地咒骂男人，还有某种形式的猥亵行为作为仪式的一部分。为了追念哈得斯劫持德米忒尔的女儿珀尔塞福涅时被大地淹没的野猪，妇女们以小猪献祭，把它们的尸体抛到一个深坑里，任由其腐烂。而仪式并没有幸福的结局：妇女们不会庆祝珀尔塞福涅的归来。城市已处于完全混乱的状态；社会所依赖的家庭生活被扰乱；希腊人被迫考虑文明毁灭的前景、两性之间极度的不相容，以及当德米忒尔收回她的恩赐时威胁世界的宇宙灾难。节日结束时，妇女们回到家中，生活恢复常态。——译者注

③ 佩拉斯戈斯（Pelasgus）是传说中宙斯和尼俄柏所生的儿子，后来成了阿耳戈斯国王。在他之后，伯罗奔尼撒半岛居住的人叫作佩拉斯吉人（Pelasgians）。——译者注

④ D. S. Robertson（1924）首先认为这一秘仪将希罗多德与三部曲的结局联系起来；但对于许多学者来说，这两者没有一点关系，因为如同在《复仇女神》的结尾所表明的，这一密仪类似于雅典形成的对于复仇女神三姐妹（Furies）的崇拜，参见 Zeitlin 1996：164－169 和 Conacher 1996：107。但是 Föllinger 却反对这一看法（2003：190）。

种居于自我之中的前公民或者非公民的他者。他同样将雅典观众的公民身份，分解为不同的组成部分，它们的不稳定性强调了诸情感间结合的必要性及吸引力——它们是在个体的利益与考虑中结合起来的，保证了对集体利益的关注。

第六章　民主雅典中公民与自我的自然化（公元前450年－前411年）

在我们对埃斯库罗斯的《乞援人》的讨论中已看到，悲剧可以促使它的观众，同时作为公民与作为（一个更宽泛、更富有想象性的共同体的）非公民去思考即人类。我们同样也已看到三部曲使得观众分别作为（不同）共同体的成员而进行不同的思考。公民商谈所认同的理由说明（reason giving），通常是将公民自我与他人的自我分离开来，运用共享的目的论与规范标准来确定集体性的自身利益（collective self－interest）。但是作为一个人来进行理由说明，更加依赖于个体对于主观（或者“拟剧的”）标准的评价能力，即退回到自我之中，利用类似于同情、羞耻/尊重、恐惧这些强有力情感的认知作用，暂时地与他人同一。在一个民众主权的观念刚开始兴盛时（公元前470到前460年代），《达那特三部曲》似乎认为共同体的利益依赖于公民在他们的领袖的引导下，在这两种思想经验之间游刃有余。显然，在一个民众主权的时代，一些类似于埃斯库罗斯的雅典人觉得，当公民体验到了独特的个人情感并运用这些情感而思考公共事务时，他们就有可能对于城邦的根本利益视而不见。

在第4章中我们注意到了对公民在陪审员审判的剧本中如何决策的类似忧虑。公元前420年代，虽然民众主权的信念有所式微，但基本未变。演说家安提丰在《关于谋杀希罗底斯案》要求陪审员合理控制自己的同情（以及其中恐惧的成分），从而认同外邦人，并根据习俗性的公共准则（civic formula）而对同情进行调整：对于非故意或者偶然行为而遭受不幸的道德行为者给予积极的回应（同情、宽恕），而对于那些由于故意的行为而遭受不幸的人则消极回应（愤怒、攻击）。我注意到从公元前403年到公元前320年代，法律主权的观念促使法庭上的演说家影响陪审员具体的决策：演说家开始引导陪审员，在模仿传说中的立法家的认知才能的这种表演传统中来判决。我们在这一章会回到民主的全盛时代——这一时代推崇民众主权，也会讨论个体公民身上道德行为者的独特经验（同时包括理性与情感）可能会唤起的焦虑。这一章将讨论在公元前450年代到公元前420年代间由智者普罗塔戈拉和政治领袖伯里克利所开创的公民典范，它旨在培养每个雅典人公民身份的施行/表演意识，使其由外在的接受转变为意志论维度的内心思想。但是我们会将这种公民模式与在约公元前430年到公元前411年间出现的另一种公民典范加以对比，后者是对前者的一种回应，由另一位智者和不情愿的政治领袖——演说家安提丰所开创的，其目的在于影响公民的内心思想，防止他们受到容易做出不明智决策的公民剧本与规范的影响。

1. 普罗塔戈拉与伯里克利眼中的公民与自我

在克雷斯忒涅斯（Cleisthenes）推动民主在公元前508年到公元前507年出现之后，雅典人可能开始使用 *nomos* 这个总括性的词语来称呼成文法和公民大会的法令。这个词取代了指称着由梭伦与德拉古这些立法家所订立法令的 *thesmos* 这个术语。雅典人这样做，就给予了 *nomos* 以严格的政治性意义，扩展了它通常社会习俗的意义，并用它来指称新体制之下创新性的协商程序与结果（Ostwald 1969：158－160）。在伯里克利时代（公元前460年－前427年），在这种较狭义上的 *nomos* 声名鹊起，因为它指的是在类似于公民大会、五百人议事会和法庭等这些制度安排中人们倾向于选择的共同协商（reasoning together）的形式。

这里我们可以认为，是智者普罗塔戈拉——他可能于公元前450年代到约前421年断断续续住在雅典——赋予了 *nomos* 和民众主权观念以智识上的正当性。他相信，当社会的居民能够在日常生活的经验事实之上，自主地、有序地运用实践的理性时，共同协商（reasoning together）就能够为社会带来最大的好处；他相信只有以这种方式方法，雅典人才能作为个体、公民以及人类发挥其最大的潜能。① 讽刺性的是，据说普罗塔戈拉答应了伯里克利的邀请，出任在南意大利的图里伊（Thurii）（444－443）所建立的雅典殖民

① 关于普罗塔戈拉对雅典的访问，参见 Kerferd 1981：42 － 43，with sources。关于他的学说与民众主权说的联系，参见 Farrar 1988：44ff. ，esp. 91 － 98。

地的立法家，尽管他的学说提供了一种与民主政治观念中的集体立法（collective lawmaking）一致的思想基石。因而，他个人的生涯既接受了具有更古老历史意义的成文法，将之作为个体对法律智慧的卓越展示，即类似于经典立法家那里的 *thesmos*；也接受了作为新型民主意义上的公民之间的合作创新，也就是一种 *nomos* 的活动。

我们可以将普罗塔戈拉，以及伯里克利看作一种新型公民自我的原型，他们可以用在第 5 章里所描绘的“法理知识（nomological knowledge）”来加以说明，迈耶将这个韦伯式的术语理解为某种一般化的、规范性的知识，能够让雅典公民在政治、宗教乃至宇宙论的背景中，根据什么是真与假、正义与不义的共享观念来规定他们的思想、行为和经验（1991：47 – 49）。迈耶还补充认为，这种知识不仅是一种集体经验的表达，而且也是每个公民个体经验的表达（48 – 49）。但是，这种新型的法则意义上的公民自身，是如何与个体通过反思与解释而形成的人格一致呢？泰勒认为这种能力表明我们是意义的主体，这种“法则上的自我”在什么程度上，能够接受现代个体所需要的从重要社会他者得到的承认呢？因为普罗塔戈拉很少有文字与学说流传下来，这些问题并不容易回答。但从他在认识论上摒弃了神与神圣的知识①，从他的名言“个体的人是万物的尺度，是存在者存在的尺度，也是不存在者不存在的尺度”（DK 80 B 2）来看，我们可以认为他引导个体公民获得了新的认知与道德的自主性。更为重要的是，他认为个体的经验对于一个人获得知识的能力来说是至关重要的。正如法勒所说，“所有现存普罗塔戈拉理论残篇都向我们说明，智者反对任何不基于个体经验之上的理论或者方法”。②

我们甚至可以与曼斯菲尔德（Mansfeld）一样，从这种以个体感知与思考为基础的知识断定，普罗塔戈拉的 *anthrôpos* 或者个别主体，类似于我们现代意义上的“人”，是一种具有超越不同时间而保持同一身份的实体，能将

---

① Fr. 80 B 4：“对于诸神，我无法知晓他们是否存在，或以何种形式存在，因为有太多东西阻碍我获得这些知识，尤其是因为神缺乏清晰性以及人生短暂。”

② 1988：50. 参见以下片段，该片段摘取自盲者狄迪莫斯［Didymus the Blind（约 313 年 – 约 398 年，基督教东方教会神学家，四岁时因病致瞎。1941 年考古学家在开罗发现了一些他的文献，写于莎草纸上——译者注）］著作中保存的莎草纸上：“对于在场的你们而言，我看起来是坐着的；对于不在场的人来说，此时此刻我似乎并没有坐着：那么我现在是否坐着并不确定。”参见曼斯菲尔德的讨论，他认为，这一残篇的主题是关于所经历过的“我正坐着”这一事态在认识上的状态，它告诉了我们“在某一时刻 *t* 的个人知识”（1981：51 – 52）；法勒对此的解释与之相同（1988：52 – 53）。

自己与别人区分开来；能够以个人经历所规定的心智条件提出自己的选择（1981：45－46）。但是这类个体能知道认知和道德自主性的限度吗？法赫对于普罗塔戈拉主体的进一步讨论清楚地说明，在“人的尺度”学说中讨论的*anthrôpos*，是“作为公民的人，而不是作为人的人”，他作为“尺度”，只是在“以变动世界中的经验，通过与他人互动”才发挥着作用（1988：98）。但因为公民首先是通过政治互动来体验他的自主性与认知的独立性的（94），法赫的描述表明，普罗塔戈拉个体“真正的自主性与自由”（95）是并不全面的，因为它必然受到 *nomos* 的制约。用米德的术语来说，因为这种*anthrôpos*（人）首先是由共同体的重要社会他者提供的“他我”角色组成的，因而很难发现 *anthrôpos*（人）何时能扮演“主我”的行动者，即从自身利益的角度评价这些宾我角色，从而有时背离社会习俗。在泰勒的意义上，普罗塔戈拉的个人，似乎并不是要求自己的特性、感受与选择得到他人承认的意义主体。

2. 伯里克利与影子公民

民众主权的观念在公元前430年代日益受到攻击，因而它就不得不解释公民整体以及个体公民所经历和理解的雅典生活世界中民主所引起的变化。[①] 在民众主权的时代中，再没有更有影响的关于集体性与个体性的公民身份与自我经验的文献，能与修昔底斯关于伯里克利于公元前430年的《葬礼演说》的记载媲美（2.35－46）。让我们暂时转到这一讲话，以确定这一雅典民主时期的法理知识，能否扩展对雅典人的身份认知，不仅将自己看作公民，而且也看作意义主体的人。毫无疑问，这一演说本身是围绕着以下对立展开的：一方是雅典人的公共生活，另一方则是雅典人期望在确保其参与公共生活的同时安排自己生活的意愿。正如奥伯对这一演说的概括，它“表

---

① 早在公元前441年，索福克勒斯就已在《安提戈涅》（*Antigone*）中公开借助于宗教习俗（*nomima*）的至上性，来批评在政治意义上个体对“习俗”（*nomos*）一词的极端用法。公元前438年，伯里克利及其同僚菲狄亚斯（Pheidias）被指控犯有挪用公款罪，导致菲狄亚斯入狱或流放；不久后，伯里克利的导师阿那克萨哥拉（Anaxagoras）及伯里克利的情妇阿斯帕齐娅（Anaxagoras）被控犯有不敬神的罪行并受到审判（Plutarch *Pericles* 31.2 － 32.6）。关于上述指控及审判的历史记录准确性的研究，参见 Stadter 1989：284 － 304；关于其历史背景，参见 Ostwald 1986：148 －161and 191 －198。

达了一种在狭隘的个体自利行为与增进城邦强盛的行为之间的对立关系的问题”。(1998：84)① 但是，修昔底德笔下的伯里克利以及晚近的评论家是如何理解公民以自身利益体现出来的个体性的本质，以及这种个体性是否就是现代人所特有的完全个人化的道德选择，还是有待考查的。

在他的演说一开始，伯里克利就确定了其宗旨。当他宣称在赞扬死者之前，他希望描绘一下“由于恪守了什么类型的习俗实践（*epitêdeusis*），才取得我们近来的伟大成就（比如建立了帝国，击败了波斯人），以及与此同时我们为城邦（*politeia*）建立了什么形式的政治组织和生活方式（*tropoi*）”。(2.36.4）当他说到 *politeia* 时，显然这指的是向整体公民开放的丰富公共生活；但尚不太清楚的是，*epitêdeusis* 以及 *tropoi* 是否指为公民规定的社会角色(这一角色并不考虑其个人偏好)，即米德称之为“宾我”角色，还是指反映了个体道德选择的行为，即米德讲的从自利眼光来评估选择的“主我”角色。我们可以将公民行为的这种“图景（map)”，与稍后众所周知的伯里克利描述的公民行为加以比较，这是伯利克里所强调的雅典人的三种终身追求：

> 我们以合理的方式爱好美丽（*philokaloumen*）的东西；我们爱好智慧（*philosophoumen*），但是没有因此而至于柔弱。我们把财富（*ploutos*）当作可以适当利用的东西，而没有把它当作可以自己夸耀的东西。至于贫穷，谁也不必以承认自己的贫穷为耻；真正的耻辱是不努力工作以避免贫穷。在我们这里，每一个人关心的不仅是他自己的事务，而且也关心国家的事务（*ta politika*)：就是那些最忙于他们自己事务的人，对于一般政治也能做出正确判断。(2.40)

拉斯特（Rusten）说明了，在这些话中公民行为的三联画（triptych）是如何贴切地与古代思想中常见的三种不同的生活方式（*bioi*）主题相一致的：一是致力于对哲学（或者“高等教育”）的追求（对于 *kalos* 与 *sophia* 的热

---

① Hornblower 认为我们不应当固执于“区分雅典人在其公共与私人方面的生活”，因为对于修昔底德来说，这两者并非截然分开的。(1991：296）但 Yunis 可能理解得更为准确一些，他指出这一演说关注于古代世界一个永恒的政治问题，即“个体公民对于作为整体的共同体所负有责任的性质，特别是在一个典型的城邦之中”。(1996：79－80）对于 McGlew 来说，这一演说“生动地表现出了在私人利益与公共的义务、责任与荣誉之间的基本区分与排列次序”。(2002：27)

爱)；另一种则是对于政治的追求（关心 *ta politika*)；第三种则是对于财富的追求［渴求“财富”(*ploutos*)，希望摆脱贫困］。拉斯特然后将这三种追求，与前面在 2. 36 处所指的 *epitêdeusis*（遵守风俗习惯)、*politeia*（“我们城邦的政制”）和 *tropoi*（“生活方式”）联系起来。他认为前两项涉及作为整体的公民，而 *tropoi* 则概括了个体公民的偏好特征（1985：17)。

伯里克利在 2. 36 到 2. 40 行所提及的这三种生活方式，对追求它们的公民来说，需要一定程度的道德选择，而伯里克利似乎以一种没有等级的排列来安排它们。一般说来，拉斯特正确地将公民更为个体化、更为含混的“生活方式”，与为社会所认可的哲学、政治与经济营生（或者生存）活动区分开来。致力于学习、政治与积聚财富，都包含在“宾我”公民的角色之中，这一角色也决定了社会所认可（或者赞同）的生活方式，我们可以称每一种都是一个“天职（vocation)”；但是我更喜欢用麦金泰尔的术语——“实践(practice)”，即“在社会中形成的相互联系并且复杂的合作性人类行为”，它可以使一个人在“追求达到其（实践的）卓越的标准”时得到“这种活动的内在好处”。(1984：187）麦金泰尔当然看到了，选择一种实践并身体力行，就是个人做出一种道德选择并且能赋予个体认同意义，但是这只能够通过“使自己的态度、选择、偏好和趣味服从于那些通行的、并部分地规定着实践的标准”而实现（190)。因此一种实践主要就是一种“宾我”角色，尽管个体的“主我”可能在选择之前会检查他对于该实践是否认可。同样，一种实践基本上不会给个人提供可能偏离与 *nomos* 的选择与标准——无论 *nomos* 指的是广义的社会习俗，还是指狭义的政治认准规则。

由于将 *tropoi*（生活方式）纳入到公民可能的追求之中，伯里克利提及了可能与通行的社会与政治规范相悖的个体选择的道德场景。我们已经看到，这样的选择通常是由于自我的偏好、欲望和爱之类的意志论因素而产生的。但是伯里克利相信 *nomos* 具有转化的能力，他常常忽视大多数这类可能的选择。他乐于将 *nomos* 看作克服对于社会具有破坏性的个体行为的灵丹妙药，或者是看作克服让一个公民具有相对于另一个不幸者具有的不公平优势，或者陷对方于困窘之中的行为的手段。也就是说，他相信雅典的国家文化与法律会成功地让每一位公民对于意志论意义上的善进行协商，就他应当成为谁和成为什么人的认知意义达成共识。这样，他在承认雅典人的确分裂为幸运的少数与不那么幸运的多数时，仍然相信法律会将平等的地位赋予卷入“私人争执”的人；也相信法律会仅仅基于个人的品质而不是阶级或者派系（*apo merous*），而给享有好名声的任何公民以社会承认；① 甚至也能够让低等级的公民做出相当的政治贡献（2.37）。当伯里克利再次考虑公民表达自我的意志论因素的特立独行时，他发现自由（*eleutheria*）与宽容消除了这种行为对社会潜在的分裂威胁，因为“我们不仅自由地处理政治事务，而且在怀疑他人日常生活（*epitêdeumata*）时，我们同样自由地彼此相待。当我们的邻人享受个人快乐时，我们不会为此而生气；我们也不会因此而给他以难看的表情，以伤他的情感，尽管这对他没有实际的损害。”（2.37）②

在短暂地提及这种私己的（self－interested）快乐（*hêdonê*）时，伯里克利让我们瞥见了个人真正外在于社会习俗、法律（麦金泰尔意义上的）与“实践”的主观选择的特性。在伯里克利视野里的雅典文化传统中，对于快乐的私己追求，似乎既不具有“内在之好”，也不具有“卓越之标准”。伯里克利只是在公民 *tropos*［我们当代意义中的“生活方式（lifestyle）］的范围内，在其私人生活的背景下体验这些爱好时，才认可以日常生活为基础的个人愉悦经验（*terpsis*）。但是这种愉悦相对于一种公民在国家定期的节日竞赛与祭祀时共同体验到的更恰当并且有节制的快乐来说是次要的（2.38）。修昔底斯在介绍《葬礼演说》之后不久，描述了雅典发生的瘟疫。他在对这

---

① 我同意 Pope（及其他学者）的理解，即把上述麻烦的表达用来指称公民整体中的某些群体，其个体成员可能享有着特权（Pope 1988：292）。较之于“轮流担任公职”的措辞，上述表述较少具有特别的政治含义，它合逻辑地发展了伯里克利总结出的在民主体制中“少数人”和“多数人”之间不对等的关系。［就伯里克利提及上述两个群体划分背后隐藏的含混意义，参照欧伯的解释（1998：86 － 87）］。

② 我对 *epitêdeusis*（“遵守社会习俗”）和 *epitêdeumata*（“日常习惯”）做了区分，意在用更加抽象的 *epitêdeusis* 一词来表达一定程度的道德选择的含义；相反用 *epitêdeumata* 指无意识的行为（这种区分，参见 Hornblower 1991：298）。罗侯从 2.36.4 中的“遵守社会习俗”（*epitêdeusis*）一词中推导出“驱动行为的**力量**”与行为的“**实施**”这两重意义（1986：407 － 408，n. 11；强调是原文中的），但我在这里强调的则是上述力量和实施的道德属性。参照修昔底德在 7.86 为尼亚阿斯所作的悼词，说明他使用“遵守社会习俗”（*epitêdeusis*）一词有着道德选择的意义，认为在所有希腊人中，尼亚阿斯最不应该被叙拉古（Syracusans）人处死，“因为他专注于（*epitêdeusin*）美德（*aretên*），用以规范（*nenomismenen*）自身的行为”。然而，这并非尼亚阿斯独有的道德奉献，也是麦金泰尔意义上的实践，或米德意义上的“宾我”角色：这是作为一个政治领袖（*rhêtor*）和军事指挥官（*strategos*）在公共事务上对卓越品质的追求。Westlake 认为这里“遵守社会习俗”（*epitêdeusis*）包含了“作为个人生活方式（*epitêdeumata*）基础的……基本信念”（1968：209）。请注意事实上尼西阿斯对美德（*aretê*）的追求，是受到“习俗”（*nomos*）的影响（*nenomismenen*）的，这一点与阿尔喀比亚德截然相反。

场瘟疫进行描述时，对于那些不顾 *nomos* 而追求自私的快乐的人咬牙切齿，因为一些个人（*tis*）“在城邦中做了无法无天（*anomia*）的事，公然追求个人穷奢极欲（*kath' êdonên*），口腹之欢（*to terpnon*）（2.53.1－3）”。①

这有助于解释为什么当伯里克利在强调高等教育、政治与经济营生（或者生存）的三种实践时，指责那些并不将政治与其他两种实践之一结合起来的公民：他们不仅是选择成为孑然一身或者无所事事（*apragnona*）的人，而且也是对他的同胞公民“没有用”（*akhreion*）的人。这类人失去了实践赋予他的重要关系，其实差不多算不上公民了，“影子公民（shadow citizen）”这一词语可能最适合于他。这样一个无所作为的人拒绝为自我的意志论的要求寻找合适的“宾我”角色，其自我的认知因素也拒绝承认这些“宾我”角色，其商谈的因素则拒不参与有助于形成集体意义的善的交往活动，其结果就是产生了一种表现出“无用的”道德自主性的公民与自我。他们不会冒险将“我希望什么”和“我想成为什么样的人”诉诸 *nomos* 舞台的检测。演说的第一部分在这里达到了高潮，伯里克利明确地反对这样一个人无用的自主性：个体公民是**由于**他与他人的联系，而不是与他人相分离才享受到自主性。“总之，我们的整个城邦是全希腊的学校；我可以断言，我们每个公民自身（*to sôma*）在许多生活方面能够独立自主（*autarkes*）；并且同时表现出多才多艺和温文尔雅。”（2.41）

这一演说承认，但是也贬低了个体公民的“主我”，当然会拒绝对泰勒与哈贝马斯意义上的“个体”的承认，因为这些个体的道德评价与追求将他们置于 *nomos* 之外。事实上伯里克利拒绝承认任何有影子公民倾向的人是公民，因为这样的公民不能作为一种商谈的自我而发挥作用，无论是在其古代还是在当代的背景之下。在不考虑这些“无用的”孤立公民之后，伯里克利想象了与这种影子公民对立的积极一方——雅典人的集体。哪怕在这一集体

---

① 修昔底德在2.65处评价伯里克利的领袖作用时，又回到了人们追求私人快乐与公共的快乐的对立这一主题上：战争初期，人们公开支持伯里克利的政策；但在私底下，却因失去奢侈的庄园和家居而感到些许伤感（2.65.2）；后来，因为追求个人野心和利益，人们便不再恪守伯里克利的做法（*kata tas idias philotimias kai idia kerdê*，2.65.7）。伯里克利成功的关键在于，他拒绝为了取悦民众而发言（*pros hêdonên ti legein*，2.65.8），而他后继的民众领袖则根据民众的喜好来决定公共事务（*kath' êdonas*，2.65.10）。

中个体公民对于实践或者生活方式的选择可能让他在制定政策时无法进行"公正的考虑（*enthymoumetha orthôs*）"，但他或者他的同伴仍然证明了自己的价值，因为他们知道如何做出最终的政策决定（*krinomen*）（2.40.2）①。通过追求"民主的知识"中的商谈努力，任何雅典人都能展示参与城邦活动的最小限度的实践，扮演其最小限度的"宾我"角色。② 这就是为什么修昔底德认为只有在个体为了所有人的利益，与作为合作的整体或者集体的他人进行一致行动时，才能承认他的个体的自我价值。否则，用欧伯的话说，修昔底德把那些出于私利并且与其他人行动不一致的做法看作"极端个人主义"的"病态特征"。③

从这一观点来看，我们可以再次评价伯里克利对于公民的著名训诫："你们要时刻关注她，甚至成为她的情人；当你们认识到她的伟大之处时，你们必须想到为我国赢得伟大力量的，乃是那些知道自己必须做什么、能为自己的行为承担责任的勇士们。"（2.43.1）在性别研究（gender studies）已经改变了我们看待现在与过去世界的方式的时代，很多注意都集中于伯里克利的引人注目的意象，它敦促公民通过上演一种情爱的剧本来履行公民身份，"上演关于爱的高尚游戏"。在这场游戏中，一个积极的爱者追求一个更年轻但被动的心上人，无私地倾其所有，奉献出礼物与热忱，希望从他那青春美好的可爱对象那里找到一种彼此爱慕的迹象。学者们考察到，这种形象

---

① 参见 Hornblower 对该词翻译的讨论（1991：305－306，附原文）。根据 McGlew 的解释，伯里克利在演讲中所用辞令背后有一个隐晦的前提："民主社会公民首要的并且也是最重要的责任就是对自己的生活和快乐做不断的剖析"（2002：43－44）——通过剖析将表明，"与世隔绝的私人生活不可能"产生美德（*aretê*）（40）。

② 请参照奥伯对与这一段相关的"民主知识"的探讨（1998：88），Pope 在更普遍的意义上讨论了修昔底德把所有城邦的权威——包括民主制和寡头制，都看作源于有能力作为商谈主角的公民（1988：279－281）。

③ 这些说法来自 Ober（1998：68－69）。Pope 评论道，"对于修昔底德而言，决策是在平等的人之间做出的，并且通常是通过'商谈'或'集思广益'的方式进行的……"因此，在修昔底德那里，"不管他是国王还是总督，没有一个非希腊人做出过任何决策"。（1988：281）。学者们有时也会提到《伯罗奔尼撒战争史》的前半部（到5.24），对人们的"个人情感或野心"没有太多兴趣（Westlake 1968：308；参见 Cogan 1981：241）；但在这本书的后半部分，共同的商谈消失了，而是通过描述私人间的谈话和磋商来强调个体及其人格的重要性（Westlake 1968：311－318；参见 Cogan 1981：242）。在本章的后一部分，我会指出这并非是我们当代意义上的道德个体主义（阿尔喀比亚德显然是一个例外）。

是源自于阿尔莫迪乌斯和阿利斯托吉通的情爱关系，他们在公元前514年将其私人间的激情转变为给所有雅典人赢得摆脱僭主的自由的公共姿态，并在斗争中牺牲了自己①。但是有必要指出的是，伯里克利这里给他的听众的建议中并没有任何**情爱**的成分：他事实上是要求他们将任何个人情爱关系都抛到一边，以爱国主义热情来“克服”这些本能欲望。

伯里克利在这里努力要唤起的欲望，与演说中早先提及的那类快乐（*hêdonê*，*terpsis*）没有什么关系——后者指公民的“主我”去追求与 *nomos* 并不一致的个人利益。路德韦格（Ludwig）很清楚地说明了在伯里克利思想中替代情爱与热情的东西：公民被要求去攀登一种苏格拉底式爱的阶梯，放弃对于任何“自己本能”的卑下之爱，要向上追求一种类似于公共荣誉和美名的更为高尚（也更为淡泊）的对象（2000：320 ff.）。如果他们追求这些高级的目的或者善，伯里克利建议他们应当首先追求 *philotimia*，即对于荣誉的爱，不惜为他的所爱者——国家——而牺牲自己的生命；国家会反过来以类似于《葬礼演说》这样的方式给予当时死去的武士以奖励，承认这是一种“为他人着想（other - directed）”的慷慨义举。正如路德韦格所指出的（328），伯里克利承诺对于这种价值（*timê*）的追求（*to philotimon*），最终会获得较之于仅仅只是物质财富（*to kerdainein*，2.44.4）更为持久及更为快乐（*mallon terpei*……）的目的或者善而广受尊崇。

在给公民提供了这种情爱的形象与承诺时，伯里克利希望达到什么目的呢？我们必须承认，这就是换取公民的生命，因为他希望他们为国家而做出牺牲。但是，他还希望获得他们中的另外一部分，这与前者同样的重要。正如我们在第1章与第3章所进行的讨论中所看到的，阿基琉斯和奥德修斯的事迹都表明了，在希腊的诗艺传统中，有着情爱特征的语言有效地引导公民“主我”的偏好向一种假想意义的自我发展。从这些内在的思考中，一种新型的自我与社会秩序可能会发展起来。伯里克利于公元前430年对爱恋的公民的这一动人召唤，试图预防的乃是如下这类事情，即《伊利亚特》第9卷中阿基琉斯将他的自主性孤注一掷地放在一个性伴那里，或是如阿尔基洛科

① 我这里参照了最近的一些讨论：Wohl 2002：31 - 72，Ludwig 2002：140 - 169，以及 Monoson 2000：64 - 89。McGlew 对此有稍许不同的解读（2002：41 - 42）。

斯（Archilochus）① 和萨福（Sappho）② 所表达的那类主张。相反，他的演说呼吁每一位雅典人从（心灵的）阴暗处移除情欲，以便更好地表演爱国者之“宾我”角色。

作为其结果，在这一演说中的公民主体（以及在修昔底德著作中任何地方的公民主体）看起来并不是有血有肉的个体，而是复杂和抽象（decorporealized）的生命，他们相互作用；作为 *nomos* 基石的公共对话与协商维系着这种集体性的实体。与伯里克利进行这样的交易，回报也是巨大的：为公共利益而放弃私人利益，也就是放弃相对来说仍然没有探讨的 *physis* 的领域，个体公民最终会接近美之视野。无论是生还是死，他都能够想象将自身融入这种美好景象及其力量（*dynamis*，41.2，43.1）之中。当然这可能如路德韦格所认为的，指的是雅典纪念碑的实际场景，但是更准确的指称应当是想象中的纪念碑。它设想了一种所有雅典人集体自由的想象画面，其高潮就是一个威力无比的帝国形象。但是（在后面的第 7 章里会看得更清楚一些）这种形象也是一种自恋，因为伯里克利召唤公民关注一种集体性的自我形象。用路德韦格的话来说：“当他在注视雅典人时，他也在注视他自身。”（2002：334）

我认为伯里克利对于一种外于社会的、反政治性质的“主我”的忧虑，当然也是修昔底德的忧虑，这意味着我们不能在《伯罗奔尼撒战争史》中找到任何我们现代道德意义上真正的主体或者“个人”；引人注目的影子公民则是一个例外，他们大胆地在众目睽睽之下表达了对于私利和快乐的个体追

① 阿尔基洛科斯，公元前 7 世纪中叶的希腊抒情和讽刺诗人。相传是一个贵族和女奴所生的私生子，出生在帕罗斯岛，后移居萨索斯，在岛上居民与色雷斯部族交战时弃盾逃生。他经常过着漂泊、动荡的生活，曾去斯巴达和意大利南部周游。在斯巴达，他因在战场上临阵脱逃和诗歌中宣扬放纵的思想而被驱逐。他的诗显露出个人和集体之间的矛盾。他一生的漂泊、战斗和爱情在诗中都有充分的表现。他的诗用古希腊语的伊奥尼亚方言写成，有哀歌、颂歌、寓言诗等。他首创了抑扬格，并分别利用抑扬格和扬抑格组成了抑扬格三音步和扬抑格四音步，是第一个使用长短句的诗人。他的诗语言简洁有力，形象生动，但没有一首完整地保存下来。——译者注

② 萨福，约公元前 630 年或者公元前 612 年至约公元前 592 年或者公元前 560 年，古希腊著名的女抒情诗人，一生写过不少情诗、婚歌、颂神诗、铭辞等。一般认为她出生于莱斯沃斯岛一个贵族家庭。丰盛的财富使她能自由地决定自己的生活方式，而她选择了在当时的文化中心勒斯博（Lesbos）岛上专攻艺术。她的父亲喜好诗歌，在父亲的熏陶下，萨福也迷上了吟诗写作。她是第一个描述个人的爱情和失恋的诗人。青年时期曾被逐出故乡，原因可能同当地的政治斗争有关。被允许返回后，曾开设女子学堂。——译者注

求。我特别指的是阿尔喀比亚德，我们在第7章会讨论到他。但在这里我们至少可以说，在《伯罗奔尼撒战争史》中并不包含任何值得雅典人承认的现代意义上的“个人”。这样，当我们在修昔底德那里遇到了相互交往的公民时，我们应当看到他们的主体性是一种由他人支配、他人主导的“宾我”角色的混合体，这与当代的社群主义者所主张的自我不无相像，但不同于现代自由主义传统中自我塑造、关注自利的主体，也不同于泰勒与哈贝马斯式的社群主义-自由主义相混合的个体。[①]

当代研究修昔底德的学者在谈到《伯罗奔尼撒战争史》中的“个体”时，大多忽视了这种区别。他们倾向于认为修昔底德只是偏重于在法则上得到认可的、处于其“宾我”角色中的公民。以他们的观点来看，影子公民并不能与那唯一得到认可的相互交往的主体一样，值得宽容、接受、同情或者承认。从我们当代道德的视野来看，他们与修昔底德所描述的那些个体一样，缺少任何积极自为性意义上的“主我”，因而被看作不完整的自我。并不奇怪的是，一种近来对于修昔底德伦理学的研究发现：“试图决定个人特性与国家特性之间的精确边界，其实是成问题的。”（M. F. Willams 1998：3-4）同样也不奇怪的是，这位学者认为爱德考克（Adcock）对于修昔底德笔下的（作为与公民的“个人”生活相对立的）“私人”生活的讨论是混乱的，因为这一类的私人概念不容易融入修昔底德式的几乎完全公共性质的人中。[②]

---

① Wohl在对《葬礼演说》的解读中有力地指出，这篇演说通过追溯雅典人心目中贵族式的“理想自我”，“构造了一种独特的公民主体”（2002：33）。但我不清楚上述“公民主体”及其“个体主体”是否与现代意义上的道德主体相一致，但我怀疑如果我们按照泰勒所强调的“人”的概念来理解雅典人的个体性（1985a），那么刻拉米科斯（Ceramicus）墓地前的雅典听众，在“来的时候还是个体”，离开时就必定“变成了雅典demos（民众）”（37-39），因为一到这里，这些个体就会被多种的“宾我”角色所主导——他们必须承担这些角色。

② 为了解决上述困惑，威廉姆斯建议她的读者：“为此，当我讲到个人的品质时，我通常是指其公共品质，”她坚信在修昔底德那里，“可能根本就不需要评论一个有德者的私人生活，因为这样的人一般不会给整个社会带来迫在眉睫的危险”（1998：10-11）。威廉姆斯否认自己有关修昔底德的德性观念有任何“先入为主的理论或陈见”，她也否认自己有意对“现代美德观是什么或应当是什么，以及现代政治实践及其与伦理观念的关系发表任何高见”（12）。之前的大多数研究虽然没有做类似的否认，但他们都重复了修昔底德法则性的个体观念（例如：Westlake 1968，Pouncey 1980，Cogan 1981）。

3. 自然：公民与自我的性质

修昔底德毫不犹豫地指出，能将一个真正的公民转变为其对立的影子公民的动因，就是他所谓的“人性”（*hê anthrôpeia physis*，人的自然、本性），或者是“作为人的能力”（*to anthrôpinon*，*to anthrôpeion*）。修昔底德通常认为这一动因只是在集体性主体中——通常是在公民整体里起作用，因为它描述的是一种使得协商者的决策差不多可以预测的大众心理。① 但是，在他对于那些在瘟疫来袭期间仍然寻欢作乐的人的谴责中，情况就不同了。这一令人震惊的事态发展说明了他早先在 2.50.1 处的叙述，即死亡“给每个人施加了（*hekastôi*）了一种他的人性难以承受的”痛苦。② 而在 3.45.3 处我们明确地看到，人性是如何能够同时在个人（私人）与集体（公共）的表现中显示出自身的，以及，在上述两种情况下人性如何都是违背 *nomos* 的。狄奥多托斯（Diodotus）在公民大会上讨论公元前 427 年的密提林危机时③注意到：“每

---

① 作为集体倾向影响商谈，上述人类本性和作为人的能力的作用是显而易见的，见 1.22.4，1.76.2，3.82.2，4.61.5，5.68.2，以及 5.105.2。

② 雅典的附属城邦密提林背叛雅典投靠了斯巴达，雅典发动平叛战争，于公元前 427 年打败了密提林。关于如何处置密提林人，是不是要把成年男子都杀死，把妇女和未成年男女都变为奴隶，雅典内部进行了辩论，出现了以克里昂和戴奥多都斯为代表的针锋相对的两种主张。克里昂在雅典人中的影响最大，之前处死密提林人的议案就是在他的主张下通过的。他认为惩罚罪犯的最好的办法就是马上报复。雅典对待密提林人很尊重，而他们却反过来帮助雅典的敌人斯巴达。如果不对那些暴动的人给予处罚，他们会产生很坏的影响，那些属国和殖民地就会利用很小的借口举行暴动，因为如果成功了，他们可以获得自由；如果失败了，也没有什么可怕的后果。这样就会导致雅典要花费大量军费，冒着武士的生命危险，向一个一个的城市进攻。戴奥多都斯激烈地反对处死密提林人。他认为密提林的暴动是出于人类本性中的“希望”和“贪欲”，但是死刑并不能绝对消除这样的犯罪。雅典不应该剥夺叛逆者悔过和赎罪的机会。这样的话，如果一个城邦叛变了，后来知道不能成功，还被允许给付赔款和继续缴纳贡款，它就会投降。反之，如果叛变后会被处死，那它们将会抵抗到底，因为抵抗和投降的结果都是一样的，至少抵抗还有一线胜利的希望。而且如果攻陷并破坏了这些叛变的城市，雅典从此就失去了贡款收入，也是得不偿失。雅典公民对这两个提议进行了表决，两边获得的票数几乎一样多，最终还是戴奥多都斯的提议获得了通过，密提林人获得了赦免。——译者注

③ 参见 Ober（1998：68）and Farrar（1988：136－137），他们强调了这一段里面人类本性的表现是如何因人而异的。在 1.138.3 中，修昔底德用 *physis* 一词描述了一位卓越不凡者——忒米斯托克勒斯天生的智慧与判断力（*sunesis* 与 *gnômê*）。我们将看到，用这一词语来描述一个人独特品质的做法在公元前五世纪最后数十年间变得十分普遍。

个人的本性都会犯错误，无论是个人的（*idiai*）还是集体的（*dêmosiai*）本性，没有任何法律（*nomos*）能够避免这种错误。”同样在3.82.2处，历史学家修昔底德也清楚地主张，人的本性使得个体（*hoi idiôtai*）与集体性的公民整体（*hao poleis*）在类似情景中做出相似的反应。①

修昔底德认为，“人类本性”以及“作为人的能力”通常是可以预测的，它们使得作为个体的公民和作为群体的公民们背离法则性的自我（nomological selves），最明显的莫过于在科基拉（Corcyra）这类希腊城邦里人们所热衷的派系斗争（3.82.2）②。但人性所导致的后果并不是不变的，而是变化的。因为人性表明了一种由理性判断（*gnôme*）和强烈情感（*orgê*）的张力所支配的“心理结构”，这是个体公民与公民整体都首先要进行道德的反思与考虑的领域。法勒看到：“对于修昔底德来说，人性并不是一系列固定的性格特征，也不是一种基本的本能动力，也不是人的最好的一面，而毋宁是一种心理结构，它贯穿于理性与欲望的持续相互作用的经验中，这种相互作用通常有规律地受到诸事件的影响。”（1988：135）③ 以这种方式来理解人性这一概念，我们可以将《伯罗奔尼撒战争史》看作一个舞台，修昔底德在

---

① 在解读这一段时，法勒同样强调了这一点，并找出修昔底德在其他章节做出的类似观察（1.82.6，1.124.1，1.144.3，2.8.4，2.64.6，以及4.61.2）（1988：156，with n.58）；Hornblower也认同这一点（1991：478与482）。我相信Cogan以下的观点是错误的：他一方面认为修昔底德用“人类本性”（*hê anthrôpeia physis*）一词指身体需求所刺激的人类生理活动或者行为之上的“强烈个体行为”，另一方面他又以*to anthrôpinon*指在相互关联的国家之间集体性的“社会行为”（1981：186－189）；Cogan［与Crane（1998：300）一样］用纯粹生物学的方式来理解修昔底德的*physis*，这种简单化的做法让我很吃惊，因为修昔底德在3.82.2已经清楚地表明，无论是个人还是集体，类似于科基拉人公民的*anthrôpeia physis*都以相同的方式得到了揭示。Cogan误解了狄奥多托斯在3.45.3所说的，不论在独自一人的状态下还是在一个集体当中，“每一个人”（*hapantes*）都会犯错，这里他将这个词错译为“所有事物（all things）”（1991：190）。Luginbill也坚持认为修昔底德的*physis*一词在根本上带有生物学的性质（1999：22）。除了简单化的倾向外，对这一概念的生物学解读还遮蔽了，或者说降低了它对于古代读者以及现代读者在道德方面的价值意义。

② 修昔底德在《伯罗奔尼撒战争史》中记载，当伯罗奔尼撒人与科基拉人进行战争时，科基拉人内部发生了残酷的内斗，公民们相互残杀。——译者注

③ 参见Ober 1998：67－69。Luginbill也探讨了上述心理模型（1999：25－28），但我不认为修昔底德有时在同等意义上运用*gnômê*与*orgê*，例如3.82.2（25）。Crane将修昔底德那里的人类本性看作“不变的”（1998：296），甚至是“稳定和先验的”——对于这种观点，修昔底德在3.82.2描述人类本性的易变性时便已经做出了否认［Crane认为该章节对他的论点确实造成了“困难”，但尚未构成矛盾（300）］。

这个舞台上将普罗塔戈拉以“人的尺度”学说来解决的认识论困境，转化为道德的困境。但是两位思想家都认为，只有通过扮演与 *nomos* 所认可的剧本一致的人类角色——无论是个体的还是集体的角色，公民们才能解决这些认知上与道德上的困境。

本书考察了许多公民剧本，包括前公民的葬礼仪式、史诗中的商谈、寻求和给予仲裁（*dikê*）、真实或者想象性的立法剧本与会饮中的诗性正义等，其中，陪审团审判做得最好的是在审判过程的每一阶段中有意识地为诉讼者、法官与陪审员等建立 *nomos* 框架。在其公元前五世纪晚期到前四世纪的形式中，潜在的讼诉者不得不经历诸多准备阶段：“传唤（*prosklêsis*）”、接受聆讯、初步听证（*anakrisis*），将受到指控的不义互动的原初情形重组为精心解释的观点与证据，它们能够以对话的形式安排为对诉讼者的行为与经历的两种相互冲突的叙述。诉讼者开始意识到他们社会人格中为这些叙述以及 *nomos* 所约束——*nomos* 既被认为受到了侵犯，也是受到威胁的社会价值。审判（或者是仲裁聆讯）将 *nomos* 的全部力量释放出来，以便在共同体未来记忆中确定人们互动、陈述、作证和展示（社会）人格的“真实”特性。用约翰斯通所作的概括来说，这一剧本运用框架转换的力量，为争执者“设计了特定的角色”，并且“将复杂的社会生活变得更为简单”（1999：4－5）。

尽管雅典人设计陪审员审判的目的可能在于产生比早先争执解决的形式更可预测的“关联性行动”。但这一剧本给普通公民的思考与判断带来了新的不确定性。我们在第4章看到陪审员审判承认了一种存在论的转换，以接受一种结合着确定性的知识与假定的知识的混合事实——前者是相关于事与人的，而后者是基于合情理可能性之上的特定知识与证据。通过传唤、接受聆讯、初步听证，一些有关原初情形没有争议的事实出现了，而其他一些事实虽然极为重要但显然被认为是尚未确定的。相关各方身份的情况清楚地为人所知，而关于他们各自名誉（*timai*）的相对价值这一最重要的问题却让他们的社会人格悬而未决。因而，严格约束的法理框架（nomological frame）中的争执解决，成为一种认知性实验场，使不同的知识类型相互对照：什么是绝对如此（*alêtheia*），什么只是看起来如此（*doxa*），以及它们的对立物：什么是各种程度的谎言与欺骗，等等。① 哪怕陪审员偏向于认可诉讼者一方描述的情形，也不得不对两种描述之间的差别了然于心。但是普通公民如何

---

① Hesk 说明了雅典的演说家多么清楚法庭辩论的欺骗手段，同时他说明他们又是多么善于找到利用这些手段的策略（2000：202－241）。

能获得这种认知的技巧呢？

在两种不同的知识之间穿梭，除了要具备合情理的可能性框架之外，普通公民需要接受另外一种理解与阐释人类经验的框架。这种补充的框架必须与其他的框架保持协调以达到比较的目的，这使得求知者在几种框架之间穿梭往返，特别是要让诉讼者在法庭上宣称与另一种准则协调起来，以解释他们行为背后的动机与选择。因为如果诉讼者的行为并不是按照应当遵守的规范或者准则展开的，那么有什么理由可以解释它在事实上或者可能发生的过程与原因呢？这种新的框架提供了一种较之于 *nomos* 更高等级的体系，因为它包含了所有人类行为的可能性，可以为诉讼者的行为给出合理性的说明，使它（对陪审员）成为可以理解的——无论是合理的还是不合理的：要么都是在 *nomos* 的框架之中——如果被告并没有违反法律与关键的社会价值的话；要么都是在 *nomos* 的框架之外——如果他的确违反的话。它必须能解释与诉讼者的阶级、过去的世仇历史、政治领袖，家庭群体和政治派系之间变动着的错综复杂的关系等相关的法则性问题。但更为重要的是，它不仅要理解外在于行动者的力量，必然也能理解能促使与鼓舞他们做出道德选择的内在力量。最终，这种超级框架使得人类的行为形成了一种参照框架，它在雅典人看来，不仅是地方的、相对的、限于他们的城邦的，而且也是一种普遍的与人性所根本的。

在《伯罗奔尼撒战争史》中，修昔底德描述了公元前 420 年代到前 410 年代他称之为“人性”或者“作为人的能力”的特别框架样式。一般认为，这种框架是作为 *physis*（自然）而出现在公元前 450 年代之后的时代，这时雅典的民众主权观念及其民主法庭的文化开始深入人心。*Physis* 这个词语曾用来指所有自然现象的根源与作用，现在用来指“所有人在生理和遗传上所固有的那些特点①”。它提出了一种认识论的观点，从这种观点出发，陪审员可以同时置身于由他们自己的社会生活及其剧本所规定的经验之中和之外。*nomos* 与 *physis* 之间的分歧，对于理解人类行为的同一种原初情形提供了各种可选择的框架，它同样认为更为确定性的知识形式（*alêtheia*），以及基于合情理的可能性（*to eikos*）之上的、更少确定性的知识形式，都是可能外在于习俗与法律的。人们能够在 *nomos* 与 *physis* 之间转换的能力，就可以将之前无法理解或被归因于神的干预乃至意外事件（*tychê*）的许多东西，纳

① Ostwald 1990：299。关于该词含义的衍变，参见 Heinimann 1945 和 Naddaf 2005。

入上述两种在理性上可靠的知识范畴中。有时诉讼者表现出的动机与选择，由于无法还原成或等同于雅典的法律和习俗所规定的人类行为，“自然”（*physis*）框架就允许陪审员对这些行为做不同的理解。尤其重要的是，现在陪审员终于能从人类普遍情感的角度来理解诉讼者内心思想的隐秘驱动力。①

4. 安提丰所谓的公民与自我

正如普罗塔戈拉与伯里克利教会雅典人如何以新的方式，在一个由 *nomos* 所主导的社会中作为民主的公民来思考与感觉，*physis* 同样也有主张它的主流思想家，尽管他宁愿隐秘地而不是公开地表演。我们在第 4 章中就遇到过这个思想家，即作为智者与演说家的安提丰，他为欧西忒奥斯撰写过《关于谋杀希罗底斯案》。在他智者式的文章《论真理》（*On Truth*）以及《论和谐》（*On Harmony*）中，他写下了现存最早讨论在 *nomos* 到 *physis* 的框架转换的文献，说明了对于自我而言这一过程的重要性。据说他也是最早为他人撰写公开在法庭与公民大会演讲稿的雅典人。② 由于没有相反的证据，因而似乎是安提丰教会了雅典的精英与普通公民以多种方式描述事实的那种认知本领：首先要认识到 *nomos* 作为一种框架，再弄明白如何走出这种框架，然后从一种更高的 *physis* 框架的视角来评价它；此外他还鼓励公民将 *nomos* 与 *physis* 之间的辩证关系理论化；如前面的讨论里提到过的，他同样教

① 关于雅典人区分 *nomos* 与 *physis* 的能力，奥斯特瓦尔德指出：“我们可以做如下有益的假设，即这一区分在公元前五世纪 30 年代末至 20 年代初就已盛行……”（1986：262）。公元前 423 年，阿里斯托芬的《云》（*Clouds*，1075 – 1078）也表明了人们普遍了解这一区分。参见 Guthrie 对 *nomos/physis* 区分的一般性探讨（1971：55ff.），以及对与安提丰的 antinomian（反律法主义）的正义观相关的 *physis* 观念的讨论（107 – 116）。

② 正如奥斯特瓦尔德指出的，安提丰“最明确地揭示了发端于公元前五世纪 20 年代雅典 *nomos* – *phusis* 之争……”（1990：293）。关于写作上述智者式文章的安提丰，与作为演说家的安提丰［可以肯定后者是来自于拉姆努斯村社（the deme of Rhamnus）的雅典公民］是不是同一个人的问题，学界存在着旷日持久并且时至今日仍然激烈的学术争论——尽管公元二世纪之前没有任何一个古代作家提出过这个问题，如今大部分学者相信二者是同一个人。加加林是近年来持这一观点最有力的代表人物（2002：37 – 52，以及 1990），番吉克则是近来支持有两个安提丰观点最有名的支持者（2002：1 – 26，1987 and 1993）。正如本书的讨论所表明的，我认为古代的证据（无论是安提丰作品之外与之内）和现代的材料大都倾向于支持只有一个安提丰的观点。

导他们在一种合情理的可能性框架之上来进行论证。[①] 最后，根据修昔底德的记载，尽管安提丰勉为其难地参与了公共生活，但他晚年是信仰 *physis* 的。他将 *physis* 作为动摇民主的 *nomos* 的支点，并且在策划公元前 411 年的寡头政变中［在佩珊得耳（Peisander）[②]、普律尼科司（Phrynichus）[③]、忒拉默涅斯（Theramenes）[④] 的帮助之下］策略性地运用了 *physis*。正因为这件事他被审判、定罪并在那一年被处死（Thuc. 8. 68）[⑤]。

近些年来，关于安提丰于公元前 430 年代到公元前 410 年代间在雅典人的精神生活中所起的作用的思考已成为一个热点问题，他已从他所偏爱的阴影荫蔽下出现，成为一位在民主体制中具有高度创新性与影响力的思想家之一。[⑥] 加加林近来试图全面评价安提丰现存作品与生涯，他对安提丰的原创性与多才多艺的强调与总结，在我看来具有说服力，富有启示（2002）。但是从我关于公民身份、个体道德自主以及正义施行的视角看，会引导我们以一种不同的观点来评价安提丰的（麦金泰尔意义上的）“终身实践”，将其看作一位知识分子、演说家、导师和勉为其难的政治家。

我们最好将安提丰的实践理解为民主公民身份规定一个典范的继续努力，雅典人（以及其他希腊人）可能将这种身份看作以民众主权观念为基础的普罗塔戈拉 - 伯里克利式公民身份的一种合理替代。在我看来，安提丰的努力旨在对伯里克利《葬礼演说》中的影子公民投上更多光辉，修昔底德批评这种公民，因为他们追求自利（特别是享乐），所以他的道德选择反映的是外在于 *nomos* 的人性中阴暗的一面。通过《论真理》一文，安提丰试图阐明自主个体的道德基础，这种基础与我们当代一些自我观更为一致：他为一

① 参见 Morrison 1972：126 - 127 中的参考文献及其互见索引。

② 佩珊得耳（Peisander），雅典政治家，寡头政治的主要支持者，公开主张取消民主制。亚里士多德在《雅典政制》中认为，寡头政治的主要推动者是佩珊得耳（Peisander）、安提丰和忒拉默涅斯。——译者注

③ 普律尼科司（Phrynichus），与阿里斯托芬同时代的雅典悲剧诗人。——译者注

④ 忒拉默涅斯（Theramenes），伯罗奔尼撒战争期间雅典海军指挥之一。——译者注

⑤ 之后我将论证，正如卢金比尔（Luginbill）已经指出的（1997），我相信就总体而言安提丰并没有将 *nomos* 等同于民主体制。只是在安提丰生涯的最后一部分，即他参与到政治活动的时期，他才有可能在这一狭义上使用 *nomos*。

⑥ 在番吉克近期有关安提丰智者式文章的评述中，他对学界近来对安提丰地位重新评价提出了一个重要的反驳。他固执地——在我看来也是错误地——将安提丰关于正义与法律的论述，看作因循了传统的希腊思想，并在总体上是典型的智者腔调（2002：57 - 59，319ff.）。

种自我辩护：它能够将习俗 *nomos* 的要求——尤其在人性出于独特的自身利益行事时——与道德上合理的个体人性冲动进行一番权衡。在讨论安提丰的个体性自我观念时，我将其核心等同于米德的“主我”，认为作为理论家的安提丰将这一“主我”识别为自我之中独特的行动者，承担着在 *nomos* 与 *physis* 之间的框架转换的角色，特别是 *nomos* 将自我融入陪审员审判中施行正义时更是如此。因为这种自我在试图对每种框架的价值进行取舍时，发现唯一的资源就是自身进行内心思考/商谈的能力，它可以产生安提丰称之为 *gnômê*（理解）的合理判断。我认为安提丰的个体运用这种 *gnômê*（理解），寻求一种既在公民身份之外，又潜在地与公民身份保持一致的道德承认，这与泰勒所说的我们现代人所寻求的承认别无二致。

在《论和谐》中，安提丰考虑的是为什么一个道德自主的个体应当在其一系列的“宾我”角色中扮演民主的公民身份角色，显然这里 *nomos* 的框架相对基于个人的自利之上的 *physis* 框架占有上风。而我在此认为，这一困境及其解决都是围绕着实践而不是理论问题的，而安提丰以出人意料的方式，为普通公民重构了为人熟悉的公民剧本（比如为了成功地将自我融入公民身份之中，从主要的社会他者那里得到承认，他还提出了“过婚姻生活”和“向贫困公民贷款”这些剧本）。我最后要指出的是，安提丰提出了一个以民主方式表演自我与公民身份的可行模式，这种模式给希腊的政治与道德理论提供了相当不同于普罗塔戈拉和其他智者的社会契约理论。

5. 安提丰的《论真理》：如何让公民自然化？

在《论真理》残篇中我们可以理解的第一个段落里，我们看到安提丰动摇了 *nomos* 强有力的框架，给予了 *physis* 以知识与道德上的正当性，从而为个体的自主性开出了一个空间。与修昔底德一样，在每一种框架中安提丰有时安排了一个集体性的角色，有时安排的是个体性的角色，并且取得了非常不同的后果。在残篇 44（A2）中，安提丰揭示了 *nomos* 引导共同体的成员在与其他共同体的成员及其生活世界的关系中去理解其自身与其生活世界的方式，这是通过共同体的居民在接触他人时所产生的不同程度的差别意识——我们应当称为不同程度的“他性（otherness）”——时做到这一点。他说：“我们知道并尊重邻近共同体的（习俗），但是对于遥远共同体的

（习俗），我们既不知道也不尊重。”① 这种观察认为 *nomos* 作为宣称表象了实在的框架，会由于地理原因而产生可以预见的认识论局限，这影响了共同体去理解与判断其他共同体的认知能力。

安提丰立刻将这种对于 *nomos* 的动摇，发展成为对于社群性的自我知道或者把握其自身身份的真正能力的质疑，而这种推理允许他引入一种替代性的框架——*physis*，后者可能在认识论与认知上更值得信赖：“由此看来，我们都彼此看待对方为外邦人，因为我们所有人，无论是希腊人还是外邦人，至少从本性上来说（*pephukamen*）都是以类似的方式发展的”。这里的 *physis* 无疑指的是一种普遍的人性，正如在修昔底德那里一样。而安提丰看到了不同的共同体——无论是希腊的还是非希腊的，都因为他们的文化传统（*nomoi*）形成了人为的差别；我要插一句的是，这常常在公元前五世纪导致战争。② 这样 *nomos* 就使得所有的共同体，包括希腊的城邦在内，不得不在某种程度上以外邦人的方式彼此对待。③ 接下来安提丰更细致地规定了 *physis* 的意义，他敦促他的读者或者听众去审视“自然所要求的活动［*ta tôn physêi*

---

① 关于安提丰智者式残篇的文本，我主要依据 Decleva Caizzi 1989 以及 Pendrick 2002。番吉克编辑的版本颠倒了 frs. 44（A）和 44（B）的顺序；参见 2002：316 - 317。

② 关于此处 *physis* 一词作为人类的普遍本性的含义，参见最新近的文献：Gagarin 2002：67 和 Pendrick 2002：352 - 356；另参见 Ostwald 1990：298—299。

③ 尽管就希腊人对抗波斯人的例子而言，安提丰的听众或者读者还会觉得上述论断是自明的，但将它运用到希腊内部关系时，他们可能就会感到吃惊了。参见修昔底德对公元前 432 年在斯巴达的争论中认识与认知策略的生动描述，其中，科林斯人、雅典人、斯巴达人及其他希腊民族都试图在当时雅典侵略行为的背景下来理解各自的民族特性（1. 66 - 87）（伯罗奔尼撒战争的爆发是伯里克利时代雅典霸权的强势扩张导致。在公元前 460 年时，墨加拉退出伯罗奔尼撒同盟加入提洛同盟就导致了这两个联盟的战争，墨加拉位于伯罗奔尼撒半岛与雅典的连接处，西部是伯罗奔尼撒半岛的科林斯，东部是雅典，北部是普拉提亚和科林斯。该城邦加入提洛同盟对两个联盟的实力影响非常大，所以就导致战争，之后双方战和，墨加拉又重回伯罗奔尼撒同盟。雅典公民大会决定对墨加拉采取禁止贸易，导致米加腊与雅典战争一触即发。雅典介入了科林斯与科西拉之间的冲突，也导致科林斯与雅典矛盾重重。战争前夕，科林斯另一个移民城邦波提得亚是提洛同盟成员。雅典要求波提得亚驱逐科林斯官员和拆除护港城墙。这些问题都导致科林斯与雅典的战争一触即发。雅典与斯巴达的矛盾由来已久，提洛同盟的建立本身就是与伯罗奔尼撒同盟分庭抗衡。由于米加腊和科林斯都是伯罗奔尼撒同盟成员，都要求斯巴达出兵对抗雅典。公元前 432 年，斯巴达王阿希达穆斯召开伯罗奔尼撒同盟大会，尽管阿希达穆斯希望同盟成员理智行动，但是联盟各成员一致通过对雅典和提洛同盟开战。公元前 431 年战争爆发，伯罗奔尼撒联盟成员底比斯攻打南部提洛同盟成员普拉提亚，两大军事同盟战争正式开启。——译者注）

(*ontôn anagkai*) *a*]”:

> 现在我们可以审视一下自然对于所有人要求的活动，只要具有同样能力，这都是可以做到的。从这些考虑来看，我们中的任何人都不能被分为外邦人与希腊人，因为我们都是用嘴与鼻子来呼吸；当我们的精神感到愉悦时我们就会笑，而悲伤时就会哭；我们通过我们的听觉听声音，通过我们的视觉透过光线来看；我们都用手劳作而用脚走路……[44 (A) 2.1 - (A) 3.12]

大多数关于这一段及下一段的评论，将“自然要求的活动”理解为人类生存的生物与生理的基础。[①] 但是安提丰却认为在 *physis* 的范围内包括一系列人类能力：他不只是在“自然要求的活动”中分离出一些为生存所需的关键生理器官（呼吸系统），而且说明了“自然要求的活动”是如何维持着我们以愉悦或者痛苦对刺激做出情感反应的心理能力，也包含着为理解我们所看到与听到的东西进行认知与交流的能力，还有我们将我们的身体与精神转变为劳动与行动之手段的生产能力。法勒较之于大多数人更接近这一观点，她将安提丰的 *physis* 描述为一种幸福论的（eudaimonistic）、为所有人的“福祉标准”。(198：113)

这一段也说明了当这一标准运用于所有人类时，它首先是在**个体**生物的、心理的和认知的功能层面上发挥作用。[②] 这一文本在这里认为我们都同等地具有这些自然的“能力”（*dynameis*），我们体验不到任何程度上的他性。这篇论文的残篇并没有清楚地涉及同情，但是安提丰在这一段中的例子包括快乐（*khairontes*）与痛苦（*lypoumenoi*）的体验。有意思的是，他并没有将这些情感的来源放在我们对于赤裸裸的情感、纯粹的感受的体验能力中，而是放在我们有意识的思考与理解（*nous*）中。我将 *nous* 翻译为“我们的精神”，这对于我来说意味着对于情感的认知性使用。悲剧观众也会这么运用：他们在思考《乞援人》之类的戏剧中他人的受难（特别是外邦人）

---

① 可参见 Gagarin 2002：65，68。

② Gagarin 富有洞察力的探讨，倾向于忽略安提丰在作为普遍人性的 *physis* 与作为个人独特本性的 *physis* 之间摇摆不定的态度（比如 2002：71 - 73）。卢金比尔（Luginbill）的讨论则完全漏掉了安提丰用 *physis* 一词用来指代个人福祉这一基本用法（1999：22 - 24）。

时，发现了彼此之间某种亲缘性，决定模仿体验他们的痛苦。①

对于理解他人来说，个体的体验似乎是较之于 *nomos* 更可以信赖的认知框架。在残篇的下一段中［44（B1）］，安提丰认为正义既然是从不那么值得信赖的 *nomos* 框架中出现的，就完全依赖于环境，依赖于地方的法律与习俗："当一个人正扮演着公民的角色时（*ploituetêitai*）时，践行正义（*dikaiosynê*）就在于不违反城邦的法律。"② 安提丰用这种方式降低了 *nomos* 的地位，不仅使得个体的人（*anthrôpos*）能摆脱 *nomos* 来思考与行动，而且他还同样强化了个人为自己的私利操纵 *nomos* 框架的可能性［44（B1. 12 – 16）］。关键的考虑仅仅是违法行为发生时是否有证人在场。③ 从传统上说是法律框架支配着个体公民，现在个人要支配这一框架了，不过，为什么证人对此是如此重要呢？

米德会回答说，由于重要社会他者及其制度所形成他的"宾我"角色造就了公民，而"主我"不得不认为这些权威的来源外在于它本身。安提丰似乎与之看法一致，他宣称"源自于城邦法律（*nomoi*）的行为"是"外在强加（*epitheta*）于（个人）的，而那些源于自然（*physis*）的行为则是不可避免的。"［44（B1. 22 – 27）］但是我们在第 4 章中讨论这一段落时，看到法律与习俗"强加"于公民的要求是人们"一致同意的"，因而才形成了当初建立 *nomos* 的框架的那个社会契约。这种契约使得他人形成了关于其同胞公民的意见（*doxa*），但这种意见可能与他的自然状况或者福祉的真相

---

① 参见《关于谋杀希罗底斯案》，一开始欧西忒奥斯请求如果他在演讲中出错，陪审员们能对他"感同身受"（*syngnômê*）（5. 5）。Gagarin 认为，这可能不仅指的是通常由于被告方对法庭辩论毫无经验而做的自我申明（5. 3），而且也是作为外邦人的标志，即说的是欧西忒奥斯家乡莱斯博斯（Lesbian）的方言（1997：179）。

② 关于将 *dikaiosynê* 译作"施行正义（the practice of justice）"，参见 Gagarin 2002：73 – 74。

③ 安提丰在《论真理》中提到："正义（在通常的观点中）就是不触犯（或者更确切地说，为人所不知地触犯）一个人作为公民生活于其中的那个国家的任何法律规范。因此，一个人最有利于自己的行正义的方式是，在人前，他尊重法律，但在人后独处时，他尊重自然的规律。原因在于，法律的规范是偶然而外在的，自然的规律则是必然的（和内在的）；另一方面，法律规范是根据契约制定的而不是通过自然产生的，自然规律则恰恰相反。所以，一个违背法律规范的人，只要他没被那些订立契约的人发现，就不会蒙羞受罚，只有当他被发现了，他才受到羞辱和惩罚。至于违背内在于自然的那些法则，情况就不一样了。人如果滥用这些毫未被别人发现，不幸的后果也不会更少一些，即使人皆有睹，这种后果也不会因此而加大；这是因为，他所招致的伤害不是由于人们的意见，而是由于事实。"——译者注

(*alêtheia*) 相去甚远［44 (B2. 21 - 23)］。事实上如果他人看到他违反了法律，就会对他施加不利的"羞辱与惩罚"；然而另一方面，一件非法的行为如果缺少见证者，那么在 *physis* 的框架内可能并没有有害的后果［44 (B2. 7 - 20)］。米德会认为这里安提丰所使用的 *doxa* 指的是公民的"宾我"角色，这是由重要社会他者所决定的，并且与自我的另一部分（即主我—译者注）相分离，后者更接近于个体的真理（*alêtheia*）——这种真理只能靠个人评估什么构成其自身利益与福祉的这种天生能力才能得到。但是 *nomos* 的正义通常并不关心这种自我深处的内在部分，它所追求的就是一个公民与另一公民相关的社会人格地位，简而言之，也就是一个公民的 *timê*（价值）。

这里见证人成为最重要的因素，正是他们建构了个体的"宾我"角色或者社会性的自我，也正是他们"知道"这种自我的身份，他们运用了类似于看或者听这方面特有的感觉，在认知上重建了一个同胞公民的外在行为。用戈夫曼的词语来说，证人的在场，将活动的原初情形从 *physis* 的框架（这里个体的"主我"决定他自己的福祉）中剥离出来，"纳入"或"重新纳入"了由主导性社会他者决定其意义的 *nomos* 框架之中。只有在这些证人面前，一个人才能"扮演公民的角色［*politeuteitaitis*，44 (B1) 9 - 10］。正如卡辛（Cassin）所描述的证人，他们"用公众的眼睛去窥视他人的隐私"（*dans l'échappee du privé*），从而对自我"施加了一系列的不义行为"（1995：166）。

安提丰比其他雅典人更好地懂得没有什么地方能比法庭上更清楚地展示这一点，此时诉讼者与陪审员在正义施行中彼此互动。实际上在残篇 44 (B1) 安提丰分析了诉讼者（特别是被告）发现自己卷入了陪审员审判的剧本中时，他们必然会经历的转换与陌生化（defamiliarization）的奇特过程。在这种场合中诉讼者并没有别的选择，不得不向陪审员呈现他一系列"宾我"角色，这就是他在社会化、公共化视野下的内心思想。当一位诉讼者在重新叙述他对受控的不义行为的原初情形的阐释时，他就会明白他所有生理与心理的官能都受制于 *nomos* 的道德与公共准则的约束。这不仅包括证人可以视为其"宾我"组成部分的官能，甚至还包含着他的"主我"认为对于其内心生活极其重要的官能：总之，一旦为 *nomos* 的框架所把握，"主我"就害怕它的核心成分甚至都可能被法律纳入到"宾我"之中：

> 有关法律都已经制定了：眼睛应当看什么、不应当看什么，耳朵应当听什么、不应当听什么，舌头应当说什么、不应当说什么，手应当摸什

么、不应当摸什么，脚应当去哪里、不应当去哪里，头脑（nous）应当欲求什么、不要欲求（epithumein）什么。[44（*B*2）31－（*B*3）17]

我认为这并不是偶然的：安提丰在这里用了修辞的夸张手法来描述 *nomos* 对于我们身体结构与功能的支配，将这些最容易为他人所观察到的现象来比喻他人难以窥见的现象：我们的知性（*nous*）引导我们做出了欲望（*epithumein*）之类的情感反应。① 正是这最后一种禀赋，为“主我”提供了进行决策的自主性道德思考的可能。我们已经看到安提丰运用 *nous* 一词来指称我们对情感的认知性处理。这里 *nous* 是以我们有能力形成“二阶”欲望（即评价其他欲望的欲望）的形式出现的，泰勒将它看成现代意义上自我的基石（1985a：15－44）。安提丰总结了一个区别：一方面是欲望，另一方面是将知性与判断结合在一起的能力，并将 *nous* 看作将自我的意志论因素与认知的和商谈论的因素沟通起来的工具。这里，*nous* 是自我之内的官能，它对于米德的“主我”来说是必不可少的——这种特殊的行动者所做出的决定形成了对我们是谁与我们是什么的理解，开启了自主道德思考/商谈的进程。②

我们尽管不能断定，44（A）与44（B）这两段残篇是否代表了一篇文章的整体意思，但是它们越来越显示出那种我们在传统希腊文化不时瞥见的独特思考/商谈，即个体自主地与重要社会他者保持距离，以获得自我规定或个体性。并不奇怪的是安提丰促使雅典人将这种思考的剧本，理解为“从 *nomos* 施加的束缚下解脱出来”的自由。但是值得注意的是，他并没有将这种思考看作在 *nomos* 的坏处与 *physis* 的好处之间的肤浅计算。安提丰从来没有认为我们能够事实上逃避这种宽泛而界限模糊的 *nomos*，他甚至暗示这种 *nomos* 对于社会有一定的好处。③ 但是一旦从 *physis* 的框架来看，这些好处就成为我们自身益处的“束缚”（*desmoi*），同时我们人性的优点就在于“自

① 安提丰将 *amplificatio*（夸张）的修辞风格运用到这些不同的器官与功能之上——包括 *nous*（知性）和 *epithumein*（欲望）——的意义，参见 Pendrick 2002：328－331。

② 参照法勒将安提丰 *physis* 的观念与道德自主性联系起来的做法：“它是自然的要求，严格并且不可逃避，表达了人的自主性和利益，而法律则是偶然且强制性的。”（1988：115）

③ 在加加林对这些残篇的研究中，指出由于个人认知角度的不同，安提丰对待 *nomos* 与 *physis* 的矛盾态度（2002：70－73）。Moulton 也指出了这一点，他推断安提丰认识到了两种框架之间“调和的现实”（1972：334）。我主张，调和的观念显然出现在安提丰民主公民身份和自我的范式中。

由”（*eleuthera*）［44（B4.5－7）］。奥斯特瓦尔德将这一点简洁地总结为“为了享受法律所提供的好处，我们不得不牺牲我们人性中的一些东西”。[1]我认为我们牺牲的“东西”，就是安提丰的研究［*skepsis*，44（B2.25－26）］所鼓励公民在其自身之中去认识、发展和确保不受 *nomos* 染指的那种东西，即将自我意志论的、认知的与商谈的因素协调起来进行自主的道德思考的能力，这一思考/商谈将 *nomos* 的框架转换为 *physis* 的框架，然后倒过来将 *physis* 的框架转换为 *nomos* 的框架，从而计算每种框架的利弊。[2] 这里我认为（与韦尔南的观点不同，1988：58－59）安提丰允许启蒙了的雅典人运用我们现代意义上的意志。首先他让雅典人将欲求的因素与对欲望进行理性理解的因素区分开来。然后他敦促他们在 *nomos* 与 *physis* 这两种框架的竞争之下进行一种内在性的思考，以确定所选择目的或者善的意义。在这一过程中，并不需要一个人被动地接受由情感所激发的目的，或者服从于由无法被自己评估的必然性[3]所规定的善的意义。

在第4章中我们看到，在《关于谋杀希罗底斯案》中有一种更为戏剧性的场景，其中自我这一道德的、思考的核心部分在努力地主张自己。安提丰鼓励他的当事人欧西忒奥斯通过基于合情理的可能性之上的论证，突出他对那个人的失踪这一事件进行应变的内在能力。我们认为欧西忒奥斯不仅是希望促使陪审员认识到他的内在思考合情合理，而且同样去模仿这些思考——在这种基础之上对他抱以同情，这是判决他有罪还是无辜做出的一个步骤（5.73，5.92）。安提丰作为一位智者与演说家，他进行（麦金泰尔意义上）的实践有可能促使主我为了自己不同的“宾我”角色的利益而进行这样框架转换吗？在他激起这种思考，并引导他人认识其道德合理性的过程中，这种

---

① Ostwald 1990：300。寡头们在大约公元前435年之后滥用了形容词性“自由”（*eleutherios*），将其不再与民主社会中的政治地位相联系，而是与包括出身、财富和教育在内的个人特性相联系，参见 Raaflaub（1983：528ff.）。

② Cassin 在做出下述评论时看到了这种认知在两种框架之间的穿梭：“和普罗塔戈拉与高尔吉亚一样，对于安提丰来说，我们首先是理性的、政治的存在，**然后**才是自然的动物”（1995：171；我作的强调）。但是我并不同意她就这种框架转换总结出来的伦理性内涵：“遵守法律的最佳办法就是敬而远之，不要让自己出面作证，要待在私人隐秘的空间，这是法律根据其本性而规定的。”（169）正如我对《论和谐》一文的探讨所表明的那样，安提丰给雅典人的道德劝谕是要求他们，如果要在行动前自主地思考潜在的得失，他们就必须全面地参与社会政治生活。

③ 这里的必然性是指 *nomos* 的权威命令，要求公民排除个体的看法或者情感以遵守集体的决定。——译者注

捉刀代笔的才能，会给他的当事人以一种对抗无处不在的 *nomos* 的方法吗？要知道这种 *nomos* 在公民大会、议事会，特别在法庭上演的商谈性剧本中一直发挥着作用——这些剧本有时对于个人来说（真的）是致命性的。

安提丰有关 *nomos* 有时会有害于个体公民的警告，提醒他们 *nomos* 可能以各种方式不可避免和不可抗拒地要改变自我，甚至背叛自我。因为 *nomos* 涵括甚广，从最为普遍的习俗到最为具体的成文法，它能带着双倍的不义，让公民陷入一大堆相互冲突的律令的双重束缚之中。以习俗的形式出现的 *nomos*，在每一部公民剧本中开始转变公民的自我；但是在成文法的形式中，特别是在陪审员审判中援引的成文法中，*nomos* 则是通过让公民偏离其真正的本性完成了对公民自我的转变。① 当公民不经反思地践行社会习俗时，*nomos* 会促使他们只是按"宾我"的角色来相互交流与相互理解。这样他们被引导着去期待：如果所有人都扮演这些社会规定的"宾我"角色，那么一种基于普遍互惠（积极的与消极的）的传统正义就会大行其道：正义要求公民们去扶友损敌，并期待他人也这么做。②

但是安提丰宣称在 *physis* 的框架中，一种公民特别的"主我"将有关个体自身利益的道德考量引入与他人的交流互动之中，公民便有了摆脱这些法则性行为的路径。举例来说，一些受到他人侵犯而受到损害的公民，会被劝导去自卫，而不是进行侵犯性的报复；一些受到父母虐待的孩子会受到鼓励，无论如何要善待其父母；而一些诉讼者会听任其对手运用法律便利作伪誓，但自己并不采用同样的策略［44（B4. 32 – B5. 13）］（在《论和谐》中，我们知道了一些个体明白了他们最终的自身利益，在于一种非攻击性的应对）。

尽管可能存在着这样的逃避路径，但安提丰认为 *nomos* 以狭义上具体的成文条规法出现时，它就完成了对个人的本性与自身利益的有害转换了。在诉讼之前，一个人希望在法庭中得到公正的仲裁（*dikê*）时，法律常常并非

① 参照 Moulton 对安提丰在本文中对 *nomos* 用法的评论（1972：333），他认为安提丰有时用它来指"道德习俗"，有时用来指"成文法律"，却没有对他的听众或读者指出二者的不同。在解释安提丰对 *ta nomima*［44（B1. 5）］一词的使用时，Decleva Caizzi 确定了其意义的范围：除了成文法之外，还包括"政治共同体为自身提出的和采用的全部规范、准则和习俗"（1989：203）。

② 参照 Allen 对上述对等关系在雅典人的法律惩罚的逻辑中所起的作用（2000：62 – 65 及其他各处）。

鼓励公民以一种公正的方式相互作用，通常也不能扭转他不义的行为。事实上安提丰认识到国家法律对于公民的行为只能进行不充分的影响或矫正，因为大多数法律的正义只能影响“宾我”的角色，而不能支配受自主性的道德评价影响的“主我”所进行的思考与行动。法律当然并不能够防止戈夫曼所谓的不义地相互作用的原初情形的发生，正如安提丰所说的：“与法律一致的正义（*to ek nomou dikaion*）……，允许受害方被伤害，任由侵害方去犯罪……”［44（B6. 3 – 13）］甚至更为糟糕的是，即使诉讼者由陪审员进行公正审判，*nomos* 也不能保证正义能以对价值（*timê*）进行恰当矫正的方式（惩罚、*timôria*）而得到施行，因为审判的争论式、对话式的结构，使得诉讼双方有着同等的机会就其对手“宾我”的性质，对陪审员进行劝说或者欺骗［44（B6. 14 – 30）］。

因而见证（witnessing）再次对于具有道德自主性的个体来说成为潜在的威胁：“从习俗上说……正义的（*dikaion nomizetai*）”法庭活动，要求一位证人来诚实地证明情况，这当然会造成对于一个从未伤害过这种证人的诉讼者自身利益的侵犯，因为“事实”只是与诉讼者的“宾我”角色相关。当证词重新转换到诉讼者人性（*physis*）的框架中时，证人的证词就会侵犯 *nomos* 广义上的原则，因为后者要求公民之间实在地相互作用。这样证人就会遭到受伤害的诉讼者一方的报复——他甚至成为其终身的敌人［44（C1. – C2. 12）］。事实上安提丰不可避免地将不公的结果不仅归咎为出庭作证（*martyrein*），而且也归咎为在 *nomos* 的框架下所施行的一系列认知行为：进行仲裁（*dikazein*），给予判决（*krinein*）［44（C2. 26 – 30）］、做出公断（*diaitan*）。这样 *nomos* 就让人左右为难，它作为一种框架的所有几种意义，在其自身内部是有冲突的，与 *physis* 也存在矛盾，这样就产生了在所谓正义与不义行为之间无望地循环穿梭：

> 不可能说，这些坏事（由一个诚实的证人所施加的不义）是正义的，而法律的不得伤人与被伤的指令也是正义的。毋宁说，双方之一是正义的，要么，它们都是不正义的。显然法律进行仲裁（dikazein）、给予判决（to krinein）以及做出仲裁（to diaitan），但是其结果却无论怎样都不公正，因为它总是帮助一些人伤害另一些人。［44（C2. 17 – 30）］

因为《论真理》是残篇，安提丰在这篇文章中的意图仍然是难以捉摸的。① 但是如果现存的主要残篇确实说明了这篇文章的主要目标，那么安提丰看来是试图促使他的听众考虑进行一种特殊计算的可能性。正如前面强调的，这种计算促使个体公民去权衡不得不同时在 *nomos* 与 *physis* 的双重框架之下生活的利弊，然后在某一特定的时刻选择去扮演两种不同社会身份的一种：第一种就是在他人的意见（*doxa*）之下形成的身份，而第二种就是个体性的身份，这更忠实于他的自身利益。安提丰通过这种根本性的道德考量，似乎给智者们喜欢用的 *gnôme* 这个词打上了他特有的标记。这篇文章的两个更短的重要片段（DK 1 and 2）将这种认知的能力看作一种理智：尽管 *gnôme* 这种能力可能源于感觉（特别是视力），但却是独立地发挥作用的（DK 1）。对所有人而言，“当涉及健康、疾病和所有其他方面的情况时”（（DK 2），*gnôme* 必然作为身体的“领袖”（*hêgeitai*）而主导各种感觉。结合残篇 44（B2）30 – （B3）15 中对我们的身体器官与功能，以及我们的理智（*nous*）与欲望（*epithumein*）如何有序构造的观察，主导性的 *gnômê* 在人的理性（*nous*）评价欲望的过程中似乎有着最终的决定权。它以持久并且合理的形式，使得“主我”能对于接受还是拒绝其可能“宾我”的各种成分负起责任。用另一个词来说，*gnômê* 就是我们的意志，它有助于促使雅典人去问：“当在 *nomos* 的框架中做出涉及我的有关公正的决策时，我被要求成为什么类型的人呢？或者，要由我在此框架中做出关于正义的决策，我必须成为什么类型的人呢？而在 *physis* 的框架中，我又可能**选择**成为哪一类人呢？”

6. 安提丰的《论和谐》与公民身份游戏

从这些残篇以及阿里斯托芬的《云》（*Clouds*）（于公元前 423 年上演）1075 – 1078 行中基于 *nomos/physis* 的对立之上的戏仿论证来看，尽管大多数雅典人会认为这类思考与计算的前景令人感到困难，还带着些神秘，属于普罗塔戈拉传统中智者式表演的高水准；② 但是，对于欧里庇得斯与索福克勒

① 参见潘吉克对于现代解释者对整篇文章内容的概括，以及确定其统一主题努力的综述（2002：35 – 38）。

② 摩尔顿（Moulton）反对之前有人试图得出的下述论断，即认为《云》（*Clouds*）模仿的是安提丰的《论真理》；潘吉克同意摩尔顿的上述观点（2002：38）。将安提丰的文章看作对普罗塔戈拉理论的反驳，参见 Farrar，1988：113 – 119 。

斯的悲剧中诉诸 *physis* 权威，以及戏剧化展现 *nomos* 与 *physis* 的对立，公民们可能就会觉得更容易接受些了。① 安提丰自己也在他的文章《论和谐》(*Peri homonoias*) 中为公众提供一种替代性的表演，这篇文章无论是在风格还是内容上都与《论真理》大相径庭，而学者们一直在争论它们之间的关系。但是加加林中肯地指出，安提丰意在为其读者中智性更高的人写作《论真理》，但为了在更为大众化的集会上发表口头演说的人写作了《论和谐》。② 但是我并不同意安提丰是以智者式对立 *logoi*（话语）的风格构思他这两篇论文的（Gagarin 2002：96）。相反，《论和谐》似乎更像是鼓励公民们运用"应用理性（*gnômê*）"，也就是说在常见的公民生活剧本中找到更多简单易懂的场合来进行《论真理》中的抽象性思考。③

两篇文章之间彼此的关联，并不是件小事，因为在缺少更多完整证据的情况下，它确定着我们对于约公元前 440 年，到很可能是他所发动的寡头政变的公元前 411 年间，安提丰在雅典的社会与政治意识形态舞台上立场的理解。举例来说，尽管法赫非常深刻地讨论了安提丰，但我认为她所主张的"与普罗塔戈拉不一样，安提丰相信人的利益是非社会性的"这种理解是错误的（1988：117）。这一结论是由于她对于安提丰的善的观念的理解不全面

---

① 参见奥斯特瓦尔德就欧里庇得斯剧中 *physis* 观念的论述，他认为欧里庇得斯是在雅典这一概念的基础上进行"社会批评"的"最重要的解释者"（266）；另参见《特洛伊妇女》(*Trojan Women*)、《赫卡柏》(*Hecuba*)、《奥瑞斯特斯》(*Orestes*)、《希珀吕托斯》(*Hippolytus*)、《安提俄珀》(*Antiope*) 等戏剧及 fr. 920 对 *nomos/physis* 之争的描述（1986：26ff.）。关于索福克勒斯在《菲洛克忒忒斯》中对 *physis* 的用法，参见 Nussbaum 1976 – 1977。摩尔顿注意到了欧里庇得斯在多部剧作中对雅典法律程序的批评受到了安提丰的直接影响（1972：350 – 357）；Guthrie 也将欧里庇得斯的 *physis* 的观念与安提丰的"反律法主义的观点"联系起来（1971：113 – 114）。

② 关于学者就如何理解两篇文章的关系所做的尝试性研究，参见 Pendrick 2002：54 – 56。就二者不同的风格及可能的不同听众，加加林指出，"(《论和谐》) 一文更讲究修辞而不具有很强的分析性；它表达的情感更易于理解，它表达的是流行的话题和事情，而非当时知识分子关注的问题"（2002：97 – 98）。

③ 尽管加加林主张我们可以把这两篇文章看作"一组对立的说法（*logoi*）"，但他仍然将二者联系起来，作为同一理智研究的一部分。对于《论和谐》的残篇 48、52、55、63 以及 65，他指出，"……可能安提丰的批评只是抛砖引玉，希望有更多积极的建议促使人们更好地运用自身的理智。换言之，上述残篇与《论真理》中的观点是一致的——《论真理》认为，尽管许多人的认识还不能超越感官接受的信息，但通过使用自身的智慧，人们仍然能够达到对事物更好的理解"（2002：95）。罗米利（Romilly）则主张，上述两篇文章表现出"明显的一致性"（*une éclatante unité* 1988：248）。

而造成的，她将安提丰的善看作“从社会秩序的角度来看，完全是消极的和本质上来说是个人的”（119）。卢金比尔同样将安提丰误解为一个反民主的寡头思想家，一直反对“从伯里克利到公元前410年代的民主政体”时期这一严格政治意义上的 *nomos*（1997）。在这两个例子中，他们都对《论和谐》要求个体投身于公民生活的看法视而不见；加加林同样曲解了《论和谐》，将它作为《论真理》对于 *nomos* 批评的缓和剂，认为它为了纠偏而强化了传统道德（2002：96－97）。

从现在的残篇我们能够看出第二篇文章在智性与伦理上的推进；我们同样也能够将它概括为智者对于七贤和其他先贤表演/施为传统的改造。[①] 这种理智与伦理上的推进采取的是对于公民发布谕令的形式，要求他们在想到与同伴的交往时采用在《论真理》中描述的框架不断转换的 *gnômê*。我认为这种与他人交往的观念，加上混合或者交融的观念，事实上是这篇文章的核心，因为安提丰始终强调不同公民剧本中各种人物、思想、评价和情感的互动与交融。总体上说来，这些互动与交融都充实了或缓和了《论真理》中相当冷酷、严格的要求，也就是要在 *nomos* 与 *physis* 的框架中思考同时出现的利与弊。它们生动地表现了公民运用自我的认知与商谈因素去驯服与人的生存与发展相关的基本意志论欲望：渴求食物与保护的欲求、通过情爱和友谊将自己与他人联系起来的需要等等。显然其目的就是让个体公民更为准确地理解如何从同伴中得到某种程度的承认，同时降低自身利益的代价，而将其收益最大化。

《论和谐》最长的一段残篇（fr. 49）涉及了“过婚姻生活”的剧本，显然是在给一位考虑婚姻的年轻人提供建议。但是当这个讲话者（可能是安提丰）看到“婚姻对于一个人来说是一场激烈的竞争（*agôn*）”（49. 3－4）时，接下来读者明白了：丈夫与妻子的关系是一位公民可能参与的许多不确定性的竞争之一。这一残篇中的 *agôn*（竞争）可以说表现了一个主导性公民剧本，它综合了很多其他剧本——当人们渴望（*epithumêsatô*，49. 2）获得幸

---

① 因为古代作家仅仅把14段残篇明确地作为这篇文章的组成部分，所以重塑文章的主旨就依赖于大量的推测；现代的学者基于文章内容，又将另外15段残篇归为该文的一部分（Pendrick 2002：39－40 和 Gagarin 2002：93－95）。潘吉克相信，这篇文章可能就没有根本的统一性，“只不过是由有关伦理旨趣的一连串警句组成的”（2002：45）。

福、福祉或者成功时，这些剧本就将他置于与其他人的互动交往中。[①] 从 *physis* 的框架来看，竞争激励着个体的“主我”去考虑扮演 *nomos* 的框架为特定的竞争所规定的“宾我”角色。麦金泰尔将在公元前五世纪，特别是在智者时期的 *agôn* 看作“个人意志追求成功以满足其欲望的手段”（1984：137），这一看法也是有启发的。事实上安提丰对于婚姻这类剧本的兴趣，是围绕着个体在竞争的展开过程中所面临着的道德选择而展开的。

与婚姻一样，每一次竞争中的遭遇，都为个人开启了“新的天数、新的命运”（fr. 49. 2 – 3），公民不能够指望对于这些天数与命运进行真正的控制。在婚姻中，妻子如果被证明为“不适合”怎么办呢？如果要重新获得个人幸福和福祉，离婚是否是一种聪明的抉择？在此，正如《论真理》中的陪审员审判可能强迫一个人对同胞作不利的作证，伤害到一些从未伤害他的人一样，*nomos* 也规定了离婚的规则——这种规则可能将原本享受着互惠温馨关系的家庭成员转变为敌人（4 – 70）。从 *physis* 的观点来看，是否存在着另一种可替代的选择：去忍受一种痛苦取代预期快乐的婚姻生活（7 – 8）？安提丰接着说：即便是与一个合意的伴侣的结合而带来了快乐，“快乐总是不会单独到来（*emporeuontai*），痛苦与艰险常与之相伴。（13 – 14）”换一种比喻，安提丰提到了另一种类型的 *agôn*，即在奥林皮亚与德尔菲的泛希腊竞技，这里，快乐的胜利只是在付出了巨大的痛苦为代价后才能得到（14 – 17）；在任何有价值的竞赛中，关键的问题似乎在于个人有能力计算与这些努力相关（或更多的是暗藏）的快乐与痛苦的比例。因为社会的地位、承认（*timai*）或者奖励（*athla*）——各种“宾我”所得的好处，都类似于神在 *nomos* 的框架中为刺激人类行为而设置的诱惑、陷阱、饵料。这一残篇暗示着，很多个人虽然希望获得这些社会性的好处，但却并没有事先转化到 *physis* 的框架之中，考虑他们为此会在多大程度上牺牲他们的个人福祉。

此时，残篇 49 的讲话者从第三人称的口吻称变为了第一人称，他亲自说明了他心中这种内在的思考与计算。这一转换有点出乎意料：安提丰（如果他是演说家）现在将其自身放在了考虑婚姻大事的人的位置上，这样他可

---

① 这个年轻人所处的困境与埃斯库罗斯在《乞援人》中呈现给阿尔戈斯的内在听众以及剧院中可能隐含的观众困境颇有些相似之处，只是没有那么激烈：是否要上演与达那俄斯及其女儿们结盟的剧本呢？要知道这种结盟会损害他们共同体的福祉，并且会导致一段极为不和的婚姻剧本。

以设身处地地表现出年轻人的困境。这种表演中，作为思考者的安提丰现在首先假想将自身分裂开来或者复制出另一个自我，从而可以在 *physis* 的框架中观察他为了保证自己的肉体生存及物质利益是如何努力的；并且也观察自己在 *nomos* 的框架下，他是如何获得其社会对于有相当资质的人倡导的所有美德的。然后，如果用在“现实生活”中这位正在步入婚姻的丈夫的身上，这第二个自我是如何成为与说话者不同的人：

> 如果我真的拥有了我想成为的第二个自我（sôma heteron），那我可能都很难活下来（zên）：因为我不得不为自己的健康和应付日常生计，为了维护我对自己的看法（doxa）、我的自制、我的荣誉（eukleia）以及我的名声而让自己如此心力交瘁。假如我如此拥有这第二种自我，它会去寻求什么呢？一个妻子，哪怕她与其丈夫相处融洽，真的能带给他更多私密的快乐与痛苦，值得他为了两人身体的健康，为应付他们日常生计，为获得（他们两人）自制和荣誉而努力吗？这并不清楚。（49.19－29）

谁是这第一个、说着话、并且观察着第二个自我的人呢？我们可以说第一个自我假设性地创造了第二个自我，为的是将第二个自我作为其自身的拟像或者影像而安放在 *physis* 或者 *nomos* 的框架之中。然后他观察这种自我意象，视其为自我的复制品，既是熟悉的又是陌生的，好像是在他的日常生活中活动的他者，履行着正在考察“宾我”的说话者角色。这第一个反思的自我同样是短暂的，只是在言语行为中、在这种思想实验的某个假定时刻才会存在。安提丰在这里完美地理解到了米德所说的“主我”是如何发挥作用的，它在一种表演态度中，伴随着自我意识的涌现，来评估传统的各种角色；而“宾我”若是想要不仅生存下来，还要得到重要社会他者认可的话，就必须从这些角色中选取自己的角色。这种思想实验的目的是明确的，即计算一下在两种框架中生活所需花费的精力与相应得到的好处之间的得失；这就是行动中的 *nous*（精神）；再次借用米德的话（1964：292）来说，它是通过对自身成为另一个人的想象，来达成判断（*gnômê*）。有意思的是，这第一个自我，即“主我”，在运用根本性的自身利益标准来确定是否值得保持单身还是成双成对时，会求助于 *physis* 的标准——这一标准也就是生存的能力

（*zên*，20）。[①]

这样我们就可以理解这里安提丰的思考是作为一种表演/施行，它假想地模仿了年轻公民在承担着丈夫、族长与家长的“宾我”角色时对所面临困境的思考，因为社会要求这类公民承担对于其家庭成员的物质利益与社会声誉方面的责任。这第二个自我在开始清楚地出现于抽象的假设之中时（19－20），显然就代表着这些家庭的成员（29－30）。而最后的计算似乎并不乐观：“现在到处都充满了忧虑，年轻人的快乐已从他的判断（*gnômê*）中一去不返，面容憔悴。”（30－32）[②] 年轻的丈夫不时要在其家庭中复制自身，这彻底剥夺了他快乐的希望，剥夺了他去做安提丰这里所考虑的关键性计算所需要的机灵敏捷，甚至从前的他都认不出自身了。不幸的是残篇在这里就结束了。我们应当推断安提丰的建议就是取消这次婚礼吗？

很难这样说，残篇中没有任何地方说明安提丰反对缔结类似于婚姻这样一些基本的制度，或者反对参与其他的社会制度或者政治制度。相反，现存的残篇建议公民与他人彼此交往，无论是社会交往还是商业交往。但是安提丰警告公民们：快乐与痛苦、幸运与不幸的后果总是混在一起的，这是这些交往不可避免地带来的。在一段残篇中安提丰讲了一则寓言，批评那些拒绝借钱给人救急的守财奴式贪婪的公民（fr. 54），这些人不把商业财物投入社会性使用之中，其价值就会贬值得不过与石头一样（54. 13－16）。我们甚至可以将“使用”（*khrêsthai*）某人的财物，让其物尽所用，看作安提丰对于同胞公民的一种道德劝谕，因为只有这样，这些财物的真正价值和公民的一系列“宾我”才得到体现。同样，其他的残篇讨论了如何认识与选择真正的朋友而不是虚假的朋友（frs. 64 and 65）；另一处残篇则注意到，与我们最亲密朋友的交往可能会减少自我与他人之间的差别：我们在自身的人格特征（*tropoi*）中变得“类似于他”（fr. 62）。

由此看来，《论和谐》并没有批评 *nomos* 的制度与要求，反而鼓励公民培养在社会生活中可能同时带来成功与失败的认知能力；但更为重要的是，

---

① 这种暂时退回自身的戏剧化表演展现了罗米利所说的这篇文章“内心的审慎（*sagesse toute intérieure*）”与“内在的安宁（*paix intérieure*）”的特征（1988：246，247）。

② *Gnômê* 在这里和在《论真理》的含义相同；在《论真理》中，*gnômê* 指的是一种认知能力，即在感觉器官收集信息，个人的智性（*nous*）解读这些能加以理解并且显现出来的最初倾向或欲求之后，为重要行动作准备而进行的比较和计算。番吉克认为这里的 *gnômê* 一词与“*psukhê*（灵魂）近乎同义”（2002：388）；在他看来，安提丰的心理学中 *gnômê* 与 *nous* 两者的关系“非常微妙”（251）。

这种认知能力会在个体公民身上培养一种道德自主性，以便在追求自身利益与满足必要的物质与心理需求的同时，能够从同伴那里获得承认。关键在于公民们在评估公共参与对个体利益的得失时，要好好思考（*to phronein kalôs*，54. 19）。*Sôphrosynê*（自制、审慎、节制）是一种主德，原因在于它使得一个人在生活的竞争和与他人的交往互动中不去抱以不切实际的幻想——这些幻想可能是宏伟的，但通常“伴随着巨大的痛苦”（51. 3 –4）；清醒地思考同样可以促使人们进行合理的计算，从而在认识到公共生活是一个战场时，也尽可能保持内心的安定。①

事实上残篇 58 将 *sôphrosynê* 定义为在认知上策略性地运用缓兵之术，我们可以称之为“三思而后行（thinking twice）”，以压制损人利己的内在冲动。安提丰认为思考我们对邻人的伤害是否会招致我们并不希望发生的事情，就是审慎（58. 1 –2）。在 *physis* 的框架中这种思考激起了一种“恐惧”（*deimainei*，2），这对于我们的自身利益来说是有益的，特别是在 *nomos* 使别人一定会对我们所作的伤害施以报复的社会中更是如此。这种恐惧有着一种认知上的效果，即通过三思而后行，我们可以促使我们的精神（*nous*，3）理解到缓行是放弃我们不当的愿望，而不是放弃我们的行动（2 –5）。这样我们就可以放弃拿希望来充当获得自身福祉的途径。正如残篇 49 中描述了安提丰将他讨论中假想的个人一分为二的关键洞见的时刻，此时同样涉及一个自我从另一个自我那里获得承认的问题：“与一个能够抑制（*emphrassei*）自己内心（*thymos*）暂时的享乐（*hêdonais*）的人相比，没有人比他更能准确地判断（*kriseien*）另一个人的 *sôphrosynê*（审慎能力）了（8 –10）。”安提

① *sôphrosynê* 一词，对于公元前 420 年代到前 410 年代的雅典精英而言有着某种政治含义，尤其是与一些政治派系（*hetaireiai*）联系密切的那些雅典人，在公元前 415 年后，这些政治派系会发动寡头政变。可能安提丰本人就活跃在其中的派系（Andocides 1. 35）。（关于 *sôphrosynê* 的一般含义，参见 North 1966 及 Donlan 1980；关于它和公元前 5 世纪 410 年代政治派系之间的关系，参见 McGlew 2002：125 – 132。）从这一角度来看，安提丰文章标题中的“和谐”（*homonoia*）一词可能就是指社会的和谐，这一和谐只有在利益冲突的公民之间达成妥协和和解的条件下才能实现。再次用罗米利的话来说，它也可能是指“内心的审慎（*sagesse toute intérieure*）”与“内在的安宁（*paix intérieure*）”的状态（1988：246，247），这意味着每一个人内心的和谐促进了社会的和谐。番吉克对有关上述标题可能含义的学术争论做了总结（2002：41 –42）［他认为将此处的“和谐”（*homonoia*）理解为内心的和谐是不合理的，但我认为他的语言说论证不具有说服力］。法勒（Farrar）指出上述标题指的是内心的和谐，它采用的方式与索福克勒斯在《安提戈涅》（*Antigone*，821，875）中用 *autonomia*（自主）一词来指代个人品质的做法相同（1988：119）。

丰继续用军事的比喻来形容这样一个自我，称它“既能够控制自己（*heauton kratein*），又能够征服自身（*nikan* …… *heauton*）”（10）。事实上，任何想在纯粹的情感上（心灵或 *thymos*）得到“短暂满足”（*kharisthasthai* …… *parakhrêma*）的愿望，说到底都是对自己造成伤害的愿望（10－11）。

战斗与竞争的剧本，对于安提丰来说并不是有关形形色色公民生活剧本的随意比喻。据认为在古代文献里，残篇 52 是编排在《论和谐》中的，它说：“不可能与 *pissoi*（跳棋）游戏中的棋子一样，将你的生命收回。”借助于柯克（Kurke）近来对于跳棋游戏与希腊公民身份关系的研究，我们可以认识到这一残篇中所指的 *pessoi* 或者 *petteia* 的“象征性活动”。*pessoi* 或者 *petteia* 是用棋子或者有时用骰子来玩的棋盘游戏的通称。① 柯克说明了古风时代与古典时代的希腊人如何将这种游戏理解为公民身份的预备训练，特别是在一种称之为 *polis*（城邦）的游戏中，它是用棋子来玩，流行于公元前五世纪的下半期的雅典（1999：260－261）。根据波吕克斯（Pollux）的观点（*Onom*，9.98），*Polis* 用了很多等级相当的棋子，这些棋子的目标就是用自己一方的两个棋子去包围并俘获对方的棋子。正因为这一原因，柯克将它看作民主城邦中公民身份“打仗游戏”的象征（261－265）。所以我们也有理由设想安提丰提及这一特殊的 *pessoi* 游戏，是要指出某种“竞赛”（*agôn*），它走的“每一步”都要求人们运用由审慎的思考和筹划构成的理智（*gnômê*）。从这一点上看，我们可以把残篇 52 中有关这种游戏的建议，看作整篇文章试图告诉公民的东西——也可能只是针对刚从埃弗比等级提升上来的青年公民（*neos*）的，要他们认识到在公民生活中取得成功或至少是避免重大失败所必需的认识工具和实践。②

---

① Kurke，1999：253－274；关于具体的 *pessoi*（*petteia*）游戏可能指的是什么，请参见 254 页（在 Kurke 的探讨中，她并没有提到安提丰的这段残篇。）

② 在以上述游戏象征公民剧本中，安提丰看上去继承了某种哲学的传统。柯克引用了残篇 Heraclitus fr. B 52 DK［拙译：“一个人的一生（*aiôn*）就是一个玩 *pessoi* 游戏的小男孩；王位是他自己的。”］并指出这里的 *pessoi* 游戏象征了寡头城邦中相互竞争的现象（1999：263）。她亦引用了（267－268）第欧根尼·拉尔修（《名人传》）书中的一则轶事，其中描述了赫拉克利特（Heraclitus）不愿为以弗所（Ephesus）起草法律，却宁愿跟一群孩子玩抓子游戏的故事。作为对以弗所人诧异目光的愤怒回应，赫拉克利特反问道，“玩游戏难道不比参与公共生活更好吗?”（*politeuesthai*，9.2－3）。请将这里对“参与公共生活”（*politeuesthai*）一词的用法与安提丰在 44（B1）9－10 的用法做比较。番吉克在评论安提丰的残篇 52 时指出，斯托巴欧斯（Stobaeus）提及苏格拉底曾说过，“生活就像是一种 *petteia*（*petteiai tini*）游戏：你必须尽可能走好每一步，因为你不能再掷一遍（骰子），也不可能让你悔棋”（4.56.39）（2002：392－393）。

这一游戏的棋手，对于他下一步的妙招进行着内在的思考/商谈，更为清楚地体现着安提丰的公民与自我的观念。棋手必须进行策略筹划，也使得安提丰的伦理劝谕清晰起来：当棋手接受对手的邀请下棋时，他自身就置身于博弈的 *nomos* 这一游戏世界的阈限之中了；他必须在心中熟知所有的 *pessoi*（或者 *polis*）的规则并遵守它们。如果他熟谙此道，那么他不仅会思考他在既定时刻的所有可能下法，而且也会用自己的理解去把握对手可能的下法。所有可能的下法，无论是他自己还是其对手的，构成了米德的重要社会他者的复合式视角。博弈的公民之所以能做到这一点，正是因为将自身交互主体式地放到对手的位置上。我认为，安提丰会坚持说 *pessoi* 或者 *polis* 的 *nomos*（规则）并没有规定棋手以这种方式而不是以另一种方式来移动棋子，或者让他继续下棋而不是去吃中饭或者甘拜下风。相反，棋手的精神（*nous*，心智）在他的对手每一次落子之后会评估自己的形势，他的“主我”会自主地选择在某个时候一种最好的可能来走下一步。当然，这一步必须是与规则一致的合法下法，但是在自由选择下法的过程中，自我的认知性因素发挥着作用，以做出对于重要社会他者的个体性回应。尽管很明显的是，他决不会没有事先在 *physis* 的框架下进行思考就贸然走出这步棋——*physis* 的准则指明的是通向自身利益的道路。

第七章　民主社会的自恋公民：阿尔喀比亚德和苏格拉底

1. 审判阿尔喀比亚德

安提丰对雅典精神生活的贡献就在于将 *physis* 的框架合法化，把它当作一个临时的收容站或者避难所，在这里每个公民都可以对自身进行一定的道德思考并且理智地计算他的自身利益。但在一个人完成了这种思考与计算之后，安提丰建议他返回到争论不休的竞争中，遵守竞争的规则，冒着由对手或者运气决定的自我利益得失的风险，从而获得承认。但是从公元前四世纪二十年代以来，另一些雅典思想家对在 *physis* 这种炼金炉（crucible）中进行计算的诱惑有着不同的反应，同时，对安提丰在这些计算中所赋予的知识与道德上的合理性也有着不同的看法。因为 *physis* 使得 *nomos* 给予雅典人的自由最大化，这种公民身份和自我范式几乎诱使这些人利用 *nomos* 的漏洞，设计出公民生活的另一些策略，特别是一些极端地维护自身利益的策略。举例来说，如果一个公民无视真诚地回归 *nomos* 框架的必要性，孤注一掷地由 *physis* 和自身利益推动自己时，会出现什么策略呢？或者说，如果他回归到 *nomos* 框架之下的公民生活，但是还坚持认为 *physis* 所给予的自主性具有无可置疑的价值，那又怎么办呢？他玩着城邦游戏时，会不时让对手弄不清楚游戏规则，或者说服对手相信他的新奇的、与规则相悖的行动是可接受的，甚至是公共福祉所需求的，那又会怎样？

大多数处在安提丰时代的雅典人不会将这种棋手视为我们前面提到的“遵守法则”意义上的自我；“放纵的（paranomological，违法的）”自我也许对形容这种法则破坏者来说会更精确一些，他们只是有时遵守法则，或者假装遵守法则，但是在对手能够发现其违法之前总能使法则服务于他自身的利益。修昔底德用 *paranomia*（破坏法则）这个词来称呼比阿尔喀比亚德的公民身份和自我表演。阿尔喀比亚德与安提丰同时代，但是年轻约三十岁。*paranomia* 这个词内涵丰富，它诱导着、激发着古代与现代的读者根据不同的伦理、法律和（以今天的眼光来看）理论的观念来看待阿尔喀比亚德的行为。他的（社会、政治和性）违法性行为只是有所偏差，还是故意在策略上挑战雅典公民行为的标准？或者它们如沃尔（Wohl）称呼它们的那样，是根据两种可能逻辑的规范而产生的对雅典法则的“颠倒（perversions)”：一种逻辑［如福柯（Foucault）所见］认为违法行为是源自于规范的，并激起了一种有助于强化规范的欲望；另一种逻辑将这些违法行为［如朱迪思·巴特勒（Judith Butler）所见］看成由规范产生出来的，但却激发了超越规范或者与规范相抵牾的欲望（2002：124 - 127）。哪个模式更好地说明了阿尔喀比亚德作为公民和自我的表演？

为了确定是哪一种逻辑，我们需要确定这一讨论中主体的性质。我的意思是，我们需要确定阿尔喀比亚德的 *paranomia*（放纵式的）主体，这首先是可以历史地确定的规范体系及对其违背，其逻辑表现出通过操纵人类行动者来体现其策略变化？还是说，主体首先是在历史上可以确定的一个个体，他评估这些规范，并基于意志而做出选择［这是一种泰勒意义上的“人”(person)］？① 我在本研究中始终都选择第二种可能性；我甚至认为在公元前420年代中，在智者理论所推动而形成的背景下，在一些精英公民那里不再存在所谓“反常”的个人行为。例如安提丰就认为，理性的思考可以使个人认为自身利益（*physis*）在道德上就算不高于 *nomos* 的规定，也与 *nomos* 的规定旗鼓相当。所以在 *nomos* 之上形成的复合概念，比如民主主义者和僭主、雅典人和外邦人、男人和女人、主动的爱者和被动的爱者这些角色的混合体，可能对于特定的个别主体来说看起来是正常的（cf. Wohl 2002：136，143）。

如果是这样的话，那么我们可以问其他人，特别是那些非精英的民众会

---

① 有关这些选择，参见 Talor's “Foucault on Freedom and Truth” （1985b：152 - 184），“What is Human Agency?”（1985a：15 - 44）and “The Concept of a Person” （1985a：97 - 114）。Ludwig 的专题研究《情爱与城邦》(*Eros and Polis*)（2002）总体上避免了理论模式，但是它在讨论人神之间的性关系的情爱想象时，落入了福柯的模式之中：“情爱作为僭越，作为反律法主义（antinomianism）的欲望，证明情爱在本质上是合理（nomothetical）的，只是在限制出现时才刺激了欲望。”(357)

如何理解这类引发了主体放纵行为的思考。阿尔喀比亚德在《伯罗奔尼撒战争史》中出现了三十二次，时间在公元前420年到公元前411年间，并且经常出现在公民商谈的剧本中。这些商谈可能涉及一些著名的公共事件，如他在雅典公民大会的演说（e. g.，6.16－18）；在一些半公共的场合，如担任雅典大使（5.61）；为其他希腊城邦的领袖（6.88－92）或者为外邦当权者出谋划策等（8.46－47）。[①] 但修昔底德也简要提到了明显是阿尔喀比亚德的个体与私人性的生活领域，这主要是为了强调这些更为隐蔽的商谈环节对于阿尔喀比亚德公共生活的影响；这样，修昔底德也稍稍揭示了阿尔喀比亚德扮演的那种被伯里克利在《葬礼演说》中提到的影子公民。

正当修昔底德打算描述阿尔喀比亚德于公元前415年在公民大会上提议远征西西里的热情洋溢的讲话之际，他却转头剖析了这位领袖从前与现在作为一个公民的立场。在注意到了这个年轻人在与老尼亚阿斯进行政治上的角力，也注意到他意图指挥远征，并占领西西里岛和迦太基的野心之后，修昔底德开始讨论阿尔喀比亚德的个人欲望。但事实上修昔底德更多注意的是公民们试图去理解与评价他们所见到的阿尔喀比亚德的外在行为与成就，而不是过多注意阿尔喀比亚德的欲望本身。[②] 结果便是他的描写在个人追求和公共行为之间不断转换，反映出一种领袖－追随者之间的作用机制，相当于对于阿尔喀比亚德的公共形象与私人生活进行的连贯一致的判断：[③]

> ……他（阿尔喀比亚德）特别渴求（epithumôn）与希望通过这种方式征服西西里和迦太基，如果成功的话，他在财富（chrêmasi）和声誉（doxêi）上的个人利益（ta idia）都会得到增长。因为公民会为这些

① Gribble 将阿尔喀比亚德在第8卷中的影响，与他咨议与劝说的才能联系起来（1999：198），但是我们发现在《伯罗奔尼撒战争史》中无论什么地方阿尔喀比亚德都表现出这些才能。

② 参见 Gribble 有关阿尔喀比亚德的“引人注目的历史影响”的论述，这是通过“他的行为、他的特征以及他在雅典人那里激起的反应”而产生的（1999：184）。Whol 正确地看到我们面临的挑战就是要解释公民作出反应中的含混性与明显的矛盾性（2002：128，144－154），但是我相信这些反应的认知意义超过了他们对于阿尔喀比亚德“反常的”爱。Ludwig（2002）与 Monoson（2000）同样看出情爱反应形成了“阿尔喀比亚德效应”的一个基本主题，而 Gribble 却否认这一主题（1997：73－80）。

③ 尽管 Forde 认为在这一段话中，“其实修昔底德并没有给予我们《伯罗奔尼撒战争史》所表现出的有关阿尔喀比亚德的经历与性格的综述”（尽管有少数总的、“明显矛盾”的评论）（1989：176）。

> 事情尊重（axiômati）他，而他欲望（epithumiais）不小，远不止于他实际上驯养赛马和其他方面的消费——这与后来雅典国家的崩溃是有很大关系的。大多数公民对他的生活方式所显出的个人生活（kata to heautousoma）上明显的放纵行为，以及他在各种事务中表现出来的勃勃野心（dianoias）感到惊恐不安，这使他们敌视他，因为他是一个希望（epithumounti）成为僭主的人；即使在公共生活（dêmosiai）中他指挥作战功绩显赫，但每个公民私下里（idiai）对他的习性（epitêdeusin）感到失望，这就使得民众将作战事务移交给其他领袖，城邦不久也失败了（6.15.2－4）。

修昔底德这简短的字里行间，反映着伯里克利在公元前430年发表的《葬礼演说》的主题与措辞。只是在这里，对于这一个体公民以及他从民众那儿得到的反应的描绘，充满着错位的（dystopic）而不是乌托邦的后果。我们在第6卷2.36.4中看到，伯里克利是如何第一次将公民的追求分成“服从习俗”（*epitêdeusis*）——参与“城邦的政治组织”（*politeia*），以及独立地选择“生活方式”（*tropoi*）。我认为在后一种方式的选择中出现了一个舞台，在这一舞台上个体的道德选择可能并不与通常的社会规范意义上的 *nomos* 相一致。从公民在他们的“生活方式”中所有可能追求的善中，伯里克利将个人快乐（*hêdonê*）挑出来作为一个潜在可疑的问题（2.37.2）。但他很快指出，雅典人集体性的社会和文化实践（*nomos*），可以作为一种有效的解毒剂，能够在一定程度上化解个人自利的道德选择可能对这个城邦造成的危害：广泛的自由和宽容化解了对某人的日常习惯（*epitêdeumata*，2.37.2）的猜疑，雅典人不再反感（*akhthêdonas*）个人对享乐的追求。在这一点上，伯里克利区分了雅典人在私人事务（*ta idia*）与公共事务（*ta dêmosia*）中典型的活动：在个人事务中他们相互交往而相安无事；在公共事务中由于敬畏权威，尤其是敬畏法律本身，“我们不破坏规矩”（*ou paranoumen*）（2.37.3）。

在公元前430年到公元前415年间，雅典的 *nomos* 似乎有了很大的改变，也许因为安提丰这样的思想家在雅典的文化生活中也发生了变化。阿尔喀比亚德显然向公民展示了一种施行公民身份与自我的策略，它冲击着伯里克利的一种理想化观念，即认为公民在私人生活与公共生活之间进行转换时，他们完全可以通过商谈而进行有利于国家的交往。他认为雅典人只需去惩罚那些不进行这种转换而无所作为的人，就可以轻松地对付两个领域（2.40.2）。

他将这些在公共生活中无所作为者“无用”的自主性（*autarkes*，2.41.1），与那些具有代表性的公民“温文尔雅而又多才多艺”的个体自足性进行了对比。① 但在修昔底德在6.15处所描绘的作为公民与自我的阿尔喀比亚德的形象中，我们已经看不到公民的这些生活方式了。格里布尔（Gribble）提醒我们在2.65处，修昔底德对伯里克利的领导力进行了高度评价，也对那些作为伯里克利继任者的煽动家进行了批评，认为这标志着雅典政治向新的模式与新的时代转变。领袖们忙着“个人争斗”（*idias diabolas*，2.65.11），以争取领导 *demos*（民众）并迎合他们的享乐（*hêdonas*，2.65.10）（1999：169－170）。就像格里布尔说的那样，从此领导者和普通公民在追求自身利益而不是追求公共的善这一点上没有什么两样，修昔底德日益将雅典的最终失败归咎于这种新时代的个人主义（175）。

尽管领袖以这种方式仿效着普通公民，雅典人还是不能真正地理解促使阿尔喀比亚德的“主我”选择公共生活中的“宾我”角色那种追求利己回报的个体冲动，或者对之做出连贯一致的反应。有时他们会表现出对于阿尔喀比亚德的财富与声誉这些个人资源的羡慕（*axiôma*，6.15.3），这里他们的行为与伯里克利的自夸是一致的，即尽管所有公民在法律上一律平等，但只有被公认用自己的才能服务于公共利益的个体才能赢得好名声（*eud-okimei*）并得到公民的尊重。他们似乎非常能理解阿尔喀比亚德对公共荣誉（*philotimia*）的野心，因为这是某种比物质的回报更令人愉悦的欲望所激发起来的——某种如伯里克利所说的“永恒的”东西（2.44.4）。但是在阿尔喀比亚德稍后的生活中，正是这些个人资源与才能激起了人们对他企图打破规则的恐惧。修昔底德准确地记载了，公民不仅对于阿尔喀比亚德的欲望感到焦虑，而且对于他的意图（*dianoia*，6.15.4）也开始担心，这是将认知与意愿（volition）联系起来的工具。我认为公民们所害怕的就是阿尔喀比亚德的道德自主性，这种自主性就像神秘的炼金炉，创造了他辉煌的成就。到公元前415年，尽管阿尔喀比亚德在其“宾我”角色方面有着令人瞩目的成功，雅典人仍然对他相当敌视，因为每一位公民对阿尔喀比亚德的个人习性（*epitêdeumasi*，6.15.4）都私下里惴惴不安（*idai*……*akhthêsthentes*）；而在公

---

① Gribble同样将阿尔喀比亚德的个性与《葬礼演说》中的乐观主义话语联系起来，后者说明了国家文化有能力控制公民的自主性行为。他问道：“什么能阻止公民对于荣誉与自主性的要求……向一种非公共的方向发展呢?”（1999：172，w.n.44）这个问题更是针对安提丰植根于*physis*之上自我的合理性的。参见Frorde对于伯里克利试图控制公民空前个体自由的负面效应（1989：28－30），以及McGlew有关伯里克利试图形成“公共生活支配私人生活的希望与快乐”而在修辞上努力的研究（2002：31）。

元前 430 年，伯里克利声称，他人通过日常习性（*epitêdeumatôn*，2. 37. 2）追求自身利益带来的快乐，不会让公民感到恼怒（*akhthêdonas*）。

安提丰可能曾说过，雅典人试图对阿尔喀比亚德退回 *physis* 的框架，将其作为逃避 *nomos* 框架约束的临时庇护所，提出一种非正式的审判。说得更为精确一点，他们很难理解阿尔喀比亚德在 *nomos* 框架之中的公共性表演如何能归结为 *physis* 框架之内可以理解的内在道德考虑。总之，公民们并不擅长于这种框架转换。如果说在阿尔喀比亚德对公民与自我的表演中有特别的东西让他们困惑，这就是他在 *physis* 的炼金炉中如何进行思考的奥秘。这种 *physis* 的庇护所似乎不仅使他确定了一系列可以扩展其自身利益的意志论的善（goods），同样也发现了一条避免将这些个人的善整合到稳定连续的实践（麦金泰尔意义上的）中的方式，也就是不必在热爱荣誉中同时追求社会性的善。公民们感受到了，在他不断强调自身利益，与他作为一位军事战略家不断取得胜利之间似乎没有什么关联。阿尔喀比亚德并没有遵守安提丰在《论和谐》中的伦理规定，即一个公民在追求承认的过程中必须计算自身利益的得失，然后承担同伴与运气带来的所有风险；到公元前 415 年，阿尔喀比亚德似乎将他意志论的善整个地投射入公共生活中，却不允许重要社会他者对其进行重新规定。出于对 *physis* 内涵的信奉与追求，他是一位自然之子，其身份完全基于 *physis* 的框架之上：他似乎是历史上第一个可以确定的只能由 *physis* 一语来标识其独特个性的希腊人。①

修昔底德对于阿尔喀比亚德形象的描绘中最后几行，是从对导致希腊崩溃的两个差不多是附带性的观察里看出来的。在第 6. 15. 3 中，他着重强调了“这（*hôper*）与后来雅典国家的崩溃是有很大关系的”。但我认为，前面与此处的“这”相应的，并不简单地就是指阿尔喀比亚德大手大脚地挥霍，还是指的这种领导 - 追随者的作用机制，这种机制使得公民对于他公开的野

---

① 在这种意义上 *physis* 一词出现在约公元前 424 年欧里庇得斯的《赫卡柏》（*Hecuba*）第 598 行；也出现于阿里斯托芬的《马蜂》第 1458 行，索福克勒斯的《菲洛克忒忒斯》第 79、88 - 89 行，以及在公元前 408 年上演的欧里庇得斯的《俄瑞忒斯忒》第 126 行；公元前 406 年之后也出现于欧里庇得斯的《伊菲歌尼亚在奥利斯》（*Iphigenia at Aullis*）第 558 - 559 行，也出现于索福克勒斯的《俄狄浦斯在科洛诺斯》（*Oedipus at Colonus*）第 270 行。有关这个词在《赫卡柏》中的含义，参见 Nussbaum 1986：505 - 506，n. 8；有关它在《菲洛克忒忒斯》中的含义，参见 Nussbaum 1976 - 1977：32 - 33。也可参见 Dover 对 *physis* 在公元前四世纪作家的其他戏剧与残篇中的用法，特别是演说家那里的用法的说明（1994：88 - 92）［在柏拉图的《阿尔喀比亚德篇》（*Alcibiades* 1）中，阿尔喀比亚德用 *physis* 一词来说明他相对于其他政治家天生的优越性（119b9 - c1）］。

心与个人资源颇为看重，于是刺激了阿尔喀比亚德追求获得公众的更多尊敬的更大欲望。与此类似，第二个观察也是着重于领导－追随者的作用机制，它将公民对阿尔喀比亚德的个人习性私下的担忧，与他们反复无常地去拥戴其他的领导人联系起来。在我看来，这不仅是公民对于他与他的 *paranomia*（放纵）的爱－恨循环。这两种观察至少意味着这位才能卓越的领袖，由于公民们的认知缺陷而妨碍了他去帮助甚至拯救雅典：他们没有能够理解他的 *physis* 的特殊性，特别是没有能理解他内在的道德考虑——这种考虑促使他参加公共生活中的激烈竞争，也没能理解他在公民生活中的巨大“欲望”与“意图”。雅典人在理解阿尔喀比亚德作为公民与自我的表演时所面临的关键问题似乎是：人的 *physis*（个性）是什么？它是如何激发和支配其 *paranomia*（放纵）的呢？

2. 自恋与偏执状态

如果如在第6章所认为的那样，类似于安提丰这样的思想家，或者如索福克勒斯、欧里庇得斯这样的悲剧家，帮助激发起了人们对于 *physis* 的兴趣，将它作为个体真正的特征与个性，那么雅典人在公元前420年代以及之后的岁月里，必定开始认识到获得个体自足性的可能性与正当性的新方式，这是普罗塔戈拉－伯里克利的模式所不能解释的（喜剧与悲剧作家的确让普罗塔戈拉、伯里克利他们站在阿尔喀比亚德的立场来审视这一问题）。萨岗（Sagan）称这种雅典人的自足性是在极端民主的推动下的“极端个人主义”式社会心理展现。他认为这种自主性产生了一种雅典式的自恋人格类型，而阿尔喀比亚德不过是其中最为突出的演示（1991：208ff）。为了讨论这一观点，我们需要将作为个体本性的 *physis* 的新正当性，与自恋精神的作用机制联系起来。在研究自我的现代理论家中，阿尔弗德将现代自由主义自我的“占有式个体主义”看作一种“偏执性焦虑”，这种焦虑认为他人会决定我们在社会中的地位，剥夺我们的生计与自尊。我们在这种焦虑中体会到我们“对于自恋创伤（narcissistic injury）的最为原始的恐惧与抗拒”。[①]

---

① 1991：142－144. 阿尔弗德将罗尔斯提出的原初状态及其无知之幕，看作减轻这种偏执性焦虑的一种虚构。只是在有利于最不幸的社会群体的情况下，才让我们容忍社会不平等的“差别原则”。正是为了这一目的，因而在“最大化方案（maximum solution）”中，我们可以假想为自己与他人选择接受社会分配给其最不幸群体的最大资源，例如我们选择我们最坏的敌人可能为我们选择的最大化分配（Rawls 1971：65ff. and 132－139；参见 Kymlicka 2002：60－70）。

但是在公元前420年代（以及后来一段时间）的雅典中，这样一种自恋的人格基于什么样的基础，会表现出一种似乎合理的公民身份与自我呢？让我们回到安提丰《论真理》中为动摇与贬低 *nomos* 所用到的证据，我们发现不是 *nomos* 的本质，而是它派生的东西（supplementary）及其不可避免对于自我所产生的有害影响，推动了自恋性人格的发展。这两点似乎都表达了一种焦虑，即自我及其关键功能如呼吸、看、听、走、说、工作等可能受到 *nomos* 及其价值的侵害；我们还应当回忆这一点：自我外在行为的证人都是 *nomos* 的强大执行者，他们可能对自我施加羞辱与惩罚。安提丰甚至主张自我只有在自身的身体与心理的本性中，也就是在自我的心身边界内，才能找到其福祉的真正成分。

这种对于自我的完整性、对于它可能消解与分裂的焦虑，再加上自我应当提供给自身所有它赖以生存与发展的资源这样的观念，是与最初的自恋向次级的自恋转化一致的。在自恋第一阶段，脆弱的自我并不能在自我与他人之间划出清晰的界限，相应也不能给它自身提供一种关于它自身的宏大与自足的观念。而第二阶段的自恋，是在自我已经对于自身与他人的分离有着充分的意识之后，向他人求证其无所不能的自身形象，并最终对他人不充分的反应感到失望时产生的。萨岗指出，对偏执与他人不充分反应的一个明显的防御机制，就是得陇望蜀并最终导致自我毁灭的贪欲（1991：29－30）。他把修昔底德的《伯罗奔尼撒战争史》以及阿尔喀比亚德的角色描述为这种自我毁灭的贪欲与浮夸自大感的编年史（364－366）。[①] 科赫特会说这种自恋的自我不能与他人建立一种基于移情之上的关系，因而就不能在他人中发现合适的自身对象以反映出它所寻求的尊重、力量及他我（alter ego）。[②] 它产生的“长期自恋的错乱”最终会以对敌对情境的焦虑的形式表现出来，并导向采纳“偏执状态（paranoid position）”。[③] 在我看来，安提丰在《论真理》

---

① 有关历史学家将贪婪看作公元前431年之后“公共辩论中关键的思想武器”，对于阿尔喀比亚德以及其他人而言也是作为“个体动机”，参见 Balot 2001：166－172。

② 参见 Kohut 1977：103－119，171－191，and 1984：192－194。萨岗在阿尔喀比亚德的人格中以两种假设的言语行为看出了第一种自恋：“我很漂亮，因为我这样说。我只是需要一面镜子来证实我有魅力并且也是强大的。”而第二种自恋则是自我求助于他人以反映出这种自我形象，因而是“更不确定的”，因为自我宣称：“只有你说我漂亮，我才是漂亮的。”（1991：217）

③ 参见 Kohut 1977：“偏执状态（paranoid position）”是借用 Melanie Klein 的术语。有关“偏执状态”与古代和现代民主社会的关系，参见 Sagen 1991：13－33。

中动摇与贬低 *nomos* 时，给这种偏执状态做了最早的描述：他通过智者所谓 *physis* 高于 *nomos* 的论述，表达了自恋者对于自我与他人边界的焦虑。

但是在《论和谐》中，安提丰认为公民不仅应该承认，也要尊重这两套边界，从而缓和了对它们的焦虑。我们必须在 *nomos* 的框架内与他人进行交往，因为如果我们正确选定了我们的朋友与盟友，这些他人就多少能够作为反映我们自身价值的镜子。事实上这篇文章赞成在 *physis* 与 *nomos* 之间保持合理的边界，但是公民可能面临的挑战就是要去决定这一边界会在哪里。特别是，它指出了将真正的朋友看作自身对象的重要性——这一自身对象与自我相似，也就能够向自我合理地反映出他恰当的社会价值或者用处。①

阿尔喀比亚德的生活却违背了这一文章的伦理要求。雅典人作为见证者，对于阿尔喀比亚德的生活进行了观察，看到阿尔喀比亚德基本忽视了 *physis* 与 *nomos* 之间的边界：有时他的行为旁若无人，似乎 *nomos* 无足轻重。而当他有意要人见证时，他要求他们反映出他无所不能的自身形象——这是其 *physis*“赋予”给他的，因而否定了见证者自身的自主性，将他们只是看作他内心生活的标记而已。由于他拒绝承认 *nomos* 的边界标识，他要求将 *nomos* 的价值转换到他的 *physis* 的自身利益的价值之中，而不是相反。正如沃尔在阿尔喀比亚德的 *paranomia*（放纵）中所看到的一种空间性比喻，他将某些法律“之外”的东西——我认为就是 *physis*——“放在规范的东西一旁（*para*）。他将一些本来是雅典人政治生活边缘的东西……塞进了其核心，污染了它。”（2002：144）

我认为大多数雅典人在面对如何评价阿尔喀比亚德的 *physis* 及其在他身上激起的 *paranomia*（放纵）时都面临着认知性的问题。对于这种自恋性人格见证的困惑使得我的这一观点更有说服力。如果见证者中较为精明的人或许会推断他的“人格障碍”（personality disorder，如果古人知道这个术语的话）会毁了这个人，而且，如果民众还继续支持阿尔喀比亚德作为领袖，就会导致修昔底德所暗示的城邦崩溃。是否如萨岗所说，在极端的个体主义与社会灾难之间有着必然的联系？在自恋式人格的“心灵的内在冲突”，与社会权力的炫耀、攻击以及贪婪之间有必然的联系吗（1991：208－209）？我觉得正确的答案乃是将阿尔喀比亚德的 *paranomia*（放纵）的动机与原由，

---

① 残篇 62（Fr. 62）恰当地描述了将一位密友作为自身对象：“当然自我的性格（*tous tropous*）逐渐变得像整天待在一起的人。”也同参见残篇 65（Fr. 65）所说的我们之所以不可能找到真正的朋友，因为我们都喜欢奉承者。

看作由于他自恋的病态人格混淆了自我与他人之间以及 *physis* 与 *nomos* 之间的界限而造成的特别的历史后果，而不是某种系统性的性欲密码（Wohl）不可避免的结果，也不是对伯里克利指令的一种大胆夸张的政治性贯彻——伯里克利要求每一位公民都应当作为主动的爱者（*erastês*）追求雅典（以及它的权威）（Ludwig 2002：331）。

在第6章中，我们看到伯里克利在《葬礼演说》中试图将公民身份的施行转化为路德韦格所谓的“政治化的情爱”，看作公民们在这种升华的情爱中追求公共荣誉与美的更高的利他主义的激情，以替代个人的自身之爱。我们认为，如果伯里克利指的是阿尔莫迪乌斯和阿利斯托吉通将彼此之间私人的激情转化为对雅典自由的热爱的话，这是因为他希望用希腊传统中的情爱剧本的潜力为个体提供庇护所——在这一庇护所中，“主我”可能体验社会所规定的“宾我”角色之外的一种道德的自主性。因此，他典型性的公民身份与自我的模式，依赖于将私人性的情爱关系可能产生的任何美德整合到 *nomos* 的美德之中。但是如果一位公民的自恋妨碍了这种整合，那么会发生些什么呢？这会改变他所体验到的情爱的性质以及他整合这种情爱的能力吗？

修昔底德对于作为公民与自我的阿尔喀比亚德的描绘，预示了他对不一致、不连贯的领袖－追随者的作用机制的描述，正是这种机制将阿尔喀比亚德与大多数公民联系起来。阿尔喀比亚德在公元前415年为了远征西西里发表的激情演讲，以及公民对这一演讲所引发的辩论的热烈反应，说明了自恋人格是如何引发一种独特的与他人交往的方式。在这一演说的最初修辞性策略中，阿尔喀比亚德类似于一个在玩着 *pessoi* 或者 *polis* 游戏的棋手，试图让他的对手或者观众弄不清规则。阿尔喀比亚德需要反驳尼亚阿斯的指控，即认为阿尔喀比亚德已经违背了好公民的准则，只是关心他自身（*to heautou monon*）而危害国家，只是为了他可能凭借其个人资源赢得尊重（*thaumasthêi*），作为个体而“大出风头”（6.12.2）。但在阿尔喀比亚德看来，最好的反驳方式就是宣称个人所得与公共福祉之间、自身利益与公共利益之间并没有什么区别（6.16.1）；或是宣称一位“出色”的公民活着时会招来大家的嫉妒，但死后被所有人称为亲人，与祖国等同为一。（6.16.4）

当阿尔喀比亚德说到他自己的 *physis* 可能与雅典的集体利益等同合一，以及他的神秘炼金炉会让城邦成功时，就是在劝公民将他自己看作一个自身对象。他吸引他们所有人进行了一种同感移情，这样他们可以在他身上反映出自己对于恢宏展现的自我的确信。其结果是他以“不依赖于任何他人”的第一阶段自恋性自我影响了他们。在此他准备劝说他们去体验与第二阶段的自恋相应的幻象，也就是如萨岗所指出的，去采取“偏执的立场（paranoid position）”或者不顾一切地“劝阻偏执立场的努力”（1991：220）。这就产生了些不太严密的省略三段论推理（enthymemes），这与希腊内部斗争的现实有着某种微薄的联系：对于强敌如果只是防守，是无法对付先发制人的挑衅行为的；如果我们不继续扩张我们对他人的统治，我们必定会为他人所统治；如果老年人与年轻人团结一致，我们公民整体就可以行使权威；军事上无所作为会导致城邦的毁灭（6. 18）。

在这一反击之后，尼亚阿斯又犯了一个错误，他试图开出成功远征西西里需要巨量的物资的单子来吓唬雅典人，但是效果适得其反，结果每个公民差不多都滋生了远征的欲望（eros）。然而，这与伯里克利于公元前430年鼓励公民们仿效两位刺杀僭主者升华的情爱毫无相似之处；严格地说，它甚至也不是一种民众狂热的集体性表达。毋宁说它是对阿尔喀比亚德的力比多（libidinal）依恋，是每一位个体公民根据他自己 *physis* 中自利的价值来建构起来的。事实上阿尔喀比亚德 *physis* 的私下思虑/商谈成了每个公民以自己的方式模仿的典范。在移情中，阿尔喀比亚德作为一位恢宏而风头正劲的自身对象，使得每位公民都通过对其移情认同而将他的情爱转向远征。这样，每一位雅典人都在公共光明中进行着伯里克利说的影子公民的内在道德思考。当公民退回到 *physis* 的框架并公开地进行表决之后，就出现了一种新的 *nomos*（国家法令、法律）。

因而在我看来，当阿尔喀比亚德与民众分享他的 *physis* 思考技巧时，就宣称了 *physis* 具有正当性，而 *dêmos*（民众）对于阿尔喀比亚德的爱则表达了他们对此的间接承认。如果他们爱他不是“不顾其张扬狂妄”，而是“正是因为这些 *hybrismata*（张扬的行为）”（Wohl 2002：145），这是因为在这些时刻，那些张扬僭妄的目的对于他们来说不再是阿尔喀比亚德的，而是他们自身要达到的目的。正如路德韦格所说的，公民在观看他们的远征将使用的庞大物质时，情爱就会在他们身上涌现，至少部分出自于“扬扬自得的自恋”，而情爱可以引发我们每个人感受到我们的“物质力量”的强大（2002：165）。第二阶段的自恋也有助于解释欲求对象会发生的“无限扩张”：自我一旦决定去实现幻想，其目标就不仅是叙拉古，而且还包括整个西西里，后来就是整个意大利、迦太基、伯罗奔尼撒和整个希腊世界（Wohl 2002：189）。萨岗称这种自恋者对于自我瓦解的自恋式焦虑的防御是“贪婪的妄想症，试图吞并整个世界”。（1991：29）

3. 自恋与个人崇拜

在“公民如何思考”的剧本中，阿尔喀比亚德已经改变了规则，但是大多数参与者与观众却几乎没有注意到，他已经通过众人对 *physis* 的个性表达成功地塑造了一种集体性的 *nomos*，但是所有这些表达都是模仿他的 *physis*。从一位领袖转化为一个自身对象，他已经侵犯了私与公、自我与他人、*physis* 与 *nomos* 之间的界限。在这一侵犯背后的隐秘动机就是一种自恋式的焦虑，甚至是愤怒。他，以及每一位公民，如果感受到了其自我无所不能的形象并不能得到证实所引起的脆弱感与残缺感，就会对此有这样的焦虑。尽管它有着隐秘的性质，修昔底德仍然揭示了这一恐惧，或者毋宁说记录下了它三个月后在混乱的时间与空间中的表现，即，这帮影子公民团伙在黑暗的掩护之下，部分是公开地、部分是私下地所干的那件匿名勾当。我这里指的是夜里毁坏神像，或者说是破坏了在城里标志着公共空间与私人空间边界的“赫尔姆斯（herms）”像（6.27）。这些像是以男人身体的形象出现的，其主要特征简化为有着头、呈石柱状、阳物竖起的形象。这些神像被打碎了，根据修昔底德的文本来看，它们的脸被砸了（6.27.1）；而根据阿里斯托芬的说法（*Lysistrata* 1093－1094），它们的阳物被踢掉了。

为什么一些公民将阿尔喀比亚德与这些亵渎圣物的行为，以及酗酒之后毁坏其他雕像的行为联系起来呢（6.27）？我们在对自我的碎片化的焦虑这种自恋征兆之中发现了一种总体解释，就个体公民而言，其象征是毁掉赫尔姆斯像的脸并踢掉其睾丸，就集体公民而言，其象征是民主制被寡头或者僭主瓦解。更有地方特色的是，公民前 415 年左右阿里斯托芬的一些喜剧残篇说明了正是在阿尔喀比亚德声名鹊起之后，阳物的笑料才流行起来：“当他刚好出生在阳货成为执政官时。”（fr. 244）他也稍有隐晦地出现于《三倍大阳物》（*Triphales*）之中。[①] 公民用以指控阿尔喀比亚德和其他嫌疑犯的推理

① 穆恩认为阿尔喀比亚德“可能意识到雅典人注意到了这种侮辱”，他引用了将阿尔喀比亚德的本性与阳物联系起来的一些喜剧的残篇（2000：104 and 382，n. 20，with references）。同样穆恩认为毁坏的是众多竖立在集市中赫尔姆斯花园［也就是 *stoa basileios*（皇家花园）：此花园建立于公元前五世纪，位于雅典的西北角，又称为赫尔姆斯花园，因为四周有很多赫尔姆斯的雕像。——译者注］周围的赫尔姆斯像。在这些神像前面都放着一些圣石，一般来说当官员们要发誓表示忠诚时，就要把分割好的作为

论证很快就成了议事会上的正式法律控告（*eisangellein*. Andoc. Ⅰ. 37. 43），但却与公民们在评价（*axiôsis*，*axiôma*）阿尔喀比亚德的 *physis* 时用的同一种认知性行为并不一致。根据修昔底德、安多基斯（Andocides）[①]和普鲁塔克的描述，显然权威当局在寻找疑犯中发动了一场迫害运动，这是共同体在偏执状态中通常使用的老一套做法。

但是在一些公民随即提出的与毁坏赫尔默斯像相关的第二种指控中，我们发现了极端自恋和偏执防御更为明确的迹象，这就是对阿尔喀比亚德与其他一些人的指控，认为他们在神圣的国家秘密祭祀，即厄琉西尼密仪（Eleusinian Mysteries）中[②]亵渎了关键的仪式角色、行为与语言。[③]我认为穆恩（Munn）正确地指出了我们不要将对于这一事件的理解仅仅局限于少量被引用到的现存资料，当然也不能局限于阿尔喀比亚德和他的朋友们，而是要将

牺牲的动物（*tomia*）的生殖器放在这些石头上。除此之外穆恩还提到，普鲁塔克将毁坏的赫尔姆斯像与某个人的“征兆”联系起来：他在市集上的十二神祭坛前自宫了，显然是模仿着母亲神库贝勒（Cybele）（库贝勒是古代地中海地区崇奉的女神。对众神之母的崇拜起源于小亚细亚弗里吉亚一带，后来传到希腊，希腊人将其与瑞亚合而为一。库贝勒被尊崇为众神、人类和动物之母。她的情人是丰产神 Attis。她的祭司称为 Galli，须先自阉以后才能任职。在祭祀她的祭典上，Galli 必须将自己的血溅于她的祭坛和她神圣的松树上。——译者注）男性祭司所履行的仪式（104 and 382，n. 21；384，n. 35）。参见 Wohl 2002：154 – 155，和 McGlew 2002：132 – 137。

① 安多基斯（Andocides，约公元前440 年 – 公元前391 年）；希腊人，雅典演说家、政治家。——译者注

② 厄琉西尼神秘密仪是希腊世界中最为流行的神秘祭祀，其中心在阿提卡的厄琉西尼。农业女神德米忒尔和她的女儿珀塞丰是主要的祭祀对象。由于自古神秘祭祀就规定信徒不能向外泄露祭祀的内容，违者会被处死，所以，人们关于神秘祭祀的具体情况的认识是很有限的。神秘祭祀在每年九月末举行，希腊世界各地的信徒汇聚雅典，从雅典出发至厄琉西尼列队去朝圣。仪式的内容主要是象征性地表演两位女神的故事。传说珀塞丰被冥神哈得斯所掠，德米忒尔疯狂地寻找女儿。由于始终未能寻到女儿，她怒使土地不生五谷。宙斯和其他的天神因为人们不再有牺牲供奉而不安，命令哈得斯把珀塞丰送回阳世。于是，两位女神又使人间五谷丰登。朝拜者们在专门的祭司的主持下，不仅要经历失去和寻找的痛苦，以及冥间的阴暗和愁苦，还要经历光明世界，在那里能够看到丰收的景象和许多珍藏的圣物，人们由此感到灵魂与神合而为一。其实，整个神秘祭祀的主题就是灵魂永生，由于有许多戏剧化的场景，所以显得真实。这也是厄琉西尼祭祀在希腊长盛不衰的原因。——译者注

③ 主要的材料是 Thuc. 6. 28. 1 – 2，and 6. 6. – 61，和 Plut. *Alcibiades* 19 – 20 and 22. 3 – 4，以及 Andocides Ⅰ（有关秘仪）。

它看作一种贵族的行为模式，这一模式与派系领袖的领导之下结成政治团体并进行集会的习惯是一致的（2000：106－110）。穆恩也中肯地指出了，阿尔喀比亚德的罪状可能并不是嘲笑或者滑稽地模仿秘密祭祀，而是表演这些行为以试图强化他的个体无所不能的光环。正如穆恩所认为的，阿尔喀比亚德希望试图“取消在对个人的忠诚与对于国家的至高忠诚之间的界限”，从而“将他的领导人格化与神化”（108－109）。其后果就如同从普鲁塔克所记载的官方指控中一样，他模仿（*apomoumenos*）了对德墨忒耳（Demeter）与珀塞丰（Persephone）的祭祀，为的是激励追随者进入他的“交流崇拜（communion）”中来，但并不是崇拜女神母女，而是他自己的保护神爱若斯（Eros）。① 我的问题是，除了穿着最高祭司的袍子，向他的同伴指派了其他的仪式角色，并向这些在场的新加入者演说之外，他在对厄琉西尼神秘祭祀的模仿中还揭示了什么“神圣之物”（*to hiera. Alc.* 22.3）呢？这种揭示是否告诉了我们关于自恋人格内在的或秘密的 *physis* 更多的东西呢？它能揭示出领袖是否有能力成为追随者自恋式的渴望与恐惧的自身对象吗？

伯克特告诉我们希腊的秘密宗教似乎“超越”了城邦，因为它给入教者提供了表现其个体性的机会——这种表现方式并不是由公共文化预先规定的。他们自己决定参与秘仪，决定直面个体的死亡与来世的问题，通过积极参与“自定规则”生活的崇拜仪式，而达到“个体自主性”的“顶点”（1985：278）。德墨忒耳崇拜中最为神圣的时刻，似乎就是揭开装在一个有蛇的神圣的篮子中的东西，这些东西可能在一种象征性的形式中表现着充裕的宇宙力量相互作用（Burkert 1983：266－272）。有关这些东西以及篮子的象征意义的解释与证据说法不一，它们象征着男人与女人生殖器的交合吗（270－271）？或者是指的磨小麦作饼、配制圣饮所用的杵与臼之间升华了的情色行为（272－273）？

显然在任何一种情况下，祭祀的仪式角色、象征与行为都能够很容易地运用到对爱若斯的崇拜之中，而且在某种程度上与我们今天所说的“个人崇拜”的意义并没有太大的不同。阿尔喀比亚德会鼓励即将入会的成员运用他们的个体自主性，选择加入一个以他为中心的小型共同体中，替代由公共崇拜所形成的共同体。特别是当我们将情爱理解为一种力比多依恋时（无论是

---

① 有关阿尔喀比亚德“爱神的（Eros）团体”，参见 Munn 2000：Ⅲ，with references；有关不同政治集团（包括阿尔喀比亚德的集团）与毁坏赫尔姆斯像的关系，参见 McGlew 2002：129－138。

在其狭义的性爱意义上，还是广义的情感意义上），我们就可以猜测阿尔喀比亚德利用德墨忒耳崇拜，号召或者迫使追随者们加入一个由他所领导的阴谋团体中，他作为这一团体的最高祭司，专注于与情爱力量的交流。这类似于德墨忒耳密仪，利用一些零散的东西、食物、饮料来象征破碎的身体部分或者自然物品的连接，将“新加入者”的零散个体重新结合成统一的整体（雅典人将赫尔姆斯像的毁坏、阿尔喀比亚德超常的性能力、他对于密仪的模仿联系起来；所以，如果他所利用的一个象征性对象是阳物的一种表现，就不奇怪了）。①

如果我们的思路是对的，阿尔喀比亚德在这些私人集会与仪式上的表演，可能会在他的同谋者那里激起与厄琉西尼秘仪的入教者同等强度的心理反应。只是在阿尔喀比亚德与爱若斯情况里，仪式的戏剧化表演会向他们揭示出希腊人差不多花了十年时间想弄明白的问题的答案，即大人物的特性或者 *physis* 的炼金炉中到底发生着什么？如同我在前面已经描述的，如果他隐秘的 *physis* 是在第一阶段与第二阶段的自恋背后的心理作用机制，那么他的表演就说明了自我从一种分裂与破碎的体验，发展到想象一种宏伟而无所不能的自我样式，从而弥补这一缺陷。也就是说，对于团结在领袖周围的追随者或者同谋的联盟而言，领袖是作为他们一个宏伟而大出风头的自身对象。作为一种偏执立场的第二阶段的自恋，正是借助于这样一种补偿的心理机制，因而并不奇怪的是这样的作用机制到处可以找到或者实行侵犯边界，我相信这可以很好地解释阿尔喀比亚德持续不断的 *paranomia*（放纵）。但是按照伯克特所描述的秘密宗教的性质，这种奇特的公民身份与自我的仪式性表演，同样向其追随者表明了如何去表演一种安提丰与大多数雅典人无法容忍的极端的个体性与自主性，对边界的侵犯与宏伟的想象在此也发挥着作用：在一种自我解放的行为中，道德上自主的个体，坦然地侵犯着传统的信仰体系的边界，所有人都希望获得一种在想象中更为强大的完整自我。

热尔内关于僭妄是希腊犯罪原型的观点，有助于理解将阿尔喀比亚德、个体私利、情爱、贪婪及侵犯边界等联系起来的纽结，在他的追随者那里激

---

① 伯克特指出在狄奥尼索斯密仪传统中，神像被割下的阳物是藏在篮子或者簸箕中的，而库贝勒男性祭司的生殖器被保存在壁龛之中或者底座（*thalamai*）里（1983：271，with n. 23 and references）。我们同样可以回忆起毁坏的赫尔姆斯像与阉割阳物（睾丸）的这种献祭之间的可能联系，这种仪式运用到发誓中，无论是公共的、“私人的”或者兼而有之的发誓。

起了宗教式的敬畏，而在其他大多数人那里激起了反感。热尔内认为到公元前五世纪，希腊虽然没有形成适用于类似于 *kakourgos*（施恶者）这样的普通罪犯的罪犯精神的心理学，但是他们已经开始去理解行僭妄之举（*hybizôn*）的主体的精神。这种个体在所犯罪行背后体现出了"作恶而作恶"的主观的与智性的原则。因为僭妄的罪行尽管可能涉及性侵犯或者物质攫取，但它们在原则上并不能为追求快乐或者利益的欲望，或者类似愤怒这样不可控制的情绪所激起；相反它们是为一种个体冷静、计算的意志所激起，它作恶是为了表现对于他人的权力或者优势，但这样的权势威胁到了城邦的统一［2001（1917）：390－394］。热尔内进一步认为，这"纯粹"的僭妄概念，在悲剧时代的雅典人来说可能越来越"内在化"了（399），将行僭妄之举的人与 *physis* 的观念联系起来（430）。但是僭妄仍然保持着通过亵渎而冒犯宗教的传统涵义，我们在与僭妄紧密相关的 *paranomia*（放纵）一词中也发现了这种原初的冒犯意义。*pleonexai*（过头，贪得无厌）也有这样的含义。这就是为什么热尔内认为这可以解释阿尔喀比亚德是"典型的 *hybizôn*（僭妄者），一个人却活生生地体现出了各种形式的僭妄。"（419）

4. 阿尔喀比亚德的自主性：喜剧与悲剧阶段

公元前414年西西里远征正在进行时，阿尔喀比亚德却逃往斯巴达以躲避因为毁坏赫尔姆斯神像及在厄琉西尼神秘祭祀中的渎神行为而遭致的逮捕。这一年春天阿里斯托芬在城邦酒神节（City Dionysia Festival）① 上演了他的喜剧《鸟》（*Birds*）。它的行动者佩塞特泰罗斯（Peisetaerus）（意为"劝说同伴"）及其伙伴欧埃尔庇得斯（Euelpides）（意为"有远大抱负"）决意为寻找一种宁静的或者说"什么事都不干"的生活（*apragmona*，44）

---

① 早在公元前7世纪，古希腊就有了"大酒神节"（Great Dionysia）。每年3月为表示对酒神狄奥尼索斯的敬意，都要在雅典举行这项活动。人们在筵席上为祭祝酒神狄奥尼索斯所唱的即兴歌，称为"酒神赞歌"（Dithyramb）。与比较庄重的"太阳神赞歌"相比，它以即兴抒情合唱诗为特点，并有芦笛伴奏，朗然起舞的酒神赞歌受到普遍的欢迎。到公元前6世纪左右，酒神赞歌开始负有盛誉，并发展成由50名成年男子和男孩组成的合唱队、在科林斯的狄奥尼索斯大赛会上表演竞赛的综合艺术形式。伟大的酒神赞歌时代也是伟大的希腊抒情合唱诗盛行的时代，并导致了古希腊戏剧、音乐艺术的发展。古希腊的悲剧、喜剧和羊人剧都源于"大酒神节"。——译者注

而离开雅典，以免纠缠于城邦在法律制度方面无处不在的争辩。他们冒险来到了一个混乱而缥渺的鸟族世界，在这里佩塞特泰罗斯很快有了用武之地。他要劝说这些现在无知的、四分五裂并且吃尽苦头的有羽民众建立一个新的共同体，一个鸟族的城邦，以恢复鸟类在世界范围内的权威——它们曾在宙斯与奥林匹斯诸神掌权之前享有这种权利。一旦打定这个主意之后，佩塞特泰罗斯就欲罢不能了：在一个精彩的演讲以及与鸟们的合唱队辩论中（465－626），他回顾了鸟们作为世界统治者的辉煌角色[①]；而现在鸟们却退化为一种次等的种族，但一旦他们变得有教养并且“积极活动”（*polypragmôn*，471），就会拥有一个更为辉煌的未来。

学者们已经广泛地阐释了这部戏剧，一些人认为它离奇想象的情节与雅典的政治没有任何关系；但是大多数人承认它与当时的政治领导、智者教育与政治商谈中的修辞学以及西西里远征的可能联系——公元前414年大多数雅典人仍然对这次远征抱以希望。[②] 对于这一“雾里看花”的时局话题的谨慎态度，会将这一戏剧看作对雅典的民主、帝国及民族特性明显的讽刺或者乌托邦的幻想，但是会反对将它作为一则寓言，并不将其情节、特征与语言，等同于特定的政治事件、领袖与法令。[③] 但是更近些时，维克（Vickers）（1997）、亨德森（Henderson）（1998b and 2003）和穆恩（2000）的解读，在这一问题上已经改变了对《鸟》的批评学图景。

这些学者认为佩塞特泰罗斯的特立独行，尤其是他的宏大、帝制的视野，他所展现的智慧与雄辩才能，以及这些对于他的羽族同伴的深刻印象，

---

① 在《鸟》中，佩塞特泰罗斯提到伊索寓言里讲，云雀是世界上第一只出生的鸟，比大地还早；波斯人的王原是公鸡，鹞鹰曾统治希腊等。——译者注

② Whiteman 认为这部戏剧“与政治考虑没有任何关系”（1964：173），而其他人则强调了这部戏剧的避世、荒诞的因素（如 Sommerstein 1987：1ff.）。其他的参考文献见 Hubbard 1997：42，n. 20。Dunbar 对于这部戏剧影射阿尔喀比亚德和西西里远征的怀疑，典型地代表着学术界对于这一问题的保守观点：她认为所谓佩塞特泰罗斯有着阿尔喀比亚德特性的观点是“不可信”的（1995：3），同样可以参见 MacDowell 1995：21ff. and Craik 1987：33。

③ 将这一戏剧看作政治想象，参见 Arrowsmith 1973，以及更近一点的 A. M. Bowie 1993：166－177。将它视作想象的乌托邦，参见 Dobrov，Henderson，Hubbard，Donstan in Dobrov 1998a 的论文。Katz 1976 更为详尽地构想了这一戏剧与“嘲讽”阿尔喀比亚德相关的可能性，这一点在 Vickers 1997，Munn 2000，以及 Henderson 1998b 中得到说明。

都是以一种寓言的方式指向阿尔喀比亚德。[①] 正如亨德森所指出的，佩塞特泰罗斯可能与其他阿里斯托芬的英雄分享着强大的“个体自主性”，然而他却是“另类的”、是精英人物（社会的与智力的）特性“复合构成的”——这样的精英作为新近成立的城邦帝国的僭主，能从游离于政治之外的个体一跃成为政治强人（1997：138－139）。同样，维克的多态特性（polymorphic characteristics）的观念提出：一个个体的不同维度可能为舞台上不同的几个人物所代表（1997：ｘｘｖｉ，15），从而挑战着通常的身份观念。比如在第5章里我们从埃斯库罗斯悲剧中的佩拉斯戈斯和达那俄斯的形象出发看待历史上的赛门与厄菲阿尔特。但是，我们可以将讨论缩小到将佩塞特泰罗斯作为阿尔喀比亚德的化身这一问题上，看看这一喜剧行动者的自我表演，以及他的追随者是否能理解他的才能，是否想仿效他。这也有助于我们想象坐在酒神剧场中观看此剧的公民是如何理解喜剧中的主角以及作为自我转换的行动者的阿尔喀比亚德的。

这部戏剧一开始，鸟们通情达理地问什么样的机缘（*tychê*）让这两个人闯入他们的领地（410－411），他们得到的回答是模棱两可的：“你们生活方式的激情（*erôs*），想过你们的生活（*bious diaitês te*……），想和你们在一起，永远在一起。（412－414）”可以理解的是，鸟们猜度这些雅典人是为了取得对敌人的优势（*kerdos*，417），或者帮助朋友这样派系的、自利的目的。[②] 但是很快他们听说佩塞特泰罗斯承诺的“没法描述、也无法相信的繁荣”，他们会说“这一切都是你的，这儿、那儿以及无处不是，从而赢得你的相信”。鸟们的合唱队的好奇心被激发起来了：“他神智疯狂了吗?”他们问。“不，他的狡猾难以形容!”他们被告知：“他是一个真正精明的狐狸。”他们还获悉他是“聪明绝顶（*sophisma*）、诡计多端、老奸巨猾、处心积虑”。（431）现在即使这些鸟们知道的“一个人（*anthrôpos*）从本性上来说，是时时事事狡诈的”。（451－452）他们请求佩塞特泰罗斯公开其见解，这样他就可以用

---

① 参见Vickers有关赞成与反对将阿里斯托芬与《鸟》进行寓言化解释的观点（1997：xix－xxxiv and 154－160），试比较他所列出的在佩塞特泰罗斯与阿尔喀比亚德之间的相似性（161－163），与Henderson（1998b：139－140 and 2003：171－172）与Munn（2000：125－126）所列出的相似性。

② 参见尼亚西斯于公元前415年对阿尔喀比亚德的指控，他认为阿尔喀比亚德希望入侵西西里是为了他的个体利益（*kerdainomen*，159）与荣誉（Thuc. 6. 15. 2－3；Plutarch *Nicias* 12. 4）。这种猜疑后来在这一戏剧中重现，即波塞冬宣布他是为了个人利益才来到云中鹁鸪国；参见Vickers 1997：xxx。

自己的主张（*gnômê*，460）劝说他们。他们太过轻信了，佩塞特泰罗斯对他们失去的宇宙权威进行了智者式的、人类学的解释，他们就宣布他是“由命运（*kata dianoma*）或机遇［（*tina*）*syntykhian*］所派来的救星（*sôtêr*）。”结果他们声明：“我已经下定决心，将一家老小都托付给你（544－547）。”①

这些鸟们似乎在佩塞特泰罗斯的智慧中看到了一种特别的宗教力量（*kata daimona*）或者更为抽象的宇宙力量（*tykhê*）的干预。对于他的观点（*gnômê*）是如此快地将他自身从一位敌人转变为“最亲密的朋友”（627－628），他们感到惊讶。但是他的这种转变显然也改变了他们，以至于他们从惰性、无助的生物，很快转变为外交上、军事上经过动员而颇具威胁的力量：

> 我们真诚地相信你的话，庄严地发誓，如果你想与我们建立神圣的同盟，并且公正无私地遵守盟约，如果你和我们一致，向居住天庭的神宣战，可恨的天神很快就会向我们交出权力。所有需要力气的事情我们来，这方面我们行，一切需要动脑筋算计［*gnômêi*……*bouleuein*］的事情，我们寄希望于你。（629－37）②

他们接下来被催促“去做应当做的事”，“不要再像尼西阿斯那样犹豫不决（*oude mellonikian*，639－40）”。对于当时作西西里远征领袖尼西阿斯——他也是前一个夏天著名的辩论中阿尔喀比亚德的主要对手（修昔底德在6.7.3再次提到）——的奚落，立刻使得听众去留意他们领袖显然不同的思考方式以及领导与追随者之间的作用机制。在这里将阿尔喀比亚德作为佩塞特泰罗斯的他我（alter ego）并没有什么问题。③ 但是在佩塞特泰罗斯与鸟们的互动中，以及在他雄辩的技巧和让他们发生转变的 *gnômê*（认知）方式中有什么特别的东西吗？

维克认为在佩塞特泰罗斯对于鸟们的访问的背景中，我们可以看到阿尔喀比亚德停留在斯巴达，正是在《鸟》上演之前与上演时的几个月，他在这里享受着庇护，免于雅典将他看作亵渎秘密祭祀和毁坏赫尔姆斯像而在西西里逮捕他。维克甚至看到在这一喜剧人物劝说鸟们建立云中鹁鸪国以对抗天

---

① 有关这些诗行的文本问题，参见 Dunbar 1995：371－373。

② 有关这些诗行中的军事术语和结盟问题，参见 Dunbar 1995：411－412。

③ 在这一戏剧前一部分（363），尼亚西斯也因其杰出的军事策略而闻名。

神，与阿尔喀比亚德劝说斯巴达人在雅典人的领地上建立要塞以骚扰雅典之间的相似性（1997：157－58，163－68）。修昔底德认为在斯巴达的公民大会上，阿尔喀比亚德“蛊惑”（*parôxune*）与“煽动”（*exôrmês*，6.88.10）斯巴达人（Vickers 1997：167）；修昔底德告诉我们，在这场演说之后斯巴达人因为从这个“具有最可靠知识的人”听到了消息，他们“感受到更加坚定的决心”（*pollôi…eperrôsthêsan*）（6.93.1）。因而对于斯巴达人部署的建议，似乎在历史上证明了一种“阿尔喀比亚德影响”，这种影响中知识的传递重新鼓舞了听众；而这部戏剧中所描写的佩塞特泰罗斯对于鸟们的影响，以及鸟们迅速的动员就与此相似。但让我们回顾一下佩塞特泰罗斯发表其演讲的前一刻，也就是他宣布其意图以向鸟们揭示其 *gnômê*（判断）的时候。鸟们坚持让他公开地宣布，就如同在公民大会或者议事会上一样：

> 因为也许你可以谈谈你在我这里看到什么值得一提的东西，或者我的愚脑瓜忽视了的更大力量［*dynamis*］。这样就公开地［*leg' eis koinon*］与大伙讲讲吧，因为如果你在我这里看到什么不错的［*agathon*］东西，就应当向大家公开［*koinon*］。（453－59）

但是佩塞特泰罗斯将他的演讲当作一种美餐：“宙斯作证，”他不耐烦地说：“我很想［*orgô*］要发表一个早就拿捏好（kneaded）的讲话［*logos*］，但是你们却不让我将其中的成分搅拌在一起。”（462－63）然后他让拿一个花冠来，让每个人都躺下，再要水洗他的手。，这个讲话会上什么样的菜，一开始并不是很清楚，因为这话的言外之意既是象征性的，又是讽刺性的。“我们要用餐吗？”欧埃尔庇得斯问，但是佩塞特泰罗斯却只是说：“宙斯作证，我早就想作一个重大精彩的演说［*epos*］，它会让人惊心［*thrausei*］动魄（*psykhên*，465－66）。”① 佩塞特泰罗斯并没有进行公开的商议，他奇妙的修辞术采取了将宴会和祭祀餐混合起来的方式，人们可以享用配好的美食

① Dunbar 讨论了食物形象、混合着会饮与献祭的情景（sympotic/sacrificial context），以及这一演说“如同改变或者冲击了听众脑子的巨大公牛或者蛮牛”的最终形象（1995：318－323）。她认为配好的食物指的是大麦饼（319），并认为这种“语言的美餐”“现在成了丰盛的晚餐，通常是在向神献祭了牺牲之后才举行的”（323）。因为这出戏正在上演，所以佩塞特泰罗斯以及他的同伴已经拿来了搬运牺牲的用品（篮子、锅、桃金娘的树枝，43；参见 Dunbar 151）。Craik 将这些可能的情形与对雅典节日的滑稽模仿联系在一起（1987：31）。

（大麦饼？）和（公牛或者黄牛？）肉。他希望每一位客人会将这种美餐作为一段刻骨铭心的经历来品尝，我们刚才已经看到（在 629 - 637 行）这种“语言的美餐”事实上将他的听众转换为一种具有威胁性、侵略性的力量。

但是阿里斯托芬以一种混合着神圣的（牺牲）与世俗的（会饮）因素的对话——无论这种对话是公共的还是私下的，代替了预期的公共性商谈。佩塞特泰罗斯就是热尔内的文化与宗教意义上 *paranomia*（放纵）的罪的代表。类似于对献祭食物的分享，这一演说借助于宗教的力量来将共同体的成员团结起来，并从精神上激励他们；但是作为一种会饮的场合，它同样允许他们沉湎于个人的快乐之中。现在为什么这种同样也构成政治思考的不恰当的混合，能促使阿里斯托芬回忆起（638 - 639）阿尔喀比亚德与尼亚阿斯领导能力之间的对比呢？我们可以合理地推断，这里的剧本在近来的共同体记忆中激起了最为戏剧性的 *paranomia*（放纵）的时刻：厄琉西尼神秘祭祀的亵渎中，阿尔喀比亚德在一个私人的聚会中扮演了高级祭司的角色，因而戏弄了与德墨忒耳崇拜相关的神圣物品。[①] 我已经考虑到阿尔喀比亚德将情爱（Eros）放在了神的位置，而以他为中心的不同布景，替代了以厄琉西尼的神圣物品、食物与饮料，后者象征着身体各部分与自然实体的结合。[②] 在《鸟》中，佩塞特泰罗斯作了一个类似的演说，首先是围绕着他自己对于演说与政治权力的欲望，然后试图满足他的听众对于食物与饮料的个体欲望，

---

① 在这一戏剧的前面，即第 147 行中，欧埃尔庇得斯担心城邦的萨拉弥尼亚（Salaminia）号战舰会来捉拿他们：因为在九个月之前它曾去西西里逮捕阿尔喀比亚德和其他一些人，他们受到了毁坏赫尔姆斯像及亵渎密仪的指控。Vickers 认为阿里斯托芬偷偷地暗示了亵渎一事，他认为这是对公元前 685 年到公元前 672 年间斯巴达人的叙阿琴提亚节（Hyacinthia）祭祀仪式的戏谑性模仿。他和其他一些人在 489 行到 491 行，以及 1553 行到 1564 行中发现了有关亵渎事件的一些补充的资料。Rucky 认为在第 1553 到 1564 行中苏格拉底为佩珊德罗斯以及凯瑞丰招魂，显然是指的当时在苏格拉底的影响之下，贵族间广为流行的对密仪的嘲弄（1986：152 - 160）。Craik 令人信服地指出，这一戏剧中大量地戏谑了安忒斯特里亚节（Anthesteria，雅典人纪念酒神狄俄尼索斯的节日。——译者注）的仪式，甚至可以说反映了对于密仪的嘲弄（1987，esp. 34）。穆恩同样看到了佩塞特泰罗斯与欧埃尔庇得斯从雅典自我放逐，以及 *epops*（戴胜鸟）所涉及的双关语通常是与亵渎有关的（2000：125，w. 387，n. 66，另可参见 Hubbard 1991：159 - 182）。

② 爱神在这部戏剧中出现了两次，在佩塞特泰罗斯为鸟们煞费苦心构思的宇宙进化论中，爱神是作为一位原初的神和鸟的祖先（696）；更引人注目的是在这部戏剧大团圆的结尾，爱神是作为宙斯的“男傧相”而驾着婚车参加宙斯与赫拉的婚礼的。

再以某种方式将这些欲望“转变”为将他的权力与听众的权力（*dynamis*，455 and 163）等同起来的智慧。这样佩塞特泰罗斯将在 *physis* 框架之中具有价值的行为，替代了商谈与 *nomos* 框架之下的理由说明。

所有对这部戏剧中的评论，都认识到了 *nomos* 与 *physis* 之间智者式的对立对于其主题来说是一个关键，但并非所有评论都认为阿里斯托芬使用的 *physis* 具有个人自身利益的意义。① 如果佩塞特泰罗斯看起来类似于一种“*physis* 的王子”（Arrowsmigh 1973：159），这是因为他自己一直坚持将自身利益看作最高的善，并鼓励其他人在自身中仿效他的表演，尽管他的表演带着一种特殊的阿尔喀比亚德式的印记。因为激励他去与鸟们生活在一起的情爱或者激情，“与你们住在一起，永远在一起”（412－414），首先并不是对于食物的欲望，而是对于性的欲望。② 说得更具体些，正如埃罗史密斯（Arrowsmith）明确指出的这就是勃起的力量或者“有翼的”阳具（1973：135ff），佩塞特泰罗斯在这部戏剧中给个人带来的最为戏剧性的冲击并不是刺激起他们对于食物的欲望，而是给这些羽族灌输了一种他们可以移居云中鹁鸪国的欲望。现在合唱队从性或者其他方面向听众兜售翅膀的好处：他们声称翅膀保证我们快速移动，保证了个体情感的、肉体的以及社会的好处。③ 而佩塞特泰罗斯自己相信言词本身就是精神（*nous*）的翅膀，提升了个体的人。④

但是这部戏剧中翅膀、飞行与鸟之间的主要联系是要颂扬他们的阳具。

---

① 埃罗史密斯深入讨论了这部戏剧中的 *nomos/physis*（1973：157－164），强调了更为传统的 *physis* 的意义，也就是作为自然的力量、人性以及在个体中表现出来的国民特征。当然他也注意到了佩塞特泰罗斯行为的“自私性”（159），但总体上他否认安提丰赋予这个词的道德内涵，但我相信这的确是阿里斯托芬在这部戏剧中所要表现出来的。其他一些人认识到了这部戏剧生动地表现出了智者“极端的主观主义”（Hubbard 1998：29）或者“与智者的人性观念相关的野心勃勃的个人主义”（Kostan 1998：16），但是他们并没有明确地将这部戏剧与 *physis* 联系起来。

② Dunbar 认为在这些表达中有一种性的双关语；cf. 324（1995：295）。

③ 在第 785 行，合唱队认为“没有比生而有翅膀更好、更幸福的事［*physai ptera*］”。有翅膀之所以能够提升作为个体好处的 *physis*，因为如果你觉得悲剧沉闷乏味，你就可以飞回家吃饭，然后及时飞回来看喜剧；当你内急时你可能飞走去拉屎以免得尴尬；当你看到政府官员坐在观众席上，你可以飞出去与他的妻子苟合；你可以因为它而大发横财、飞黄腾达（786－800）。

④ “心被言语鼓动得高飞起来。”他确信讼师是一种运用语言挑起社会争端的职业（1448－1449）。（这里的讼师想装一对翅膀，以便在雅典进行诉讼时快速地应讼，从而赢得官司。——译者注）

对于阿里斯托芬来说，较之于别的能带来自身利益的身体部位或者行为更好的地方在于，阳具及其“升华”将自我从安提丰所用的“束缚”（*desmoi*）一词中解脱出来，这是由 *nomos* 强加到我们的身体部位之上（眼睛、手、脚等等）及我们的欲望之上的［44（B4. 5 – 7）］。但是阿尔喀比亚德是如何在 *physis* 之内，自利地使用这种阳具以摆脱 *nomos* 的束缚呢？我们再次回到“阿尔喀比亚德效应”之上——人们听到他的演说，或者看到他的宗教行为。色诺芬描述了公元前 407 年阿尔喀比亚德胜利地返回雅典，在议事会与公民大会上发表的一次演讲。在这场演讲中他被认为具有完全的军事权威（*hêgemôn authkratôr*），是雅典前政权的救星（*Hellenika*，1. 4. 20）。普鲁塔克详细记述了军队与无知的大众对于他的下一步行动，也就是保卫向厄琉西尼（Eleusis）行进路线免遭斯巴达人武力骚扰①的反应，因为敌人已经于公元前 413 年占领了德西里亚（Decelea）的要塞。② 普鲁塔克告诉我们：首先阿尔喀比亚德自己的精神（*phronêma*）由于这一成就而“大振”（*êrthê*）；第二他振奋（也就是鼓励）（*epêren*）他的士兵的精神，让他们觉得“只要他是指挥官，他们就是不可战胜的和攻无不克的”。第三，“他在那些受压迫者和穷人那里受到了极大欢迎，以至于他们急不可耐地（*eran arôta thaumaston*）要让他作僭主而统治他们”。第四，他们希望他“变得比人们羡慕的力量还要强大”。最后，他们希望他“废除毫无意义的法令、法规与布告，它们正在破坏国家”（Alcibiades 34. 7）。

在这五个相互作用的步骤中，我们可以通过阿尔喀比亚德式具有阳具崇拜特征的这一特别的 *physis*，详细地看出其在交往、认知、心理等方面野心勃勃的作用机制。这一演说是以阿尔喀比亚德自身所经历过的内在膨胀或者

---

① 在厄琉西尼中，每年三月第 15 日，主祭司们（*hierophantes*）宣布仪式开始（*prorrhesis*）。第 16 日，雅典的庆典开始，参与者在雅典近郊的帕勒隆（Phaleron）的海中将自己洗净。接着，在第 17 日他们在厄琉希尼翁神庙牺牲一只小猪。向厄琉西尼进发的队伍于第 19 日从雅典公墓（*Kerameikos*）出发，人们沿着圣途步行，一面摇晃着称为 *bakchoi* 的树枝。当队伍到达厄琉西尼后，他们会进行一天的绝食，以纪念德米忒尔在寻觅珀塞丰时不吃不喝。绝食仪式以痛饮一种特殊的大麦饮料，以及称为“*kykeon*”的薄荷油而结束。然后，在第 20 日和第 21 日，所有人会者都将进入泰勒斯台里昂神庙（Telesterion）。这个大厅中间有一个“宫殿”（Anaktoron），是一个只有主祭司才能进入的小型石质建筑，里面存放着德米忒尔的圣迹。——译者注

② 德西里亚（Decelea）是阿提卡的一个小镇，阿尔喀比亚德曾建议斯巴达人在德西里亚建立要塞，从而随时可以进行劫掠。公元前 413 年斯巴达国王阿吉斯占领了德西里亚之后，雅典人就很难从港口运输粮食。——译者注

自得而开始的，立刻在最接近于他的那些人——也就是他的部下身上得到反映。他们将此作为一种幻象而加以体验：只要他们在他的指挥之下，也就是说他们的身份与阿尔喀比亚德融为一体，他们对于斯巴达人部队来说就是不可战胜的，后者只能眼睁睁地看着他们从容而过。最贫穷的公民，与阿尔喀比亚德保留着最大的社会差距，也有这种混合着性的激情与宗教的敬畏［同时是情爱与 *thauma*（敬畏）］的膨胀或者洋洋得意的体验。与士兵一样，他们也被不可思议地吸引到这个大人物周围，但却是作为奴隶，因为在他们的眼中，他表现的是一位具有绝对权力的人物，也就是僭主。他们希望即使他"比羡慕的还强大"，他还会变得更有力，这意味着没有其他人会将自身设想为阿尔喀比亚德的对手。在这种幻象之上，这位大人物真正获得了宏大的无所不能的形象：他不再作为他人的一面镜子来反映出他们在自身中可能认识到的任何品质，他变得像一个难以模仿的神。①

普鲁塔克准确描述僭主的政治内涵，也就是类似于克瑞翁②这样的人，他们能够将共同体的法令与法律扔到一边，而代之以自己的谕令。穆恩在评论这一段落时，注意到阿尔喀比亚德并不需要这样绝对的政治权威："他更应当去寻求大众的支持，这样雅典的法令与法律就与他个人的意志一致了。"（2001：171）这种将某人的意志变成法律的神奇能力给我留下了深刻的印象，这是对我已讨论过的第二阶段自恋的恰当描述，也是理解阿尔喀比亚德人格特征的关键。当自我认识到必须借助于他人才能确定这一幼稚而全能的自我形象，仅仅依靠自己是不能维持这一形象时，这种情况就会发生。普鲁塔克又一次准确地在一种内在心理的作用机制（intra - psychic dynamics）之中精心地列出了我刚才强调的五个交互的宏大步骤，以探讨阿尔喀比亚德成就的根源。在他的《阿尔喀比亚德篇》（34.3 - 5）中，我们知道所有的事情都是根据阿尔喀比亚德的意图（*gnômê*）发展着，"一种强烈但并不高尚的对 *timê*（名声）的欲望（*philotimia tisouk agennês*，34.3）"，如同宗教的启示向他袭来，占据他的心灵。在他的心中，"从在神面前得到敬畏，在人之

① 参见 Wohl 2002：150 - 152，注意这里有一种民众（*dêmos*）对于阿尔喀比亚德"被动的爱"及"政治上受虐的欲望"的说明。亨德森将佩塞特泰罗斯看作雅典"理想的僭主"，他将这部戏剧解读为"对民众事实上可能团结在阿尔喀比亚德周围的想象"。（2003：172）

② 克瑞翁是伊俄卡斯忒的兄弟，底比斯的摄政，即拥立俄狄浦斯为王的人。后来在七雄攻城以后他下令不准埋葬波吕尼克斯的尸体，并判处违抗命令的安提戈涅死刑。—译者注

中得到名声来看，它（厄琉西尼的行进）对于阿尔喀比亚德似乎是一件好事（*kalon*）”。(34.5)

正是基于这些观察，普鲁塔克再次阐明了这种自利性的 *physis* 从需要见证者（神或者人）向自我反射回其自身无所不能的自主性这种需要中产生出来的。我在前面将其描述为“拒绝承认 *nomos* 的边界标识，”并将它看作理解阿尔喀比亚德之所以带着 *pharanomia*（放纵）特征的关键。当个体的意志将要代替法律时，自利性的 *physis* 已经成为 *nomos*，或者相反，在它们之间再保存任何区别是无意义的。用米德的话来说，一个自恋的自我不会让 *physis* 框架内的作为“主我”的自我，为了得到承认而屈从于 *nomos* 的框架中的重要社会他者——这种重要社会他者通常是以可接受性的“宾我”角色出现的。相反在“主我”未经检验的自我评价中，个体会引导他人看到其反映出幻象般的自我形象的镜子，这一形象通常是以一种神样宏大全能的形式出现，不接受任何检验与质疑。对于希腊人来说，僭主或者神的形象正好可以成为这样的镜子。

对于阿尔喀比亚德与佩塞特泰罗斯来说，情爱就是一种神样的能力，可以让自己得以膨胀与提升，也容易让他人这样模仿。从隐喻与图示的角度来说，情爱同样也是羽族的、鸟样的与自我转换的：在这部戏剧的结尾，情爱让白发苍苍的佩塞特泰罗斯返老还童，他赢得了公主巴西勒亚（Basileia）做新娘——她被认为是宙斯的女儿，也是宙斯阳物状霹雳的“主管”（1536－1538）。巴西勒亚（Basileia）这一名字有着“公主”与“王权”这双关的含义，她似乎是阿里斯托芬纯粹杜撰出来的，但是对于类似于佩塞特泰罗斯这样曾经落魄的精英来说，她作为新娘象征着性、政治与飞来横财。她不仅是霹雳的主管，而且还包括“一大堆其他的东西：好主意（*euboulia*）、好政府（*eunomia*）、自我节制（*sôphronsynê*）、造船厂、政治诽谤、国税”以及他所得的陪嫁：每天三欧宝（three－obol）① 的陪审津贴（1539－1541）。这样一位皇族贵妇肯定是公元前414年阿尔喀比亚德的 *philotimia*（荣誉之爱）幻想追求的对象，然而据说她也同样是阿尔喀比亚德在《鸟》上演前后几个月里所追求的肉体幻象。因为维克提醒我们，在公元前413年的秋天到公元前414年的春天，阿尔喀比亚德据说与斯巴达皇后蒂玛埃（Timaea）（她是一

① 欧宝（obol）为古希腊的银币单位。——译者注

个充满了 *timê* 的人），也就是国王阿吉斯（Agis）的妻子私通。① 她生下了一个王子，而阿尔喀比亚德希望这能将他的自我播种到高贵的斯巴达国王血统世系之中。

在这一戏剧的最后场景中，阿尔喀比亚德灵魂中这些主要的形象出现在舞台上：爱神正驾着婚礼的马车载着宙斯与赫拉，而佩塞特泰罗斯现在被大家承认为鸟们的“僭主”（1708），执着霹雳；霹雳在音乐中不时回响。在准备他们的婚礼时，有翅膀的佩塞特泰罗斯走向他的新娘巴西勒亚。② 并不奇怪的是，他允诺将她放在他的翅膀上“伸出你的手，幸福的人，抓住我的翅膀，与我起舞，我将你举起，让你轻盈得如同羽毛！（1760－1761）”在戏剧的结尾，歌唱队向英雄吟诵出了胜利的赞歌，将他称为“至高的神明（*ô daimonôn hypertate*，1765）”。因而我不得不同意穆恩如下的观点：“佩塞特泰罗斯是完美的统治者，他是爱神的化身，与所有万能的神祇一样，‘所有精灵中的至高者（*daimones*）’，在阿尔喀比亚德的盾上闪光，在这部戏剧的结尾受到赞颂——他就是阿尔喀比亚德！”（2000：126）③

雅典人对于阿尔喀比亚德之所以着迷，在我们看来很可能是因为阿尔喀比亚德在喜剧舞台上代表着好色的英雄，这也适用于悲剧舞台。我早就注意到了热尔内的一个洞察，即在悲剧中的僭妄通常是以个体进行宗教上的冒犯或者亵渎的方式表现出来（2001：45，399）。在公元前409年索福克勒斯创

---

① Vickers 1997：168－171，运用了 Plutarch *Alcibiades* 23 和 *Ages.* 3.1－2 中的材料，Vickers 接受了历史学家杜里斯（Duris）的观点，认为阿尔喀比亚德这里承认他的目标是 *philotimia*（*philotimoumenon*）（追求荣誉）。Vickers 认为这里的夜莺的形象是指的蒂玛埃，她在《鸟》中是戴胜的妻子。

② 按照 Craik 的观点，我认为我们在这里见证了安忒斯特里亚节上的一种戏谑，其高潮就是巴西里娜（Basilinna），也就是王者执政官（*archôn basileus*，古典时代雅典的一种官职，据认为是君主制的遗迹，但只具有名义上的地位，从雅典贵族中选举产生。——译者注）的妻子，与某个扮演的狄奥尼索斯的人交合（在雅典的安忒斯特里亚节上，王者执政官的妻子据说要嫁给狄奥尼索斯神并与之交合，以保证城邦的安全。——译者注）。Craik 注意到这里佩塞特泰罗斯被称为鸟们的 *archôn*（执政官）（1123）以及他们的僭主（1987，特别是第27页）。

③ 参见 Ludwig 2002：352－357，他并没有将阿尔喀比亚德与这部戏剧联系起来，但在这部戏剧的结尾他的确看到了这位英雄有一种对于神－人性的边界的自恋式侵犯：“佩塞特泰罗斯至上的情爱想要去僭越所有的规则，他在这种僭越中发现了美，他所思考的美是他自己的美，这是佩塞特泰罗斯自己变成了奥林匹亚神的观点。”（357）

作了《菲洛克忒忒斯》（*Philoctetes*）①，这部戏剧的行动者在前往特洛伊的路上，侵犯了克律塞（Chryse）女神在她接近利姆诺斯（Lemnos）② 的岛上的管辖权。他立刻受到了惩罚，一条蛇咬的伤口给他带来了极大的痛苦与恶臭，以至于他的同伴别无选择，如果要到达特洛伊的话只能将他遗弃。但是十年之后神谕告诉他们，除非菲洛克忒忒斯带着他的箭自愿参加战斗，否则他们就永远不会攻下特洛伊（*Philoctetes* 610 - 613）。因此这部戏剧的关键问题就在于希腊人，特别是经验老到的武士奥德修斯，以及阿基琉斯即将成年但又乳臭未干的儿子涅奥普托勒摩斯（Neoptolemus）是否能劝说受到遗弃、遭受侮辱的菲洛克忒忒斯加入他们之中，以解决他们在特洛伊的困境。而在公元前 415 年之后的几年里，雅典人对于流放的阿尔喀比亚德也面临着类似的困境而左右为难，他曾因为对宗教的冒犯而遭到了正式的起诉。但是他们最终于公元前 411 年召回了他。正如我们看到的，在接下来的几年里他们寄希望于阿尔喀比亚德的军事天才。

主流的索福克勒斯学术研究从没有对这一戏剧做这样的阿尔喀比亚德式的解读，但是鲍伊（A. M. Bowie）在对这部戏剧的“讽喻”式解读中，从三位主要人物身上看出阿尔喀比亚德式的这种品质，支持了前面提到的维克（1987）以及其他人的观点，认可了阿尔喀比亚德在这部戏剧的语言与戏剧“结构”中若隐若现的可能性。③ 而我在这里并不能够从细节上来讨论这部戏剧，不过我相信索福克勒斯用阿尔喀比亚德式的困境，向他的观众呈现出个体自主与共同利益的问题。他同样也使观众去思考我们在 *physis* 与 *nomos* 框架中所感知到的价值之间的冲突——这也是安提丰试图去解决的问题。我认为框架转换是用来解释这一戏剧最棘手的困境与选择的最有价值的工具，正如我已经说明的，这种框架转换同样可以用来解释雅典人在努力理解阿尔

① 菲洛克忒忒斯是希腊神话中特萨利亚的墨利波亚国王波阿斯之子，特洛伊战争中希腊联军将领，精通箭术，是希腊第一神箭手。他还是大力神赫拉克勒斯的朋友，赫拉克勒斯在死后将自己的神弓和箭遗赠予他。在前往特洛伊的途中，由于在利姆诺斯岛被水蛇咬伤，双脚感染恶毒，菲洛克忒忒斯被奥德修斯遗弃在那里。伤好后奥德修斯与赫拉克勒斯之子等人请他继续前往特洛伊，遭到拒绝后已成为神祇的大力神赫拉克勒斯降下神谕，他方才与奥德修斯一道去了特洛伊，并射杀了掳走海伦、掀起战争的特洛伊王子帕里斯。一译者注

② 利姆诺斯（Lemnos）为爱琴海北部的一个岛屿，希腊神话中希腊联军曾在靠近这个岛的克律塞岛祭神。——译者注

③ 与鲍伊与维克多不同，Calder 1971 与 Jameson 1956 的政治性解读反对将佩塞特泰罗斯等同于阿尔喀比亚德。

喀比亚德自恋的人格、精神与他成功的诀窍——总之，就是他的 *physis* 通常会面临的困惑。因为当我们将每个人物与剧中的戏剧性情景放在一种框架中，然后再放到另一种框架中，将作为人的自主性，与作为公民自主性的价值进行比较时，我们就可以体会到雅典人可能会得出多么混乱而矛盾的认知与道德观念体系！

在所有的意义上，*physis* 的视角似乎可以完全与菲洛克忒忒斯吻合：他曾屈辱地过着一种蛮荒的生活，差不多只靠着用他的弓射中的猎物为生。[①] 但是索福克勒斯在自然世界的 *physis* 之外，加上了一种更为有意义的、更具有道德意味的人的"内在"自我或者特征，即一个人的"本性（nature）"，这表现为个体掂量着祖先的教养与独特人格的差别，就是否接受这一遗产踌躇不决。[②] 因为他的这种身体的孤立，以及他对于羞辱他的希腊人的痛恨，菲洛克忒忒斯只知道 *physis* 的世界，拒绝尽释前嫌而与从前的同伴为伍。从这一点来看，鲍伊认为他与阿尔喀比亚德分享着"类似于阿基琉斯的对于自身利益的关注与执着，要获得他们认为是自己本应得到的东西"。[③] 我认为他的伤口同样一直提醒他和我们，他作为一个"超社会"的生物而生活就成为他的自然。在努斯鲍姆的描述中，"菲洛克忒忒斯被人认为是一个完全非政治的人，执迷于自利与私欲之中"。他自身差不多是个野兽，"没有任何社会或者相关的考虑"，而只是生活于"孤独的痛苦与自我中心的世界中"。（1976－77：40；cf. Rose 1992：323）这个伤口象征着与他人相处能力的缺失，以及残缺的对自恋人格的自我想象。但是弓也同样提供了一种自恋的自我想象：菲洛克忒忒斯从弓中认识到他所有力量的唯一来源，事实上神谕在这里显示了一种神奇的力量，它无所不能，可以挽回希腊人在特洛伊的使命。

希腊人，特别是奥德修斯，只是从 *nomos* 这一框架来看待菲洛克忒忒斯。从这一角度来看，他这个人与他的弓里具有一种神奇的魔力，这让他们困惑而不能理解，但却被神谕预示着可以解他们在特洛伊的军事僵局。正如

---

① 罗斯认为菲洛克忒忒斯在心理与道德上的孤立，表达了智者对于人的起源与发展的看法。（1992：282－288）

② *physis* 以及同源词在以下诗行使用：79，87，164，903，1052，1310。我们在 1284 行与 1370 行发现不是用这个词所指的相关概念。

③ A. W. Bowie 1997：57，这是指 255 行以下以及 1348 行以下菲洛克忒忒斯对于他自己名声的关注。也可参见 Hesk 2000：195（with n. 170），Hesk 认为"整部戏剧可以解读为对伊利亚特的使者劝说阿基琉斯这一情节的改编"，他还引用了 Beye 1970 的观点。

努斯鲍姆对于奥德修斯的描述，“他符合国家事务的最终价值……似乎代表着所有公民可能最大的善。”（1976－77：30）作为一种现代意义上的功利主义者，奥德修斯“贬低了个体的本性”，他自身也没有“确定的本性”（35）。他宁愿将其他的人只是看作各种角色，而不是看作人。但不幸的是，对于奥德修斯来说，菲洛克忒忒斯以及他的弓却是必不可少的，因为在第610行的神谕已说明，希腊人必须运用语言（*tonnde peisantes logôi*）**劝说**这个人回到他们中间（Hest 2000：192ff.）。换言之，菲洛克忒忒斯与他的弓是结合在一起的，如同角色与人（agent and person）也是通过其意志的道德力量结合在一起的。对于奥德修斯来说，唯一的方法只能是借助于一些语言的策略，编造“高贵的谎言”来欺骗菲洛克忒忒斯，从而在实际上以 *nomos* 的框架来束缚菲洛克忒忒斯对于自身利益的追求，牺牲其个体的自主性。如同赫斯克（Hesk）所观察到的：“这样的方法丝毫不尊重我们可能称之为个体的‘权利’和‘独立（integrity）’。毫无疑问的是，奥德修斯的功利主义破坏了个体自由与不服从的观念。”（197）

鲍伊提醒我们，涅奥普托勒摩斯与菲洛克忒忒斯（以及阿基琉斯与阿尔喀比亚德）一样，同样是为自身利益与对于名声的关注所驱使。[①] 涅奥普托勒摩斯毕竟还只是一个埃弗比，在这次任务中面临着他的首次公民身份的检验，即去劝说或者欺骗菲洛克忒忒斯。[②] 因为他想取悦奥德修斯并且赢得希腊领袖的承认，一开始他是同意扮演 *nomos* 中的角色，将那个高贵的谎言付诸实施，甚至采用直接与他自己的 *physis* 相悖的策略。[③] 但与菲洛克忒忒斯一样，他同样十分珍惜他的 *physis* 的内在道德基础，正是与 *physis* 的框架一致的道德使得他看到了这位老人由于受伤而遭受的可怕痛苦，唤起了对他的同情。[④] 作为一位埃弗比，似乎他能够很容易地在其自身之内看到菲洛克忒忒斯的野兽般、外在于社会的他性。用努斯鲍姆的话来说，痛苦的情景让

---

① A. W. Bowie 1997：59。Calder 的解读试图将涅奥普托勒摩斯看作一个彻头彻底的骗子（1971），但我认为他没有成功，因为这一解读很难解释为什么这个年轻人展现了对于受难的菲洛克忒忒斯的同情（730 行以下）。

② 有关涅奥普托勒摩斯作为一个埃弗比，参见 Vidal－Naquet 1988 和 Vickers 1987：174。Goldhill 则对此表示怀疑（1990：118－123，esp. 122－123）。

③ “使用阴谋诡计做任何事情都不符合我的本性。”（88）这种理解参见 Nussbaum 1976－77：43ff.，and Hesk 2000：196。

④ 有关涅奥普托勒摩斯的同情，参见 Nussbaum 1976－77：40。

“涅奥普托勒摩斯意识到了他要侵犯的个体性或者人性”。（45）而对菲洛克忒忒斯来说，他会从这个年轻人那里看到治疗他自恋的超社会性人格的可能。这个年轻人的自我，类似于他本人的自我，现在正努力从以 *physis* 为中心的个人生活，转向以 *nomos* 为中心的公民生活。科赫特会说这个老人与年轻人彼此提供了一种移情的关系，这是在一种治疗性的他我（a healing alter ego）的形式中由自身对象提供的。这种他我的形象，使我们保持了对自己有限能力的意识（1984：193 – 194）。

在这种自我的转换与治疗的希望之中，索福克勒斯以夸张的方式戏剧性地表达出了阿尔喀比亚德与雅典人所面临的历史困境。一个以 *physis* 为中心，放纵并且僭妄的生命会考虑回到为他的自身利益以及共同体的利益所认可的公民生活状态吗？民主的公民能保留自恋吗？或者他们首先必须通过重建与他人的同情关系而得到治疗吗？这部戏剧向观众提出了这些问题，但并没有表现出各方是如何能够协调而达成解决的。共同体利益的必要性，作为“机械降神（deus ex machine）”① 而发挥了作用：赫拉克勒斯这时出现在舞台上，就是为了让菲洛克忒忒斯将他的弓带到特洛伊。如果我们回忆起他在哈得斯作为曾经经受了九死一生痛苦的“治疗”而进行了转换的同伴出现在奥德修斯面前，我们就不会奇怪他所提的建议（*bouleumata*，1415），即敦促菲洛克忒忒斯放弃痛苦而接受在特洛伊等待着他的荣誉。我们同样也会看到，他不会允许这种解决侵犯在 *physis* 的框架内所感知到的自身利益的价值，因为他向老人许诺了丰盛的个人奖励、名誉及治疗他的伤口。但是他坚持让老人与年轻人作为两位孪生的英雄合作，让他们彼此作为自身对象：“我给你（涅奥普托勒摩斯）如下的建议：没有他，你不足以强大到攻克特洛伊，或者他离开你也同样如此，你们俩要像一起捕猎的狮子一样，相互保护。”（1433 – 1437）这一建议当然也是索福克勒斯给予雅典人的，尤其是针对他们中的精英领袖们的（cf. Nussbaum 1976 – 1977：48），因为对于他们来说，其任务就是学会如何去接纳他们的“狮子”——阿尔喀比亚德，然后找

① 拉丁语词组 Deus ex machina（英译：God from the machine），源自希腊语 *apò mēkhan ḗ s theós*，意思是机械降神。这是指在古希腊戏剧中，当剧情陷入胶着，困境难以解决时，突然出现拥有强大力量的神将难题解决，令故事得以收拾。利用起重机或起升机的机关，将扮演神的下等演员载送至舞台上。这种表演手法是人为的，制造出意料之外的剧情大逆转。——译者注

到能控制他的领袖①。而阿尔喀比亚德的挑战呢？如果阿尔喀比亚德在他的同胞公民中，找到一种与他自己类似的他我，就可以治疗受到损害的自我。

5. 公民游戏与 Magister Ludi（游戏大师）②

安提丰以谩骂攻讦（*loidariai*）的形式构思了演讲反对阿尔喀比亚德，在古代是有一种传统的。有时候这些作品是以伪托的形式散播的，现存的残篇与古代与现代作家的通常看法是一致的，即通过粗线条的形式描写了他放肆的性行为与自我放纵的生活方式，体现出阿尔喀比亚德的 *paranomia*。修昔底德其实以简洁而恰当的方式做出了这些指控："他违反法规（*paranomia*）的恶行，在个人层面上（*kata to heautou soma*）涉及的是他自己的生活方式（*diaitan*）。"（6. 15. 2）而这里的 *kata to heautou soma* 从字面上说意味着"与他自己的身体相关"；后面他似乎含糊地指出阿尔喀比亚德在个人习性上（*peitêdeumata*）"不守规矩（*paranomia*）"，也就是与民主不相一致的（*ou demotikên*，6. 28. 2）③。

但是我前面注意到，修昔底德在 6. 15 更深入地讨论了阿尔喀比亚德不守规矩，他提醒雅典人要注意"他可能做到的每件事情之中的邪恶意图（*dianoias*）"。同样在《斥阿尔喀比亚德》（*Invectives*）的一段残篇中，安提

---

① 普鲁塔克认为年轻的阿尔喀比亚德称他自己是一头狮子，从而为他自己好斗的性格、不惜任何代价取胜的欲望进行辩护（*Alcibiades* 2），参见 Thuc. 5. 43. 2。普鲁塔克同样指出阿里斯托芬在《蛙》（公元前 405 年）中，让埃斯库罗斯描述阿尔喀比亚德："城邦最好不要养狮子，如果有人想养一个，他会成为它的奴隶而顺从它。"（1431 - 1432）参见 Vickers 1987：186。Croiset 于 1909 年认为这表达了阿里斯托芬自己的观点（1973：159 - 160）。

② Magister Ludi，拉丁文，意为游戏大师。——译者注

③ 以 Wilamowitz 为首的很多学者都希望将安提丰的一篇名为《斥阿尔喀比亚德》（*Invectives against Alcibiades*）的作品，看作他的一篇名为《政治家》（*Politikos*）的文章。番吉克综述了这些材料，总结了对将两者视为同一篇文章观点的赞成与反对意见（2002：47 - 49）。普鲁塔克当然相信是安提丰对阿尔喀比亚德进行了谩骂攻讦，并举出了两个指控的例子，但他认为这些指控并不大可信，因为安提丰承认对阿尔喀比亚德有着个人的敌意（*Alc.* 3）。Gribble 在其他古代资料的背景下讨论了这些对阿尔喀比亚德在性生活方面下流的胡作非为的谩骂（1997：74 - 80；151 - 153）。而穆恩接受了这篇《斥阿尔喀比亚德》是安提丰真正作品的观点，并且合理地认为这些谩骂攻讦是安提丰努力想要在阿尔喀比亚德因冒犯密仪而接受审判之前破坏他的形象（2000：112 - 140）。

丰批评了阿尔喀比亚德公开的性放纵，也准确地看出了阿尔喀比亚德在认知领域中被误导的*gnômê*所具有的*paranomia*的本质：

> 你是在你的庇护者帮助之下才通过你的dokimasia（资格审查），你是从他们那里得到你的继承权并驶向阿比杜斯（Abydos）①。但是你并非去收回个人债务或者作为那里的外国代表（proxenias）；正是由于你的不合常规（paranomia），缺乏自我控制，所以人们认为（gnômê）你到那里去，是要向阿比杜斯的妇女们学习那类活动，这样你就可以在余生中吃她们的软饭。[Antiphon fr. C. 1（*Maidment*）= Athenaeus 525b]

如果安提丰做出过这种指控，我们可以在其中看到他在《论和谐》一文中所关注的公民应学会自我控制（*sôphrosynê*），特别是对刚刚进行了埃弗比训练的新公民更要如此。正如在第5章中讨论的，他们要受到教育以灌输这一首要的美德。但是安提丰将类似阿尔喀比亚德的拙劣判断，看作*neos*（年青公民）在公民生活的最初阶段不能遵守规则与特别的行为模式的主要原因。从这一观点来看，阿尔喀比亚德看起来似乎就是一位负面的形象，是*neos*（年青公民）中的影子公民——而这些*neos*（年青公民）可能是《论和谐》的理想听众。

阿尔喀比亚德的*gnômê*（判断）真与安提丰对他的描述有不同吗？他的*gnômê*（判断）对于增进他在公共生活与私人生活中的优势起到什么作用呢？我们已经看到修昔底德的《伯罗奔尼撒战争史》试图将阿尔喀比亚德在与雅典人、斯巴达人、阿尔戈斯人之类的其他希腊人以及波斯人所进行的公开与半公开的商谈时的表演生动地表现出来。这样他就像“公民如何商谈”剧本中的高超演员，以及*pessoi*（跳棋）这样瞬息万变的游戏中炉火纯青的棋手一样，我们可以表现出他在这一领域中的才能：他从雅典出发，从一国游历到另一国，甚至最后到了波斯帝国。在残篇52中，安提丰认为在*pessoi*（跳棋游戏）中一位老练的棋手在棋盘上调整位置之前，需要预测他（以及其对手）可能做的任何合乎规则的下法。我们将他的策略描述为一种在*nomos*（游戏的规则及其所有合规则的下法）及*physis*（棋手自利性的获胜欲望）框架之间的转换。

---

① 阿比杜斯（Abydos），小亚细亚的一个古老城镇，位于今天土耳其达达尼尔海峡的亚洲海岸。——译者注

但在阿尔喀比亚德的例子中，认知的挑战似乎在难度系数上更高，因为从公元前415年到前406年间他的公共生活似乎同时或者首尾相继地进行着几场*pessoi*（跳棋游戏）。他当然熟谙于雅典的游戏，也许就是称之为*polis*的民主版本；他也知道在民主的阿尔戈斯（Argives）的*polis*版本，公元前402年他作为那里的使节与雅典签订了一个条约（Thuc. 6. 45，61and 84）。但是为了达成这一目的，也为了顺利地继续他的公共生活，他也不得不去学习与掌握和寡头制的斯巴达相适合的*pessoi*形式（6. 88 –927. 18；8. 6，12 and 45）。柯克认为这种称为*pente grammai*（"五线棋"）的游戏最好地象征了寡头制中的公共生活：它较之于*polis*的游戏少了很多棋子；但有一个称为*basileus*（王）的棋子具有至高的地位（1999：261 –265）。阿尔喀比亚德在与波斯总督提萨费尔尼涅（Tissaphernes）以及波斯国王本人打交道时，可能也精通这同样的游戏，或者熟知这种游戏的皇室下法（8. 46 –48 and 52）①。

阿尔喀比亚德在其游戏中所面临的复杂性，就在于要理解多种*pessoi*（跳棋游戏）的规则，要在两到四场（或者更多）同时进行的棋局中去思考他可能的下法（以及他的对手的下法）。所有的棋都有着其不同的规则套路，这可以让我们将约公元前420年到前406年间爱琴海地区国内与国际的政治局势，看作*pessoi*的国际锦标赛。阿尔喀比亚德高人一筹的是，他将其*physis*当作冠军为增进自身利益所作的认知努力，在比赛过程中对重要的棋都仔细斟酌。比如在公元前411年他老谋深算地向提萨费尔尼涅及国王建议同时牺牲雅典与斯巴达，从而最好打开他们的局面。修昔底德的叙述仅用一个句子就把握了阿尔喀比亚德的深思熟虑，将一系列体现于判断、意图、对于可能后果的预测、计算、规劝的企图等形式之中的主观思考，加入认知的考虑之中。他试图表明：

> 阿尔基比阿德斯是在会晤提萨费尔尼涅和国王②时，向他们献上这个计策的。这不仅仅因为他认为这是对波斯人最有利的计谋，还因为他正在寻求一条返回祖国的途径，他清楚地知道，如果他没有毁灭他的祖国，他总有一天可以说服雅典人召他回国。他认为说服雅典人的最好机

① 在讨论这一时期阿尔喀比亚德的经历时，很难避免使用游戏的比喻。格里布尔看到："当然，阿尔喀比亚德正在玩他自己的游戏，目的是仅让他自己而非任何人得到好处。"（1999：202）

② 这里的国王是指波斯国王大流士。——译者注

会在于让他们看到他与提萨费尔尼涅是亲密的朋友（epitêdeios）。(8.47)

如果我们摆脱修昔底德的以言行事的陈述框架（“他知道……”、“他明白……”），去想象阿尔喀比亚德在*physis*之内所展现的原初言语行为，我们就可以很好地领会阿尔喀比亚德的内在思考，这类似于一位棋手对他要走的每一步棋以及他的对手走法的思考。阿尔喀比亚德每一个步骤的考虑可能类似于下面的陈述句群，一些句子是阿尔喀比亚德向另一些人表达的或者是代他们表达的意思；但大多数是以在阿尔喀比亚德的“主我”与“宾我”的角色之间，在他的自我认知与自我评价和他想象的其他人如何认知评价他自己对话的形式中展开的：

“尊敬的君主与提萨费尔尼涅，我建议你们……”

“这真是我能给予他们最好的建议。”

“这一行动刚好可以让我回到雅典。”

“我最好不要错过这一机会。”

“在某个时候我可能劝说雅典人让我回去。”

“当我能听到他们说‘阿尔喀比亚德与提萨费尔尼涅是亲密的朋友’时，就是我最好的劝说机会了。”

我相信正是理清这一系列内在对话思路的困难，阻碍了雅典人去理解这一大人物在*physis*的庇护所或者炼金炉里面到底发生着什么。正如我们所知道的，阿尔喀比亚德较之于那些与他同时代的人来说，更加理解米德的“我们要成为自己，必须先成为别人”这一格言所意味的道德自主性的意义（1964：292）。修昔底德对这一内在的对话作了一个总结，从而证实了阿尔喀比亚德在这方面的成功：“事实上正是如此。”（8.47.2）不久之后，阿尔喀比亚德实施了一个计划（*eidos*），将一些使人眼花缭乱的实际与想象的意图与言语行为付诸实施。因为他并不相信提萨费尔尼涅有关斯巴达的计划，或者无论提萨费尔尼涅是否愿意与雅典人达成一项协议，阿尔喀比亚德都试图让波斯人对雅典人提出过多要求，以破坏任何这样的协议。但是他希望雅典人认为尽管他试图去影响提萨费尔尼涅接受这个协议，但是因为雅典人没有向波斯人作足够的让步，所以难以达成协议。他试图在他自己的脑海中写下每一方的意图、恐惧以及可能作出反应的剧本，然后他策划召集一个会议，他当着提萨费尔尼涅的面，表现出为了波斯的利益而向雅典人发话。他们上演着他为其规定好的角色。协议没有达成，而最后雅典人愤然离去，并明白了他所做的事情（8.56）。与我们一样，修昔底德认为只有在游戏的阈限框架中，阿尔喀比亚德才能充分展现这四种不同主体位置的认知技艺。[①]正如修昔底德早先注意到阿尔喀比亚德试图对提萨费尔尼涅所作的影响："阿尔喀比亚德，与其他为**获大奖而比赛**（*agônizomenos*）**的人**一样，热心于奉承提萨费尔尼涅。"（8.52.15－17，我所作的强调）

无论安提丰是否可能与阿尔喀比亚德之间存在着敌对的关系，智者与演说家的学说似乎对博弈的政治家形成了有用而关键的认知性洞察，以使他对每种 *pessoi* 的游戏及其规则、每一个社会及其 *nomos*，都有着相应的正义观。正如安提丰所说的："正义（*dikaiosynê*）的践行是建立在不侵犯城邦法律的基础上的，每一个人在城邦中都扮演着公民（*politeutêitai*）的角色。"［*On Truth* 44（B1）6－11］在安提丰那里，政治家同样会为他试图拒绝服从"主我"的自我认知与自我评价的这种宝贵能力而找到理由，从而接受他已掌握的多种 *nomos* 样式中任何一种的约束。"法律被制定（*nomothetetai*）出来"，是为了规定我们的眼睛、耳朵、舌头、手、脚、智性（*nous*）与欲望（*epithumia*）应当与不应当做什么［44（B2）31－44（B3）17］，这一观点听起来必然是对阿尔喀比亚德自恋人格中极端个性的一种挑战。阿尔喀比亚德所运用的道德自主性，在涉及 *physis* 的主张与 *nomos* 的要求时，就没有任何商谈的余地了。如果是像奥斯特瓦尔德所观察到的，安提丰在"能够享受由法律带来的便利时，我们不得不牺牲我们本性中的东西"这方面做了让步（1990：300），阿尔喀比亚德的反应就是："一涉及自我，寸步不让！"

6. 苏格拉底：难以效仿的公民与自我

除了安提丰与阿尔喀比亚德之外，雅典人还知道另一位影子公民，他活跃在公元前440年到公元前五世纪末。他同样作为安提丰与阿尔喀比亚德引

---

① Romilly 向修昔底德、他的读者以及我们指出了一个明显的问题，即在我们试图弄清楚这一奇怪的历史（*étrange histoire*）时："如何解释阿尔喀比亚德的态度（*Comment expliquer l' attitude d' Alcibiade*）?"Romilly 指出这一点并不奇怪，我们能找到的最好解释会是"纯粹假设性的"（*purement hypothéticque*）（1995：170）。

人注目的 *physis* 的同道，在个体自我的意义上来表演其公民身份。苏格拉底大约是安提丰同时代的人，常被描绘为阿尔喀比亚德的老师，有些时候被认为是他的情人。① 与安提丰不同的是，苏格拉底并没有将他对 *physis* 的信念建立在每个人的心理－生理自我的普遍发展之上，他当然也并没有与阿尔喀比亚德一样追求个体快乐、物质收益和政治成功。他是从别的地方来寻求 *physis* 的，即在他认为对我们作为个体与人类来说重要的那个自我中的隐秘部分——*psykhê*（灵魂）——那里去寻找。他所说的 *psykhê*（灵魂）是我们思考与推理，以及体验情感与欲望的能力。但是苏格拉底认为他自己与每一个体都是能够退回到 *psykhê*（灵魂）中去的道德主角；也正是因为 *psykhê*（灵魂），他有必要与城邦的社会与政治制度保持距离。在短暂地摆脱公共意见的喧嚣之际，每个人都能批判地反思 *nomos* 主导的价值与实践，然后选择正确的信仰或者行动的道路，以便同时尊重并促进同胞公民的福祉以及个体的 *psykhê*（灵魂），而不是对它们造成损害。由此，有理由认为他是西方传统中“道德个体主义的创立者”（Villa 2001：1）。

作为一位商谈大师表演其公民身份，苏格拉底的确类似于安提丰与阿尔喀比亚德，但是他有意避免在法庭、公民大会与议事会这样的公共商谈舞台上表演，而对另外两种商谈/思考（deliberation）形式情有独钟：一种是半公开的，依赖与他人的互动；而另一种是完全私人性的，似乎是自主性的思考。前面一种我们称之为 *elenkhos*（反诘），它采用的是与一个或者多个交谈者进行对话的方式，有些时候这些对话者是作为无声的见证者而在场的。我们可以合理地认为这是苏格拉底在承认、尊重与促进 *psykhê*（灵魂）的需要时所采用的方法或者技艺（*technê*）。② 第二种商谈/思考（deliberation）形式

① 这里的“苏格拉底”，我指的是历史上个体的苏格拉底，我们能够从早到中期的柏拉图对话录来重构其观点。就我们的讨论而言，柏拉图的相关文本主要涉及《申辩篇》、《克利托篇》和《高尔吉亚篇》。参见 Vlastos 1991：45－80，以及 Nehamas 1999：3－107，他们讨论了我们可以从柏拉图的整个著作中找到多少种不同的苏格拉底思想。有关苏格拉底与阿尔喀比亚德的情爱关系，参见 *Symposium* 215a6－222b，其中描述了他与苏格拉底的交往，以及 *Protagoras* 309c12－13，这里苏格拉底承认对于智慧的热爱比阿尔喀比亚德更能吸引他。

② 有关苏格拉底回避与漠视政治商谈，参见 *Apology* 31c4－e1，*Gorgias* 473e6－474a1，and 522b3－c3，其中他也认为他的 *elenkhos*（反诘）构成唯一真实的政治技艺（521d6－e1）。参见 Yunis（1996：153－161），他认为，苏格拉底是通过抹杀自己的思考与公共商谈之间的差别，从而将它们区分开来的。

是独立的，或者说是完全内在于个人心中的——这一事实对于晚近与现代的自我观念的影响是无法低估的。①

作为 *physis* 的庇护所，苏格拉底灵魂的隐秘深处一定让雅典人感到是一种神秘而不确定的地方与过程，很像安提丰的自主性道德思考，以及导致阿尔喀比亚德出奇成功及最终失败的内在商谈与选择。事实上苏格拉底的言行对于雅典人来说是非常“离奇的”。与阿尔喀比亚德一样，苏格拉底与他的智慧出现在喜剧舞台上。他对于灵魂与来世真实性的关注，使他在民众想象中变成了一种故弄玄虚的巫师或者魔术师（*goês*）的形象——正如我们在《鸟》中所看到的，他正在为热爱斯巴达的灵魂招魂。② 但是更早些他出现在阿里斯多芬的《云》（最早于公元前 423 年创作）中，是一个称为“思想实验所”或者“智库”（*phrontistêrion*）的学校的校长，他以一种类似于私人秘密宗教的方式来掌管它。这所学校教授的知识只是向凯瑞丰（Chaerephon）这样的入门新手开放（*Clouds*，140 – 143），这种生意并非无害的——这是这出戏的明白含义。到公元前 405 年［《蛙》（*Frogs*）］，苏格拉底的哲学思维仍然看起来滑稽无比：他整天与朋友坐在一起，唠唠叨叨一些毫无意义的东西，是一个“不着边际的人”（*paraphronountos andros*，1499）。而且他故意地用一些“高调宏论”（*semnoisin logoisi*）去卖弄他无用的课程（1496 – 1498）。

在《会饮篇》（*Symposium*）中，柏拉图让阿尔喀比亚德称赞苏格拉底：“你们可能在其他方面称赞苏格拉底令人赞叹的事情，但是，尽管你们对他的习惯行为（*epitêdeumata*）中的任何一个大加歌颂，其实最让人惊叹的乃是，无论在古人还是今人中间，都再也找不出任何一个像他那样的人了。”

---

① 对于泰勒来说，苏格拉底是与共同体进行“观念上的分离”的第一个代表人物，而这却是我们现代身份的基本立场（1989：36 – 37）。泰勒讨论了这种 *psykhê*（灵魂）的“道德地形学（moral topography）”中的“本质”（111 – 114），将其与柏拉图《理想国》（*Republic*，120 – 124）的灵魂观念联系起来。

② 有关苏格拉底作为喜剧中的 *goês*，参见 A. M. Bowie 1993：112 – 124。穆恩将苏格拉底的喜剧形象、他对于密仪下意识的亵渎、他内在的神神秘秘的倾向，以及公元前 399 年美勒托（Meletus）对于他的指控联系起来了。美勒托也怀疑阿尔喀比亚德是密仪的亵渎者，而安提丰是公元前 411 年寡头集团“公开的策划者”（2000：286 – 291，with n. 30. 425）。

(221c3 - 8)① 毫无疑问的是，苏格拉底的 *psykhê*（灵魂）逐渐发展出了这种神奇的个性，它源于一种内在的道德结构，这如果不借助于比喻是难以描述的。因为当它满溢出来后，会使这个人 *atopos*（无处安置），“很难将他放到他的同胞公民中间”②，阿尔喀比亚德只能描述苏格拉底的 *psykhê*（灵魂）对于他人的 *psykhê*（灵魂）的内在而强大的治疗效果，于是他借助于某种盒子的比喻，盒子上面雕刻着吹笛子而好色的西勒诺斯（satyr Silenus）③ 的丑陋形象，里面却装着微型的神像。他说道：“但是如果它（盒子）从里面打开，相信我，酒友们，里面充满了自制（*sô phrosynê*，节制之美德）。”（216d7 - 9）阿尔喀比亚德然后说起在这内部的密室之中，他曾经惊奇地看到“里面那珍贵的、美妙绝伦、神奇无比……的神像”。此时，他立刻（也有点反讽地）对于苏格拉底的自我控制与自身利益取舍中的倾向佩服得五体投地（216e7 - 217a3）。④

与安提丰与阿尔喀比亚德一样，苏格拉底将他的 *psykhê*（灵魂）作为 *physis* 庇护所而加以珍惜，确信保护灵魂健康的一些基本原则——从这一角度来看，他同样追求现实的自身利益。这些原则在数量上只有两条，它们都是警示自我在其 *physis* 庇护所中如何行动的消极劝谕。一条是与他人相关的，另一条是与自我相关的：以任何代价避免对他人行不义之举；以任何代

---

① 参见 Vlastos 有关这种奇特性是理解苏格拉底的身份与对话的基础的原因（1991：1），以及阿尔喀比亚德在《会饮篇》（*Symp.* 215a6 - 222b）所概括的苏格拉底的独特性，并提到有必要“将他打开”以体验其效果（1991：33 - 41，esp. 37，with n. 59）。也可参见努斯鲍姆关于将苏格拉底作为一个“玩具”打开的诱人想法，这里的西勒诺斯盒子（Silenus - box）是作为一种性与认知的比喻（1986：189 - 190）。维拉将苏格拉底的自我与无拘无束的自我进行了比较，认为苏格拉底的奇特性在于他乐意摒弃任何信仰（2001：23）。

② 在《会饮篇》（*Symposium.* 221d3 - 4）中阿尔喀比亚德认为：“他是这类难以加以概括（*gegone tên atopian*）的人（*anthrôpos*），无论是他本身（*autos*）还是他的话……”在《高尔吉亚篇》中（*Gorgias* 494d1），卡利克勒斯（Callicles）说：“但你难以概括！你是一位难以琢磨的商谈者！”参见 Vlatos 1991：1，with n. 1。

③ 西勒诺斯是传说中的一位神，据说形象丑陋，好酒色。西勒诺斯像经常作为工艺品摆在店铺门口，而他的像里面又藏着各种神像。——译者注

④ 类似的这些例子说明（与泰勒不同）柏拉图的确使用了“内/外两分”的方法来描述个体选择可能与共同体的善对立的善的行为如何具有德性（参见 Taylor 1989：121 and 536 - 537，n. 7）。

价避免个人思想与行为的自相矛盾。[1] 这样苏格拉底与安提丰和阿尔喀比亚德一样，认为自我的幸福的价值高于一切，其道德的动机源于一种幸福论；而他对道德自主性的践行看上去确实是基于自我主义（egoism）——并不奇怪的是，这种自我主义是 *atopos*（无处安置的），它是不可描述或者至少是难以描述的。[2] 欧文（Irwin）将这种苏格拉底（以及柏拉图）的假定概括为："由德性所推动的终极善，总是行动者的自身之善。"（1977：254）他还区分了两种自我主义：一种是道德上的"唯我论（solipsistic）"——我之所以追求关怀他人的道德，那**只是因为**这促进了我的美德；另一种是道德上的"自我中心（egocentric）"：我之所以追求美德，是因为它有助于实现**一些**我视为我自身善的一部分的目的，尽管它是我可能与他人分享的目的（255）。于是关键的问题是：个体如果追求有益于他的 *psykhê*（灵魂）的美德，是因为这些美德必然是"与自身相关"，还是因为其中的一些"与他人相关"？（225）

欧文说明了，诸多苏格拉底对话中同时包含着两种类型的自我主义，因而很难对我们正在讨论的历史上的苏格拉底的问题做出明确的回答。例如在《申辩篇》中，苏格拉底告诉陪审员他决不会停止实践他的哲学，不管其结果会是什么，他都会扮演牛虻的角色。他这样做到底更多的是为提升他们的 *psykhai*（灵魂），还是确保他自己不行不义之举或者不违反灵魂的原则呢？换句话来说，他对于 *psykhê*（灵魂）的关注，必然让他去同时追求"与自身相关"和"与他人相关"的美德吗？甚至可以更简单地说，在他的 *physis* 庇护所中，苏格拉底必须与别人有涉吗？苏格拉底既然在半公开场合中演示其 *elenkhos*（反诘），当然是承认了其他人对于追求美德是重要的；他的"不对任何人行不义之举"的命令，更将这种"与他者相关"的要求提升为一个首要原则。

---

① 有关不行不义之举，可参见 *Aplogy* 29b6 - 9，32d1 - 4，37a6 - 7 and b2 - 5；*Crito* 48b10 - c1 and 49b8；*Gorgias* 469b8 - 10，477e3 - 6，and 482b2 - 4。有关不相互矛盾，可参见 *Crito* 46b4 - 6，和 Gorgias 482 b7 - 11。有关近来有关这两条劝谕的讨论，参见 Villa 2001：13 - 50，Wallach 2001：92 - 119，178 - 211，和 Nehamas 1999：63 - 69。

② Vlastos 强调了这种自主性对于苏格拉底来说是根本的，尽管我们不能找到准确的词语来描述它："道德自主性的概念从没有在柏拉图笔下的苏格拉底对话中直接出现，但这并不妨碍它是这些对话中的苏格拉底身上最为深刻的东西，是他在道德中最为强烈关注的。"（1991：44）参见法勒所认为的苏格拉底的目的之一是"试图建立人们身上真正自主性的能力"（1988：122）。

但是仍然存在的是阿尔喀比亚德所描述的“神奇”问题：苏格拉底的盒子里面，他的道德宝库之中，似乎并没有回响着人们之间的对话。如果这里有着“他者”，他同样是以比喻的形式出现的：在《申辩篇》中苏格拉底称其为“我的某种神一样的与灵性的力量（*moi theion ti kai daimonion*）”，其声音只有苏格拉底自己才能听得见（31c8－d1）；他同样也称其为“我来自灵性力量的神谕”（*he eiôthuia moi mantikêhê tou daimoniou*）。但即使缺少对话，这种私下向苏格拉底口头谕令的声音，是以商谈性的言语行为——警示（warning）的形式出现的，其消极性的忠告命令他避免道德上的不义行为（40a6）。苏格拉底明确地说：“我知道行不义之举，不服从至高的存在者——无论他是一位神还是一位人，都是邪恶和可耻的（29b5－6）。”

通过“某种声音”（*tis phonê*，31d3），这种神圣的力量代表着唯一和苏格拉底的 *psykhê*（灵魂）共在的他者。那么它究竟是从哪里产生的呢？它的真实特性是什么呢？大多数苏格拉底的评论者接受其表面含义，或者将它等同于现代的良知观念。相反，我认为它是苏格拉底用来描述 *psykhê*（灵魂）中指挥所有其他能力的那一部分灵魂的独特方式——安提丰称这个部分为 *gnômê*（进行合理判断的能力），并且将它看作其他认知与意志能力［感知与感觉、智性（*nous*）、欲望（*epithumia*）与意志］的“统帅”（*hêgeitai*, *On Truth* fr. 2）。苏格拉底的这一神圣力量的预言性质，显然表明了它是一种隐秘的私人谕令、一种仅有一个听众的内在权威。从这一点看，人们不禁想到德尔菲的神谕，正是这一权威谕令激励着苏格拉底投身于终身的哲学实践（麦金泰尔意义上的）。现在，这一向他发出积极性命令的外在的与公共性的真理源泉，已经内化而成为一种严格的道德真理的私人指导。① 苏格拉底在说唯有他践行了真正的政治科学时（*Gorgias* 521d6－8），他的话语就横跨了私人与公共的分界，同样，当他将内在的“神圣力量”当作自己的道德自主性背后的思想资源时，他也就混淆了公共与私人的边界。在前面我们也将阿尔喀比亚德的 *paranomia*（放纵，违法）看作跨越了私人与公共、自我与城邦的类似边界，我们将这种侵犯归因于他的自恋人格的作用机制。

苏格拉底幸福论的自我主义，是否同样也扮演了一种“偏执（paranomological）”的公民身份、反映了一种自恋的人格呢？我们可以回顾一下奥伯的观察来回答这一问题。奥伯认为在《申辩篇》中苏格拉底是通过 *elenkhos*（反诘）来追求美德或者智慧的，这与七贤的文化模式并不一致（1998：

① 参见 Brickhouse 与 Smith 在与苏格拉底哲学实践的联系中所讨论的这一神谕的意义（以及苏格拉底对于它的解释）（1989：88－100）；参见 Reeve 1989：21－32。

173，n. 33）。正如第 4 章所说明的，这些贤者与古风时代的立法家、诗人相同的是，他们都是作为模仿的大师而发挥作用，通过其公共性的表演而形成一种表演传统，他们的追随者能够通过再次效仿这种形式的模仿而使得这种传统生生不息。① 如果苏格拉底的智慧的源头正在于 *to daimonion* 或者神圣的力量之中，正是这种力量开启了其 *elenkhos*（反诘性）的表演，或者说给予这种表演以正当性，那么苏格拉底的智慧就是隐秘地起源于 *physis* 的庇护所之中的，起源于他的 *psykhê*（灵魂），因此这种隐秘的表演——这产生了他的奇特性或者 *atopia*——唯有他本人才拥有，因而也是难以模仿的。② 我们可以将苏格拉底与立法家进行比较：由苏格拉底神圣的力量所发出的警示，类似于特地为他制定的一系列私人的法律或者 *thesmoi*，但是事实上它们是由苏格拉底本人制定的。③ 因而当苏格拉底在既定的时刻"接受"一个警示，然后为避免不义而采取相应行动时，他就通过框架的转换而表演了他自己的施行正义的版本［我们可以将其更准确地称为 *autothesmia*（自我立法），而不是称为 *autonomia*（自主）］。因而正如安提丰与阿尔喀比亚德那里一样，有关的框架就是 *physis* 与 *nomos*。④

如果苏格拉底是自主地施行正义，并且严格地说是以他人难以模仿的独

---

① 在色诺芬的《申辩篇》中，苏格拉底告诉陪审员他并不是吕库尔戈斯（Lycurgus），因为德尔菲的神谕并没有确定斯巴达的这位立法家到底是神还是人，但却向苏格拉底表明他是一个人（15－16）。［吕库尔戈斯生于公元前 7 世纪，是七贤之一，创立了斯巴达的政体形式，他是一个带有传说色彩的人物，阿波罗神殿的女祭司在传达神谕时称他是"诸神所钟爱的人，不是凡人，而是神"。吕库尔戈斯正是凭着这个神谕而受到斯巴达人包括国王的尊重，从而为斯巴达人制定了一系列不成文的"端特拉"（神谕或律法），并且让斯巴达人发誓永远遵守这些法律。—译者注］

② 在《阿尔喀比亚德前篇》（*Alcibiades* 1）中，柏拉图让苏格拉底想象了一位神（*theos*）与年青的阿尔喀比亚德讲话，神让他作一种道德选择：是过一种满足于所有当下所得的生活，还是如果不能得到更多就毋宁马上去死（105a3－5）。这里神圣的声音也形象地表现在内在道德思考中，它先于人们在选择行为中进行的 *gnômê*（判断）。

③ 雅典人能够清楚地将梭伦的法律权威比作德尔菲的权威（Demosthenes43. 66－67）。

④ 普鲁塔克（*Alcibiades* 33. 2）与第欧根尼・拉尔修（Diogenes Laertius）（13. 69）说阿尔喀比亚德也声称具有一种影响其命运的个体神圣力量。他的这种力量是一种"让人嫉妒的精神"（*phthoneros daimôn*），不仅在他自己的 *psykhê*（灵魂）中，而且也在别人的 *psykhê*（灵魂）中起作用——这是由于它激起了他们对他的攻击。但是这一"精神"很大程度上是作为一种偏执的狂热而占据了阿尔喀比亚德的自恋式的 *psykhê*（灵魂），让他免除了对于自己命运的责任。穆恩比较了苏格拉底与阿尔喀比亚德的神（2000：290，168）。

特方式进行的，那么他的演说只能鼓励他人形成内在的神明和他们自己内在的声音。然而我们在他后继者的 *psykhai*（灵魂）中听不到这样神明的回响。他的 *to daimonion*（神明）是如此的神秘，以至于它既不模仿任何人，也拒绝他人的模仿吗？在这一方面它是“排外的”吗？苏格拉底式的自我，似乎在普通的人那里找不到一个自身对象（self object）——这种对象应能够向他自身反射回一种对于其整体性、“宏大性”（科赫特意义上的）以及成就的恰当形象。[①] 在凡人中，唯有阿基琉斯在苏格拉底看来是一个充分的自我形象。苏格拉底向陪审员提到了这位英雄，指的是忒提斯向她的儿子预示在两种可能命运中选择的这一时刻（28c－d）。如我们在第 1 章看到的，这一特别的知识促使阿基琉斯超越了普通人生活的境界，引导他对特洛伊战争的正义性进行了“二阶”推理，并设想了他所想成为的人（*Il.* 9.393－416）。与阿基琉斯一样，苏格拉底宣称对死亡的无惧使他无视任何羞辱（*to aiskhron*）（28c3）——在他的 *physis* 之中并没有内化了的他人。他只在德尔菲的阿波罗形象中，在他自己私人的、内在的谕令中，或者在女祭司第俄提玛（Diotima）——苏格拉底在《会饮》中声称正是她将情爱的本质向他揭示出来——的形象中，找到了自身对象。阿尔喀比亚德力图表现出苏格拉底的神奇或者独特性，认为“像阿基琉斯这种人，你可以拿布拉斯达斯（Brasidas）（斯巴达将军）或别的什么人同他相比，提起伯里克利，你可以拿涅斯托尔、安特诺尔（Antenor）[②] 以及其他的一些人与他相比。对于这些人，你总可以找到别的类似的人来相比。但是说到（苏格拉底）这样一个人，你很难加以概括……”（221c8－d4）。如果苏格拉底找不到普通人能作为自身对象，以向他自己反映出能有所成就的完整而“宏大”意义上的自我，那他也就很可能不能找到任何公民作为自身对象以体现他的哲学化实践的理想追求。为了这样的追求，他必然假设或者幻想 *psykhê*（灵魂）的不死性以及它在实践上不可企及的道德完善性。他告诉陪审员，他只能想象在来世，他将与类似于

---

① 色诺芬想象在苏格拉底与安提丰之间进行的最初三段对话中，安提丰指责苏格拉底不可仿效，认为由于苏格拉底的习性（*diaitasthai*）是如此乏味，没有学生会像模仿其他老师那样模仿他。安提丰总结认为苏格拉底不是希望引导他人得到福祉（*eudaimonia*），而是得到贫困（*kakodaimonia*）（*Mem.* 1.6.2－3）。我们会将这种难以模仿的特点，与苏格拉底拒绝为他提供的辅导及传授的智慧收取费用联系起来。

② 特洛伊战争中特洛伊一方的谋臣。——译者注

荷马、荷西俄德、俄耳甫斯（Orpheus）①、穆赛欧斯（Musaeus）② 这些英雄贤者的魂影进行交谈（*Symp.* 41a5－6）③。

7. 苏格拉底的自我能够施行/表演公民身份吗？

在安提丰为他的代理人欧西忒奥斯所作的《关于谋杀希罗底斯案》法庭演说的策略中，他引导陪审员运用合情理的可能性模仿这个人（欧西忒奥斯）的评价与意图，模仿他“主我”的活动。苏格拉底在《申辩篇》中的策略同样试图引导陪审员模仿他“主我”的评价与意图。但是他的演说说明了陪审员们都没有能够将他们作为个体的身份，与一种自由选择的特别的善联系起来——这种善不可放弃；尽管个体要向他人表达这种善的真正性质是

---

① 俄耳甫斯是希腊神话中著名的诗人与歌手，他的父亲便是太阳神兼音乐之神阿波罗，母亲是司管文艺的缪斯女神卡利俄帕，这样的身世使他生来便具有非凡的艺术才能。俄耳甫斯凭着他的音乐天才，在英雄的队伍里建立了卓越的功绩。——译者注

② 穆赛欧斯，传说中的希腊诗人，可能是三位诗人的合称。——译者注

③ 他还加上他会遇到的一些英雄形象，他们作为陪审员与他自己反衬性的自身对象：法官米诺斯和拉达曼提斯会让陪审员们清楚他们的决定是多么拙劣；他也会遇到帕拉墨得斯（Palamedes，希腊神话中的英雄，希腊联军中最有见识者，国王瑙普利俄斯和克吕墨涅的儿子。特洛伊战争之前，奥德修斯不愿为斯巴达王墨涅拉俄斯之妻海伦的不贞而远离他自己年轻的妻子及尚在襁褓中的儿子。墨涅拉俄斯及其好友帕拉墨得斯来请求他时，他假装发疯，驾一牛一驴在垄沟里播种食盐。帕拉墨得斯能看透所有人的诡计，他偷偷地到宫殿里抱来摇篮中的婴儿，并把婴儿放在奥德修斯正要耕犁的地方。奥德修斯为不伤着孩子，小心地将犁头抬起。这样一来，奥德修斯不能再拒绝参加远征。因此，帕拉墨得斯得罪了希腊军队中的这位英雄，奥德修斯一直对他怀有敌意，意欲报复。阿波罗的神谕要希腊人献祭一百头牲口。祭司选择了一百只圣羊，并选定由帕拉墨得斯操办祭品，这给了他特殊的荣誉。奥德修斯更加妒忌，并设计谋害他。他悄悄地把一笔黄金埋在帕拉墨得斯的营帐内，然后，他又以特洛伊之王普里阿摩斯的名义写了一封信给帕拉墨得斯。信中谈到赏赐黄金一事，并感谢帕拉墨得斯出卖了希腊人的军事秘密。他在希腊王子们的会议上公布了这封信。帕拉墨得斯立即被愤怒的希腊英雄们召进来。阿伽门农委任各城邦的王子为审判官，由奥德修斯担任主审官。奥德修斯下令搜查帕拉墨得斯的住处，结果奥德修斯预先埋下的黄金给挖出来了。审判官们不问清事情的真相，一致同意判处帕拉墨得斯死刑。帕拉墨得斯不想为自己申辩。虽然他看出了其中的阴谋，但他无法提出自己无罪以及有人陷害的有力证据，最终被处死。——译者注）与埃阿斯，他们与苏格拉底一样注定要受到不公的审判（41a2－3，b1－2）。

十分困难（也是十分危险的）的一件事。[①] 苏格拉底的“主我”事实上不能得到雅典重要社会他者的认同，因为陪审员并不能将“主我”“纳入”由 *nomos* 所认可的公民的“宾我”角色中。更直截了当地问就是：一个无法“‘模仿’的自我，能够作为一个公民而行动吗?”或者如苏格拉底研究者在近几十年里一直在追问的：“我们能够合理地说到一种‘苏格拉底式公民身份’吗?”[②]

对这一问题，大多数情况下学者们力图去确定苏格拉底的 *elenkhos*（反诘）是否在雅典的民主生活中构成了一个有效的公民剧本，苏格拉底对 *psykhê*（灵魂）健康功能的承诺，以及在灵魂中避免对他者行不义之举、避免在自己的理性中自相矛盾的承诺，是否在他的一生中能作为一种占主导地位的公民身份典范而发展起来。有两种普罗塔戈拉－伯里克利式的公民，一种是在民众主权的观念之下的（公元前450年代到前420年代），而另一种（公元前420年之后）则是在法律主权的观念之下的。[③] 但这里存在着一个更为基本的问题：民主能够容纳一种由苏格拉底式的“怪人”所组成的公民整体吗？这里的“怪人”，我指的是由一些必然退回到其自身的 *physis* 庇护所之中的个人群体，他们运用道德自主性以追求幸福论的目标，而这些目的是由个体意义上的善所规定的，故而可能危及泰勒或者哈贝马斯意义上的重要社会他者“承认”的需要。或者，每一个体自我都能够与 *nomos* 进行商谈，从而达成某个既获得 *nomos* 的认可，又具有“不可模仿”的协议吗？

要回答这些问题，我们要将注意力集中于作为 *psykhê*（灵魂）的公民所面对的一个选择：“我能与重要社会他者进行商谈，从而达成一种特别的或者不同寻常的社会契约形式吗?”我们的关键文本就是《克力同》（*Crito*），这是一部戏剧性地表现了苏格拉底临死之前最后谈话之一的对话录。为了回应克力同请求这位哲人允许富有的朋友们帮助他越狱流亡，苏格拉底解释了他之所以要留下来并接受即将到来的死刑的原因。因而这一对话的目的就在于让他人看到并理解苏格拉底在与自身进行商谈并作出道德选择时，在其 *psykhê*（灵魂）中到底有什么奇怪的东西。为了达到这一目的，柏拉图让苏

---

① 事实上米德承认苏格拉底是最早具体表现出“主我”的人（1934：217－218），泰勒强化了在苏格拉底以及米德所谓的“主我”之间的历史关联。他试图赋予苏格拉底的自我以中心性、统一性以及我们现代意义的自我典型的内在性（1989：115－120）。

② 对这一问题的相关研究，我指的是 Villa 2001，Wallach 2001，Colaiaco 2001；Weiss 1998，Euben 1997，Mara 1997，Vlastos 1994 and 1991，和 Kraut 1984。

③ 例如维拉认为苏格拉底将伯里克利公民身份的范式“转变为”或者“重估为”一种“自觉的、适当孤立的公民身份”（2001：5，2）。

格拉底在这篇对话中上演了关于自己的一曲小戏、一个对话中的对话（50a 6–54d1）。这是以一种外在的、公共或者半公共的 *elenkhos*（反诘）形式，表演了一种完全内在的与私人性的自主道德思考的过程。

就其自身而言，这种嵌入长对话之中的简短对话，已经在某种程度上是不合常理了；而且它展开为并非由苏格拉底主导的 *elenkhos*（反诘），而是由比他更为智慧、更为权威者主导的。苏格拉底的对话者同样以怪异的方式出现，并不是实际的人，而是另一种更为恢宏的形象：雅典诸法律的人格化形象。因为这一对话被设计发生在公元前 399 年，我们可以合理地认为，柏拉图戏剧的构思反映了法律主权观念不断增长的影响。更为重要的是，既然苏格拉底与这些法律进行商谈，他势必在他的 *to daimonion*（神明）之外又找到一个不同的对话者，为他的整体自我找到另一个自身对象。①

因为苏格拉底与人格化的 *Nomos* 进行对话，或者用米德的话来说，是与人格化的重要社会他者进行对话，这种与法律的承诺式对话就让我们回到了先前已经看到过的假想性的对话，即个体努力地将熟悉的公民商谈与判断的剧本，转变为可以视为道德自主性运用的富于创意的、甚至是独一无二的商谈与判断。正如先前所说的假想性商谈的情况一样，在他与法律的对话中，苏格拉底必须模糊公民的外在与内在生活之间的区别，也就是向违法的、偏执的公民迈进了一步。② 但是事实果真如此吗？法律坚持与苏格拉底讨论一个关键时刻，即公民进行道德思考、做出选择并且承诺遵守这种选择的时刻。事实上法律将公民生活中很多这样的不同时刻浓缩到这单一的剧本中，他们称之为“达成一致”（*homologein*），并将其形象地表现为“订立契约”（*sunthêkai*）。③

---

① 克劳特（Kraut）将“法律”（Laws）看作苏格拉底主张的代言人，将他们描述为类似于自身对象的东西，他们代表着苏格拉底的法哲学：“这是通过他所想象的对立面，为戏剧的与哲学的目的而提出的。”他补充认为：“但是为了不先入为主地考虑这一问题，我会继续将苏格拉底与‘法律’作为两类独立的人物加以讨论。”（1984：41）Weiss 近来认为柏拉图之所以将“法律”作为新的对话者（类似于修辞学家）插入对话之中，是因为他们代表着一种反苏格拉底的极端立场。

② 注意克劳特强调了法律们假设的、想象的特征（1984：81–82）。

③ 这一对话在 49e6 处引入了“协议（agreement）”的这一概念，并且反复强调这一观念，认为个体公民身份起源于并且也依赖于“承担公民的角色（*politeuesesthai*, 52c2）”，并且“形成我们与（法律）之间所达成的承担公民角色的契约与协议”（52d1–2 and 8，53a6 and 54c3）。

我在第 6 章中认为，安提丰可能已经率先提出过 *nomos* 的纯粹基于契约之上的观念。而对苏格拉底来说，这类商谈更为根本也更为关键，因为它迫使个体公民去选择要么服从法律，接受由其规定的“宾我”角色，要么合情理地对法律持异议态度。对于一位雅典人来说，这意味着试图去说服他的同胞公民——或者，在法律主权的观念下就是说服法律自身（拟人的说法），以协调他们之间永久性的关于 *nomos* 的商谈，从而使重要社会他者承认一个人的主我就如何扮演公民角色所作出的特殊选择（*hêirou*，52c1）。通过这样的异议，个体试图通过与他人达成共识（*homonoia*）来将他的个体的、私人意义的善，转变为一种可能与他人共享的公共意义的善。

8. 苏格拉底与社会契约

但是这一对话并没有清楚地说明由个体公民所进行的这种选择的性质，也没有试图与法律商谈他的私人意义的善是如何“可分享的”。克劳特（Kraut）认为苏格拉底的个体协商所得到的社会契约形成了一种“含蓄的同意”，因为苏格拉底从未言明：“在这些话中，‘我同意城邦所作的任何命令’，或者‘我同意作为一位公民’。”（1984：152）克劳特打了一个比喻，在博弈时对手都同意下棋，但从不在语言上彼此承诺遵守规则。当对手上厕所时，另一方非法地在棋盘上移动棋子来欺骗他，就发生了一种真实的侵犯，因为坐下来下棋的行为包含着同意遵守规则（152－153）。将这一比喻用到被称为“城邦”的民主博弈（*pessoi*，跳棋）中，它真的准确地反映了每一位公民在进入公民之列时所订立的那种协议吗？克劳特希望确定找到一种关键性“认可行为”：“单一的、相互理解的自愿的行为，包含着表达个体同意的全部责任。”（162）

而且他注意到了在《克力同》中，法律特别提到了某种自愿行为，年轻人都是用这种自愿行为来决定申请其公民身份地位，这就是 *dokimasia* 或者是官方审查，这是我们在第 5 章看到的，一个未来的公民在他满十八岁之后，在其村社（deme）中所经受的（当议事会批准村社的决定时，也会经受）。为了确定这一契约的起源，法律回溯到这一最初关键的公民生活剧本：“我们认为一旦雅典中的任何人，只要通过了其 *dokimasia*（资格审查），获得有关城邦政治活动与我们法律的一些观念，我们就会给他以自由选择机会——如果他不满意我们并愿意离开的话，就可以带着他的财产到他喜欢的

任何地方去。”（51d1 –5；Kraut 1984：154 –160）

这样一种 *dokimasia*（资格审查）的剧本，履行了一种认可（assent）的自愿行为——克劳特相信公民必须履行这种行为，这样，他与重要社会他者就可以达成远不仅是“含蓄同意”的契约？克劳特的回答是否定的，因为他将 *dokimasia*（资格审查）仅仅看作对公民身份的含蓄认同的第一阶段，这一阶段开启了法律所粗略规定的相当长一段时间的（公民）行为，其中包括“（获得）有关城邦政治活动与我们法律的一些观念”（51d3 –4）、“看到我们在法律诉讼中进行仲裁的方式以及我们管理城邦的其他方式”（51e2 –3），以及在城邦中定居某一段时间。但是克劳特发现这里缺少一种明确的言语同意，即一个独立的言语行为，这样他得出结论认为，雅典的公民并没有订立一个有约束力的契约去服从其所有的法律。其结果就是，一个公民能够合情理地反对一些法律，表达法律上的正当异议。特别是他认为：“只有做出了提议并被接受，协议才存在。但是在公民通过了其 *dokimasia*（资格审查）之后，说城市仍然在向他做出一个提议，就是不真实的了。（191）”尽管克劳特敏锐地觉察到法律明确地提到对未来公民的 *dokimasia*（资格审查），但是他却忽视了埃弗比获得公民身份过程这一完整剧本的更广阔背景，其中可能包括关于雅典重要军事的、宗教的与政治机构的为期一年的教育，还包括它们的所处位置。当法律说到“（获得）有关城邦政治活动与我们法律的一些观念”及“看到我们在法律诉讼中进行仲裁（*dikê*）的方式”时，似乎就是指的这些。

更为重要的是，克劳特忽视了一个以言语行为即埃弗比誓言形式出现的关键事件。正如在导言与第 5 章讨论过的，埃弗比宣誓可能是在 *dokimasia*（资格审查）通过一年后做出的，其文字表述仍然回响在公元前五世纪的很多文本中，包括埃斯库罗斯、索福克勒斯以及修昔底德等人的作品；同样在公元前四世纪的一些铭刻中也记载着这一誓词。克劳特的忽视让人奇怪，因为“法律”在与苏格拉底对话时，提到了包含着埃弗比对其父母之邦的关系、他作为重装步兵的身份，特别是他对雅典法律的服从的承诺性誓言部分。在提到“达成一致”（*homologêsêi*，49e6）的公民剧本之后，法律概括了在公民从出生到获得完全的公民身份过程中的一些关键阶段，它们描述了一个孩子被纳入胞族之中以及进行 *dokimasia*（资格审查）时需要具备的一些必需的关键信息：他的出生与父母谱系（50d2 –4）。然后，法律还提醒苏格拉底那些涉及父亲教育其孩子的责任的法律（50d11 –12），最后，更关注了成年公民对于他的祖国及其法律的关系（51a4）。

在这一点上法律提到了这一指令：当祖国对他不满时，公民必须“接受或者履行（祖国）所命令的一切”（51b4）。在祖国可能给予公民的各种可能命令中，法律挑出了在战场上受伤或者死亡（51b6 - 7）的情形，要求“不能投降、撤退或者放弃（*leipteon*）职责”。正如我们在引言中看到的，在埃弗比的誓言中，埃弗比首先承诺：“我决不会侮辱这些神圣的武器，无论我驻防在哪里也不会放弃我身边的战友。”（1 - 2）在战场之外，法律坚持认为公民要服从于“在法庭上或者别的任何地方，城邦与祖国所命令的一切”，特别是他不应当试图暴力侵害（*biazesthai*）祖国（51b9 - c3）。而在埃弗比誓言中，一位年青的公民承诺：“我会保卫我们神圣而公共的制度。在困境中我不会背弃我的祖国，而要通过我自己和他人的帮助，让她更伟大、更美好。”（3 - 4）然后埃弗比进而转向服从人与法律的问题，承诺：“我会服从那些现在合理（*emphronôs*）执政的人、遵守既成的法律（*tôn thesmôn ton hidrumenôn*），以及在将来可能合理制定（*emphronôs*）出来的法律，无论是依靠我自己还是别人的力量。”（5）（我们会再次讨论这里的双重的“合理性”限定。）最后，如果我们回忆起法律对于苏格拉底的公开指责，即他试图去“破坏”（*apolesai*）法律（50b1），我们可以看到在埃弗比誓言中的一个回应：“如果有人试图废除（*anairei*）它们（既成的法律），我不会让他得逞，无论是靠我自己还是依靠别人的帮助。”（6）

克劳特认为个体公民与法律订立的契约，只能形成一种含蓄的协议，它主要依赖于在一段不定时间中公民的非语言性行为所表明的同意。他并不相信在 *dokimasia*（资格审查）之后，城邦会给公民提供一种他可以接受或者拒绝的“倡议”（1984：191）。正如我们所看到的，他的观点立足于苏格拉底从来没有言明“说了许多‘我同意城邦命令我所做的一切’，或者说‘我同意成为一位公民’”这一事实（152）。我认为在法律与苏格拉底的对话中，法律确实向他提醒过埃弗比誓言，这是作为他在 *dokimasia*（资格审查）通过之后曾做出的特别口头协议——柏拉图的听众会记得与认出这一协议的。更为奇怪的是，克劳特事实上假想了一种可能性，即城邦可能要求成年公民在三十岁时作一种“忠诚宣誓”，他们承诺要么“遵守或者接受”城邦，要么或者放弃其公民身份（191 - 192）。他总结道：“如果苏格拉底作了这种宣誓，那么他要是没有劝说城邦就从监狱中逃跑，当然就打破这一协议了。”（192）

尽管有这种逻辑的推论，但是克劳特却忽视了这样一种特殊的口头协议的重要性——因为忽视了这种协议，克劳特认为公民与城邦之间只存在着一种含蓄的契约。因为他并不相信一旦在 *dokimasia*（资格审查）的基础之上授予了公民身份，公民可以被剥夺基于特殊的口头约定基础之上的“权利”（192）。我认为克劳特没有考虑到埃弗比誓言是作为取得完全公民身份的一个前提，这就使得这种假想性誓言的例子完全没有什么意义。在《克力同》中，苏格拉底承认，个体必须明确用语言公开同意遵守所有城邦法律的必要性，不容有什么例外。但是我们仍然需要理解的是，这种让步承认对苏格拉底实践的策略性意义。

如果我们将苏格拉底与法律的对话理解为另一种跨越边界的例子，也就是他的 *psykhê*（灵魂）中内在性商谈的外化，那么法律能够代表一种向他反映出重要社会他者的自身对象——重要社会他者为公民提出的一种最为基本的“宾我”角色，这是公民的“主我”可以评价并同意扮演的角色。[①] 在这一对话中，法律如父亲般坚定的声音，事实上代替了神明的力量（*to daimonion*）——通常苏格拉底正是借助于这种神明的力量对正义的内在商谈做总结。如果事实是这样的，那么这种替代对于确定我们是否能够“挽救”苏格拉底的公民身份有着重要的意义。一旦埃弗比做出了他的誓言，他事实上就自愿地与城邦订立了一个契约，以承担这种根本性的“宾我”角色。承担了这种角色就取消了他的“主我”任何反对的可能。不过，在誓言中重复强调公民有责任服从那些“合理”执政与“合理”立法的人（*emphronôs*），这似乎在要求公民的“主我”就契约进行再次商谈。

谁来决定这种“合理性”的标准呢？据称“当然并不是（埃弗比的）重装步兵”，但是在公元前462年的厄菲阿尔特改革之前，它应当指的是一个社团群体，也就是战神山议事会（Council of the Areopagus）[②] （Sievert 1977：103－104）；而在厄菲阿尔特改革之后，这种决定权显然就落到了那

---

① 柏拉图构思这一对话，是作为一种内在思考的外在化形式。一开始克力同让苏格拉底考虑（*bouleuou*）是否越狱并离开雅典，事实上他催促苏格拉底结束先前没完没了的思考（*bebouleusathai*），决定到底是逃亡还是留下来（*mia*……*boulê*，46a4－5）。因为没有提到先前更早的对话者，克力同一定认为苏格拉底是在与自己协商。

② 战神山议事会是一个存在于历史之中有据可考的著名组织。战神山议事会具有护卫雅典城邦法律的职能，管辖着城邦中大部分最重大的事务，并对一切扰乱公共秩序者直截了当地进行审判与惩罚。议事会执政官（最初是9位，后来有所增加）的选拔是以高贵门第及富有为依据，是终身制的官职。但在第一位平民领袖梭伦执政后（约为公元前6世纪初），战神山议事会的权力就逐渐被400人议事会（后发展为500人议事会）削弱。在希波战争结束后约17年，即公元前462年前后，战神山议事会遭到500人议事会及平民会议的控告与声讨，于是，战神山议事会对政事的监督权被剥夺。战神山的法律职能则一直延续到罗马时代。——译者注

些坚持民众主权观念的普罗塔戈拉-伯里克利式典范的公民身上。但是我们知道，苏格拉底习惯于将这种自主权归属于他自己的 *psykhê*（灵魂），特别是归于他的“主我”，正如他告诉克力同的：“因此，这并不是第一次，而是一直这样，我是那种坚持除了在自身之内（*ton emon*）认为是可以合理推导出来的（*logizomenoi*）、是最好的论证之外，不为任何别的事物所动的那类人（*toutos oios*）。”（46b4-6）不过，余下的对话却允许法律以及他们的“宾我”角色代替了“主我”的自主性。

苏格拉底式公民身份的关键就在这里。我们看到安提丰相信，个人与重要社会他者及其“宾我”角色就达成一个社会契约进行谈判时，个体公民要将他的 *physis* 价值转换成 *nomos* 的通用语汇，才能商谈与检验他的 *physis* 的价值。于是，正如奥斯特瓦尔德理解安提丰的意思：“我们必须牺牲我们自然中的一些东西，才能享受到法律所带来的好处。”（1990：300）[①] 苏格拉底愿意向法律做出牺牲，愿意去商谈和订立个人契约条款，相当于他向法律让渡了对于每一个体的生杀大权。这种让渡要求他的“主我”让渡有关个体心身幸福的主权，这涉及了安提丰所珍视的 *psykhê*（灵魂）健康的标准。一旦走出了这一步，“主我”甚至在决定政治事务时，也能够继续运用自主权。苏格拉底在公元前406年拒绝在对指挥阿吉努塞（Arginusae）战役[②]的将军

---

① 色诺芬所想象的苏格拉底与安提丰的三段对话中的这第二段，涉及苏格拉底拒绝为他的教导收费，或者更准确地说，是拒绝为了与他人做伴，将他的自身与他人分享的意愿收费（*sunousia*，*Mem*. 1.6.11）。从《论和谐》中我们可以看到安提丰坚持认为一个公民应当在进行反思与理性的判断（*gnômê*）之后，在公共生活中从他人那里检验他的价值（*axia*）或者有用性。色诺芬歪曲了这一原则的严肃性，认为这体现了安提丰唯利是图［其他一些人也是这样，包括阿里斯托芬在《马蜂》（Wasps1267-71）中也是如此］。

② 阿吉努塞战役是伯罗奔尼撒战争中的一次海战。在这次战役中，雅典和斯巴达各有损伤。阿吉努塞战役结束后，救援舰队在留下两个三列桨战舰舰长色雷西布拉斯、特拉门尼（这两个人曾在塞西卡斯战役与亚西比德同为希腊舰队司令，现在担任舰长）和一只数量不详的小舰队负责打捞救援25艘被击沉战舰上的水手和士兵后，继续去救援科浓的舰队。但不久暴风雨来临，围困科浓舰队的50艘斯巴达战舰解围而去，而打捞救援25艘战舰水手的工作则完全失败了，几乎全部落水雅典水手和士兵都被溺死，其数目高达1000-5000。得到这个消息后八将军中有两人（Aristogenes 和 Protomachus）立即逃亡，其余六人回到雅典后，因此受到了审判，全部被处以死刑并立即执行。这一事件使得雅典海军的人力资源进一步被削弱，现在只剩下科浓一个将军是经验丰富的海军将领了。阿吉努塞战役后，斯巴达向雅典提出了和平建议，但这次雅典人依然拒绝了。——译者注

所进行的非法审判中进行投票，或者在公元前 403 年拒绝去逮捕萨拉米斯的勒翁（Leon of Salamis）（*Apology* 32b and d.），以这种方式苏格拉底承认了安提丰所指出的事实，即在一种永恒冤冤相报的国家法律机制里，并不能够让一位公民免于遭受另一位公民的不义之举，不能够保证遭受不义的受害者占据比施恶者更为有利的地位，不能够防止一位公民真实的证词伤害另一位公民等［*On Truth* 44（B6 – C2）］。

为什么苏格拉底愿意承认这一点呢？因为他认识到当一个人在玩城邦游戏时，个人冒险的重要性。这种冒险就是放弃"宾我"角色的优先性，从而获得一些更为重要的东西：在一个民主社会中自由地创作商谈的新剧本，无论是与他人还是与自身商谈。通过这种冒险，自我就为一个应当具有更高优先性的成分——"主我"购买了一张保险单。这就可以解释为什么苏格拉底将阿基琉斯看作一个可以接受的自身对象，正是因为在面临道德困境时，这位英雄面临着死亡的危险但是十分蔑视它（28 – d）。苏格拉底把这一风险描述为一位匿名的公民对其质疑："难道你不感到羞愧吗？苏格拉底，你一生致力的道德生活（*epitêduema epitêduesas*），却让你面临着死亡？"（28b4 – 6）。然而苏格拉底的回答事实上是：对于一个在决定自我行为是正当还是不当、是善还是与恶的主我来说，生与死并不重要。（28b4 – 6）。我认为，说苏格拉底将埃弗比誓言看作他特殊类型的社会契约的原型是准确的，因为在这一誓言中，每位年青公民都承诺为法律而献出他的生命，从而扮演一系列必要的"宾我"角色。同样，苏格拉底也相信公民必须明确公开地说出认同这些"宾我"角色的必要性。无论如何，他认为尽管这些角色可能会损害安提丰如此珍爱的个体**活生生的**自身利益，它们同样也保证了，在雅典"主我"**道德性**的自身利益并不依赖这些"宾我"角色而蓬勃兴盛。如果是这样的话，那么重要社会他者是否承认这一自我，确定"主我"的异议到底是否正当，就并没有什么关系了。换言之，苏格拉底向他的追随者建议去玩一种城邦版本的 *pessoi*（跳棋）游戏，承认这一游戏所要求的社会契约。因此，苏格拉底的公民身份似乎是可行的。

但是这产生了一个矛盾：苏格拉底在让公民们同意遵守这些规则的同时，又使他们哄骗他们的对手，打破这些规则。与阿尔喀比亚德一样，他偷偷地将这一游戏从民主城邦转变为一种 *pente grammai*（五线棋）的游戏，① 其中一个称之为 *basileus*（王）的棋子希望称雄。为什么成了这样呢？因为

---

① 前面提到，这种五行的游戏最好地象征了寡头制中的公共生活：它较之于 *polis* 的游戏少很多棋子，有一个称之为 *basileus*（王）的棋子具有至高的地位。——译者注

他明确地将“主我”从其义务性的“宾我”中分离出来，将其庇护于一种特别属于他自己 *physis* 的商谈之中，因而就使其走出游戏了。因为每一场由 *nomos* 所规定的比赛或者游戏必然是由一个公民的“宾我”角色所主导的，当道德的行动者真正同意开始游戏时，“主我”就会设法保持在这一棋局之外。以这种方式，哲人实现了阿尔喀比亚德这类政治家从不可能实现的东西：自恋者有能力将他人永远拒之于他视为自我的核心之外，永远不让他们威胁到自身幸福；为了自己的福利，“主我”就足够了！在一个对他从前的情人与学生阿尔喀比亚德的奇怪认同之中，苏格拉底同样也向雅典人宣布了他对于 *physis* 的坚定支持：“当涉及自我，什么都不能牺牲！”

结　语

第 5 章到第 7 章讨论了约公元前 470 年到公元前 399 年这七十年间，在民主的雅典出现的一系列相互竞争的公民身份与自我模式。我们在第 5 章中看到，公元前 480 年到前 479 年雅典击败波斯之后，早期民众主权时期雅典的民主党人，与精英领袖领导之下的公共协商与决策的要求与冒险进行着斗争。埃斯库罗斯的达那特三部曲以公民所面临的竞争的形式呈现出这些要求及冒险，比如在不同意义的共同体之间、不同类型的个体身份之间以及各方所依赖的理由说明之间的竞争。一方面，每个“真正的”男人与公民将他自己与外邦人与妇女区分开来，为了城邦的战略优势与自主性而结盟，以增进他的政治共同体的利益；而在另一方面，作为人类一员，这个公民难以抵制同情与恐惧的力量，这使他承认了一种与外邦人与妇女共存的非政治意义的共同体，甚至会无视与他们结盟会威胁到他的政治自由与公民的自主性。我认为，在《乞援人》中埃斯库罗斯再三地要求他的观众努力去思考米德式难题，即，在公元前 460 年代，如果一个人要成为自身就需要成为他人，这到底意味着什么。换言之，他鼓励他们仔细考虑他们划定不同意义的共同体与自我边界的后果。

在第 6 章中，我们看到公元前 440 年代到公元前 430 年代中，在普罗塔戈拉与伯里克利的教导之下，一种不同类型的公民与自我似乎主导着雅典。在这一时期，认为规定着共同体和个体的诸边界并不冲突、甚至也可能交集在一起的信念高涨。根据这种法则论的模型，共享的集体实践以及“心灵的习性（habits of the heart）”能够刺激公民过着这样一种生活：它的公共行为是自由的，然而又受到公共规范的调节；它的私人偏好完全随兴所至，无需考虑公众容忍的限制。然而，公元前 420 年代似乎出现了其他类型的公民身份与自我。其中一些类型就像那位匿名的“老寡头（Old Oligarch）”基于政治与道德的抨击檄文，尖锐地对抗着普罗塔戈拉与伯里克利的自我模式。①安提丰在精心为 *physis* 进行的合理化辩护时，将其看作一种存在论与认知论的框架，提到了针对 *nomos* 的另一种智性与道德的模式。边界再次成了关键问题：对于安提丰来说，个体幸福依赖于在重返互动的公共空间之前，在一个与法规无涉的领域中划定自我利益的界限。在某种意义上，埃斯库罗斯的观众可能并不能理解，安提丰会同样要求他的听众扮演一种公民身份，在这种身份之中隐藏着一种自我——但其同伴难以理解这种自我的利益。

用今天的眼光来看，普罗塔戈拉与伯里克利模式的法则性特征体现着共享的价值观、政治参与与集体道德凝聚力等社群主义的纯粹原初形式。② 如果伯里克利的《葬礼演说》表达了体现着我们现代意义上的社群主义的公民理想与自我，那么，倘若我们认为安提丰的自我模式是试图对其进行“自由主义的”矫正，就并非是时空颠倒了。正如哈维诺在《希腊政治中的自由主义倾向》（*Liberal Temper in Greek Politics*）一书中所说的，因为有了 *physis*（自然），“在城邦中，人们现在就理直气壮地主张个人资源与个体判断的领域了”。这使得安提丰能对城邦要求公民“服从”和遵循公共的“好生活观念”“宣战”（1957：270）。我已指出，安提丰在普罗塔戈拉与伯里克利的自我模式中打开了一道缺口：首先（在《论真理》中）他鼓励每一位公民通过意志（*gnômê*）主导的内在商谈来探讨个体意义的善；然后，（在《论和谐》中）建议每一位公民以一种更高类型的智慧（*sophrôsynê*）与他人就那些善进行商谈，为回归社会生活而进行改变，做好准备。

在第 7 章中我称阿尔喀比亚德与苏格拉底为“自恋的公民”，这并不是指一种不合情理的公民身份与自我。毋宁说，这两个人都显示出雅典人在一种终身实践（麦金泰尔意义上的）中能达到何种极端地步，这种实践致力于追求一种自身利益的善——这种善与在共同体中具有优先性的共享政治价值并不相容，而且依赖于一种其他雅典人认为神秘的、不可思议并且具有威胁

① 《雅典政制》（*Constitution*（*Politeia*）*of the Athenians*），通常被认为创作于约公元前 430 年代到前 420 年代之间，过去被认为是色诺芬所作。奥伯在雅典“异议者”的政治著作的背景下讨论了这篇文章（1998：14 - 24），而 Yunis 则是在对于民主商谈进行批评的背景中讨论了它（1996：14 - 27）。

② 我仍然这样说，尽管菲利普（Phillips）认为民主的雅典并没有满足一些社群主义理论家对于理想共同体怀旧式的标准：“实际上作为一个整体的雅典社会，没有什么像一个共同体。”他这样总结（1993：143）。但尽管只有 20% 的居民是公民，与十九世纪之前的其他模式相比，雅典“更像是一个充分发展的共同体”（147）。

性的内在商谈方式。在雅典的情境中，他们都是自由主义的“自我塑造”的逻辑限度内的代表。当然，无论是阿尔喀比亚德还是苏格拉底，都并非在过一种超社会生活，他两人都乐于建立一种自愿性的人际关系——我们今天所说的私人生活与公共社会中的“网络”与“个人交际群体”，有些人认为这些关系比被指派的成员资格的关系更有意义，更“真正是我们自身的”。[①] 但是在公元前五世纪晚期的雅典，基于爱神崇拜（Eros - cult）的和围绕着苏格拉底的圈子的另类共同体，都立足于一种超凡自我，它能将自己神秘的意志与智慧推举为一种个人神的宏大偶像，一位陌生的神。因为阿尔喀比亚德与苏格拉底的追随者将这一偶像看作一种自身对象，他们便在一种陌生他者的形象中寻找一种自我的转换性意义——这一他者并不扮演任何能被社会承认或者认可的“宾我”角色。

但是在《申辩篇》中，苏格拉底指出阿基琉斯是其原型与自身对象（28 - d），他是对的。他与这位英雄在他们笑对死亡的道德献身（*epitêdeuma epitêduesas*，28b）过程中的二阶推理都是十分清晰的，因为在这一点上他们都超越了凡人生命的限制（阿基琉斯从忒提斯那里听到了如果他攻克了特洛伊就会死去的神谕，苏格拉底也无意于背弃哲学的实践而苟全自己的生命）。从自由主义哲学所推崇的这一超凡观点来看，自我暂时从一种共同的社会背景规定的目的中摆脱出来了，现在它“先于其目的”，可以按自己的意志来选择目的（Sandel 1998：58 - 59）。

在第1章中我们讨论了阿基琉斯勇敢决定的多重有益的后果，其中包括控制“主我”的冲动直觉的能力，以发现一种假设的更具有可塑性的人：这样的人在其自我价值宣称的背后，靠女性哀悼者的表演而拥有道德力量，并且由于更喜欢一个女人而非另一个而获得其意志的道德正当性。更为重要的是，阿基琉斯将他的这种自我观投射到了一种更为可塑的新型共同体视野之中，这种共同体理想上是由心智相似的自我所组成的，即国家与其公民。我在第2章中将这一自我与国家形成期前后 *basileus*（王）的特权角色进行了对比：这一时期中，是一位个体垄断着正义的施行，其方式是由他在争执解决过程中采纳所有诉讼者及共同体的位置。在第3章中，我们看到奥德修斯

① 参见 Phillips 对自愿结社的自由主义辩护，他将其代替了共同体成员资格（1993：190 - 194）。有关自愿结社与公民社会的关系，参见 Kymlicka 2002：305 - 306。从商谈民主主义观点来看，沃伦提供了一种对于公民社会中自愿结社的重要性以及其自愿性质的评价（2001：56 - 59）。

进一步拓展了阿基琉斯所展现出的“主我”的强大能力——它能作为一个意志主体行动，通过一种内在的思考而进行自我转换。奥德修斯在卡吕索普的岛上成为新人，这是因为一种社群主义式的认知能力，即重新发现曾经拥有但却是自愿放弃的目的——这些目的是以妻子、家长及当地共同体的形式给出的。换言之，奥德修斯这种转变了的自我，除非它冒险将自己嵌入社会关系中——既作为他人僭妄的对象，也作为审判他们僭妄的法官，否则就注定是无意义的。

因此在这一研究中，我们讨论过的每一位杰出个体，都发现了其自身处于一种压力之下，面临着痛苦而纷繁复杂的困境。为了确定正义的问题，每一位都同时面临着一种命令和超常的假设：“为了确定这一问题，我**必须**成为什么样的人？我**希望**成为什么样的人？”我在导言中强调，正是这一困境凸显了那些构建我们的个体人格与自主性的选择。用当代的话语来说，它将我们带到了自由主义的、社群主义的及商谈民主主义的自我与公民剧本彼此冲突但又潜在相互融合的情境中。金里卡指出，问题的实质在于“他们不能就在自身之内什么地方划出自我的边界达成一致”（2002：227）。但正如我们从埃斯库罗斯那里看到的，这一难题同样涉及共同体以及它们划定自身的边界、确定它们公民的方式。用安提丰的话来说就是，我们如何在同时尊重 *physis* 与 *nomos* 的情况下为自我划定边界？因为一方面，我们可能听到来自于“主我”冲动的自利的呼吁，要求考虑我们个体普遍的、但受到压抑的需求，但另一方面，公民成员资格要求我们对于“宾我”角色的义务承担责任，这一角色与我们共同体划分并保持其边界的需求是一致的。我们如何对这些潜在冲突着的边界的主张进行协调呢？

因为这一原因，在第 4 章中的讨论仍然是关键性的，而且也没有解决。这里我们遇到了梭伦，在所谓历史性与表演性的复杂角色中，他的真相很容易让人搞不清楚。我们从他身上看到三种姿态或者人格。依我看来，这可以最好地说明他作为立法家对于未来公民陪审员所给予的启示，因为每一种姿态都说明了一种古风时代版本的罗尔斯式无拘无束的自我：梭伦作为在竞争的各派之间的界石（*horos*）（fr. 37. 9 – 10）；梭伦持盾以保护争斗的各方（5. 5 – 6）；梭伦作为一只被群狗包围的狼（36. 26 – 27）。每一种形象都将“主我”看作苦苦挣扎的自我，难以肯定自己就是桑德尔意义上的“占有的主体”，然而每种姿态同时把握了法律的非人格性力量。因为每种姿态都模仿了替罪羊的自我牺牲。梭伦让他的听众理解他们作为“共同认知者”扮演正义施行者、充当陪审员而运用法律时所要付出的个体代价。事实上他告诉他们在决定正义问题时，你必须不再成为你自己，这样你就不是任何人，也是任何人了。

那么除了如何就这些边界进行协商，指出这些边界在哪里接壤、重叠或者消失之外，又有什么是共同认知与担任界石的技艺呢？这里我们似乎已经看到了“参与司法”的基本含义了，在第1章中，这是与“标明”一种边界与份额（*moira*，*aisa*）的 *deiknunai*（指出）联系在一起的（Palmer 1950：160－163）。当然，这并不是陪审员与法庭独有的才能，在我们承认自己作为公民的角色、并在我们选择将公民身份模式融到自我之中时，我们也都在表现出这种能力。从本性上讲，这是一种令人困惑的事，因为正如本研究一直表明的，无论是自我还是共同体，其边界都很容易变动。这一混乱在民主制中显得更为明显，其中平等与个人自由的观念，都乐意消除各种差别。故而我们接下来可以讨论最后一个有关法律与个人最终的民主文本，因为它象征着这一混乱。

在公元前338年到公元前324年间，有人写了一篇演说，指控一位叫作阿里斯托盖同（Aristogeiton）的政治家（修辞学家）尽管深受国家恩惠却非法地运用公民身份（这篇演说的作者是有争议的，也许并不是通常所认为的德摩斯梯尼，[①] 但它收录于其文集之中，即 Demosthenes，25）。但不管是谁写下了它，作者很想将这一指控写成一部关于法律、共同体、个体心理的哲学、修辞学和司法常识的大综述。事实上这一演说的确让人诧异：演说家公开告诉陪审员他的话不过只是一些老生常谈：“我并不是说什么特别的或者独创的新东西，而是你们与我都知道的。”（25.20）学者们为解释其中的折衷主义及“智性的大杂烩”主张，甚至猜测它是一种有关法哲学的文章，或者是某位智者伪称为法庭演说的作品（Romilly 2001：156－158）。但是我们之所以对这一演说感兴趣，是因为它回到了梭伦的困境之中，即如果我们要施行正义，就要划出边界。只不过它运用了更为现代的词语来教导陪审员如何在运用法律中，在 *nomos*（法律与习俗）与 *physis*（个体灵魂 *psykhê*）之间进行框架转换。

这种框架转换是如此含混，以至于对这一演说所主张的统辖雅典任何事与任何人的“法律主权”，它允许陪审员做出两种不同的反应，进行两种不同的论证。它的首要论证大胆地宣布了一种人类学的真理：“无论国家大小，其中全部的人类生活，都受到 *physis* 与 *nomos* 支配（15）。”这两种领域之间

① 据普鲁塔克的《希腊罗马名人传》记载，这一演说是德摩斯梯尼写的。——译者注

的关系是敌对的：*physis* 代表着所有无组织的、每个个体特有的东西；而 *nomos* 则是集体性的、对所有人同样有序的（15）。作为独特个性之表现，罪恶与犯罪起源于 *physis*，特别源于自我的意志论维度（16）。如果法律没有对付这一邪恶的决心（16－17），那每个人都可以随心所愿地行事，人类社会可能就会堕入到野兽的状态之中（20－21）。被告阿里斯托盖同的例子很好地说明了这一点，因为他宣称在一个民主社会中，人们只要不关心自己的名声，就可以随心所欲地说话与做事（25）。事实上这位演说家宣称，民主促使每位公民都将他自己的愿望（*boulêsis*）想象为法律（*nomos*）与权威（*archê*）（26）。当愿望成为法律时，我认为个人就将自我的边界与国家的边界混淆了，*physis* 的框架吞没了 *nomos*。

这种目无法纪的世界观，与一个世纪之前伯里克利所相信的 *nomos* 能够驯化个人的喜好与意志的观点大相径庭，也可以视为对安提丰同时赋予 *physis* 与 *nomos* 框架的合法性的一个迟来的反驳。① 因为这位演说家确信，罪犯无法无天，毫无羞恶之心，使得他们的内心思想扭曲，也分裂了共同体的集体性自我："如果罪犯的僭妄、无法无天（*paranomia*）及肆意诽谤（*blasphêmia*）倾泻到公共领域中，（国家中）所有事物就会堕落、分裂，混乱不堪。"（26）为了强化他所主张的法律权威及其对公民的约束力，演说家虚构了一种法律的世系，它首先标明法律起源于神、特别的立法家以及理性力量这类先验的资源："每一种法律都是神的启示与馈赠，是贤者的教导，是对有意或无意罪行的矫正。"（16）但是当演说家完成了他的谱系考查，宣称"每一种法律都是生活在国家中的人应当服从的社会契约（*sunthêkê koinê*）"时（16－17），我们窥见了一种非常不同的观念，即将法律的权威归结为陪审员自身。事实上演说家承认要根除类似于阿里斯托盖同这样的公民身上滋生的 *physis* 之恶的任务，这种法律统治的力量不过聊胜于无。他以一种典型的公元前四世纪法庭演说家的方式指出，如果陪审员没有能力去理解并运用这种法律的话，法律就一无是处。② 但是陪审员怎么具备这种能力

---

① 有关德摩斯梯尼（Demosthenes，25）与安提丰的比较，参见 Romilly 2001：166 and 168。

② D. Cohen（1995b）与 Allen（2000：179－190）都将这一演说放在公元前四世纪有关法哲学的理论背景中（柏拉图的《理想国》、《政治家》与《法篇》，亚里士多德的《政治学》），他们都强调了哲学家为法律主权的合理性进行的论证，与公元前四世纪法庭演说对于公共审判的自主权呼吁之间的区别；他们认为主权源自于哲学家而不是民主的实践。

呢？这一问题的答案是奇特的，是演说家在他的开场白中提出的：他告诉陪审员这个案例并不依赖于原告的论证，而在于每一个体陪审员自己的 *physis*："我认为这一案子早就由内在于你们每个人的 *physis* 决定了（*hypo tês hekastou phuseôs oikothen*，2）。"

他的意思是什么？他用 *physis* 指每位陪审员自己的品性；正如他不久之后所说的，他为他们提供的论证是基于他自己本质与习惯之上来说的（*hôs pephuka kai proêirêmai*）。当然，他的目标就是要让陪审员去运用他们自身与他的特性，去认识到阿里斯托盖同这种退化的 *physis*（45）在各方面都显示出的兽性来——阿里斯托盖同作为一种政治人物（修辞学家），是 *agora*（集会）中的蛇蝎（52），有着"狗"的绰号，其实是公民的掠夺者而不是保护者（40）。这样，法律的权威、法律防止犯罪以及矫正罪恶的能力，主要取决于个人在 *physis* 的框架内如何思考与感觉，因为正是陪审员必须保护与加强法律（25），不能让阿里斯托盖同这样生性软弱的罪犯从其本能中汲取能量（7－8）。事实上，很难说私人的思想、感觉与内在商谈的后果具有多少公共性，但是我们的演说家似乎想要生动地表现出 *physis* 与 *nomos* 相互作用时彼此边界灵活的伸缩性。特别对于阿里斯托盖同的特性来说是如此，因为作为一位修辞学家，他的智慧与灵魂很可能会对国家利益产生重要的影响。这一演说家用一句话评价了阿里斯托盖同的 *physis*、他作为公民的表演、他个体的 *politeria*（公民身份）："你们难道没有看到，在他的 *physis* 与 *politeia* 中没有任何理性（*logismos*）或者羞耻/尊重（*aidôs*）吗？（32）"支配（*hêgeitai*）他行为的不过是一种"盲目"（*aponoia*，没头脑）："他所有公民身份（*politeia*）的表演不过是 *aponoia*。（32）"

显然，我们在这里看到了各种边界的交集：阿里斯托盖同的内在自我，与他在表演他作为公民这一"宾我"角色中的行为重叠在一起。但让我最为惊奇的是在这一演说中，我们的演说家宣称陪审员也同样如此，因为他说陪审员在运用他们的 *physis* 去施行法律并准确地评价阿里斯托盖同时，也让自己接受了公民身份的检验。事实上演说家立刻就提醒他们这一点，认为他们在同一天也与阿里斯托盖同一样受到审判，陪审员在判断被告表现出的 *physis* 与 *politeia*（公民身份）的关联活动时，也在让他们自己的公民身份在冒险。正如我们在第 5 章中看到的，演说家警告，如果他们 *physis* 的资源不足以让他们正确地思考，他们可能退出公民身份的门槛之外："在我看来，在阿里斯托盖同今天下午受到审判时，**你们**也在经历一场审查（*dokimazesthe*），并且你们的声誉（*doxa*，6）也是有风险的。"显然施行法律相当于面临着一种新的资格审查（*dokimasia*），即重新成为埃弗比，或者面临一种想象的国家官员资格审查（*dokimasia*）。①

我在本书研究中认为，阿基琉斯与奥德修斯在进行自我评价时英雄式的努力，帮助他们想象了一种有助于公民身份与国家共同体的产生的新型自我与社会。他们这些假设性的思考在决定正义问题时，也激发了将一个人想象为另一个人的传统。不久之后，在梭伦式联合思考的影响下，非人格化的成文法也同样要求公民们既不成为任何人，又成为任何人。但是德摩斯梯尼残篇25（Demosthenes 25）的演说家认为，在这么做时，在自我向另一个阿里斯托盖同这样的公民的他者性开放时，陪审员就将他们自我塑造的个体性交由重要社会他者来审查了。这样 *physis* 与 *nomos* 的范围就彼此重合了：他说，无论你选择成为谁，你今天的思考与判断会将你置于他人的审查之下。每位陪审员在审视阿里斯托盖同时会出现一个关键的时刻：他会看到什么？他会与蛇蝎或者“狗”这样的自身对象形成一种移情关系吗？或者他会宁愿寻找这样一个人，“他愿意与这个人分享（*koinônêsousin*）一种能克服阿里斯托盖同的盲目的品质——也就是智慧（*nous*）、健全精神（*phrenôn agathôn*）以及深谋远虑（*pronoia*）”吗？（33）

这样，当人们去施行正义时，*physis* 与 *nomos* 似乎并不是对立的力量而是交融在一起的，尽管这独具一格的演讲在边界与框架方面也是混乱的，甚至自相矛盾，但是它说明了如何采取我们的公民身份与自我观念中一种特别的立场去施行法律。因为当我们看到这一演说只是众多修辞策略中的一种，公民与自我相互依赖的可能性，是从他人的 *physis*（个体性）基础来评价其 *timê*（社会价值）这样的观点中产生的，我们也会让自己的 *physis* 与 *timê* 接受这种检验。尽管梭伦命令人们在施行正义与法律时要保持非人格性，但是我们仍然是基于我们同情谁或者反感谁而受到评判的。这里存在一个点、一

① 我选择埃弗比的资格审查（*dokimasia*），因为事实上没有对于陪审员所作的类似审查。但是除了呼吁他的听众去 *dikastai*（审查）（陪审员）之外，演说家还指出陪审员是“护法者”（*phulakes tôn nomôn*，6－7）。当然这种指称听起来并不正规，但它的确让人回忆起战神山议事会的传统特权，后来这种权利逐渐过渡到议事会、公民大会与法庭手中，这可能是由于公元前462年厄菲阿尔特改革的结果之一。（*Ath. Pol.* 3.6，4.4，8.4；Andoc. 1.84）。稍早于公元前323年，一个七人的“护法”委员会就被任命；参见 Rhodes 1981：315－317。但是这位演说家所指的任何一种资格审查（*dokimasia*）的要旨是一样的，因为国家官员会对每一个作为公民的人物以及他担任官职的资格进行检查；参见 Adeleye 1983：297－300。

个界标，它能够在今天相互竞争的意识形态，如自由主义、社群主义与商谈民主主义之间进行协调。这个点对我们的约束高于下面的各种说法，如公共与私人的美德是“相互依赖的”（Macedo 1990：265）的一般性结论，或者，通过确定我们对于他人贡献了哪种美德以及我们会采用他人的哪种美德，可以表明我们与他人是“相互依赖”的（Norton 1991：113）；或者，在承认我们所具有的某种独立性有赖于他人时，就从自由主义式权利拥有者转变为经受启蒙的共和公民了（Dagger 1997：39）。

《德摩斯梯尼》残篇25中的陪审员面临着一种更为具体的命令与假定，这是我们也会同意的。他们对阿里斯托盖同的指控的审判，有待于将自己选择所要成为的人格与另两类人格进行比较：一种是他们认为阿里斯托盖所选择成为的人，另一种是他们想象的具有能促进他们共同体利益的美德的人——他们也希望成为这样的人。这么一来，审判他人同时也使自己受到自我评价和被他人评价的一种商谈；这种商谈不仅说明了公民身份与自我身份的相互依赖，而且也提供给每一位陪审员以一种自我转换的机会。

有些希腊人确实就这样同时上演了我们现代的三种剧本，并从而订立了某种社会契约——罗尔斯原初位置上无拘无束的自我对这类契约并不陌生。如果社会契约的首要目的（正如罗尔斯对它的复兴）就是将一个人置于他人的位置之上，通过一种命运的可交换性的观点想象他们之间的平等，那么我们一些可敬的希腊人也已经做到了这一点。更为重要的是，他们以具体的方式说明了在施行正义与法律时，他们的公民身份与自我身份是如何相互依赖的，因为通过这些剧本，他们帮助我们阐明了米德的谜团：“如果我们想成为自身，必须成为他人。”

参考文献

期刊缩写对照

AC *Antiquité classique*

AJA *American journal of Archaeology*

BICS *Bulletin of the Institute for Classical Studies*

BMCR *Bryn Mawr Classical Review*

CA *Classical Antiquity*

CJ *Classical Journal*

CP *Classical Philology*

CQ *Classical Quarterly*

CR *Classical Review*

CW *Classical World*

GR *Greece and Rome*

GRBS *Greek, Roman and Byzantine Studies*

HCSP *Harvard Studies in Classical Philology*

JHS *Journal of Hellenic Studies*

MH *Museum Helveticum*

PCPS *Proceedings of the Cambridge Philological Society*

Qucc *Quaderni urbinati di cultura classica*

REG *Revue des études grecs*

RM *Rheinisches Museum für Philologie*

SMEA *Studii micenei ed egeo – anatolici*

SO *Symbolae osloenses*

TAPA *Transactions of the American Philological Association*

Adcock, F. E. 1927. "Literary Tradition and the Early Greek Code – Makers." *Cambridge Historical, Journal* 2: 95 – 109.

Adeleye, Gabriel. 1983. "The Purpose of the *Dokimasia*." *GRBS* 24: 295 – 306.

Adkins, A. W. H. 1960. *Merit and Responsibility: A Study in Greek Values*. Oxford.

——. 1972 *Moral Values and Political Behavior in Ancient Greece From Homer to the Fifth – Century BC New York.*

Alexiou, Margaret. 1974. *The Ritual Lament in Greek Tradition*. Cambridge, MA.

Afford, Fred C. 1991. *The Self in Social Theory. A Psychoanalytic Account of its Construction in Plato, Hobbes, Locke, Ravels and Rousseau*. New Haven.

——. 1993. "Greek Tragedy and Civilization: The Cultivation of Pity." *Political Research Quarterly* 46: 259 – 280.

Allen, Danielle S. 2000. *The World of Prometheus: The Politics of Punishing in Demo cratic Athens. Princeton.*

Almeida, Joseph J. 2003. *Justice as an Aspect of the Polis Idea in Solon's Political Poems: A Reading of the Fragments in Light of the Researches of the New Classical Archaeology. Leiden.*

Andersen, O. 1976. "Some Thoughts on the Shield of Achilles." *SO* 51: 5 – 18.

Anderson, Greg. 2003. *The Athenian Experiment: Building an Imagined Political Community in Ancient Attica*, 508 – 490, B. C. Ann Arbor.

Anhalt, Emily Katz. 1993. *Solon the Singer. Politics and Poetics*. Lanham, MD.

Antonaccio, Carla. 1993. "The Archaeology of Ancestors," in C. Dougherty and L. Kurke (eds.), *Cultural Poetics in Archaic Greece*, Cambridge.

——. 1994. "Contesting the Past: Hero Cult, Tomb Cult, and Epic in Early Greece." *AJA* 98: 389 – 410.

——. 1995a. *An Archaeology of Ancestors: Tomb Cult and Hero Cult in Early Greece*. Lanham, MD.

——. 1995b. "Homer and Lefkandi," in O. Andersen and M. Dickie. (eds.), *Homer's World. : Fact, Fiction and Reality. Bergen.*

Arrowsmith, William. 1973. "Aristophanes' *Birds*: The Fantasy Politics of Eros." *Anion. n. s. I*: 119 – 167.

Bakker, Egbert J. 1993. "Discourse and Performance: Involvement, Visualization and 'Presence' in Homeric Poetry." *CA* 12: 1 – 29.

——. 1997a. *Poetry in Speech: Orality in Homeric Discourse. Ithaca.*

——. 1997b. "The Study of Homeric Discourse," in Ian Morris and Barry Powell, (eds.), *A New Companion to Homer. Leiden.* 1997.

Bakhtin, Mikhail. 1981. *The Dialogic Imagination.* Trans. C. Emerson and M. Holquist. Austin.

——. 1986. *Speech Genres and Other Late Essays.* Trans. V. McGee. Austin.

Balot, Ryan K. 2001. *Greed and Injustice in Classical Athens.* Princeton.

Barnouw, Jeffrey. 2004. *Odysseus, Hero of Practical Intelligence. Deliberation and Signs in the Odyssey.* Lanham, MD.

Bassi, Karen. 1998. *Acting Like Men: Gender, Drama, and Nostalgia in Ancient Greece.* Ann Arbor.

Bauman, Richard. 1977. *Verbal Art as Performance.* Prospect Heights, IL.

Beiner, Ronald (ed.). 1995. *Theorizing Citizenship.* Albany.

Bellah, Robert, Richard Madsen, William M. Sullivan, Ann Swidler, and Steven M. Tipton. 1995. *Habits of the Heart: Individualism and Commitment in American Life.* Second edn. Berkeley.

Bérard, Claude, et al. (eds.). 1989. *A City of Images: Iconography and Society in Ancient Greece.* Trans. D. Lyons. Princeton.

Bergren, Ann. 1975. *The Etymology and Usage of Peirar in Early Greek Poetry.* American Classical Studies2. New York.

Bertrand, Jean-Marie. 1999. *De lécriture à l'oralité: lectures des Lois de Platon. Paris.*

Beye, C. R. 1970. "Sophocles' *Philoctetes* and the Homeric Embassy." *TAPA* 101: 63-75.

Blaise, Fabienne. 1995. "Solon fragment 36 W: pratique et fondation des normes politiques." *REG* 108: 24-37.

Boedeker, Deborah, and Kurt Raaflaub (eds.). 1998. *Democracy, Empire and the Arts in Fifth-Century Athens.* Cambridge, MA.

Boegehold, Alan, andAdele Scafuro (eds.). 1994. *Athenian Identity and Civic Ideology.* Baltimore.

Bohman, James. 1996. *Public Deliberation: Pluralism, Complexity and Democracy. Cambridge, MA.*

Bohman, James, and William Rehg (eds.). 1997. *Deliberative Democracy: Essays on Reason and Politics*. Cambridge, MA.

Bonner, Robert J., and Gertrude Smith. 1930. *The Administration of Justice from Homer to Aristotle*. 2 vols. Chicago.

Bowie, A. M. 1993. *Aristophanes: Myth, Ritual and Comedy*. Cambridge.

——. 1997. "Tragic Filters for History: Euripides '*Supplices* and Sophocles' *Philoctetes*," in C. Pelling (ed.), *Greek Tragedy and the Historian*. Oxford.

Bowie, E. L. 1986. "Early Greek Elegy, Symposium and Public Festival." *JHS* 106: 13–35.

Brenne, Stefan. 1994. "Ostraka and the Process of Ostrakaphoria," in W. D. E. Coulson (ed.), *The Archaeology of Attica under the Democracy*. Oxford.

Brickhouse, Thomas C., and Nicholas D. Smith. 1989. *Socrates on Trial*. Princeton.

Brown, Gillian, and George Yule. 1983. *Discourse Analysis*. Cambridge.

Burian, Peter. 1974. "Pelasgus and Politics in Aeschylus' Danaid Trilogy." *Wiener Studien n. s.* 8: 5–14.

Burkert, Walter. 1983. *Homo Necans: The Anthropology of Ancient Greek Sacrificial Ritual and Myth. Trans.* P. Bind. Berkeley.

——. 1985. *Greek Religion*. Trans. J. Raffan. Cambridge, MA.

Butler, Judith. 1990. *Gender Trouble: Feminism and the Subversion of Identity*. New York.

Cairns, Douglas L. 1993. Aidôs: *The Psychology and Ethics of Honour and Shame in Ancient Greek Literature*. Oxford.

——. 1996. "Hybris, Dishonour, and Thinking Big." *JHS* 116: 1–32.

Calame, Claude. 1986. *Le Récit en Grèce ancienne: énonciations et repreésentations des poetès*. Paris.

——. 1990. *Thésée et lamaginaire athénien: légende et culte en Grèce antique*. Lausanne.

Calder, W. M. 1971. "Sophoclean *Apologia: Philoctetes*." *GRBS* 12: 153–174.

Caldwell, Richard S. 1989. *The Origin of the Gods*. Oxford.

Calligas, Peter. 1988. "Hero–Cult in Early Iron Age Greece," in R. Hägg, N. Mari natos, and G. C. Nordquist (eds.), *Early Greek Cult Practice*. Stockholm.

Camassa, Giorgio. 1992. "Aux origines de la codification écrite des loin en

Grèce," in *Les savoirs de lecriture en Gréce ancienne*, ed. M. Detienne. Rev. edn. Lille.

Cantarella, Eva. 1979. *Norma e sanzione in Omero: contribuito alla protostoria del diritto greco*. Milan.

——. 2001. "Préface," in Louis Gernet, *Recherches sur le développementde la pensée furidique et morale en Grèce: étude sémantique*. Paris.

——. 2oo3. *Ithaque: De la Vengeance d'Ulysse à la naissance du droit.* Trans. P-E. Dauzat. Paris.

Carawan, Edwin. 1998. *Rhetoric and The Law of Draco*. Oxford.

Carey, C. 1996. "*Nomos in Attic Rhetoric and Oratory.*" *JHS* 116: 33-46.

Carey, C., and R. A. Reid (eds.). 1985. *Demosthenes: Private Speeches*. Cambridge.

Carr, David. 1986. *Time, Narrative and History*. Bloomington.

Cartledge, Paul, Paul Millett, and Stephen Todd (eds.). 1990. *Nomos: Essays in Athenian Law, Politics and Society.* Cambridge.

Cartledge, Paul, Paul Millett, and Sitta von Reden. 1998. *Kosmos: Essays on Order, Conflict, and Community in Classical Athens*. Cambridge.

Cassin, Barbara. 1995. *L'Effet sophistique*. Paris.

Casson, Lionel. 1971. *Ships and Seamanship in the Ancient World*. Princeton.

——. 1994. *Ships and Seafaring in Ancient Times*. London.

Castriota, David. 1992. *Myth, Ethos and Actuality: Official Art in Fifth-Century BC Athens. Madison.*

——. 1998. "Democratic Art in Late Sixth- and Fifth-Century Athens," in I. Morris and K. Raaflaub (eds.), *Democracy* 2500? *Questions and Challenges* Dubuque.

Cavanaugh, W., and C. Mee. 1995. "Mourning Before and After the Dark Age," in C. Morris, Klados: *Essays in Honour of J. N. Coldstream. BICS* Supplement 63: 45-61.

Cavanaugh, W. G., M. Curtis, J. N. Coldstream, and A. W. Johnston (eds.). 1998. *Post-Minoan Crete. Proceedings of the First Colloquium.* BSA Studies 2. London.

Chamoux, Francois. 1953. *Cyréne sous la monarchie des Battiades*. Paris.

Chantraine, Pierre. 1953. "Reflexions sur les noms des dieux hélleniques." *AC*

32: 65 - 78.

Christ, Matthew. 1998. *The Litigious Athenian.* Baltimore.

Clark, R. J. 1978. *Catabasis: Virgil and the Wisdom Tradition.* Amsterdam.

Claus, David. 1975. "Aidôs in the Language of Achilles." *TAPA* 105: 13 - 28.

Clay, Jenny Strauss. 1983. *The Wrath of Athena: Gods and Men in the* Odyssey. Princeton.

Cobb - Stevens, Vera. 1985. "Opposites, Reversals and Ambiguities: The Unsettled World of Theognis," in T. Figueira and G. Nagy (eds.), *Theognis of Megara: Poetry and the Polis.* Baltimore.

Cogan, Marc. 1981. *The Human Thing. The Speeches and Principles of Thucydides' History.* Chicago.

Cohen, David. 1995a. *Law, Violence and Community in Classical Athens.* Cambridge.

——. 1995b. "The Rule of Law and Democratic Ideology in Classical Athens," in W. Eder (ed.), *Die Athenische Demokratie im* 4, *Jahrhundert v, Chr.* Stuttgart.

——. 2002 (*ed*). *Demohratie: Recht and soziale Kontrolle im klassischen Athen.* Munich.

——. 2005. "Crime, Punishment, and the Rule of Law in Classical Athens," in Michael Gagarin and David Cohen (eds.), *The Cambridge Companion to Ancient Greek Law.* Cambridge.

Cohen, Edward E. 2000. *The Athenian Nation.* Princeton.

Cohen, Joshua. 1998. "Democracy and Liberty," in Jon Elster (ed.) *Deliberative Democracy.* Cambridge.

Cohen, Joshua, and Andrew Arato. 1992 (eds.), *Civil Society and Political Theory.* Cambridge, MA.

Colaiaco, James. 2001. *Socrates against Athens: Philosophy on Trial.* New York.

Cole, Susan Guettel. 1996. "Oath Ritual and Male Community at Athens," in J. Ober and C. Hedrick (eds.), *Dêmohratia: A Conversation on Democracies, Ancient and Modern.* Princeton.

Conacher, D. J. 1996. *Aeschylus: The Earlier Plays and Related Studies.* Toronto.

Connor, W. R. 1992. *The New Politicians of Fifth - Century Athens. Indianapolis* [*rpt.* 1971].

——. 1996. "Civil Society, Dionysiac Festival, and the Athenian Democracy," in J. Ober and C. Hedrick (eds.), *Dêmokratia: A Conversation on Democracies, Ancient and Modern*. Princeton.

Cook, Erwin F. 1995. *The Odyssey in Athens:. Myths of Cultural Origins*. Ithaca.

Corsaro, Marinella. 1988. *Themis: la norma e'oracolo nella Grecia antica*. Lecce.

Coulson, W. D. E. (ed.). 1994. *The Archaeology of Attica under the Democracy*. Oxford.

Craik, Elizabeth M. 1987. " 'One for the Pot': Aristophanes' *Birds* and the Anthes - teria." *Eranos* 85: 25 - 34.

Crane, Gregory. 1988. *Calypso: Backgrounds and Conventions of the Odyssey. Beiträge zur Klassischen Philologie* 91. Frankfurt.

——. 1998. *Thucydides and the Ancient Simplicity*. Berkeley.

Croiset, Maurice. 1973. *Aristophanes and the Political Parties at Athens*. Trans. J. Loeb. New York [o. p. 1909].

Crony, Kevin. 1994. *The Poetics of Supplication: Homer's Iliad and Odyssey*. Ithaca.

Dagger, Richard. 1997. *Civic Virtues Rights Citizenship, and Republican Liberalism*. Oxford.

Dahl, Robert A. 1989. *Democracy and Its Critics*. New Haven.

Decleva Caizzi, F. 1986. "Hysteron Proteron: la nature et les lois selon Antiphon et Platon." *Revue de metaphysique et de morale* 91: 291 - 310.

——. (ed.). 1989. *Corpus dei papiri filosifici greci a latini*. Parte I, vol. 1. Florence.

Derderian, Katharine. 2001. *Leaving Words to Remember. Greek Mourning and the Advent of Literacy*. Brill.

Detienne, Marcel. 1992. "L'écriture et ses nouveaux objets intellectuels en Grèce," in M. Detienne (ed), *Les savoirs del'écriture en Grèce ancienne. Rev.* edn. Lille.

Dewald, Carolyn. 2003. "Form and Content: The Question of Tyranny in Herodotus," in Kathryn A. Morgan (ed.), *Popular Tyranny. Sovereignty and Its Discontents in Ancient Greece*. Austin.

Diggle, J. (ed.). 1998. *Tragicorum graecorum. fragmenta selecta*. Oxford.

Dillery, John. 1995. *Xenophon and the History of His Times*. London.

Dobrov, Gregory. 1998a. *The City as Comedy: Society and Representation in Athenian Drama*. Charlotte.

——. 1998b. "Language, Fiction and Utopia," in G. Dobrov (ed.), *The City as Comedy: Society and Representation in Athenian Drama*. Charlotte.

Dodds, E. R. 1951. *The Greeks and the Irrational*. Berkeley.

Donlan, Walter. 1980. *The Aristocratic Ideal in Ancient Greece. Attitudes of Superiority from Homer to the End of the Fifth Century B. C.* Lawrence.

——. 1982a. "The Politics of Generosity in Homer." *Helios* 9: 1 – 15.

——. 1982b. "Reciprocities in Homer." *CW* 75: 13 – 75.

——. 1985a. "Pistos Philos Hetairos," *in T. Figueira and G. Nagy (eds.), Theognis Of Megara: Poetry and the Polis.* Baltimore.

——. 1985b. "The Social Groups of Dark Age Greece." *CP* 80: 293 – 308.

——. 1989. "The Pre – State Community in Greece." *SO* 64: 5 – 29.

——. 1994. "Chief and Followers in Pre – state Greece," *in C. A. M. Duncan and D. W. Tandy (eds.), From Political Economy to Anthropology* 3. Montreal.

——. 1998. "Political Reciprocity in Dark Age Greece: Odysseus and his hetairoi," *in C. Gill, N. Postlethwaite, and R. Seaford (eds.), Reciprocity in Ancient Greece.* Oxford.

Donlan, Walter, and Carol G. Thomas. 1993. "The Village Community of Ancient Greece: Neolithic, Bronze and Dark Ages." *SMEA* 31: 61 – 72.

Dougherty, Carol. 2001. *The Raft of Odysseus: The Ethnographic Imagination of Homer's Odyssey.* Oxford.

Dougherty, Lillian E. 1995. *Siren Songs: Gender, Audiences and Narrators in the Odyssey.* Ann Arbor.

Dover, Kenneth J. 1974. *Greek Popular Morality in the Time of Plato and Aristotle.* Indianapolis [rpt. 1994].

Dryzek, John. 2000. *Deliberative Democracy and Beyond: Liberals, Critics, Contesta tions.* Oxford.

Dunbar, Nan. 1995. *Aristophanes: Birds.* Oxford.

Dupont, Florence. 1977. *Le plaisir et la loi.* Paris.

Earle, Timothy, 1987. "Chiefdoms in Archaeological and Ethnological Perspec – tive." *American Review of Anthropology* 16: 279 – 308.

——. 1997. *How Chiefdoms Come to Power. The Political Economy in Prehistory.* Stanford.

Easterling, P. E. 1990. "Constructing Character in Greek Tragedy," in C. Pelling (*ed.*), *Characterization and Individuality in Greek Literature.* Oxford.

——. 1991.. "Men's Kleos and Women's Goos: Female Voices in the Iliad.", *journal Of Modern Greek Studies* 9: 145 – 151.

——. (*ed.*) 1997. *The Cambridge Companion to Greek Tragedy.* Cambridge.

Eden Walter (*ed.*). 1994. *Democracy in Fourth – Century Athens: Decline or Zenith of a Constitution?* Stuttgart.

Edmonds, J. M. 1957. *The Fragments of Attic Comedy,. Leiden* [1978 – 1994]

Edmunds, Lowell. 1975. "Thucydides' Ethics as Reflected in the Description of Stasis (3. 82 – 83)" *HSCP* 79: 73ff.

Edmunds, Lowell, and Robert Wallace (eds.). 1997. *Poet, Public and Performance in Ancient Greece.* Baltimore.

Edwards, Anthony T. 2004. *Hesiod's Ascra.* Berkeley.

Else, Gerald. 1958. " 'Imitation' in the Fifth Century." *CP* 53: 73 – 90.

Elster, Jon (ed.). 1998. *Deliberative Democracy. Cambridge.*

Euben, Peter. 1990. *The Tragedy of Political Theory. The Road Not Taken.* Princeton.

——. 1997. *Corrupting Youth: Political Education, Democratic Culture, and Political Theory.* Princeton.

Euben, Peter, Robert Wallach, and Josiah Ober (eds). 1994. *Athenian Political Thought and the Reconstruction of American Democracy.* Ithaca.

Farenga, Vincent. 1998. "Narrative and Community in Dark Age Greece: A Cognitive and Communicative Approach to Early Greek Citizenship." *Arethusa* 32: 179 – 206.

Farrar, Cynthia. 1988. *The Origins of Democratic Thinking: The Invention of Politics in Classical Athens.* Cambridge.

Faulkner, Thomas M., Nancy Felson, and David Konstan (eds.). 1999. *Contextualizing Classics: Ideology, Performance, Dialogue: Essays in Honor of john J. Peradotto.* Lanham, MD.

Felson – Rubin, Nancy. 1996. "Penelope's Perspective: Character from Plot," *in Seth Schein* (*ed.*), *Reading the Odyssey: Selected Interpretive Essays.* Princeton.

Fenik, Bernard. 1974. *Studies in the Odyssey.* Hermes Einzelschriften 30. Wiesbaden.

Fernάndez - Galiano, Manuel. 1992. "Commentary, Books XXI - XXII," *in Joseph Russo, Manuel Fernandez - Galiano, and Alfred Heubeck, A Commentary on Homer's Odyssey. Vol.* 3, *Boobs XVII - XXIV.* Oxford.

Ferguson, Y. H. 1991. "Chiefdoms to City - States: The Greek Experience," *in T. K. Earle (ed.), Chiefdoms: Power, Economy and Ideology.* Cambridge.

Fine, John. 1983. *The Ancient Greeks: A Critical History.* Cambridge, MA.

Finley, John H. 1978. *Homer's Odyssey.* Cambridge, MA.

Finley, M. I. 1975. *The Use and Abuse of History.* New York.

——. 1979 (1954). *The World of Odysseus. Second rev. edn.* New York.

——. 1982. "Authority and Legitimacy in the Classical City - State." *Danske Videnskab. Selbskab. Hist. - Filos. Meddel.* 50. 3. Copenhagen.

——. 1983. *Politics in the Ancient World.* Cambridge.

——. 1985a. *Ancient History: Evidence and Models.* New York.

——. 1985b. *Democracy Ancient and Modern.* New Brunswick.

Fisher, N. R. E. 1992. *Hybris: A Study in Values of Honour and Sham in Ancient Greece.* Warminster.

——. 1998. "Gymnasia and the Democratic Values of Leisure," in PaulCartledge, Paul Millett, and Sitta von Reden (eds.), *Kosmos: Essays in Order, Conflict and Community in Classical Athens.* Cambridge.

Foley, Helene P. 1995. "Penelope as Moral Agent," *in B. Cohen (ed.), The Distaff Side. Representing the Female in Homer's Odyssey.* Oxford.

——. 2001. *Female Acts in Greek Tragedy* . Princeton.

Föllinger, Sabine. 2003. *Genosdependenzen: Studien zur Arbeit am Mythos bei Aischylos. Hypomnemata* 148. Göttingen.

Fontenrose, Joseph. 1981. *Orion: The Myth of the Hunter and Huntress. University of California Publications in Classical Studies* 23. Berkeley.

Ford, Andew. 1992. *Homer. : The Poetry of the Past.* Ithaca.

Forde, Steven. 1989. *The Ambition to Rule: Alcibiades and the Politics of Imperialism in Thucydides.* Ithaca.

Fouchard, Alain. 2003. *Les états grecs.* Paris.

Foxhall, Lin. 1997. "A View from the Top: Evaluating the Solonian Property Classes," *in Lynette G. Mitchell and P. J. Rhodes (eds.), The Development of the Polis in Archaic Greece.* London.

Frankel, Hermann. 1975. *Early Greek Poetry and Philosophy. Trans. M. Halos and J. Willis.* New York.

Friedrich, Paul, and James Redfield. 1978. "Speech as a Personality Symbol: The Case of Achilles." *Language* 54: 263 – 268.

Friedrich, Rainer. 1987. "Thrinakia and Zeus' Ways to Men in the Odyssey." *GRBS* 28: 375 – 400.

Friis Johansen, H., and E. W. Whittle (eds.). 1980. *Aeschylus: The Suppliants. 3 vols.* Copenhagen.

Gagarin, Michael. 1973. "Dike in the Works and Days." *CP* 68: 81 – 94.

——. 1974. "Hesiod's Dispute with Perses." *TAPA* 104: 103 – 111.

——. 1981a. *Drakon and Early Athenian Homicide Law.* New Haven.

——. 1981b. "The *Thesmothetai and the Earliest Athenian Tyranny Law.*" *TAPA* 111: 71 – 77.

——. 1986. *Early Greek Law.* Berkeley.

——. 1990. "The Nature of Proofs in Antiphon." *CP* 85: 22 – 32.

——. 1992. "The Poetry of Justice: Hesiod and the Origin of Greek Law." *Ramus* 21: 61 – 78.

——. 1994. "Probability and Persuasion: Plato and Early Greek Rhetoric," in I. Worthington (ed.), *Persuasion: Greek Rhetoric in Action.* New York.

——. 1997. *Antiphon: The Speeches. Cambridge.*

——. 2002. *Antiphon the Athenian: Oratory, Law and, justice in the Age of the Sophists.* Austin.

——. 2005a. "The Unity of Greek Law," in Michael Gagarin and David Cohen (eds.), *The Cambridge Companion to Ancient Greek Law.* Cambridge.

——. 2005b. "Early Greek Law," in Michael Gagarin and David Cohen (eds.), *The Cambridge Companion to Ancient Greek Law.* Cambridge.

Garland, Robert. 1985. *The Greek Way of Death.* London.

Garnsey, P., and I. Morris. 1989. "Risk and the Polis: The Evolution of Institutionalised Responses to Food Supply Problems in the Ancient Greek State," *in P. Halstead and J. O'Shea (eds.), Bad Year Economics.* Cambridge.

Garvie, A. F. 1969. *Aeschylus'Supplices: Play and Trilogy.* Cambridge.

Gaskin, Richard. 1990. "Do Homeric Heroes Make Real Decisions?" *CQ* 40: 1 - 15.

Gauthier, Philippe. 1976. *Symbola: les étrangers dans le monde grec.* Nancy.

Gehrke, Hans - Joachim. 1995. "Der Nomosbegriff der Polis" *in O. Behrends and W. Sellert (eds.), Nomos and Gesetz: Ursprunge und Wirhungen des griechishen Gesetzesdenkens.* Göttingen.

Gentili, Bruno. 1988. *Poetry and Its Public in Ancient Greece. Trans. A. T. Cole.* Baltimore.

Gernet, Louis. 1955. *Droit et société dans la Grèce ancienne.* Paris.

——. 1981. *The Anthropology of Ancient Greece. Trans. J. Hamilton and B. Nagy.* Baltimore [o. p. 1968].

——. 2001. *Recherches sur le développement de la pensée juridique et morale en Grèce: étude sémantique.* Paris [o. p. 1917].

Gill, Christopher. 1996. *Personaity in Greek Epic, Tragedy and Philosophy*. Oxford.

Giordano, Manuela. 1999. *La Supplica: rituale, istituzione sociale a terra epico in Omero. AION Quaderni* 3. Naples.

Gnoli, G., and Jean - Pierre Vernant (eds.). 1982. *La mort, les morts dans les sociétés anciennes.* Cambridge.

Godde, Susanne. 2000. *Das Drama der Hikesie: Ritual and Rhetorik in Aischylos' Hiketiden.* Munster.

Goff, Barbara (ed.). 1995. *History, Tragedy, Theory. Dialogues on Athenian Drama.* Austin.

Goffman, Erving. 1974. *Frame Analysis: An Essay on the Organization of Experience.* Boston.

Goldhill, Simon. 1990. "The Great Dionysia and Civic Ideology," in J. Winkler and F. Zeitlin (eds.), *Nothing to do with Dionysos: Athenian Drama in its Social Context.* Princeton.

——. 1991. *The Poet's Voice. Essays in Poetics and Greek Literature.* Cambridge.

——. 1999. "Programme Notes," in S. Goldhill and R. Osborne (eds.), *Performance Culture and Athenian Democracy.* Cambridge.

——. 2000 "Civic Ideology and the Problem of Difference: The Politics of Aeschylean Tragedy, Once Again." *JHS* 120: 34 – 56.

Goldhill, Simon, and Robin Osborne (eds.). 1999. *Performance Culture and Athenian Democracy.* Cambridge.

Gould, John. 1973. "Hiketeia." *JHS* 93: 74 – 103.

Gribble, David. 1999. *Alcibiades and Athens: A Study in Literary Presentation.* Oxford.

Griffin, Jasper. 1977. "*The Epic Cycle and the Originality of Homer.*" *JHS* 97: 39 – 53.

——. 1980. *Homer on Life and Death.* Oxford.

——. 1995. *Homer. Iliad Book Nine.* Oxford.

——. 1998. "The Social Function of Greek Tragedy." *CQ*48: 39 – 61.

——. 1999. "Sophocles and the Democratic City," in. J. Griffin (ed.), *Sophocles Revisited: Essays Presented to Sir Hugh Lloyd – Jones.* Oxford.

Griffith, Mark. 1983. "Personality in Hesiod." *CA* 2: 37 – 65.

Guthrie, W. K. C. 1971. *The Sophists.* Cambridge.

Habermas, Jürgen. 1979. *Communication and the Evolution of Society. Trans. T. McCarthy.* Boston.

——. 1984. *The Theory of Communicative Action. Vol. 1. Trans. T. McCarthy.* Boston.

——. 1987. *The Theory of Communicative Action. Vol. 2. Trans. T. McCarthy.* Boston.

——. 1990. *Moral Consciousness and Communicative Action. Trans. C. Lenhardt and S. W. Nicholsen.* Cambridge, MA.

——. 1992. *Postmetaphysical Thinking: Philosophical Essays.* Trans. W. M. Hohen – garten. Cambridge, MA.

——. 1996a. *Between Facts and Norms: Contributions to a Discourse Theory of Law and Democracy.* Trans. W. Rehg. Cambridge, MA.

——. 1996b. "Three Normative Models of Democracy," in Seyla Benhabib (ed.), *Democracy and Difference: Contesting the Boundaries of the Political.* Princeton.

Haggis, D. C. 1993. "Intensive Survey, Traditional Settlement Patterns and Dark Age Crete: the Case of Early Iron Age Kavousi.". *Journal of Mediterranean Archaeology* 6: 131 – 174.

Hall, Edith. 1995. "Lawcourt Dramas: The Power of Performance in Greek Forensic Oratory." *BICS* 40: 39 – 58.

Hammer, Dean. 1998. "The Cultural Construction of Chance in the *Iliad*." *Arethusa* 31: 125 – 148.

——. 2002. *The* Iliad *as Politics: The Performance of Political Thought.* Norman, OK.

Hansen, M. H. 1987. *The Athenian Assembly in the Age of Demosthenes.* Oxford.

——. 1990. "Solonian Democracy in Fourth – Century Athens," in W. R. Connor, M. Hansen, et. al. (eds.), *Aspects of Athenian Democracy.* Copenhagen.

——. 1991. *The Athenian Democracy in the Age of Demosthenes: Structure, Principle and Ideology.* Oxford.

——. 1996. "The Ancient Athenian and Modern Liberal View of Liberty as a Democratic Ideal," in J. Ober and J. Hedrick (eds.), *Dêmokratia: A Conversation on Democracies Ancient and Modern.* Princeton.

——. 1998. *Polis and City – State: An Ancient Concept and Its Modern Equivalent.* Copenhagen.

Hanson, Victor. 1989. *The Western Way of War. Infantry Battle in Ancient Greece.* Berkeley.

Harris, Edward M. 1994. "Law and Oratory," in I. Worthington (ed.), *Persuasion: Greek Rhetoric in Action.* New York.

——. 2000. "Open Texture in Athenian Law." Dike 3: 27 – 79.

Harris, Edward M., and Lene Rubinstein (eds.). 2004. *The Law and the Courts in Ancient Greece.* London.

Harrison, A. R. W. 1971a. *The Law of Athens Vol. 1: The Family and Property.* Indianapolis.

——. 1971b. *The Law of Athens Vol. 2: Procedure.* Indianapolis.

Harrison, Jane. 1912. *Themis: A Study of the the Social Origins of Greek Religion.* Cleveland [rpt. 1962].

Haubold, Johannes. 2000. *Homer's People: Epic Poetry and Social Formation.* Cambridge.

Havelock, Eric A. 1957. *The Liberal Temper in Greek Politics.* New Haven.

——. 1978. *The Greek Concept of Justice.* Cambridge, MA.

Heinimann, F. 1945. *Nomos and Physis: Herkunft und Bedeutung einer Antithese in griechischen Denken des* 5. *Jahrhunderts*. Basel.

Held, David. 1996. *Models of Democracy*. Second edn. Stanford.

Helm, James J. 2004. "Aeschylus' Genealogy of Morals." *TAPA* 134: 23 – 54.

Henderson, Jeffrey. 1998a. "Attic Old Comedy, Frank Speech, and Democracy," in D. Boedeker and Kurt A. Raaflaub (eds.), *Democracy, Empire and the Arts in Fifth – Century Athens*. Cambridge, MA.

——. 1998b. "Mass vs. Elite and the Comic Heroism of Peisetairos," in G. Dobrov (ed.), *The City as Comedy: Society and Representation in Athenian Drama*. Charlotte.

——. 2003. "Demos, Demagogue, Tyrant in Attic Old Comedy," in Kathryn A. Morgan (ed.), *Popular Tyranny: Sovereignty and Its Discontents in Ancient Greece*. Austin.

Herington, John. 1985. *Poetry into Drama: Early Tragedy and the Greek Poetic Tradition*. Berkeley.

Herman, Gabriel. 1987. *Ritualised Friendship in the Greek City*. Cambridge.

Hesk, Jon. 2000. *Deception and Democracy in Classical Athens*. Cambridge.

Heubeck, Alfred. 1989. "Commentary Books IX – XII," in Alfred Heubeck and Arie Hoekstra, *A Commentary on Homer's* Odyssey, *vol.* 2: *Books* 9 – 16. Oxford.

——. 1992. "Commentary Books XXIII – XXIV," in Alfred Heubeck and Arie Hoekstra, *A Commentary on Homer's* Odyssey, vol. 2: Books 9 – 16. Oxford.

Hirzel, R. 1966. *Der Eid: Eine Beiträge zur seiner Geschichte*. Stuttgart [rpt. 1902].

Hölkeskamp, Karl – Joachim. 1992. "Written Law in Archaic Greece." PCPS 38: 87 – 117.

——. 1993. "Arbitrators, Lawgivers and the 'Codification of Law' in Archaic Greece: Problems and Perspectives." *Metis* 8: 48 – 81.

——. 1999. *Schiedsrichter, Gesetzgeber und Gesetzgebung im archaischen Griechenland*. Stuttgart.

Horkheimer, Max, and Theodore W. Adorno. 1972. *Dialectic of Enlightenment*. Trans. J. Cumming. New York.

Hornblower, Simon. 1983. *The Greek World* 479 – 323 *BC*. London.

——. 1991. *A Commentary on Thucydides*. *Vol*. 1. Oxford.

Horton, R. 1993. *Patterns of Thought in Africa and the West: Essays on Magic, Religion and Science.* Cambridge.

Hubbard, Thomas K. 1991. *The Mask of Comedy: Aristophanes and the Intertextual Parabais.* Ithaca.

——. 1998. "Utopianism and the Sophistic City," in G. Dobrov (ed.), *The City as Comedy: Society and Representation in Athenian Drama.* Charlotte.

Humphreys, S. C. 1978. *Anthropology and the Greeks.* London.

——. 1983. "The Evolution of Legal Procedure in Ancient Attica," in E. Gabba (ed.), *Tria corda: Studi in onore di Arnaldo Momigliano.* Como.

——. 1988. "The Discourse of Law in Archaic and Classical Greece." *Law and History Review* 6: 465 –493.

——. 1990. Review of I. Morris 1987, *Burial in Ancient Society: The Rise of the Greek City – State. Helios* 17: 263 –268.

Hunter, Virginia. 1994. *Policing Athens: Social Control in the Attic Lawsuits*, 420 –320 BC. Princeton.

Hunter, Virginia, and Jonathan Edmonson (eds.). 2000. *Law and Social Status in Classical Athens.* Oxford.

Hurwit, Jeffrey M. 1999. *The Acropolis.* Cambridge.

Ireland, S. 1974. "The Problem of Motivation in the Supplices of Aeschylus." *RM* 117: 14 –29.

Irwin, Terence. 1977. *Plato's Moral Theory: The Early and Middle Dialogues.* Oxford.

——. 1995. *Plato's Ethics.* Oxford.

Iser, Wolfgang. 1978. *The Act of Reading: A Theory of Aesthetic Response.* Baltimore.

Jaeger, Werner. 1966. "Solon's Eunomia," *in Five Essays*, trans. A. M. Fiske. Montreal [o. p. 1926].

Jameson, M. H. 1956. "Politics and the *Philoctetes.*" *CP* 51: 217 –224.

Jeanmaire, Henri. 1939. *Couroi et Courètes: essai sur l' éducation spartiate et sur les rites de l'adolescence dans l'antiquité héllenique.* Lille.

Joas, Hans. 1985. *G. H. Mead: A Contemporary Reexamination of his Thought.* Trans. R. Meyer. Cambridge, MA.

Johnson, Allen W., and Timothy Earle. 2000. *The Evolution of Human Societies from Foraging Group to Agrarian State*. Second edn. Stanford.

Johnstone, Steven. 1999. *Disputes and Democracy*: *The Consequences of Litigation in Ancient Athens*. Austin.

Jones, Nicholas F. 1999. *The Associations of Classical Athens*: *The Response to Democracy*. Oxford.

Just, Roger. 1989. *Women in Athenian Law and Life*. London.

Kahn, Charles H. 1981. "The Origins of Social Contract Theory in the Fifth Century BC," in G. B. Kerferd (ed.), *The Sophists and Their Legacy*. *Hermes Einzelschriften* 44. Wiesbaden.

Kant, Immanuel. 1788. *Critique of Practical Reason*. Trans. L. W. Beck. Indianapolis.

Kassel, R., and C. Austin. 1983 –. *Poetae comici graeci*: *fragmenta*. 7 vols. Berlin.

Katz, Barry. 1976. *The Birds of Aristophanes and Politics.*" Athenaeum 54: 353 – 381.

Kaufmann – Bühler, Dieter. 1955. *Begriff und Funktion der Dike in den Tragödien des Aischylos*, Bonn.

Kekes, John. 1997. *Against Liberalism*. Ithaca.

Kerferd, G. B. 1981. *The Sophistic Movement*. Cambridge.

Kim, Jinyo. 2000. *The Pity of Achilles*: *Oral Style and the Unity of the* Iliad. Lanham, MD.

Kinzl, Konrad H., and Kurt A. Raaflaub (eds.). 1995. *Demokratia*: *Der Weg zur Demokratie bei den Griechen*. *Wege der Forschung* 657. Darmstadt.

Kirk, G. S. 1985. *The Iliad*: *A Commentary*, vol. 1: Books 1 – 4. Cambridge.

Kleingunther, Adolf. 1933. *Protos Heuretes*: *Untersuchungen zu Geschichte einer Fragstellung*. New York [rpt. 1976].

Kohlberg, Lawrence. 1981. *Essays on Moral Development*. Vol. 1. San Francisco.

Kohut, Heinz. 1977. *The Restoration of the Self*. New York.

——. 1984. *How Does Analysis Cure*? Ed. A. Goldberger with P. Stepansky. Chicago.

——. 1985. *Self Psychology and the Humanities*. Ed. C. B. Strozier. New York.

Koller, H. 1954. *Die Mimesis in der Antike*. Bern.

Konstan, David. 1998. "The Greek Polis and Its Negations: Versions of Utopia in Aristophanes' *Birds*," in G. Dobrov (ed.), *The City as Comedy: Society and Representation in Athenian Drama.* Charlotte.

——. 2000. "Pity and the Law in Greek Theory and Practice," *Dike* 3: 25 –45.

——. 2000. *Pity Transformed.* London.

Kraut, Richard. 1984. *Socrates and the State.* Princeton.

Kullman, Wolfgang. 1985. "Gods and Men in the *Iliad and Odyssey.*" *HSCP* 89: 1 –23.

Kurke, Leslie. 1999. *Coins, Bodies, Games and Gold: The Politics of meaning in Archaic Greece.* Princeton.

Kymlicka, Will. 2002. *Contemporary Political Philosophy: An Introduction.* Second edn. Oxford.

Kymlicka, Will, and Wayne Norman. 1995. "Return of the Citizen: A Survey of Recent Work on Citizenship Theory," in Ronald Beiner (ed.), *Theorizing Citizenship.* Albany.

Lambert, S. D. 1993. *The Phratries of Attica.* Ann Arbor.

Lambrinoudakis, V. K. 1988. "The Veneration of Ancestors in Geometric Naxos," in R. Hägg.

N. Marinatos, and G. C. Nordquist (eds.), *Early Greek Cult Practice.* Stockholm.

Lape, Susan. 2003. "Radicalizing Democracy: The Politics of Sexual Reproduction in Classical Athens" *Parallax* 9: 52 –62.

——. 2004. *Reproducing Athens: Menander's Comedy, Democratic Culture, and the Hellenistic City.* Princeton.

Latacz, Joachim. 1993. *Einführung in die griechische Tragödie.* Göttingen.

Levine, David B. 1985. "Symposium and the Polis," in T. Figueira and G. Nagy (eds.), *Theognis of Megara: Poetry and the Polis.* Baltimore.

Lévy, Edmond. 1995. "*Arétè, timè, aidôs et némésis*: 1*e modèle homérique.*" Ktema 20: 177 –211.

Lewis, John. 2001. "'Dike', 'Moira', 'Bios' and the Limits of Understanding in Solon, 13 (West)." Dike 4: 113 –135.

L'Homme –Wéry, Louise –Marie. 1996. "La Notion d'harmonie dans la pensée politique de Solon." *Kernos* 9: 145 –154.

Liddell, H. G., R. Scott, and Henry Stuart Jones. 1940. *A Greek – English Lexicon. Ninth edn. Oxford.*

Lloyd – Jones, Hugh. 1971. *The Justice of Zeus.* Berkeley.

Loraux, Nicole. 1986. *The Invention of Athens: The Invention of the Funeral Oration in the Classical City.* Trans. A. Sheridan. Cambridge, MA.

——. 1987. *Tragic Way of Killing a Woman.* Trans. A. Forster. Cambridge, MA.

——. 1992. "Solon et la voix de l'écrit," in M. Detienne (ed.), *Les savoirs de l' écriture en Grèce ancienne.* Rev. edn. Lille.

——. 1998. *Mothers in Mourning.* Trans. C. Pache. Ithaca.

——. 2002a. *The Divided City: On Memory and Forgetting in Ancient Athens.* Trans. C. Pache with J. Fort. New York.

——. 2002b. *The Mourning Voice: An Essay on Greek Tragedy.* Trans. E. T. Rawlings. Ithaca.

Louden, Bruce. 1999. *The* Odyssey: *Structure, Narrative, and Meaning.* Baltimore.

Ludwig, Paul. 2002. *Eros and Polis: Desire and Community in Greek Political Theory.* Cambridge.

Luginbill, Robert D. 1997. "Rethinking Antiphon's Peri *Aletheias.*" *Apeiron* 30: 163 – 187.

——. 1999. *Thucydides on War and National Character.* Boulder.

Ma, John. 1994. "Black Hunter Variations." *PCPS* 40: 49 – 80.

McAfee, Noëlle. 2000. *Habermas, Kristeva, and Citizenship.* Ithaca.

McClure, Laura. 1999. *Spoken Like a Woman: Speech and Gender in Athenian Drama.* Princeton.

McDonald, William A., William D. E. Coulson, and John Rosser (eds.). 1983. *Excavations at Nichoria in Southwest Greece. Vol.* 3. *Dark Age and Byzantine Occupation.* Minneapolis.

MacDowell, Douglas M. 1976. "Hybris in Athens." *GR* 23: 14 – 31.

——. 1978. *The Law in Classical Athens.* Ithaca.

——. 1995. *Aristophanes and Athens: An Introduction to the Plays.* Oxford.

Macedo, Stephen. 1990. *Liberal Virtues: Citizenship, Virtues and Community in Liberal Constitutionalism.* Oxford.

McGlew, James. 1993. *Tyranny and Political Culture in Ancient Greece*. Ithaca.

——. 2002. *Citizens on Stage: Comedy and Political Culture in the Athenian Democracy*. Ann Arbor.

MacIntyre, Alasdair. 1984. *After Virtue: A Study in Moral Theory*. Second edn. South Bend.

Mackie, C. J. (ed.). 2004. *Oral Performance and Its Contexts*. Mnemosyne Supplement 248. Leiden.

Macleod, C. W. (ed.) 1982. *Homer: Iliad Book* 24. Cambridge.

Maffi, Alberto. 1992a. "Ecriture et pratique juridique dans la Grece classique," in M. Detienne (ed.), *Les savoirs de L'écriture dans la Grèce ancienne*. Lille.

——. 1992b. "Leggi scritte et pensiero giuridico," in G. Gambiano, L. Canfora, and D. Lanza (eds.), Lo spazio letterario dells Grecia entice 1. Rome.

Malkin, Irad. 1998. *The Returns of Odysseus: Colonization and Ethnicity*. Berkeley.

Mansfeld, Jaap. 1981. "Protagoras on Epistemological Obstacles and Persons," in G. B. Kerferd (ed.), *The Sophists and Their Legacy. Hermes Einzelschriften* 44. Wiesbaden.

Manuwald, B. 1989. "Zu Solons Gedankenwelt." *RM* 132: 1 –25.

Manville, Philip Brook. 1990. *The Origins of Citizenship in Democratic Athens*. Princeton.

——. 1994. "Toward a New Paradigm of Athenian Citizenship," in Alan Boegehold and Adele Scafuro (eds.), *Athenian Identity and Civic Ideology*. Baltimore.

Mara, Gerald M. 1997. *Socrates' Discursive Democracy: Logos and Ergon in Platonic Political Philosophy*. Albany.

Martin, Richard. 1989. *The Language of Heroes: Speech and Performance in the* Iliad. Ithaca.

——. 1994. "The Seven Sages as Performers of Wisdom," in Carol Dougherty and Leslie Kurke (eds.), *Cultural Poetics in Ancient Greece*. Cambridge.

Mead, George Herbert. 1934. *Mind, Self and Society*. Chicago.

——. 1964. *Selected Writings: George Herbert Mead*. Ed. A. J. Reck. Chicago.

Meier, Christian. 1991. *De la tragé die grecque comme art poétique*. Trans. M.

Carlier. Paris [o. p. 1988].

Meiggs, Russell, and David Lewis (eds.). 1969. *A Selection of Greek Historical Inscriptions to the End of the Fifth Century BC.* Oxford.

Millett, Paul. 1984. "Hesiod and his World." *PCPS* n. s. 30: 84 – 115.

Mills, Sophie. 1997. *Theseus, Tragedy and the Athenian Empire.* Oxford.

Minchin, Elizabeth. 1992. "Scripts and Themes: Cognitive Research and the Homeric Epic." *CA* 11: 229 – 241.

——. 1996. "The Performance of Lists and Catalogues in the Homeric Epics," in Ian Worthington (ed.), *Voice Into Text: Orality and Literacy in Ancient Greece. Mnemosyne* Supplement 157, Leiden.

——. 2001. *Homer and the Resources of Memory: Some Aspects of Cognitive Theory in the Iliad and the Odyssey.* Oxford.

Minsky, M. 1975. "A Framework for Representing Knowledge," in P. H. W inston, *The Psychology of Computer Vision.* New York.

Mitchell, Lynette G. "New Wine in Old Wineskins: Solon, Arete and the Agathos, in Lynette G. Mitchell and P. J. Rhodes (eds.), *The Development of the Polis in Archaic Greece.* London.

Monoson, Sara S. 2000. *Plato's Democratic Entanglements: Athenian Politics and the Practice of Philosopy.* Princeton.

Monsacré, Hélène. 1984. *Les larmes d' Achilles: le héros, la femme et la souffrance dans la poésie d' Homère.* Paris.

Morgan, Catherine. 1990. *Athletes and Oracles: The Transformation of Olympia and Delphi in the Eighth Century BC.* Cambridge.

——. 2003. *Early Greek States Beyond the Polis.* London.

Morris, Ian. 1987. *Burial in Ancient Society: The Rise of the Greek City – State.* Cambridge.

——. 1988. "Tomb Cult and the 'Greek Renaissance': The Past in the Present in the Eighth Century BC." *Antiquity* 62: 750 – 761.

——. 1989a. "Attitudes Toward Death in Archaic Greece." *CA* 8: 296 – 320.

——. 1989b. "Circulation, Deposition, and the Formation of the Early Greek Iron Age." *Man* n. s. 24: 502 – 519.

——. 1991. "The Early Polis as City and State," in J. Rich and A. Wallace – Hadrill (eds.), *City and Country in the Ancient World.* London.

——. 1996. "The Strong Principle of Equality and the Archaic Origins of Greek Democracy," in J. Ober and J. Hedrick (eds.), *Demokratia: A Conversation on Democracies, Ancient and Modern*. Princeton.

——. 1998a. "Archaeology and Archaic Greek History," in N. Fisher and H. van Wees (eds.), *Archaic Greece*. London.

——. 1998b. "Burial and Ancient Society after Ten Years," in S. Marchegay, M. T. Le Dinahet, and J. F. Salles (eds.), *Nécropoles et pouvoir: idéologies, pratiques, et interpretations*. Paris.

——. 2000. *Archaeology as Cultural History: Words and Things in Iron Age Greece*. Malden, MA, and Oxford.

Morris, Ian, and Kurt Raaflaub (eds.). 1998. *Democracy* 2500? *Questions and Challenges*. Dubuque.

Morrison, J. S. 1972. "Antiphon' Introduction and Translation in Rosamond Kent Sprague (ed.), *The Older Sophists*. Indianapolis. Rpt. 2001.

Mossé, Claude. 2004. "How a Political Myth Takes Shape: Solon, 'Founding Father' of the Athenian Democracy," in P. J. Rhodes (ed.), *Athenian Democracy*. Oxford [o. p. 1979].

Moulton, Carroll. 1972. "Antiphon the Sophist, *On Truth*." *TAPA* 103: 329 - 366.

Muellner, Leonard. 1976. *The Meaning of Homeric* eukhomai *Through Its Formulas*. Innsbruck.

Mülke, Christoph. 2002. *Solons politische Elegien and Iamben* (*Fr.* 1 - 12; 32 - 37 *West*): *Einleitung, Text, Übersetzung, Kommentar*. Munich and Leipzig.

Munn, Mark. 2000. *The School of History: Athen in the Age of Socrates*. Berkeley.

Musti, Domenico. 1995. *Demokratía: origini di un'idea*. Bari.

Naddaf, Gerard. 2005. *The Greek Concept of Nature*. Albany.

Nagler, Michael. 1990. "Odysseus: the Proem and the Problem" *CA* 9: 335 - 356.

——. 1996. "Dread Goddesses Revisited," in S. Schein (ed.), *Reading the Odyssey: Selected Interpretive Essays*. Princeton.

Nagy, Gregory. 1979. *The Best of the Achaeans: Concepts of the Hero in Archaic Greek Poetry*. Baltimore.

——. 1983. "*Sêma and Noêsis*: Some Illustrations." *Arethusa* 16: 35 - 55.

——. 1985. "Theognis and Megara: A Poet's Vision of His City," in T. Figueira and G. Nagy (eds.), *Theognis of Megara: Poetry and the Polis*. Baltimore.

——. 1990. *Pindar's Homer: The Epic Possession of a Lyric Past*. Ithaca.

——. 1996. *Poetry as Performance: Homer and Beyond*. Cambridge.

Naiden, F. S. 2004. "Supplication and the Law," in Edward M. Harris and Lene Rubinstein (eds.), *The Law and the Courts in Ancient Greece*. London.

Neer, Richard. 2002. *Style and Politics in Athenian Vase – Painting: The Craft of Democracy, ca. 530 – 460 BCE*. Cambridge.

Nehamas, Alexander, 1999. *Virtues of Authenticity: Essays on Plato and Socrates*. Princeton.

Ndsson, M. P. 1967. *Geschichte der griechischen Religion*. Vol. 1. Munich.

Nimis, Steve. 1986. "The Language of Achilles: Construction vs. Representation." *CW* 79: 217 – 225.

North, Helen. 1966. *Sophrosyne: Self – knowledge and Self – restraint in Greek Literature*. Ithaca.

Norton, David L. 1991. *Democracy and Moral Development: A Politics of Virtue*. Berkeley.

Nussbaum, Martha. 1976 – 1977. "Consequences and Character in Sophocles' *Philoctetes*." *Philosophy and Literature* 1: 25 – 53.

——. 1986. *The Fragility of Goodness: Luck and Ethics in Greek Tragedy and Philosophy*. Cambridge.

——. 2001. *Upheavals of Thought: The Intelligence of Emotions*. Cambridge.

Ober, Josiah. 1989. *Mass and Elite in Democratic Athens*. Princeton.

——. 1994. "Civic Ideology and Counterhegemonic Discourse: Thurydides on the Sicilian Debate," in Alan Boegehold and Adele Scafuro (ells.), *Athenian Identity and Civic Ideology*. Baltimore.

——. 1995. "Greek Horoi: Artifactual Texts and the Contingency of Meaning," in D. Small (ed.), *Methods in the Mediterranean: Historical and Archaeological Views on Texts and Archaeology*. Leiden.

——. 1996. *The Athenian Revolution: Essays on Ancient Greek Democracy and Political Theory*. Princeton.

——. 1998. *Political Dissent in Democratic Athens: Intellectual Critics of Popular Rule*. Princeton.

——. 2005. *Athenian Legacies: Essays on the Politics of Going on Together*. Princeton.

Ober, Josiah, and John Hedrick (eds). 1996. *Dêmokratia: A Conversation on Democracies, Ancient and Modern*. Princeton.

Ober, Josiah, and Barry Strauss. 1990. "Drama, Political Rhetoric and the Discourse of Athenian Democracy," in John J. Winkler and Froma I. Zeitlin (eds.), *Nothing to Do with Dionysus? Athenian Drama in its Social Context*. 1990. Princeton.

Ogden, Daniel. 2001. *Greek and Roman Necromancy*. Princeton.

Osborne, Robin. 1985. "Law in Action in Classical Athens." *JHS* 105: 40 – 58.

——. 1997. "Law and Laws: How We Join Up the Dots," in Lynette G. Mitchell and P. J. Rhodes (eds.), *The Development of the Polis in Archaic Greece*. London.

Osborne, Robin and Sitnon Goldhill (eds.). 1994. *Ritual, Finance, Politics: Athenian Democratic Accounts Presented to David Lewis*. Oxford.

Ostwald, Martin. 1969. Nomos *and the Beginnings of the Athenian Democracy*. Oxford.

——. 1982. *Autonomia: Its Genesis and Early History. American Classical Studies* 11.

——. 1986. *From Popular Sovereignty to the Sovereignty of Law: Law, Society and Politics in Fifth – Century Athens*. Berkeley.

——. 1990. "*Nomos and Phusis* in Antiphon's *Peri Aletheias*," in M. Griffith and D. Mastronarde (eds.), *Cabinet of the Muses: Essays on Classical and Comparative Literature in Honor of Thomas G. Rosenmeyer*. Atlanta.

Page, Denys. 1976. *The Homeric Odyssey*. Oxford. [rpt. 1955].

Paltrier, L. R. 1950. "The Indo – European Origins of Greek Justice." *Transactions of the Philological Society* 1950: 149 – 168.

Parke, H. W. 1977. *Festivals of the Athenians*. Ithaca.

Parry, Adam. 1956. "The Language of Achilles" *TAPA* 87: 1 – 7.

Patterson, Cynthia. 2000. "The Hospitality of Athenian Justice," in Virginia Hunter and Jonathan Echnondson (eds), *Law and Social Status in Classical Athens*. Oxford.

Pedrick, Victoria. 1982. "Supplication in the *Iliad* and *Odyssey*" *TAPA* 112:

125 – 140.

Pélékides, Chrysis. 1962. *Histoire de l'éphébie attique des origines à* 31 *avant J – C.* Paris.

Polling, Christopher (ed.). 1990. *Characterization and Individuality in Greek Literature.* Oxford.

——. 1997a. "Aeschylus' Persae and History," in C. Polling (ed.), *Greek Tragedy and the Historian.* Oxford.

——. (ed.). 1997b. *Greek Tragedy and the Historian.* Oxford.

Pellizer, Elio. 1981. "Per una morfologia della poesia giambica arcaica," in U. Schulz – Buschaus et al., *I canoni letterari: storia e dinamica.* Trieste.

——. 1983. "Della zuffa simpotica," in M. Vetta (ed.), *Poesia a simposio nella Grecia antice: guida storica e critica.* Rome.

——. 1990. "Outlines of a Morphology of Sympotic Entertainment," in O. Murray (ed.), Sympotica: *A Symposium on the* Symposion. Oxford.

Pendrick, Gerard J. 1987. "Once Again Antiphon the Sophist and Antiphon of Rhamnus" *Hermes* 115: 47 – 60.

——. 1993 "The Ancient Tradition on Antiphon Reconsidered." *GRBS* 34: 215 – 229.

——. 2002. *Antiphon the Sophist: The Fragments.* Cambridge.

Peradotto, John. 1990. *Man in the Middle Voice: Name and Narration in the Odyssey.* Princeton.

Petrey, Sandy. 1990. *Speech Acts and Literary Theory.* New York.

Pettit, Philip. 1997. *Republicanism: A Theory of Freedom in Government.* Oxford.

Phillips, Derek L. 1993. *Looking Backward: A Critical Appraisal of Communitarian Thought.* Princeton.

Pocock, J. G. A. 1995. "The Idea of Citizenship Since Classical Times," in R. Beiner (ed.), *Theorizing Citizenship.* Albany.

Podlecki, Anthony J. 1986. "Polis and Monarch in Early Attic Tragedy," in P. Euben (ed.), *Greek Tragedy and Political Theory.* Berkeley.

——. 1990. "*Kat'arkhês gar philaitios leôs*: The Concept of Leadership in Aeschylus," in A. H. Sommerstein, S. Halliwell, J. Henderson, and B. Zimmermann (eds.), *Tragedy, Comedy and the Polis.* Bari.

Pope, Maurice. 1988. "Thucydides and Democracy." *Historia* 37: 276 – 296.

Postlethwaite, Norman. 1998. "Akhilleus and Agamemnon: Generalized Reciprocity," in C. Gill, N. Postlethwaite, and R. Seaford (eds.), *Reciprocity in Ancient Greece*. Oxford.

Pouncey, Peter. 1980. *The Necessities of War: A Study of Thucydides'Pessimism*. New York.

Pucci, Pietro. 1987. *Odysseus Polutropos: Intertextual Readings in the Odyssey and the Iliad*. Ithaca.

Qviller, Bjorn. 1981. "The Dynamics of the Homeric Society" *SO* 56: 109 – 155.

Raaflaub, Kurt. 1983. "Democracy, Oligarchy and the Concept of the Free Citizen in Late Fifth – century Athens." *Political Theory* 2: 517 – 544.

——. 2000. "Poets, Lawgivers, and the Beginnings of Political Reflection in Archaic Greece," in *The Cambridge History of Greek and Roman Political Thought*. Cambridge.

Rawls, John. 1971. *A Theory of Justice*. Rev. edn. 1999. Oxford [page references are to the revised edn.].

——. 1993. *Political Liberalism*. New York.

Redfield, James. 1975. *Nature and Culture in the Iliad. the Tragedy of Hector*. Chicago.

——. 1983. "The Economic Man," in C. Rubino and C. W. Shelmardine (eds.), *Approaches to Homer*. Austin.

Reeve, C. D. C. 1989. *Socrates in the* Apology. Indianapolis.

Rehg, William. 1994. *Insight and Solidarity: The Discourse Ethics of Jurgen Habermas*. Berkeley.

Reinmuth, O. W. 1971. *The Ephebic Inscriptions of the Fourth Century BC*. Mnemosyne Supplement 14. Leiden.

Rheinhardt, Karl. 1961. *Die Ilias and Ihr Dichter*. Göttingen.

——. 1996. "The Adventures in the *Odyssey*," in Seth Schein (ed.), *Reading the* Odyssey: *Selected Interpretive Essays*. Princeton [o. p. 1942].

Rhodes, P. J. 1981. *A Commentary on the Aristotelian* Athenaion Politeia. Oxford.

——. 1998. "Enmity in Fourth – Century Athens," in Paul Cartledge, Paul Millett, and Sitta von Reden (eds.), *Kosmos: Essays in Order, Conflict and Community in Classical Athens*. Cambridge.

——. 2003a. *Athenian Democracy and Modern Ideology*. London.

——. 2003b. "Nothing to Do with Democracy: Athenian Drama and the *Polis*." *JHS* 123: 104 – 119.

——. (ed.). 2004. *Athenian Democracy*. Oxford.

Rickert, G. 1989. *Hekon and Akon in Early Greek Thought*. American Classical Studies 20. Atlanta.

Ridley, R. T. 1979. "The Hoplite as Athenian Citizen: Military Institutions in Their Social Context." *AC* 48: 508 – 548.

Roberts, Jennifer Tolbert. 1994. *Athens on Trial. The Antidemocratic Tradition in Western Thought*. Princeton.

Robertson, Bruce. 2000. "The Scrutiny of New Citizens at Athens," in V. Hunter and J. Edmonson (eds.), *Law and Social Status in Classical Athens*. Oxford.

Robertson, D. S. 1924. "The End of the *Supplices* Trilogy of Aeschylus." *CR* 38: 51 – 53.

Rohde, Erwin. 1987. *Psyche: The Cult of Souls and Belief in Immortality among the Ancient Greeks*. Trans. W. B. Hillis. Rpt. 1925. Chicago.

Rohweder, Christine. 1998. *Macht und Gedeihen: eine politische Interpretation der Hiketiden des Aischylos*. Frankfurt.

Romilly, Jacqueline de. 1988. *Les Grands sophistes dans l'Athènes de Pericles*. Paris.

——. 1995. *Alcibiade*. Paris.

——. 2001. *La Loi dans la pensée grecque des origines à Aristotle*. Paris [o. p. 1971].

Rose, Peter W. 1992. *Sons of the Earth, Children of the Gods: Ideology and Literary Form in Ancient Greece*. Ithaca.

Rösler, Wolfgang. 1993. "Der Schluss des 'Hiketiden' and die Danaiden Trilogie des Aischylos." *RM* 136: 1 – 22.

Rossi, Luigi. 1983. "Feste religiose a letterature: Stesicoro o dell' epica alternativa." *Orpheus* 4: 5 – 31.

Rubin, David. 1995. *Memory in Oral Tradition*. Cambridge, MA.

Ruck, Carl A. P. 1986. "Mushrooms and Philosophers," in R. Gordon Wasson, Stella Kamrisch, Jonathan Ott, and Carl A. P. Ruck (eds.), *Persephone's Quest: Entheogens and the Origins of Religion*. New Haven.

Ruschenbusch, E. 1966. *Solonis Nomoi*. Historia Einzelschriften 9.

Russo, Joseph. 1999. "Sicilian Folktales, Cognitive Psychology, and Oral Theory," in T. Faulkner, N. Felson, and D. Konstan (eds.), *Contextualizing Classics: Ideology, Performance, Dialogue. Essays in Honor of John J. Peradotto.* Lanham, MD.

Rusten, J. S. 1985. "Two Lives or Three? Pericles on the Athenian Character (Thucydides 2. 40. 1-2)", *CQ*35: 14-19.

Rüter, Klaus. 1969. *Odyseeinterpretationen: Untersuchungen zum ersten Buch und Pha - iakis.* Hypomnemata 19. Göttingen.

Rutherford, R. B. 1986. "The Philosophy of the *Odyssey.*" *JHS* 106: 145-162.

——. 1992. *Homer:* Odyssey *Books XIX and XX.* Cambridge.

Ruzé, Françoise. 1992. "Aux debuts de l'écriture politique: le pourvoir de l' écrit," in M. Detienne (ed.), *Les savoirs de l'écriture dans la Grèce ancienne.* Rev. edn. Lille.

——. 1997. *Déliberation et pouvoir dans la cité grecque de Nestor à Socrate.* Paris.

Sagan. Eli. 1991. *The Honey and the Hemlock: Democracy and Paranoia in Ancient Athens and Modern America.* New York.

Saïd, Suzanne. 1979. "Les Crimes des preténdants, la maison d' Ulysse et les fes - tins de l' *Odyssée*," in S. Saïd, F. Desbordes, et al., *Etudes de littérature ancienne.* Paris.

——. 1990. "Tragic Argos," in A. H. Sommerstein, S. Halliwell, J. Henderson, and B. Zimmermann (eds.), *Tragedy, Comedy and the Polis.* Bari.

——. 1998. *Homère et l'Odyssée.* Paris.

Samons Lauren J. 2004. *What's Wrong with Democracy? From Athenian Practice to American Worship.* Berkeley.

Sandel, Michael. 1984. "The Procedural Republic and the Unencumbered Self". *Political Theory* 12: 81-96.

——. 1998. *Liberalism and the Limits of Justice.* Second edn. Cambridge.

Sanford, A. J., and S. C. Gawod. 1981. *Understanding Written Language.* Chichester, NY.

Santas, Geriasmos. 2001. *Goodness and Justice: Plato, Aristotle, and the Moderns.* Malden, MA.

Saxonhouse, Arlene. 1992. *Fear of Diversity: The Birth of Political Science in Ancient Greek Thought.* Chicago.

Scafuro, Adele. 1994. "Introduction: Bifurcations and Intersections," in Alan Boegelhold and Allele Scafuro (eds.), *Athenian Identity and Civic Ideology*, Baltimore.

Schank, R., and R. Abelson. 1977. *Scripts, Plans, Goals and Understanding: An Inquiry into Human Knowledge Structures.* Hillsdale, NJ.

Schaps, David M. 1998. "Review of Tandy 1997." *BMCR* (Nov. 11).

Scheidel, Walter. 2003. "The Greek Demographic Expansion: Models and Com - parisons." *JHS* 123: 120 - 140.

Schein, Seth. 1984. *The Mortal Hero: An Introduction to the Iliad.* Berkeley.

——. 1996. "Introduction," in S. Schein (ed.), *Reading the Odyssey: Selected Inter - pretive Essays.* Princeton.

Schnapp, Alain. 1997. *Le chasseur et la cité: chasse et érotique dans la Grèce ancienne.* Paris.

Schneewind, J. B. 1998. *The Invention of Autonomy: a History of Modern Moral Philosophy.* Cambridge.

Schofield, Malcolm. 1986. "*Eubolia in the Iliad.*" *CQ* 36: 6 - 31.

Schwartz, Joel D. 1993. "Pity and Judgment in Greek Drama. A Response to Prof. Alford." *Political Research Quarterly* 46: 281 - 287.

Scullion, Scott. 2002. "Tragic Dates." *CQ*52: 81 - 101.

Scully, Stephen. 1990. *Homer and the Sacred City.* Ithaca.

Seaford, Richard. 1987. "The Tragic Wedding." *JHS* 107: 106 - 130.

——. 1994. *Reciprocity and Ritual. Homer and Tragedy in the Developing City - State.* Oxford.

Sealey, Raphael. 1976. *A History of the Greek City - States* 700 - 338 *BC.* Berkeley.

——. 1984. "The *Tetralogies* Ascribed to Antiphon." *TAPA* 114: 71 - 85.

——. 1987. *The Athenian Republic: Democracy or the Rule of Law?* University Park, PA.

——. 1994. *The Justice of the Greeks.* Ann Arbor.

Segal, Charles. 1982. *Dionysiac Poetics and Euripides'Bacchae.* Princeton.

——. 1994. *Singers, Heroes and Gods in the* Odyssey. Ithaca.

——. 1996. "*Kleos* and Its Ironies in the *Odyssey*," in S. Schein (ed.), *Reading the* Odyssey: *Selected Interpretive Essays.* Princeton.

——. 1998. "Frontières, étrangers, et éphébes dans la tragédie grecque," in F. Hartog, P. Schmitt, and A. Schnapp (eds.), *Pierre Vidal – Naquet: un historien dans la cité.* Paris.

——. 1999. "Euripides' Ion: Generational Passage and Civic Myth," in M. W. Padilla (ed.), *Rites of Passage in Ancient Greece: Literature, Religion, Society.* Lewisburg, PA.

Seligman, Adam B. 1997. *The Problem of Trust.* Princeton.

Shapiro, H. A. 1989. *Art and Cult under the Tyrants.* Mainz.

Sharples, R. 1983. "But Why Has My Spirit Broken Me Thus?' Homeric Decision – Making." *GR* 30: 1 – 17.

Shell, Marc. 1978. *The Economy of Literature.* Baltimore.

Shotter, John. 1980. "Action, Joint Action and Intentionality," in M. Bremer (ed.), *The Structure of Action.* New York.

——. 1993. "Psychology and Citizenship: Identity and Belonging," in B. Turner, (ed.), *Citizenship and Social Theory.* London.

Sicherl, Martin. 1986. "Die Tragik der Danaiden." *MH* 43: 81 – 110.

Sickinger James. 2004. "The Laws of Athens: Publication, Presentation, Consulta – tion," in Edward M. Harris and Lene Rubinstein (eds.), *The Law and the Courts in Ancient Greece.* London.

Siewert, P. 1977. "The Ephebic Oath in Fifth – Century Athens." *JHS* 97: 102 – 111.

Simon, Bennett. 1978. *Mind and Madness in Ancient Greece: The Classical Roots of Modern Psychiatry.* Ithaca.

Sinclair, Patrick. 1988. *Democracy and Participation in Athens.* Cambridge.

Slater, Philip E. 1968. *The Glory of Hera: Greek Mythology and the Greek Family.* Boston.

Slatkin, Laura. 1991. *The Power of Thetis: Allusion and Interpretation in the* Iliad. Berkeley.

Smith, Gertrude. 1922. "Early Greek Codes." *CP* 17: 187 – 201.

Smith, S. P. 1921. *Hawaiki: The Original Home of the Maori.* Auckland.

Snell, Bruno. 1960. *The Discovery of the Mind: The Greek Origins of European Thought.* Trans. T. Rosenmeyer. New York [o. p. 1953].

Snodgrass, Anthony. 1980. *Archaic Greece. The age of Experiment.* Berkeley.

——. 1987. *An Archaeology of Greece. The Present State and Future Scope of a Discipline.* Berkeley.

Sommerstein, A. H. 1987. *Aristophanes*: Birds. Warminster.

——. 1995. "The Beginning and the End of Aeschylus' Danaid Trilogy," in B. Zimmermann (ed.), *Griechische - römische Komödie und Tragödie*, *Drama* 3. Stuttgart.

——. 1997. "The Theatre Audience, the *Demos* and the *Suppliants* of Aeschylus," in C. Pelling (ed.), *Greek Tragedy and the Historian.* Oxford.

Sommerstein, A. H., S. Halliwell, J. Henderson, and B. Zimmermann (eds.). 1990. *Tragedy, Comedy and the Polis.* Bari.

Sourvinou - Inwood, Christiane. 1981. "To Die and Enter the House of Hades: Homer, Before and After," J. Whaley (ed.), *Mirrors of Mortality*: *Studies in the Social History of Death.* London.

——. 1983. "A Trauma in Flux: Death in the Eighth Century and After," in R. Hagg (ed.), *The Greek Renaissance of the Eighth Century BC*: *Tradition and Innovation.* Stockholm.

——. 1986. "Crime and Punishment: Tityos, Tantalos and Sisyphos in *Odyssey* 11." *BICS* 33: 37 - 58.

——. 1995. *Reading' Greek Death to the End of the Classical Period.* Oxford.

Stadter, Philip. 1989. A *Commentary on Plutarch's Pericles.* Chapel Hill.

Stanford, W. B. 1963. *The Ulysses Theme.* Ann Arbor.

Stears, Karen. 1998. "Death Becomes Her: Gender and Athenian Death Ritual," in S. Blundell and M. Williamson (eds.), *The Sacred and the Feminine in Ancient Greece.* London.

Steiner, Deborah Tarn. 2001. *Images in Mind*: *Statues in Archaic and Classical Greek Literature and Thought.* Princeton.

Stewart, Andrew. 1990. *Greek Sculpture*: *An Exploration. Vol.* 1: *Text.* New Haven.

Stockton, David. 1990. *The Classical Athenian Democracy.* Oxford.

Stoddard, Kathryn B. 2003. "The Programmatic Message of the 'Kings and Singers' Passage: Hesiod, *Theogony* 80 - 103." *TAPA* 133: 1 - 16.

Strauss, Barry S. 1993. *Fathers and Sons in Athens*: *Ideology and Society in the Era of the Peloponnesian War.* Princeton.

Stroud, Ronald. 1968. *Drakon's Law on Homicide*. Berkeley.

Svenbro, Jesper, and Marcel Detienne. 1979. "Les Loups au festin ou la cité impossible," in Jesper Svenbro and Marcel Detienne (eds.), *La Cuisine du sacrifice en Pays grec*. Paris.

Szegedy – Maszak, Andrew. 1978. "Legends of the Greek Lawgivers." *GRBS* 19: 199 – 209.

Tandy, David W. 1997. *Warriors into Traders: The Power of the Market in Early Greece*. Berkeley.

Taplin, Oliver. 1977. *The Stagecraft of Aeschylus: The Dramatic Use of Exits and Entrances in Greek Tragedy*. Oxford.

——. 1980. "The Shield of Achilles within the *Iliad*." *Greece and Rome* 27: 1 – 21.

——. 1992. *Homeric Soundings: The Shaping of the Iliad*. Oxford.

Taylor, Charles. 1985a. *Human Agency and Language: Philosophical Papers* 1. Cambridge.

——. 1985b. *Human Agency and Language: Philosophical Papers* 2. Cambridge.

——. 1989. *Sources of the Self: The Making of the Modern Identity*. Cambridge, MA.

——. 1994. "The Politics of Recognition," in Amy Gutmann (ed.), *Multiculturalism: Examining the Politics of Recognition*. Princeton.

——. 1995. *Philosophical Arguments*. Cambridge, MA.

Tedeschi, Gennaro. 1982. "Solone a to spazio della communicazione elegiaca." QUCC n. s. 10: 33 –46.

Teffeteller, Annette. 2003. "Homeric Excuses." *CQ*53: 15 –31.

Thalmann, W. G. 1992. *The* Odyssey: *An Epic of Return*. New York.

——. 1998. *The Shepherd and the Bow: Representations of Class in the Odyssey*. Ithaca.

Thomas, Carol G. and Craig Conant. 1999. *Citadel to City – State. The Transformation of Greece*, 1200 –700 *BCE*. Bloomington.

Thomas, Carol G., and Edward Kent Webb. 1994. "From Orality to Rhetoric: An Intellectual Transformation," in I. Worthington (ed.), *Persuasion: Greek Rhetoric in Action*. New York.

Thomas, Rosalind. 1994. "Law and the Lawgiver in Athenian Democracy," in R.

Osborne and S. Hornblower (eds.), *Ritual, Finance, Politics: Athenian Democratic Accounts Presented to David Lewis*. Oxford.

——. 1996. "Written in Stone? Liberty, Equality and the Codification of Law," in L. Foxhall and A. D. E. Lewis (eds.), *Greek Law in its Political Setting: Justifications and Justice*. Oxford.

——. 2005. "Writing, Law, and Written Law," in Michael Gagarin and David Cohen (eds.), *The Cambridge Companion to Ancient Greek Law*. Cambridge.

Thornton, Agathe. 1984. Homer's Iliad: *Its Composition and the Motif of Supplication*. Göttingen.

Thür, Gerhard. 1996. "Oaths and Dispute Settlement in Ancient Greek Law," in L. Foxhall and A. D. E. Lewis (eds.), *Greek Law in its Political Setting. Justifications and Justice*. Oxford.

Todd, Stephen. 1990. "The Purpose of Evidence in Athenian Courts," in P. Cartledge, P. Millett, and S. Todd (eds.), Nomos: *Essays in Athenian Law, Politics and Society*. Cambridge.

——. 1993. *The Shape of Athenian Law*. Oxford.

Tsagarakis, Odysseus. 2000. *Studies in Odyssey* 11. *Hermes Einzelschrifen* 82. Stuttgart.

Turner, Chad. 2001. "Perverted Supplication and Other Inversions in Aeschylus' Danaid Trilogy." *CJ* 97: 27 – 50.

Turner, Victor. 1995. The Ritual Process: Structure and Anti – Structure. Rpt. 1969. New York.

Van Compernolle, René. 1981. " La législation aristocratique de Locres Épizéphyrienne, dite Législation de Zaleukos." AC 50: 759 – 769.

van Effenterre, Henri. 1985. *La Cité grecque des origines à la défaite de Marathon*. Paris.

van Effenterre, Henri, and Françoise Ruzé (eds.) 1994. Eds. Nomima: R*eceuil d' inscriptions politiques et juridiques de l'archaïsme grec*. Rome.

van Groningen, B. A. 1957. "Hésiode et Persès." *Med. Ned. Akad. Wet.* 209: 153 – 166.

van Wees, Hans 1998. "The Law of Gratitude: Reciprocity in Anthropological Theory," in C. Gill, N. Postlethwaite, and R. Seaford (eds.), *Reciprocity in Ancient Greece*. Oxford.

Vasunia, Phiroze. 2001. *The Gift of the Nile. Hellenizing Egypt from Aeschylus to Alexander*. Berkeley.

Vermeule, Emily. 1979. *Aspects of Death in Early Greek Art and Poetry*. Berkeley.

Vernant, Jean – Pierre. 1988 [1972]. "Intimations of the Will in Greek Tragedy," in J. P. Vernant and P. Vidal – Naquet (eds.), *Myth and Tragedy in Ancient Greece*. Trans. J. Lloyd. New York.

——. 1996. "The Refusal of Odysseus," in S. Schein (ed.), *Reading the* Odyssey: *Selected Interpretive Essays*. Princeton.

Vickers, Michael. 1987. "Alcibiades on Stage: *Philoctetes* and *Cyclops*." Historia 36: 171 – 197.

——. 1997. *Pericles on Stage Political Commentary in Aristophanes' Early Plays*. Austin.

Vidal – Naquet, Pierre. 1986a. *The Black Hunter: Forms of Thought and Forms of Society in the Greek World*. Trans. A. Szegedy – Maszak. Baltimore [o. p. 1981].

——. 1986b. "The Black Hunter Revisited." *PCPS* n. s. 32: 126 – 144.

——. 1988. "Sophocles' *Philoctetes* and the Ephebeia," in J. P. Vernant and P. Vidal – Naquet, *Myth and Tragedy in Ancient Greece*. Trans. J. Lloyd. New York.

——. 1990. *Le Démocratie grecque vue d'ailleurs: essais d' historiographie ancienne et moderne*. Paris.

——. 1995. *Politics Ancient and Modern*. Trans. J. Lloyd. Cambridge [in part Vidal – Naquet 1990].

——. 1997. "The Place and Status of Foreigners in Athenian Tragedy," in C. Pelling (ed.), *Greek Tragedy and the Historian*. Oxford.

——. 2000. *Les Grecs, les historiens, la démocratie: le grand écart*. Paris.

Villa, Dana. 2001. *Socratic Citizenship*. Princeton.

Vlastos, Gregory. 1983. "The Historical Socrates and Athenian Democracy." *Political Theory* 11: 495 – 516.

——. 1991. *Socrates, Ironist and Moral Philosopher*. Ithaca.

——. 1994. *Socratic Studies*. Ed. M. Burnyeat. Cambridge.

——. 1995. *Studies in Greek Philosophy Vol. 1: The Presocratics*. . Ed. Daniel W. Graham. Princeton.

Vos, Harm. 1979. "Themis," in *Homerisches Recht* (Rudolf Koestler) *and Themis* (H. Vos). New York [rpt. i956}.

Walker, Henry J. 1995. *Theseus and Athens*. Oxford.

Wallace, Robert W. 1994. "Private Lives and Public Enemies: Freedom of Thought in Classical Athens," in Alan Boegehold and Adele Scafuro (eds.), *Athenian Identity and Civic Ideology*. Baltimore.

——. 1996. "Law, Freedom and the Concept of Citizens' Rights in Democratic Athens," in Josiah Ober and John Hedrick (eds.), *Dêmokratia: A Conversation on Democracies, Ancient and Modern*. Princeton.

——. 1997. "Solonian Democracy," in Ian Morris and Kurl Raaflaub (eds.), *Democracy* 2500? *Questions and Challenges*. Dubuque.

Wallach, John R. 2001. *The Platonic Art.: A Study of Critical Reason and Democracy*. University Park, PA.

Walzer, Michael. 1990. "The Communitarian Critique of Liberalism." *Political Theory* 18: 6-24.

Warren, Mark E. 1992. "Democratic Theory and Self-Transformation." *American Political Science Review* 86: 8-23.

——. 1995. "The Self in Discursive Democracy," in Stephen K. White (ed.), *The Cambridge Companion to Habermas*. Cambridge.

——. 2001. *Democracy and Association*. Princeton.

Weiss, Roslyn. 1998. *Socrates Dissatisfied: An Analysis of Plato's Crito*. Oxford.

West, M. L. 1974. *Studies in Greek Elegy and Iambus*. Berlin.

——. (ed.) 1978. *Hesiod: Works and Days*. Oxford.

——. 1985. *The Hesiodic Catalogue of Women: Its Nature, Structure and Origins*. Oxford.

——. 1993. *Greek Lyric Poetry*. Oxford.

West, Stephanie. 1989. "Laertes Revisited." *PCPS* 35: 113-143.

Westbrook, Raymond. 1988. *Studies in Biblical and Cuneiform Law*. Paris.

——. 1992. "The Trial Scene in the Iliad." *HSCP* 94: 53-76.

Westlake, H. D. 1968. *Individuals in Thucydides*. Cambridge.

Whitehead, David. 1977. *The Ideology of the Athenian Metic*. Cambridge Philological Society Supplement 4. Cambridge.

——. 1986. *The Demes of Attica 508/7 - ca. 250 BC: A Political and Social*

Study Princeton.

Whitley, James. 1991a. "Social Diversity in Dark Age Greece." *BSA* 86: 341 - 365.

——. 1991b. *Style and Society in Dark Age Greece: The Changing Face of Pre - literate Society* 1100 - 700 *BC.* Cambridge.

——. 1995. "Tomb Cult and Hero Cult: The Uses of the Past in Archaic Greece," in N. Spencer (ed.), *Time, Tradition and Society in Greek Archaeology.* London.

——. 1997. "Cretan Laws and Cretan Literacy, *AJA* 101: 635 - 661.

——. 2001. *The Archaeology of Ancient Greece.* Cambridge.

Whitman, Cedric. 1958. *Homer and the Heroic Tradition.* Cambridge, MA.

——. 1964. *Aristophanes and the Comic Hero.* Warminster.

Williams, Bernard. 1993. *Shame and Necessity.* Berkeley.

Williams, Mary Frances. 1998. *Ethics in Thucydides: The Ancient Simplicity.* Lanham MD.

Wilson, Donna F. 2002. Ransom, Revenge, and Heroic Identity in the Iliad. Cambridge.

Winkler, John J. 1990. "The Ephebes' Song: Tragôidia and the Polis," in John J. Winkler and Froma I. Zeitlin (eds.), *Nothing to Do with Dionysus? Athenian Drama in its Social Context.* Princeton.

Winkler, John J., and Froma I. Zeitlin (eds.) 1990. *Nothing to Do with Dionysus? Athenian Drama in its Social Context.* Princeton.

Winnington - Ingram, R. P. 1983. *Studies in Aeschylus.* Cambridge.

Wohl, Victoria. 1999. "The Eros of Alcibiades." *CA* 18: 349 - 385.

——. 2002. *Love Among the Ruins: The Erotics of Democracy in Classical Athens.* Princeton.

Wolff, H. J. 1946. "The Origin of Judicial Litigation Among the Greeks." *Traditio* 4: 31 - 88.

Wolin, Sheldon. S. 1994. "Norm and Form: The Constitutionalizing of Democ - racy," in P. Euben, R. Wallach, and I. Ober (eds.), *Athenian Political Thought and the Reconstruction of American Democracy.* Ithaca.

Wood, Ellen Meiksins, and Neal Wood. 1978. *Class Ideology and Ancient Political Theory. Socrates, Plato and Aristotle in Social Context.* Oxford.

Yamagata, Naoko. 1994. *Homeric Morality*. Brill.

Yunis, Harvey. 1996. *Taming Democracy: Models of Political Rhetoric in Classical Athens*. Ithaca.

——. 2005. "The Rhetoric of Law in Fourth - Century Athens," in Michael Gagarin and David Cohen (eds.), *The Cambridge Companion to Ancient Greek Law*. Cambridge.

Zanker, Graham. 1994. *The Heart of Achilles: Characterization and Personal Ethics in the Iliad*. Ann Arbor.

——. 1998. "Beyond Reciprocity: The Achilles and Priam Scene in *Il*. 24," in Christopher Gill, Norman Postlethwaite and Richard Seaford (eds.), *Reciprocity in Ancient Greece*. Oxford.

Zeitlin, Froma I. 1990. "Theater of Self and Society in Athenian Drama," in John J. Winkler and Froma I. Zeitlin (eds.), *Nothing to Do with Dionysus? Athenian Drama in its Social Context*. Princeton.

——. 1996. *Playing the Other. Gender and Society in Classical Greek Literature*. Chicago.

图书在版编目（CIP）数据

古希腊的公民与自我：个人施行正义与法律/（美）文森特·法伦格（Vincent Farenga）著；余慧元译. --北京:华夏出版社，2018.3
书名原文: Citizen and Self in Ancient Greece
ISBN 978-7-5080-9149-5

Ⅰ. ①古… Ⅱ. ①文… ②余… Ⅲ. ①民主一政治制度一研究一古希腊 Ⅳ. ①D754.59

中国版本图书馆 CIP 数据核字(2017)第 181333 号

古希腊的公民与自我

作　　者	[美] 文森特・法伦格
译　　者	余慧元
责任编辑	罗　庆
出版发行	华夏出版社
经　　销	新华书店
印　　装	三河市少明印务有限公司
版　　次	2018 年 3 月北京第 1 版 2018 年 3 月北京第 1 次印刷
开　　本	670×970　　1/16 开
印　　张	31.5
字　　数	544 千字
定　　价	96.00 元

华夏出版社　地址：北京市东直门外香河园北里 4 号　邮编：100028
网址：www.hxph.com.cn　电话：（010）64663331（转）

若发现本版图书有印装质量问题，请与我社营销中心联系调换。